Vietnam

Nom officiel : République socialiste du Vietnam

Capitale : Hanoi

Superficie : 331 000 km²

Population : 81 660 400 hab.

Monnaie : le dong (VND)

VOYAGER PRATIQUE

Parution 2006

ONT COLLABORÉ À CE GUIDE

Direction	David Brabis
Direction de la collection	Cécile Petiau (marketing), Anne Teffo (édition)
Édition	Florence Dyan, Jean-Louis Gallo
Rédaction	Catherine Bourzat, Mélanie Cornière, Hervé Deguine, Sandrine Favre, Gilles Guérard, Ngoc Loan Lam, Philippe Longin
Cartographie	Michèle Cana, Christelle Coué, Claire Levasseur, Cécile Lisiecki, Michel Mazoyer, Krystyna Mazoyer-Dzieniszewska
Iconographie	Geneviève Corbic, Stéphanie Quillon
Marketing	Florian Biron, Flora Libercier
Couverture	Paris-Venise (création graphique), Christelle Le Déan et Maud Burrus (iconographie et couleurs)
Coordination graphique	Marie-Pierre Renier
Maquette intérieure	Bernadette Drouillot
Pré-presse	Frédéric Blondron, Frédéric Sardin
Préparation de copie	Pascal Grougon, Danièle Jazeron, Jacqueline Pavageau
Relecture	Florence Michel
Système d'information	André Delépine, Éric Réocreux
Organisation-qualité	Céline Vallé
Fabrication	Renaud Leblanc
Ventes	Gilles Maucout (France), Charles van de Perre (Benelux, Allemagne, Suisse et Autriche), Philippe Orain (Italie, Espagne et Portugal), John T. Lewis (Royaume Uni), Stéphane Coiffet (Grand Export), Steve Hunt (Amérique du Nord)
Communication	Gonzague de Jarnac
Régie publicitaire & Partenariats	E-mail : michelin-cartesetguides-btob@fr.michelin.com
Remerciements à :	Arnaud Bouvier, Béatrice Brillion
Contact :	Guides VOYAGER PRATIQUE MICHELIN - Éditions des Voyages 46 avenue de Breteuil - 75324 Paris Cedex 07 ☎ 01 45 66 12 34 voyagerpratique@fr.michelin.com

NOTE AU LECTEUR

Ce guide tient compte des conditions de tourisme connues au moment de sa rédaction. Aussi, certains renseignements (prix, adresses, numéros de téléphone, horaires, etc.) peuvent-ils perdre de leur actualité. Michelin ne peut être tenu responsable des conséquences dues à ces éventuels changements.

Le contenu des pages de publicité insérées dans ce guide n'engage que la responsabilité des annonceurs.

VOYAGER PRATIQUE,
pourquoi ?

➡️ *Quand on est éditeur de guides, on se demande sans cesse comment répondre aux attentes des voyageurs d'aujourd'hui.*

Comment satisfaire à la fois vos envies de week-end, d'aventure, de grand voyage, de farniente, de culture, en France ou à l'autre bout du monde ? Vous partez seul ou en famille, entre amis ou en amoureux, deux jours ou trois semaines ? Comment imaginer ce que vous allez aimer : chambres d'hôte ou petites pensions, gargotes ou restaurants de charme, randonnées ou boîtes de nuit, visites culturelles ou bronzette sur la plage ou… tout à la fois ? Comment vous aider à vous repérer dans le pays, à organiser vos transports et à évaluer votre budget ?

Répondre à toutes ces questions, c'est le premier pari de MICHELIN VOYAGER PRATIQUE : le guide pour construire son voyage sur mesure. Grâce à des tableaux thématiques, des cartes et des plans précis, des itinéraires conçus sur le terrain, des informations pratiques complètes, Michelin vous donne les clés de vos vacances.

➡️ *Quand on est éditeur de guides, on se demande aussi quelles sont les conséquences de ses choix éditoriaux.*

Contribuer à un voyage de qualité dans le respect des hommes, de l'environnement et du patrimoine, c'est le second pari de MICHELIN VOYAGER PRATIQUE. Pour remplir cette mission et vous aider ainsi dans vos propres choix, suivez donc nos « BIB » :

😊 *nos Coups de cœur*
😠 *nos Coups de gueule*
😋 *nos Astuces*

Ils vous accompagnent au fil des pages pour illustrer nos recommandations sur chaque étape, mais aussi notre point de vue sur des sujets qui nous paraissent importants. Autant de suggestions dont l'unique finalité est de vous faire profiter pleinement de votre voyage.

L'équipe Voyager Pratique

VIETNAM PRATIQUE

VIETNAM EN DIRECT

SOMMAIRE

SILLONNER LE VIETNAM

SOMMAIRE

VIETNAM PRATIQUE

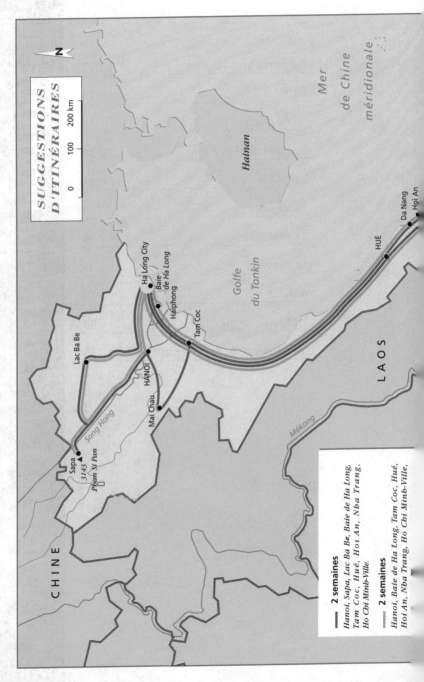

SUGGESTIONS D'ITINÉRAIRES

0   100   200 km

CHINE

Sapa
3143 ▲
Phan Si Pan

Lac Ba Be

Song Hong

Mai Chau

HANOI

Tam Coc

Haiphong

Baie de Ha Long

Ha Long City

Hainan

Golfe
du Tonkin

Mer
de Chine
méridionale

HUÉ

Da Nang

Hoi An

Mékong

LAOS

— **2 semaines**
*Hanoi, Sapa, Lac Ba Be, Baie de Ha Long,
Tam Coc, Hué, Hoi An, Nba Trang,
Ho Chi Minh-Ville.*

— **2 semaines**
*Hanoi, Baie de Ha Long, Tam Coc, Hué,
Hoi An, Nba Trang, Ho Chi Minh-Ville,*

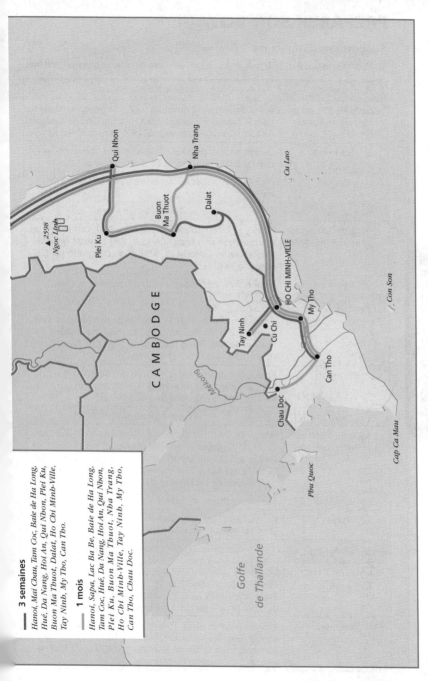

— 3 semaines

Hanoï, Mai Chau, Tam Coc, Baie de Ha Long,
Hué, Da Nang, Hoï An, Qui Nhon, Plei Ku,
Buon Ma Thuot, Dalat, Ho Chi Minh-Ville,
Tay Ninh, My Tho, Can Tho.

— 1 mois

Hanoï, Sapa, Lac Ba Be, Baie de Ha Long,
Tam Coc, Hué, Da Nang, Hoï An, Qui Nhon,
Plei Ku, Buon Ma Thuot, Nha Trang,
Ho Chi Minh-Ville, Tay Ninh, My Tho,
Can Tho, Chau Doc.

PRÉPARER SON VOYAGE

Suggestions d'itinéraires

🔎 *Pour d'autres idées de séjour, voir aussi la carte des itinéraires page précédente.*

6 jours	Hanoi et la baie de Ha Long
Boucle de 300 km au départ de Hanoi	Visite de Hanoi (2 nuits) *(p. 142)*, excursion en bateau dans la baie de Ha Long (nuit à Ha Long City, nuit sur l'île de Cat, nuit sur le bateau) *(p. 190)*. Retour à Hanoi.
Transport	Liaison en bus de Hanoi à la baie (5h). Des bateaux en bois de différentes tailles vous attendent ensuite.
Conseil	Pour la baie, évitez les tours organisés au départ de Hanoi.
8 jours	**Ho Chi Minh-Ville et le delta du Mékong**
Boucle de 700 km au départ de HCM-V	HCM-V (2 nuits) *(p. 368)*, My Tho *(p. 414)*, Can Tho et ses marchés flottants (nuit) *(p. 427)*, Cao Lanh et les réserves naturelles (2 nuits) *(p. 425)*, Chau Doc (nuit) *(p. 435)*. Retour à HCM-V.
Transport	Le plus simple et le plus rapide : louer une voiture.
12 jours	**De Hanoi à Ho Chi Minh-Ville par la côte**
Parcours de 1 800 km	Hanoi (2 nuits) *(p. 142)*, la citadelle de Hué (nuit) *(p. 260)*, la vieille ville de Hoi An (nuit) *(p. 293)*, les stations balnéaires de Nha Trang (nuit) *(p. 316)* et Mui Ne (2 nuits) *(p. 334)*, HCM-V (2 nuits) *(p. 368)*.
Transport	En avion de Hanoi à Hué (1h), en bus de Hué à Hoi An (2h), un train pour Nha Trang (13h30), train et bus pour Mui Ne (7h), bus de Mui Ne à HCM-V (6h).
12 jours	**Le Nord du Vietnam**
Boucle de 1 200 km au départ de Hanoi	Hanoi *(p. 142)*, villages aux alentours de Mai Chau *(p. 211)*, paysages et villages ethniques sur la route de Son La à Sapa via Dien Bien Phu *(p. 204)*, ville de Sapa *(p. 226)*, Ha Long City via Hanoi, excursion en bateau dans la baie de Ha Long *(p. 190)*. Retour à Hanoi.
Transport	Moto ou voiture, et train.
Étapes	Hanoi, Mai Chau, Dien Bien Phu, Lai Chau, Sapa (2 nuits), Hanoi, la baie de Ha Long (2 nuits).
4 semaines	**La traversée du Vietnam du nord au sud**
Parcours de 2 100 km	Boucle du Nord du Vietnam *(voir ci-dessus)*, Hué (nuit) *(p. 260)*, Hoi An (nuit) *(p. 293)*, Kon Tum (nuit) *(p. 359)*, Buon Ma Thuot *(p. 351)*, Dalat (nuit) *(p. 340)*, Mui Ne *(p. 334)*, boucle du delta du Mékong *(voir ci-dessus)*.
Transport	Voiture pour le Haut Tonkin, bus pour la baie de Ha Long, Hanoi-Hué en avion, bus pour Hoi An et les Hauts Plateaux, train et bus de Nha Trang à HCM-V via Mui Ne, voiture dans le delta du Mékong.

Séjour incontournable	Nos remarques et conseils
La baie de Ha Long (p. 190)	Le plus grand karst marin du monde. Le choix de l'agence et du prestataire est important pour le bon déroulement de votre excursion en bateau.
Le delta du Mékong (p. 412)	La vie quotidienne au rythme du fleuve. Usez du bateau aussi souvent que vous le pouvez.
Séjour au cœur des ethnies	
Circuit à l'ouest du Haut Tonkin (p. 204)	Les plus beaux paysages et villages du Vietnam. Basez-vous à Sapa si vous disposez de peu de temps pour visiter le Haut Tonkin.
Circuit dans les Hauts Plateaux (p. 336)	Une des régions les moins touristiques du Vietnam. À parcourir en bus, en jeep ou à dos d'éléphant.
Séjour culturel	
Hué (p. 260)	La ville impériale.
Hoi An (p. 293)	La plus belle ville du Vietnam. À éviter pendant la haute saison touristique (de novembre à avril) et les week-ends.
Hanoi (p. 142)	La grande ville historique qui a gardé du charme.
La route des Chams (p. 306)	Sur les traces du royaume Champa.
Séjour balnéaire	
Mui Ne (p. 334)	Un séjour en bord de mer au milieu des palmiers.
Nha Trang (p. 316)	La Côte d'Azur vietnamienne.
Séjour nature	
Randonnée dans le Haut Tonkin (p. 204)	Vous trouverez aisément à Sapa des guides francophones et expérimentés pour une randonnée de plusieurs jours. D'autres villes moins accessibles sont d'excellents points de départ pour des randonneurs plus aventuriers.
Réserves naturelles du delta du Mékong (p. 412)	Attention aux inondations en septembre.
Séjour sur une île	L'île de Cham (Hoi An) (p. 298), l'île de Hon Ong (Nha Trang) (p. 321) pour s'imaginer en Robinson Crusoé.
Dalat (p. 340)	Une halte confortable et rafraîchissante en toute saison.

Décalage horaire

Il y a 6h de décalage (5h en été) entre la France et le Vietnam. Quand il est midi à Paris, il est 18h à Hanoi (GMT + 7).

Comment téléphoner au Vietnam

Pour téléphoner de l'étranger vers le Vietnam, composez le 00 + 84 + l'indicatif régional (sans le 0) + le numéro de votre correspondant. Renseignements internationaux : 32 12.

Pour appeler depuis le Vietnam, voir p. 38.

À quelle saison partir

Le Vietnam est doté d'un climat tropical, qui se caractérise par un fort ensoleillement, des températures relativement élevées tout au long de l'année et d'importantes précipitations. De manière générale, le pays connaît deux saisons distinctes : une saison sèche et froide (de novembre à avril) et une saison chaude et pluvieuse (de mai à octobre). Mais le pays s'étirant sur plus de 1 600 km, on enregistre toutefois des différences notables entre les provinces du Nord et celles du Sud. Les changements de température sont en effet plus sensibles dans les régions du Tonkin, plus tempérées, tandis qu'ils sont à peine perceptibles à Ho Chi Minh-Ville et dans le delta du Mékong *(voir aussi « Géographie », p. 66)*. Vous pouvez visiter le Vietnam en toute saison, mais devrez aménager votre itinéraire de manière à éviter un hiver plus marqué au Nord ou la période des moussons au Sud (septembre-octobre). Pour connaître la météo au moment de votre départ, consultez le site : www.cnn.com/weather/cities/world.html

Temp.	Moyenne annuelle	Mois le plus froid	Mois le plus chaud	Précipit. annuelles moyennes	Mois le plus sec	Mois le plus pluvieux
Hanoi	23,4 °C	janvier 16,5 °C	juin 28,8 °C	1678 mm	décembre 2020 mm	août 350 mm
Hué	25,1 °C	janvier 19,7 °C	juillet 29,4 °C	3039 mm	janvier 1930 mm	octobre 860 mm
HCM-V	26,9 °C	janvier 25,8 °C	avril 28,9 °C	1952 mm	février 1930 mm	juin 340 mm

Budget à prévoir

La vie n'est pas chère au Vietnam, mais méfiance, les prix ne sont pas affichés chez les commerçants, et l'on vous demandera sans doute plus que le prix réel. N'hésitez pas à négocier.

Compte tenu de l'inflation au Vietnam et de la forte variation du cours du dong, les tarifs concernant l'hébergement et les transports sont indiqués en dollars américains ($).

Les tarifs suivants sont donnés à titre indicatif et n'incluent pas les sorties ou achats personnels.

▶ *Minibudget*

Si vous disposez d'un petit budget, comptez un minimum de **20 $** par jour et par personne pour dormir dans des pensions modestes (de 8 à 10 $ la chambre double), déjeuner dans de petits restaurants (3 $ le repas) et emprunter les transports locaux, moto-taxi, bus ou train. Si vous voyagez seul, il est possible de dépenser moins en logeant en dortoir (comptez 5 $ la nuit).

Services ou articles	Prix moyen	Équivalent en euros
Une chambre double dans un hôtel très simple (type auberge de jeunesse ou mini-hôtel)	8 $	6,40
Une chambre double dans un hôtel confortable	15 $	12
Une chambre double dans un hôtel de catégorie supérieure	40 $	32
Une chambre double dans un palace	150 $	120
Une soupe *pho* dans un « boui-boui » (« Minibudget »)	5 000 VND	0,25
Un repas dans un bon restaurant (« Budget moyen »)	80 000 VND	4
Un repas dans un restaurant de palais (« Une petite folie ! »)	450 000 VND	22
Une location de voiture avec chauffeur pour 1 semaine (catégorie B)	300 $	240
Un litre d'essence super	8 000 VND	0,40
Un billet de train Ho Chi Minh-Hué en seconde classe (1 071 km)	274 000 VND	13
Un billet de train Ho Chi Minh-Hanoi en première classe (1 710 km)	589 000 VND	28
Un ticket de bus Buon Ma Thuot-Plei Ku	49 000 VND	2,50
Trajet aéroport de Hanoi / centre-ville en taxi	8 $	6,40
Location d'un vélo une demi-journée	3 $	2,40
Service d'un guide pour la visite d'une ville impériale une demi-journée	100 000 VND	4,80
Service d'un guide pour la visite d'une ville impériale une journée	150 000 VND	7,25
Un litre d'eau minérale	5 000 VND	0,25
Un thé	3 000 VND	0,15
Une bière	10 000 VND	0,50

▶ *Petit budget*

Avec un budget légèrement plus conséquent (autour de **30 $**) vous dormirez dans des hôtels équipés d'air conditionné et voyagerez en bus climatisé.

▶ *Budget moyen*

Un budget journalier de **50 $** par personne, sur la base de deux personnes, vous permet de descendre dans de bons hôtels (30 $), de déjeuner au restaurant (8 $) et de louer une voiture avec chauffeur pour vos déplacements.

▶ *Une petite folie*

Avec **100 $** par jour et par personne, sur la base de deux personnes, vous fréquenterez les hôtels de luxe (70 $) et les grands restaurants (15 $) et voyagerez en avion et voiture de location.

Réserver

Sauf pendant la période de la fête du Tet et certaines fêtes locales ou religieuses, vous n'aurez guère de problème pour vous loger et une réservation ne s'avère pas indispensable. Pour les trajets aériens sur les lignes intérieures ainsi que dans les trains-couchettes, il est en revanche conseillé d'acheter votre billet quelques jours à l'avance.

Formalités

Toutes ces informations sont données à titre indicatif et sont susceptibles d'évoluer. Renseignez-vous auprès de l'ambassade environ un mois avant votre départ.

▶ Pièces d'identité et visa

Vous devez être en possession d'un **passeport** en cours de validité, ainsi que d'un **visa**, valable un mois à partir de votre date d'entrée au Vietnam, que vous pourrez obtenir auprès de l'ambassade ou du consulat vietnamiens de votre pays. Pour cela, munissez-vous de votre passeport, de deux photos et de 60 €. Vous aurez à remplir deux formulaires très détaillés dans lesquels vous devrez notamment mentionner vos dates d'arrivée et de départ, ainsi que votre adresse sur place (mentionnez le premier hôtel dans lequel vous dormirez). Achetez donc votre billet d'avion avant de faire vos démarches et renseignez-vous sur les adresses de quelques hôtels dans votre ville d'arrivée. Un exemplaire de ce formulaire sera à remettre à la douane lors de votre entrée dans le pays. Vous serez convoqué une semaine plus tard pour retirer le visa (dépôt du dossier le matin/retrait du dossier l'après-midi).

Pour toutes les formalités concernant votre visa, vous pouvez également contacter le service **Action-visas** du Bureau d'information Vietnam *(voir « Adresses utiles », p. 23)* ou consulter leur site Internet : www.action-visas.com

▶ Douanes

Vous devez remplir à votre arrivée dans le pays des **fiches de douane et de police** qu'il vous faudra impérativement conserver tout au long de votre séjour, sous peine de beaucoup de tracas. Le formulaire bleu de police vous sera demandé dans tous les hôtels où vous séjournerez, car ceux-ci doivent déclarer leurs clients à la police locale.

La législation autorise l'**importation** de 200 cigarettes, de 2 l d'alcool, de parfum et de bijoux pour un usage personnel, ainsi que de toutes devises étrangères n'excédant pas 7 000 $. En revanche, les lois sont très strictes pour toute littérature hostile au gouvernement, œuvres pornographiques, vidéocassettes ou armes à feu.

Attention, les antiquités sont interdites à l'**exportation**, aussi demandez toujours un reçu au vendeur, ainsi qu'une déclaration attestant que l'article peut être exporté.

▶ Règlements sanitaires

Il n'y a pas de règlement sanitaire particulier pour entrer dans le pays.

▶ Permis de conduire

Les permis de conduire français et international ne sont pas reconnus au Vietnam. Il est d'autre part impossible, pour des problèmes d'assurance, de louer une voiture sans chauffeur. En revanche, la location de motos est autorisée, pour laquelle on pourra vous demander… votre permis de conduire.

GRANDS REPORTAGES
EXPLORER LE MONDE

**Mensuel 1 an - 12 numéros
inclus 3 numéros spéciaux
Le magazine du voyage, de
l'aventure et de la découverte !**

Embarquez pour un fabuleux voyage au Vietnam !

Découvrez 30 pages de superbes reportages photos pour parcourir le Vietnam de Hanoï à Saigon... Capitales royales, baie d'Along, Saïgon, delta du Mékong... Autant de lieux mythiques et incontournables à visiter...

Rencontrez des hommes et des cultures remarquables...

Et retrouvez le guide de voyage de nos reporters ; pratique et très complet, pour réussir votre futur voyage...

(Magazine cover text):
GRANDS REPORTAGES
EXPLORER LE MONDE

Viêtnam
LA ROUTE MANDARINE

INDE
Hyderabad, cité du futur

JAPON
Hokkaido, grandeur nature

Supplément gratuit
GRANDS REPORTAGES
LE CATALOGUE OFFICIEL DU SALON MONDIAL DU TOURISME
• LES PLUS BEAUX VOYAGES EN 2005

GRENADE - CORDOUE - SÉVILLE
L'ANDALOUSIE HEUREUSE

MARS 2005, N° 278
L 19595 - 278 - F: 4,90 €

▶ *Vaccination*

Aucun vaccin n'est exigé, à l'exception de la fièvre jaune si vous arrivez d'un pays d'Afrique ou d'Amérique latine où elle est endémique. Il est toutefois vivement recommandé d'être à jour de ses vaccinations contre la poliomyélite, la diphtérie, le tétanos, la typhoïde et les hépatites A et B, ainsi que les méningites A et C et l'encéphalite japonaise pour les longs séjours. Le Vietnam est impaludé et classé zone 3. La malaria et sa prophylaxie étant en constante évolution, demandez l'avis de votre médecin avant votre départ.

Centre de vaccination Air France - 2 rue Robert-Esnault-Pelterie, 75007 Paris, ☎ 01 43 17 22 00 ou 0 892 686 364. Lundi-samedi 9h-17h. Sans RV.

Centre médical de l'Institut Pasteur - 209-211 rue de Vaugirard, 75015 Paris, ☎ 01 45 68 81 98, www.pasteur.fr

Hôpital de la Pitié-Salpêtrière - 47 bd de l'Hôpital, 75013 Paris, ☎ 01 42 16 00 00. Sur RV, ☎ 01 42 16 01 03 ou AP Voyages, ☎ 01 45 85 90 21.

Comité d'informations médicales du ministère des Affaires étrangères (CIMED) - 34 rue La Pérouse, 75755 Paris Cedex 16, ☎ 01 43 17 60 79, www.cimed.org Lundi-vendredi 9h-17h, mercredi 14h-17h.

Centre de conseil aux voyageurs de l'hôpital Bichat-Claude-Bernard - pavillon des maladies infectieuses et tropicales, 40 rue Henri-Huchard, 75018 Paris, ☎ 01 40 25 88 86, sur RV. Lundi-vendredi 9h-12h30, 14h-17h, samedi 9h-12h.

Docteur Vacances (agréé par l'OMS) **-** www.traveling-doctor.com

▶ *Maladies*

Au Vietnam comme partout ailleurs, vous limiterez les problèmes en observant les précautions d'hygiène élémentaires. Concernant l'épidémie du syndrome respiratoire aigu sévère (SRAS), apparue dans ce pays en février 2003, l'Organisation mondiale de la santé (OMS) a fait savoir que le Vietnam était parvenu à l'éradiquer grâce à des mesures sanitaires draconiennes. Pour avoir plus de précisions, vous pouvez consulter le site de l'OMS : www.who.int/fr/ ou contacter l'ambassade *(voir « Adresses utiles », p. 23)*.

Tourista - Le changement de climat et d'alimentation cause chez de nombreux voyageurs des **troubles intestinaux**, plus gênants qu'alarmants. Dans la plupart des cas, vous y remédierez en mangeant du riz blanc et du bouillon de légumes, en buvant beaucoup (si possible salé) et en prenant un antidiarrhéique et un antiseptique intestinal.

Paludisme - Le Vietnam est une zone **impaludée** dite de forte résistance, classée zone 3. La maladie se transmet par les piqûres de certains moustiques, mais les risques varient selon les régions et les saisons. Ils sont proches du zéro dans les villes, et plus élevés à proximité des forêts du Nord et des Hauts Plateaux, surtout si vous faites de la randonnée. Dans tous les cas, la prophylaxie commence par une bonne protection contre les moustiques. Usez et abusez des répulsifs, portez pantalon, manches longues et chaussures fermées le soir venu, et vérifiez l'état de vos moustiquaires ou faites brûler des spirales. Il est également conseillé de ne pas porter de couleurs foncées et d'éviter le parfum. Pour tout traitement préventif ou curatif antipaludéen, consultez un service de médecine tropicale avant votre départ *(voir ci-dessus)*.

Dengue - Également transmise par les moustiques, la dengue ne peut être combattue par aucun traitement. Les symptômes apparaissent brutalement : fièvre élevée, maux de tête, douleurs musculaires et éruptions cutanées. La meilleure façon de l'éviter est de se protéger des piqûres de moustiques (vêtements couvrants, répulsifs, moustiquaires, etc.).

Grippe aviaire - La grippe aviaire est une infection due à un virus qui peut toucher presque toutes les espèces d'oiseaux, sauvages ou domestiques. Elle est particulièrement contagieuse chez les poulets et les dindes. Lorsque la souche est hautement pathogène, le virus de la grippe aviaire peut se transmettre à l'homme, comme cela a été observé en 1997 (Hongkong) et plus récemment au Vietnam (2003). La transmission s'effectue lors de contacts fréquents et intensifs avec des sécrétions respiratoires ou des déjections d'animaux infectés. Jusqu'à présent, seul un cas suspect de transmission de l'homme à l'homme a été décelé, ce qui ne permet pas de généraliser. Mais le risque de voir ce virus mélanger son matériel génétique avec celui de la grippe humaine inquiète les spécialistes.

Depuis son apparition au Vietnam, la grippe aviaire a fait 33 morts. Les mesures drastiques prises par le gouvernement semblent cependant avoir eu raison de la maladie. Pour plus de sécurité, les spécialistes recommandent d'éviter les marchés où l'on trouve des volailles, de se laver régulièrement les mains et d'éviter de consommer des produits alimentaires crus ou peu cuits. Chez l'homme, les symptômes sont proches de ceux de la grippe, autrement dit maux de gorge, douleurs musculaires et troubles respiratoires.

Encéphalite japonaise - Cette maladie transmissible par les moustiques, dans les mêmes conditions que le paludisme, peut se révéler très dangereuse. Elle se manifeste par des fièvres hémorragiques, avec de sérieux risques de déshydratation. Les mêmes conseils prévalent en matière de prophylaxie, mais, en l'absence de traitement médicamenteux préventif ou curatif, seul le vaccin (en trois prises étalées sur un mois) constitue une défense efficace. Celui-ci n'est malheureusement pas toujours bien supporté.

Sida - Le Vietnam n'échappe pas au virus du sida, aussi pensez à vous protéger et prévoyez des préservatifs.

▶ *Trousse à pharmacie*

Si vous suivez un traitement particulier, emportez vos médicaments en quantité suffisante, avec l'ordonnance du médecin. Une trousse de base comporte de l'aspirine, un désinfectant ou un antiseptique *(Bétadine)*, un antibiotique à spectre large *(Clamoxyl)*, un antidiarrhéique *(Imodium)* et un antiseptique intestinal *(Ercéfuril)*, un réhydratant, un antihistaminique (contre le rhume, les allergies et le mal des transports), un décongestionnant nasal, des pansements, bandages et sparadraps, un analgésique, des pastilles pour purifier l'eau *(Micropur, Hydroclonazone)*, un répulsif antimoustiques *(DEET, 35/35)*, une crème solaire protectrice et une autre pour traiter les coups de soleil ou les brûlures superficielles *(Biafine)*, un collyre pour les yeux, ainsi que du baume du tigre, idéal pour soulager les irritations provoquées par les piqûres de moustiques. Une crème anti-inflammatoire et un antimycosique peuvent s'avérer utiles, et les voyageurs plus aventureux prévoiront des seringues stériles pour des injections d'urgence. Enfin, n'oubliez pas les produits d'usage courant tels que boules Quiès en mousse, rasoir, crème à raser, tampons et serviettes périodiques, contraceptifs, préservatifs, liquide pour nettoyer les verres de contact et une paire de lentilles de rechange.

Demandez conseil à votre médecin avant le départ ou adressez-vous à **Service médical international voyage et santé -** ☎ 01 49 85 14 85, www.smi-voyage-sante.com

▶ *Services médicaux*

La qualité des soins médicaux dépend beaucoup de l'endroit où vous vous trouvez. En cas de besoin, adressez-vous en premier lieu à l'ambassade ou au consulat les plus proches, ou bien à un grand hôtel. Ils disposent généralement d'un service médical où l'on pourra au moins vous dispenser les premiers soins, avant de vous orienter vers un médecin ou un hôpital.

> **Hôpitaux**

En dehors des grandes villes qui possèdent de bons hôpitaux et des médecins internationaux, vous ne trouverez pas toujours de personnel parlant anglais ou français. En cas de problème sérieux, il vous faudra prendre le premier avion pour Singapour ou Bangkok, qui disposent des meilleures infrastructures médicales de la région.

> **Pharmacies**

Vous trouverez dans toutes les villes des pharmacies *(cua hang thuoc)* proposant un vaste choix de médicaments, souvent produits par des laboratoires internationaux et vendus à l'unité. Vérifiez toujours la date de péremption.

> **Urgences**

Police - ☎ 113, **Pompiers -** ☎ 114, **Ambulance -** ☎ 115.

Assurances

Pensez à souscrire une assurance avant votre départ, car c'est le seul moyen pour vous d'être couvert en voyage. Si vous achetez votre billet d'avion ou votre voyage organisé auprès d'un tour-opérateur, on vous proposera en général une police d'assurance très complète couvrant le remboursement en cas d'annulation, les frais de soins et de rapatriement, ainsi qu'un remboursement forfaitaire en cas de vol ou de détérioration de vos bagages. Sinon, vous pouvez vous adresser à titre individuel aux grandes compagnies spécialisées dans ces prestations (Europ Assistance, Mondial Assistance), mais renseignez-vous préalablement auprès de votre banque, car certaines cartes bancaires donnent droit à une couverture à l'étranger. Les grosses compagnies mutuelles disposent également de ce service.

Europ Assistance - 1 promenade de la Bonnette, 92230 Gennevilliers, ☎ 01 41 85 85 41 (renseignements, abonnements) ou 01 41 85 85 85 (assistance), www.europ-assistance.fr

Mondial Assistance - 2 rue Fragonard, 75017 Paris, ☎ 01 40 25 52 04, www.mondial-assistance.fr

Argent

> **Monnaie**

La monnaie locale est le **dong** (VND). Il existe des billets de 100, 200, 500, 1 000, 2 000, 5 000, 10 000, 20 000 et 50 000 VND. À l'heure où nous publions ce guide, **1 $ = 15 962 VND et 1 € = 19 316 VND**. Pour plus de précisions : www.xe.com/ucc/ ou www.oanda.com/converter/classic

> **Change**

Il est vivement conseillé de partir avec des **dollars**. Évitez les billets froissés, sales et en mauvais état, qui ne seront pas toujours acceptés. Vous pourrez changer votre argent à la Vietcombank, dans les bureaux de change, ainsi que dans quelques bijouteries et hôtels. Soyez prévoyant lorsque vous quittez les grandes agglomérations et demandez des petites coupures, car faire de la monnaie peut s'avérer difficile.

> **Chèques de voyage**

Les chèques de voyage sont généralement acceptés dans toutes les grandes banques, ainsi que dans certains hôtels de catégorie supérieure. Préférez ceux libellés en dollars.

> **Cartes de crédit**

Il y a de plus en plus de distributeurs de billets au Vietnam, en particulier dans les grandes villes. Vous pourrez également retirer de l'argent avec votre carte de crédit (Visa, Mastercard, American Express) dans les banques. Peu d'hôtels ou de restaurants, à l'exception des établissements de luxe, acceptent le paiement par carte.

Votre meilleur souvenir de voyage

Avant de partir en vacances, en week-end ou en déplacement professionnel, préparez votre itinéraire détaillé sur www.ViaMichelin.com. Vous pouvez comparer les parcours proposés, sélectionner vos étapes gourmandes, afficher les cartes et les plans de ville le long de votre trajet. Complément idéal des cartes et guides MICHELIN, ViaMichelin vous accompagne également tout au long de votre voyage en France et en Europe : solutions de navigation routière par GPS, guides MICHELIN pour PDA, services sur téléphone mobile,...

Pour découvrir tous les produits et services :

www.viamichelin.com

21

Ce qu'il faut emporter

▶ *Vêtements*

Emportez des vêtements légers, en coton de préférence, mais un lainage est recommandé pour les endroits climatisés et les régions montagneuses des Hauts Plateaux ou du Haut Tonkin, où l'amplitude thermique peut être importante entre le jour et la nuit. Un blouson ou un pull sont indispensables si vous voyagez en hiver (de septembre à avril). Prévoyez également un vêtement imperméable, car les pluies sont fréquentes, brèves mais souvent torrentielles, ainsi que des vêtements longs et des chaussettes pour vous protéger des moustiques. Veillez aussi à avoir une tenue décente pour la visite des lieux de culte et des chaussures confortables et faciles à retirer, car vous devrez vous déchausser à l'entrée de ces derniers. Enfin, des chaussures montantes bien fermées sont conseillées si vous faites du trekking.

▶ *Accessoires*

Quelques petits accessoires peuvent s'avérer bien utiles, tels qu'un réveille-matin si vous ne voulez pas rater le lever du soleil, du ruban adhésif ou de l'Élasto-plast pour réparer les trous des moustiquaires, un petit cadenas pour fermer vos bagages (notamment si vous devez emprunter les transports locaux), une lampe de poche en cas de coupure d'électricité ou pour certaines visites, une paire de jumelles pour détailler les panoramas à loisir, un couteau de poche pour peler les fruits et une gourde pour vos provisions d'eau potable. Pensez également à prendre un « sac à viande » si vous devez séjourner dans des hôtels sommaires à la literie douteuse (vous en trouverez toutefois sur place, en soie, d'un excellent rapport qualité-prix). Emportez toujours les photocopies de votre billet d'avion, de vos chèques de voyage et des six premières pages de votre passeport, ainsi que des photos d'identité, ce qui facilitera vos démarches en cas de perte ou de vol de vos documents.

Voyage pour tous

Le Vietnam ne pose pas de problèmes sanitaires ou de sécurité particuliers, mais il est conseillé de consulter avant de partir les fiches « Conseils aux voyageurs » sur le site du ministère des Affaires étrangères : www.dfae.diplomatie.fr

▶ *Voyager en couple*

De plus en plus de couples vietnamiens se tiennent par la main en public dans les grandes villes, en particulier dans le Sud, où l'influence occidentale est plus marquée. Le comportement qu'on attend de vous dépend du quartier dans lequel vous vous trouvez. Dans les régions les plus reculées, quelques rarissimes hôtels d'État ne vous accepteront pas si vous n'êtes pas mariés !

▶ *Voyager avec des enfants*

Les Vietnamiens réserveront le meilleur accueil qui soit à vos enfants et voyager avec eux ne vous posera aucun problème. En revanche, veillez à leur alimentation, faites-les boire abondamment et protégez-les du soleil et de la chaleur *(voir la rubrique « Sur place de A à Z », p. 34)*. Vous trouverez tout ce dont vous pourrez avoir besoin dans les grandes villes, mais informez-vous des conditions de transport et d'hébergement avant de sortir des sentiers battus.

▶ *Femme seule*

Une femme seule ne rencontrera pas de problème particulier, à condition de respecter certaines règles de prudence élémentaires. Évitez les tenues provocantes et les promenades nocturnes sur la plage ou dans les quartiers déserts. Les Vietnamiens vous solliciteront souvent par curiosité, mais vous serez rarement importunée.

▶ *Personnes âgées*

Les personnes âgées peuvent séjourner au Vietnam sans difficulté. Toutefois, en dehors des zones touristiques, il convient de s'informer sur les conditions de transport et d'hébergement, ainsi que sur les services de santé, qui demeurent rudimentaires.

▶ *Personnes handicapées*

Les infrastructures actuelles ne sont malheureusement pas prévues pour faciliter le déplacement et le séjour des personnes handicapées qui voyageraient en individuel. Il est préférable, pour profiter pleinement de votre voyage, de vous adresser à un tour-opérateur qui vous aidera dans l'organisation logistique.

▶ *Voyager avec un animal domestique*

Pas de quarantaine pour les animaux domestiques. Il suffit de présenter un carnet de vaccination à jour et de vérifier les conditions d'admission auprès de la compagnie aérienne avec laquelle vous voyagez. En revanche, gardez un œil sur votre chien une fois dans le pays, de crainte qu'il ne finisse pas le voyage avec vous…

Adresses utiles

▶ *Offices du tourisme*

En l'absence d'offices du tourisme officiels en Europe, adressez-vous à l'ambassade du Vietnam de votre pays.

France - Bureau d'information Vietnam / Actions-visas, 69 rue de la Glacière, 75013 Paris, ☎ 0 826 000 726, www.cap-vietnam.com et www.action-visas.com Lundi-vendredi 9h30-12h, 13h30-18h30, samedi 9h30-13h. Cette agence privée, qui travaille en collaboration avec l'Administration nationale du tourisme au Vietnam pour promouvoir les échanges France-Vietnam, fournit des informations sur le tourisme et l'économie. Elle propose également le service **Action-visas**, qui facilite l'obtention rapide de visas de tourisme et d'affaires (délai de 1 à 7 jours selon l'urgence), sur place ou par correspondance. Possibilité d'obtenir aussi des visas pour les pays proches du Vietnam et de télécharger gratuitement sur leur site les formulaires officiels de l'ambassade. Enfin, sachez que ce service prélève un euro de sa marge sur chaque visa pour financer un projet humanitaire au Vietnam. Livres, guides et cartes en vente à la librairie.

▶ *Représentations diplomatiques*

France - Ambassade, 62-66 rue Boileau, 75016 Paris, ☎ 01 44 14 64 00. Lundi-vendredi 10h-12h, 14h-17h.

Belgique - Ambassade, 130 av. de la Floride, 1180 Bruxelles, ☎ (32 2) 374 91 33.

Suisse - Consulat général, 228 Koenizstr. CH, 3097 Liebefeld, Berne, ☎ (41 31) 972 44 14.

Canada - Ambassade, 226 rue MacLaren, Ottawa, Ontario, Canada K2POL6, ☎ (1 613) 236 07 72 ou 232 19 57.

▶ *Centres culturels et librairies*

Association française des amis de l'Orient (AFAO) - 19 av. d'Iéna, 75116 Paris, ☎ 01 47 23 64 85, ass-fse-amis-de-orient@wanadoo.fr Elle organise des journées d'études, des cycles de cours et de conférences, des visites guidées d'expositions et des voyages à thème.

Association d'amitié franco-vietnamienne (AAFV) - 44 rue Alexis-Lepère, 93100 Montreuil, ☎ 01 42 87 44 34, www.aafv.org Cette association a pour principale mission de favoriser les relations entre la France et le Vietnam. Elle réalise des actions d'information, de coopération et de solidarité, et organise des voyages au Vietnam.

Bibliothèque interuniversitaire des langues orientales - 4 rue de Lille, 75007 Paris, ☏ 01 44 77 87 20, www.inalco.fr Lundi 13h-19h, mardi-vendredi 10h-19h, samedi 10h-18h. Consultation des ouvrages sur place (pièce d'identité et photo nécessaires). Beaucoup d'ouvrages en langue originale.

La Maison de l'Indochine - 1 place Saint-Sulpice, 75006 Paris, ☏ 01 40 51 95 15, www.maisondelindochine.com Lundi-samedi 10h-19h. Ce tour-opérateur édite un calendrier trimestriel de conférences thématiques ou d'introduction au voyage.

Sudestasie Librairie - 17 rue du Cardinal-Lemoine, 75005 Paris, ☏ 01 43 25 18 04.

▶ *Sites Internet*

Sites généralistes pour voyageurs

www.abm.fr ABM (Aventure du Bout du Monde) est une association de voyageurs unique et très conviviale, qui permet à ses adhérents d'échanger des informations. Renseignements : 11 rue de Coulmiers, 75014 Paris, ☏ 01 45 45 29 29.

www.uniterre.com Uniterre fournit de nombreux liens vers d'autres sites pour l'organisation de votre voyage, ainsi que des informations pratiques et une sélection de carnets de voyage sur la destination qui vous intéresse.

Sites sur l'Asie et le Vietnam

Voir aussi les sites des centres culturels indiqués ci-dessus.

www.eurasie.net Eurasie est le meilleur « webzine » francophone consacré à l'Asie. Un carnet d'adresses pour préparer et organiser votre voyage, un agenda des concerts, expositions, rencontres et manifestations régulièrement mis à jour.

www.thingsasian.com ou www.destinationvietnam.com Un site en anglais très documenté, sur la culture, l'art, l'histoire et les voyages dans le monde asiatique.

www.cap-vietnam.com Le site du Bureau d'information Vietnam *(voir ci-dessus)*, pratique et complet.

www.phapviet.com Un site généraliste en français et en vietnamien. Beaucoup d'informations concernant le pays et les activités de la communauté vietnamienne en France.

www.passions-vietnam.com Présentation du magazine *Passions Viet Nam*.

www.ambafrance-vn.org Le site de l'ambassade de France au Vietnam.

Petits cadeaux à offrir

Afin de remercier vos hôtes de leur accueil et de leur générosité, n'hésitez pas à prévoir quelques petits présents ou tout autre gadget bien de chez vous. Beaucoup de Vietnamiens vous questionneront sur votre famille ou votre pays et seront ravis si vous pouvez leur montrer quelques photos ou cartes postales.

PARTIR

En avion

De nombreuses compagnies aériennes desservent chaque jour le Vietnam au départ de l'Europe. La plupart d'entre elles proposent un billet permettant d'arriver à Hanoi et de repartir de Ho Chi Minh-Ville, ou le contraire, sans supplément de prix. Le vol direct entre Paris et l'une de ces deux villes dure environ 15h et comprend au moins une escale. Le prix d'un billet aller-retour pour le Vietnam, négocié par les différents tour-opérateurs, oscille entre 600 et 1 000 €.

Tableau des distances (en km)

	Hanoi	Sapa	Ha Long City	Hué	Plei Ku	Nha Trang	Dalat	HCM-V	Can Tho
Hanoi		338	155	658	1 100	1 303	1 505	1 710	1 879
Sapa	338		463	996	1 438	1 641	1 843	2 048	2 217
Ha Long City	155	493		730	1 175	1 378	1 580	1 785	2 292
Hué	658	996	730		458	626	841	1 071	1 240
Plei Ku	1 100	1 438	1 175	458		380	595	550	994
Nha Trang	1 303	1 641	1 378	626	380		215	445	614
Dalat	1 505	1 843	1 580	841	595	215		299	468
HCM-V	1 710	2 048	1 785	1 071	550	445	299		169
Can Tho	1 879	2 217	2 292	1 240	994	614	468	169	

▶ *Lignes régulières*

Air France - 119 av. des Champs-Élysées, 75008 Paris, ☎ 0 820 820 820, www.airfrance.fr La compagnie française propose trois vols directs hebdomadaires pour Hanoi et quatre vols directs hebdomadaires pour Ho Chi Minh-Ville, au départ de Paris.

Vietnam Airlines - 9 rue de la Paix, 75002 Paris, ☎ 01 44 55 39 90. La compagnie nationale assure trois vols directs par semaine pour Hanoi et Ho Chi Minh-Ville au départ de Paris.

D'autres compagnies proposent des vols avec escale dans leur pays :

Lufthansa - 122 av. du Général-Leclerc, 92105 Boulogne, ☎ 0 826 103 334. Un départ quotidien de Paris à destination de Ho Chi Minh-Ville via Munich.

Malaysia Airlines - 12 bd des Capucines, 75009 Paris, ☎ 01 44 51 64 20. Cinq vols par semaine (tous les jours sauf mercredi et jeudi), au départ de Paris avec escale à Kuala Lumpur.

Thai Airways - 23 av. des Champs-Élysées, 75008 Paris, ☎ 01 44 20 70 80, www.thaiairways.fr La compagnie thaïlandaise assure une liaison quotidienne pour Bangkok, d'où vous pouvez récupérer un vol pour Hanoi, Ho Chi Minh-Ville ou Da Nang. Seul inconvénient : l'attente à Bangkok peut être longue.

Vous obtiendrez aussi des informations auprès des généralistes de l'aérien :

Anyway - 128 quai de Jemmapes, 75010 Paris, ☎ 0 892 893 892, www.anyway.com

Ebookers - 28 rue Pierre-Lescot, 75001 Paris, ☎ 01 45 08 44 88, www.ebookers.fr Lundi-vendredi 10h-18h30, samedi 11h-17h.

Lastminute.com - www.lastminute.com

Look Voyages - ☎ 01 44 31 84 00, www.look-voyages.fr

▶ *Confirmation*

Pour certaines compagnies, il est nécessaire de confirmer votre vol de retour au moins 48h à l'avance.

▶ *Aéroport*

La taxe internationale d'aéroport s'élève à 10 $ au départ du Vietnam.

Par un tour-opérateur

▶ *Généralistes*

Leurs brochures sont disponibles dans la plupart des agences de voyages.

Forum Voyages - 11 rue Auber, 75009 Paris, ☎ 01 42 66 43 43, forum.auber@wanadoo.fr

Fram - 4 rue Perrault, 75001 Paris, ☎ 01 42 86 55 55, www.fram.fr Lundi-vendredi 9h-19h, samedi 9h30-13h, 14h-18h30.

Go Voyages - 22 rue d'Astorg, 75008 Paris, ☎ 0 825 825 767, www.govoyages.com Lundi-vendredi 9h-19h, samedi 10h-18h.

Jet Tours - 38 av. de l'Opéra, 75002 Paris, ☎ 01 47 42 06 92, www.jettours.fr Lundi-vendredi 9h-18h30, samedi 10h-13h, 14h-18h30.

Kuoni - 40 rue de Saint-Pétersbourg, 75008 Paris, ☎ 01 42 82 04 02, www.kuoni.fr Lundi-vendredi 10h-18h30.

Nouvelles Frontières - 87 bd de Grenelle, 75015 Paris, ☎ 0 825 000 825, www.nouvelles-frontieres.fr Lundi-vendredi 8h30-20h, samedi 8h30-19h.

▶ *Spécialistes de l'Asie*

Asia - 1 rue Dante, 75005 Paris, ☎ 01 44 41 50 10, www.asia.fr

Ariane Tours - 5 square Dunois, 75013 Paris, ☎ 01 45 86 88 66, www.arianetours-tours.com

Globe d'Or - 163 rue de Tolbiac, 75013 Paris, ☎ 01 45 88 67 87, www.globe-d-or.fr

La Maison de l'Indochine - 1 place Saint-Sulpice, 75006 Paris, ☎ 01 40 51 95 15, www.maisondelindochine.com

Orients - 25 rue des Boulangers, 75005 Paris, ☎ 01 40 51 10 40, www.orients.com

Les Routes de l'Asie - 7 rue d'Argenteuil, 75001 Paris, ☎ 01 42 60 46 46, www.laroutedesindes.com

Voyageurs en Asie du Sud-Est - 55 rue Sainte-Anne, 75002 Paris, ☎ 01 42 86 16 88, www.vdm.com Autres agences à Lyon, Fougères, Rennes, Saint-Malo, Toulouse, Marseille et Nice.

▶ *Voyages culturels*

Arts et Vie - 39 rue des Favorites, 75015 Paris, ☎ 01 44 19 02 02, www.artsvie.asso.fr Informations sur les voyages au 251 rue de Vaugirard, 75015 Paris, ☎ 01 40 43 20 21.

Clio - 34 rue du Hameau, 75015 Paris, ☎ 01 53 68 82 82, www.clio.fr

Lien Hong - 74 A/3, rue Tran Huu Trang, Phu Nhuan District, Ho Chi Minh-Ville, ☎ (84) 88 44 79 96 ou 88 45 23 10. Un concept original qui inclut, dans les voyages à la carte et les circuits à thème proposés, des rencontres avec des Vietnamien(ne)s francophones (artistes, paysans, enseignants, etc.).

▶ *Voyages aventure*

Allibert - 37 bd Beaumarchais, 75003 Paris, ☎ 01 44 59 35 35 ou 0 825 090 190, www.allibert-trekking.com

Atalante - CP 701, 36-37 quai Arloing, 69256 Lyon Cedex 09, ☎ 04 72 53 24 80. Agence à Paris : 5 rue Du Sommerard, 75005 Paris, ☎ 01 55 42 81 00, www.atalante.fr

Club Aventure - 18 rue Séguier, 75006 Paris, ☎ 0 825 306 032, www.clubaventure.fr

■ a. ✗✗ *Restaurant de bon confort*
■ b. ❀ *Une très bonne table dans sa catégorie*
■ c. 🐕 *Repas soignés à prix modérés*

**Vous ne savez pas quelle case cocher?
Alors plongez-vous dans le Guide Michelin !**

- une collection de 12 destinations

- 20 000 restaurants sélectionnés en Europe

- 1 600 plans de ville

- les meilleures adresses à tous les prix

  Guides Michelin, le plaisir du voyage.

Explorator - 16 rue de la Banque, 75002 Paris, ☎ 01 53 45 85 85, www.explo.com

Horizons Nouveaux - Centre de l'Étoile, case postale 196, 1936 Verbier, Suisse, ☎ (41 0) 277 71 71 71, www.horizonsnouveaux.com

Nomade Aventure - 40 rue de la Montagne-Sainte-Geneviève, 75005 Paris, ☎ 01 46 33 71 71, www.nomade-aventure.com

Terres d'Aventure - 6 rue Saint-Victor, 75005 Paris, ☎ 0 825 847 800, www.terdav.com

SE DÉPLACER

Le transport fait partie du dépaysement au Vietnam, mais il faut disposer de temps pour en goûter l'exotisme. Si vous comptez avoir un bref aperçu du Nord, du Centre et du Sud du pays en utilisant uniquement la voiture, le bus et le train, un mois s'avère nécessaire. En revanche, trois semaines peuvent suffire si vous vous déplacez en avion.

En voiture

▶ *Location*

Si votre budget vous le permet, louer une voiture à plusieurs constitue la meilleure manière de visiter le pays, car elle offre le maximum de souplesse. La **location avec chauffeur** est de règle au Vietnam et elle présente de multiples avantages. Préférez évidemment un chauffeur parlant anglais ou français, et faites préciser noir sur blanc si ses repas et son hébergement sont compris, ce qui est normalement le cas. Prenez en compte les horaires de travail habituels, entre 8h et 17h avec une pause-déjeuner vers midi. De nombreux hôtels procurent aux chauffeurs une chambre à bon prix, voire gratuite dans certains cas. Il est difficile d'indiquer un tarif journalier, car celui-ci comprend l'essence et dépend donc de la distance parcourue. Le prix se fixe après négociation, en indiquant aussi précisément que possible l'itinéraire suivi. À titre informatif, comptez environ 30 $ la journée pour un circuit dans le delta du Mékong, 50 $ dans les Hauts Plateaux au départ de Ho Chi Minh-Ville (ou 40 $ sur place) et 30 $ dans le Nord du Vietnam. Une jeep ou un 4x4 seront évidemment plus chers (à partir de 60 $ la journée).

▶ *Réseau routier*

La qualité du réseau routier est très inégale. Les nationales, en particulier la RN1 (dite « route Mandarine ») qui relie Hanoi à Ho Chi Minh-Ville, sont bien sûr bitumées. Néanmoins, après les fortes précipitations de la saison des pluies, le passage des véhicules lourds peut détruire en un rien de temps le revêtement. C'est notamment le cas des portions basses de la RN1, au nord de Nha Trang, régulièrement inondées, et qu'il est prévu de relever.

Sur les Hauts Plateaux et dans le Haut Tonkin la plupart des routes sont goudronnées, mais les précipitations provoquent de fréquents glissements de terrain. Certaines portions, comme entre Dalat et Buon Ma Thuot, Plei Ku et Qui Nhon, Kon Tum et Da Nang, ne sont praticables qu'en jeep ou à moto.

▶ *Conduite*

La loi de la jungle règne sur les routes vietnamiennes, que ce soit en ville ou sur les nationales. À la règle du passage en force adoptée par les camions et les bus, les piétons et les deux-roues semblent avoir trouvé pour toute réponse l'indifférence ou le mépris. Ainsi, ne vous étonnez pas de voir parfois une moto, où toute une famille a pris place (sans casque évidemment), refuser de changer de file pour laisser passer un énorme bus filant à vive allure et klaxonnant à tout rompre. Ailleurs, le bitume sert de terrain de jeu aux enfants ou de séchoir à riz. Ces scènes, si elles prêtent souvent à sourire, donnent malheureusement lieu à quantité d'accidents dramatiques. La règle de base est de laisser la priorité au véhicule le plus imposant. Dans ce pays où le parc automobile est encore réduit, le principe s'applique avant tout au face-à-face entre les véhicules de transport collectif et les deux-roues ou les carrioles. Une autre règle essentielle consiste à faire un usage immodéré du **klaxon**, bien plus utile que le rétroviseur ! Il y a peu de chance que cela induise une quelconque modification du comportement des autres conducteurs, mais ils ne pourront ignorer votre présence.

▸ *Essence*

Le réseau de stations-service est satisfaisant sur les grands axes, mais il est beaucoup plus épars sur les routes secondaires des Hauts Plateaux ou dans les montagnes du Nord. Les stations se trouvent généralement à la périphérie des zones urbaines. En cas de besoin, vous pouvez aussi acheter de l'essence au marché noir auprès des vendeurs installés sur les trottoirs, mais le mélange contient souvent du kérosène, nocif pour le moteur.

▸ *En cas d'accident*

En cas d'accident, votre qualité d'étranger vous placera en position de faiblesse, car le litige se règle habituellement en négociant et l'on considère d'emblée qu'un Occidental étant plus riche, il lui incombe de rembourser les dommages. Si les revendications sont outrancières ou si la situation s'envenime, n'hésitez pas alors à invoquer l'arbitrage de la police, qui confisquera probablement les deux véhicules.

À moto

▸ *Location*

Un **permis de conduire international** est parfois demandé (bien qu'il ne soit pas reconnu au Vietnam) pour louer une moto dont la cylindrée dépasse 50 cm^3. Le tarif oscille entre 5 et 12 $ par jour selon la région, la marque et la cylindrée du véhicule (la marque Honda, très répandue, est devenue synonyme de moto). Sachez qu'en cas de perte, vous serez considéré comme responsable et tenu de verser une franchise, dont vous avez intérêt à vous faire préciser le montant à l'avance. Certaines agences proposent une formule avantageuse permettant de louer une moto dans une ville et de la déposer dans une autre. Renseignez-vous notamment auprès de Sinh Café, qui possède plusieurs agences dans le pays, à Hanoi, Dong Ha, Hoi An, Nha Trang, Dalat ou Ho Chi Minh-Ville *(voir aux chapitres concernés dans « Sillonner le Vietnam »)*. Généralement, les voyageurs utilisent les deux-roues pour circuler autour de villes-étapes. Cependant, pour le Haut Tonkin notamment, les plus courageux apprécieront la possibilité d'effectuer en toute liberté une grande boucle à travers la région au guidon d'une Minsk. Dans ce cas, nous vous recommandons vivement de contacter votre assurance avant de partir. Il est par ailleurs possible de louer une **moto avec chauffeur** dans les endroits les plus reculés, comme les Hauts Plateaux (en particulier pour la route Kon Tum-Da Nang ou Plei Ku-Qui Nhon) et le Haut Tonkin. Vous en apprécierez sans doute les avantages en cas de problème technique, ou si la route s'effondrait et que vous deviez porter la moto à dos. D'une manière générale, évitez de sillonner ces routes seul, car elles sont très peu fréquentées et vous ne pourrez guère escompter d'aide en cas de problème.

▸ *Conduite*

Si vous circulez en deux-roues, sachez que la conduite diffère sensiblement de celle de nos contrées. Ainsi, lorsque le feu passe au rouge à un carrefour, il est d'usage de passer si vous tournez à droite, même si cette pratique semble être en contradiction avec le code de la route. En règle générale, il est conseillé d'observer le comportement des autres cyclistes et motards, et de vous laisser porter par le flot des véhicules… même si vous manquez votre rue.

À bicyclette

Il est possible de louer un vélo dans la plupart des villes, mais sachez que la majorité ne possède pas de freins ! Ce moyen de locomotion très populaire vous fera découvrir le pays au rythme des Vietnamiens, sans le stress de la vitesse. Si vous souhaitez parcourir le pays à vélo, il va sans dire que la platitude du delta du Mékong présente certains attraits par rapport aux Hauts Plateaux ou aux montagnes du Nord.

En taxi

De plus en plus de compagnies font leur apparition dans les grandes villes et les centres touristiques. Les vieilles voitures françaises cèdent le pas à de fringantes japonaises équipées d'un compteur. La prise en charge varie suivant les compagnies, mais la tarification est généralement au kilomètre. Dans la plupart des cas, vous n'avez pas à craindre de mauvaises surprises, surtout si le taxi est doté d'une radio, ce qui lui permet de se renseigner auprès du central s'il est égaré. Les chauffeurs connaissent le parcours et ne sont guère enclins à vous « balader ».

En moto-taxi

Fort répandus dans tout le pays, les *xe om* ou *honda om* sont des véhicules privés transportant des passagers moyennant un tarif négocié. Vous n'aurez aucun mal à en trouver près des marchés, des terminaux ou des grands carrefours. Le montant de la course est à peu près identique à celui d'un cyclo-pousse.

En cyclo-pousse

Le *xich lo* est le moyen de transport urbain le plus pittoresque du Vietnam, à tel point que certains touristes donnent parfois l'impression de croire qu'ils effectuent un tour de manège ! Négociez le prix de la course à l'avance et en dongs (ayez toujours de la petite monnaie), tout en gardant à l'esprit qu'il s'agit d'un travail particulièrement dur.

La plupart du temps, les conducteurs perçoivent une commission sur les clients qu'ils déposent devant les hôtels et les boutiques (même s'ils ne sont pour rien dans votre choix), commission qui sera répercutée sur le prix de la chambre ou de votre achat. Dans le Sud, les conducteurs de cyclo-pousse sont souvent d'anciens soldats, mais cet emploi attire de plus en plus de jeunes issus de la campagne, qui louent le triporteur à la journée et dorment parfois dedans. Les plus riches possèdent leur propre véhicule, mais doivent le déclarer et posséder un permis de résider en ville.

En stop

Le stop est très peu répandu au Vietnam, et le conducteur vous demandera une participation, souvent élevée, qu'il conviendra de négocier. Il est par contre tout à fait habituel d'être pris en stop par des bus (demandez où les cars ont l'habitude de s'arrêter pour prendre les passagers de dernière minute). Ne pouvant dans ce cas acheter votre billet à un guichet, méfiez-vous du prix annoncé.

En train

Si vous voyagez assis, ce qui est déconseillé pour les longs trajets, vous avez le choix entre des **sièges** durs ou mous, en compartiment climatisé ou non. Pour les **couchettes**, l'option est entre banquettes dures ou molles, avec ventilateur ou climatisation dans les deux cas. Les couchettes surélevées sont moins chères, mais y accéder relève presque de l'exploit, car les cabines sont dépourvues d'échelle et il faut faire attention à ne pas se prendre les cheveux dans le ventilateur… Celles du bas sont toutefois envahies par les passagers réveillés du compartiment dès potron-minet.

- a. **Maison d'hôte de charme**
- b. **Chambre à 45 € maximum la nuit**
- c. **À ne pas manquer : le petit "plus"**

**Vous ne savez pas quelle case cocher ?
Alors ouvrez vite Le Guide Coups de Cœur Michelin !**

MICHELIN

1000 maisons d'hôte et hôtels
de charme à prix doux

FRANCE

- Des adresses à prix doux
  qui vous charmeront
- une sélection classée par région
- des établissements qui offrent des
  prestations gastronomiques et sportives
- des cartes régionales pour un
  repérage facile

  Guide Coups de Cœur,
  le plaisir du voyage.

MICHELIN
Une meilleure façon d'avancer

Première règle de **prudence** à observer si vous prenez le train : conservez toujours votre billet jusqu'à votre sortie définitive de la gare. Il arrive que des passagers n'ayant pas leur titre de transport soient contraints d'en racheter un. Sans sombrer dans la paranoïa, sachez en outre que des voleurs sévissent parfois. Par précaution, fermez donc vos bagages avec un cadenas et ne les laissez pas sans surveillance au moment du départ. Il est du reste souvent possible de faire enregistrer des colis encombrants ou un vélo en bagages non accompagnés. En ce qui concerne la **restauration**, les billets longue distance incluent un repas que vous pourrez compléter avec les produits proposés par les marchands ambulants à chaque arrêt.

L'**Express de la Réunification** relie Hanoi à Ho Chi Minh-Ville. Réservez 2 ou 3 jours à l'avance si vous désirez une couchette molle et évitez la période de la fête du Tet. Le **S1 express**, dont toutes les couchettes sont climatisées, part de Hanoi à 21h et dessert Vinh (5h26 de trajet, 319 km), Dong Hoi (9h26, 522 km), Hué (12h20, 688 km), Da Nang (15h08, 791 km), Dieu Tri (20h36, 1 096 km), Nha Trang (24h37, 1 315 km) et Ho Chi Minh-Ville (32h, 1 726 km). Dans l'autre sens, le **S2** part aussi à 21h de Ho Chi Minh-Ville. Pour le trajet complet, il en coûte 1 million de dongs pour une couchette dure intermédiaire et 1,3 million pour une couchette molle. Comme toujours dans les trains vietnamiens, les étrangers paient un tarif supérieur.

Moins rapides, les trains **S3**, **S5** et **S7** relient trois fois par jour Hanoi et Ho Chi Minh-Ville (41h de trajet), en effectuant plus d'arrêts. Dans l'autre sens, les trains **S4**, **S6** et **S8** partent avec la même fréquence. Pour le trajet complet, il en coûte 803 000 VND pour une couchette dure intermédiaire et 1,2 million de dongs pour une couchette molle dans un compartiment climatisé. *Pour les lignes ferroviaires du Nord du pays, reportez-vous aux chapitres concernés.*

En bus

Étant donné la vétusté du parc et l'état médiocre du réseau routier, voyager en bus peut se révéler éprouvant, voire fort en émotion, surtout si vous circulez de nuit. Ce mode de transport très pratique permet cependant de couvrir tout le pays à moindres frais. Il laisse en outre une large place aux imprévus qui font le piment du voyage. Les vieux Renault hauts sur roues des années 1950 ont presque partout cédé la place à d'autres générations de bus, depuis les américains des années 1970, aux russes des années 1980, jusqu'aux coréens et aux japonais de la décennie écoulée. De loin les plus confortables, ces derniers présentent l'inconvénient d'être équipés de sono et de karaoké ! Le reste du temps, le confort est rudimentaire et vous serez probablement serré sur d'étroites banquettes non rembourrées... si vous ne voyagez pas debout.

Les **terminaux** se situent généralement à la périphérie des villes et les départs ont lieu très tôt le matin. En l'absence de système de réservation, il faut vous rendre sur place et monter dans le bus. Pour connaître le tarif exact, l'idéal est d'observer combien paient les autres passagers (en gardant à l'esprit qu'ils ne font peut-être pas le même trajet que vous). Quoi qu'il en soit, les tarifs sont très modiques. Les règles de prudence élémentaires ont également cours pour vos bagages, fermés et placés si possible dans votre champ de vision. Si cela s'avère impossible, gardez sur vous tous vos objets de valeur dans un petit sac.

Les **bus ordinaires** partent quand ils sont pleins et s'arrêtent fréquemment sur la route pour embarquer des passagers. De manière générale, évitez de monter dans un bus presque vide, car vous risquez d'attendre longtemps le départ, quoiqu'on ait déjà vu des bus quitter à moitié pleins le terminal pour attendre ensuite on ne sait quoi pendant une heure à la station-service située 200 m plus loin...

Les **bus express**, un peu plus chers, sont parfois climatisés et sont censés ne pas s'arrêter en route pour prendre d'autres passagers. Dans tous les cas, vous dépasserez rarement les 50 km/h de moyenne.

En minibus

Les minibus ordinaires appartiennent à des compagnies privées et stationnent près des gares, des terminaux et des embarcadères. Pratiques pour les liaisons moyennes très fréquentées (Hanoi-Haiphong, Ho Chi Minh-Ville-Vung Tau), ils partent quand ils ont un nombre suffisant de passagers, mais s'arrêtent souvent pour charger d'autres clients, ce qui peut rendre le trajet particulièrement long. Le tarif se négocie au départ. Certaines agences affrètent également des minibus climatisés très confortables, qui viennent parfois vous chercher à votre hôtel et ne prennent pas de passagers en route. Le voyage perd en exotisme ce qu'il gagne en confort.

En bus ou minibus Open Tour

Cette formule très abordable, et populaire auprès des touristes au Vietnam, présente de multiples avantages, mais aussi l'inconvénient majeur de vous faire voyager sans contact avec la population locale. Il s'agit de minibus confortables, et généralement climatisés, qui font la liaison entre Hanoi et Ho Chi Minh-Ville (mais aussi Dalat et Ho Chi Minh-Ville) et desservent les principaux sites touristiques. Vous avez ainsi la possibilité de vous arrêter dans n'importe quelle ville-étape et d'y séjourner le temps que vous désirez avant de reprendre un autre minibus *Open Tour*.

En bateau

En tant que mode de transport, son usage est limité au delta du Mékong et aux liaisons avec certaines îles comme Phu Quoc. Des croisières sont également organisées en baie de Ha Long, dans le delta du Mékong et vers les îles au large de Nha Trang *(voir les chapitres concernés)*.

En hydrofoil

L'hydrofoil est un moyen commode pour relier Haiphong à Cat Ba, dans la baie de Ha Long, ou Ho Chi Minh-Ville au delta du Mékong et à Vung Tau *(voir les chapitres concernés)*.

En avion

Le pays étant très étendu du nord au sud, l'avion épargnera vos forces et permettra un gain de temps pour les grandes distances. **Vietnam Airlines**, la compagnie d'État, détient un quasi-monopole sur les lignes intérieures, à l'exception de la liaison Ho Chi Minh-Ville-Hanoi, également assurée par la compagnie **Pacific Airlines**. Ces dernières années ont vu le tourisme national se développer de manière fulgurante, d'autant que les vols intérieurs sont bien moins chers pour les Vietnamiens. Pensez à réserver à l'avance, car les avions sont souvent pleins.

Excursions organisées

Les agences de voyages proposent des circuits clefs en main, mais si vous souhaitez effectuer un voyage à la carte, il est possible de louer une voiture avec chauffeur et guide *(voir « En voiture », p. 28)*. Nous vous conseillons, en règle générale, de choisir une agence proche du lieu que vous souhaitez visiter. Ceci pour une raison : éviter de perdre du temps en transports payés au prix fort pour rejoindre le site.

Outre les agences de voyages qui organisent des excursions en bateau sur le Mékong, la chaîne d'hôtels Victoria projette de mettre sur pied une croisière en bateau du delta du Mékong jusqu'au Cambodge et affrète d'ores et déjà plusieurs voitures de luxe qui font le voyage avec le train régulier entre Hanoi et Lao Cai *(voir « Sillonner le Vietnam », p. 235)*.

SE DÉPLACER

SUR PLACE DE A À Z

Adresses utiles

▶ *Offices du tourisme*

Les offices du tourisme vietnamiens dépendent des administrations provinciales. Ils fonctionnent en fait comme des agences de voyages, proposant des prestations payantes, ainsi qu'une documentation sommaire qui n'est pas toujours gratuite. Dans certaines provinces, comme à My Tho ou à Plei Ku, ils exercent un monopole sur les excursions ou exigent un permis, voire un guide local, même si le visiteur est déjà accompagné. Ces pratiques n'ont pas cours dans les grands centres touristiques, où ils s'associent parfois avec des agences privées. Les deux agences les plus importantes du pays sont :

Saigon Tourist - 49 Le Thanh Ton, Ho Chi Minh-Ville, ☎ (08) 829 89 14, www. saigontourist.net Agence à Da Nang : 357 Phan Chau Trinh, ☎ (511) 82 70 84.

Vietnam Tourism - 30A Ly Thuong Kiet, Hanoi, ☎ (04) 826 41 54, www.vn-tourism. com Autres agences notamment à Da Nang, Qui Nhon et Ho Chi Minh-Ville *(voir ces villes dans « Sillonner le Vietnam »)*.

▶ *Représentations diplomatiques*

France - Ambassade, 57 Tran Hung Dao, Hanoi, ☎ (04) 825 27 19.

Belgique - Ambassade, 48-50 Nguyen Thai Hoc, Hanoi, ☎ (04) 934 61 79.

Suisse - Ambassade, 77B Kim Ma, Hanoi, ☎ (04) 845 48 24.

Canada - Ambassade, 31 Hung Vuong, Hanoi, ☎ (04) 823 55 00.

Cambodge - Ambassade, 71A Tran Hung Dao, Hanoi, ☎ (04) 825 37 88.

Chine - Ambassade, 46 Hoang Dieu, Hanoi, ☎ (04) 845 37 36.

Laos - Ambassade, 22 Tran Binh Trong, Hanoi, ☎ (04) 825 45 76.

France - Consulat, 27 Nguyen Thi Minh Khai, Ho Chi Minh-Ville, ☎ (08) 829 72 31/35. Lundi-vendredi 9h-12h, 15h-17h.

Belgique - Consulat, 230G Pasteur, Ho Chi Minh-Ville, ☎ (08) 821 93 54.

Suisse - Consulat, 270A Bach Dang, quartier Binh Thanh, Ho Chi Minh-Ville, ☎ (08) 823 68 00.

Canada - Consulat, 235 Dong Khoi, Ho Chi Minh-Ville, ☎ (08) 824 50 25.

Cambodge - Consulat, 41 Phung Khac Khoan, Ho Chi Minh-Ville, ☎ (08) 829 27 51.

Laos - Consulat, 93 Pasteur, Ho Chi Minh-Ville, ☎ (08) 829 76 67.

Blanchisserie

Tous les hôtels, même les plus modestes, peuvent laver votre linge moyennant une somme modique, mais évitez de leur confier vos vêtements préférés ou fragiles.

Change

Voir « Préparer son voyage », p. 20.

Cigarettes

Les Vietnamiens sont de gros consommateurs de cigarettes et les lieux non fumeurs restent très rares. Vous trouverez sur place la plupart des grandes marques américaines, à des prix beaucoup moins élevés qu'en France.

Courant électrique

C'est en général le 220 volts qui est utilisé. Il est toutefois conseillé de vérifier le voltage avant de brancher votre appareil.

Drogue

Si vous ne souhaitez pas que vos vacances sous les tropiques virent au cauchemar, refusez toujours la drogue que l'on vous proposera dans la rue. Le vendeur est peut-être un policier en civil, et en cas de détention de drogues dures ou douces vous risquez plusieurs années de prison.

Eau potable

L'eau du robinet n'est pas potable, mais vous trouverez facilement de l'eau minérale en bouteilles. Les Vietnamiens font bouillir l'eau qu'ils boivent pour la rendre propre à la consommation et vous pourrez accepter sans crainte un verre. En revanche, des pastilles de chlore peuvent s'avérer utiles dans les endroits reculés.

Horaires d'ouverture

▶ *Banques*

Les banques ouvrent généralement du lundi au vendredi de 7h30 à 11h30 et de 13h30 à 15h30. Dans les grandes villes, certaines sont ouvertes à l'heure du déjeuner, voire le samedi matin. Mis à part la région du Haut Tonkin, vous trouverez facilement des distributeurs ATM dans les moyennes et grandes villes.

▶ *Postes*

La plupart des postes ouvrent tous les jours entre 6h et 8h et ferment à 21h ou 22h.

▶ *Commerces*

Les boutiques ouvrent tous les jours, en principe sans interruption, mais beaucoup observent une pause à l'heure de la sieste. Dans les grandes villes, il n'est pas rare qu'elles ne baissent le rideau qu'à 20h. Les horaires des marchés, en revanche, sont très variables. Certains fonctionnent 24h/24, mais la plupart ouvrent très tôt le matin pour fermer vers 22h.

▶ *Musées*

Le jour de fermeture est généralement le lundi, parfois le week-end dans les petites villes, mais certains musées ouvrent tous les jours. L'horaire habituel est de 7h ou 8h à 16h ou 17h, avec une pause-déjeuner de 11h30 à 13h30.

▶ *Sites religieux*

En règle générale, pagodes et temples accueillent les visiteurs tous les jours de la semaine sans interruption (sauf parfois à l'heure du déjeuner), tandis que les églises ne se visitent qu'à l'heure de la messe.

▶ *Restaurants*

Les restaurants sont normalement ouverts tous les jours. Les petites gargotes de rue servent toute la journée, mais certaines n'ouvrent qu'à l'heure du déjeuner et ferment quand elles sont à court d'aliments. La plupart des établissements vietnamiens de catégorie supérieure ne servent qu'aux heures des repas (10h30-14h et 17h-20h, ou 21h dans le Sud). S'il s'agit d'une adresse plus guindée, dans une grande ville ou un centre touristique, vous pouvez passer commande jusqu'à 22h. Après cette heure-là, il vous reste la possibilité des restaurants pour touristes, qui servent jusqu'à 23h.

▶ *Bureaux, administrations*

Les administrations ouvrent du lundi au vendredi de 7h30 à 11h30 et de 13h30 à 16h30. Elles sont parfois ouvertes le samedi matin.

Internet

Les cybercafés sont légion à Hanoi, à Ho Chi Minh-Ville et dans les grands centres touristiques (comptez entre 200 et 400 VND la minute). Ils font leur apparition dans les villes secondaires, à la poste ou dans les grands hôtels, mais le tarif est plus élevé.

Jours fériés

▶ *Jours fériés fixes*

1er janvier	Nouvel An.
3 février	Fondation du Parti communiste vietnamien en 1930.
30 avril	Libération du Sud-Vietnam en 1975.
1er mai	Journée internationale du travail.
19 mai	Naissance de Ho Chi Minh en 1890.
2 septembre	Fête nationale, commémorant la fondation de la République démocratique du Vietnam par Ho Chi Minh en 1945 à Hanoi.
25 décembre	Noël.

▶ *Jours fériés mobiles*

Fête du Tet	Du 1er au 3e jour du 1er mois lunaire (mi-janvier-début février). Nombre d'hôtels affichent alors complet, les trains et les avions sont réservés plusieurs mois à l'avance et la plupart des boutiques ferment.
Anniversaire du Bouddha	Le 8e jour du 4e mois lunaire.

Médias

▶ *Journaux*

Supplément mensuel du *Vietnam Economic Times*, **The Guide** regorge d'adresses et d'articles sur la vie touristique et culturelle. **Time Out**, le supplément gratuit de l'hebdomadaire *Vietnam Investment Review*, contient aussi une sélection d'adresses, tandis que le **Courrier du Vietnam** comprend un programme culturel. Le quotidien en anglais **Vietnam News** traite de l'actualité vietnamienne et internationale. Par ailleurs, vous trouverez aisément à Ho Chi Minh-Ville et à Hanoi les grands titres de la presse française et anglo-saxonne, vieux de quelques jours seulement.

▶ *Radio et télévision*

Au Vietnam, les médias audiovisuels sont encore totalement contrôlés par le gouvernement. La **Voix du Vietnam** émet en FM et programme notamment de la musique et des informations en anglais et en français. Créée en 1970, la télévision nationale comprend trois chaînes qui diffusent également des journaux en anglais et en français, ainsi que des séries made in Hongkong. De plus en plus d'hôtels sont équipés d'antennes paraboliques permettant de capter les chaînes internationales, notamment les programmes de TV5 (en français), CNN, MTV et des chaînes de cinéma.

Musées, monuments et sites

▶ *Tarifs*

Les droits d'entrée pour accéder aux musées et aux monuments sont modiques, variant entre 5 000 et 10 000 VND. Quand aucun prix n'est affiché, une donation équivalente peut être bienvenue. Il faut parfois acquitter des droits pour prendre des photos ou faire un film vidéo. Certains sites archéologiques pratiquent des tarifs élevés, comme My Son ou les tombeaux de Hué. L'entrée des sites religieux est gratuite, mais une donation est bienvenue.

▶ *Sites soumis à autorisation*

Dans la région des Hauts Plateaux, notamment autour de Buon Ma Thuot et de Plei Ku, certains villages ne peuvent se visiter que si vous êtes muni d'un permis délivré par l'office du tourisme local (comptez environ 10 $).

▶ *Guides*

L'utilité d'un guide est affaire d'appréciation personnelle. Vous n'aurez pas toujours le choix, comme dans certains villages des Hauts Plateaux, mais consolez-vous en vous disant que leur apport durant la visite justifie la dépense. Une telle aide peut également s'avérer indispensable pour les randonnées en forêt. La plupart des agences proposent des guides parlant anglais ou français.

Photographie

▶ *Matériel*

Vous trouverez sur place des **pellicules** papier Kodak et Fuji, que vous pourrez faire développer dans tous les lieux touristiques. Le prix est moins élevé qu'en Europe, mais le choix est également plus réduit. Évitez d'acheter des pellicules exposées en vitrine sous le soleil, et vérifiez toujours la date de péremption. La plupart du temps, les films noir et blanc ainsi que les diapositives s'avèrent introuvables. Pour vos caméscopes, vous trouverez des **cassettes** dans les grandes villes et les centres les plus visités.

▶ *Usages*

Dans l'ensemble, les Vietnamiens se laissent photographier sans déplaisir et ne rechignent pas à prendre la pose, mais la politesse la plus élémentaire exige de leur demander la permission. Tout est affaire de perception, et échanger quelques mots au préalable plutôt que de dégainer votre appareil comme un colt vous permettra le plus souvent d'obtenir une réponse positive. Dans certaines régions, les femmes opposent systématiquement un refus, la plupart du temps par coquetterie, parce qu'elles s'estiment mal habillées ! Ailleurs, comme à Sapa, les enfants sont habitués dès leur plus jeune âge à réclamer de l'argent en compensation... Enfin, respectez les lieux saints et les moments d'intimité comme le bain.

Poste

Le Vietnam dispose d'un excellent réseau de postes *(buu dien)* proposant nombre de services tels envoi et réception de fax, téléphone, voire Internet. La durée d'acheminement dépend de l'endroit où vous postez votre courrier : il faut environ 8 à 10 jours de Ho Chi Minh-Ville ou de Hanoi vers l'Europe. En tarif normal, comptez moins d'un demi-dollar pour une carte postale et un peu plus pour une lettre. Si besoin, sachez qu'il existe un service d'envoi express (EMS).

Pour la **poste restante**, indiquez le nom du destinataire en majuscules et souligné, puis la mention « Poste restante » suivie de l'adresse. Il est possible de transférer de l'argent en provenance de France ou de Belgique.

▶ *Envois de colis*

La poste transporte les colis jusqu'à 20 kg à l'international. Au-delà, il faut faire appel à une entreprise privée, dont les tarifs sont en général élevés. Pour les envois volumineux tels que les meubles, adressez-vous à d'autres compagnies :

Saigon Van - 76 Ngo Duc Ke, Ho Chi Minh-Ville, ☏ (08) 829 35 02 ; 21 Pho Ngo Van So, Hanoi, ☏ (04) 90 40 40 87.

JVK International Movers - 5A Pho Yet Kieu, Hanoi, ☏ (04) 822 01 43.

Pourboire

Dans les hôtels et restaurants de luxe, le service est généralement inclus (de 10 à 15 %), mais ailleurs il est laissé à votre libre appréciation et n'est pas systématique. Il est de tradition en revanche de remercier ainsi le guide (environ 1 $ par jour et par personne) et le chauffeur (un peu moins pour ce dernier) si vous êtes satisfait de leur prestation. Enfin, il est d'usage de faire une donation dans les musées gratuits et les sanctuaires religieux.

Santé

▶ *Recommandations*

La première règle est de vous protéger du soleil et de la chaleur de manière à prévenir tout risque d'**insolation** et de **déshydratation**. Exposez-vous progressivement et veillez toujours à porter chapeau, lunettes de soleil et protection solaire, même par temps couvert. Il est également important de boire abondamment et fréquemment.

Ne buvez jamais l'eau du robinet qui ne serait pas préalablement bouillie ou purifiée avec des pastilles, lavez-vous les mains avant et après chaque repas, pelez fruits et légumes crus avant de les consommer, et ne mangez viandes ou poissons que s'ils sont suffisamment cuits.

Voir également « Préparer son voyage », p. 18.

Sécurité

Hormis les conseils aux voyageurs prenant le bus et le train *(voir « Se déplacer », p. 28)*, la question de la sécurité des touristes au Vietnam n'appelle pas de commentaires particuliers. Ici comme ailleurs les pickpockets et les voleurs à la tire sévissent, aussi veillez à ne pas faire trop étalage de vos biens et surveillez vos affaires dans les lieux publics. Il n'est pas inutile de conserver une partie de votre argent ou de vos objets de valeur dans le coffre de l'hôtel, de vous munir au préalable de chèques de voyage et de conserver une photocopie de vos papiers sur vous.

Téléphone

Sauf en cas d'urgence, n'effectuez pas vos appels internationaux des hôtels, qui pratiquent des tarifs exorbitants. La poste propose des prix inférieurs, toutefois élevés (environ 0,50 € la minute). Vous pouvez faire préciser à l'avance le montant maximal de la communication que vous souhaitez passer, mais les employés oublient parfois de prévenir en cas de dépassement. Dans la plupart des grandes villes touristiques, on trouve facilement des « Internet-phone » dont les communications coûtent deux à trois fois moins cher. En achetant une carte de téléphone via Internet (à la poste), vous pourrez ainsi téléphoner depuis presque tout le Vietnam.

Les appels locaux sont en revanche bon marché. Pour contacter un opérateur, faites le 101. Détail qui a son importance : composez lentement les chiffres sinon la ligne risque de sonner occupée.

E. Baret / Michelin - (06 - Roubion)

- **a.** *Départementale D17*
- **b.** *Nationale N202*
- **c.** *Départementale D30*

Vous ne savez pas comment vous y rendre ?

Alors ouvrez vite une Carte Michelin !

Les cartes NATIONAL, REGIONAL, LOCAL ou ZOOM et les Atlas Michelin, par leur précision et leur clarté vous permettent de choisir votre itinéraire et de trouver facilement votre chemin, en vous repérant à chaque instant.

Du Vietnam vers l'étranger - Composez le 00 + le code du pays + l'indicatif régional + le numéro de votre correspondant. Les **indicatifs nationaux** sont le 33 pour la France, le 32 pour la Belgique, le 41 pour la Suisse et le 1 pour le Canada.

Pour appeler la **France en PCV**, composez le 120 33 333, suivi du numéro.

De l'étranger vers le Vietnam - *Voir « Préparer son voyage », p. 14.*

▶ *Appels locaux*

Pour un appel interne à la province, il est inutile de composer l'indicatif local. Pour un appel d'une province à une autre, faites précéder l'indicatif local d'un 0.

Indicatifs régionaux

Province	Capitale	Ind.	Province	Capitale	Ind.
Bac Can	Bac Can	281	Kon Tum	Kon Tum	60
Ba Ria-Vung Tau	Vung Tau	64	Lai Chau	Dien Bien Phu	23
Bac Giang	Bac Giang	240	Lam Dong	Dalat	63
Bac Lieu	Bac Lieu	781	Lang Son	Lang Son	25
Bac Ninh	Bac Ninh	241	Lao Cai	Lao Cai	20
Ben Tre	Ben Tre	75	Long An	Tan An	72
Binh Dinh	Qui Nhon	56	Nam Dinh	Nam Dinh	350
Binh Duong	Thu Dau Mot	650	Nghe An	Vinh	38
Binh Phuoc	Dong Xoai	651	Ninh Binh	Ninh Binh	30
Binh Thuan	Phan Thiet	62	Ninh Thuan	Phan Rang	68
Ca Mau	Ca Mau	780	Phu Tho	Viet Tri	210
Can Tho	Can Tho	71	Phu Yen	Tuy Hoa	57
Cao Bang	Cao Bang	26	Quang Binh	Dong Hoi	52
Da Nang	Da Nang	511	Quang Nam	Tam Ky	510
Dac Lac	Buon Ma Thuot	50	Quang Ngai	Quang Ngai	55
Dong Nai	Bien Hoa	61	Quang Ninh	Ha Long	33
Dong Thap	Cao Lanh	67	Quang Tri	Dong Ha	53
Gia Lai	Plei Ku	59	Soc Trang	Soc Trang	79
Ha Giang	Ha Giang	19	Son La	Son La	22
Ha Nam	Ha Nam	351	Tay Ninh	Tay Ninh	66
Ha Tay	Ha Dong	34	Thai Binh	Thai Binh	36
Ha Tinh	Ha Tinh	39	Thai Nguyen	Thai Nguyen	280
Hai Duong	Hai Duong	320	Thanh Hoa	Thanh Hoa	37
Haiphong	Haiphong	31	Thua Tien-Hué	Hué	54
Hanoi	Hanoi	4	Tien Giang	My Tho	73
Ho Chi Minh-Ville	Ho Chi Minh-Ville	8	Tra Vinh	Tra Vinh	74
Hoa Binh	Hoa Binh	18	Tuyen Quang	Tuyen Quang	27
Hung Yen	Hung Yen	321	Vinh Long	Vinh Long	70
Khanh Hoa	Nha Trang	58	Vinh Phuc	Vinh Yen	211
Kien Giang	Rach Gia	77	Yen Bai	Yen Bai	29

▶ Tarifs

Le prix normal d'une communication vers la France est de 0,50 € la minute, mais les tarifs baissent de 20 % les dimanches et jours fériés, et en semaine de 23h à 7h du matin.

▶ Téléphones portables

Au Vietnam, les numéros de téléphones portables commencent toujours par 90. Comme en France, la tarification est plus élevée que pour les lignes fixes.

🕭 Sachez que les portables utilisés en France fonctionnent au Vietnam s'ils ne sont pas verrouillés par un code du fabricant. Il vous suffira alors d'acheter sur place une carte sim pour utiliser votre appareil avec un nouveau numéro de ligne.

Tourisme sexuel

Au-delà même des considérations morales que l'on peut porter sur cette pratique, sachez que la France poursuit ses ressortissants reconnus coupables de pédophilie dans un pays étranger. Notez aussi que la prostitution est interdite par la loi.

Unités de mesure

Le Vietnam a adopté le système métrique.

Urgences

Police - ☎ 113, **Pompiers -** ☎ 114, **Ambulance -** ☎ 115.

SAVOIR-VIVRE

Il est agréable de voyager au Vietnam. Partout le sourire permet de rompre la glace et de se tirer de situations délicates. La politesse et le contrôle de soi sont par ailleurs recommandés, car ils éviteront au visiteur de faire perdre la face à son interlocuteur, qui lui pardonnera volontiers ses bévues.

Rencontrer des Vietnamiens

Vous n'aurez aucun mal à faire connaissance avec les Vietnamiens. Leur curiosité naturelle pour l'étranger les pousse en effet à vous aborder à la moindre occasion, à vous questionner et à vous proposer leur aide. Ne soyez pas étonné si les premières questions qu'ils vous posent ont trait à votre âge et votre statut marital : il s'agit là d'une forme de politesse et d'une façon naturelle de vous témoigner de l'intérêt. Quand ils vous connaîtront mieux, ils vous demanderont peut-être un service : si vous ne pouvez le leur rendre, refusez poliment mais fermement.

▶ Au marché

Présent dans tous les bourgs et villes, le marché est le lieu d'échanges et de rencontres favori des Vietnamiens. Il offre par ailleurs un excellent poste pour observer quelques scènes pittoresques de marchandage entre ménagères et commerçantes. Profitez-en pour faire des achats et vous initier à l'art de marchander ; vous aurez quelques fous rires en prime.

▶ Au café

C'est l'un des meilleurs endroits qui soient pour discuter tranquillement. N'hésitez pas à provoquer la rencontre en invitant un Vietnamien à partager un Coca-Cola. Mieux encore, si le bar dispose d'un karaoké, essayez de chanter en anglais ou en français ; vous serez très applaudi, puis certainement bien vite entouré.

▶ *Au restaurant*

Tout en vous permettant de découvrir une grande variété de cuisines régionales, votre dextérité à manier les baguettes ne manquera pas d'attirer la curiosité, puis la sympathie des autres consommateurs. Pour engager la conversation, vous pouvez aussi offrir un thé ou des cigarettes à votre voisin.

▶ *Dans les pagodes*

Si votre foi vous y invite, n'hésitez pas à faire comme les fidèles qui s'y pressent : achetez aux marchands sur le parvis trois baguettes d'encens et offrez-les au Bouddha en les plantant dans les urnes à l'intérieur du sanctuaire. N'oubliez pas de déposer quelques billets dans les troncs posés devant l'autel ; les moines reconnaissants vous aborderont probablement pour vous remercier et vous guideront volontiers.

▶ *Dans les transports en commun*

Les voyageurs étrangers sont de moins en moins nombreux à emprunter les transports locaux, leur préférant les bus touristiques, plus confortables et plus rapides. Ils n'en demeurent pas moins une excellente occasion de se mêler aux Vietnamiens, qui ne manqueront pas de vous tenir compagnie au cours de votre voyage.

Ce qu'il faut éviter

Les Vietnamiens sont assez accueillants vis-à-vis des touristes. Cependant, les croyances liées à l'honneur et au bonheur sont nombreuses, et mieux vaut les connaître pour faciliter vos contacts et éviter de choquer ou de mettre votre interlocuteur mal à l'aise.

▶ *Croyances et interdits*

Si vous êtes invité le premier jour du Tet, faites préciser l'heure pour éviter d'être le premier : de vous dépendra bonheur ou malheur pour le reste de l'année, et votre hôte préférera une personne réputée pour sa moralité et sa position sociale. Ne portez pas de blanc, couleur de deuil, et ne parlez ni de mort ni d'accident ce jour-là. En accueillant les enfants qui vous présentent leurs vœux, il ne faut pas taper sur leur tête : elle représente l'esprit, donc son honneur et la mémoire de ses ancêtres.

▶ *Vêtements*

Respectez la pudeur des habitants : dévoiler ses jambes en short peut être choquant, surtout pour une femme. À la campagne, mieux vaut porter un pantalon. N'oubliez pas non plus de vous couvrir les bras pour pénétrer dans un lieu de prière (église ou pagode).

▶ *À table*

Si vous prenez un repas avec un Vietnamien, abstenez-vous de planter vos baguettes à la verticale dans votre bol de riz : elles évoquent les bâtons d'encens que l'on brûle pour les défunts et sont donc un symbole de mort.

Ce qu'il faut faire

▶ *Salutations*

On salue une personne en inclinant légèrement la tête. À la campagne, les gens joignent parfois les deux mains devant eux, à hauteur de poitrine. Face à quelqu'un du même âge ou du même rang, un sourire amical permet de rompre plus rapidement la glace. Cependant, en ville, les citadins, et surtout les hommes, ont pris l'habitude de se serrer la main à l'occidentale.

▶ *Sociabilité*

Graduez votre familiarité. Les Vietnamiens ont l'habitude de jauger leur interlocuteur par des questions en apparence anodines pour tester leur niveau d'éducation. Répondez naturellement et avec humour. Utilisez des dictons pour contourner les confrontations directes qui pourraient blesser.

▶ *Chaussures*

Pensez à vous déchausser avant d'entrer dans une maison et à l'intérieur de certains temples bouddhiques. En position assise, croisez vos jambes en lotus de manière à ne pas présenter vos plantes de pieds aux autels familiaux ou au Bouddha, ni à vos interlocuteurs.

▶ *Repas*

Habituellement, tous les convives partagent les plats posés sur la table : chacun se sert avec ses propres baguettes, dépose la nourriture dans son bol et déguste.

▶ *Cadeaux*

Si vous êtes invité, n'oubliez pas d'offrir un petit cadeau à vos hôtes, mais n'attendez pas qu'ils l'ouvrent devant vous et se confondent en remerciements. Ils le mettront de côté et ne l'ouvriront qu'après votre départ.

▶ *Photo*

Vous n'êtes pas obligé de demander la permission des personnes que vous souhaitez photographier, mais faites-le discrètement et n'insistez pas si on vous le refuse. Acheter un produit chez un artisan ou un marchand peut faciliter votre démarche.

SE LOGER

Les prix

Les adresses sélectionnées dans ce guide ont été classées par tranches de prix, sur la base d'une **chambre double standard** en moyenne saison, petit-déjeuner compris. Les taxes (environ 15 %) sont généralement incluses dans le prix affiché, sauf dans les établissements de luxe. Par ailleurs, la plupart des hôtels d'État pratiquent des prix moins élevés pour les nationaux.

N'hésitez pas à visiter plusieurs chambres, car, dans un même hôtel, le confort et le prix peuvent varier sensiblement en fonction de l'équipement (climatisation, fenêtre, télévision, eau chaude), de l'étage (le prix diminue dans les étages supérieurs en l'absence d'ascenseur) et de l'ancienneté de l'édifice. D'une manière générale, il est conseillé de négocier les prix, surtout en basse saison ou si vous restez plus de trois nuits. Une chambre double occupée par une seule personne est généralement moins chère. Dans les grands centres touristiques, les voyageurs à petit budget trouveront à se loger pour un minimum de 5 $, mais il existe de nombreux établissements d'un excellent rapport qualité-prix entre 10 et 20 $ (chaînes satellite, air climatisé).

▶ *Conditions*

Il est de règle de laisser son passeport (voire le formulaire de douane rempli à l'entrée dans le pays) à la réception de l'hôtel en arrivant (certains se contentent d'une photocopie). N'oubliez pas de le réclamer lors de votre départ ! Quant à la sécurité, ne laissez pas d'objets de valeur dans votre chambre, mais à la réception quand cela est possible. Sachez par ailleurs que certains établissements privés n'ont pas le droit d'héberger des étrangers, officiellement pour des raisons de sécurité ou d'hygiène, en fait pour ne pas concurrencer les hôtels d'État.

Les différents types d'hébergement

Dans les années 1990, le boom touristique a provoqué une croissance exponentielle du parc hôtelier vietnamien, même si en confort et en rapport qualité-prix celui-ci est encore loin de rivaliser avec celui de la Thaïlande ou de l'Indonésie. En outre, cette tendance de fond masque de réelles pénuries dans les régions peu fréquentées, où le choix se réduit souvent à un établissement d'État hors de prix et à une poignée de mini-hôtels parfois insalubres, également surévalués. C'est le cas de quelques villes des Hauts Plateaux, du delta du Mékong (Ben Tre, Soc Trang ou Cao Lanh) et du Haut Tonkin (Cao Bang, Lang Son). Depuis 1997, cependant, le ralentissement de la croissance du tourisme a conduit nombre d'hôtels à baisser leurs prix, et certains chantiers prestigieux ont été abandonnés en attendant des jours meilleurs.

▸ *Hôtels d'État*

Hôtel *(khach san)*, mini-hôtel, pension, guest-house *(nha khach)* ou *room for rent*… la désignation d'un établissement ne correspond pas toujours à la réalité. Les **hôtels d'État**, ou semi-étatiques, sont généralement placés sous la coupe de l'office du tourisme provincial. Autrefois les plus nombreux, ils subissent aujourd'hui la concurrence du privé. Le style varie de l'élégance néocoloniale à la froideur soviétique, de même que le standing, du moyen de gamme au grand luxe. Un tantinet bureaucratique et assoupi (les chambres sont rarement aérées), le service laisse souvent à désirer, mais ces hôtels proposent dans l'ensemble un confort correct.

▸ *Mini-hôtels privés*

Désormais majoritaires, les **mini-hôtels privés** sont des établissements confortables, facturant entre 8 et 20 $ la chambre, et présentant un bon rapport qualité-prix. Des dortoirs font leur apparition dans les pensions pour touristes, mais il n'existe pas encore d'auberges de jeunesse.

▸ *Hôtels de luxe et de charme*

Au cours des années 1990, les **joint-ventures** se sont multipliées, qu'il s'agisse d'anciens palaces rénovés, d'hôtels de luxe des chaînes internationales ou de *resorts*.

Il existe enfin des formules d'hébergement originales, dans d'anciennes villas coloniales (Dalat) ou en maisons traditionnelles (Hauts Plateaux).

▸ *Rabatteurs*

Guides improvisés, conducteurs de cyclo-pousse ou chauffeurs de taxi, tout le monde se mettra en quatre pour vous dénicher un hôtel dans l'espoir d'obtenir une commission (environ 10 % du prix de la première nuit), qui sera répercutée sur votre facture. Certains n'hésiteront pas à vous affirmer que l'hôtel dans lequel vous désirez séjourner est fermé, parce qu'ils savent qu'ils n'y toucheront pas de commission.

Réserver

Se reporter au chapitre « Préparer son voyage », p. 16.

SE RESTAURER

Où se restaurer

Le Vietnam possède une remarquable variété de restaurants *(nha hang)*, des plus modestes aux plus huppés, où vous pourrez déguster les spécialités locales, des plats français ou d'autres cuisines d'Asie. Dans les sites non touristiques, il peut s'avérer difficile de dîner après 21h. En ville, les cantines de rue s'animent du lever au coucher du soleil, parfois au-delà. On peut donc à toute heure satisfaire une faim ou une gourmandise.

■ a. **Coteaux de Chiroubles (Beaujolais) ?**
■ b. **Vignoble des Riceys (Champagne) ?**
■ c. **Riquewihr et son vignoble (Alsace) ?**

**Vous ne savez pas
quelle case cocher?**

**Alors plongez-vous dans
le Guide Vert Michelin !**

- tout ce qu'il faut voir et faire sur place

- les meilleurs itinéraires

- de nombreux conseils pratiques

- toutes les bonnes adresses

  Le Guide Vert Michelin,
  l'esprit de découverte

▶ *Dans la rue*

Ce sont souvent dans les petites échoppes de rue ou de marché que l'on déguste la cuisine la plus savoureuse, pour un prix inférieur à 1 $. Il s'agit soit d'étals provisoires, soit d'établissements permanents avec une salle ouverte sur le trottoir, où sont préparés les plats. La plupart se spécialisent dans un type de nourriture et ferment quand ils ont épuisé leur stock de produits frais. Pour une soupe, un sandwich ou un beignet, vous pouvez aussi faire appel à un marchand ambulant.

▶ *Dans les restaurants*

Si vous souhaitez un cadre calme et confortable, optez pour un restaurant, climatisé ou non. La carte est généralement plus variée et les prix sont plus élevés (attention, ils ne sont pas toujours mentionnés). Les taxes sont comprises et tout ce que vous aurez consommé sur la table, des serviettes aux cacahuètes, vous sera facturé.

Un large choix s'offre à vous, des adresses simples aux plus guindées, fréquentées par la nouvelle bourgeoisie, en passant par celles qui attirent une clientèle occidentale et où l'on sert une cuisine un peu aseptisée. Il en est de même pour les restaurants de cuisine occidentale, nombreux dans les grandes villes. Des restaurants pour touristes aux tables de gourmets, les prix varient de 2 à 20 $ et plus, mais vous vous en tirerez le plus souvent pour 5 à 8 $ dans un restaurant de standing. Dans les établissements les plus chic, les cartes de crédit sont généralement acceptées (parfois avec une commission) et une réservation peut s'avérer nécessaire.

▶ *Dans les hôtels*

À part les palaces de Hanoi et de Ho Chi Minh-Ville, qui possèdent parfois de vrais restaurants de gourmets ou proposent de succulents buffets occidentaux ou asiatiques, les hôtels servent généralement une cuisine de qualité médiocre.

Cuisine

Une marmite où mijote une soupe odorante, quelques tabourets, des bols, des cuillères, des baguettes, voilà une gargote de trottoir et une aubaine pour s'initier aux saveurs vietnamiennes. Au Vietnam, on grignote en effet plus qu'on ne mange. Les vrais repas sont ceux des fêtes et des réunions familiales.

▶ *Les saveurs vietnamiennes*

Dans tous les cas, la journée démarre sur des notes plutôt salées sous la forme de soupe de nouilles *(pho)* ou de préparation à base de riz et de viande étuvés. Mais rien n'empêche de s'approvisionner en pain frais auprès des colporteurs de *banh mi*.

L'usage des baguettes et les nombreuses recettes de pâtes alimentaires ne confèrent à la cuisine vietnamienne qu'un lointain cousinage avec sa voisine chinoise. Ici, on ne s'encombre pas de sauce et l'huile n'est utilisée qu'avec parcimonie. Pas de succession entrée, plat, dessert ; le repas vietnamien est une combinaison de **saveurs** et de **textures** servies en même temps, où chacun pioche à sa guise, accommodant à sa convenance. Un bouquet d'**herbes aromatiques** fraîches apporte toute une gamme de parfums : coriandre, menthe ordinaire et menthe violette *(tia to)*, basilic, aneth et pérille *(la lot)* aux saveurs complexes d'anis, de citron et de cumin. De fines tranches de concombre ou de navet croquent sous la dent tout en rafraîchissant. Au ballet des consistances, le croustillant est un incontournable que servent friture d'échalotes *(hanh kho phi)*, riz grillé et pilé et cacahuètes concassées. Le **nuoc-mam** joue le rôle de sel, le piment, frais ou sec, celui de poivre, le jus de citron vert celui de vinaigre.

▶ *Les aliments de base*

Riz, liserons d'eau, germes de soja et nuoc-mam composent le menu de base du Vietnam et sont le reflet de ses campagnes, pays de rizières et de rivières, étirées le long du littoral. Rond, long, concassé, parfumé ou glutineux, le **riz** comprend des dizaines de variétés. Cuit à la vapeur *(com)* ou sauté *(com rang)*, il est de tous les repas et entre dans la confection de certains plats. Le *xoi* se compose de riz gluant, de haricots, de cacahuètes fraîches et de poitrine de porc, emballés dans une feuille de bananier et étuvés. Le *chao* est un gruau de riz, cuit doucement avec des morceaux de viande et servi brûlant, parsemé de coriandre et de ciboules hachées. Le plus souvent, **viandes**, **poissons** et crevettes ne sont présents que par petites touches.

Les recettes sont plats de fête et esquissent la géographie culinaire du Vietnam. Au Nord, on préfère les **produits d'eau douce** – escargots, grenouilles et anguilles –, tandis qu'au Sud on accommode toutes les chairs, à la mode chinoise. Là on préfère les **soupes**, ici on cuit de toutes les manières, mais avec plus d'**épices**, du **lait de coco** (*ga cari*, curry de poulet au lait de coco) et un goût marqué pour le **sucre** (*chao tom*, brochettes de pâte de crevettes cuites sur des cannes à sucre ; *heo kho*, porc au caramel) ou la note acidulée du tamarin (*canh chua*, soupe acidulée au poisson ou aux crevettes). La table vietnamienne marie avec audace les produits de la terre et de la mer, comme dans la fondue variée *(thap cam nhung dam)* qui mêle viandes, poissons et crustacés. Le *cha lua*, un pâté de porc pilé au nuoc-mam et cuit à la vapeur, sert d'accompagnement.

▶ *Les préparations*

Les pâtes alimentaires à base de farine de riz sont affaire de spécialistes. Lunes de pâte translucides séchées sur des claies en bambou, appelées *banh da* au Nord et *banh trang* au Sud, les **crêpes de riz** prêtent aux aliments leur consistance tendre ou croquante. Roulées autour d'une farce de viande blanche, de vermicelles, de germes de soja, de champignons noirs et de crevettes, puis dorées à l'huile, elles forment le croustillant pâté impérial (*nem* au Nord, *cha gio* au Sud). Le *cha bap* du Centre est farci de porc et de maïs, tandis que le *cha gio chay* en est une version végétarienne. Le rouleau de printemps *(goi cuon)* est un rafraîchissant et croquant mélange de vermicelles, de soja, de crevettes et de menthe. Le *banh cuon*, ou ravioli vietnamien, est une crêpe enveloppant un hachis de porc, de crevettes et de champignons, puis cuite à la vapeur. On se sert volontiers des *banh da*, ou d'une feuille de laitue, pour en faire des bouchées combinant les saveurs. Dans le *cha ca muong*, des morceaux de poisson grillé sont emballés avec des légumes et des fruits dans une crêpe de riz. Le *bo lui* consiste à marier brochettes de bœuf, cacahuètes et herbes parfumées dans une feuille de salade.

Il existe deux types de **nouilles de riz** : les pâtes longues et plates (*banh pho* au Nord, *hu tieu* au Sud) et les cheveux d'ange (*banh hoi* ou *bun*). Les premières donnent leur nom à la fameuse soupe hanoienne. Le *pho bo* est un bol de nouilles, assorties d'un carpaccio de bœuf et arrosées d'un bouillon subtilement parfumé à la badiane. Il en existe une version « sèche », le *pho xao*, qui mêle nouilles et bœuf sautés. Les vermicelles sont servis en soupe (*bo bun*, soupe de bœuf), en salade ou en accompagnement. Le *bun cha* les combine avec des herbes parfumées et des boulettes de porc délicatement grillées, le tout plongé dans un bouillon ambré et acidulé.

Riche en protéines, le **soja** est une véritable « viande végétale » et fait l'objet de toutes les transformations. Ses pousses fournissent un légume ; ses grains salés *(tuong hot)* ou la sauce qui en est tirée, un condiment ; ses graines *(dau xanh)* réduites en purée, la farce sucrée des gâteaux ; et son extrait caillé donne un fromage que l'on mange salé ou sucré.

▶ *Douceurs fruitées*

Si les desserts ne figurent pas au menu vietnamien, les amateurs de douceurs trouveront des **préparations sucrées**, vendues sur les stands de rue, des friandises servies pour pallier l'âcreté du thé vert, sans compter les **fruits** à la variété innombrable *(voir illustration, p. 69)*. Spécialité de Hué, le *che* est une crème de manioc servie tiède que l'on peut marier de multiples manières. Le *che chuoi* y mélange banane et lait de coco, le *che sen*, des graines de lotus. Le *tau hu* est une gelée d'agar-agar agrémentée de graines de soja et de sirop de canne à sucre. Le *banh gan* est un délicieux flan au lait de coco, et les *banh ech tran* sont des boulettes de tapioca, farcies d'une purée de soja au lait de coco.

▶ *Les boissons*

Le **thé** est une institution au Vietnam. À la version fermentée (thé noir), on préfère l'infusion à base de feuilles torréfiées juste après la cueillette (thé vert). Marque d'hospitalité, le service du thé fait l'objet d'un ballet de vaisselle. La théière est bourrée de feuilles copieusement arrosées d'eau bouillante, vidée de cette première infusion trop amère et de nouveau remplie pour alimenter des tasses de la taille d'un dé à coudre. Il existe aussi des thés parfumés à l'artichaut ou aux fleurs.

La **bière pression** *(bia hoi)* est un breuvage très populaire, servi en chopes d'un demi-litre dans des établissements spécialisés, livrés chaque matin de la boisson brassée la nuit. Ils servent aussi parfois quelques plats, et toujours les satellites prisés des amateurs : cacahuètes *(dau phong)*, nems, grillades d'ailes de poulet *(canh ga chien)* ou de seiches *(muc kho)*, fines tranches de viande de chien froide *(thit cho)*.

La fermentation du riz glutineux donne le **ruou**, un vin trouble dont la saveur rappelle le saké japonais. Les amateurs prétendent qu'un verre d'**alcool de riz** à jeun est le moyen le plus sain de commencer la journée.

SE DIVERTIR

Fêtes et festivals

▶ *Janvier-février*

Fête du Tet - Le Nouvel An lunaire, de loin l'événement le plus fêté au Vietnam, se déroule du 1er au 3e jour du 1er mois lunaire.

Voir aussi « Le Vietnam en direct », « Fêtes et festivals », p. 130.

Fête des Pétards - Le 4e jour, à l'occasion du Nouvel An, elle donne lieu à un concours de fusées et d'explosifs ornés de l'animal symbolique de l'année à Dong Ky (banlieue de Hanoi).

Fête de Ha Loi - Le 6e jour, elle commémore la lutte des sœurs Trung contre l'occupant chinois au 1er s., avec offrande de galettes de riz gluant au temple de Ha Loi à Me Linh (banlieue de Hanoi) et procession de palanquin porté par des femmes.

▶ *Avril-mai*

Festival du Thanh Minh - Le 5e jour du 3e mois lunaire, il honore les morts, dont les tombes sont balayées et qui reçoivent des offrandes d'argent, de nourriture et de fleurs.

Fête des Rois Hung - Le 10e jour du 3e mois lunaire, elle rend hommage aux fondateurs de la nation vietnamienne, avec cortège d'éléphants, offrandes de gâteaux dans les temples de Hy Cuong (nord de Hanoi) et course de pirogues sur le lac.

▶ *Mai juin*

Tet Doan Ngo - Le 5e jour du 5e mois lunaire, elle annonce le solstice d'été et évoque l'inévitable déclin vers l'hiver. On l'associe aussi au déclin de la santé et à l'arrivée des malheurs. Pour s'en protéger, on brûle des personnages en papier, on fait des offrandes aux esprits et au dieu de la Mort dans les temples.

▶ *Août-septembre*

Trung Nguyen - Le 15e jour du 7e mois lunaire, elle est destinée à la vénération des morts et âmes errantes. Pour éviter que ces derniers, libérés de l'enfer, viennent tourmenter les vivants, les familles visitent les tombes et leur font des offrandes d'aliments dans les pagodes. Les bouddhistes, quant à eux, récitent soutras et prières pour la rémission de leurs fautes.

▶ *Septembre-octobre*

Fête de la Mi-automne - Le 15e jour du 8e mois lunaire, la fête de la Mi-automne *(Tet Trung Thu)* célèbre la pleine lune. Les enfants partent en procession dans les rues, portant des lanternes en papier qui évoquent astres et animaux. En famille, on goûte des « gâteaux de lune » fourrés d'une pâte de haricots. À la fin de la nuit, on brûle des lanternes votives en hommage à la Lune pour s'assurer sa protection.

▶ *Novembre-décembre*

Fête Ok Om Bok - Les 14e et 15e jours du 10e mois lunaire, la fête des Eaux est l'occasion pour les Khmers du delta du Mékong de célébrer la récolte du riz gluant. Ils offrent du riz au génie de la Lune, déposent sur les cours d'eau des radeaux de bananiers illuminés de bougies pour chasser l'obscurité et organisent des régates de pirogues.

Activités sportives

Badminton, ping-pong, tennis, hand-ball… les Vietnamiens s'adonnent à de multiples sports, ainsi qu'à quelques spécialités bien locales, comme le badminton sans raquette, qui se joue avec toutes les parties du corps sauf les bras et nécessite souplesse et vivacité. Mais le sport le plus répandu est le taï-chi-chuan, une gymnastique chinoise constituée d'un enchaînement de mouvements lents, pratiquée à tout âge dans les parcs et jardins dès les premières heures du jour.

▶ *Golf*

Mis à l'honneur par les Français, il a disparu après 1975, victime de son image aristocratique et surtout de ses énormes besoins en terrain et en eau. Depuis sa légalisation en 1992, de nouveaux terrains apparaissent, comme à Dalat et à Phan Thiet.

▶ *Randonnée pédestre*

Cette activité en est à ses balbutiements, mais quelques agences spécialisées proposent déjà des treks de difficulté et de durée variables (entre quelques heures et plusieurs jours) dans les villages du Haut Tonkin et des Hauts Plateaux, ainsi que pour escalader des montagnes telles que le mont Phan Si Pan, près de Sapa, et le Ciu Mum Ray, près de Kon Tum *(se reporter aux chapitres concernés)*.

▶ *VTT*

Avant d'être un sport, il s'agit essentiellement d'un moyen de transport. À l'exception des axes très fréquentés, comme la RN1, ou des routes de montagne du Nord et des Hauts Plateaux, le Vietnam se prête aisément à la bicyclette. Si vous souhaitez faire de longs trajets, le VTT s'avère idéal, mais vous aurez du mal à trouver du matériel en dehors de Ho Chi Minh-Ville et de Hanoi.

▶ *Sports nautiques*

Le Vietnam possède de superbes plages, mais qui restent peu nombreuses relativement à la longueur de ses côtes (3451 km). À l'exception de celles de Phu Quoc et de Hon Chong, dans le golfe de Thaïlande, les plus belles s'étirent le long de la mer de Chine méridionale (Vung Tau, Mui Ne, Nha Trang, Da Nang). Quant aux sports nautiques (scooter de mer, plongée de surface ou avec bouteille, surf, planche à voile), vous ne trouverez guère d'équipement en dehors de ces quelques grandes stations balnéaires.

Vie nocturne

▶ *Karaoké*

Que ce soit à la campagne ou dans les villes, le karaoké est un loisir très apprécié des Vietnamiens. Il existe deux façons de le pratiquer : dans une grande salle de bar-restaurant où un micro passe les rangs ; dans un hôtel-karaoké, pour les plus timides, composé de petits salons privés d'une douzaine de personnes que les clients louent à l'heure (autour de 40 000 VND/h, sans les boissons). Contrairement aux Vietnamiens, rares sont les Occidentaux qui goûtent aux plaisirs du karaoké.

▶ Cinémas, théâtres

Presque toutes les villes du pays possèdent au moins un **cinéma** *(rap)*, et vous n'aurez que l'embarras du choix à Ho Chi Minh-Ville ou à Hanoi. Les salles modernes et climatisées demeurent cependant assez rares et elles projettent pour la majorité des productions vietnamiennes, ainsi que des films d'action américains ou asiatiques doublés par une seule voix en vietnamien pour tous les personnages.

Assister à une représentation de **théâtre** et d'**opéra** traditionnel ou populaire s'avère riche d'enseignements sur l'imaginaire des Vietnamiens, même si l'obstacle de la langue constitue un handicap indéniable pour saisir les subtilités des dialogues. Des spectacles de **marionnettes sur l'eau** sont également régulièrement proposés aux touristes à Hanoi et à Ho Chi Minh-Ville, ainsi que pendant la fête du Tet.

▶ Bars et discothèques

À Hanoi et surtout à Ho Chi Minh-Ville, les lieux de vie nocturne ont poussé comme des champignons depuis l'ouverture du pays. Touristes, expatriés et Vietnamiens s'y côtoient.

▶ Concerts et spectacles

Les Vietnamiens raffolent des musiques de variété, qu'ils écoutent à longueur de journée. Quand elles ne partent pas en Californie ou en Europe pour tenter leur chance auprès de la communauté viet kieu, les stars locales se produisent fréquemment dans des salles de concerts ou sur des scènes aménagées dans les parcs. Les vieux succès d'Adamo, de Christophe ou de Dalida connaissent une seconde vie en reprises bilingues !

ACHATS

Artisanat

▶ Laques

Présente d'un bout à l'autre du pays, la laque est d'origine très ancienne *(voir « Le Vietnam en direct », « Artisanat », p. 126)*. Aux côtés des traditionnelles évocations naturalistes, des motifs plus modernes ont fait leur apparition, tels les représentations de la guerre, les compositions abstraites ou les portraits de Tintin ! Vous trouverez également toutes sortes d'objets laqués (boîtes, plateaux) à des prix modiques.

▶ Autres spécialités

Céramique (assiettes, bols, statues, vases), peinture sur soie, théières en bronze, broderies. L'artisanat vietnamien fait preuve d'une grande vitalité. Les boutiques de Ho Chi Minh-Ville et de Hanoi proposent aussi des reproductions de poupées des spectacles de marionnettes sur l'eau, qui constituent un excellent souvenir.

Parfois inspirée du style traditionnel, la création contemporaine s'aventure également dans les voies du design épuré, en particulier pour les objets de décoration intérieure (tissus, miroirs, boîtes en bois de cocotier, vaisselle, vases, mobilier).

▶ Artisanat ethnique

Les minorités du Vietnam manifestent un savoir-faire exceptionnel dans la réalisation de **vanneries**, paniers, vans, hottes, nasses, chapeaux et nattes. Le prix de la pièce dépend de la complexité de la forme, de la densité du maillage, du raffinement des motifs éventuels, ainsi que de la patine (pas toujours naturelle). Vous en trouverez sur place, ainsi que dans les boutiques de Hanoi et de Ho Chi Minh-Ville. Les marchés de Sapa et de Bac Ha constituent d'excellents endroits pour dénicher des **tissus ethniques**, en général très colorés.

C. Legrand / Michelin

■ a. *Parc national de Krka (Croatie)*
■ b. *Gorges du Tarn (Cévennes)*
■ c. *Cascades d'Ouzoud (Maroc)*

Vous ne savez pas quelle case cocher?

Alors plongez-vous dans le Guide Vert Michelin !

- tout ce qu'il faut voir et faire sur place
- les meilleurs itinéraires
- de nombreux conseils pratiques
- toutes les bonnes adresses

Le Guide Vert Michelin,
l'esprit de découverte

MICHELIN
Une meilleure façon d'avancer

Autres achats

▶ *Antiquités*

Les « fabriques d'antiquités » (bronzes, statues en pierre, pipes à opium, etc.) ayant fleuri ces dernières années, mieux vaut vous abstenir à moins que vous ne soyez un spécialiste. Préférez une copie honnête qui, de plus, ne vous vaudra pas de déboires à la frontière (conservez la facture). En effet, il est interdit d'exporter des pièces anciennes et vous courez le risque de vous les faire confisquer en quittant le pays.

▶ *Vestiges de la guerre*

Zippos gravés, tenues militaires, jumelles, montres, horloges, timbres, monnaies, tout ce que vous pouvez imaginer, et même plus, vous sera proposé dans la rue, les boutiques ou les marchés. Les copies pullulent, vous avez donc intérêt à négocier le prix sur la base de celui d'une copie.

▶ *Textiles et vêtements*

Les tee-shirts imprimés à l'effigie de Ho Chi Minh ou aux couleurs du pays constituent des souvenirs faciles à dénicher et bon marché. Sachez d'une manière générale que le prêt-à-porter défie toute concurrence en matière de prix. Le prix de la façon et du tissu rend aussi très attractif le **sur mesure**, mais il est conseillé d'apporter un modèle ou un patron pour éviter des déconvenues. Enfin, un « sac à viande » en soie acheté à Ho Chi Minh-Ville ou à Hanoi peut également s'avérer utile si vous dormez dans un train ou un hôtel à la propreté douteuse.

Où faire ses achats

Fort logiquement, le prix des pièces augmente à mesure que vous vous éloignez de la région de production. Par ailleurs, les boutiques de Hanoi proposent un choix beaucoup plus vaste et à un prix moins élevé que celles de Ho Chi Minh-Ville, en particulier pour l'artisanat ethnique.

▶ *Marchés*

Les étals des marchés sont incontestablement le meilleur endroit pour dénicher les produits les plus inattendus, qu'il s'agisse d'artisanat, de jouets pour enfants, de bouddhas lumineux ou de tout autre objet improbable.

Marchandage

Qu'on y répugne ou qu'on soit un inconditionnel de ces discussions où le bluff est roi, le marchandage s'impose lors de nombreuses transactions. La première difficulté est de savoir quelle équation appliquer pour parvenir au prix « correct », bien que cette notion présente des contours assez flous. En effet, payer une petite boîte laquée 6 $ n'a rien de dramatique, mais il est toujours agaçant de constater qu'elle vaut trois fois moins dans la boutique voisine ! La règle d'or consiste donc d'abord à faire un tour des magasins pour **comparer les prix**. Cela est particulièrement vrai pour les marchands de rue qui, paradoxalement, proposent d'emblée des tarifs parfois deux à trois fois plus élevés que ceux des boutiques. Dans tous les cas, n'espérez cependant pas payer le même prix qu'un Vietnamien, car l'usage de faire payer plus cher les étrangers, supposés plus riches (c'est le cas la plupart du temps), est si fortement ancré qu'il s'applique même aux tarifs des avions et des hôtels. Ne prenez pas cette habitude pour une insulte personnelle et, d'une manière générale, veillez toujours à donner à la négociation un caractère bon enfant. Si votre interlocuteur ne vous inspire aucune confiance ou si la négociation est trop âpre à votre goût, rien ne vous oblige à lui acheter quoi que ce soit…

Expédier ses achats

Voir dans « Sur place de A à Z » la rubrique « Poste », p. 37.

LIRE, VOIR, ÉCOUTER

▶ *Histoire et société*

BUI Quang Tung et NGUYEN Huong (trad.), *Le Dai-Viet et ses voisins*, collection Recherches asiatiques, L'Harmattan, 1990.

CESARI L., *L'Indochine en guerres, 1945-1993*, Belin, 1995.

COEDÈS G., *Les États hindouisés d'Indochine et d'Indonésie*, De Boccard, 1989.

FRANCHINI Ph., *Les Guerres d'Indochine*, Pygmalion, 1988.

FRÉDÉRIC L., *La Vie quotidienne dans la péninsule indochinoise à l'époque d'Angkor*, Hachette, 1981.

HÉDUY Ph., *Histoire de l'Indochine*, Albin Michel, 1999.

HÉMERY D., *Ho Chi Minh, de l'Indochine au Vietnam*, collection Découvertes, Gallimard, 1990.

Ho Chi Minh, *Prison Diary*, The Gioi, Hanoi, 1998.

HUU Ngoc, *Dictionnaire de la culture vietnamienne*, The Gioi, Hanoi, 1997.

LE Thanh Khoi, *Histoire du Viet Nam des origines à 1858*, Sudestasie, 1987.

MUS P., *L'Angle de l'Asie*, collection Savoir, Hermann, 1977.

RUSCIO A., *Viet Nam, l'histoire, la terre, les hommes*, Péninsule indochinoise, L'Harmattan, 1989.

▶ *Actualité*

DOMENACH J.-L., *L'Asie en danger*, Fayard, 1998.

LAURAS D., *Saigon, le chantier des utopies*, collection Monde, n° 95, Autrement, 1997.

PAPIN Ph., *Viet-Nam, parcours d'une nation*, collection Asie plurielle, La Documentation française, 1999.

POMONTI J.-C., TERTRAIS H., *Viet-Nam, communistes et dragons*, Le Monde Éditions, 1994.

ROVILLÉ G., *Le Vietnam : itinéraires et cultures*, Peuples du monde, 1997.

▶ *Religions et traditions*

BOUDAREL G., *Cultes populaires et sociétés asiatiques*, L'Harmattan, 1991.

MASPERO H., *Le Taoïsme et les religions chinoises*, collection Bibliothèque des histoires, Gallimard, 1971.

MINH Chi, HA Van Tan, NGUYEN Tai Thu, *Le Bouddhisme au Vietnam*, The Gioi, Hanoi, 1993.

NGUYEN Huy Hong, *Les Marionnettes sur eau traditionnelles du Vietnam*, The Gioi, Hanoi, 1992.

TUNG Nguyen, *Les Vietnamiens et le monde surnaturel*, in L'Asie - Mythes et traditions, Brepols, 1991.

▶ *Ethnologie*

CONDOMINAS G., *Proto-Indochinois et Proto-Malais*, in L'Asie - Mythes et traditions, Brepols, 1991.

DANG Nghiem Van, CHU Thai Son, LUU Hung, *Les Ethnies minoritaires du Vietnam*, The Gioi, Hanoi, 1993.

DOLING T., *North West Vietnam – Mountain and Ethnic Minorities*, The Gioi, Hanoi, 1999.

NGUYEN Van Huy, *Mosaïque culturelle des ethnies du Vietnam*, Éditions de l'Éducation, Hanoi, 1999.

▶ *Champa*

Collectif, *Le Champa et le monde malais*, Publications du Centre d'histoire et civilisations de la péninsule indochinoise, 1991.

MASPERO G., *Le Royaume de Champa*, Publications de l'EFEO, 1988.

SHARMA J.-C., *Temples of Champa in Vietnam*, Hanoi, 1992.

TRAN Ky Phuong, *Museum of Cham Sculpture in Danang*, Foreign Languages Publ. House, Hanoi, 1987.

TRAN Ky Phuong, *Les Ruines cham. À la recherche d'une civilisation éteinte*, The Gioi, Hanoi, 1993.

TRAN Ky Phuong, *My Son in the History of Cham Art*, Da Nang, 1988.

VANDERMEERSCH L., DUCREST J.-P., *Le Musée de la Sculpture Cam de Danang*, Éditions de l'AFAO, Paris, 1997.

▶ *Patrimoine*

L'Artisanat créateur au Vietnam, Agence de coopération culturelle et technique, Dessain et Tolra, 1983.

DECOSTER F. et KLOUCHE D., *Hanoi, portrait de ville*, IFA, 1997.

GIRARD-GESLAN M., *L'Art vietnamien*, in L'Art de l'Asie du Sud-Est, Citadelles & Mazenod, 1994.

NGUYEN Dac Xuan, *Le Guide de la citadelle de Hué*, Maison d'édition Thuan Hoa, Hué, 1997.

NGUYEN Van Xuan, *Hoi An*, Maison d'édition de Da Nang, 1999.

NGUYEN Vinh Phuc, *Historical & Cultural Sites around Hanoi*, The Gioi, Hanoi, 2000.

▶ *Littérature*

Romans

Terre des Éphémères (recueil de nouvelles), Philippe Picquier, 1994.

BAO Ninh, *Le Chagrin de la guerre*, Philippe Picquier, 1994.

FERAY Y., *Dix mille printemps*, Julliard, 1989.

NAM Cao, *Chi Pheo, paria casse-cou*, Éditions de l'Aube, 1997.

NGUYEN Du, *Kieu*, L'Harmattan, 1999.

NGUYEN Du, *Vaste recueil de légendes merveilleuses*, Gallimard-Unesco, 1962.

NGUYEN Huy Thiep, *Un général à la retraite*, Éditions de l'Aube, 2000.

NGUYEN Huy Thiep, *Le Cœur du tigre*, Éditions de l'Aube, 1995.

NGUYEN Huy Thiep, *Conte d'amour un soir de pluie*, Éditions de l'Aube, 2000.

NGUYEN Khanh Truong, *Est-ce que tu m'aimes ?*, Philippe Picquier, 1997.

PHAM Duy Khiem, *Légendes des terres sereines*, Mercure de France, 1989.

PHAM Thi Hoai, *La Messagère de cristal*, Des Femmes, 1991.

TRAN Vu, *Sous une pluie d'épines*, Flammarion, 1998.

Récits de voyage

GUILLEBAUD J.-C., DEPARDON R., *La Colline des Anges*, Seuil, 1993.

LEWIS N., *La Nuit du Dragon – Voyages en Indochine*, Olizane, Genève, 1993.

NGUYEN-ROUAULT F., *Une famille de Saigon*, Éditions de l'Aube, 1999.

POTVIN C., *Chroniques vietnamiennes*, Éditions Culture et Information, Hanoi, 1999.

▶ *Langue*

NGUYEN Ton Nu, *Parlons vietnamien*, L'Harmattan, 1998.

▶ *Cartes*

Vietnam, 1/1 000 000, International Travel Maps, n° 499.

Vietnam-Laos-Cambodge, 1/1 500 000, Nelles Maps.

SE DÉBROUILLER EN VIETNAMIEN

La prononciation

La majorité des lettres de l'alphabet romanisé vietnamien se prononce comme en français. Cependant, le vietnamien est une langue tonale composée de six tons, représentés par cinq signes diacritiques (le premier ton est neutre) qui donnent un sens différent à chaque mot. Ces tons, s'ils sont mal prononcés, constituent un obstacle pour se faire comprendre, mais restent utiles pour décrypter les noms des rues, des magasins et des bâtiments publics.

c	se prononce « k » -c en fin de mot (thich = *j'aime*), comme un « k » esquissé
d (barré)	se prononce « d »
d (non barré)	se prononce « z » dans le Nord, et « y » dans le Sud
gi-	en début de mot (gio = h*eure*) se prononce « z » dans le Nord, et « y » dans le Sud
kh-	en début de mot (không = *non*) se prononce comme un « k » très aspiré, plus accentué que celui de « key » en anglais
ng-	en début de mot (ngay = *jour*), comme dans « magnum » en -ng en fin de mot (thuong = *aimer*), comme dans « thing » en anglais
nh-	en début de mot (nha = *maison*), comme le « gn » de « campagne » -nh en fin de mot (anh = *monsieur*), comme « n » suivi du « ng » de « thing » en l'anglais
ph-	se prononce « f » en début de mot (ca-phe = *café*)
r	se prononce « z » dans le Nord, et comme un « r » anglais accentué (« run ») dans le Sud
s	se prononce « s » dans le Nord, et « ch » dans le Sud
th-	en début de mot (thich = *j'aime*), se prononce comme un « t » anglais très aspiré (« thanks »)
tr-	en début de mot (tra = *thé*) se prononce « tch » dans le Nord et comme un « tr » roulé dans le Sud
x	se prononce « s »
â	se prononce « eung »
e	se prononce comme le « er » de « mer », sans insister sur le « r »
ê	se prononce « é »
o	entre le « a » et le « o », ou comme le « o » anglais de « or »
ô	se prononce « o »
o (avec moustache)	se prononce « eu »
u	se prononce « ou »
u (avec moustache)	se prononce entre le « eu » et le « u » à peine esquissé

Les formules courantes

Bonjour (à un homme)	thua ông (ông *désigne un homme plus âgé ou d'un rang supérieur)* / thua anh (anh, *un homme du même âge ou d'un rang égal)*
Bonjour (à une femme)	thua ba (ba *désigne une femme plus âgée ou d'un rang supérieur)* / thua cô / thua chi (cô et chi *désignent une jeune fille du même âge ou d'un rang égal)*

Au revoir	thua ông (anh / ba / cô / chi) / tôi di
S'il vous plaît	lam on
Merci	cam on
Merci beaucoup	cam on nhieu
Oui	da *(d non barré) (au Sud)* / vâng *(au Nord)*
Non	không
Peut-être	co thê
C'est d'accord	tôi dông y *(d barré)*
Excusez-moi	xin lôi
Je ne parle pas le vietnamien	tôi không noi tiêng Viet
Parlez-vous anglais ?	ông (anh / ba / cô / chi) noi tiêng Anh không ?
Je ne comprends pas	tôi không hiêu

Dialoguer

Comment vous appelez-vous ?	ông (anh / ba / cô / chi) tên gi ? *(au Sud)* ông (anh / ba / cô / chi) tên chi ? *(au Nord)*
Je m'appelle...	tôi tên là
Comment	ông (anh / ba / cô / chi) khoe không ?
	ông (anh / ba / cô / chi) manh gioi không ?
ça va ?	tôi khoe / tôi binh thuong
D'où venez-vous ?	ông (anh / ba / cô / chi) tu dâu toi ? *(d barré)*
Je viens de...	tôi tu
Je suis un touriste	tôi di du lich *(di : d barré)*
Quel âge avez-vous ?	ông (anh / ba / cô / chi) mây tuôi ?
J'ai... ans	tôi duoc... tuôi *(d barré)*
Êtes-vous marié ?	ông (anh / ba / cô / chi) lap gia-dinh chua ?

Le temps

Quelle heure est-il ?	mây gio rôi ?	**Année**	nam
		Mois	thang
Quel jour sommes-nous ?	hôm nay la ngay gi ?	**Jour**	ngay
		Lundi	thu hai *(u avec moustache)*
Maintenant	bây gio		
Aujourd'hui	hôm nay	**Mardi**	thu ba
Hier	hôm qua	**Mercredi**	thu tu
Demain	ngay mai	**Jeudi**	thu nam
Matin	buôi sang	**Vendredi**	thu sau
Après-midi	buôi trua	**Samedi**	thu bay
Soir	buôi chiêu	**Dimanche**	chua nhat *(au Sud)* / chu nhât *(au Nord)*
Nuit	buôi tôi		

Les adjectifs courants

Bon	ngon	**Ouvert**	mo
Mauvais	do	**Chaud**	nong
Grand	lon	**Froid**	lanh
Petit	nho	**Sale**	do *(d non barré)*
Fermé	dong *(d barré)*	**Propre**	sach

■ a. *Baie de Palerme (Sicile)*
■ b. *Rade de Toulon (Côte d'Azur)*
■ c. *Baie de San Francisco (Californie)*

Vous ne savez pas quelle case cocher?

**Alors plongez-vous dans
Le Guide Vert Michelin !**

• tout ce qu'il faut voir
  et faire sur place

• les meilleurs itinéraires

• de nombreux conseils pratiques

• toutes les bonnes adresses

Le Guide Vert Michelin,
l'esprit de découverte

Les couleurs

Blanc	trang	**Jaune**	vang
Noir	den *(d barré)*	**Rouge**	do *(d barré)*
Bleu	xanh	**Vert**	xanh la cây

S'orienter, visiter

Où est... ?	o dâu ? *(d barré)*	**Banque**	ngân hang
À droite	bên mat	**Pagode**	chua
À gauche	bên trai	**Temple**	dên *(d barré)*
En face	truoc mat	**Église**	nha tho
Tout droit	di thang *(d barré)*	**Mosquée**	thanh duong Hôi Giao *(d barré)*
Village	lang		
Ville	thanh phô	**Agence de voyages**	công ty du lich
Route	duong lô		
Rue	duong	**Rizière**	ruông
Boulevard	dai lô *(d barré)*	**Rivière**	sông
Place	công truong	**Lac**	hô
Marché	cho	**Plage**	bai biên
Musée	viên bao tang	**Montagne**	nui
Poste	buu diên	**Forêt**	rung

Les transports

Avion	may bay	**Embarcadère**	bên tau *(au Sud)* / bên do *(au Nord)*
Aéroport	sân bay		
Bus	xe buyt	**Vélo**	xe may / xe dap *(d barré)*
Gare routière	bên xe		
Train	xe lua	**Voiture**	xe hoi
Gare ferroviaire	nhà ga / ga xe lua	**Moto**	xe mô-tô / xe may dâu
Bateau	tau		

À l'hôtel

Hôtel	khach san	**Salle de bains**	phong tam
Chambre	phong	**Eau chaude / froide**	nuoc nong / lanh
Chambre simple / double	phong môt / hai nguoi		
		Ventilateur	quat may
Je veux louer une chambre	tôi muôn muon phong *(au Sud)* / tôi muôn thuê phong *(au Nord)*	**Climatisation**	may lanh
		Moustiquaire	mung

Au restaurant

Restaurant	tiêm an	**L'addition, s'il vous plaît**	ông (anh / ba / cô / chi) lam on tinh tiên
Manger	an com *(au Sud)* / dung com *(au Nord)*		
		Riz	com *(o avec moustache)*
Boire	uông nuoc		
Le menu, s'il vous plaît	ông (anh / ba / cô / chi) cho xin thuc don	**Soupe de riz**	chao
		Soupe aux nouilles	pho / mi
		Eau	nuoc

Café	ca phê	**Poulet**	thit ga
Thé	tra *(au Sud)* / che *(au Nord)*	**Porc**	thit heo
		Bœuf	thit bo
Bière	bia	**Fruit**	trai cây
Pain	banh mi	**Banane**	chuôi
Poivre	tiêu	**Noix de coco**	dua
Sel	muôi	**Mangue**	xoai
Sucre	duong *(d barré)*	**Papaye**	du du *(les d sont barrés)*
Œuf	trung		
Poisson	ca	**Ananas**	thom
Crevettes	tôm	**Légumes**	rau cai
Viande	thit		

Les achats

Marché	cho		
Magasin, boutique	tiêm	**Combien ça coûte ?**	bao nhiêu
Acheter	mua	**Ça coûte 1 000 VND**	mon nay tri gia môt ngan dông

Les chiffres

1	môt		**10**	muoi
2	hai		**20**	hai muoi
3	ba		**100**	môt tram
4	bôn		**200**	hai tram
5	nam		**1 000**	môt ngan
6	sau		**2 000**	hai ngan
7	bay		**10 000**	muoi ngan
8	tam		**20 000**	hai muoi ngan
9	chin		**100 000**	môt tram ngan

Urgences

Je suis malade	tôi bênh	**Pharmacie**	nhà thuôc / hiêu thuôc
Docteur	bac si	**Police**	canh sat
Dentiste	nha si		
Hôpital	nhà thuong / benh viên		

LE VIETNAM EN DIRECT

LE VIETNAM VU PAR...

ENJEUX DE SOCIÉTÉ

Cette année encore, le Vietnam va battre tous les records : selon la Banque d'Asie pour le développement, en 2005, la croissance économique se situera entre 7 et 8 % – l'une des plus fortes de toute l'Asie du Sud-Est. Ce miracle tombe à point nommé dans un pays où le revenu moyen annuel par habitant n'atteint pas 400 $. Il provoque des transformations considérables à un rythme jamais vu. Tous les voyageurs en témoignent : le Vietnam est un chantier. La croissance soulève aussi des problèmes inattendus, parfois tragiques, parfois comiques. Surtout, elle suscite des interrogations : la culture vietnamienne résistera-t-elle à l'argent ?

De l'essor économique

Tout a commencé par un constat douloureux. En 1986, après des décennies de guerre et 5 millions de morts, les Vietnamiens se sont retrouvés face à une nouvelle catastrophe : la faillite de leur marché. L'économie socialiste planifiée, étranglée par l'embargo américain (il ne sera levé qu'en 1994) et privée de l'aide soviétique (la perestroïka met un terme à l'aide aux « pays frères »), est exsangue. Acculé à une volte-face typiquement vietnamienne, le Parti communiste met en place la réforme du « Doi Moi » et autorise le développement d'activités capitalistes. Quinze ans plus tard, le Vietnam est plus que jamais en effervescence. Produits et services se développent tous azimuts et semblent ne jamais rattraper la demande. Un exemple ? Le tourisme. Moins de 50 000 visiteurs par an au début des années 1990, plus de 2 millions dix ans plus tard. L'expansion irrigue tous les secteurs d'activité ou presque, et elle n'est pas prête de s'arrêter. En 2004, la production industrielle a augmenté de 15 % et les exportations, de 12 % !

C'est dans les villes que cette croissance prend les aspects les plus spectaculaires. Hanoi, la capitale politique, Haiphong, le grand port commercial, Da Nang, la ville du Centre, Ho Chi Minh, cœur de l'activité économique, ou encore Can Tho, pour ne citer que les plus importantes, sont en reconstruction permanente. Pas une rue sans un immeuble couvert d'échafaudages, pas une route qui ne soit en voie d'élargissement. La densité de population atteint des records – plus de 3 000 habitants au km^2 –, et pourtant on continue de s'entasser au mieux, au plus près des centres-villes et des affaires. Comme il n'y a plus de place au sol, les immeubles poussent en hauteur. Dans certains quartiers de Hanoi, des « maisons-tubes », dont la façade n'excède pas 4 mètres de large, s'élèvent sur… 8 étages et plus ! La spéculation immobilière touche l'ensemble du littoral. Les stations balnéaires elles-mêmes ne sont pas épargnées : à Nha Trang par exemple, plus d'hôtels ont été bâtis durant ces cinq dernières années qu'au cours des cinq siècles écoulés !

Le plus spectaculaire dans cet essor est sans aucun doute l'attitude de la population. Du jour au lendemain, les Vietnamiens sont tous devenus chefs d'entreprise. Pas une famille qui ne compte un entrepreneur en bâtiment, un chauffeur de taxi ou un guide-interprète. Les vocations suivent étroitement les sinuosités du marché : sans transition, le rez-de-chaussée de la demeure familiale se transforme en restaurant, en salon de coiffure ou en magasin de pneumatiques. Toute la famille est mise à contribution, chacun selon ses moyens et ses capacités. C'est dans la mentalité vietnamienne : observer ce qui se fait ailleurs, apprendre dans le détail (dans la culture traditionnelle, étudier est une fin en soi), interpréter, puis développer ensemble et à son profit les idées venues de l'extérieur.

Des difficultés engendrées

Bien sûr, ces transformations soulèvent de nombreux problèmes inédits. En premier lieu, elles conduisent à s'interroger sur les rapports entre le Parti, l'État et la société civile. Autrefois guide du peuple, le Parti communiste semble aujourd'hui avoir perdu prise sur le pays. Il tente de compenser son incapacité à encadrer la partie la plus dynamique de la société – l'élite urbaine – par son ancrage profondément rural. La plupart des cadres du Parti sont d'anciens paysans qui continuent de défendre avec adresse les intérêts des masses rurales exclues de la croissance. Curieusement, s'il maintient une main de fer sur la société civile (les opposants politiques emprisonnés se comptent par dizaines), il coexiste sans peine avec le monde des affaires. L'État, quant à lui, est aux mains des technocrates. Ces cadres supérieurs hautement diplômés, issus des meilleures universités du pays, n'évoluent pas au rythme de l'essor international du pays et ne parviennent pas à secouer l'énorme bureaucratie issue d'une administration très ancienne. Du coup, ils font l'objet d'un feu croisé de la part des membres du Parti, qui leur reprochent de s'éloigner de l'idéal communiste, et des entrepreneurs privés, freinés par les lenteurs administratives et l'insuffisance des infrastructures.

Mais les problèmes les plus graves sont ailleurs. Ils proviennent du renforcement des inégalités sociales entre une minorité détentrice à la fois du savoir intellectuel, du pouvoir financier et des contacts internationaux, et une majorité réduite à des fonctions productives. Si le travail en usine est certes physiquement moins pénible que la culture des rizières et socialement plus valorisé, il reste chichement payé et ne suffit pas à satisfaire les besoins de la famille moyenne. Surtout, la richesse se concentre à la fois dans quelques villes côtières et dans quelques mains, alors que les grandes masses paysannes en sont exclues, à commencer par les minorités ethniques des régions montagneuses du Nord et du Centre. Comme dans d'autres pays de la région, et bien que la police la réprime strictement, on assiste au développement spectaculaire de la mendicité et de la petite délinquance. Sans parler de la prostitution, officiellement interdite, qui est omniprésente : elle prospère sur le double terrain de la misère et du tourisme, au plus grand profit des mafias locales et de clients sans scrupules.

Et la culture ?

Le voyageur qui se rend au Vietnam est avide de différence. Il s'enthousiasme rapidement – et à juste titre – du dépaysement merveilleux qu'offre ce pays. C'est pourquoi il cède volontiers au discours dominant qui voit dans le règne apparent de l'argent le glas de la culture traditionnelle. Et de citer pour preuves la disparition annoncée des cyclo-pousse et des palanches de Hanoi, le manque de respect des enfants pour les parents, l'invasion des produits culturels étrangers, l'émigration des élites, etc. Cette rhétorique, très à la mode, se fonde sur une confusion. Si le style de vie des Vietnamiens se modifie à mesure que le pays s'enrichit, si certains signes du folklore traditionnel s'estompent tandis que de nouveaux modes de consommation culturelle se développent, cela ne prouve aucunement une altération des « tréfonds de l'âme du peuple », pour reprendre l'expression d'un diplomate occidental. Bien au contraire : soumise une nouvelle fois à l'épreuve, la sensibilité vietnamienne paraît plus inaltérable que jamais.

S'il fallait illustrer cette identité par une pratique, la prière sur l'autel familial serait sans doute l'exemple le plus parlant. Le culte des ancêtres est, en effet, profondément ancré et ritualisé. Aussi, à l'entrée de chaque demeure, de la plus humble à la plus riche, se trouve un endroit où brûle, au pied d'une petite statue de Bouddha, trois bâtonnets d'encens devant la photo des parents et des ancêtres défunts. Chaque jour, parfois même plusieurs fois dans la journée, les Vietnamiens prient leurs ancêtres : les mains jointes, ils s'inclinent respectueusement trois fois de suite pour communier avec l'esprit du passé, reprendre la maîtrise de soi et présager des augures favorables pour le reste de la journée. Cette alliance avec le passé, mais aussi avec la terre et l'eau, cette recherche de l'intimité avec soi audelà des soucis quotidiens sont le creuset de l'imaginaire individuel et collectif qui transcende toutes les couches de la société et fait le peuple vietnamien. C'est le moment de vérité de chacun, le moment d'humilité où les apparences et les appartenances sociales s'estompent pour laisser place à l'homme face à son destin.

GÉOGRAPHIE

Situé au carrefour de l'Asie du Sud et de l'Est, sur les routes commerçantes reliant l'Europe à l'Extrême-Orient, le Vietnam se déroule tel un immense serpent le long de la mer de Chine méridionale. Il s'étire ainsi sur 1 650 km du nord au sud, sa largeur variant entre 540 km dans le delta du fleuve Rouge et 50 km à hauteur de Da Nang. Avec une superficie de 331 000 km², équivalente à celle de la Malaisie, le Vietnam fait figure de poids moyen par rapport aux grandes nations de la région, la Thaïlande, la Birmanie, l'Indonésie, et surtout la Chine, son imposante voisine, avec laquelle il partage 1 281 km de frontière. Seuls ses deux voisins occidentaux, le Laos (1 555 km de frontière) et le Cambodge (982 km de frontière), ont une superficie plus réduite. Meurtri par l'histoire récente et soumis à une forte pression démographique, le pays doit faire face à un nouveau défi : une gestion harmonieuse de son espace et de ses richesses naturelles.

UNE UNITÉ GÉOGRAPHIQUE RÉCENTE

La formation du territoire vietnamien est le produit d'un long processus historique, commencé lorsque les Viet du delta du fleuve Rouge s'affranchirent de la tutelle chinoise *(voir p. 72)*. À partir du 11ᵉ s., ils entamèrent une lente **Marche vers le sud** *(Nam Tien)*, au détriment des Chams, dont le royaume s'étendait au centre du pays, puis des Khmers, qui contrôlaient le delta du Mékong. Les limites actuelles du pays datent pratiquement du 18ᵉ s., même si certains territoires restent contestés. C'est le cas de la frontière cambodgienne, où les escarmouches avec le régime de Pol Pot, à la fin des années 1970, avaient notamment pour motifs des contentieux frontaliers. La question de la possession de l'île de Phu Quoc et de ses eaux territoriales ne fait plus l'objet de conflits, mais aucun traité définitif n'a encore été signé. Celle du statut des îles Paracels et Spratleys est encore plus compliquée.

Les archipels de la discorde

Les Paracels et les Spratleys comptent parmi les rares territoires dont la souveraineté n'a pas encore été attribuée et reconnue internationalement. Situés dans le golfe du Tonkin, à 400 km de Da Nang et à 300 km de l'île chinoise de Hainan, les 130 îlots des Paracels sont revendiqués par la Chine et le Vietnam avec force arguments juridiques et archéologiques. Les deux flottes s'y sont déjà affrontées et, depuis 1974, seul Pékin y maintient une présence militaire. La situation des 33 îles de l'archipel inhabité des Spratleys (180 000 km²) apparaît encore plus inextricable : elles s'égrènent à 450 km du Vietnam, 500 km de Brunei, des Philippines et de la Malaisie, 1 100 km de la Chine et 1 700 km de Taiwan, et tous en revendiquent la souveraineté ! Dans l'attente d'un règlement définitif, chaque pays s'efforce d'y créer un état de fait en maintenant une présence. L'intérêt de ces îles réside dans leur situation sur les routes commerçantes et surtout dans les réserves en hydrocarbure de la zone maritime.

UNE GÉOLOGIE ORIGINALE

Du point de vue géologique, les **formations karstiques** que l'on rencontre d'un bout à l'autre du pays constituent l'une des particularités du Vietnam. Il s'agit de massifs calcaires érodés dans lesquels l'écoulement des eaux a créé au fil du temps un réseau de conduits et de grottes parcouru de rivières souterraines. La plus célèbre de ces formations est sans conteste celle de la baie de Ha Long, un ancien plateau envahi par les eaux de la mer de Chine méridionale, où émergent de petits îlots aux formes irréelles. Un peu plus au nord, la baie de Bai Tu Long présente les mêmes caractéristiques, tandis que la « baie de Ha Long terrestre », à Tam Coc, est restée émergée. On trouve d'autres exemples de formations karstiques dans le delta du Mékong, près de Ha Tien, Chau Doc et Tay Ninh, ainsi qu'à Da Nang, où s'élèvent les fameuses montagnes de Marbre.

Néanmoins, la plupart des reliefs que vous apercevrez en longeant la côte, notamment le col des Nuages (Hai Van), sont de type **granitique**. Dans les Hauts Plateaux (à proximité de Buon Ma Thuot et de Plei Ku) et au nord de Ho Chi Minh-Ville (près de Dinh Quan), de petits **volcans** éteints ponctuent le paysage pour le plus grand bonheur des paysans qui tirent profit de leur terre particulièrement fertile. Dans son ensemble, le pays reste cependant à l'abri des éruptions volcaniques, même s'il subit parfois des secousses sismiques.

PAR MONTS ET PAR EAUX

Le pays se compose de trois zones géographiques distinctes, le **Bac Bo** (Nord), le **Trung Bo** (Centre) et le **Nam Bo** (Sud), qui correspondent à peu près au découpage administratif mis en place par les Français à l'époque coloniale (Tonkin, Annam et Cochinchine) et dévoilent une étonnante variété de paysages.

Sur les rives de la mer de Chine méridionale

Longue de 3 260 km, la façade maritime du Vietnam, qui possède également un débouché sur le **golfe de Thaïlande**, s'étire essentiellement le long de la **mer de Chine méridionale**. En dépit de ce littoral étendu, le pays compte peu d'îles importantes, hormis Phu Quoc, l'archipel de Con Dao, Hon Tre près de Nha Trang, et Cat Ba, Van Don et Ban Sen, dans les environs de la baie de Ha Long.

Les deltas

Deux grands bassins fertiles concentrent l'essentiel de la population et de la richesse du pays. Au nord, le **delta du fleuve Rouge** (15 000 km²), qui a vu naître la civilisation vietnamienne, gagne chaque année sur la mer de Chine méridionale en raison des alluvions déversées par les eaux. Le phénomène se répète à l'identique au sud, dans le **delta du Mékong** (60 000 km²), qui croît de près de 80 m par an en certains endroits. Ces alluvions ont égale-

ment élevé le niveau des deux fleuves, qui coulent au-dessus des plaines avoisinantes. Le fleuve Rouge a ainsi dû être canalisé par des milliers de kilomètres de digues, qui furent la cible des bombardements américains pendant la guerre. Durant la saison des moussons, les pluies diluviennes font régulièrement sortir les cours d'eau de leur lit, provoquant de terribles catastrophes. En novembre 2000, les **inondations** dans le delta du Mékong firent des centaines de morts et obligèrent des centaines de milliers de paysans à s'enfuir. La montée des eaux susceptible d'être provoquée par le réchauffement de la planète menace particulièrement ces zones tropicales très peuplées et de faible altitude.

Montagnes et rivières

Le Vietnam est recouvert aux deux tiers de **montagnes** et de collines, même si son point culminant, le **Phan Si Pan**, près de Sapa, ne s'élève qu'à 3 143 m. Il fait partie des **monts Hoang Lien Son**, qui courent presque tout le long de la frontière chinoise. L'autre grande zone montagneuse est la **cordillère Truong Son** (l'ancienne cordillère Annamitique), qui s'étire sur 1 200 km du Laos, au nord, jusqu'au centre du Vietnam, dans les Hauts Plateaux. Il s'agit en fait d'une chaîne de moyenne altitude, issue des contreforts du Tibet et culminant au **mont Ngoc Linh** (2 598 m).

Le territoire se trouve ainsi cloisonné vis-à-vis de ses voisins, et compartimenté en de multiples petites vallées parcourues de **rivières**. Au Nord, le **song Da** et le **song Bach Dang**, qui alimentent le fleuve Rouge, ouvrent des voies de passage vers la Chine, tandis que plus au sud, le **song Ma** prend sa source au Laos. Le Centre compte plusieurs percées : celle du **song Ca**, qui débouche à Vinh, celle du **song Xe Pon**, qui pénètre au Laos à proximité du col de Lao Bao, et celle du **Da Rang**, qui descend des environs de Plei Ku vers Tuy Hoa. Au Sud, enfin, le **Dong Nai** prend sa source près de Dalat avant de se fondre dans la rivière **Saigon**.

UN CIEL GÉNÉREUX ET CAPRICIEUX

Si la nature a doté le Vietnam de terres alluvionnaires particulièrement riches et d'un réseau hydrographique dense, elle lui fait payer le prix de sa générosité en le soumettant régulièrement à des tempêtes et à des inondations catastrophiques.

Le Vietnam s'inscrit dans une région au **climat tropical** et **subtropical**, exposée aux moussons de l'Est asiatique, avec des précipitations et un ensoleillement importants. Situé entre 8° et 23° de latitude nord, le pays bénéficie cependant d'une grande variété de climats, accentuée par son relief. Rien de commun entre les journées glaciales que connaissent en hiver les villages des montagnes du Nord et la chaleur dont bénéficie le delta du Mékong tout au long de l'année. Hanoi jouit d'une température annuelle moyenne de 23 °C avec des écarts pouvant atteindre 12 °C, au contraire de Ho Chi Minh-Ville, où le thermomètre ne s'éloigne jamais des 26 °C.

Deux saisons distinctes se succèdent au **nord** de Da Nang. De novembre à avril, la mousson du nord-est apporte un hiver doux (16 °C de moyenne), voire frais en altitude, avec un crachin quotidien. Des éclaircies rompent la monotonie de la grisaille en février et mars. Après une période transitoire survient l'été, de juillet à novembre, marqué par des pluies diluviennes. La moyenne des températures s'élève alors à plus de 30 °C de juin à août. À la fin de l'été, de violents typhons secouent parfois la région.

Le **Centre** du pays connaît un climat intermédiaire, avec des précipitations fréquentes tout au long de l'année, notamment à Hué, où l'on enregistre des records nationaux (3 250 mm par an), même durant la courte saison sèche, de février à avril.

Au **Sud,** les saisons sont marquées par les variations de précipitations plus que par celles des températures. D'avril-mai à octobre, la mousson du sud-ouest apporte des vents chargés de pluies,

Le Mékong, « Mère des eaux »

Long de 4 200 km, le fleuve Mékong fut exploré pour la première fois par le Français Francis Garnier (1866-1868), qui cherchait en vain une voie de pénétration en Chine. En 1995, une expédition anglo-française déclara avoir découvert sa source au col de Rup-Sa, sur le plateau du Tibet. Trait d'union entre la Chine, la Birmanie, le Laos, la Thaïlande, le Cambodge et le Vietnam, il a longtemps cristallisé les tensions au lieu d'être un axe de développement. Facteur essentiel de l'équilibre écologique et économique régional, au cœur d'un vaste bassin hydrographique, le fleuve ne peut être remonté que jusqu'aux chutes de Khone. Pour irriguer les terres, prévenir les crues et produire de l'électricité, la commission Mékong, qui réunit les quatre États indochinois, a remis au goût du jour des projets de barrages sur le cours inférieur, mais leur impact sur l'environnement suscite de vives inquiétudes.

avec des maximales de précipitations mensuelles supérieures à 400 mm de juillet à septembre. La période la plus sèche court de décembre à avril. Les températures oscillent entre 27 °C et 31 °C, avec des maximales de 35 °C de mars à mai. Des typhons balayent parfois le littoral de la mer de Chine méridionale au mois de novembre. En comparaison, les **Hauts Plateaux** bénéficient d'un climat doux avec des températures excédant rarement 26 °C, voire frais durant l'hiver (d'octobre à mars) où elles passent parfois sous les 4 °C.

UNE NATURE RICHE MAIS MEURTRIE

En dépit des ravages de la guerre et d'une déforestation galopante, le Vietnam conserve de remarquables forêts primaires, refuges d'une faune exceptionnelle.

Une forêt primaire réduite

Le Vietnam était à l'origine presque entièrement couvert de forêts, des montagnes tempérées du Nord aux plaines subtropicales du Sud. Aussi vieille que

LES FRUITS

Mangoustan

Durian

Carambole

Letchi

Longane

Corossol

l'occupation humaine, la **déforestation** est passée à la vitesse supérieure à l'époque coloniale et s'est poursuivie après 1945, pour connaître une accélération après 1975. La forte **pression démographique** conduit en effet le gouvernement central à favoriser les migrations des régions très peuplées vers les zones à faible densité des Hauts Plateaux, où les plantations de thé, de café et de cacao grignotent chaque année les forêts. La culture sur brûlis et l'abattage du bois utilisé comme combustible concourent à aggraver le phénomène. Le projet adopté en avril 2000, qui prévoit le reboisement de 5 millions d'hectares d'ici à 2010, doit faire passer le taux de couverture forestière du territoire de 30 à 43 %. Son coût est estimé à 4,5 milliards de dollars.

Une faune menacée

Le Vietnam s'avère être un sanctuaire remarquable, riche d'un nombre considérable de familles d'oiseaux (770), de mammifères (280), de reptiles (130), d'amphibiens (80) et de poissons (2 500) ! Phénomène très rare dans le monde, les scientifiques ont encore récemment découvert dans la région frontalière

L'écocide de la guerre

Popularisé durant la guerre du Vietnam, le terme « écocide » rend compte de l'impact des bombardements américains sur l'environnement. Outre les bombes incendiaires au napalm, divers défoliants furent largués, parmi lesquels l'agent Orange fut promu à une sinistre célébrité. De 40 à 100 millions de litres de ce puissant poison contenant de la dioxine, qui reste actif 8 à 10 ans, furent épandus de 1962 à 1970. Près du quart des forêts et la moitié des mangroves furent détruites, provoquant des dommages irréparables sur la faune. Dans le Sud, le déluge de feu a durablement appauvri les sols, dont la productivité reste faible. D'énormes efforts ont été accomplis pour replanter les forêts, mais les effets de la guerre continuent de se faire sentir : mines et bombes non explosées, érosion, glissements de terrain, ensablement des cours d'eau.

du Laos des mammifères inconnus : le **saola** (ou buffle de Vu Quang), le **muntjac géant** (un cervidé d'Asie du Sud-Est), ainsi que des variétés d'oiseaux. Réagissant à ces découvertes, le gouvernement a décidé d'élargir la zone protégée.

Dans l'ensemble cependant, le constat s'avère plutôt inquiétant, car de nombreuses espèces sont menacées d'extinction par le braconnage qui alimente la pharmacopée traditionnelle, et surtout par le recul de l'habitat naturel. Si le tapir semble avoir déjà disparu, le rarissime **rhinocéros de Java** que l'on ne recensait que dans le parc d'Ujung Kulon, à Java-Ouest, a été observé dans le parc national de Nam Cat Tien, ainsi que des spécimens de **koupreys**. En 1994, le Vietnam a signé une convention internationale bannissant le commerce des espèces en danger, parmi lesquelles figurent l'**éléphant**, le **tigre**, le léopard, l'ours noir, l'ours à miel, le cerf, le **serow**, le macaque rhésus, l'entelle douc, le gibbon concolore, le buffle banteng, le **cobra royal**, le python réticulé, ainsi que des tortues et des crocodiles. Les oiseaux ont moins souffert que les mammifères de la guerre et de la déforestation, à l'exception de la **grue du Mékong**, qui fut réintroduite après avoir disparu durant la guerre, ainsi que de diverses espèces de paons et de faisans. En outre, 87 **réserves naturelles**, couvrant 3,3 % du territoire, ont été créées, en particulier le long de la frontière du Laos.

HISTOIRE

Voir également « Dates clés », p. 88.

Au carrefour des mondes chinois, malais et indien, l'identité vietnamienne s'est forgée au cours d'une difficile entreprise : s'émanciper de la Chine tout en cultivant son héritage. La grande particularité de l'histoire du Vietnam est sa dynamique dans l'espace. Commencée au Nord, dans le delta du fleuve Rouge, berceau des Viet, elle aboutit en 1802, sous les Nguyen de Hué, à une morphologie qui sera celle du Vietnam réunifié en 1975. Pareils aux vers à soie grignotant sans relâche les feuilles de mûrier – pour reprendre l'expression d'un mandarin du 19e s. –, les Vietnamiens se sont peu à peu approprié leur espace, glissant le long de l'échine montagneuse de la cordillère Annamitique, engloutissant au 15e s. les terres rizicoles du Centre, puis le delta du Mékong au 17e s., dans leur longue Marche vers le sud.

UN MONDE AUX MARCHES DE LA CHINE

Une histoire tissée de légendes

Chaque année, le 10e jour du 3e mois lunaire, les Vietnamiens vont en pèlerinage au mont Hung, à Co Tich (à 80 km au nord de Hanoi) pour y renouer les fils de leur longue histoire. Car ce mont, voici 4 000 ans, fut le siège de la capitale de leurs tout premiers souverains, les **dix-huit rois Hung**, descendants de l'union d'un dragon et d'une immortelle *(voir p. 104)*. Le pays s'appelait alors **Van Lang**. Sur le plan historique et archéologique, ce mythe correspond à un âge du bronze qui débute à la fin du 2e millénaire av. J.-C. Il se prolonge, au-delà du 7e s., dans la civilisation de Dong Son (province de Thanh Hoa), qui voit, en même temps que le développement de la technologie du fer, l'apparition du tambour de bronze, un objet répandu jusque dans la première moitié du 20e s., de la Chine du Sud à l'Indonésie orientale. Les scènes ciselées sur les instruments déroulent le quotidien de ces riziculteurs, marins à leurs heures, qui vivent dans des maisons sur pilotis.

En 257 av. J.-C., un royaume rival, l'**Au Lac**, s'empare du Van Lang. Selon la légende encore, sa capitale, Co Loa, fut bâtie sur les conseils d'un génie, la Tortue d'Or, qui remit au souverain l'une de ses griffes pour qu'elle soit montée en gâchette d'arbalète. Or il est vrai que, cinquante ans plus tard, le **Nam Viet**, royaume de Chine méridionale, ne put envahir l'Au Lac qu'au prix de nombreux soldats morts sous le tir infaillible de ses archers, et que l'archéologie, en fouillant le site de Co Loa, a mis au jour des milliers de pointes de flèche. Au

Le Vietnam en 10 dates

Env. 10e s. av. J.-C. - Création du Van Lang, royaume des tribus viets.

1er s. av. J.-C.-10e s. apr. J.-C. - Annexion du territoire à la Chine.

1802 - Gia Long unifie le pays et fonde l'empire du Vietnam.

1858 - Début de la tutelle française.

1945 - Ho Chi Minh proclame l'indépendance de la république démocratique du Vietnam.

1954 - La défaite de Dien Bien Phu marque la fin de la guerre d'Indochine (1946-1954).

1959-1975 - La guerre du Vietnam oppose les partisans de l'empereur Bao Dai (cap. Saigon) à ceux de Ho Chi Minh (cap. Hanoi).

1975 - Chute de Saigon. Début de la tragédie des boat people, qui tentent de fuir le régime communiste.

2000 - Visite du président Clinton.

2005 - Rencontre entre le président des États-Unis et le président vietnamien pour sceller la réconciliation entre les deux pays.

tournant de notre ère, la Chine, formidable puissance émergée à la fin du 3e s. av. J.-C., ne fait qu'une bouchée de ces petits États. En 111 av. J.-C., la région est annexée jusqu'au col des Nuages et sera pendant mille ans, sous différents noms, **préfecture de l'empire**.

Terre lointaine de l'empire de Chine

La présence chinoise reste discrète jusqu'au 1er s. de notre ère, mais les choses se gâtent lorsque l'empire applique l'inflexible politique qui succède à ses conquêtes. Des Chinois sont déportés par milliers pour cultiver ces nouvelles terres. Les descendants des rois Hung ne l'entendent pas de cette oreille. Une vague de rébellion secoue le Sud de l'empire, de Canton au Vietnam, bientôt menée par deux sœurs, **Trung Thac** et **Trung Nhi**. La Chine dépêche son « général dompteur des flots », Ma Yuan, qui écrase la rébellion en 43. Dès lors, dans la lointaine préfecture du Sud, la **sinisation** va son cours. L'empire impose non seulement son ordre politique, mais aussi ses rites, sa hiérarchie sociale, sa langue et son écriture.

Où la Chine côtoie l'Inde

Tandis que le Nord du pays entre dans l'orbite de la Chine pour un millénaire, une autre page d'histoire s'écrit au sud du col des Nuages. À la fin du 4e s., des **principautés khmère et chame** émergent du delta du Mékong à la porte d'Annam. Leur chronique est rythmée par les dates des ambassades qu'elles envoient à la cour de Chine et les inscriptions qui font l'apologie de leurs rois, de leurs campagnes militaires et de leurs fondations religieuses. Elles sont rédigées en **sanscrit**, l'une des langues de l'Inde ancienne, et la religion royale s'organise autour du **culte du dieu Shiva**, protecteur du royaume. À l'exception de la période qui s'étend du milieu du 7e s. au milieu du 8e s. et les voit glisser plus au sud, autour du temple de Po Nagar *(voir p. 327)*, les Chams demeurent jusqu'au 10e s. centrés sur le pays d'Amaravati et de My Son *(voir p. 306)*, le plus sacré de leurs sanctuaires. Si leur monarchie et leur religion d'État sont imprégnées de la marque de l'Inde, ces marins hors pair regardent vers Java et Sumatra, avec lesquels ils entretiennent de nombreux échanges.

LE FACE-À-FACE DES GRANDS ROYAUMES

Un État est né

Au milieu du 10e s., le Nord du pays, alors nommé préfecture d'Annam, parvient à secouer la tutelle de la Chine, affaiblie par le morcellement

Défaites chinoises sur la rivière Blanche

Haiphong signifie « défense maritime » et la région fut de tout temps la tête de pont de la résistance antichinoise. Le *song* Bach Dang, l'un des bras du fleuve Rouge, était la voie traditionnelle de communication entre les terres du delta et le golfe du Tonkin. Pour l'empire de Chine, il était aussi un moyen commode de venir rétablir l'ordre en envoyant ses jonques, quand le voisin vietnamien se montrait trop turbulent. En 939, Ngo Quyen, à la tête d'un soulèvement contre l'administration chinoise, tendit un formidable traquenard à la flotte du Fils du Ciel. Ayant envoyé des sampans provoquer l'adversaire en amont, il fit installer des pieux armés de fer à l'embouchure. Lorsque les jonques refoulèrent, elles furent prises dans le double piège des pieux et du reflux. Pour la première fois, la Chine capitula et c'est ainsi que Ngo Quyen fonda la première et très brève dynastie nationale : les Ngo (939-968). Trois siècles plus tard, le même stratagème permit d'écarter les tentatives d'invasion des Mongols.

de son empire. Celle-ci reste suzeraine, mais cesse d'administrer directement le royaume, baptisé **Dai Viet**. Du coup, ce vide met face à face cette contrée, dont elle a façonné la culture, et le Champa, l'État indianisé des Chams. Les deux mondes engagent une lutte qui va durer neuf cents ans et placer les Chams en tenaille entre leur front nord, où se stabilise le Dai Viet, et leur flanc ouest, où monte la puissance khmère de l'empire d'Angkor.

Les premiers pas du Dai Viet sont difficiles *(voir p. 183)*. Trois dynasties, les Ngo, les Dinh et les Le antérieurs, se succèdent en moins de cent ans du fait des rivalités entre seigneurs, mais l'indépendance est acquise et la **dynastie des Ly** se valide en la personne de **Ly Thai To** (1009-1028). La capitale est fixée à Thang Long, la future Hanoi. L'État est organisé sur le modèle légué par mille ans d'occupation chinoise.

Si le pouvoir, absolu, est aux mains du souverain, il s'exerce dans les domaines civil et militaire par des fonctionnaires recrutés sur concours. La société demeure à 80 % rurale. Les 20 % restants regroupent les corporations de commerçants et d'artisans, l'élite intellectuelle des mandarins et des lettrés, la famille royale et ses dignitaires. Jusqu'à la colonisation française, l'organisation traditionnelle du Vietnam repose sur la superposition de deux structures : l'**État bureaucratique**, construit sur le modèle confucéen autour de la fonction impériale, et le **réseau des communautés villageoises**, fortement attachées à leurs génies fonciers, leurs lignées d'ancêtres et leurs héros tutélaires. C'est en ces dernières que le Vietnam puisa toujours sa volonté d'indépendance lorsque les dynasties chancelaient.

L'âge des guerres

Consolidé par les Ly, le Dai Viet menace et pille le Champa, qui cède ses provinces septentrionales en 1069, en dépit du soutien de la Chine. Au 12e s., alors que la maison royale des Ly s'épuise en intrigues, c'est l'**empire khmer d'Angkor**, la nouvelle puissance de l'Asie du Sud-Est, qui harcèle les Chams. Une guerre de cent ans (1145-1220) s'engage entre les deux royaumes.

Le Vietnam fut le seul pays d'Asie capable de contrer la **poussée des Mongols** de Chine au 13e s., mais celle-ci a bouleversé les équilibres politiques. Elle marque le crépuscule des royaumes indianisés (mon, cham et khmer) et l'aube de nouveaux pouvoirs (Laos, Siam et Vietnam). La victoire vietnamienne est remportée par les **Tran**, un clan aristocratique qui s'est imposé sur le trône de Hanoi. En 1360, lors de l'avènement de **Che Bong Nga**, le Champa tente un ultime sursaut pour reconquérir ses terres. Fort de sa reconnaissance par l'empire de Chine, le roi cham entre dans le delta du fleuve Rouge et met Hanoi au pillage en 1371. Il enchaîne les expéditions de harcèlement jusqu'à son assassinat en 1390. La pression est telle que les Tran sont contraints d'aug-

menter l'impôt et d'enrôler les moines comme soldats. De telles mesures renforcent l'impopularité du gouvernement autoritaire.

Des vers à soie grignoteurs de terres

En 1400, le général Le Qui Ly, grand rival de Che Bong Nga, contraint les Tran à abdiquer et se proclame empereur sous le titre de **Ho Qui Ly**. Craignant pour son trône, le roi cham **Jaya Simhavarman V** cède au souverain le territoire qui avait été le foyer religieux du Champa depuis sa naissance, l'**Amaravati**. Le sacrifice est énorme, car l'Amaravati n'est pas seulement le cœur mystique du Champa, c'est la terre la plus riche en rizières. Les Chams émigrent alors en masse vers la région montagneuse et pauvre qui s'étend au sud du Quang Ngai. Les Vietnamiens engagent leur **Marche vers le sud** (*Nam Tien*) et appliquent la même politique que celle de la Chine dans le Nord du pays au début de notre ère : des colons sont envoyés exploiter le nouveau grenier à riz. Jaya Simhavarman tente de récupérer ce qu'il a cédé en se tournant vers les Chinois, qui ont chassé les Mongols et fondé la dynastie des Ming. Il stigmatise l'usurpation de Ho Qui Ly, tant et si bien que les impériaux franchissent les frontières, annexent l'État vietnamien et y exercent une domination tyrannique (1413-1428).

Contre l'oppression chinoise, le Vietnam aiguise une arme qui a déjà fait ses preuves contre les Mongols : l'astuce des pièges, plus que la stratégie de bataille, la guérilla de harcèlement contre le rouleau compresseur de l'armée impériale. La résistance est animée par deux figures : **Le Loi**, propriétaire terrien du Thanh Hoa, en est le bras armé ; **Nguyen Trai**, lettré pétri de culture chinoise, en est la tête pensante. Leur alliance forme une redoutable machine de guerre, soutenue par l'adhésion sans faille du peuple. Lancée en 1418, la guérilla parvient en 1426 à libérer le delta du fleuve Rouge et Le Loi devient empereur en 1428, sous le nom de **Le Thai To**.

« L'univers déréglé retrouve son harmonie »

Ce vers est tiré de *La Grande Proclamation de la pacification des Ngo*, un long poème écrit par Nguyen Trai pour marquer l'avènement de la dynastie et la paix revenue. Le Thai To négocie avec les Ming une paix durable, engageant son pays dans un lien de vassalité avec l'Empire chinois qui ne fut rompu que par l'intervention française à la fin du 19e s. De son côté, la Chine déplace son centre de gravité loin vers le nord, à Pékin, capitale de l'empire jusqu'à sa chute en 1911, et située à six semaines de poste montée du Tonkin. Le Thai To parvient également à établir des relations pacifiques avec le Champa, réduit à une peau de chagrin. Il ne reste plus au royaume que les terres arides au sud du cap Varella, soit 1/5 de sa superficie au temps de Che Bong Nga. L'avènement des Le postérieurs ouvre **un siècle de paix**. L'État est reconstruit sur les bases jetées au 11e s. par la dynastie des Ly. Priorité est donnée à l'agriculture (construction de digues et de canaux, défrichement de nouvelles terres auxquelles se consacre le contingent par rotation) et à l'instruction publique, qui va contribuer à façonner une sensibilité et une nationalité vietnamiennes.

DU MORCELLEMENT À L'UNITÉ

Nordistes contre sudistes

À partir de 1527, l'autorité des Le vacille. Partout s'allument des foyers de rébellion et le seigneur **Mac Dang Dung** usurpe le pouvoir. Chassé de Hanoi par les partisans des Le en 1592, il se maintient à Cao Bang, sous la protection de la Chine, jusqu'en 1677 *(voir la partie « Sillonner le Vietnam », p. 246)*. Les Le ne sont plus que des instruments aux mains de deux familles, les **Trinh** et les **Nguyen**, qui ne les restaurent que pour mieux s'affronter. Les premiers accaparent la réalité du pouvoir à Hanoi et règnent de fait, forts du contrôle de l'armée, sur l'en-

semble du Tonkin. Les seconds s'appuient sur les provinces gagnées sur les Chams, dont ils sont gouverneurs. Ils bénéficient aussi des canons et de la flotte de nouveaux venus en Asie, les **Portugais**, qui essaiment entre leurs comptoirs de Goa et de Macao. Dès 1558, les Nguyen constituent une **seigneurie indépendante** qui, malgré la suite de guerres contre les Trinh (1627-1672), s'érige une capitale à Hué en 1687 *(voir « Sillonner le Vietnam », p. 268)* et poursuit pour son compte la Marche vers le sud en absorbant définitivement le Champa (son dernier roi est tué en 1692). Au milieu du 18e s., ils se rendent maîtres du **delta du Mékong** et exercent leur souveraineté sur les royaumes voisins du Cambodge et du Laos.

L'ouverture au monde

La fondation du **port de Hoi An** *(voir p. 299)* sur l'estuaire du petit fleuve Thu Bon dans la première moitié du 16e s. fait entrer la seigneurie des Nguyen dans les échanges internationaux. Bien plus que Hanoi et les bouches du fleuve Rouge, repliées à l'intérieur du golfe du Tonkin, Hué et son port bénéficient du vieux réseau maritime entre les mondes chinois et malais. Des corporations de marchands de Chine méridionale viennent s'y établir au début du 17e s., suivies par des Japonais de Nagasaki. L'arrivée des Portugais ouvre la voie aux premiers missionnaires dominicains, puis franciscains et jésuites, dont la présence se renforce après l'expulsion des étrangers du Japon en 1638. L'un d'eux, le **père Alexandre de Rhodes**, lègue au Vietnam un précieux outil pour le futur : la romanisation de sa langue *(quoc-ngu)*. Des factoreries hollandaises tentent de s'installer, mais doivent se replier dès 1641 pour avoir pris le parti des Trinh contre les Nguyen. En 1698, ceux-ci dressent une forteresse sur un site qui avait déjà retenu l'attention des commerçants chinois dans les années 1630-1640 : **Cholon**, le « Grand Marché », un comptoir établi sur l'un des bras de la rivière Saigon *(voir « Sillonner le Vietnam », p. 395)*.

La révolte des gueux

Le Vietnam du 18e s. est un monde divisé et ni la maison royale des Le, ni les Trinh, ni les puissants seigneurs Nguyen ne parviennent à constituer l'unité autour d'eux. Plus encore, les tensions s'accroissent entre les communautés en présence – Tonkinois au Nord, Annamites métissés de Chinois et de Chams au Centre et Cochinchinois descendants de Khmers et de colons chinois dans le delta du Mékong. Les mutations sociales dans les nouveaux territoires du Sud provoquent une révolte de paysans à **Tay Son**. Dirigée par trois frères, Nguyen Hue, Nguyen Nhac et Nguyen Lu, elle remporte des victoires aussi foudroyantes qu'inattendues en 1785, contre les Siamois appelés à la rescousse par le seigneur Nguyen Anh, puis contre les troupes impériales chinoises qui s'étaient portées au secours des Le en 1788. **Nguyen Hue** se proclame roi à Hanoi en 1788, sous le nom de Quang Trung, mais meurt quatre ans plus tard, ne laissant qu'un héritier de 10 ans.

Le dernier empire

Défait par l'armée des gueux, **Nguyen Anh** avait trouvé refuge à Bangkok auprès des missionnaires français. L'un d'eux, l'archevêque **Pigneau de Béhaine**, se rend en France solliciter le soutien militaire de Louis XVI et l'obtient. Fort de la nette supériorité de son artillerie et de sa marine, Nguyen Anh entreprend un retour offensif, reprend le delta, Hué, puis le Tonkin (1801) et, pour la première fois, unifie tous les territoires du Nord, du Centre et du Sud. En 1802, il devient **Gia Long**, empereur du Vietnam.

Gia Long bâtit son empire sous le signe du dialogue avec l'Occident, mais dès l'avènement de son successeur, **Minh Mang**, les Nguyen s'enferment dans la vieille symbolique impériale et autocratique chinoise pour asseoir l'unité. D'un côté, ils démocratisent l'accession aux plus hautes charges de la bureaucratie en ouvrant à tous les concours mandarinaux ; de l'autre, ils se replient sur les valeurs les plus orthodoxes du confucia-

Le jugement du Fils du Ciel

En 203 av. J.-C., un général chinois fonda un royaume indépendant au Sud de la Chine, qu'il nomma Nam Viet (le Viet du Sud). Il fixa sa capitale à Canton et empiéta sur le Tonkin, mais ses territoires furent absorbés par l'Empire chinois en 111 av. J.-C. En 1802, Gia Long envoya une délégation à Pékin pour obtenir l'approbation du Fils du Ciel sur le nom de son empire, le Nam Viet. Prétextant qu'il avait accompli ce que ni les Tran ni les Le n'avaient pu réaliser, la réunification du vieux pays d'Annam et des nouvelles terres du Viet Thuong, il demandait la permission de changer l'ancien nom d'Annam en Nam Viet (contraction d'Annam et de Viet Thuong). Mais, pour la Chine, ce nom avait des résonnances historiques fâcheuses. Il évoquait trop l'antique royaume sécessionniste. Le Fils du Ciel trancha : il fallait intervertir les deux termes. Ainsi naquit le Vietnam.

nisme, privilégiant le lettré pétri de textes classiques à l'économiste pragmatique, et rejetant la diplomatie moderne pour la dialectique du monde sinisé face aux barbares. En choisissant de régner à Hué, ils réveillent les tendances centrifuges du Nord et du Sud qui avaient prélude à la révolte de Tay Son. En 1833, l'**insurrection de Saigon** est durement matée par Minh Mang.

QUAND L'UNIVERS SE DÉRÈGLE À NOUVEAU

Dernières terres conquises, premières terres perdues

En optant pour le modèle chinois contre le dialogue avec l'Occident, les Nguyen ont choisi le mauvais camp. Tandis que la cour de Hué se drape dans l'isolationnisme, l'empire du Milieu chancelle sous les coups de boutoir de l'expansion coloniale européenne. Dès le début du 19e s., la France et l'Angleterre sont lancées dans la conquête du marché chinois et obtiennent traités diplomatiques et commerciaux à l'issue des **guerres de l'Opium** (1839-1842 et 1856-1860). Les manœuvres d'intimidation dans la rade de Da Nang en 1858 et la prise de Saigon par un corps de débarquement français en 1859 s'inscrivent dans la foulée de cette politique de la canonnière. Elles sont une riposte aux persécutions contre les catholiques et à la politique franchement antioccidentale de l'empereur **Tu Duc**. Acculé, celui-ci est contraint d'ouvrir ses ports au commerce international. L'ensemble du delta du Mékong est soumis d'autant plus facilement que les sudistes gardent la dent dure contre le régime des Nguyen, qui avait réprimé férocement l'insurrection de Saigon. En 1862, la **colonie de Cochinchine** est créée et le **Cambodge** passe sous protectorat français. Pour la France, prendre pied en Asie du Sud-Est, c'est faire un pas vers la Chine, en prenant le contrôle des bassins de deux fleuves qui prennent leur source dans l'empire du Milieu, le fleuve Rouge et le Mékong. Mais l'exploration des sources de ce dernier, conduite par Francis Garnier et Doudart de Lagrée, révèle que cette voie est impraticable. Pour se rapprocher de la Chine, il faut prendre pied au **Tonkin**. C'est la IIIe République qui va, en s'emparant du Nord, ouvrir l'ère d'une politique ouvertement impérialiste. Hanoi est prise en 1882. À l'issue d'une courte guerre en 1885, les Français obtiennent de la Chine la reconnaissance de la frontière entre les deux pays et le renoncement à sa suzeraineté sur le pays.

La révolte des lettrés

Le premier sursaut vietnamien est légitimiste. Animé par les lettrés mobilisés autour de l'empereur Ham Nghi, le **Can Vuong**, l'« Aide au roi » (1885-1895), cherche à rétablir l'autorité royale bafouée par les traités. C'est à peine s'il ébranle la France qui, à partir de 1887, construit l'**Union indochinoise**, puzzle administratif d'une unique colonie, la Cochinchine, et de quatre protectorats (Cambodge, Laos, Annam et Tonkin). En abolissant l'écriture chinoise au profit de la romanisation et, surtout, en supprimant les concours mandarinaux entre 1919 et 1925, la France dépouille peu à peu les lettrés de leur préroga-

tive du savoir. Les empereurs ne sont plus que des souverains d'opérette et le nouveau mandarinat est au service des coloniaux.

Les écoles du nationalisme

À l'orée du 20e s., le Japon du Meiji est le seul pays d'Asie qui semble en mesure de concilier la construction d'un État moderne indépendant et le maintien du système impérial. C'est vers ce nouveau modèle que se tournent les premiers nationalismes asiatiques. Au Vietnam, le lettré patriote **Phan Boi Chau** orchestre le **Dong Du**, l'« Exode vers l'est » de recrues qui vont bénéficier d'une instruction politique et militaire à Tokyo. L'autre voix qui se fait entendre est celle de **Phan Chau Trinh**, qui revendique la solution plus radicale d'une démocratie, nécessairement soutenue par la diffusion massive du savoir. En 1911, l'année où s'effondre l'Empire chinois, un jeune homme imprégné des idées de Trinh s'embarque pour Marseille. Il se nomme Nguyen Tat Thanh. Son père est un mandarin déchu qui préféra l'errance à la compromission. En Occident, Thanh fait tous les métiers. Il observe. Il étudie à Paris, à New York et à Londres, à Moscou enfin à partir de 1923. En 1942, fort des années d'apprentissage et mûr pour la reconquête de l'indépendance, il prend son ultime nom de guerre : « Ho à la Volonté éclairée », **Ho Chi Minh**.

Le patriote apatride

Au lendemain de la Première Guerre mondiale, c'est sous le pseudonyme de Nguyen Ai Quoc, « Nguyen le Patriote », que le futur Ho Chi Minh choisit la voie du **bolchevisme** contre les impérialismes occidental et japonais. Après dix-huit mois passés à Moscou, au cœur même du Komintern, il est à Canton puis à Hongkong, où il met en place les rouages de son programme de libération nationale. Il crée d'abord l'Association de la jeunesse révolutionnaire

À l'époque coloniale

vietnamienne, pépinière des futurs cadres de la nation, dont les idées sont diffusées clandestinement au Vietnam de 1925 à 1930, par le biais d'un journal, **Thanh Nien** (« *La Jeunesse* »). Elles sont accueillies par une nouvelle élite intellectuelle, formée aux idées modernes de nation dans les lycées Albert-Sarraut de Hanoi, ou Chasseloup-Laubat de Saigon. Elles progressent rapidement dans le monde des travailleurs, dont les conditions de vie sont aussi pénibles que la colonie est prospère. En 1930, année de la fondation du Parti communiste vietnamien, rebaptisé **Parti communiste indochinois** quelques mois plus tard, les premières grèves éclatent dans les usines et les plantations, et des manifestations paysannes s'élèvent contre les impôts de la Régie. Ce soulèvement social est la principale force d'action depuis l'échec du Parti nationaliste, fondé en 1927 et réprimé trois ans plus tard, à l'issue du soulèvement de la garnison de Yen Bai. Aucun espoir non plus du côté du trône impérial, toujours occupé, après la tentative avortée de l'empereur Bao Dai d'établir une monarchie constitutionnelle.

La contre-offensive du pouvoir colonial contre les mouvements des rouges est impitoyable. Nguyen Ai Quoc lui-même est arrêté en Chine en 1931 et placé sous haute surveillance. Après avoir assisté au VIIe congrès de l'Internationale communiste en 1935 à Moscou, il traverse l'Asie centrale pour se rendre à Yanan, en Chine, quartier général de Mao Zedong et de ses troupes. En 1940, alors que le Vietnam vit sous le compromis de la **Fédération indochinoise**, conclu entre le Japon et la France de Vichy, Nguyen Ai Quoc est à ses portes, prêt à réorganiser la résistance clandestine avec le soutien des communistes chinois.

LE CYCLE DES GUERRES

En 1939, si les sirènes du nationalisme et les visées impérialistes du Japon apparaissent comme les signes annonciateurs de bouleversements, le pays est loin d'imaginer qu'il a devant lui un demi-siècle de guerres, qui vont l'opposer à presque toutes les grandes puissances militaires de la planète : le Japon, la France, les États-Unis et la Chine. Au sortir de cette période, certains historiens ont pu écrire que le Vietnam avait réussi sa libération mais avait échoué dans sa révolution.

La Seconde Guerre mondiale
(1940-1945)

L'intermède nippon

Depuis la conquête de la Chine par le Japon, à la fin des années 1930, la puissance coloniale vit dans la crainte d'une invasion. Anticipant le danger, le gouverneur général Catroux reconnaît en juin 1940 le rôle primordial des Japonais en Extrême-Orient et leur octroie diverses facilités militaires, en échange de la reconnaissance de la souveraineté française sur le Vietnam. À l'exception d'une brève incursion nippone en septembre 1940, l'Indochine sera, jusqu'en 1945, la seule région d'Asie orientale à échapper à l'autorité directe de Tokyo. Dans le même temps, les Japonais favorisent l'émergence des sectes dans le delta du Mékong et encouragent certains mouvements nationalistes, comme le Dai Viet. Parallèlement, les Français eux-mêmes tentent en vain de capter à leur profit le sentiment nationaliste. Revenu au Vietnam en 1941, Ho Chi Minh crée en effet l'Alliance pour l'indépendance du Vietnam, le **Viet-minh**, et installe un maquis dans la province de Cao Bang. Dès le printemps 1943, il noue des contacts avec les Américains.

La fin du compromis

Le 9 mars 1945, les Japonais, en réaction à un raid américain sur les côtes d'Indochine, décident de se débarrasser des Français. Les garnisons sont désarmées, le gouverneur général Decoux arrêté, le général Lemonnier et le résident général Auphelle décapités, et les colons envoyés dans des camps d'internement. Un coup irrémédiable vient d'être porté au prestige de la puissance coloniale. Le 11 mars, l'empereur **Bao Dai** proclame l'indépendance, mais celle-ci n'est que de façade, car les Japonais réquisitionnent le riz à leur profit et contrôlent directement la Cochinchine. La famine fait plus d'1,5 million de morts au Tonkin.

Après l'annonce de la capitulation du Japon, le 10 août, les événements s'accélèrent. Les communistes s'affirment comme le porte-parole incontesté de l'indépendance, à laquelle adhère la majorité de la population. Ho Chi Minh s'empare de Hanoi, pousse l'empereur à abdiquer et, le 2 septembre, proclame la **république démocratique du Vietnam** (RDV). Au Sud, où il doit composer avec la puissance des sectes et des mouvements nationalistes, le Vietminh parvient à prendre le contrôle de Saigon le 25 août. Son pouvoir s'avère pourtant fragile, car bientôt les troupes chinoises prennent le contrôle du Nord du Vietnam, tandis que les Anglais occupent le sud du 16e parallèle. Armés par les Britanniques, les soldats français fraîchement libérés des camps japonais reprennent le pouvoir en Cochinchine où un climat de violence s'instaure.

La guerre d'Indochine
(1946-1954)
Une occasion manquée

Le 5 octobre 1945, l'entrée du **général Leclerc** dans Saigon, à la tête d'un puissant corps blindé, marque le rétablissement du pouvoir colonial en Cochinchine. Le général et Jean Sainteny, commissaire de la République au Tonkin, engagent néanmoins la France dans la voie du compromis. Le 6 mars 1946, au moment où les troupes françaises prennent la relève des Chinois dans le Nord du Vietnam, un accord est signé avec Ho Chi Minh, qui reconnaît la RDV comme un État isère en échange de son adhésion à l'Union française. Quant à la Cochinchine, un référendum d'autodétermination doit en régler le sort.

Mais le gouvernement Bidault et **Thierry d'Argenlieu**, haut-commissaire en Indochine, ne cautionnent pas cette politique. Animé par la nostalgie de l'empire colonial et des convictions anticommunistes, d'Argenlieu entend rétablir l'autorité française dans son intégralité. Il suscite la création d'un gouvernement provisoire de la Cochinchine, bientôt la proie de violents combats. Le **sommet de Fontainebleau**, en juillet, achoppe sur cette question, et dès novembre les combats se propagent au Nord, où le **bombardement de Haiphong** par le corps expéditionnaire français d'Extrême-Orient (CEFEO) fait près de 6 000 morts. La réplique survient le 19 décembre, avec le soulèvement de Hanoi. La guerre a vraiment commencé.

Un enjeu de la guerre froide

Dans la lutte qui s'engage, le combat semble par trop inégal entre les Français, bien équipés, et le Viet-minh, doté d'un armement rudimentaire, qui opte pour une stratégie de guérilla. Émile Bollaert, qui a remplacé d'Argenlieu en février 1947, décide alors d'ouvrir des négociations avec Bao Dai, exilé à Hongkong. En décembre, un premier accord octroie une indépendance de façade au Vietnam sous l'égide du nationaliste **Nguyen Van Xuan**. Paris s'attache les sectes caodaïste et Hoa Hao pour combattre le Viet-minh, et s'allie la Thaïlande, inquiète d'une « contagion communiste » en Indochine. Poussée par les États-Unis, la France signe avec Bao Dai un nouvel accord (8 mars 1949) qui donne une indépendance restreinte aux trois États associés : Vietnam, Cambodge et Laos.

L'irruption de la guerre froide en Asie bouleverse la donne et remet en selle le Viet-minh. En janvier 1950, les communistes qui viennent de prendre le pouvoir en **Chine** reconnaissent la RDV, bientôt suivis par l'URSS. Désormais, la résistance va bénéficier d'appuis dans les instances internationales et d'une aide militaire importante. De leur côté, l'Angleterre et les États-Unis reconnaissent les États associés. Le début de la **guerre de Corée** (juin 1950) convainc en outre les Américains de soutenir Paris. Le revirement est complet par rapport à la conférence de Téhéran (1943), où ils étaient convenus avec les Russes de mettre fin à la présence française. Désormais, Washington est persuadé de l'importance stratégique du Vietnam, où une victoire des communistes entraînerait la chute des régimes alliés de la région. C'est la fameuse **théorie des dominos**, qui va dominer sa politique extérieure pendant des décennies. Commencée en 1950, l'aide américaine représentera les trois quarts des dépenses militaires à la fin de la guerre.

Malgré ce soutien et la présence d'un corps expéditionnaire de 150 000 hommes, les Français n'emportent pas de victoire décisive. Au contraire, lors de la **bataille des Frontières** (octobre 1950), le CEFEO perd 7 000 soldats ainsi que le contrôle de la frontière avec la Chine, par où arrivent les armes pour le Viet-minh. En décembre, la France nomme son plus prestigieux officier, **de Lattre de Tassigny**, commandant en chef et haut-commissaire. Il repousse l'assaut de **Giap** contre les villes du Tonkin en utilisant pour la première fois les bombardements au napalm, mais il ne réussit pas à mettre un terme aux infiltrations du Viet-minh dans le delta. En outre, le Parti communiste vietnamien, reformé sous le nom de **Lao Dong**, parvient à placer sous sa coupe les partis frères du Laos et du Cambodge. Salan, qui a remplacé de Lattre, mort en 1952, doit abandonner la ville de Hoa Binh (février 1952), mais en octobre il repousse l'assaut de l'**armée populaire du Vietnam** (APV) dans le nord-ouest du Tonkin, aux portes du Laos. En mars, les troupes de Giap effectuent une première incursion au Laos.

La crise politique et économique de l'Union française, l'absence de perspective de victoire et le coût du conflit poussent finalement à décharger le CEFEO des opérations de pacification au profit de l'**armée nationale vietnamienne** de Bao Dai (ANV). Priorité est désormais donnée à la recherche d'une sortie honorable, à charge pour le **général Navarre**, successeur de Salan, de remporter des victoires qui placeront la France dans une meilleure position en vue des pourparlers. En octobre 1953, Paris consent enfin à octroyer une véritable indépendance aux États associés.

Dien Bien Phu

Au mois de décembre 1953, alors qu'il devient clair que le Viet-minh masse ses troupes autour de Dien Bien Phu, Navarre, convaincu de l'efficacité de son système de défense et sous-estimant la logistique de son adversaire, se refuse à évacuer le camp. À partir du 27 décembre, le piège se referme. L'attaque est lancée le 13 mars 1954. Giap dispose de 40 000 combattants et de 55 000 réservistes à opposer aux 15 000 Français. Surtout, le commandant viet-minh a fait placer ses canons dans des tunnels creusés dans la montagne, ce qui lui permet d'éviter le contre-feu français. En deux jours, il s'empare de deux avant-postes et neutralise l'aérodrome qui permettait l'approvisionnement du camp. Lors de l'ultime assaut, lancé le 1er mai, ses hommes utilisent des tranchées pour se rapprocher à couvert du camp, qui tombe le 7 mai. Les combats ont fait entre 20 000 et 30 000 victimes côté vietnamien, et près de 3 000 côté français (10 000 prisonniers).

Le tournant de la guerre

Pour couper à Giap l'accès au Laos et l'empêcher d'effectuer la liaison avec l'Annam et la Cochinchine, Navarre décide d'établir une base militaire dans le nord-ouest du Tonkin, près de la frontière laotienne. Du point de vue militaire, le choix de **Dien Bien Phu** apparaît judicieux, car la largeur de la cuvette (6 km sur 12) obligera l'ennemi à placer ses batteries sur les pentes des montagnes – à portée des canons français –, s'il veut bombarder la base. À partir de novembre 1953, les troupes d'élite de l'armée française établissent le camp, tandis que le Viet-minh, poussé par les Chinois, décide d'engager toutes ses forces dans la bataille afin de remporter une victoire psychologique décisive. De fait, la défaite française devait connaître un retentissement énorme et accélérer le règlement d'un conflit vieux de neuf ans.

Le jour de la chute de Dien Bien Phu, les acteurs du conflit se réunissent dans le cadre de la **conférence de Genève sur la Corée et l'Indochine**. À l'exception de Bao Dai et des États-Unis, tous semblent se résigner à la partition. De leur côté, les Russes et les Chinois veulent profiter de l'arrivée au pouvoir de Pierre Mendès France, qui promet de régler le conflit en un mois, pour amener le Viet-minh à un compromis. Pékin voit en effet d'un bon œil une limitation de la puissance de son remuant voisin. Le traité du 20 juillet, non ratifié par Washington, prévoit la neutralisation du Laos et du Cambodge et la partition du Vietnam à la hauteur du 17e parallèle. La réunification aura lieu après des élections prévues au plus tard en juillet 1956 sous l'égide de la Commission internationale de contrôle de l'armistice. Le Nord, où les troupes françaises se désengagent, passe sous l'autorité de la RDV, tandis que 900 000 Vietnamiens anticommunistes affluent dans le Sud, où les Américains imposent à Bao Dai le catholique **Ngo Dinh Diem** à la tête du gouvernement.

La « guerre du Vietnam »

Le 26 octobre 1955, Diem proclame la **république du Vietnam** (RV) qu'il déclare ne pas être liée par les accords de Genève. Tout est en place pour une nouvelle guerre.

L'échec de la réunification

(1954-1960)

Les Américains, qui entendent faire du Sud-Vietnam leur principale base en Asie du Sud-Est, accordent un soutien politique et financier inconditionnel à Diem et prennent en charge la formation de l'**armée de la république du Vietnam** (ARV). Une frontière hermétique est hérissée entre les deux États, tandis que les Français sont totalement évincés. L'année 1956 s'écoule finalement sans que soient tenues les élections et, le 21 mai, Diem fait prononcer la déchéance de Bao Dai. D'emblée impopulaire, le régime népotique de Diem fait régner la terreur grâce au Can Lao, la police secrète de son frère Ngo Dinh Nhu. Dans les campagnes, il oblige les paysans à payer des arriérés dus aux grands propriétaires. Enfin, il mène une politique de répression féroce contre

les sectes qui contrôlent alors de larges portions du delta du Mékong.

Au Nord, Ho Chi Minh met en place un régime autoritaire avec parti unique et décide une industrialisation à marche forcée, ainsi qu'une réforme agraire qui donne lieu à des révoltes violemment réprimées (15 000 exécutions). En contradiction avec les accords de Genève, les communistes du Sud entretiennent une petite armée qui organise des actions de propagande et des attentats contre les fonctionnaires du régime. À partir de 1959-1960, la lutte armée reprend, bientôt soutenue par des combattants envoyés par Hanoï. Le 19 décembre 1960, les rebelles sud-vietnamiens fondent le **Front national de libération** (FNL) qui prône une réunification pacifique et une réforme agraire modérée pour ne pas s'aliéner la paysannerie. Dominé par les communistes, il va acquérir la célébrité sous le nom de **Viet-cong**.

L'engagement américain

(1961-1964)

Au début de 1961, les différentes organisations du FNL sont regroupées au sein d'une **armée populaire de libération** (APL), forte de 15 000 hommes, dans le but de préparer une insurrection avec l'aide des communistes du Nord. En outre, la RDV obtient le soutien des deux grands frères désormais rivaux du monde communiste, l'URSS et la Chine. Dans un contexte de guerre froide exacerbée par les crises de Berlin et de Cuba, le nouveau président Kennedy décide, en décembre 1961, d'envoyer des conseillers militaires, en violation de l'armistice de 1954. Leur nombre passe à 9 000 à la fin de 1962.

Sa tactique consiste à organiser la défense passive des campagnes, en regroupant les paysans dans des **hameaux stratégiques** implantés en zones sûres. Menée par Ngo Dinh Nhu avec une extrême brutalité, cette politique se révèle très impopulaire. De plus, elle ne parvient pas à couper la paysannerie de la guérilla, et dès 1963 les hameaux sont infiltrés. En réaction, l'ARV bombarde les forêts au défoliant et répand des herbicides dans les campagnes, mais le FNL construit un réseau d'abris souterrains efficace et poursuit ses escarmouches. L'absence de résultats sur le terrain et les négociations entreprises par Nhu avec Hanoi minent les relations entre Diem et les Américains. La crise culmine avec la violente répression menée contre les bouddhistes, lorsqu'en réaction à l'immolation d'un bonze, en juin 1963, la femme de Nhu ironise sur ce « barbecue ». Le 1er novembre, Diem et son frère sont exécutés lors d'un **coup d'État** que les Américains ont laissé perpétrer. Trois semaines plus tard, Kennedy est assassiné et son successeur, Johnson, décide d'élargir le théâtre des opérations au Laos, par où passe la piste Ho Chi Minh. En 1964, le Cambodge accepte le libre passage sur son territoire des armes chinoises à destination du FNL, ce qui entraîne la rupture des relations diplomatiques avec Washington. À Saigon, la junte dirigée par **Duong Van Minh** tente de former un gouvernement de réconciliation en vue d'ouvrir des tractations avec Hanoi, mais elle est renversée par le **général Nguyen Khanh** en janvier 1964. Toute solution politique est désormais écartée.

Le début de la guerre américaine

Sur le terrain, le Viet-cong conserve son emprise sur une grande partie du Sud-Vietnam et de sa population. À partir de 1964, l'essentiel du FNL reste composé d'hommes du Sud, mais la RDV, désormais impliquée directement, est en mesure de convoyer des unités complètes à travers les zones contrôlées par les communistes laotiens. En face, l'ARV équipée par les Américains est rongée par l'absentéisme et la démotivation des soldats, coupés d'une hiérarchie dominée par des officiers corrompus. Face à l'instabilité politique et à la progression du Viet-cong, Washington décide d'accroître son aide financière, matérielle et humaine. L'agression du navire espion américain, le *Maddox* (4 août), par la marine nord-vietnamienne fournit à Johnson et à son secrétaire à la Défense **McNamara** le prétexte attendu pour obtenir du Congrès carte blanche au

Vietnam. Une enquête établira que le destroyer se trouvait dans les eaux territoriales de la RDV lors de la première attaque, et que la seconde n'eut jamais lieu. Le 7 février 1965, le président fait bombarder le Nord-Vietnam et envoie les premières unités combattantes au Sud-Vietnam pour protéger la base aérienne de Da Nang.

L'engrenage

Le commandant américain **Westmorland**, convaincu que la guerre sera courte, obtient un engagement plus important. Passé à 184 000 en 1965, le contingent américain atteindra 536 000 soldats en 1968. La tactique *Search and Destroy*, qui permet de limiter les pertes des GI's, a en effet pour inconvénient de nécessiter une très importante logistique. Des bombardements sont effectués sur Hanoi et Haiphong en 1966 afin de détruire les réserves en pétrole et d'empêcher le ravitaillement de l'APL. Malgré d'importantes pertes humaines (35 000 personnes par an), leur impact est limité, car la RDV a pris soin de camoufler ses usines et ses entrepôts, et continue d'être ravitaillée par la Chine et l'URSS.

Au début de 1967, le régime de Hanoi décide de revenir à des opérations de guérilla pour disperser les forces ennemies. Il est convaincu de disposer d'un avantage numérique décisif et mise sur l'impopularité du président **Nguyen Van Thieu**, contraint de laisser se développer la corruption au sein de l'armée et de l'administration pour éviter un coup d'État. En outre, les bombardements américains et les opérations armées font de nombreuses victimes au Sud-Vietnam et provoquent d'immenses déplacements de population (jusqu'à 4 millions de personnes en 1968). À terme, Hanoi espère que Washington préférera abandonner la partie plutôt que de réduire ses effectifs dans le reste du monde. De fait, le recours à la conscription suscite le mécontentement des Américains à partir de 1967, tandis que le coût de l'engagement oblige à augmenter les impôts et à abandonner les programmes sociaux.

La piste Ho Chi Minh

Mythique et mystérieuse, la piste Ho Chi Minh fut l'instrument décisif de la victoire du Nord, car elle permit de relier entre eux les foyers de résistance au Sud et surtout de les approvisionner. Mais certains rameaux traversant le Laos et le Cambodge valurent à ces pays d'être entraînés dans la guerre. Tracée dans la jungle à partir de 1959 au prix de terribles efforts, elle était constituée d'un réseau complexe s'étirant du nord au sud sur plus de 15 000 km et équipé d'hôpitaux, d'entrepôts et de stocks d'essence. À partir de 1961, des bicyclettes capables de supporter 200 kg de charge y circulèrent, bientôt suivies par des convois nocturnes de camions. Jamais les bombardements et les capteurs électroniques mis en place par les Américains ne purent l'anéantir, et les viet-congs se payèrent même le luxe de la doubler d'un pipeline long de 2 000 km ! C'est par cette piste que les troupes de Hanoï entreprirent l'assaut qui les mena à Saigon en 1975.

Le tournant du Tet

Alors que les forces semblent se neutraliser sur le terrain, Giap décide de lancer une opération de grande envergure. L'APV mène une offensive dans la région du 17e parallèle afin d'éloigner les troupes américaines des villes, où l'APL lance un assaut destiné à provoquer un soulèvement. Pour contrer l'APV, Westmorland envoie en effet de très importants renforts à la base de **Khe Sanh**, au nord, et confie la défense de Saigon aux Vietnamiens. Le 31 janvier 1968, pendant la trêve de la fête du Tet, 80 000 rebelles attaquent 105 localités du Sud-Vietnam. Mais le soulèvement populaire n'a pas lieu et la plupart de ces forces sont repoussées sans difficulté par les Américains. L'APL est néanmoins parvenue à mener deux actions spectaculaires, hautement symboliques. À Saigon, elle a investi pendant quelques heures les jardins de l'ambassade américaine devant les caméras du monde entier. Plus au nord, Hué, l'ancienne capitale impériale, est occupée pendant 25 jours et près de 2 500 fonctionnaires accusés de collaboration sont massacrés. Mais la facture est terrible pour l'APL, sacrifiée par Hanoï, qui a perdu 32 000 hommes et la plupart de ses cadres, bientôt remplacés par des Nord-Vietnamiens. Pourtant, cette défaite va se transformer en victoire politique, car elle a mis en lumière la faiblesse de l'ARV. Surtout, les pertes civiles considérables (143 000 morts) créent un choc dans l'opinion américaine qui commence à trouver le coût de la guerre exorbitant.

Le 31 mars, Johnson propose dans un discours télévisé l'ouverture de négociations et la limitation des bombardements, et déclare renoncer à briguer un second mandat.

La « vietnamisation » du conflit

Les négociations qui s'ouvrent à Paris le 13 mai 1968 réunissent les États-Unis, la RDV, la RV, ainsi qu'un **gouvernement révolutionnaire provisoire** (GPR) qui représente le FNL. Mais les positions apparaissent inconciliables et aucun camp ne dispose d'un avantage suffisant pour imposer sa volonté. En outre, les pourparlers achoppent sur le veto des Sud-Vietnamiens à la présence du GPR. En octobre, Johnson consent cependant à arrêter les bombardements en RDV. Sur le terrain, Washington rappelle Westmorland et confie l'essentiel des opérations de « pacification » à l'ARV, équipée par ses soins. Parallèlement, la CIA organise l'**opération Phœnix**, qui permet d'éliminer près de 20 000 cadres du FNL. Parvenu au pouvoir en 1969, l'année même où disparaît Ho Chi Minh, **Nixon** accroît la présence américaine tout en cherchant une issue honorable au conflit. Avec l'aide de son conseiller, **Kissinger**, il amorce une « détente » avec la Chine et l'URSS afin qu'elles fassent pression sur le Vietnam. Cette politique porte ses fruits, car, en échange de sa reconnaissance diplomatique par les Américains, la Chine pousse pour la première fois son allié à parvenir à un compromis (1971) et accueille Nixon à Pékin en 1972. Cette visite et celle du président américain à Moscou la même année sont vécues comme une trahison par Hanoï. Sur le plan intérieur, pour faire taire les pacifistes, Nixon commence à rapatrier les GI's en 1969 et remplace la conscription par un système de loterie. Mais l'effet sur le moral des jeunes recrues qui n'ont pas eu la chance d'éviter le service s'avère désastreux. Néanmoins, les États-Unis semblent enfin se désengager du bourbier vietnamien, tandis que la lenteur des négociations, le massacre de My Lai et l'invasion du Cambodge (pays neutre) en avril 1970 continuent de choquer l'opinion publique américaine. La RDV n'ayant pas cédé, Nixon doit renoncer à l'escalade militaire sous la pression du Sénat.

Hanoi, pour sa part, s'emploie à renforcer sa puissance militaire affaiblie depuis l'offensive du Tet. Le 30 mars 1972, Giap lance 30 000 hommes en direction de Hué, tandis que l'APL doit préparer l'insurrection dans les villes du Sud. En réplique, Nixon reprend les bombardements sur la RDV pour la première fois depuis 1968 et fait miner les ports de la RDV. Même si elle a révélé la faiblesse de l'ARV, l'**offensive de Pâques** a été un échec et se solde par 100 000 morts viet-congs. Tenu pour responsable, Giap perd de son influence au profit du général **Van Tien Dung**, et Hanoi décide de relancer les négociations entre Kissinger et Le Duc Tho en août.

L'accord semble sur le point d'aboutir, malgré l'opposition de Thieu (qui n'a pas été consulté), lorsque Nixon décide le bombardement du Nord-Vietnam afin de l'obliger à d'ultimes concessions. Cette décision n'est pas comprise et le Congrès décide de couper les fonds aux opérations en Indochine. Finalement, un **accord de cessez-le-feu** est signé le 27 janvier 1973. Il prévoit le retrait total de l'armée américaine, le maintien de l'APL dans les zones qu'elle contrôle et la tenue d'élections libres au Sud-Vietnam. En échange, Hanoi se retire du Cambodge et du Laos et renonce à infiltrer la RV. Pour faire accepter le traité à Thieu, Nixon garantit son soutien militaire en cas de non-respect de l'accord par la RDV. Par ailleurs, dans une lettre secrète au Premier ministre **Pham Van Dong**, il s'est engagé à verser des réparations à la RDV.

Les dernières heures de Saigon

En ce 29 avril 1975, un vent de panique souffle sur Saigon, menacée par 12 divisions nord-vietnamiennes alors qu'elle n'est défendue que par une seule. Depuis quelques semaines les Américains évacuent leurs ressortissants, ainsi que les premiers d'une liste de 200 000 Vietnamiens « menacés », et détruisent des tonnes de documents. Washington décide alors d'activer l'opération « Vent fréquent » : diffusée sur les ondes, la chanson « White Christmas » indique aux 1 250 Américains restants qu'ils doivent rejoindre leur point d'évacuation. Pendant 18 heures, 70 hélicoptères font la navette entre les navires de la VIIe flotte et les toits de 13 immeubles présélectionnés. Près de 6 000 Vietnamiens sont embarqués dans un chaos indescriptible, mais des milliers d'autres sont abandonnés à leur sort, lâchés par leur allié. Les images de ces heures tragiques, qui font le tour du monde, resteront comme le symbole de la débâcle américaine. « L'un des jours les plus tristes de ma vie », déclarera le président Gerald Ford.

L'effondrement du Sud-Vietnam

Au Laos, les combats cessent rapidement, mais le Cambodge, où les troupes de l'APV se maintiennent, reçoit en six mois plus de bombes que le Japon durant la Seconde Guerre mondiale. En réaction, le Congrès interdit toute participation américaine aux opérations militaires, privant ainsi Nixon de la possibilité d'honorer la promesse faite à Thieu. Plus grave, le scandale du **Watergate** ôte toute marge de manœuvre au président, tandis que la crise du pétrole (octobre 1973) oblige les États-Unis à restreindre leur aide. Coupé de tout soutien populaire, affaibli par la crise économique, le régime de Saigon ne peut plus compter sur une armée démoralisée où les désertions se multiplient, alors que les négociations avec Hanoi pour l'organisation des élections s'enlisent.

La chute de Saigon

Encouragé par la démission de Nixon et sa position renforcée dans le delta du Mékong, Le Lao Dong décide, en janvier 1975, de lancer une première grande offensive au nord de Saigon afin de tester la résistance de son adversaire. Le succès remporté le convainc de lancer ses chars sur les Hauts Plateaux en mars. Contre toute attente, l'ARV abandonne Buan Ma Thuot sans presque combattre. Désormais, Saigon est directement menacée. Le long de la côte, la retraite de l'ARV tourne à la bérézina et près de 15 000 soldats et 100 000 civils meurent sous les bombardements nord-vietnamiens. La prise du port de Da Nang, le 29 mars, constitue une victoire décisive pour l'APV qui récupère l'armement abandonné par l'ARV en déroute et lance l'assaut final. La **chute de Saigon**, le 30 avril 1975, après seulement 55 jours d'offensive, provoque la reddition de Duong Van Minh, président depuis deux jours. Les derniers Américains abandonnent leur ambassade le jour même, après avoir évacué 150 000 Sud-Vietnamiens. Pour les États-Unis, qui n'ont pas tenté de sauver leur allié, l'humiliation est totale.

Des lendemains qui déchantent

La fin de la guerre du Vietnam, loin d'apporter la paix dans la péninsule, voit resurgir les vieilles rivalités régionales. L'Indochine reste un enjeu de politique internationale au sein du monde communiste.

Une difficile réunification

Officiellement réunifié le 2 juillet 1976, le pays prend le nom de **république socialiste du Vietnam** (RSV), avec Hanoi pour capitale et **Le Duan** comme secrétaire général du Parti communiste. Saigon se voit quant à elle rebaptisée Ho Chi Minh-Ville. Les institutions sont calquées sur celles de la RDV, avec l'instauration d'un parti unique. Mais pendant plus de vingt ans, le Nord et le Sud ont connu des régimes radicalement différents. La découverte par les populations du Nord, qui ont vécu dans une économie de guerre, des marchés de Saigon croulant sous les biens

La tragédie des boat people

À la fin des années 1970, la fuite massive de Vietnamiens bravant les gardes-côtes, les tempêtes et les requins suscita l'émotion de la communauté internationale. Près d'un tiers d'entre eux périrent, tandis qu'un million de survivants furent accueillis dans des camps disséminés en Asie du Sud-Est entre 1975 et 1989. 700 000 environ obtinrent le droit d'émigrer en Occident sous les auspices de l'ONU. À la fin des années 1980, la seconde vague de boat people, originaires du Nord et fuyant la misère, provoqua moins de compassion. Après des années dans les camps, certains acceptèrent de revenir au Vietnam avec une aide financière et la promesse de ne pas pas maltraités. Sous la pression de la Chine qui souhaitait résoudre le problème des 55 000 réfugiés de Hongkong avant la réunification, la colonie britannique procéda à des rapatriements forcés qui provoquèrent des émeutes faisant 200 morts en 1995. En février 2000, les derniers d'entre eux furent autorisés à s'établir dans l'île.

de consommation américains provoque un choc. Le fossé est profond, d'autant que la guerre n'a pas été vécue du même côté et que les soupçons pèsent. Durant la période 1975-1979, 500 000 cadres venus du Nord s'installent dans l'ancienne capitale du Sud. Près de 15 000 « collaborateurs » sont envoyés en camp de rééducation, où les conditions de vie sont particulièrement pénibles, tandis que des centaines de milliers de Saigonnais sont expulsés pour peupler les régions frontalières du Cambodge et « vietnamiser » les Hauts Plateaux proches du Laos. Le passage à une économie socialiste provoque la réaction des paysans et des commerçants, qui refusent d'écouler leurs produits. Cette politique provoque des fuites massives en bateau, c'est la tragédie des **boat people**.

Le pays sort ruiné par trente ans de guerre, aussi bien au Nord, où le tissu industriel et le réseau routier ont été détruits par les bombardements américains, qu'au Sud, où la campagne est ravagée ou laissée à l'abandon. En outre, Washington, loin de verser les réparations promises par Nixon, exige le rapatriement des 2 300 soldats américains portés disparus au combat et vote un embargo économique. Dès lors, le Vietnam recherche l'aide soviétique, formalisée par un traité en juin 1978.

La troisième guerre d'Indochine

Dès le lendemain de la réunification, la péninsule devient le terrain d'affrontements diplomatique et idéologique entre l'URSS et Pékin, qui ne souhaite pas d'un Vietnam allié des Soviétiques et hégémonique en Indochine. Avec la formation des axes Hanoi-Moscou et Phnom Penh-Pékin, tout se met en place pour le premier conflit entre des pays communistes. Sur le plan régional, cette opposition se double d'une rivalité entre les pays de l'Asean (Association des nations de l'Asie du Sud-Est), en particulier la Thaïlande, et la péninsule dominée par le Vietnam.

Entre Pékin et Hanoi, les sujets de tension sont nombreux. Outre le contentieux sur les frontières maritimes et la souveraineté sur les îles Spratleys et Paracels, le sort de l'importante **minorité chinoise** vivant dans le Sud, qui contrôle une grande partie du commerce de Cholon, inquiète Pékin. Sommés d'opter pour la nationalité vietnamienne sous peine de perdre leur emploi et de subir des restrictions alimentaires, 70 000 d'entre eux quittent le pays en 1977.

Alors que le Laos accepte de signer un traité d'amitié avec le Vietnam, le Cambodge, livré à la folie sanguinaire des Khmers rouges, refuse de passer dans l'orbite de Hanoi. Les relations s'enveniment entre les deux pays pour des motifs idéologiques et à propos d'un contentieux territorial dans le delta du Mékong. En outre, **Pol Pot** tient Hanoi responsable d'un complot déjoué en 1976. Il n'hésite pas à provoquer son puissant voisin en lançant des incursions sur son territoire, qui font plusieurs centaines de morts. Décidé à renverser le régime khmer rouge, Hanoi s'en prend en 1978 à la communauté

de Cholon, par crainte que celle-ci ne serve de « cinquième colonne » à la Chine, alliée au Cambodge. Près de 250 000 Chinois fuient le Vietnam. Cet exil, auxquels participent également de nombreux Vietnamiens qui craignent la répression, accroît la tension avec les pays voisins.

Le 25 décembre 1978, Le Duc Tho envahit le Cambodge et installe à Phnom Penh d'anciens Khmers rouges réfugiés au Vietnam. En cinq semaines, le pays est occupé et les fidèles de Pol Pot sont repoussés à la frontière thaïlandaise. Mais, dès le 17 février 1979, la Chine réplique en lançant 120 000 hommes à l'assaut du Tonkin. L'occupation, qui cesse le 16 mars, a fait plus de 20 000 morts dans chaque camp, mais n'a pas provoqué d'embrasement.

Les difficultés économiques s'accumulent toutefois pour le Vietnam, condamné à supporter l'énorme coût d'une invasion qui s'installe dans la durée. Les Khmers rouges poursuivent en effet la guérilla grâce à l'approvisionnement en armes chinoises via la Thaïlande. D'abord populaire pour avoir mis un terme à la dictature de Pol Pot, l'ARV est bientôt détestée comme toutes les armées d'occupation et parce qu'elle a permis l'installation de 500 000 colons vietnamiens. Le renforcement de la frontière du Nord, où les escarmouches se multiplient avec la Chine, accroît encore les dépenses militaires. Hanoi concède la base de Cam Ranh aux soviétiques afin de rompre son isolement diplomatique et d'obtenir leur aide économique.

L'ouverture

En 1986, le VIe congrès du Parti communiste marque un tournant avec l'adoption d'une réforme de l'économie baptisée **Doi Moi** et le départ d'une partie de la vieille garde au pouvoir (Le Duc Tho et Pham Van Dong). La Constitution de 1992 favorise l'ouverture sur la société civile (commerçants, chefs d'entreprise, employés du service privé) qui a émergé après 1986. Dès lors, la troïka au pouvoir à Hanoi apparaît comme le produit d'un triple équilibre entre les réformateurs et les conservateurs, le Parti et l'armée, et les trois grandes régions du pays. Mais les réformes démocratiques apparaissent bien timides.

L'année même de l'adoption du *Doi Moi*, le dégel des relations sino-soviétiques conduit Gorbatchev à faire pression sur le Vietnam pour qu'il apaise ses différends avec Pékin. Au début de 1988, l'APV entame le retrait des troupes stationnées au Cambodge, parachevé en septembre 1989. Ce geste est entendu par la Chine, qui relâche sa pression sur Hanoi et réduit son aide à la résistance khmère rouge. Désormais, le règlement de la question cambodgienne est pris en charge par l'ONU, et Hanoi peut entrevoir la fin de son isolement diplomatique. Le nouveau contexte permet tout d'abord un rapprochement avec la Chine, puis avec l'Asean, au sein de laquelle le Vietnam est admis en 1995. Dans la foulée, Hanoi tente de s'accrocher au wagon des « dragons asiatiques », dont les économies marquent néanmoins un coup d'arrêt lors de la crise de 1997. Mais, au-delà, il s'agit pour le Vietnam de résoudre la contradiction entre les principes du socialisme, auxquels il continue de se référer, et ses ambitions économiques. Quoi qu'il en soit, la normalisation par étape des relations avec les États-Unis, avec la levée de l'embargo américain (1994) et le rétablissement des relations diplomatiques (1995), a connu sa conclusion avec la visite hautement symbolique de Bill Clinton en novembre 2000.

Depuis, le Vietnam continue les réformes, emmené dans le sillage de son voisin, le géant économique chinois, en cherchant à attirer les investissements étrangers : le Parti et le gouvernement cherchent à améliorer le milieu d'affaires et à assurer un environnement sociopolitique stable pour susciter la confiance. Mais l'échec des négociations pour entrer dans l'Organisation mondiale du commerce et la concurrence effrénée de la Chine, en particulier dans le domaine du textile, posent un sérieux défi au pays.

DATES CLÉS

Pour plus de détails, voir le chapitre « Histoire », p. 70.

AVANT LE DAI VIET

(2000 av. J.-C.-939 apr. J.-C.)

10e s.-2e s. av. J.-C. - Âge du bronze et civilisation du Dong Son.

111 av. J.-C - Annexé par la Chine jusqu'au col des Nuages, le Vietnam appartient à l'Empire chinois jusqu'en 938, sous différents noms.

2e s. av. J.-C - Première mention dans les sources chinoises d'un royaume indianisé, le Lin Yi, futur Champa.

43 apr. J.-C - Le général chinois Ma Yuan écrase la révolte des sœurs Trung.

3e-6e s. - Introduction et diffusion du bouddhisme.

380-413 - Règne de Bhadravarman Ier, constructeur du premier temple cham.

Vers 875-975 - Intermède bouddhiste au royaume du Champa.

939 - Libération du pays viet par Ngo Quyen.

DE HOA LU À HUÉ

(939-1858)

939-1009 - Premières dynasties nationales des Ngo, Dinh et Le antérieurs.

982 - Les Chams déplacent leur capitale d'Indrapura à Vijaya *(Binh Dinh)*.

1009-1225 - Devenu le Dai Viet, le pays construit son unité autour de la dynastie des Ly. La capitale est fixée à Thang Long *(Hanoi)* en 1010.

1069 - Le Champa perd ses terres du Nord au profit des Ly.

1123-1128 - Guerres entre les Chams et l'empire d'Angkor, puis entre les Khmers et le Dai Viet.

1371-1390 - Campagnes victorieuses du roi cham Che Bong Nga dans le delta du fleuve Rouge.

1413-1428 - Domination chinoise sur le Dai Viet.

1418-1428 - La guérilla de Le Loi aboutit au rétablissement de l'indépendance.

1428-1527 - Période d'apogée du Vietnam.

1471 - Après la prise de leur capitale, les Chams perdent l'Amaravati.

1558 - La seigneurie indépendante des Nguyen domine le Sud du pays.

1687 - Phu Xuan *(Hué)* devient capitale des seigneurs Nguyen.

1771-1792 - Révolte puis règne des frères Tay Son.

1802 - Avènement de Gia Long qui fonde la dynastie des Nguyen et l'empire du Vietnam.

DE L'INDOCHINE AU VIETNAM

(1858 à nos jours)

1858 - Les Français s'emparent de Da Nang, puis de Saigon (1859).

1862-1869 - La Cochinchine devient colonie française, suivie des protectorats du Tonkin et de l'Annam (1883).

1887 - Création de l'Union indochinoise.

1940-1945 - Régime de la Fédération indochinoise sous l'occupation japonaise.

1941 - Ho Chi Minh fonde l'Alliance pour l'indépendance du Vietnam (Viet-minh) et base son maquis dans la province de Cao Bang.

1945 - Ho Chi Minh proclame la république démocratique du Vietnam.

1946-1954 - Guerre d'Indochine.

1954 - Chute de Dien Bien Phu, conférence de Genève et division des Vietnam-Nord (RDV) et Sud (RV) de part et d'autre du 17e parallèle.

1959 - Mise en place de la piste Ho Chi Minh.

1960 - Fondation du Front national de libération (Viet-cong) au Sud.

1961 - Premiers conseillers militaires envoyés par le président Kennedy.

1965 - Le président Johnson fait bombarder le Nord-Vietnam.

1968 - Giap lance l'offensive du Tet.

1972 - Offensive de Pâques et négociations entre Kissinger et Le Duc Tho.

1975 - Chute de Saigon le 30 avril. Le pays réunifié prend le nom de république socialiste du Vietnam. Début de l'exode des boat people.

1978 - Les troupes vietnamiennes envahissent le Cambodge.

1979 - Les troupes chinoises occupent le Nord du Vietnam.

1986 - Lancement du programme de réforme économique, le *Doi Moi*.

1987 - Le Vietnam s'ouvre au tourisme.

1994 - Levée de l'embargo américain, suivie du rétablissement des relations diplomatiques avec Washington (1995).

1995 - Entrée du Vietnam dans l'Ansea.

2000 - Visite officielle du président Bill Clinton et entrée en vigueur de la loi d'encouragement d'investissement et de la loi des entreprises.

2002 - Ouverture du pays aux Viet Kieu, les Vietnamiens d'outre-mer exilés en 1975.

ADMINISTRATION ET ÉCONOMIE

Comptant parmi les pays les plus pauvres de la planète, le Vietnam tarde à accéder au statut de dragon économique. Fort d'un potentiel humain exceptionnel, il s'est vu prédire un développement brillant par les experts, mais traîne à tenir ses promesses. Le poids d'une bureaucratie envahissante qui décourage l'initiative privée et les investissements extérieurs constitue un handicap certain. Mais à l'heure de la globalisation et au lendemain de la crise économique qui a sévèrement touché la région, cet archaïsme a paradoxalement relativement préservé le pays du marasme, pour un temps du moins. Le modèle de développement vietnamien, qui met en place une ouverture économique sans véritable démocratisation, a toutefois déjà montré ailleurs ses limites et risque de placer le pays dans des contradictions.

L'ORGANISATION POLITIQUE

Conçu par Ho Chi Minh entre 1946 et 1969, le régime de la république socialiste du Vietnam fut étendu à tout le pays lors de la réunification, en 1976, moyennant quelques aménagements. Au fil du temps, ce système complexe, à la fois rigide et traversé de conflits, a démontré une étonnante faculté de survie et d'adaptation.

Un système politique bicéphale

Depuis la mort du leader historique, une **direction collégiale**, censée représenter les grands équilibres géographiques et politiques, gouverne le pays. Natif du Centre, le **président de la République**, Tran Duc Luong, ne dispose pas de pouvoir réel. Celui-ci est partagé entre le **secrétaire général du Parti communiste**, Nong Duc Manh, originaire du Nord, et le Premier ministre, Phan Van Khai, d'origine sudiste, l'un des architectes du *Doi Moi* depuis la fin des années 1980.

Placée au cœur du système, l'**Assemblée nationale** exerce un contrôle théorique sur l'État (présidence, gouvernement, parquet et Cour populaire suprême). La plupart de ses membres sont des hauts fonctionnaires, mais la présence accrue des acteurs économiques depuis la promulgation de la **Constitution de 1992** dénote un souci d'ouverture à la société civile. Dans la réalité cependant, c'est le gouvernement qui détient le pouvoir exécutif et l'exerce par décrets. À tous les échelons administratifs (provinces, districts et communes), l'Assemblée est représentée par des **conseils populaires** (organes législatifs), qui élisent des **comités populaires** jouant le rôle d'exécutif local. La rivalité entre ces deux institutions paralyse, de façon récurrente, les prises de décision.

De l'importance du Parti et de l'armée

Le principal conflit interne au système oppose en fait le **Parti communiste** à l'État. Derrière l'apparente souveraineté de ce dernier, le Parti omnipotent

Relations franco-vietnamiennes

Le président François Mitterrand a été le premier chef d'Etat occidental à se déplacer officiellement au Vietnam en 1993. Depuis, Paris et Hanoi n'ont cessé de se rapprocher, comme en témoignent les visites en France des secrétaires généraux successifs du Parti communiste - M. Le Kha Phieu en 2000 et M. Nong Duc Manh en 2005 - et du président Tran Duc Luong en 2002. Accompagné d'une vingtaine de dirigeants d'entreprises, le président Jacques Chirac a, quant à lui, effectué une visite officielle à Hanoi lors du 5e sommet euro-asiatique en octobre 2004 (ASEM 5). Une nouvelle occasion pour Paris de rappeler son soutien à la candidature du Vietnam à l'OMC (Organisation mondiale du commerce) et au statut de membre non permanent au Conseil de sécurité de l'ONU. La coopération culturelle entre les deux pays a également permis d'admirer les trésors de l'art Champa au musée Guimet à Paris à l'automne 2005.

est à l'origine de toutes les initiatives législatives. En effet, le Vietnam vit encore sous un régime de parti unique, même si un quart seulement des membres de l'Assemblée en font partie. Tous les organes de l'État possèdent une section et participent donc de ce fait à l'élection de sa direction. Un Congrès de 1 000 membres désigne pour cinq ans le Comité central, qui nomme les 19 membres du **Bureau politique**, véritable gouvernement du Parti communiste et du pays. Après une longue phase unitaire, la séparation entre le Parti et l'État, au début des années 1990, s'est muée en rivalité. L'un incarne le savoir et la doctrine, l'autre le pouvoir et la pratique administrative. Cette dualité se retrouve à tous les échelons, d'un bout à l'autre du pays, générant des microconflits entre comités populaires et sections ou congrès locaux du Parti.

Selon la plupart des analystes, ce tableau est rendu plus complexe encore par la montée en puissance de l'**armée**, qui a profité de l'affaiblissement du Parti au cours des années 1990 pour assumer une part croissante des responsabilités du pouvoir. À cela s'ajoutent enfin de multiples organisations populaires qui encadrent la population (Union de la jeunesse, Union des femmes, Confédération générale du travail, Association des paysans, Association des anciens combattants).

UNE POPULATION EN FORTE EXPANSION

Placé au deuxième rang des pays de l'Asean (Association des nations de l'Asie du Sud-Est) par sa population, qui avoisine les 80 millions d'habitants, le Vietnam n'en comptait que 19 millions en 1936 et 31,6 en 1960. Son taux de **croissance démographique** (2 % par an) est l'un des plus élevés d'Asie. Ce phénomène constitue une donnée essentielle de l'histoire récente et un véritable défi pour l'économie, condamnée à absorber chaque année un surcroît de main-d'œuvre. Enfin, il conditionne en grande partie la géopolitique interne du pays, avec la colonisation par les Viet des régions à faible densité où vivent les minorités.

En effet, la **très forte densité** moyenne du Vietnam (240 hab/km^2) masque des disparités considérables. Le delta du fleuve Rouge et celui du Mékong concentrent à eux seuls 40 % de la population sur 16 % du territoire, avec des densités supérieures à 1 000 hab./km^2. Par contraste, le chiffre est beaucoup plus faible dans les piémonts du Nord (moins de 80 hab./km^2) ou les Hauts Plateaux du Centre (moins de 50 hab./km^2).

Exode rural et relocalisation

Le Vietnam connaît un **exode rural** important, même si la population urbaine ne représente que 20 % du total. Outre Hanoi (3 millions d'habitants) et Ho Chi Minh-Ville (7 millions), les principales villes du pays sont Haiphong, Da Nang et Hué. Avant 1975, du fait des bombardements et d'une volonté politique, les Sud-Vietnamiens ont massivement migré vers les villes, où se massait 43 % de la population (26 % en 1964). Dans le Nord, où le phéno-

mène fut inverse, car les cités étaient trop vulnérables aux bombardements, le taux d'urbanisation atteignait à peine 12 % en 1975. Entre 1975 et 1977, 3 millions de Sud-Vietnamiens urbanisés de fraîche date ont cependant été rapatriés dans leur campagne d'origine. Cette **relocalisation** a provoqué l'exil d'un million de boat people (*voir ci-dessous*). Parallèlement, 500 000 Nord-Vietnamiens se sont installés à Ho Chi Minh-Ville entre 1975 et 1979. Afin de rééquilibrer l'occupation de l'espace, des migrations ont également été organisées des plaines surpeuplées vers les zones montagneuses du Centre et du Sud. La population des Hauts Plateaux, où les Viet sont désormais majoritaires, a ainsi doublé entre 1979 et 1989. Certains analystes, comme l'historien Philippe Papin, voient dans ces phénomènes de grande ampleur l'épilogue de la longue Marche vers le sud des Vietnamiens du Nord.

Les liens avec la diaspora

Plus de 2,5 millions de Vietnamiens, ou *Viet Kieu* (« Vietnamiens d'outremer »), vivent à l'étranger. Entre les deux guerres mondiales, beaucoup ont choisi de faire leurs études en France et ont fini par y demeurer en raison de la guerre d'Indochine. L'exode le plus massif eut lieu en 1975 lors de la prise de Saigon par le Nord-Vietnam. Aux Sud-Vietnamiens qui ont fui le nouveau régime communiste se sont ensuite ajoutés des milliers de **boat people**, puis d'autres qui ont rejoint en 1979-1980, au titre du regroupement familial, leurs familles installées à l'étranger. La communauté la plus importante (plus d'un million) est installée aux États-Unis, tandis qu'en France elle compte 250 000 membres. En 1981, des étudiants et travailleurs en **mission patriotique** furent envoyés dans les anciens pays de l'Est, où certains sont restés après l'implosion de l'ex-bloc soviétique. L'accélération de la politique d'ouverture du Vietnam, qui n'est pas sans lien avec l'effondrement du communisme à l'Est, donne plus d'importance à l'enjeu économique représenté par la diaspora. Quelque 250 000 familles d'Ho Chi Minh-Ville ont des parents à l'étranger et vivent grâce à leurs virements bancaires ou aux envois de colis, surtout de médicaments, qui sont revendus sur place. Depuis les années 1990, le retour au Vietnam de certains réfugiés, qui ont pris la nationalité du pays d'accueil, permet le montage de **joint-ventures** auxquels les membres de la famille restés sur place servent de prête-noms.

UNE ÉCONOMIE CONVALESCENTE

L'économie du Vietnam porte encore le poids de plus de trente années de guerres, qui furent aggravées par les conséquences de l'occupation du Cambodge et de l'embargo américain. Levé en 1994 seulement, celui-ci empêchait auparavant le pays de commercer librement et d'acquérir à l'étranger des produits de haute technologie. Les erreurs commises dans le cadre de l'économie planifiée appliquée avec la plus grande rigueur après 1975 n'ont fait qu'accentuer ces difficultés. Aussi l'adoption en 1986, lors du VIe congrès du Parti communiste, d'une politique d'ouverture au capitalisme, le fameux **Doi Moi** (« le Renouveau »), apparut comme une mesure de survie. Dans le cadre de cette perestroïka à la vietnamienne, la centralisation, la planification, le volontarisme industriel et la collectivisation furent atténués au profit des lois du marché, tandis que des réformes monétaires étaient mises en place.

Le Vietnam et la crise asiatique

La première conséquence directe de ce virage fut une hausse spectaculaire de l'inflation. La croissance devait cependant être au rendez-vous tout au long des années 1990, avec des pics à 9 %. Parmi les autres indicateurs, le taux élevé d'investissement (28 % du PNB) et le faible endettement public laissaient croire à un développement durable et solide. Mais en 1997, la **crise financière** partie de Thaïlande ébranla la plupart des pays de la région. L'éco-nomie vietnamienne, moins ouverte à l'international, fut cependant touchée, et la croissance se trouva ramenée à environ 4 %, tandis que les exportations ralentissaient et que les investissements étrangers chutaient de 40 %.

Malgré des progrès indéniables, le Vietnam reste l'un des pays les plus pauvres de la planète, avec un PIB par habitant estimé à 420 dollars. La **pauvreté** d'une partie de la population, surtout en milieu rural, reste l'une des préoccupations majeures du gouvernement. Si les conditions de vie se sont globalement améliorées, dans le même temps, l'accès aux services sociaux s'est dégradé et les inégalités se sont accentuées. Le chômage endémique et les bas salaires poussent une majorité de la population à pratiquer plusieurs métiers ou à cultiver un potager. Pourtant, la main-d'œuvre vietnamienne, instruite et nombreuse, constitue indéniablement l'un des principaux atouts du pays.

Un secteur tertiaire en hausse

Si le **secteur agricole** occupe encore les deux tiers de la population, il ne concourt qu'à 26 % de la richesse nationale. Outre le **riz**, les principales cultures sont le café, le caoutchouc, le maïs, le soja, le thé, la patate et la banane, auxquels s'ajoutent la pêche et l'élevage de porc et de volaille. L'**industrie**, dont la part dans le PIB ne représentait que 1,5 % lors du départ des Français, en 1954, s'élève aujourd'hui à 33 %, mais c'est la progression du **secteur tertiaire** qui s'est avérée la plus spectaculaire, en atteignant 41 % de la richesse nationale. Ce dernier inclut notamment le **tourisme**, sur lequel les autorités ont misé pour attirer les devises. Le nombre de visiteurs est passé de 60 000 en 1989 à 2,63 millions en 2002. Suite à l'épidémie de syndrome respiratoire aigu sévère, les arrivées de touristes par voie aérienne ont chuté de 46 % entre le 15 mars et le 15 avril 2003. Après l'annonce de l'Organisaton mondiale de la santé reconnaissant l'éradication de l'épidémie au Vietnam, le nombre de touristes est à nouveau en hausse depuis juin 2003.

Des signes de croissance

Le cabinet du nouveau secrétaire du Parti communiste, Nong Duc Manh, soutient une réforme économique depuis 2002. Le Vietnam subit une pression extérieure de plus en plus forte pour adapter son économie aux lois du marché et régler sa dette extérieure. Malgré tout, le taux de croissance de son PIB est passé de 6,8 % en 2001 à 7,73 % en 2003. Un gros effort a été déployé pour attirer des investissements étrangers. En juillet 2002, on assiste à la mise en place d'un accord commercial bilatéral avec les États-Unis. À Hanoi, en mai 2003, douze collectivités territoriales françaises participent aux rencontres sur la décentralisation et la coopération internationale. Le secteur privé, partie la plus dynamique de l'économie, semble se developper : on compte plus de 7 000 entreprises à Ho Chi Minh-Ville en 2003.

ART ET ARCHITECTURE

Trois grandes civilisations artistiques se sont épanouies successivement sur le sol vietnamien, avec une absence de continuité déroutante et d'importantes lacunes chronologiques. La première, la **civilisation du Dong Son** (7e-2e s. av. J.-C.), fut celle du bronze et s'inscrivit dans une formidable aire géographique, de la Chine méridionale aux côtes de l'Indonésie ; la deuxième façonna la brique et sculpta le grès en l'honneur des dieux et des rois du **Champa**, entre le 7e et le 15e s. ; la troisième, sous l'égide des **royaumes vietnamiens**, à partir du 11e s., tailla le bois pour en faire ses palais, ses temples et leurs images. Or il ne reste que peu de choses de tout cela. Les guerres de l'histoire, et plus encore celles de notre monde contemporain, ont réduit de nombreux vestiges au silence. Le dommage est d'autant plus grave que peu d'études avaient été consacrées aux arts du Vietnam jusqu'au milieu du 20e s. Ils sont pourtant plus vivants que jamais, que ce soit dans la tradition artisanale des différents groupes ethniques ou dans la création de ses artistes contemporains, comme si l'indéfectible vitalité de ce peuple à reconstruire son pays ranimait sans arrêt la flamme d'une immense sensibilité artistique.

LES ARTS PREMIERS DU VIETNAM

La voix des tambours

Durant la fin de l'âge du bronze et le début de l'âge du fer, la **métallurgie** atteint une technicité remarquable dans le contexte de la culture du Dong Son *(voir « Histoire », p. 71)*. Près de ce village du Thanh Hoa, une nécropole de 200 sépultures a livré plusieurs centaines d'objets en bronze, combinant la **fonte à la cire perdue** avec le martelage, le rivetage et la soudure. Des outils (haches, couteaux), des armes (épées, javelots), quelques statuettes humaines ou animales composent ce mobilier funéraire, aux côtés de deux objets emblématiques, les **tambours** et les **situles** (du latin *situla* « seau »), qui renfermaient parfois grains, monnaies chinoises ou coquillages. De dimensions imposantes, pouvant aller jusqu'à 60 cm de haut pour un diamètre de 80 cm, ce sont des instruments de prestige, dont le décor fait l'objet de plus de conjectures que de certitudes. Réalisées en ronde-bosse sur le couvercle des situles, en faible relief sur le corps des tambours, des scènes entières campent l'univers de cette protohistoire, alternant les activités de personnages à la coiffure emplumée et campés de profil (chasse, culture, guerre) et les évolutions des animaux (cervidés, échassiers, crocodiles). Sur les tambours, elles sont organisées en frises concentriques à partir d'un motif central en étoile, qui représente peut-être le soleil ou le plan de frappe du maillet. Les **bandes dessinées** du Dong Son se sont progressivement simplifiées pour n'être plus que motifs géométriques, accompagnés de statuettes de grenouilles, allusions à une civilisation de pays d'eau. L'assimilation chinoise aux environs de notre ère l'a réduite au silence, mais a révélé une des dimensions symboliques de ces tambours. Envoyé pour réduire les insurrections dans le Sud, le général Ma Yuan fit fondre ces **emblèmes du pouvoir** des chefs dongsoniens, à mesure qu'il s'en emparait.

Le legs du Dong Son

Malgré une tentative de christianisation très poussée, les **peuples des Hauts Plateaux** établissent de nos jours un lien avec la civilisation ancienne du Vietnam. Les Austronésiens en particulier s'inscrivent par leurs langues dans une aire culturelle qui fut celle de la diffusion des tambours du Dong Son, dont on a trouvé des exemples aux Philippines et en Indonésie. De part et d'autre de la mer de Chine méridionale, une longue tradition architecturale reproduit le **modèle de maison** qui figure dans le décor des tambours. Toujours élevée sur pilotis, elle frappe par son **ample toiture**, que ce soit la maison en forme de trapèze des E De, la maison longue des Gia Rai ou la maison commune *(rong)* des Ba Na, au double toit effilé. L'ethnographie s'interroge encore sur l'écho des rituels du Dong Son dans ceux des peuples des Hauts Plateaux, dont la maison commune renferme les objets sacrés de la communauté : jarres, gongs et tambours. Plusieurs groupes transmettent le mythe d'un tambour-bateau qui sauva l'humanité du déluge. **Tambours** et **gongs** appellent toujours la communauté à s'assembler lors des sacrifices de buffles qui accompagnent des cérémonies funéraires complexes, au cours desquelles le défunt quitte progressivement les vivants pour entrer dans le monde des esprits. Chez les Gia Rai, les E De et les Ba Na, le départ définitif des morts est marqué par la construction d'une **maison funéraire** dont la statuaire célèbre la nature et la fertilité.

L'ART CHAM

Voir illustration, page suivante.

Le royaume du Champa a cultivé l'héritage de l'Inde, dont les premières influences avaient atteint les bouches du Mékong aux environs de notre ère.

À l'instar des Khmers voisins, les souverains chams rendaient culte aux dieux du panthéon indien en deux pôles sacrés : My Son, la « Bonne Montagne », était dédié à Shiva ; Po Nagar, le « rocher face à la mer », était consacré à la déesse Bhagavati. À partir du 7e s., les butins de guerre servirent à élever des tours-sanctuaires en brique, au modèle quasi immuable, et à tailler dans le grès des images d'une grande diversité dans le temps. Atavisme des civilisations artistiques développées au Vietnam ? L'art du Champa présente une solution de continuité à partir du 15e s. qui rend son analyse d'autant plus difficile qu'elle fut défavorisée par rapport aux études khmères. Quelques tours jalonnant la route Mandarine, les statues conservées au Vietnam et au musée Guimet à Paris, de vieilles photos des ensembles détruits lors de la guerre du Vietnam et des inscriptions sont les pièces du puzzle de cette civilisation disparue.

Une architecture conservatrice

Les vestiges de l'architecture chame sont exclusivement religieux et fondés sur l'interprétation d'un modèle, repris à partir du 7e s. par tous les grands royaumes indianisés, de la péninsule indochinoise à l'archipel indonésien : le *sikhara*, ou tour-sanctuaire, appelé **kalan** en langue chame. Demeure du dieu, son espace intérieur est conçu pour le culte, non pour l'assemblée. Exigu, sans fenêtre, il abrite l'image divine, tantôt sous la forme d'une statue, tantôt sous l'aspect d'un linga dans le cadre du culte de Shiva. Elle est posée sur un piédestal, la *yoni*, parfois muni d'un dispositif d'écoulement pour recueillir les liquides de libation utilisés lors des cérémonies. L'architecture extérieure met en scène le caractère sacré de l'édifice, généralement orienté à l'est. L'élévation s'étage en trois niveaux, reflet de la conception du monde selon la mythologie indienne, du soubassement, peu élevé dans la version chame, qui représente le monde d'ici-bas *(bhurloka)*, à la toiture pyramidale évoquant les sphères célestes *(svarloka)*. L'élancement est accentué par la présence de

L'ARCHITECTURE DU CHAMPA

LE PIÉDESTAL DE MY SON

arcature

niche

pilastre

échiffre formée d'une gueule de lion crachant un rinceau

contremarche ornée de danseurs atlantes

Pierre de seuil en forme d'accolade

LA TOUR-SANCTUAIRE (KALAN)

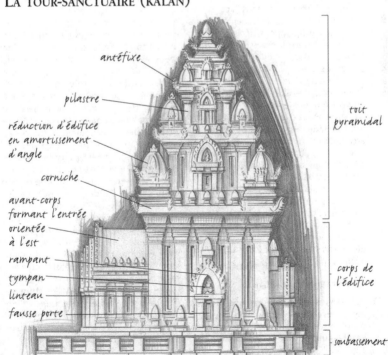

antéfixe

pilastre

réduction d'édifice en amortissement d'angle

corniche

avant-corps formant l'entrée orientée à l'est

rampant

tympan

linteau

fausse porte

toit pyramidal

corps de l'édifice

soubassement

réductions d'édifice en amortissements d'angle, qui répètent immuablement la silhouette du *kalan*. Les sanctuaires de Hoa Lai (fin 8e-début 9e s.) en sont les plus anciens exemples *(voir p. 330)*.

Au 10e s., sur le site de My Son *(voir p. 306)*, apparaît un dispositif plus complexe, regroupant à l'intérieur d'une enceinte d'autres édifices plus ou moins dérivés du *kalan*, tels le **gopura** (tour-porche) qui matérialisait l'entrée dans l'espace sacré, le **mandapa** (pavillon à quatre portes) où se préparaient peut-être les offrandes, ainsi que des constructions de plan barlong, comme le **koshagraha** (bibliothèque), couvert d'une voûte en berceau, où étaient conservés les objets de culte, et les salles longues, protégées d'une charpente. Contrairement aux Khmers, les Chams n'ont pas cherché à organiser ces bâtiments sur de grands plans d'ensemble. Seule exception à cette règle, le complexe bouddhique de Dong Duong (fin 9e s.) a été entièrement détruit pendant la guerre du Vietnam.

Les **matériaux** utilisés dans la construction des édifices chams demeurèrent inchangés au cours des siècles. Il y eut peut-être des prototypes en bois, mais à partir du 8e s. les édifices sont bâtis en **briques**, vraisemblablement liaisonnées à l'aide d'une résine. À l'inverse des Khmers, les Chams limitent l'usage du **grès** à quelques blocs jouant un rôle dans la construction (linteaux et encadrements de porte) ou dans le décor architectural (tympans, frises des soubassements, etc.). La brique est sculptée pour souligner les articulations de l'édifice : pilastres et rampant encadrant le porche d'accès (avant-corps), niches et fausses fenêtres rythmant les côtés, moulures des corniches formant la base du toit. Si la forme des édifices n'a que très peu varié au cours des siècles, ce décor architectural présente une nette évolution stylistique.

Une statuaire inédite

Des œuvres isolées, des groupes de statues provenant d'ensembles disparus, ou d'autres restées in situ composent le tableau d'une des statuaires les plus originales de la péninsule indochinoise. Les Chams étaient passés maîtres dans l'art de travailler la brique et certains édifices conservent encore de superbes sculptures figuratives ou ornementales, taillées à même la maçonnerie (orants sous arcatures scandant les parois du *koshagraha* du groupe B de My Son, statues ornant les trois façades de la salle annexe du temple de Po Nagar). Par son **iconographie**, principalement shivaïte, hormis l'épisode bouddhiste de Dong Duong (fin 9e-début 10e s.) et quelques rares représentations du dieu Vishnu, l'art du Champa est incontestablement d'influence indienne, mais il a développé avec le temps un langage plastique propre, enrichi d'influences khmères, indonésiennes ou chinoises.

Sobriété et élégance caractérisent les premières œuvres connues provenant de la **tour E1 de My Son** (milieu du 7e s.). Elles se déploient sur une base d'autel, élément architectonique caractéristique de l'art cham. Rares sont les rondes-bosses de divinités, mais elles combinent savamment le hiératisme qui sied aux dieux et le sens de la vie. À la fin du 9e s., le **style de Dong Duong** est en totale rupture, et pas seulement pour avoir adopté le bouddhisme du Grand Véhicule. Les lourds fleurons et les motifs vermiculés qui tapissent la moindre surface témoignent d'une horreur du vide, et les dieux gardiens *(dvarapala)* sont dépeints avec une attitude et une physionomie outrancières, que soulignent leurs sourcils arqués, leurs yeux exorbités et leur bouche lippue. Après une phase de transition, on assiste au retour du **classicisme de My Son**, avec les statues de l'ensemble disparu de Tra Kieu (10e s.), dont le piédestal aux apsaras ou l'autel aux danseuses donnent toute la mesure *(voir p. 290)*. La ligne s'épure, la forme s'assouplit, en même temps que les Chams développent un bestiaire naturaliste, où l'éléphant tient une large part. Au milieu du 12e s., le **style de Thap Mam** est illustré par un ensemble complet d'idoles, de mobilier cultuel et de décors architecturaux qui renouent avec l'exubérance de Dong Duong. Un nouveau motif, dit « en seins de femmes », cercle en frises socles et autels. Dieux, gardiens et animaux sont couverts de parures traitées avec une minutie d'orfèvre. Avec ses hommes-oiseaux *(Garuda)*, ses lions faisant le poirier, ses dragons couchés donnant la patte, ou ses lions-éléphants, le style de Thap Mam a légué l'un des plus fantastiques bestiaires de l'Asie. Au-delà, l'art cham se répète, puis s'essouffle, et entre dans un long déclin, reflet de son absorption lors de la Marche vers le sud des Vietnamiens *(voir « Histoire », p. 73)*.

L'ART DES ROYAUMES VIETNAMIENS

Plus encore que le Champa, l'art des royaumes vietnamiens a souffert d'un manque d'intérêt pour avoir longtemps été considéré comme un art chinois « périphérique ». L'épithète se justifie jusqu'aux 10e-11e s. Le Vietnam n'est alors qu'une lointaine province d'empire, et si de nombreuses fondations religieuses remontent à cette époque, il n'en reste rien de visible. La moisson archéologique est maigre et n'a mis au jour que divers objets provenant de sépultures, conçues à la mode chinoise comme des demeures pour l'au-delà et dotées en conséquence de vaisselle et d'édifices miniatures en poterie. L'histoire de l'art vietnamien débute avec celle de l'indépendance du royaume. Dans tous les domaines, elle démontre l'étonnante capacité de cette culture à assimiler des modèles – chinois surtout – pour s'en émanciper ensuite.

Des constructions éphémères

De bois et d'argile

Pour des raisons liées à l'histoire et à la Marche vers le sud, les vestiges les plus anciens se trouvaient dans le Nord du pays, malmené par les guerres du 20e s. Les destructions perpétrées par les hommes ne sont toutefois pas les seules raisons de la rareté des ensembles édifiés par les royaumes vietnamiens (quelques édifices remontent aux 14e-15e s., mais la majorité date des 17e-19e s.). Civile ou religieuse, l'architecture vietnamienne ne fut en effet jamais conçue pour être pérenne. Par-delà l'indépendance, le Vietnam est resté dans la sphère chinoise, bien différente de la tradition indienne cultivée par le Champa.

Les matériaux mis en œuvre sont toujours périssables. On bâtit en **bois**, non en brique, et ce sont des **colonnes**, non des murs, qui soutiennent la **charpente**. Celle-ci ne ressemble que superficiellement à sa cousine chinoise. Ampleur et courbure de son toit retroussé sont sans doute à chercher du côté des constructions dongsoniennes *(voir ci-dessus)*. D'un système primitif de ferme à poteau central, elle évolua vers une multiplication des supports, offrant autant de surfaces au ciseau du sculpteur. Le toit est couvert soit de **tuiles** plates, disposées en écailles de poisson, soit de tuiles semi-circulaires, dites « canal », à la mode chinoise. La **poterie** joue par ailleurs un rôle essentiel dans le décor architectural, sous la forme de plaques de revêtement, de dalles de sol ou d'éléments de faîtage. La **pierre** est réservée aux soubassements en terrasse, aux bases de colonnes, aux balustrades, ponts et escaliers. Lorsqu'il y a maçonnerie de brique ou mur de torchis, ce sont de simples enveloppes, pas plus porteuses que ne le sont les cloisons intérieures en bois ou en bambou.

Des édifices démontables

Les cloisons ne sont pas les seuls éléments amovibles de cette architecture dépourvue de toute fondation. La charpente est un assemblage démontable et les colonnes porteuses sont posées sans tenon ni mortaise, à même les socles de pierre. Tout monument est ainsi conçu pour pouvoir être démonté et remonté ailleurs en cas de guerre, de catastrophe naturelle ou de changement de siège du pouvoir. De tels déménagements eurent lieu dans l'enceinte même de la Cité impériale de Hué. En 1833, Minh Mang fit en effet déplacer la salle du trône vers le sud pour construire à son emplacement la Grande Porte dorée, elle-même édifiée avec les matériaux d'un ancien palais de Gia Long. La fantaisie des monarques ne pouvait seule motiver de tels déplacements, qui obéissaient souvent à des **raisons géomantiques**. Cette science héritée de la Chine examine la conjonction des phénomènes et la configuration des lieux pour déterminer ce qui peut être faste ou néfaste à une construction. C'est elle qui commande l'**orientation face au sud**, dos au nord, de tous les ensembles.

L'art officiel

Des capitales fantômes

Ces généralités sur l'architecture expliquent pourquoi les vestiges des capitales anciennes tiennent en quelques vitrines de musée : il n'en subsiste que pavements estampés, ornements de toiture et tuiles. Hoa Lu, première capitale du royaume indépendant *(voir p. 184)*, fut déménagée à Hanoi ; Hanoi, après huit siècles d'exercice du pouvoir, à Hué. Exception notable à cette règle du déménagement des instances du pouvoir, le **temple de la Littérature** *(voir p. 172)*, fondé au 11e s. à Hanoi pour le culte de Confucius et agrandi au cours des dynasties successives, demeura dans la cité.

Pouvoir et protocole

Ultime capitale impériale, Hué fut aménagée sur le modèle emprunté à la Chine qui avait prévalu dans les cités précédentes. Trois enceintes carrées dessinent les trois espaces emboîtés de la citadelle et ordonnent le protocole de la cour des Nguyen. La **Cité capitale** *(Kinh Thanh)*, ou citadelle, matérialise la séparation entre la ville et la zone où logeaient mandarins civils et militaires attachés au service de l'empereur. La monumentale porte du Sud franchit le rempart de la **Cité impériale** *(Hoang Thanh)*, secteur des grandes cérémonies impériales, où s'élèvent la salle du trône et les temples consacrés au culte des ancêtres de la dynastie. Une troisième porte pénètre dans la très fermée Cité pourpre interdite *(Tu Cam Thanh)*, domaine privé de la famille impériale. Les dragons serpentant sur les faîtes pour attraper une perle, les fleurs en céramique, incrustées çà et là, adoucissent la sévérité de ce protocole.

Des palais pour l'éternité

Jusqu'à la dynastie des Le postérieurs au 15e s., les souverains vietnamiens se faisaient inhumer sous de **simples tertres**, signalés par une stèle. Ils empruntèrent ensuite la coutume des empereurs chinois de se faire aménager sur de vastes superficies, au sein d'enceintes concentriques copiées sur celles de leurs citadelles, des palais pour l'éternité, seule entorse au caractère mobile et éphémère de l'architecture au Vietnam. Les **sépultures** des empereurs de Hué sont le paroxysme de cet art funéraire *(voir p. 276)*. Aménagées du vivant du monarque, elles plient la règle de l'organisation du tombeau à la personnalité de son futur occupant : charme et poésie de la tombe de Tu Duc, austérité et rigueur de celle de Minh Mang, grandiloquence de celle de Khai Dinh.

L'art religieux

Voir illustration, p. 102.

La pagode bouddhiste

Introduit entre le 3e et le 6e s., mais prospère du 11e et 14e s. sous le patronage royal des Ly puis des Tran, le bouddhisme a légué quelques-uns de ses chefs-d'œuvre au Vietnam.

Dans le domaine architectural, les grandes lignes du plan de la pagode se mettent en place au 11e s., maintenues lors des travaux de réfection et d'embellissement au cours des âges.

La pagode *(chua)* est un complexe de bâtiments dont le nombre varie selon l'importance du site et la topographie. Leur agencement souligne le sens du rythme et de l'espace, propre à cette architecture modulaire qui alterne cours et bâtiments *(voir p. 102)*. Il révèle un souci constant d'harmonie avec le paysage environnant, comme pour la pagode Thay, entre montagne et eau *(voir p. 178)*, les pagodes Keo *(voir p. 188)* ou But Thap *(voir p. 180)* dans le plat pays du delta, ou encore la

Temple caodaïste

pagode Tay Phuong coiffant un piton *(voir p. 179)*.

Le cœur de la pagode est le **sanctuaire**. Il est entouré d'une enceinte de galeries *(hanh)*, qui le clôt sur trois côtés, et précédé d'une grande cour, desservie par le portique d'accès. La galerie postérieure renferme les autels consacrés aux patriarches qui vécurent en ces lieux. Les galeries latérales servent d'abri aux pèlerins, et parfois de logement aux moines. Parmi les bâtiments annexes, on relève la présence d'une tour contenant la cloche, ou le tambour, qui sonne les heures de prière, et de **tours-reliquaires** en maçonnerie, les « pagodes » proprement dites, abritant les cendres de moines ou de donateurs civils, comme dans les pagodes de Dau *(voir p. 182)*, Pho Minh *(voir p. 188)* et But Thap *(voir p. 180)*.

Le sanctuaire est composé de trois zones successives, parfois regroupées sous une même charpente : les fidèles se tiennent dans la **salle antérieure** *(tien duong)*, que protègent des divinités gardiennes *(ho phap)* ; la lecture des prières par les moines se déroule dans la **salle des Brûle-Parfums** *(thieu huong)* ; la **salle des Autels majeurs** *(thuong dien)* accueille les divinités du panthéon, alignées sur des gradins de bois ou de maçonnerie, au pied de La Trinité des Bouddhas du Présent, du Passé et du Futur.

Rarissimes sont les sculptures en pierre. Les artistes leur ont préféré le **bois sculpté**, peint, laqué, ou laissé brut, pour réaliser des œuvres d'une grande puissance d'expression, à l'image de celles des pagodes But Thap (milieu du 17e s.) et Tay Phuong (fin du 18e s.).

Le panorama de l'art bouddhique vietnamien serait incomplet sans l'une de ses expressions les plus originales, à mi-chemin entre l'œuvre de la nature et celle des hommes. Là où la première a foré des cavernes aux formes étranges, les seconds sont venus investir le labyrinthe rocheux de **pagodes rupestres**, où filtre un jour bleuté à travers des fenêtres naturelles. Parmi les plus

célèbres, les montagnes de Marbre à Da Nang *(voir p. 291)*, les grottes de Lang Son *(voir p. 250)* et celles de la montagne des Parfums *(voir p. 176)*, non loin de Hanoi, sont d'importants lieux de pèlerinage.

Des temples pleins d'esprits

Autrefois, chaque village du Nord avait sa **maison commune** *(dinh)*, où les notables tenaient séance, sous l'égide des génies tutélaires de la communauté – fondateur, héros ou animal totem. Une grande cour-parvis accueillait la population villageoise lors des fêtes locales. De plan barlong, la construction abritait des autels disposés à chacune de ses extrémités, l'accès étant ménagé sur l'un des côtés longs de la façade. À partir du 17e s., le *dinh* supplanta la pagode en taille et en richesse ornementale. Poutres, solives, linteaux, frontons furent taillés à foison des thèmes les plus divers : animaux de fables, fleurs des saisons, scènes du quotidien et contes. De nos jours, les maisons communes rescapées des guerres ont repris du service, tels le *dinh* Dong Khang de Dinh Bang *(voir p. 180)* ou le *dinh* Hang Khen de Haiphong *(voir p. 193)*, et leurs intérieurs flamboient à nouveau des rouges et des ors de leurs autels. D'autres sont relevées, parfois en béton simplement.

De plan très variable, le *den* est un **temple national** ou régional, élevé à la mémoire d'un roi *(voir les den de Hoa Lu, p. 184)*, d'un génie *(voir le Den Quan Thanh de Hanoi, p. 173)* ou d'un personnage célèbre *(voir le Den Ngoc Son de Hanoi, p. 164)*. Développés à partir des Trinh (1533-1789), ces cultes ont contribué à l'élaboration d'une architecture d'inspiration « nationale » qui abandonne les thèmes sinisants du décor au profit d'une verve vietnamienne. Une des particularités du *den* est de ne pas toujours renfermer une statue, mais une **tablette** inscrite du nom du dédicataire, ou les insignes de son pouvoir (couronne, bonnet mandarinal), sur le modèle de l'autel des ancêtres. Lorsqu'il contient une effigie, elle est déposée au fond du sanctuaire, cachée par un claustra de bois sculpté.

MÉTISSAGE ET CRÉATION AU 20ᵉ S.

Greffons et hybrides du style colonial

De 1860 à 1945, le pays recueillit un nouvel ensemble de formes, véhiculées par la France coloniale. D'abord pures copies des styles en vigueur sous la IIIᵉ République, elles suscitèrent peu à peu des associations inédites. Cet épisode fut préparé au début du 19ᵉ s. par l'intervention des ingénieurs français dans la construction des **citadelles** de Gia Long à Hué, à Hanoi et à Haiphong, inspirées des ouvrages militaires de Vauban.

Première terre conquise, la Cochinchine fut le premier terrain d'expérimentation d'une architecture occidentale avec le bâtiment des Messageries maritimes, édifié à Saigon en 1862 *(voir p. 394)*. La création de la colonie accéléra le processus, sous la direction d'**Auguste-Henri Vildieu**, chef du service des Bâtiments civils d'Indochine. La France transposa alors à Saigon et à Hanoi ses rouages administratifs (hôtel de ville, palais de justice, résidence du gouverneur), économiques (postes, douanes), culturels (théâtres) et religieux (cathédrales), tous logés dans des édifices au néoclassicisme éclectique.

Édifiée à la fin du 19ᵉ s., la cathédrale de Phat Diem *(voir p. 187)*, qui puise dans la construction et le décor des temples vietnamiens, annonce la naissance du style hybride des années 1920, synthèse du nouveau courant international et d'emprunts à l'architecture locale. Ce **style « indochinois »** est mis en œuvre pour des institutions à valeur culturelle, tels le musée Louis-Finot (1925) et l'Université indochinoise (1926) à Hanoi, ou le musée Blanchard-de-La Brosse (1929) à Saigon. Faute de moyens, l'administration coloniale ne réalisa jamais les projets d'urbanisme à grande échelle d'Ernest Hébrard, qui dirigeait alors le Service central d'architecture et d'urbanisme. Décrié dans un légitime sursaut nationaliste et longtemps négligé des historiens, le legs colonial est désormais remis au goût du jour comme patrimoine à part entière de la marche artistique du Vietnam.

Du réalisme socialiste à la création contemporaine

L'art contemporain vietnamien, émancipé du mécénat religieux et de la tutelle royale, prit ses racines dans la fondation de l'**École des beaux-arts d'Indochine**, créée à Hanoi en 1925. Formée aux grands courants de l'art occidental, une génération de peintres et de sculpteurs, tous nés au début du 20ᵉ s., acquit pour la première fois le **statut d'artiste** et découvrit la **liberté** d'une création débarrassée de toutes les entraves de la commande.

À partir de 1945, l'expression artistique fut subordonnée au quotidien, dont elle devait être un reflet fidèle selon les théories de Ho Chi Minh. L'entrée du Vietnam dans l'orbite soviétique en 1975 annihila la création individuelle au profit de la grandiloquence du réalisme socialiste et de la glorification des penseurs marxistes-léninistes. Fermé au reste du monde, le Vietnam trouva en lui-même les ferments d'un art original, exposé dans les galeries qui ouvrirent à Ho Chi Minh-Ville, à Hanoi et à Da Nang dans le cadre du *Doi Moi*. La pénurie était telle que les artistes durent recourir à des expédients : sacs de riz et cartons remplaçaient parfois la toile. Un nouveau langage fut forgé en puisant dans l'**héritage**, à la suite d'une importante campagne de relevés, par photographies et moulages, menée sur les sites historiques du pays à la fin des années 1960, ainsi que dans la **tradition** des arts villageois, dont le peintre Nguyen Tu Nghiem fut le chef de file. L'intérêt pour l'artisanat traditionnel mit à l'honneur des matériaux inédits comme la **laque**.

Depuis la fin des années 1990, un relatif assouplissement de la censure permet une **expression contemporaine** libre, sans être accusée de décadence, de puiser dans toutes les audaces de l'art plastique, pour dévoiler des fragments de la si secrète et si subtile sensibilité vietnamienne.

L'ARCHITECTURE RELIGIEUSE VIETNAMIENNE

ÉLÉVATION D'UNE PAGODE

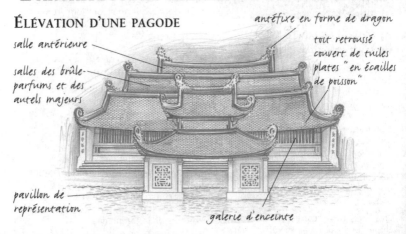

antéfixe en forme de dragon

toit retroussé couvert de tuiles plates "en écailles de poisson"

salle antérieure

salles des brûle-parfums et des autels majeurs

pavillon de représentation

galerie d'enceinte

LE PLAN DE LA PAGODE

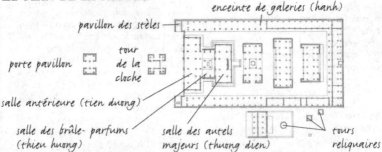

enceinte de galeries (hanh)

pavillon des stèles

tour de la cloche

porte pavillon

salle antérieure (tien duong)

salle des brûle-parfums (thien huong)

salle des autels majeurs (thuong dien)

tours reliquaires

LE PORCHE DU TEMPLE

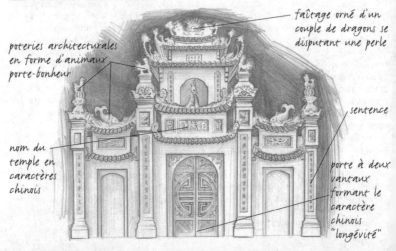

faîtage orné d'un couple de dragons se disputant une perle

poteries architecturales en forme d'animaux porte-bonheur

sentence

nom du temple en caractères chinois

porte à deux vantaux formant le caractère chinois "longévité"

LE PANTHÉON BOUDDHIQUE VIETNAMIEN

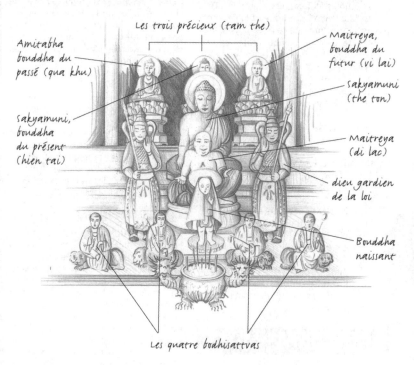

Les trois précieux (tam the)

Amitabha bouddha du passé (qua khu)

Maitreya, bouddha du futur (vi lai)

Sakyamuni (the ton)

Sakyamuni, bouddha du présent (hien tai)

Maitreya (di lac)

dieu gardien de la loi

Bouddha naissant

Les quatre bodhisattvas

LE COUPLE DES DIEUX GARDIENS DE PORTE (HO PHAP)

QUAN AM, SOUS LA FORME DE LA FEMME BOUDDHA DONNEUSE D'ENFANTS

LES VIETNAMIENS

54 ethnies ! 5 familles de langues ! Telle est la diversité ethnique et la polyphonie linguistique de ce petit pays d'Asie. À titre d'échelle, 56 minorités se partagent le territoire du géant chinois et l'on parle, des rives occidentales du golfe du Bengale aux côtes orientales de l'Atlantique, les langues d'une seule et même famille, l'indo-européen. On retrouve la même disparité dans les peuplements. Quand le groupe majoritaire (86,7 %), les Viet ou Kinh, comprend 56 millions d'individus, le plus minoritaire, les O Du, n'en compte que 194. Les quelque 15 % de non-Viet occupent deux tiers de la superficie du pays, surtout les régions « difficiles » par la rigueur de leur climat ou les contraintes de leur relief. Échappé des villes ou de la côte, vous croiserez ces peuples dont certains cultivent leur identité à l'âge de la mondialisation, alors que d'autres l'ont métissée dans l'histoire, et que d'autres encore l'abandonnent en se vietnamisant ou en s'occidentalisant.

POUR DÉMÊLER L'ÉCHEVEAU ETHNIQUE

Ce que conte la légende vietnamienne

À l'aube de l'humanité le **dragon Lac Long Quan** épousa l'**immortelle Au Co**. De leur union naquirent cent œufs, tous identiques et qui chacun renfermait un garçon. Mais les origines différentes d'Au Co et de Lac Long Quan les poussèrent à se séparer. L'immortelle, d'ascendance céleste, s'en fut gagner les hauteurs des montagnes avec cinquante de leurs enfants. Le dragon, fils de l'eau, descendit vers les basses terres, les rivières et les mers, avec le reste de leur progéniture. Sa descendance forma la **lignée des rois Hung**, les premiers souverains du pays (voir « Histoire », p. 71). Ce mythe d'origine forme un grossier tableau du peuplement du Vietnam qui s'est toujours partagé entre les hautes terres et les deltas.

Ce que montre la carte du pays

Le foyer des Viet s'est étendu au cours de l'histoire du Tonkin à la Moyenne Région, aux plaines littorales de l'Annam et au delta du Mékong. Ils partagent cette région méridionale avec d'autres riziculteurs, héritiers de royaumes engloutis par l'histoire : les Chams et les Khmers. Dans les villes côtières s'y mêlent les communautés des Hoa qui ne sont autres que les Chinois, descendants d'une longue diaspora commerçante. C'est avec les plateaux, les collines et les montagnes – les terres d'Au Co encore – que paraît la grande diversité ethnique du Vietnam, petits groupements humains parfois essaimés par-delà les frontières des États voisins – Cambodge, Laos et Chine.

Ce que dit l'histoire

Cette répartition dans l'espace est finalement le reflet d'un « ordre d'arrivée » dans le mouvement de Marche vers le sud, qui n'anima pas seulement le Vietnam, mais l'ensemble de l'Asie du Sud-Est. Les Viet et les Muong comptent sans doute parmi ceux que les annales chinoises nomment les **Cent Yue** (« Viet » est la prononciation vietnamienne de « Yue »), qui peuplaient la Chine au sud du fleuve Yangzi bien avant notre ère. D'autres très anciens acteurs du Vietnam sont les **Austronésiens** – on désigne ainsi une famille de langues parlées des Philippines aux Mascareignes, en passant par l'Indonésie. Parmi eux, les Chams mirent en valeur les plaines côtières du littoral annamite et y fondèrent leur première organisation politique, le Champa, à la fin du 2e s. apr. J.-C. À peu près à la même époque, les **ancêtres des Khmers** asséchaient les terres marécageuses du delta du Mékong. Les uns, puis les autres furent absorbés dans l'expansion des Viet vers le sud.

Dans les régions montagneuses du Haut Tonkin, on retrouve des phénomènes similaires. Autour de l'an mille, des **peuples de langue thaï** établirent des zones de riziculture irriguées aux confins de la Chine et de l'Asie du Sud-Est continentale, le long d'un arc qui s'étend de Cao Bang à la Birmanie, en passant par le Nord de l'actuelle Thaïlande. Ils

Composition ethnique du Vietnam

Austroasiatiques (94 %)

4 groupes viet-muong	Viet, Muong, Tho, Chut.
21 groupes mon-khmers	Khmer, Ba Na, Xo Dang (Sedang), Hre, Co Ho, Mnong, Xtieng, Kho Mu, Bru, Co Tu, Gie Treng, Ta Oi, Ma, Co, Cho Ro, Xinh Mun, Khang, Mang, Ro Mam, Brau, O Du.

Tai-Kadai (3,7 %)

8 groupes tai	Tay, Thai, Nung, San Chay, Giay, Lao, Lu, Bo Y.
4 groupes kadai	La Chi, Co Lao, La Ha, Pu Peo.

Hmong-Yao (1,1 %)

1 groupe hmong	Hmong.
2 groupes yao	Dao, Pa Then.

Austronésiens (0,8 %)

5 groupes malayo-polynésiens	Gia Rai (Jarai), E De (Rhade), Cham, Ra Glai, Chu Ru.

Sino-Tibétains (0,4 %)

3 groupes chinois	Hoa, San Diu, Ngai.
6 groupes tibéto-birmans	Ha Nhi, Phu La, La Hu, Lolo, Cong, Si La.

fondèrent les royaumes de Siam et du Laos, laissant au Tonkin des grappes de seigneuries vassales, tantôt du Vietnam, tantôt de l'empire du Milieu. Des **essaims de langue yao** sont probablement installés là aussi depuis les 13e-14e s., au terminus de leur progression dans la Chine voisine.

Au 18e s., les ondes de choc des rébellions ethniques qui agitèrent l'Empire chinois jusqu'à la fin du 19e s. se répercutèrent dans les montagnes du Nord-Vietnam. Des **familles hmong**, fuyant la mainmise de l'administration chinoise sur leurs terres, se réfugièrent dans le Nord-Ouest du pays. Quelques **groupes tibéto-birmans** leur emboîtèrent le pas. Parmi eux, les Ha Nhi descendirent du Yunnan, empruntant la vallée du fleuve Rouge. Tous ces peuples étaient donc en scène quand surgirent les germes du conflit entre les Vietnamiens et les Français d'Indochine. La majorité épousa la cause de la nation d'asile, mais certains chefs locaux tentèrent de jouer la carte française.

L'histoire contemporaine continue de dessiner la carte du peuplement ne serait-ce qu'avec la politique de **coloni-** sation des hautes terres amorcée à la fin des années 1970. Les deltas du Nord et du Sud ainsi que le littoral du Centre sont toujours le domaine des Viet, mais ceux-ci sont aussi établis en nombre dans certaines zones de la Haute Région du Nord, où n'habitaient autrefois que des Tai, Hmong-Yao et Tibéto-Birmans, ainsi que sur les Hauts Plateaux du Centre, jadis presque uniquement peuplés d'Austronésiens et de Mon-Khmers.

LES CINQ FAMILLES VIETNAMIENNES

Les Austroasiatiques

Avec 94 %, la famille des « Asiatiques orientaux » représente une majorité écrasante, parlant deux groupes de langues, le viet-muong et le mon-khmer, et cachant d'énormes disparités.

Les Viet-Muong

Ces deux peuples furent des pionniers dans le Nord du pays.

Les **Viet** se cantonnèrent longtemps au delta du fleuve Rouge, qu'ils avaient mis en valeur au néolithique, avant d'entreprendre leur Marche vers le sud *(voir p. 73)*. Dominés un millénaire durant par la Chine, ils en héritèrent une culture qui leur fit abandonner quelques-unes de leurs coutumes. Ainsi, s'ils bâtirent sur pilotis à une époque lointaine, comme en témoigne l'architecture de la maison communale de Dinh Bang, près de Hanoi *(voir p. 180)*, ils construisent désormais à la mode chinoise, en élevant les murs de leur demeure à même le sol. Même influence dans le costume qui vit les femmes troquer la jupe contre le pantalon.

Les **Muong** (915 000 hab.), leurs plus proches cousins, sont quant à eux demeurés dans le pays d'Au Co et vivent de nos jours dans la région de Hoa Binh, premier escarpement des hautes terres. Ils entretiennent des traditions lointaines qui ne doivent rien au voisin chinois. Leurs maisons se dressent sur des pilotis bas, installées à proximité de cuvettes cultivées en rizières inondées. Ils improvisent d'ingénieux systèmes hydrauliques grâce au bambou qu'ils canalisent pour utiliser l'énergie de l'eau. Les femmes portent encore la jupe fourreau, tissent leurs cotonnades à rayures de couleur sur des métiers à pédales et tressent les vanneries les plus fines du pays. À la palanche des gens de la plaine, ils préfèrent la hotte, à bretelles ou à bandeau frontal, des montagnards.

Les Mon-Khmers

Avec 21 ethnies différentes, ils constituent une nébuleuse d'autant plus étonnante qu'elle ne représente qu'un peu plus de 2 % de la population du pays ! Les **Khmers** se détachent nettement (895 300 hab.) et pas seulement numériquement. Implantés dans le delta du Mékong, ils sont les héritiers de l'empire d'Angkor (9e-15e s.), qui bâtit sa puissance sur une riziculture intensive. Ils perpétuent ce savoir en cultivant 150 espèces de riz, à côté d'un artisanat habile dans les domaines du tissage, de la poterie et de la vannerie. Rompus à la pratique des multiples bras du Mékong, ils y manient le sampan, ou la « queue de crevette » motorisée. À l'instar de leurs cousins du Cambodge, ils pratiquent un bouddhisme différent

de celui des Vietnamiens, le Theravada, dont les moines à la robe safran se retirent et étudient dans les pagodes, édifiées par les villageois.

Les **autres groupes mon-khmers** semblent vivre à des siècles de distance. Disséminés du nord au sud des Hauts Plateaux, ce sont des essarteurs qui cultivent le riz en ray, parfois avec un outillage rudimentaire (machette, bâton à fouir). Au nord-ouest, Mon-Khmers et groupes tai voisins se sont mutuellement influencés. L'essentiel de leur artisanat s'exprime dans le tressage des hottes qui leur servent de magasin ou de moyen de transport. Leur habitat traduit leur fort sentiment communautaire, que ce soit la maison longue (jusqu'à une centaine de mètres), où vivent plusieurs couples avec leurs enfants, ou la maison commune où s'effectuent les rites de passage des adolescents du village. Elle est le fleuron de leur architecture sur pilotis et s'élève plus grande, plus haute et plus belle que toutes les autres. Le groupe le plus nombreux, les **Ba Na** de la région de Buon Ma Thuot (137 000 hab.), partage avec ses voisins austronésiens des Hauts Plateaux, les Gia Rai, des sépultures élaborées, véritables monuments végétaux.

Les Tai-Kadai

Les Tai

Le rameau tai de cette famille est le plus représenté au Vietnam. Au même titre que les Viet, il descend des Cent Yue que répertoriaient les annalistes chinois *(voir plus haut « Ce que dit l'histoire », p. 104)*, et ses locuteurs suivirent un chemin de migration des côtes sud-est de la Chine vers l'ouest. Les **Tay** (1,2 million d'hab.) et les **Nung** (705 000 hab.), implantés autour de Cao Bang et de Lang Son, aux frontières de la Chine, sont sans doute les premiers arrivés. Des contacts répétés avec les Chinois et les Vietnamiens ont profondément marqué leur culture et leurs sociétés, organisées autrefois en seigneuries héréditaires. Ces influences se traduisent dans leurs demeures, plutôt construites en pisé ou en briques crues, à la mode de la Chine.

La version thai des origines

L'acte de naissance de la société thai se situe après le déluge, dont seuls réchappèrent trois génies appelés « khun ». Ils possédaient un buffle en commun qui, à sa mort, laissa échapper de ses naseaux des pousses, où mûrirent trois énormes courges. Comme un bruit semblait provenir de l'intérieur, les « khun » y ménagèrent des trous à l'aide d'un foret chauffé au rouge. Les montagnards au teint sombre, voisins des Thai des hautes terres, sortirent un à un en se frayant un passage à travers les orifices calcinés. Comme les courges semblaient toujours habitées, les génies y firent d'autres trous, avec un ciseau à bois cette fois, d'où s'échappèrent les ancêtres des Thai.

De même, leur religion est empreinte du taoïsme et du bouddhisme chinois. Tous les peuples tai excellent dans le domaine artisanal : tresser une natte ou un panier, sculpter une pièce de bois font partie du savoir-faire familial.

Les **Thai** (1 million d'hab.) ont développé leur riziculture savante, fondée sur l'assolement et l'irrigation, dans les vallées au sol fertile du Nord-Ouest. L'adduction de l'eau y fait l'objet de toutes sortes de techniques (canaux, barrages et rigoles), dont l'instrument emblématique est la roue à godets. La maîtrise de l'eau leur a permis aussi la culture d'arbres fruitiers et de théiers dans la Moyenne Région. Les Thai pratiquent encore leurs cultes traditionnels, adressés aux génies ou aux ancêtres, et le recours aux médiums. Les maisons, toujours élevées sur pilotis, diffèrent légèrement au sein des deux principaux groupes. Les Thai Blanc ménagent une véranda à l'avant, tandis que les Thai Noir dressent un toit arrondi comme une carapace de tortue, reconnaissable à ses faîtages en forme de X.

Les Kadai

Ils ne sont présents qu'à travers de tout petits groupes, dont les **Co Lao** (1 500 hab.) sont les plus nombreux. Ils cultivent sur brûlis et pratiquent le fumage.

Les Hmong-Yao

Les Hmong (560 000 hab.) et les Yao (480 000 hab.) – que les Vietnamiens appellent Dao, prononcé « Zao » – ne se révèlent finalement pas trop minoritaires (1,1 %) et constituent de toutes petites fractions de ces groupes qui, en Chine, sont respectivement 7,4 et 2,1 millions. De la Chine du Sud-Ouest aux confins du Laos et de la Thaïlande, ils sont présents sur un immense territoire, mais d'une manière très discontinue, car ce sont des montagnards dispersés dans de minuscules hameaux. Ils ne fondèrent jamais plus que des embryons d'organisations politiques, chez les Hmong notamment, autour de « rois ». Cette situation s'explique par leur mode de vie. Hmong et Yao sont des paysans de tradition nomade, utilisant les ressources de la montagne qui les entoure.

Les Hmong

Ils cultivent les plus hautes terres, établis en villages de quelques dizaines de foyers. Leurs maisons sans étage, posées sur la terre battue, sont souvent de simples chaumières aux murs en planches ou en bambou tressé. Ils pratiquent une culture itinérante ou permanente sur brûlis, produisant du maïs, de l'orge et parfois du riz, ainsi que du lin et des arbres fruitiers. Ils se distinguent aussi comme éleveurs de chevaux, leur principal moyen de transport. Leur dispersion et la nécessaire autonomie de leur enclavement leur ont permis de maintenir un artisanat dans des domaines variés. Forgerons, ils confectionnent leurs outils de culture, mais aussi leurs fusils de chasse à long canon. Ils savent encore tresser le bambou, façonner des bijoux en argent, fabriquer le papier, les meubles ou les harnais et selles de leurs chevaux. Chez ce peuple dispersé, le lignage et le culte des ancêtres ont conservé toute leur importance. Pour les mêmes raisons, les foires jouent un rôle essentiel non seulement pour l'échange, mais aussi pour les rencontres entre jeunes gens.

Les Dao

Encore plus dispersés que les Hmong, ils parlent des langues très variées que reflète la diversité de leurs vêtements, mais cette variété apparente masque une profonde unité culturelle, ne serait-ce que par la revendication d'être les descendants d'un ancêtre commun, Pan Hu, un chien fabuleux marié à une princesse chinoise. Ils sont établis en hameaux de moins de dix maisons, construites avec ou sans pilotis. Dans les régions élevées, ils cultivent le maïs en essartage, mais pratiquent aussi la riziculture inondée, la culture d'arbres fruitiers et de plantes médicinales. Ils élèvent basses-cours et animaux de trait. Leur religion est fortement marquée par les pratiques chinoises, et le panthéon taoïste a une place essentielle dans leurs cérémonies exorcistes.

Les Sino-Tibétains

Les Chinois

Les locuteurs du chinois, les **Hoa** (900 000 hab.) – les Chinois proprement dits –, les **San Diu** (91 000 hab.) et les **Ngai** (1 100 hab.), forment l'écrasante proportion de la famille linguistique sino-tibétaine. Les Chinois descendent surtout des familles de marchands de Chine méridionale, venus au début du 17e s. faire du négoce dans les ports du Vietnam.

Les Tibéto-Birmans

Les Tibéto-Birmans sont d'habiles artisans, notamment dans le domaine de la vannerie. En témoigne toute la panoplie de hottes (à bandeau frontal ou à bretelles) qu'ils utilisent pour le transport. Ils vivent, selon les ethnies, dans des maisons sur pilotis ou des maisons en terre de plain-pied. Les **Ha Nhi** du haut Song Da (12 500 hab.) sont les plus nombreux. Sculpteurs de montagnes, ils tracent leurs champs en terrasses, qu'ils irriguent par un réseau de conduites d'eau. Les femmes jouent un rôle majeur dans les sociétés tibéto-birmanes qui pratiquent par ailleurs un culte des ancêtres et des esprits.

Les Austronésiens

Les **Chams** (99 000 hab.) ont légué à l'histoire abondance d'inscriptions en sanscrit, puis dans leur propre langue, ainsi qu'un patrimoine architectural de

Crédit à la chinoise

Les Hoa ont un système de crédit ancestral, foncièrement original, qui leur a toujours permis de résister aux tentatives d'infiltration des banques occidentales. Les tontines sont des regroupements informels d'épargnants privés qui se réunissent chez l'un des membres ou dans une arrière-boutique. Après le versement d'une cotisation égale, chacun inscrit sur un papier l'intérêt maximal qu'il est prêt à verser pour emprunter. Le gagnant est celui qui propose le taux le plus élevé. Ce type rudimentaire de marché financier, autour d'un repas bien arrosé ponctué de tractations, ne suscite aucune trace écrite. Tout est affaire de confiance. Certains riches épargnants participent à plusieurs tontines qui s'enchevêtrent jusqu'à former un réseau de ramifications d'une infinie complexité. Les intérêts atteignent parfois des montants astronomiques, et de temps à autre, comme en 1993, l'insolvabilité d'un emprunteur provoque un krach financier.

tours-sanctuaires en brique, les *kalan*, qui jalonnent la côte, du col des Nuages à Phan Thiet. Elles balisent l'extension de leur royaume, le Champa, absorbé par les Vietnamiens. Au 15e s., les Chams adoptèrent l'islam au contact des Malais, dont la langue est cousine de la leur. Ils sont toujours musulmans et pratiquent, dans leurs villages, la riziculture et des tissages de soie élaborés.

Les autres groupes austronésiens furent longtemps confondus, sous le terme péjoratif de *Moi* (« sauvages »), avec les Austroasiatiques des Hauts Plateaux, dont ils partagent la culture, en rizières sèches ou inondées. Sans doute était-ce parce qu'ils avaient en commun la construction de maisons longues. Les plus spectaculaires sont celles d'un peuple de dresseurs d'éléphants, les **E De** (ou Rhade) de Buon Ma Thuot (195 000 hab.). Construites en forme de bateau renversé, elles

Femme dao

évoquent l'architecture des Toraja des Célèbes, dans l'archipel indonésien. Chez les **Gia Rai** de Plei Ku (71 700 hab.), on trouve aussi un écho de ces lointains cousins d'Indonésie dans l'apparat des sépultures. Celles des chefs sont accompagnées d'une galerie de sculptures en bois, de facture fruste parfois, représentant hommes, femmes et oiseaux.

RELIGIONS

La Constitution de 1976 garantit une relative liberté de culte aux Vietnamiens, dont la majorité se déclare bouddhiste (80 %). Cependant, soumis à un millénaire d'occupation chinoise (du 2e s. av. J.-C. au 10e s. apr. J.-C.), ils ont aussi assimilé le taoïsme et le confucianisme, et ont toujours pratiqué la **Triple Religion** ou *Tam Giao*. Au 17e s., l'arrivée du christianisme, religion monothéiste, provoqua une véritable révolution, et le Vietnam est aujourd'hui le deuxième pays catholique en Asie après les Philippines (10 % de la population). De petites communautés adhèrent également à l'islam et à l'hindouisme (0,5 %), importés depuis fort longtemps, ainsi qu'au caodaïsme (5 %) et au bouddhisme Hoa Hao (4 %), deux mouvements religieux d'inspiration bouddhique apparus au 20e s. dans le delta du Mékong.

L'ANIMISME

Les différents cultes religieux se sont toujours greffés sur d'anciennes croyances autochtones, selon lesquelles les univers céleste, terrestre et humain sont régis par des forces visibles et invisibles, dont il vaut mieux se concilier les bonnes grâces par des offrandes. Le règne céleste est gouverné par le seigneur du Ciel, assisté des esprits du Soleil, de la Lune, du Vent, de la Pluie et des Étoiles, tandis que le monde terrestre est régi par la divinité du Sol et du Foyer, secondée par les génies du Sol, des Fleuves et des Montagnes. Ainsi, tous les Vietnamiens entretiennent-ils chez eux un **autel** regroupant la triade domestique, composée des génies du Foyer et du Sol et de la déesse de la Terre. Certains animaux, assimilés à des divinités, sont aussi vénérés pour leurs pouvoirs surnaturels. Parmi eux, le dragon symbolise le principe masculin (yang), la vertu et la prospérité, le phénix représente le principe féminin (yin), la grâce et l'immortalité, tandis que la tortue est signe de longévité, et la licorne, de bonheur.

LE TAOÏSME

Conçue en Chine au 6e s. av. J.-C. par **Laozi** (Lao-tseu), sage mystique contemporain et adversaire de Confucius, cette philosophie a pénétré au Vietnam durant la domination chinoise au début de notre ère. Prenant le contrepied de la doctrine confucéenne qui implique l'homme dans la vie politique et sociale, le taoïsme prône le détachement vis-à-vis du monde et la recherche d'une liberté personnelle qui permet de retrouver le **Dao** (ou le *Tao*), la « voie », le « principe de l'univers ». Le *Tao* est en quelque sorte l'ordre harmonieux du monde : il se traduit par une force cosmique, à la fois mâle (le yang actif) et femelle (le yin passif), qui régit la nature, et par une loi ou morale qui, sans parler ni agir, guide les hommes. Seule l'intuition mystique, et non les sens et l'intelligence, permettra à l'individu d'atteindre son but : vivre en osmose avec son environnement et réaliser ainsi sa fusion avec le cosmos.

Une telle conception de l'existence, qui accorde beaucoup d'importance à la vie contemplative et au bonheur intérieur, n'est accessible qu'aux lettrés détachés de la course aux honneurs. Le peuple, lui, s'est emparé du panthéon taoïste et s'est contenté de vénérer les dieux, dont les statues trônent le plus souvent dans les pagodes bouddhistes ou dans des sanctuaires plus petits, les *den*. Il rend ainsi honneur à **Thien Hau Thanh Mau**, la déesse de la Mer, protectrice des marins, pêcheurs et des voyageurs en mer, et surtout à **Ngoc Hoang** (l'Empereur de Jade), qui règne dans les cieux

Quelques clés du bouddhisme

Bodhisattva	Être d'Éveil, saint personnage, masculin ou féminin, du panthéon bouddhique du Mahayana.
Hinayana ou Theravada	Appellation donnée au bouddhisme primitif. On le désigne parfois sous le terme de Petit Véhicule.
Karma	Ensemble des actes, bons ou mauvais, dont la somme, accumulée lors des vies successives, détermine les conditions de la renaissance.
Mahayana	Large voie de délivrance proposée à tous les êtres, à travers l'exemple vertueux des bodhisattvas. Forme de bouddhisme apparue au début de notre ère, appelée aussi Grand Véhicule.
Nirvana	L'« extinction », la cessation de la douleur et du désir, qui permet à ceux qui l'ont atteint de vivre dans un état de complète sérénité.
Parinirvana	La « grande extinction » ou « nirvana total », la fin du cycle des renaissances marquée par la mort physique du Bouddha.
Samsara	Cycle des renaissances, ou réincarnations, qui ne s'achève que par l'obtention de la délivrance.

entouré de ses trois ministres : **Nam Tao** (l'Étoile du Sud) enregistre les naissances, **Bac Dau** (l'Étoile polaire) les décès, et **Tao Quan** (le génie du Foyer) leur fait un rapport sur les familles à chaque Nouvel An.

LE CONFUCIANISME

Introduit au 3ᵉ s. par les Chinois, le confucianisme s'est imposé définitivement comme **philosophie d'État** au 15ᵉ s., évinçant ainsi le bouddhisme qui tenait ce rôle auparavant. Cela se fit à la faveur de la victoire de Le Loi, un propriétaire foncier qui libéra son pays du joug chinois grâce aux conseils avisés de son maître à penser, un lettré confucéen doué d'un sens aigu de la stratégie. Échappant à l'influence du clergé bouddhique, le Vietnam fut alors laïcisé. N'espérant plus dans un au-delà meilleur, l'homme confucéen s'attèle à des tâches humaines : il étudie, se perfectionne et assume ses obligations sociales.

La définition de l'honnête homme

L'enseignement de **Confucius**, humaniste chinois du 6ᵉ s. av. J.-C., prônait une morale sociale et politique applicable au niveau familial comme national. L'honnête homme doit ainsi, à la base de toute action, obéir aux deux principes de **bonté** et de **justice**, et entretenir **six qualités morales** : la piété filiale (qui se traduit par le culte des ancêtres), le courage, la loyauté, la fidélité à la parole donnée, le respect des rites et le respect des règles de préséance. Enfin, pour maintenir l'harmonie et la cohésion sociales, la doctrine confucéenne définit **cinq relations naturelles** : obéissance des sujets à leur roi, du fils à son père, de la femme à son mari, du cadet à son aîné, et respect entre les amis. L'individu est d'abord un être social, qui fait abstraction de sa liberté individuelle pour remplir ses devoirs envers la communauté.

Seule l'**éducation**, accessible à tous, pouvant lui permettre d'acquérir ces valeurs morales, il est important que l'honnête homme soit un homme instruit. L'élève doit ainsi étudier et commenter les textes classiques puisés dans l'histoire chinoise, dans lesquels le comportement des héros lui indique l'attitude juste à prendre dans toutes les circonstances de la vie. Aujourd'hui, ce sont les parents qui inculquent aux enfants la bonne conduite, notamment à travers le culte des ancêtres et la solidarité familiale.

LE BOUDDHISME

L'enseignement du Bouddha

Quelle est la racine de la souffrance humaine et quel est le moyen de s'en affranchir ? Telle est la grande question à laquelle le prince **Siddharta Gautama** essaya de répondre. Après avoir accédé à la connaissance suprême par l'ascèse et la méditation, il devint le **Bouddha** – « l'Éveillé » ou « l'Illuminé » – et passa son existence à enseigner sa doctrine qui ouvre la voie de la délivrance menant à la félicité suprême (nirvana). Il part du constat de l'existence universelle de la **douleur**, née du **désir**. L'homme est attaché à son existence douloureuse par le désir et demeure enchaîné à des passions, par nature illusoires, qui le font renaître dans le monde terrestre. Pour que cesse la souffrance, il faut donc supprimer le désir et mettre fin à ce cycle des réincarnations (samsara), soumis à la loi du karma. Cela est possible pour quiconque renonce à toute forme d'attachement et s'applique à pratiquer **huit vertus** : perfection de l'opinion et de l'intention, de la parole et de l'acte, des moyens de subsistance et de l'effort, de l'attention et de la concentration. Une discipline morale rigoureuse qui est plutôt appropriée à une vie monacale.

Le bouddhisme au Vietnam

Vers la fin du 2e s., c'est l'école du bouddhisme **Mahayana**, ou la voie du Grand Véhicule, qui se répandit d'abord largement dans le Nord du Vietnam, puis progressivement vers le sud, en suivant les routes commerciales terrestres et mariti-mes depuis l'Inde et la Chine. Le bouddhisme a atteint son apogée au 11e s., sous la dynastie des Ly, qui fit appel à des bonzes comme conseillers et ministres. Cela permit aux monastères de s'enrichir en échange des services rendus. De nos jours, ces derniers vivent de l'exploitation des terres qui leur sont allouées par l'État et de la charité des fidèles.

Le panthéon bouddhique

Voir illustration, p. 103.

S'écartant des règles austères de l'école du Petit Véhicule (Hinayana) qui reste fidèle à l'enseignement originel du Bouddha, les adeptes du Mahayana adoptent les trois vertus de la bienveillance, de la compassion et du don, qui leur assurent des mérites. Ils vénèrent les **trois Bouddhas** du Passé (Amitabha ou A Di Da), du Présent (Sakyamuni ou Thich Ca) et du Futur (Maitreya ou Di Lac), ainsi que les bodhisattvas, ces « êtres éveillés » qui, renonçant à atteindre le nirvana, préfèrent guider leurs prochains vers le salut. Le plus populaire d'entre eux est **Quan Am**, ou Avalokiteshvara, la déesse de la Compassion, représentée sous les traits d'une femme en tunique blanche, qui trône à l'entrée des pagodes et au cœur du sanctuaire. Deux autres bodhisattvas très vénérés sont **Van Thu**, ou Manjushri, la divinité de la Sagesse et de l'Intelligence, et **Dia Tang**, ou Kshitigarbha, patron des voyageurs et sauveur des âmes damnées.

Le quotidien des moines

Les moines sont recrutés par l'Église bouddhique du Vietnam, organisme d'État qui regroupe deux mouvements : l'école du **Dhyana** (zen ou *thien*), la voie de la méditation, repose sur l'ascèse et demeure la plus répandue au Vietnam ; l'école de la **Terre pure** (*Tinh Do*) est fondée sur les prières faites à Amitabha, le Bouddha du Passé, et n'est pratiquée que dans le Sud.

Les monastères accueillent tout aussi bien les moines que les nonnes, qui vivent dans leurs bâtiments respectifs. Ils sont administrés par un **conseil des vénérables**, composé de moines supérieurs désignés par les plus âgés. Ces derniers ont au moins quarante

La vie du Bouddha

Siddharta Gautama vit le jour au 6e s. av. J.-C., au sein d'une famille princière des confins de l'Inde et du Népal. L'enfant fut élevé comme son rang l'imposait et connut une existence dorée qui le préservait des peines de ce monde. À 29 ans, il décida pourtant d'abandonner son palais, son épouse et son jeune fils, et entreprit, dans le plus grand dépouillement, de longues années de quête spirituelle. Toutes ses tentatives le menèrent à des impasses ou à des déceptions sur la question qu'il se posait quant à l'origine de la souffrance humaine et au moyen de s'en affranchir. C'est finalement seul, abandonné de la poignée de fidèles qui avaient persisté à le suivre, qu'il trouva sa voie, assis sous un banian, au terme d'une nuit de méditation, et qu'il devint ainsi le Bouddha, « l'Éveillé ».

ans de vie monastique et jouent le rôle de maîtres spirituels. Les novices sont admis à l'âge de 10 ans. Ils peuvent être ordonnés moines ou nonnes dès 13 ans, mais ne prononcent leurs vœux que vers 20 ans. L'**ordination** n'est toutefois pas définitive et il est possible de revenir à la vie laïque après avoir demandé l'autorisation au conseil des vénérables.

La vie quotidienne obéit à un rite immuable : de 5h à 23h, les habitants du monastère prient et méditent, étudient ou enseignent les textes sacrés, font du jardinage et des travaux agricoles. Moines et nonnes se retrouvent au déjeuner et au dîner dans la salle à manger commune, mais mangent séparément et en silence. Le 1er jour (celui de la nouvelle lune) et le 15e jour (celui de la pleine lune) du mois lunaire, la communauté (*sangha*) se réunit sous la houlette du conseil des vénérables pour examiner les manquements à la discipline. Pendant les trois mois du carême bouddhique, qui a lieu à la saison des pluies (de juillet à septembre), la communauté entre en **retraite**, durant laquelle prières et études se font en commun. Deux à trois fois par an, elle part en **pèlerinage** sur les hauts lieux bouddhiques en Chine et en Inde.

Si, à l'occasion des explorations maritimes du 16e s., les premiers missionnaires portugais ont fait de brefs séjours au Nord du Vietnam, ce n'est qu'à partir de 1615 que l'évangélisation du pays a vraiment commencé. Envoyés par le pape, dominicains portugais et jésuites français fondèrent des missions auprès des deux seigneuries rivales qui se partageaient le royaume du Dai Viet : les Trinh au Nord et les Nguyen au Centre et au Sud. Très actifs, ils inventèrent le **quoc-ngu** (*voir « Langues et écriture », p. 135*), qui consiste en une romanisation de l'écriture vietnamienne. Imprimés dans cette nouvelle langue, livres de doctrine et de prières furent vite maîtrisés par les catéchistes autochtones, et contribuèrent au succès de la christianisation. On comptait ainsi quelque 800 000 **catholiques** en 1685.

Cette réussite inquiéta les lettrés et mandarins confucéens, car les convertis ne pouvaient plus pratiquer certains cultes, notamment celui des ancêtres, considéré comme superstition. Les Trinh, farouches défenseurs de l'identité nationale, expulsèrent la mission du Nord dès 1630. Au cours des deux siècles suivants, les relations entre souverains vietnamiens et missionnaires catholiques furent plus ou moins houleuses et des chrétiens furent même persécutés. Cela servit de prétexte aux Français pour conquérir le pays au 19e s. Après les accords de Genève (1954), qui mirent fin à la présence française et consacrèrent la division du Vietnam en deux États, 600 000 chrétiens du Nord durent partir vers le Sud. En 1975, quand le pays fut réunifié, les institutions chrétiennes, telles que les écoles, furent nationalisées.

Le **choix des prêtres** et des évêques reste un sujet de controverse avec les autorités communistes, et les relations diplomatiques avec le Vatican ne sont pas encore rétablies, malgré une politique plus libérale depuis 1990. Le nombre de candidats admis à se présenter au concours d'entrée aux séminaires, organisé tous les deux ans, est soumis à un quota (entre trois et douze par diocèse), puis l'ordination des séminaristes, après six ans d'études, nécessite une autorisation spéciale du comité populaire provincial. Depuis 1990, une délégation du Vatican se rend chaque année auprès du Bureau gouvernemental des affaires religieuses à Hanoi pour négocier la nomination des évêques proposés par le pape.

Les **protestants** forment une minorité (1 %). Convertis en 1911 par des congrégations qui se baptisèrent Églises de la Bonne Nouvelle, les quelque 300 000 croyants sont essentiellement des montagnards des Hauts Plateaux du Centre du pays.

L'ISLAM ET L'HINDOUISME

L'hindouisme

Apporté par les marchands indiens au début de notre ère, l'hindouisme s'est développé pendant plus d'un millénaire le long des côtes du Centre, qui bordent l'ancien royaume du Champa. Aujourd'hui, quelques milliers de Chams, devenus minoritaires après la disparition de leur État au 15e s., honorent encore Shiva.

L'islam

Sous l'impulsion des marchands malais et javanais qui abordèrent les côtes du Champa vers le 15e s., l'islam a recruté ses adeptes chez les Chams ainsi que chez les Khmers qui vivent dans le delta du Mékong. Sa faible emprise sur le reste de la population s'explique du fait de la concurrence des Européens, qui monopolisaient à la fois le commerce maritime et la propagation de la foi chrétienne.

Actuellement, les quelques dizaines de milliers de musulmans vietnamiens pratiquent leur culte de façon assez libérale, d'autant que les imams parlent et lisent assez mal l'arabe et possèdent peu de copies du Coran. Ils font une prière hebdomadaire, le vendredi, au lieu des cinq quotidiennes, observent seulement trois jours de jeûne lors du ramadan, et ne vont pas en pèlerinage à La Mecque. Plus étonnant encore, ils continuent de vénérer les lingas, sym-

> ### Les Chams musulmans, une minorité oubliée
>
> Il y a foule ce vendredi à la mosquée Jamiul Azhar de Chau Phong, dans le delta du Mékong. Tous les hommes du village sont venus assister à la grande prière, vêtus d'un sarong et du traditionnel bonnet blanc. En cette terre taoïste et bouddhiste, le spectacle a quelque chose d'insolite, mais le delta n'est-il pas ce terreau de toutes les religions ? Contrairement à leurs cousins du Centre, les Chams du Mékong adhèrent à la religion du Prophète. Sans doute apporté par des marchands arabes, indiens ou malais dès le 10e s., l'islam se développa au 15e s., à la fin du royaume du Champa. Aujourd'hui, les Chams pratiquent un islam assez éloigné des canons orthodoxes. Ils ne prient qu'une fois par semaine au lieu de cinq fois par jour, ne jeûnent que trois jours au lieu d'un mois pendant le Ramadan, ne font pas de pèlerinage à La Mecque, consomment de l'alcool, et surtout continuent de révérer les génies tutélaires du Vietnam, notamment au mont Sam.

boles phalliques du dieu Shiva, conservés dans les temples hindous, de même que les génies tutélaires du Sol et des Montagnes qui protègent la Terre ou le monde inférieur.

LES AUTRES MOUVEMENTS RELIGIEUX

Le caodaïsme

Fondé par **Ngo Van Chieu**, un fonctionnaire vietnamien qui aurait reçu des « révélations » de l'au-delà, cette religion tente de faire un syncrétisme entre les diverses doctrines orientales et occidentales. Élève studieux, taoïste et végétarien, Chieu était un passionné des croyances humaines et des sciences occultes. En 1925, au cours d'une séance de spiritisme, un esprit se manifesta et lui révéla être l'Empereur de Jade, également surnommé **Cao Dai** (« Palais ou Être

Moine bouddhiste

suprême »), venu enseigner la Voie ; il se présenta ultérieurement sous la forme d'un œil, symbole de la Vision du Tout.

Fondé sur le bouddhisme, le caodaïsme se désigne lui-même comme la « troisième manifestation de Dieu pour le salut de l'humanité », après l'apparition de prophètes tels que Laozi, Confucius, le Bouddha, Mahomet et Jésus. Le **panthéon caodaïste** inclut aussi diverses personnalités choisies pour leur valeurs morales et humanistes, telles que Jeanne d'Arc, Victor Hugo, Winston Churchill et le poète Nguyen Du.

Tandis que les dogmes et les rites s'inspirent du bouddhisme (volonté de soustraire l'homme aux réincarnations) et du taoïsme (utilisation des médiums pour communiquer avec l'au-delà), le clergé adopte la hiérarchisation de l'Église catholique. Au Saint-Siège, à Tay Ninh, un **souverain pontife** règne ainsi sur un corps sacerdotal complexe, composé de dignitaires, de législateurs, de censeurs, de fonctionnaires et de médiums, qui défilent en grande pompe au cours des quatre cérémonies quotidiennes (voir p. 403). Les prêtres, hommes et femmes, font vœux de chasteté, de pauvreté, et pratiquent le végétarisme.

Bien que non violents, les caodaïstes se sont engagés par patriotisme dans l'action politique avec des milices armées. Utilisés par les Français puis les Américains contre les communistes, leurs terres furent confisquées et leurs églises fermées au moment de la réunification du pays en 1975. Depuis 1990, la réouverture des temples a permis aux 2 millions de fidèles de pratiquer à nouveau leur culte.

Le bouddhisme Hoa Hao

La secte Hoa Hao fut fondée en 1939 par **Huynh Phu So**, un bonze de 20 ans. Guéri d'une maladie incurable lors d'un séjour au mont Sam, il eut la révélation d'un bouddhisme rénové, opérant un retour à la foi et à la conscience individuelles. Il se mit alors à prêcher pour une voie d'ascèse et de renoncement, le **Phat Giao Hoa Hao** (« paix et bonté dans la voie du Bouddha »), prônant la prière à domicile plutôt que dans les pagodes, considérées comme des intermédiaires inutiles, ainsi que l'abandon des superstitions et des rites occultes.

Crédité de guérisons miraculeuses, le moine attira de nombreux disciples, mais son nationalisme lui valut d'être interné par les Français. Durant la première guerre d'Indochine, sa milice, armée par les Japonais, prit le contrôle d'une grande partie du delta du Mékong, puis entra en lutte contre le Viet-minh, qui fit exécuter Huynh Phu So en 1947. Dans les années 1960, une partie de ses disciples, en opposition avec le président catholique Diem, rejoignirent le Viet-cong, ce qui n'empêcha pas les communistes d'interdire la secte en 1975. Celle-ci a survécu et compte aujourd'hui 1,5 million de fidèles.

VIE QUOTIDIENNE

La socialisation du pays semble avoir été superficielle, surtout à la campagne où anciennes traditions et croyances se sont maintenues. Les villes, qui concentrent 20 % de la population, voient l'émergence de nouvelles valeurs, introduites par une classe moyenne aisée enrichie par le commerce et les affaires, ce qui soulève des interrogations pour les familles attachées aux valeurs confucéennes. Ces dernières se traduisent par une société encore très hiérarchisée dans tous les milieux, où les plus âgés et les aînés sont respectés par les jeunes et les cadets.

PORTRAITS DE FAMILLE

Dans un quartier aisé de Ho Chi Minh-Ville

Long et Phuong habitent avec leurs deux garçons, Quang et Son, dans une maison cossue du centre-ville de Ho Chi Minh-Ville. Équipée d'un canapé en Skaï, d'un téléviseur, d'un magnétoscope et d'une chaîne haute-fidélité, la salle de séjour reflète leur vie aisée. Dès 5h du matin, Long fait sa gymnastique dans un parc public avec d'autres personnes. Il prend ensuite le petit-déjeuner avec sa femme dans la cuisine-salle à manger, autour de la table prépa-

La médecine traditionnelle

Les Vietnamiens croient d'autant plus en l'efficacité des plantes que le manque de médicaments occidentaux est important. Le spécialiste prend le pouls du patient et examine sa langue, avant de prescrire les herbes correspondantes : la réglisse pour la toux et la fièvre, le cannelier sauvage pour les maux d'estomac, etc. Contre les malaises courants, tels que maux de tête et rhume, on frictionne les parties atteintes avec un onguent mentholé, proche du baume du tigre, en utilisant la tranche d'une pièce de monnaie. Certaines affections comme l'arthrite sont soignées de façon spectaculaire avec des moxas, petites boules de plante similaires à du coton, que l'on brûle à fleur de peau afin de créer le maximum de chaleur. Très pratiquée, l'acupuncture est une méthode de stimulation des énergies à l'aide d'aiguilles, destinée à rendre aux organes malades leur fonctionnement normal : chaque point d'application – 150 sont couramment utilisés – est relié à un organe, une glande ou une articulation par un canal d'énergie.

rée par une petite paysanne qu'ils ont adoptée et qui aide aux travaux ménagers. C'est elle qui habille Son le matin pour l'école et le fait déjeuner à midi. Vers 7h30, Phuong se rend à sa pharmacie, située dans la même rue que son domicile. Long viendra l'aider en cours de matinée ; dans l'après-midi, il donne à la maison des cours particuliers de français et d'anglais à des écoliers. Étudiant studieux en économie, Quang, l'aîné, profite de ses loisirs pour retrouver ses amis au café-karaoké en semaine, et en discothèque le week-end. Le dimanche matin, la famille, vêtue avec élégance, se rend à la messe à la cathédrale.

Une famille modeste de Hanoi

Veuve, Mme Huong vit dans une maison-tube du quartier populaire de Hanoi et tire ses ressources de la location des sept chambres dont elle dispose à des étudiants de province. Chaque pièce, où on s'entasse à quatre, lui rapporte par mois l'équivalent du salaire d'un ouvrier, ce qui lui permet de faire vivre ses trois enfants mineurs, de 8 à 16 ans. L'aînée, elle, gagne sa vie comme serveuse au restaurant de ses tantes maternelles, proche de son domicile. Tous les matins, entre 6h et 7h, la famille partage la soupe du petit-déjeuner, assise sur le carrelage de la cuisine-salle à manger. Les plus jeunes enfants vont à pied à l'école du quartier, tandis que le plus grand enfourche sa bicyclette pour le lycée ; ils ne suivront qu'une demi-journée de cours, faute de places dans les classes. À 8h, Mme Huong se rend à pied au marché pour y faire ses courses et, dans l'après-midi, elle surveille les devoirs des plus jeunes. Après le dîner, la famille se réunit devant le téléviseur. De temps en temps, Mme Huong s'offre une soirée au café-karaoké avec son aînée, où elle chante des airs à la mode. Les 1er et 15e jours du mois lunaire, elle va prier avec ses sœurs et ses enfants dans sa pagode favorite.

Une vie à la campagne

La famille Tran vit depuis toujours sur ses terres ancestrales à la campagne. Sous la houlette de Tuan, l'aîné, et de sa femme, Mai, le clan continue à exploiter rizières et vergers. Depuis peu, frères et sœurs se sont lancés dans l'élevage des cailles, plus lucratif, qui leur permet de faire vivre parents et beaux-parents. La proximité de Ho Chi Minh-Ville, où les restaurants sont friands de ces volatiles, a poussé Tuan à monter une ferme à côté de sa modeste maison en bois coiffée d'un toit de tôle. Il produit des œufs et de la viande, et vend la fiente comme engrais. La journée commence dès 5h30. Mai prépare le petit-déjeuner, avant d'emmener à moto sa fille aînée au collège, et la petite chez la grand-mère. À son retour, aidée de ses belles-sœurs, elle supervise le ramassage des œufs, nourrit les cailles et reçoit les commandes, tandis que Tuan assure les livraisons avec ses frères. L'heure du dîner est vite arrivée et il faut ramener les enfants ; heureusement, le potager et le poulailler fournissent de quoi manger. La télévision est l'unique distraction en soirée, et quand un match de football est programmé, Tuan invite ses frères et voisins à une beuverie.

Tranches de vie

Au marché

De 6h à 18h, le marché devient le royaume des femmes, qui viennent là pour vendre et acheter de la nourriture, des vêtements, des articles ménagers, des produits cosmétiques ou des médicaments occidentaux. Les ménagères marchandent âprement, au milieu des cris des commerçantes hélant les clients. De vieilles dames surveillent leurs échoppes en chiquant du bétel, tandis que leurs filles comptent la recette de la mi-journée, exhibant des liasses de dongs.

Au café

Il y a café et café. À l'aube, avant d'aller travailler, les hommes prennent habituellement leur café, noir ou au lait, tout en avalant une soupe de nouilles tonkinoise (pho), auprès des marchands ambulants accroupis sur le trottoir. Dans l'après-midi et en soirée, on s'installe en revanche plus volontiers dans un café, en couple ou avec des amis, pour siroter un Coca-Cola, écouter de la musique ou pousser la chansonnette dans un karaoké.

Les petits métiers de la rue

Tôt le matin, les trottoirs sont squattés par les voiturettes des commerces ambulants. Pour le petit-déjeuner, les marchands de soupe y installent leurs tabourets et tables, tandis que les vendeuses de sandwiches réchauffent leurs pains et découpent le cha lua (salami local). Ils cèdent leur place vers 8h à la marchande de jus de coco, à la spécialiste de crêpes et de raviolis, et à la vendeuse de fruits et légumes frais qui apportent leurs produits dans leurs palanches. Elles retrouvent là le mécanicien, qui répare freins et chambres à air jusque tard dans la nuit, le coiffeur, le barbier et le vieux vendeur de billets de tombola. Une cohorte d'enfants ne manque pas de les rejoindre : si le cireur de chaussures occupe un bout de trottoir avec sa mallette, les autres accostent les badauds pour leur proposer cigarettes, friandises, journaux, cartes postales ou mouchoirs en papier. Le dimanche, sur les lieux de promenade très fréquentés, des marchands de ballons et de glaces appâtent les clients avec une cassette nasillarde.

Un petit restaurant populaire

Le sol est jonché de serviettes en papier, d'os de poulet ou d'arêtes de poisson, reliquats des clients précédents... Ne vous fiez toutefois pas aux apparences, car il est normal, ici, de tout jeter par terre ; un grand coup de balai et tout disparaît ! Vous n'avez plus qu'à suivre le patron jusqu'au frigidaire pour faire votre choix : poulet, canard, bœuf, porc ou... chien. Dix minutes plus tard arrive le plat que vous avez commandé, accompagné d'une soupe, de légumes verts, de riz et d'une omelette aux herbes, qui font, comme le pain chez nous, partie du menu. Arrosez le tout d'une bière (bia hoi) ou d'un peu d'alcool de riz (appelé ici vodka), et à vos baguettes.

Dans les pagodes

Le premier jour du mois, à l'occasion de la nouvelle lune, des familles entières se pressent dans les temples, dont les autels sont surchargés d'offrandes. Sur le parvis, les fidèles achètent des bâtonnets d'encens, et des oiseaux en cage qu'ils libèrent pour s'attirer des mérites. Dans le sanctuaire, où méditent quelques moines, ils psalmodient des prières devant le Bouddha, le saluent trois fois avec leurs bâtonnets, avant de les déposer dans les urnes prévues à cet effet.

L'ORGANISATION FAMILIALE

Le respect des aînés

Profondément influencée par le mode de pensée confucéen, la société vietnamienne, de type patriarcal, est très hiérarchisée. La loyauté et la solidarité mutuelles qui soudent tous les membres d'un village ou d'une communauté se reflètent dans la cellule familiale. Si les parents assurent protection et conseil à leurs enfants, ceux-ci leur doivent **respect** et **obéissance** ; les mêmes règles régissent les rapports entre aînés et cadets. La langue traduit ces relations par des termes honorifiques : ainsi, pour s'adresser à l'aîné, le cadet utilisera le pronom personnel anh (« grand frère ») ou *chi* (« grande sœur »), en se désignant lui-même par *em* (« petit frère » ou « petite sœur »).

L'aîné de sexe masculin tient un rôle primordial dans le **culte des ancêtres**, qui exprime la piété filiale *(voir p. 111)*. Ce rite est fondé sur la croyance à l'immortalité de l'âme, ainsi qu'à la protection accordée par le défunt à ses descendants. Dans les familles nucléaires, l'aîné (ou à défaut la fille aînée avec son mari) est responsable de l'entretien de l'autel, qui trône dans la salle de séjour avec les tablettes en bois où sont inscrits les noms des ancêtres jusqu'à la cinquième génération ou, cas plus fréquent aujourd'hui, les photos des défunts. Dans les familles élargies, c'est au membre le plus âgé (homme ou femme) de la branche aînée du clan que revient cet honneur. Outre les offrandes quotidiennes qui leur sont faites au lever du jour, les ancêtres sont particulièrement vénérés le Jour de l'an et pour l'anniversaire de leur décès. Le clan familial prépare des repas somptueux, auxquels il convie les morts en déposant boissons et mets sur l'autel, tout en brûlant de l'encens et de la fausse monnaie pour demander leur bénédiction.

Le rôle de la femme

Même si la tradition confucéenne veut que la femme soit soumise à son mari et se contente de cultiver quatre vertus – savoir tenir sa maison, être belle, vertueuse et douce en parole –, une relative égalité règne entre les conjoints. Sans avoir l'air d'imposer son autorité, la femme est *de facto* le « ministre de l'intérieur » *(noi tuong)*, responsable de la **gestion du foyer**, du budget familial (surtout pour les dépenses quotidiennes) et de l'éducation des enfants. L'emprise de la mère sur ces derniers est importante, parce qu'elle s'occupe presque exclusivement des plus jeunes et que les hommes, longtemps absents pendant la guerre du Vietnam, n'ont plus retrouvé leur place de chefs de famille. Ainsi, lors du mariage des enfants, c'est elle qui donnera son accord final. En ville comme à la campagne, elle est la première levée, souvent avant l'aube, pour préparer le petit-déjeuner, ainsi que le déjeuner que chacun emporte avec soi. La vie étant difficile, elle est obligée de compléter les revenus de son mari au bureau, à l'usine ou au marché, où le petit commerce de détail a toujours été son monopole. À la campagne, les travaux des champs exigeant une main-d'œuvre abondante, la femme est mise à contribution pour les travaux pénibles comme le repiquage du riz, auxquels s'ajoutent les soins du potager et de la basse-cour, et la vente de ces produits domestiques qui procure la moitié des revenus familiaux. De retour chez elle, d'autres tâches l'attendent : la préparation du dîner et la toilette des enfants. À elle d'assurer le quotidien !

L'HABITAT VIETNAMIEN

Si dans le passé les Vietnamiens vivaient dans des cabanes sur pilotis, similaires à celles qui existent toujours dans les villages lacustres ou chez certaines minorités ethniques, ils ont conçu au fur et à mesure de leur sinisation des maisons posées à même le sol. Avant la construction, le propriétaire fait appel au **géomancien** qui détermine l'emplacement de la porte d'entrée, l'orientation de la demeure et l'organisation des pièces, afin de mieux capter les énergies cosmiques positives.

Dans les campagnes

La campagne est parsemée de villages ronds où sont regroupées des maisons rectangulaires entourées d'une haie de bambous. Formées de murs en pisé ou en bambou tressé et coiffées d'un toit en paille ou en feuilles de latanier, ces habitations se nichent au fond d'une cour, autour de laquelle sont aménagées les dépendances servant de cuisine, de porcherie et de moulin à riz. Dans le jardin, un potager coexiste parfois avec une mare utilisée comme réserve d'eau et lavoir. Si les propriétaires en ont les moyens, les murs seront bâtis en briques et masqués par un enduit chaulé, et les toits recouverts de tuiles. Des maisons-tubes, similaires à celles que l'on trouve en ville, ont fait leur apparition et s'alignent le long des routes, tout en conservant la partie arrière de la cour.

L'habitat urbain

Coquettes avec leur toit de tuiles et leurs murs de briques, les maisons citadines sont souvent précédées d'une petite véranda, protégée par une grille coulissante, où sont rangés les deux-roues. On accède d'abord à la salle de séjour par la porte d'entrée qui fait face à l'autel familial. Puis viennent la cuisine-salle à manger ainsi que les chambres à coucher, équipées de ventilateur et de moustiquaire, et les salles de douche avec lavabo et toilettes. Certaines habitations disposent parfois d'un étage, où se trouvent alors chambres et salle d'eau.

Le surpeuplement des villes, lié aux contraintes des activités de commerce et d'artisanat, et la cherté des prix du terrain expliquent l'apparition d'un modèle architectural unique : la **maison-tube** ou « en tuyau de bambou ». Derrière des façades qui n'excèdent pas 4 m, ces bâtiments sur deux niveaux ont poussé perpendiculairement aux artères, alternant pièces closes et cours à ciel ouvert sur des profondeurs pouvant atteindre jusqu'à 60 m et plus. Au rez-de-chaussée, la pièce en façade qui ouvre sur la rue sert de salon ou de boutique, et de garage pour les vélos ou motos de la famille. À Hanoi, de récentes initiatives visent à réhabiliter et à préserver quelques-unes des plus vieilles maisons pour les transformer en musées.

L'ÉDUCATION

Le Vietnam est un pays jeune : 40 % de la population a moins de 15 ans, et 60 %, moins de 25 ans. Le fossé s'élargit entre les gouvernants, qui ont vécu comme des spartiates et bâti leur légitimité sur un passé glorieux, et une jeunesse née après la guerre qui aspire à plus de confort matériel.

Le système éducatif aujourd'hui

Les grands concours mandarinaux permettaient jadis à l'État de sélectionner les meilleurs éléments de la société rurale, et tout lettré confucéen qui les réussissait apportait richesse et prestige à sa famille, quel que soit son milieu d'origine. Cela explique l'importance accordée, depuis toujours, par les parents à l'éducation de leurs enfants, même si rien n'est venu aujourd'hui remplacer ces concours et si les frais de scolarité représentent actuellement le quart du budget des citadins, du moins pour les cycles secondaire (11-17 ans) et universitaire qui sont payants. Il faut être riche pour étudier. Si le cycle primaire (6-10 ans) parvient encore à scolariser la majorité des enfants, qui suivent les cours une demi-journée par jour, faute de salles disponibles, le pourcentage se réduit dans le secondaire (1/5 de la population) et dans l'enseignement supérieur (1,5 %), auquel une minorité de ruraux et peu de citadins accèdent. Afin de pallier la faillite de l'Éducation nationale, les familles se sont organisées en ville pour la maternelle : dans chaque quartier, elles louent une salle de classe et embauchent une maîtresse d'école ; les frais sont toutefois si élevés que seul un enfant sur trois y va.

Le malaise de la jeunesse

Face à un avenir incertain et à l'amplification du **chômage**, confrontés aux valeurs marchandes véhiculées par l'Occident dans la presse et à la télévision, les jeunes citadins n'ont qu'une envie : profiter du moment présent. Or, pour porter un vêtement de marque étrangère, siroter un Coca-Cola dans un café-karaoké, ou sortir en discothèque le week-end, il faut être aisé. Ces besoins matériels ne sont pas étrangers au développement de la prostitution féminine. L'usage grandissant de la drogue, les courses de motos, souvent mortelles, qui se multiplient le soir à Ho Chi Minh-Ville et à Hanoi, et l'augmentation du nombre de suicides traduisent le désarroi de ces adolescents désœuvrés. L'ouverture économique du pays s'accompagne aussi d'une **évolution des mœurs** en ville : le flirt dans les jardins publics à la nuit tombée, les relations sexuelles avant le mariage et l'apparition du concubinage sont une véritable révolution.

La naissance

Si les citadines accouchent à l'hôpital ou à la clinique, les paysannes préfèrent accoucher chez elles, assistées de femmes expérimentées de la famille. La venue d'un garçon, qui perpétuera le nom de la lignée, est toujours accueillie avec fierté, surtout si c'est l'aîné, responsable du culte des ancêtres. Bien que la coutume tende à disparaître en ville, la tradition veut que la grand-mère paternelle récupère le placenta de la jeune mère et le mette dans une urne pour l'enterrer dans le jardin de la maison ou, à défaut, dans un pot rempli de terre. Ce geste marque l'**attachement** futur du nouveau-né à sa terre, c'est-à-dire au lieu où vit son clan et sa famille, et à son pays.

Encore fragile, le bébé est, pense-t-on, l'objet de la convoitise des démons, d'autant plus s'il est beau et bien portant. Les premières personnes qui le voient ne devront donc pas s'extasier sur l'enfant, mais plutôt se lamenter pour écarter les mauvais esprits ! Les parents relèvent soigneusement l'heure et le lieu de naissance du bébé, afin que le devin puisse déterminer son **signe astral**. Ils lui choisissent un prénom, tout en l'appelant par un surnom afin d'égarer les démons sur une fausse piste. Sept à neuf jours après l'accouchement, on célèbre les **relevailles** par des offrandes de bétel, de gâteaux et de fruits de mer aux sages-femmes célestes, en signe de remerciement. Cette cérémonie se renouvelle un mois après la naissance, afin de demander leur protection pour l'enfant, auquel on attribue désormais son vrai nom.

L'attribution des noms

Le nom se compose le plus souvent de trois termes, plus rarement de quatre. Le premier désigne le nom patronymique ou le nom de clan transmis par le père, le deuxième est un mot intercalaire, et le troisième équivaut au prénom. Bien qu'il existe quelque 300 noms patronymiques, les plus communs sont les Nguyen – plus de la moitié des Vietnamiens portent ce nom, emprunté à la dernière dynastie impériale –, les Tran, les Le, les Pham, les Ngo, les Vu, les Do, les Dao, les Duong, les Dang, les Dinh et les Hoang. Le mot intercalaire le plus souvent utilisé est Thi pour les femmes, tandis que les hommes ont le choix entre Van, Xuan et Ngoc. Toutes les fantaisies sont permises pour le prénom, dans la mesure où il a une signification : on donne aux femmes des noms poétiques (fleur, oiseau, beauté, parfum), alors que les hommes sont plutôt identifiés à des notions abstraites comme le courage, l'intelligence ou la force. Lorsqu'on s'adresse à une personne, le mot *bà* (« madame ») ou *ông* (« monsieur ») est suivi du prénom. On désignera ainsi un homme nommé Nguyen Van Tuan par M. Tuan. Souvent, en famille, on appelle les enfants par leur ordre de naissance : *ba* (« troisième »), *sau* (« sixième »), suivi parfois du prénom, et toujours précédé d'un pronom personnel marquant la hiérarchie.

Le mariage

Obéissant au concept confucéen de la piété filiale, qui veut que l'individu perpétue son lignage pour assurer le culte des ancêtres, le mariage est un événement social majeur et les familles n'hésitent pas à dépenser une fortune, voire à s'endetter, à cette occasion. Le **prestige social** qu'elles en retirent est à ce prix.

Chez les traditionalistes, surtout à la campagne, il est arrangé par les familles des futurs époux, qui font appel aux oncles, tantes ou amis proches pour établir des contacts préliminaires. On échange les thèmes astraux des jeunes gens et, s'ils sont favorables, la famille du jeune homme se rend à la demeure de la jeune fille pour la demande en mariage. Des **fiançailles** officialisent ces « négociations », qui fixent les modalités et la date des noces, après consultation du devin.

Le jour J, en compagnie de ses parents et amis, le fiancé, en tunique bleue ou en costume occidental, vient chercher la mariée chez elle en voiture de location. La jeune fille est vêtue d'une tunique rouge, symbole de joie, et coiffée d'un turban jaune, ou d'une robe blanche à l'occidentale, avec diadème et voile. Les futurs beaux-parents déposent sur l'autel des ancêtres des boîtes contenant du bétel et des noix d'arec, symboles de l'amour éternel, et donc de l'engagement de leur fils. Le jeune couple se prosterne également devant l'autel, puis devant les parents de la mariée. Celle-ci quitte alors sa maison d'enfance en versant quelques larmes pour marquer son attachement à sa mère. Dans la résidence de la belle-famille, les mêmes rites de **respect** sont répétés devant l'autel des ancêtres, puis devant les parents. La journée se poursuit avec l'échange de fils rouges porte-bonheur en l'honneur du génie du Mariage, et la consommation de la chique de bétel par les époux. Un banquet somptueux réunira enfin les deux familles.

Les rites funéraires

La responsabilité des funérailles incombe au fils aîné. Lors de l'agonie de son père ou de sa mère, il dispose sur la poitrine du mourant une pièce de soie destinée à recevoir son dernier souffle. Ensevelie avec le défunt, cette « âme en soie » est remplacée sur l'autel familial par une **tablette funéraire**. Il doit aussi s'assurer que l'âme quitte le corps sans s'éloigner de la maison, en l'incitant à se remémorer tous les recoins du domicile, car elle reviendra partager le banquet familial au moment des fêtes, notamment au Nouvel An. Des rubans blancs sont attachés aux portes et fenêtres de la maison en signe de deuil, tandis que les membres de la famille portent des coiffes et de longues tuniques blanches.

On fait alors appel au **géomancien** pour déterminer le jour, l'heure, le lieu de l'inhumation et la disposition de la tombe. Le cercueil reste exposé trois jours, afin que cousins, voisins et amis puissent faire leurs derniers adieux, les bras chargés de fleurs et de fruits, au son d'un orchestre traditionnel. Le jour des funérailles, dans les familles bouddhistes, des bonzes sont convoqués pour

réciter des prières. Un corbillard transporte le cercueil jusqu'au cimetière, escorté par les intimes et amis qui vont à pied derrière lui : le cortège est conduit par l'aîné, appuyé sur un bâton le désignant comme le guide de la famille. Il est suivi par la veuve, si le mort est un homme marié, puis le petit-fils aîné, qui porte la photo du défunt, et le reste de l'assistance. Un orchestre censé éloigner les esprits maléfiques ferme la marche en faisant le plus de bruit possible. Une **stèle** portant le nom du défunt et sa date de décès marque l'emplacement de la sépulture.

Sept semaines après l'enterrement, le chef de famille convie toute l'assistance à un banquet pour la **cérémonie du 49e jour**, afin de libérer l'âme du défunt qui quitte la famille pour se réincarner. Trois ans après le décès, qui est aussi la durée de deuil officielle, on exhume les ossements lors de la **cérémonie d'abandon des tombes** pour les transférer dans un petit cercueil définitif, inhumé dans un site familial. Tous ces rituels sont destinés à regrouper la famille et à réaffirmer par là sa cohésion.

LES VÊTEMENTS

Tonkinoises sanglées de noir et de brun sur les routes de pèlerinage, processions de soies éclatantes à travers les rizières, parvis pavoisés de jeunes filles en tunique pastel, foule indigo assemblée à la foire dans les hautes terres, les peuples du Vietnam s'affichent en costumes de fête, en habits du dimanche, ou en vêtements quotidiens. Soie aux savants tissages, ou chanvre, jute et coton teints à l'indigo, le costume reste le signe le plus visible des cultures que brasse le pays, même si les peuples les plus exposés aux influences occidentales l'ont, surtout dans les villes, troqué contre tee-shirts et pantalons, chemises et jupes. Il compose à partir de la tunique boutonnée ou enfilée, de la jupe fourreau drapée autour des hanches, de la jupe plissée

Couleurs chatoyantes des broderies hmong

portée sur des bandes molletières et du pantalon. Parfois déployées sur un simple accessoire, formes, couleurs et techniques déclinent les identités des peuples du Vietnam.

L'ao dai, le plus élégant des uniformes

Du Nord au Sud, les jeunes filles s'envolent à la sortie des écoles, vêtues du plus seyant des uniformes, l'**ao dai**. Prononcé « ao zai » au Nord, « ao yai » au Sud, il apparaît comme **costume national**, sur ordre d'un seigneur Nguyen, au milieu du 18e s. Hommes et femmes durent revêtir un ensemble composé d'une longue tunique, boutonnée sur le devant et portée sur un pantalon. Les couturiers des années 1930, puis 1950, métamorphosèrent ce costume en la version irrésistible séductrice et exclusivement féminine qu'on lui connaît aujourd'hui. Élargi et allongé jusqu'à dissimuler les pieds, le pantalon confère une grâce ondulante à la démarche. La boutonnière glisse sur le côté de la tunique qui galbe la poitrine et s'ouvre, à partir de la taille, en deux longs pans flottants.

Les maîtres du tissage

Les Khmers, les Chams et les peuples tai sont les tisserands les plus accomplis, mais n'exhibent plus qu'à l'occasion des mariages leurs précieux **sarongs en brocarts de soie**, exécutés sur des métiers complexes recourant à plusieurs dizaines de lisses d'appoint.

Les Thai

Motifs et couleurs signent l'identité d'un groupe. Ainsi distinguait-on autrefois les **Thai Noir** des **Thai Blanc**, les premiers pour la couleur de leur jupe fourreau, les seconds pour celle de leur tunique. La distinction s'est progressivement effacée aujourd'hui, mais les Thai Noir portent encore une tenue très typée, notamment à Son La. Les femmes endossent une veste boutonnée sur le devant, rehaussée de disques d'argent, et drapent leur tête d'une **longue écharpe indigo** sombre, qu'elles replient en disposant une des extrémités brodées en triangle sur le front. Parfois, elles découvrent leurs longs cheveux, enroulés en chignon au sommet du crâne et piqués d'une unique épingle d'argent.

Les Nung et les Tay

Établis le long de la frontière chinoise, ils font figure de parents pauvres avec leur tunique en coton bleu clair ou foncé, fermée sur le devant ou sur le côté, et portée sur un pantalon noir à la mode sino-vietnamienne. Les femmes nung drapent leur chef dans un **turban indigo**, auquel les femmes tay préfèrent le **chapeau conique**, dont l'usage est répandu de part et d'autre de la frontière. Parfois, les jours de foire, les jeunes filles nung arborent les **bijoux** façonnés par ce groupe d'habiles artisans : torques, chaînes et bandeaux à perles d'argent.

Partitions textiles dans le Nord

Les Hmong

Les Hmong puisent dans le riche répertoire technique du **batik**, de la **broderie** et des **appliqués** pour signer le costume féminin traditionnel, d'une variété telle qu'il dessine des dizaines de sous-groupes aux qualificatifs éloquents. Toutes les femmes hmong revêtent une jupe, à l'exception des **Hmong Blanc** (Hmong Trang) de Lai Chau qui l'ont troquée contre le pantalon. La chevelure, toujours nouée en chignon, peut être cachée sous un fichu coloré ou doublée, voire triplée, d'un postiche pour former un volumineux turban, fait de laine écarlate chez les **Hmong Rouge** (Hmong Do) de Sin Ho. Ces dernières, reconnaissables à leur jupe plissée en batik blanc sur fond indigo, l'associent à une tunique rehaussée de pièces brodées cousues au col et sur les manches et la complètent avec un petit sac d'épaule en appliqué.

Les **Hmong Bariolé** (Hmong Hoa) ornent de vives couleurs emmanchures, bords et cols de veste et portent des jupes somptueusement travaillées, qu'elles soient plissées et mi-longues, taillées dans une étoffe « batikée » et rehaussée de quelques motifs (à Lai

Chau), ou amples, tombant aux chevilles et entièrement couvertes de galons appliqués (à Can Cau).

Les **Hmong Noir** (Hmong Den) de Sapa jouent quant à elles la carte de l'indigo foncé, sans autre ornement que l'éclat de leurs parures d'argent. Leur costume sombre met en valeur le travail du métal où excellent les orfèvres de cette ethnie. Pas un groupe qui ne possède encore colliers, torques (que portent parfois les hommes), anneaux d'oreilles, broches et boutons façonnés dans l'argent.

Les Dao

Les Dao sont des brodeuses prolifiques. Elles utilisent quasi exclusivement le **point de croix**, travaillé sur l'envers, pour couvrir toutes les grandes surfaces qu'offre leur costume. Elles portent plus volontiers le **pantalon** que la jupe, avec une **tunique à pans**, longue et fermant sur le devant. Comme les Hmong, elles brodent de mémoire, sans modèle, puisant dans un répertoire transmis de mère en fille depuis des générations.

La diversité des modes et des thèmes ornementaux divise les Dao en **Dao Rouge** (Dao Do), qui portent en sautoir le long pompon écarlate qui leur vaut leur épithète, **Dao Noir** (Dao Den), Dao « à pantalon blanc » (Dao Quan Trang), Dao « à veste bleue » (Dao Thanh Y), Dao « à tunique » (Dao Lan Ten), ou Dao « aux sapèques » (Dao Tien). Ces dernières arborent une longue veste à pans indigo sur une jupe en batik. Leur cou est serré dans un collier de petites perles colorées qui s'échappent en sautoirs sur la poitrine et dans le dos. Elles drapent autour de leur front épilé une coiffe blanche dont elles laissent le pan brodé retomber sur la nuque.

Les Dao Noir de Sin Ho sont surnommées *Khau*, « couturières ». Leur pantalon large et noir est entièrement brodé de frises multicolores. La tunique, mi-longue, rehaussée de galons brodés sur le devant, est fermée par plusieurs rangs de ceintures d'étoffe, et parfois associée à un long tablier indigo. Les cheveux sont serrés dans un volumineux turban indigo qui dégage le front et la nuque. Au cou, elles portent un énorme torque en argent, qui se termine dans le dos par de longues pendeloques où balancent d'anciennes piastres, et au bras, un bracelet en argent émaillé en forme de dragon bicéphale.

Si parfois le costume traditionnel est abandonné, un détail trahit l'origine. Ce peut être une longue ceinture brodée, enroulée sur un chemisier à fleurs en Nylon, des boucles d'oreilles en argent, la coutume de s'épiler les sourcils et le front, ou de laquer ses dents de noir.

Sobriété de mise sur les Hauts Plateaux

Hormis le **tissage sur métier à dossière**, dit indonésien, les peuples des Hauts Plateaux sont vanneurs avant d'être tisserands, achetant ou troquant les étoffes auprès d'autres ethnies. Certains groupes ont pratiqué pourtant la technique aujourd'hui révolue du **tapa**, ou « tissu d'écorce », obtenu par martelage de la fibre végétale.

Seuls hommes et femmes âgés portent encore parfois la tenue traditionnelle, commune aux Austroasiatiques et aux Austronésiens montagnards. Pour les hommes, elle se résume à une bande d'étoffe enroulée autour des hanches, passée entre les jambes et nouée de manière à former un pan cache-sexe. Pour les femmes, c'est une jupe fourreau, tombant à mi-mollets. Les jours de fête, une tunique fendue, enfilée par la tête, supplante parfois le tee-shirt, adopté par toutes les générations des deux sexes. Les parures sont discrètes. Quelques vieilles femmes portent encore les « fiches-bobines », ou **tubes d'oreilles**, taillées dans divers matériaux, parfois du bambou. Colliers et bracelets de verroterie, longues épingles de chignon en argent ou en aluminium, peignes de bois, incrustés de métal ou ornés de plumes, composent les bijoux portés sur les Hauts Plateaux.

ARTISANAT

Papier, laque, céramique, estampe sont autant de techniques adoptées au temps où le Vietnam appartenait à l'empire de Chine. Animées par le double courant qui a façonné la personnalité vietnamienne, elles ont été perpétuées et interprétées en combinaisons inédites. D'un côté, la cour et ses mandarins furent les mécènes d'une culture sophistiquée, fortement empreinte d'influences chinoises ; de l'autre, le peuple des villages s'exprima dans un artisanat au service de la communauté. Tantôt parallèles, tantôt fusionnées, ces traditions se sont maintenues. La première, relayée aujourd'hui par le contrôle de l'État et, surtout, par de récentes initiatives privées, a bâti une réputation internationale aux produits de l'artisanat vietnamien. La seconde trouve dans son environnement quotidien et dans les possibilités du recyclage d'inépuisables réponses à ses besoins, qui transforment le moindre marché en une fascinante exposition d'objets aussi esthétiques qu'ingénieux.

ARTISANAT POPULAIRE ET ARTISANAT D'ART

Une civilisation du bambou

Des baguettes aux chapeaux, le bambou est omniprésent dans l'environnement des Vietnamiens. Dans le pays du delta du fleuve Rouge, des haies vives de ces graminées géantes forment des jalousies naturelles autour des villages, qu'elles signalent tout en les protégeant des regards. « L'autorité du roi s'arrête à la haie de bambou du village », disait-on autrefois.

À l'intérieur des habitations, il paraît du sol au plafond : tringles pour suspendre, claies pour entreposer, cloisons de lattes et nattes déroulées sur le sol. Sa fibre fournit les liens de fixation, son bois souple et résistant, les assemblages d'échafaudage. Creux et étanche, il sert à fabriquer des ustensiles tels gobelets et pipes à eau. Séchées, ses feuilles et ses racines brûlent comme combustible de cuisson et de chauffage. Cette plante généreuse prodigue jusqu'à la nourriture des animaux et des hommes qui prisent ses pousses tendres, consommées fraîches ou marinées.

Des foyers spécialisés

Tous les peuples du Vietnam entretiennent un savoir-faire qui élève au rang d'objet d'art les instruments du quotidien, tels que vanneries et tissages. Des besoins plus spécifiques ont cependant entraîné l'apparition de productions spécialisées. Ainsi, les exigences des rituels, en particulier du culte des ancêtres, ont-elles favorisé l'**ébénisterie** et le **laquage** (autels et palanquins porte-tablettes), la **fonte du bronze** (chandeliers et brûle-parfums) et la **papeterie** (assemblages de papiers colorés des cultes funéraires).

La survivance du quartier des Guildes à Hanoi témoigne de la place d'un artisanat qualifié, jadis exclusivement attaché à la cour. Toujours en quête de mobilier façonné dans des matières rares et précieuses, les demeures seigneuriales et mandarinales ont entretenu des ateliers, habiles au travail des bois durs, de la laque, de la nacre, du jade, de la céramique et des brocarts de soie. Après la réunification, la région de Ho Chi Minh-Ville plaça la plupart des centres de production artisanale sous l'égide de l'État, tandis que dans le Nord perdurait sous la forme de coopératives une très ancienne tradition de **villages spécialisés**. Ils forment toujours une véritable couronne sur un rayon de 20 à 30 km autour de Hanoi, et il n'est pas rare d'y croiser un temple, dédié au créateur ou à l'instigateur de la technique dans laquelle la localité s'est illustrée. Dans ce cadre, l'atelier est d'abord familial, et l'outillage des plus simples. L'activité artisanale s'effectue entre les semailles et les récoltes. Dans le cas où ce sont des villages entiers qui sont dédiés à la fabrication d'un produit, on assiste à une division des tâches, de la collecte de la matière première à la vente, et au développement de microcircuits économiques : tel village fournit l'argile à tel autre qui le façonne en pots, et achète son combustible auprès d'une autre agglomération ; tel autre livre les feuilles de latanier indispensables à la fabrication des chapeaux.

PETIT INVENTAIRE DES ARTISANATS VIETNAMIENS

Les céramiques

Les céramiques sont surtout un artisanat du Nord du Vietnam grâce à l'argile de qualité extraite dans le delta du fleuve Rouge et aux contacts avec la Chine, experte en ce domaine. Dès le 11e s. parurent des **grès** à la délicate couleur ivoire, ou céladon, dénotant une science de la sélection des terres et de la maîtrise des cuissons. Plusieurs centres ont vu le jour au fil des siècles, chacun étant spécialisé dans des productions différentes. Les fours de Nghe et de Cao produisent des **poteries non émaillées**, cuites à basse température. À Phu Lang, à Huong Canh et à Tho Ha, on cuit des **grès à haute température**. Enfin, les villages de Bat Trang *(voir « Sillonner le Vietnam », p. 182)* et Bien Hoa se sont spécialisés dans la céramique décorée. Celle-ci connut son essor aux 14e-15e s. à travers des **bleu et blanc**, ornés au bleu de cobalt dans une inspiration encore marquée par l'influence chinoise dont elle s'émancipa très vite. Aux 17e-18e s., elle s'afficha franchement rococo, en particulier dans la **céramique architecturale**, qui use des couleurs fluides et contrastées des glaçures. Le répertoire, notamment celui des « bleu et blanc », emprunte bon nombre de motifs à la Chine (rinceaux de fleurs, phénix, dragons), mais les interprète dans une version plus spontanée, appuyée par la vivacité du trait.

Les laques

Cette technique fut introduite de Chine il y a très longtemps, puisque les plus anciens objets laqués, retrouvés dans la région de Haiphong, datent du 4e s. av. J.-C. Avant d'être un artisanat d'art, le laquage est une technique permettant de rendre étanches des objets poreux ou, dans le cas du bois, de le protéger de l'humidité et des insectes. Certains peuples du Vietnam ont par ailleurs conservé la coutume de se laquer les dents, à la mode de jadis.

Le « non », un chapeau rétréci

La permanence de son usage et son association avec l'*ao dai*, le costume national *(voir, p. 124)*, ont fait du *non*, le chapeau conique, un symbole du Vietnam. Particulièrement adapté au climat, il protège non seulement de la pluie, mais aussi des ardeurs du soleil, durant le dur repiquage dans les rizières. Nul ne sait quand il est apparu, mais sa version actuelle est une forme raccourcie du couvre-chef du Tonkin, le *non ba tam* ou « chapeau de trois fois huit pouces », un grand sombrero végétal confectionné en feuilles de latanier, et qu'attestent les autochromes de la mission Albert-Kahn. La région de Hué et la province de Quang Binh sont passées maîtresses dans la confection de ce chapeau, également fabriqué au village de Chuong, près de Hanoi. Les feuilles de palme sont blanchies, puis assouplies par martelage, avant d'être cousues, une à une, sur une forme en bambou. Une opération simple, mais un ouvrage de patience qui exige de 5 à 6h.

La laque est une **résine** provenant de l'arbre à laque *(cay son)* qui, décantée plusieurs jours, fournit à l'issue de sa fermentation des matériaux de qualité différente. Elle est appliquée sur un support de bambou ou de bois, en **plusieurs couches**, séchées et polies tour à tour, qui donnent aux laques une profondeur incomparable. La gamme traditionnelle est réduite à **trois couleurs** : le brun et le noir sont des teintes naturelles de la résine, et le rouge est obtenu avec de l'hématite.

L'art de la laque connut son apogée aux 17e-18e s. avec les commandes de grands ensembles de statues bouddhiques, dont la polychromie était ainsi réalisée. On recourut même à la laque pour recouvrir le corps momifié de patriarches bouddhistes, statufiant ainsi les saints hommes pour l'éternité. Le laquage s'enrichit également de nouvelles techniques décoratives, telle l'incrustation de nacre pratiquée dans l'ébénisterie *(voir ci-dessous)*.

Papiers et estampes

Le papier sert à mille usages. Les colporteurs de jouets et **marionnettes en papier**, confectionnées pour les enfants à l'occasion de la fête de la Mi-automne, se font rares de nos jours, mais sur tous les marchés du Vietnam, on continue à vendre les **objets d'offrande**, destinés à être brûlés pour accompagner le défunt lors de ses funérailles. Pièces de monnaie et billets de banque (les reproductions de billets verts sont bien plus prisées que celles des dongs), vêtements d'aujourd'hui ou d'autrefois, moyens de locomotion et même articles d'électroménager, tout est reproduit dans le papier.

Le **papier traditionnel** (do) est fabriqué à partir de l'écorce d'une plante grimpante de la Moyenne Région. Après avoir mariné dans un bain de chaux, elle est cuite plusieurs jours dans de grandes cuves en fonte. Retrempée à l'eau de chaux, la pulpe obtenue est pilonnée et mélangée à de la colle végétale. Le séchage est effectué sur des tamis en bambou. Les feuilles obtenues sont très souples et hydrophiles.

Au service de l'écrit, le papier est son principal support et servit tôt à sa reproduction. Ainsi l'**estampage** permet-il de reproduire le texte d'une stèle, par application d'une feuille de papier humide. Encrée sur toute la surface, elle fournit une copie négative du support : creux en clair, reliefs en sombre.

Certaines pagodes conservent encore dans leurs bibliothèques les planches en bois sculpté qui servaient à reproduire les ouvrages par **xylographie**. De cette technique, ancêtre de l'imprimerie, découle celle de l'**estampe** dont le village de Dong Ho s'est fait une spécialité. Chaque image est réalisée avec un jeu de planches à imprimer, chacune étant taillée pour l'application d'une couleur, toujours d'origine naturelle : le jaune est tiré du sophora, le bleu de l'indigo, le vert du cuivre, le rouge du bois de sapan, et le noir des cendres de feuilles de bambou. Couleur par couleur, l'estampe prend forme jusqu'à l'impression du dernier bloc où sont taillés les cernes du dessin. À Dong Ho, on utilise un papier spécial, dont la surface est enduite d'un mélange de colle et de poudre de coquillage, appelé diep, qui lui confère un aspect nacré.

Ébénisterie et travail du bois

Autrefois, les **bois durs** (bois de fer) et **précieux** (palissandre) abondaient dans les forêts de l'intérieur. La cour, les temples, mais aussi les **arts de la scène** (instruments de musique de l'opéra et marionnettes sur l'eau) furent les grands commanditaires de meubles, de statues et d'objets taillés dans ces bois. L'ébénisterie est sans nul doute le domaine où se sont le mieux illustrés les artisans vietnamiens, bénéficiant de la longue tradition des assemblages complexes de la charpenterie et de la construction navale.

De nos jours, les **intérieurs de temple** permettent d'admirer des morceaux choisis d'un savoir-faire qui s'est maintenu : sentences parallèles encadrant l'autel, panneaux décoratifs travaillés en bas-reliefs ou ajourés, trônes et autels, loges de tablettes, etc. Le **mobilier de cour** n'est plus visible que dans les musées, mais les ébénistes d'aujourd'hui s'en inspirent pour la commande contemporaine : lits-cages, armoires à thé, sièges, coffres, écrans, plateaux et coffrets.

Laque et **marqueterie de nacre** sont les principales techniques décoratives. De deux qualités – trai, nacre tirée d'une variété de moule, et xa cu, nacre irisée provenant de Nha Trang et de Hoi An –, la nacre est tout d'abord taillée et polie en plaques, dans lesquelles les motifs d'incrustation (fleurs, oiseaux, personnages et motifs porte-bonheur) sont découpés à l'aide d'une scie très fine. La préparation des surfaces à incruster dans le bois exige la même minutie d'orfèvre, pour que la pièce nacrée, fixée à la colle, s'adapte parfaitement.

Fabrication artisanale de non

FÊTES ET FESTIVALS

La vie quotidienne vietnamienne est rythmée par de nombreuses fêtes traditionnelles et cérémonies locales, à l'occasion desquelles chaque village rend hommage à son génie tutélaire, son héros mythique ou historique. Liées pour la plupart au calendrier luni-solaire, elles reflètent le syncrétisme religieux du pays. Les différentes communautés religieuses célèbrent par ailleurs leurs propres fêtes, tandis que l'État impose des fêtes nationales à la gloire des victoires communistes.

DES TRADITIONS BIEN ANCRÉES

Les festivités prennent place suivant le **calendrier luni-solaire**. Il est découpé en cycle de douze ans, chaque année correspondant à l'un des douze signes du zodiaque chinois (Rat, Buffle, Tigre, Chat, Dragon, Serpent, Cheval, Chèvre, Singe, Coq, Chien, Porc) et se divisant elle-même en douze mois de 29 ou 30 jours. Les Vietnamiens ajoutent donc tous les quatre ans un mois supplémentaire pour faire coïncider leur calendrier avec le calendrier grégorien. Toutes ces fêtes sont ainsi mobiles. À côté du Nouvel An (fête du Tet), du *Tet Doan Ngo*, du *Trung Nguyen* et de la fête de la Mi-automne qui sont célébrées par toute la population, les fêtes locales se limitent aux villages où elles ont lieu.

La fête du Tet

De toutes les fêtes qui jalonnent le calendrier vietnamien, le **Nouvel An** est de loin la plus importante. Appelée aussi **Tet Nguyen Dan** (« fête de la première année » ou du « premier jour »), elle est célébrée le premier mois lunaire (fin janvier et début février). Elle annonce l'arrivée du printemps et le renouveau de la nature, marqué par la floraison des pêchers et des mandariniers nains (kumquats). Ces arbres fruitiers sont vendus la dernière semaine de l'année dans les marchés aux fleurs, qui prennent la forme de magnifiques floralies à Hanoi et à Ho Chi Minh-Ville, et servent à la décoration des maisons. Bien que la fête dure une semaine, seuls les trois premiers jours sont officiellement chômés. On la célèbre en famille, voire dans son village d'origine, et de grandes migrations ont lieu entre villes et campagnes. Un véritable rituel prend place pour commencer l'année sous les meilleurs auspices : on doit régler toutes ses dettes, faire des travaux dans sa maison, nettoyer les tombes des ancêtres, préparer des plats spéciaux et s'acheter des vêtements neufs.

Les préparatifs

Une semaine avant le Tet, chaque maison renvoie les **génies du Foyer**, symbolisés souvent par un seul personnage, dans le monde céleste afin qu'il présente les vœux du peuple à l'Empereur de Jade *(voir p. 110)* et lui dresse un bilan sur la manière dont s'est comportée la maisonnée au cours de l'année. Afin d'amadouer le dieu, on dresse à son attention, sur l'autel réservé aux génies domestiques *(voir p. 110)*, de la nourriture, de l'eau fraîche et de la noix d'arec, avant de lâcher des carpes vivantes dans les rivières et lacs pour son transport. Dans certaines campagnes, les habitants se protègent alors contre les démons qui, profitant de l'absence des génies protecteurs, envahissent le monde des vivants. Pour les empêcher de pénétrer dans la maison, ils plantent dans la cour un **mât en bambou**, au sommet duquel sont accrochés une amulette en papier rouge et divers instruments en bois ou en métal, dont les bruits effrayants sont censés éloigner les esprits malfaisants. La maison est nettoyée de fond en comble et soigneusement décorée : outre les branches de pêcher (dans le Nord) et les branches de forsythia ou de kumquat (dans le Sud) qui ornent la salle de séjour, on accroche au mur des sentences parallèles calligraphiées en caractères chinois sur du papier vermillon, symbole de joie, où sont présentés souhaits et dictons de sagesse. L'autel des ancêtres est surchargé de fruits odorants et de fleurs parfumées.

Des mets spéciaux

Leur préparation requiert tous les soins. À côté des fruits confits (courges, graines de lotus, noix de coco), deux gâteaux, que les citadins préfèrent acheter tant la cuisson est longue, figurent impérativement au menu : composé de riz gluant et de pois verts cuits à la vapeur, le **banh day** est rond comme le Ciel ; fourré de tranches de lard, qui symbolisent les 10 000 êtres de la création, et de pâte de haricot, le **banh chung** est carré comme la Terre, selon la vision vietnamienne.

Les trois jours de fête

La veille du Jour de l'an, on guette avec impatience minuit. Si jadis tambours et pétards annonçaient le retour des génies du Foyer, tout en chassant les mauvais esprits qui auraient rôdé, aujourd'hui on se contente d'un enregistrement sur magnétophone. Devant l'autel familial, chargé de nourriture et de boissons, le maître de maison allume des bâtonnets d'encens, se prosterne et récite des prières pour la nouvelle année.

À l'aube du premier jour, on se lève tôt pour préparer les offrandes aux ancêtres, avant d'aller à la pagode. Vêtus de neuf, les enfants présentent des vœux de bonheur, de longévité et de prospérité à leurs grands-parents, puis à leurs parents. En échange, ils reçoivent des billets neufs, qui leur sont remis dans une enveloppe rouge en signe de chance. Le premier visiteur est attendu avec impatience, car de lui dépend le bonheur ou le malheur de la maison pour l'année à venir, et l'on préférera une personne réputée pour sa moralité et sa position sociale. Ce jour-là, on consulte aussi un livre d'astrologie pour établir les dates propices aux diverses activités.

Le deuxième jour est consacré à la visite des proches et des amis, et le troisième aux tombes des ancêtres.

La danse de la licorne

Joyeuse, bruyante et colorée, elle fait partie des festivités dès le premier jour dans le Sud, surtout dans le quartier chinois de Cholon, dont les habitants fêtent le même jour le Nouvel An. Animal imaginaire et mythique, symbole de prospérité, la licorne est matérialisée par une tête géante en papier mâché évoquant un chien pékinois, et par une traîne de tissu qui simule le corps d'un serpent recouvert d'écailles de poisson. Manipulée par des pratiquants d'arts martiaux au rythme effréné des tambours, des cymbales et des gongs, la licorne parcourt les rues et s'arrête devant chaque maison ou boutique pour obtenir une obole. La somme d'argent est souvent accrochée, avec une laitue, au sommet d'une perche de bambou ou au balcon du premier étage : soulevé par une pyramide humaine, le meneur pourra alors déguster le légume, en signe de bonne intention, avant de saisir les billets de banque. La licorne est accompagnée par le **génie de la Terre**, représenté par un homme bedonnant portant un masque souriant.

LE SACRÉ ET LE PROFANE

Les fêtes bouddhistes

Le 15e jour du 2e mois lunaire (mars-avril), la **fête de la pagode des Parfums**, dans la province de Ha Son Binh (au sud de Hanoi), attire les pèlerins du delta du fleuve Rouge et des montagnes avoisinantes. S'ils viennent pour prier le Bouddha, ils le font aussi pour les magnifiques grottes-pagodes et temples qui jalonnent la rivière Yen, qu'ils parcourent en barque (voir p. 176).

Le 15e jour du 5e mois lunaire (mai-juin), la **pleine lune** est la plus importante des fêtes bouddhistes. Elle commémore la naissance, l'illumination et la mort du Bouddha survenues ce jour. Les fidèles se rendent en famille dans les pagodes pour assister aux prières, écouter les sermons des moines et faire des offrandes.

Les fêtes catholiques

Les catholiques adoptent le calendrier grégorien et fêtent massivement **Noël** qui est pour eux un jour férié. Des grand-messes sont célébrées les 24 et 25 décembre, particulièrement dans le Sud et à Ho Chi Minh-Ville, dont la cathédrale Notre-Dame illuminée est alors pleine à craquer. Dans les rues, des marchands proposent jouets et coiffes du Père Noël. Les fêtes de **Pâques** sont elles aussi bien suivies.

Et que la fête continue...

Certaines fêtes païennes ou nationales donnent lieu à des manifestations populaires. Parmi celles-ci, le 1er janvier, le **Jour de l'an** occidental, est férié. Le 31 décembre, les citadins le fêtent joyeusement – à Ho Chi Minh-Ville surtout – en sortant au restaurant et en discothèque, et les cargos du port actionnent leurs sirènes à minuit.

Le 30 avril, l'**anniversaire de la prise de Saigon** en 1975 donne lieu à des défilés populaires et militaires à Hanoi et à Ho Chi Minh-Ville. Des manifestations culturelles sont aussi organisées dans les villes du Sud tombées avant Saigon.

Le 2 septembre, la **fête nationale** commémore la fondation de la république démocratique du Vietnam en 1945 et la proclamation de l'indépendance du pays. Un rassemblement populaire, avec feu d'artifice et courses de bateaux, est organisé à Hanoi.

LITTÉRATURE

Au Vietnam, si l'art est placé sous le signe de l'éphémère, ce fut en revanche un devoir que de toujours préserver l'écrit (voir « Papiers et estampes » p. 128). Écrire est l'expression par excellence de la sensibilité vietnamienne, que ce soit vis-à-vis de l'occupant chinois ou français, de l'exercice absolu du pouvoir ou, de nos jours, de la censure. La littérature vietnamienne ne se résume toutefois pas au patriotisme militant. S'il lui donne du relief, il n'oblitère pas la saveur d'œuvres éprises de leurs racines et n'altère pas la subtilité d'émotions aussi personnelles qu'unanimement vietnamiennes. De fait, grâce à de nombreuses traductions, les pays d'accueil de la diaspora – France et États-Unis surtout – sont aux premières loges pour embrasser les littératures du Vietnam dans une diversité que n'autorise pas la censure du pays. Habitée par des sentiments contradictoires, mais revendiqués, elle explose

aujourd'hui dans la confrontation des plumes du Nord, vainqueurs désabusés, et du Sud, vaincus expatriés, dans une interrogation constante sur la condition humaine qui la place au rang d'expression universelle.

LE PATRIMOINE LITTÉRAIRE

À de rares exceptions près, la littérature ancienne du Vietnam fut écrite en langue chinoise. Elle se compose d'ouvrages politiques – proclamations, archives, édits (le plus ancien connu est celui du transfert de la capitale à Thang Long au 11e s.) –, de pamphlets et de réflexions politiques ou morales sur l'exercice du pouvoir, et de poésies, notamment à partir du 14e s.

Nguyen Trai (1380-1442) est l'une des premières grandes figures de la scène littéraire. Archétype du lettré pétri de culture confucéenne (il fut reçu docteur en 1400), il cultiva toutes les vertus humanistes en s'engageant aux côtés de Le Loi dans la reconquête du pays occupé par les Chinois (voir « Histoire », p. 73). À côté d'une œuvre importante en chinois classique, il fut l'un des premiers à s'exprimer en nom et donc en vietnamien dans son *Recueil de poèmes en langue nationale (Quoc Am Thi Tap)*. Il y transparaît une droiture, un éloge de la vie simple qui lui attirèrent jalousie et disgrâce puisqu'il périt torturé avec toute sa famille en 1442. N'avait-il pas écrit, en conclusion d'un poème : « Seul le cœur humain reste insondable » ?

Nguyen Binh Khiem (1491-1585), grand poète qui vécut les troubles de l'usurpation des Mac, fit l'éloge d'une vie retirée dans ses poèmes en chinois et en vietnamien : « Jamais les plaisirs rustiques de la solitude ne me lassent. » Même regard critique chez son disciple **Nguyen Du** (16e s.) qui, dans son *Vaste recueil de merveilleuses légendes (Truyen Ky Man Luc)*, raconte des histoires qui sont autant d'apologues sur les travers de ses contemporains.

Doan Thi Diem (1705-1748), surnommée « la femme de lettres du fleuve Rouge », ouvrit la page d'une expression féminine et traduisit en nom le

Le lettré, un homme de caractères

Jusqu'à la suppression des concours mandarinaux par les Français, le lettré était un pivot de la société vietnamienne. On désignait ainsi non pas simplement l'homme de lettres, mais celui qui s'était formé à la pensée confucéenne à travers la langue et l'écriture chinoises. Elle s'articulait sur l'étude de neuf anthologies de textes (les Quatre Livres et les Cinq Canons) de l'histoire et de la philosophie. Ce cursus permettait de gravir les échelons de la bureaucratie mandarinale en se présentant à des examens de recrutement des fonctionnaires qui, avant de reposer sur des connaissances administratives ou juridiques, contrôlaient la maîtrise des grands principes de la doctrine confucéenne. Nombreux étaient les candidats, peu étaient les lauréats, en particulier au niveau de l'échelon ultime : le grand concours impérial qui avait lieu au Collège national de la capitale. De retour dans leur village natal, les lettrés recalés faisaient office d'instituteurs, formant à leur tour de futures générations de candidats rompus à l'exercice du chinois.

long poème *Plaintes d'une femme dont le mari est parti pour la guerre (Chinh phu ngam)* qui trouva des échos douloureux jusque dans le Vietnam contemporain. Autre femme de lettres, **Ho Xuan Huong** écrivait dans un registre très différent, maniant avec malice images et sonorités pour composer des poésies à l'érotisme à peine voilé.

Pas un Vietnamien qui n'ait connaissance du poème-fleuve *Kim Van Kieu* de **Nguyen Du** (1765-1820). Dans ce roman de 3 254 vers transparaissent des thèmes restés chers aux romanciers contemporains. L'inflexibilité du destin et la lucidité des personnages lui confèrent un tour tragique sans aucune afféterie. La belle Kieu est éprise du lettré Kim, mais doit se vendre comme courtisane pour aider son père. Kim épouse alors Van, sœur de Kieu, et les trois destinées traversent un flot d'épreuves, prétexte à véhiculer un foisonnement de pensées sur le sens de la vie, de la guerre et de l'amour.

Les lettrés jouèrent un rôle important dans la résistance antifrançaise, mais le gouvernement colonial leur porta un coup décisif en imposant la romanisation du vietnamien et l'abandon du chinois *(voir « Langues et écriture », p. 135)*. Rapidement adopté, le *quoc-ngu* provoqua une explosion littéraire entre 1925 et 1945, où s'illustrèrent tous les grands courants de la littérature occidentale, dominés par le réalisme qui dénonçait l'exploitation coloniale et l'archaïsme de la société traditionnelle. Les œuvres satiriques de **Nguyen Cong Hoan** (1903-1977), l'ironie mordante de **Nam Cao** (1917-1951), auteur de *Chi Pheo paria casse-cou*, font la chronique impitoyable d'une société dont elles désirent la chute. Il se trouva même une littérature vietnamienne en français avec **Pham Quynh**, qui publia des textes de réflexion sur la culture vietnamienne et sur le difficile dialogue des cultures entre l'Occident et l'Orient, et **Pham Duy Khiem**, auteur des *Légendes des terres sereines*. De nombreux écrivains épousèrent la cause révolutionnaire et prirent le maquis aux côtés de Ho Chi Minh.

Au milieu des années 1950, la propagande remplaça l'idéal révolutionnaire et la langue de bois devint la seule expression possible, provoquant le sursaut contestataire du **Nhan Van-Giai Pham** (« Culture humaniste-Belles œuvres »). Le mouvement fut réprimé, et l'ensemble de la création artistique muselé. Le silence fut total jusqu'à la fin des années 1980. En 1989, dans la foulée du *Doi Moi*, le IVe congrès de l'Union des écrivains refusa les directives du Parti, marquant le retour à une expression individuelle dont le chef de file est **Nguyen Huy Thiep**. Dans *Un général part à la retraite*, publié dès 1987, il ouvre un débat kafkaïen sur le caractère grotesque de la destinée dans un monde désormais privé de sens. À son écriture cruelle et feutrée, la romancière **Duong Thu Huong** oppose un style sensuel et passionné qui dénonce sans ambages l'absurdité de l'univers d'aujourd'hui *(Au-delà des*

LITTÉRATURE

133

illusions). La voix retrouvée de la littérature au Vietnam a aussi trouvé un écho dans l'écriture douloureuse de l'exil, incarnée par de tout jeunes écrivains issus de la génération des boat people, tels **Nguyen Khanh Truong**, qui vit aux États-Unis (*Est-ce que tu m'aimes ?*, 1997), ou **Tran Vu**, réfugié en France depuis 1980 (*Sous une pluie d'épines*, 1989).

LANGUES ET ÉCRITURE

Langue nationale du pays, le vietnamien est le pur produit d'une histoire placée sous le signe du métissage, de l'assimilation de contacts et d'apports successifs. Les linguistes s'entendent à le rattacher au groupe austroasiatique, mais à cette base se sont mêlés de nombreux emprunts, notamment au thaï et plus encore au chinois. Il partage avec ces voisins la particularité d'être une **langue tonale**, dont la plus petite unité vocalique est une syllabe associée à un ton, et **isolante**, chaque concept pouvant se limiter à cette seule unité (comme un mot peut se limiter à un caractère en chinois). Mais ce sont là les seuls points communs de ces langues de familles différentes et de syntaxes distinctes.

L'autre caractéristique du vietnamien est de ne s'être doté que tardivement d'une écriture propre et romanisée, fait notable dans la péninsule sud-est asiatique où, exception faite de la Malaisie, cohabitent des systèmes dérivés d'alphabets d'origine indienne. D'ailleurs, sa **polyphonie linguistique** (*voir « Se débrouiller en vietnamien », p. 55*) n'est guère illustrée par une diversité des écritures. Si les langues du Vietnam se parlent, elles ne s'écrivent pas toujours. Khmers, Chams et Thaï utilisent parfois encore leur alphabet dérivé de modèles indiens, mais Tay, Nung et Dao recourent aux idéogrammes chinois, en particulier dans leurs rituels, domaine que les Muong et les Pa Then expriment en pictogrammes archaïques.

Jusqu'au début du 20e s., la littérature, l'administration ou la justice n'employaient que le chinois écrit, prononcé à la vietnamienne. Au même titre que la Corée et le Japon, le Vietnam fut pendant des siècles dans l'orbite du monde sinisé et, comme ces deux pays, puisa dans le répertoire des milliers de caractères chinois pour écrire. Peut-être y eut-il un système d'écriture embryonnaire aux temps protohistoriques, toujours est-il que les caractères chinois furent introduits avant même la première colonisation par l'empire. Par-delà l'émancipation au 10e s., le chinois demeura la langue de la diplomatie et de l'administration, mais aussi de la littérature et de la religion. Ainsi véhiculait-il la culture classique, tandis que se développait une langue vietnamienne de tradition orale. Cela n'est pas le moindre aspect de la richesse culturelle vietnamienne, car ces deux langues diffèrent profondément par leur prononciation et la pensée qui les articule. Le legs de cette culture sino-vietnamienne est considérable, puisqu'on s'accorde à compter 50 % de mots d'origine chinoise cohabitant dans le vocabulaire d'aujourd'hui avec des mots vietnamiens de même sens mais de prononciation différente. Par exemple, « eau » se dit *thuy* en sino-vietnamien (*shui* en mandarin), comme dans Thuy Tin (le génie de l'Eau), et *nuoc* en vietnamien, comme dans nuoc-mam. De nombreux toponymes du Nord sont sino-vietnamiens. Le *song* Hong se colore en rouge chinois *(hong)* et non vietnamien *(do)*, et Hanoi est la prononciation vietnamienne du chinois *Henei* (« au cœur du fleuve »). Le phénomène d'emprunts s'est poursuivi dans la langue moderne, où l'on rencontre de nombreux vocables chinois pour traduire des concepts tels que « douane » (*hai quan* en vietnamien, *haiguan* en chinois, littéralement « la passe vers la mer ») ou « police » (*cong an* en vietnamien, *gong'an* en chinois, littéralement « sécurité publique »). De nos jours, on assiste à un regain du sino-vietnamien, en particulier dans le domaine religieux.

LE « NOM », UNE ÉCRITURE DÉMOTIQUE PEU USITÉE

Il y eut une brève exception à l'usage du chinois dans l'administration impériale, celle du règne des Tay Son qui, à la fin du 18e s., imposèrent l'emploi du vietnamien, écrit avec un système particulier adapté des caractères, appelé le **chu nom**. Progressivement édifié à partir du 10e s., c'est une savante composition de caractères porteurs de sens (idéogrammes et pictogrammes), et d'autres porteurs de leur prononciation dans la langue vietnamienne (*quoc am*, « les sons du pays »). Il requérait donc une parfaite maîtrise du chinois classique et de la langue vietnamienne. Écriture démotique, c'est-à-dire de la langue populaire, le *nom*, malgré la difficulté de son exercice, fut toujours considéré comme une expression vulgaire par les milieux lettrés. Peu d'entre eux se sont prêtés à son usage, à l'exception notable du grand lettré patriote Nguyen Trai (*voir* « *Littérature* », *p. 132*). Ce système ne fit jamais l'objet d'une unification et varia considérablement dans le temps et l'espace, ce qui n'est pas pour simplifier son déchiffrement.

LE QUOC-NGU, UNE ÉCRITURE SUR MESURE

Au début du 20e s., le courant nationaliste et patriotique, représenté par l'École hanoienne de la juste cause animée par Luong Van Can (1847-1927), rejeta l'écriture chinoise pour s'appuyer sur le **quoc-ngu**, une romanisation du vietnamien mise au point par les missionnaires au 17e s. Son acte de naissance est lié à la publication d'un dictionnaire trilingue, vietnamien-latin-portugais, par le **père Alexandre de Rhodes** en 1651. L'alphabet décompose le vietnamien en un jeu de 12 voyelles et 17 consonnes, sur les bases de la phonétique portugaise, auxquelles s'ajoutent diphtongues, consonnes doubles ou dont la prononciation varie en fonction de la voyelle qui la suit. La décomposition en syllabes ne pouvant satisfaire la richesse vocalique de la langue, le *quoc-ngu* se double d'**accents** pour traduire les registres haut (accent aigu) et bas (accent grave) de ses six tons, indiqués par un jeu de **signes diacritiques** placés tantôt sur, tantôt sous les voyelles pour indiquer celles qui sont longues ou brèves, ouvertes ou fermées.

Forgé pour le prosélytisme, le *quoc-ngu* resta pendant trois siècles une exclusivité des milieux catholiques. Avant même qu'il ne devienne un instrument du nationalisme, il fut d'ailleurs remis au goût du jour par deux Vietnamiens de cette confession, Paulus Cua et Truong Vin Ky, dans la seconde moitié du 19e s. Il servit à la traduction d'œuvres littéraires et philosophiques occidentales, avant que son usage ne soit déclaré obligatoire par le gouvernement général d'Indochine en 1910. Le *quoc-ngu* facilite l'assimilation de termes étrangers sur des bases purement phonétiques. De la même manière qu'on forgeait *ca phe* (« café »), *banh mi* (« pain de mie ») ou *xi mang* (« ciment ») à l'époque de l'occupation française, on enfile aujourd'hui des *quan jeans* (« jeans »).

PH. LONGIN / MICHELIN

SILLONNER LE VIETNAM

2 jours	Visite de Hanoi (p. 142)
Suggestion de promenade	**Jour 1**. Flânerie dans le quartier des Trente-Six Guildes (*p. 164*) et le long des berges du lac de l'Ouest (*p. 173*). **Jour 2**. Visite du musée d'Ethnographie (*p. 174*) et après-midi pour acheter vos souvenirs (*p. 159*).
Transport	À pied dans le quartier des Trente-Six Guildes. Vous trouverez sans difficulté un moto-taxi pour vous rendre au musée d'Ethnographie et au lac de l'Ouest. Location de mobylettes dans la plupart des hôtels (*p. 145, 147*).
Étapes	Choisissez votre hôtel dans les rues Nha Tho ou Hang Be pour profiter de la vie nocturne.
Conseil	Excepté pour les liaisons aéroport, évitez les taxis.
2 ou 3 jours	Les environs de Hanoi (p. 176)
Boucle de 300 km au départ de Hanoi	**Jour 1**. Le long du *song* Duong : visite du village Dinh Bang et des pagodes environnantes (*p. 180*). Étape de nuit à Ninh Binh (3h30 de trajet) (*p. 185*). **Jour 2**. La baie de Ha Long terrestre (*p. 188*) et retour à Hanoi.
Transport	De préférence en voiture de location.
Conseils	Évitez la moto, car le trafic et le labyrinthe de routes pour sortir de Hanoi rendent la circulation très dangereuse. Pendant la période du pèlerinage (février-mars ou mars-avril), prévoyez une journée supplémentaire pour vous rendre à la montagne des Parfums (*p. 176*).
3 jours	⚓ La baie de Ha Long (p. 190)
Croisière dans la baie de Ha Long	**Jour 1**. Départ de Hanoi pour Ha Long City ou l'île de Cat Ba. Négociez à votre arrivée une croisière pour le lendemain (*p. 199 et 194*). **Jour 2**. Croisière dans la baie. **Jour 3**. Retour à quai du bateau avant 14h pour avoir le temps de rentrer à Hanoi.
Transport	Les transports en commun sont efficaces, en particulier de Hanoi à Ha Long City via Haiphong (1/2 journée). Pour l'île de Cat Ba, comptez 3 heures supplémentaires de ferry à partir de Haiphong.
Étapes	Choisissez Ha Long City (*p. 199*) si vous aimez les stations balnéaires ou bien l'île de Cat Ba (*p. 196*) pour le charme de son port de pêche. Deuxième nuit sur le bateau.
Conseils	Si vous disposez de plus de temps, n'hésitez pas à passer 2 nuits en croisière pour vous éloigner des autoroutes touristiques. Rendez-vous par vos propres moyens sur l'île de Cat Ba, où la proximité des hôtels et du port facilite l'organisation de belles excursions à la carte (sauf si vous passez par une agence de haut standing).

Piton de la baie de Ha Long

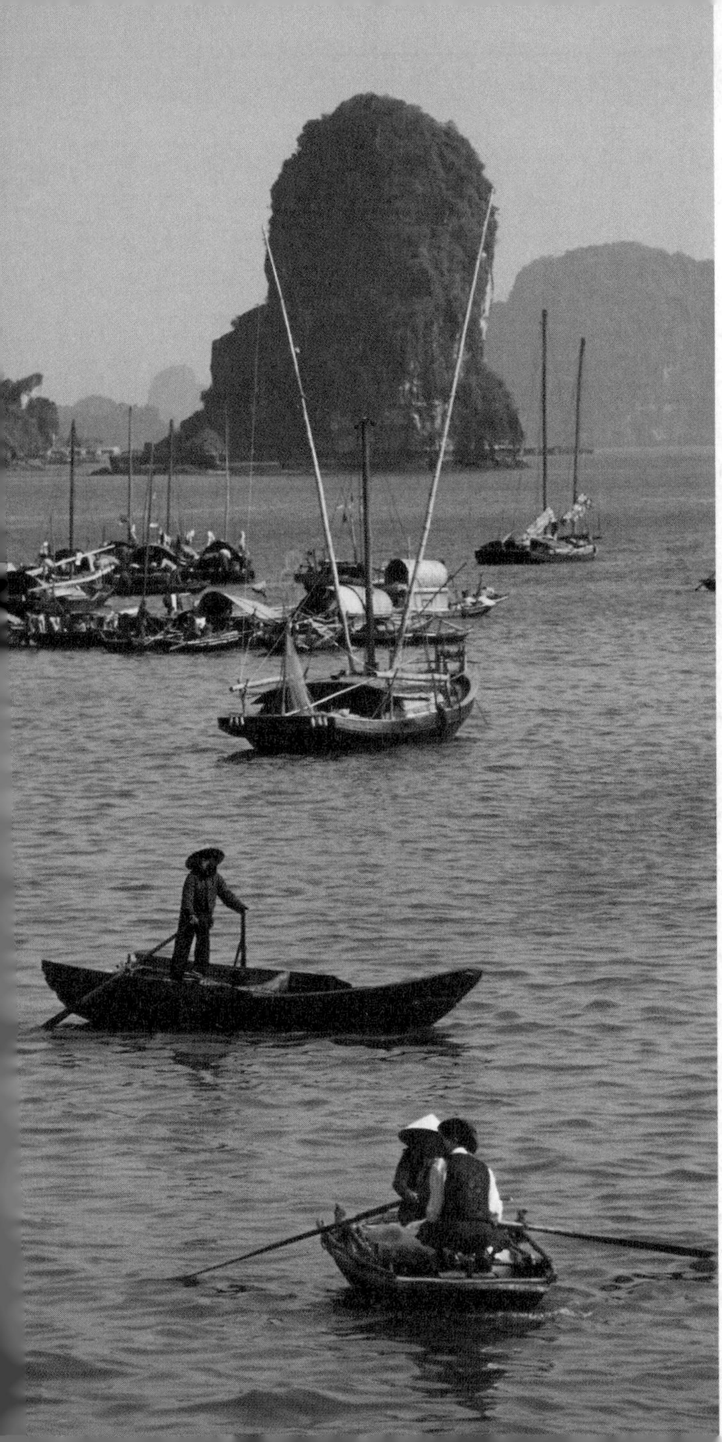

LE DELTA DU FLEUVE ROUGE

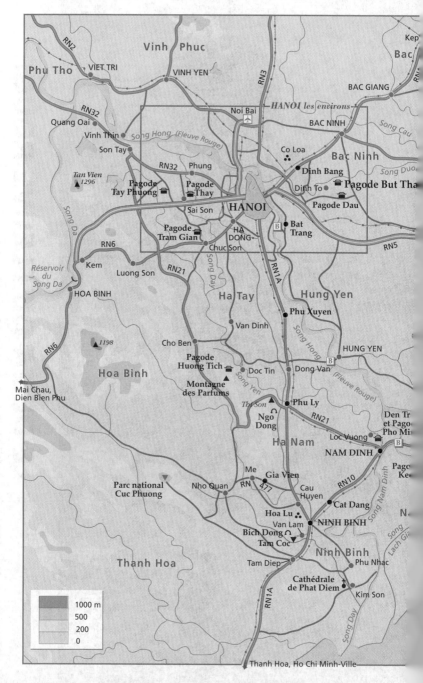

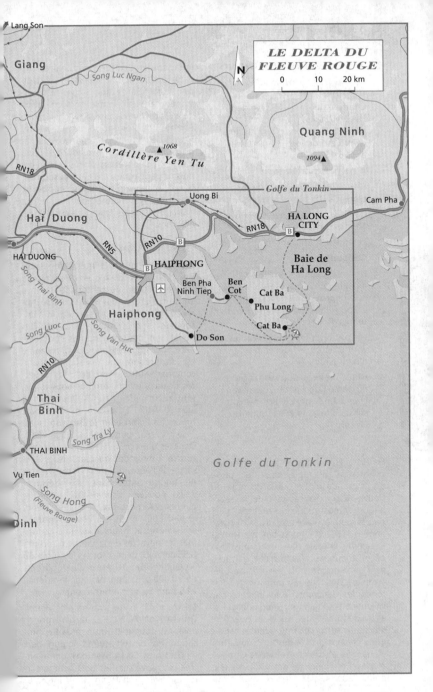

Lang Son

Giang

Song Luc Ngan

LE DELTA DU FLEUVE ROUGE

N

0   10   20 km

Quang Ninh

Cordillère Yen Tu   ▲1068

1094 ▲

Golfe du Tonkin

Uong Bi

Cam Pha

RN18

HA LONG CITY

RN18

Hai Duong

RN10

B

HAI DUONG

RN5

B

HAIPHONG

Ben Pha Ninh Tiep

Ben Cot

Cat Ba

Phu Long

Cat Ba

Baie de Ha Long

Song Thai Binh

Haiphong

Song Luoc

Song Van Huc

Do Son

RN10

Thai Binh

Song Tra Ly

THAI BINH

Vu Tien

Song Hong (Fleuve Rouge)

Dinh

Golfe du Tonkin

HANOI★★★

 Les boutiques de souvenirs

Quelques repères

Capitale du pays - 652 km de Hué, 1 750 km de Ho Chi Minh-Ville - 3,5 millions d'hab. - Climat chaud et humide - Plans p. 144 et 156-157.

À ne pas manquer

Visiter les monuments de la place Ba Dinh un dimanche.

L'ambiance du quartier des Trente-Six Guildes.

Le musée d'Ethnographie.

Conseils

Du petit-déjeuner sur le trottoir, au café *den*, en passant par le pub improvisé dans le jardin d'une villa coloniale : prenez le temps de vivre Hanoi.

Les périodes les plus agréables vont d'octobre à décembre et d'avril à juin.

Évitez les excursions organisées au départ de Hanoi : mieux vaut choisir une agence directement sur les sites que vous souhaitez visiter.

En 2010, Hanoi fêtera son millénaire. Longtemps assoupie sous la garde de la grande digue qui la protège du fleuve Rouge, la capitale de la république démocratique du Vietnam s'est peu à peu éveillée depuis la fin des années 1980. Un malstrom de Honda Dream II s'enroule dans un fantastique décor architectural. Les dieux gardiens sont repeints de frais aux façades des temples. Derrière les rangées de platanes, les demeures abandonnées par la France coloniale ont repris du galon et les maisons-tubes des vieux quartiers d'artisans se refont une beauté, tandis que s'élèvent çà et là des tours en béton miniatures et des gratte-ciel de verre et d'acier. Car Hanoi ne grandit pas ; elle pousse à la manière de ses banians qui

imposent leurs statures centenaires, crevant une façade, envahissant un trottoir. Aussi diurne que Saigon est nocturne, cette ancienne agglomération de villages, parsemée de lacs, s'anime comme une horloge suisse : les petites heures de l'aube sont annoncées par les oiseaux en cage, celles du jour rythmées par le cri des métiers ambulants, celles du soir par l'armée des balayeuses, coiffées du chapeau conique et la bouche masquée, qui, méthodiquement, font disparaître toute trace laissée par les hommes.

Arriver ou partir

En avion - L'aéroport international **Noi Bai** *(Plan II B1 ou A3, en direction)* se trouve à 40 km du centre (de 35mn à 1h de trajet), ☎ (04) 884 33 89. **À l'arrivée** : duty free, guichet de la Vietcombank et distributeurs de billets. Des dollars en petites coupures font l'affaire pour gagner Hanoi. Le plus rapide est de prendre un taxi (10 $, péage compris). Autre possibilité : les navettes de la Vietnam Airlines vous déposent à leur bureau au 1A Quang Trung (25 000 VND). Enfin, un minibus part toutes les 20mn pour le Deawoo Hotel (360 Kim Ma), puis l'Opéra (2 500 VND). Dans les deux premiers cas, acquittez la course auprès des guichets situés à la sortie de l'aéroport qui vous remettront un badge autocollant. **Au départ** : vous pouvez réserver un véhicule auprès d'Airport Taxi (2 Quang Trung, ☎ (04) 886 56 15) qui vous prendra à votre hôtel à l'heure convenue ou utiliser les navettes de la Vietnam Airlines (25 000 VND, départ toutes les 30mn du 1A Quang Trung). La taxe d'aéroport est de 20 000 VND pour les vols intérieurs, 14 $ pour les vols internationaux.

En train - Il existe trois gares à Hanoi. **Ga Ha Noi** *(Plan II C3)*, la gare principale, est double. Le train de la Réunification, qui dessert Hué et Saigon, part de **Ga Hang Co (A Station)**, dont l'entrée se trouve sur 120 Le Duan (au carrefour avec Tran Hung Dao). Informations, ☎ (04) 747 03 08 ; réservations, ☎ (04) 825 39 49. Guichets ouverts tous les jours et pour toutes les destinations, 7h30-11h30, 13h30-15h30 (guichet spécial pour les étrangers). **Ga Tran Quy Cap (B Station)**, située plus au nord, accessible en remontant vers Nguyen Khuyen, puis en tournant dans Tran Quy Cap, dessert l'Est.

Ga Gia Lam et **Ga Long Bien**, sur la rive est du fleuve Rouge *(Plan II D2, en direction)*, ☎ (04) 826 82 80, desservent Haiphong et certaines localités du Nord, telles que Viet Tri, Yen Bai, Lao Cai et Lang Son.

Ga Giap Bat *(Plan II C5, en direction)* dessert certaines localités du Sud.

Trains internationaux : un train chaque jour à 21h30 entre Hanoi (Ga Hang Co) et Kunming en Chine (762 km, 31h30 de trajet), via Lao Cai (8h30). Départs de Hanoi (Ga Gia Lam) les mardi et vendredi à 17h pour Ningming (234 km) et Nanning (610 km, 26h). Une fois effectuées les formalités de sortie du territoire (1h30), vous devrez changer de train, l'écartement des voies n'étant pas le même des deux côtés de la frontière.

En bus - Assez chaotiques et désastreux, possibilité d'acheter son ticket au guichet avant de monter. La distribution des destinations par gare demeure assez énigmatique. **Ben Xe Gia Lam** *(Plan II D2, en direction)* (à 2 km au nord-est du centre, au bout de Nguyen Van Cu, ☎ (04) 827 15 29) dessert le Nord-Est (baie de Ha Long, Haiphong, Lang Son), mais beaucoup de bus sont en liaison avec Kim Ma. Nombreux minibus entre 5h et 18h pour Haiphong.

Ben Xe Kim Ma *(Plan II B3)* (116 Nguyen Thai Hoc, à l'angle de Giang Vo, ☎ (04) 845 28 46) est la plus centrale. Elle dessert le Nord-Ouest (Pho Lu, Son La, Dien Bien) et fait office de terminus des minibus express de Ha Long. Liaisons avec les autres gares.

Ben Xe Son La *(Plan II A5, en direction)* (km 8 Nguyen Trai, près de l'université de Hanoi) dessert aussi le Nord-Ouest (Hoa Binh, Mai Chau, Son La, Tuan Giao, Lai Chau, Dien Bien).

Ben Xe Giap Bat, Giai Phong *(Plan II C5, en direction)*, ☎ (04) 864 14 67, dessert le Sud, y compris Saigon. Quelques bus pour Dien Bien Phu.

En Open Tour - La formule *Open Tour* de Toserco - Sinh Café, proposée par la plupart des mini-hôtels de Hanoi, reste le meilleur rapport qualité-prix pour gagner le Sud par étapes. Départs quotidiens vers 19h pour Hué (680 km, 16h) via Ninh Binh (90 km, 2h) et Quang Binh (500 km, 11h30).

En voiture avec chauffeur - Ce service est proposé par toutes les agences de Hanoi. Il existe des forfaits pour les itinéraires classiques, mais on peut aussi louer une voiture à la journée. Pour Hanoi et ses environs, comptez 500 000 VND/jour ou 3 000 VND/km. Pour un itinéraire sur plusieurs jours, prévoyez 35 $/j pour un 4x4 Volga (la « jeep russe »), 45 $ pour une voiture climatisée ou 50 $ pour un minibus de 8 personnes.

À moto - Pour motard aguerri uniquement *(voir ci-dessous)*.

Se repérer

Les bâtiments sont numérotés à partir du fleuve pour les artères orientées est-ouest, et la numérotation est croissante vers le sud pour les rues perpendiculaires.

Comment circuler

En bus - Les Hanoiens dédaignent ce moyen de transport, peu utile pour se déplacer dans le centre. L'essentiel du trafic est interbanlieues ou relie les districts urbains éloignés. Les lignes utiles aux touristes sont les lignes n° 7 Dien-Hang Gai-Bo Ho (lac Hoan Kiem, Hang Gai, Hang Bong, Nguyen Thai Hoc, Kim Ma, Cau Giay) et n° 14 (lac Hoan Kiem, marché Dong Xuan, Quan Thanh, Thuy Khe et musée d'Ethnologie).

En taxi - Il est très facile d'obtenir un taxi à Hanoi, ne serait-ce qu'en téléphonant à l'une des compagnies de la ville. **Mai Linh Taxi**, ☎ (04) 861 61 61. **Taxi CP**, ☎ (04) 826 26 26. **Taxi Hanoi**, ☎ (04) 853 53 53. **Airport Taxi**, ☎ (04) 886 56 15. L'appel est gratuit et le délai

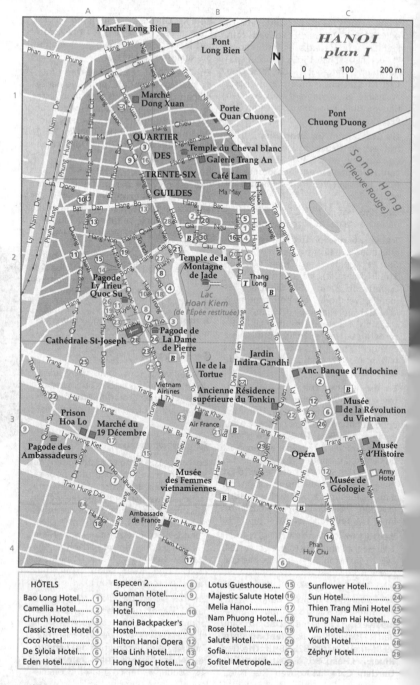

HANOI plan I

0   100   200 m

Marché Long Bien

Pont Long Bien

Phan Dinh Phung

Marché Dong Xuan

Porte Quan Chuong

Pont Chuong Duong

Song Hong (Fleuve Rouge)

QUARTIER DES

Temple du Cheval blanc
Galerie Trang An

TRENTE-SIX

Café Lam

GUILDES

Temple de la Montagne de Jade

Pagode Ly Trieu Quoc Su

Lac Hoan Kiem (de l'Épée restituée)

Thang Long

Cathédrale St-Joseph

Pagode de La Dame de Pierre

Ile de la Tortue

Jardin Indira Gandhi

Anc. Banque d'Indochine

Vietnam Airlines

Ancienne Résidence supérieure du Tonkin

Musée de la Révolution du Vietnam

Prison Hoa Lo

Marché du 19 Décembre

Air France

Opéra

Musée d'Histoire

Pagode des Ambassadeurs

Musée de Géologie

Army Hotel

Musée des Femmes vietnamiennes

Ambassade de France

Phan Huy Chu

144

d'attente de 10mn maximum. Ils se font plus rares la nuit, mais vous pouvez vous adresser à la réception des grands hôtels. Tous sont équipés d'un compteur. Le prix de départ est de 14 000 VND, soit 2 km (moyenne des trajets en centre-ville), mais attention, ensuite le compteur tourne très vite, à raison de 7 000 VND/km. De nombreux taxis stationnent près du bureau de réservation de Vietnam Airlines, à l'angle de Quang Trung et de Hang Khai.

À moto-taxi - C'est aujourd'hui le moyen de transport le plus pratique et un excellent moyen de se familiariser avec le code motard de Hanoi. Compter 5 000 VND pour une course en centre-ville et 2 000 VND supplémentaires pour les districts environnants.

En cyclo-pousse - Pour les courtes distances ou une balade de charme. Inutile de les chercher, ils viennent à vous, avec un talent inimitable pour attirer votre attention. La course dans le centre, à négocier avant de monter, coûte entre 8 000 et 10 000 VND, ou de 12 000 à 20 000 VND/h. Les conducteurs de cyclo-pousse connaissent la ville comme leur poche et peuvent se montrer des guides précieux, malgré l'obstacle de la langue.

Location de vélos et de motos - On peut louer un vélo ou une moto dans de nombreux endroits à Hanoi. Il vous en coûtera de 5 à 10 $ par jour selon les modèles ou 70 $ le mois. **Dao**, 42 Hang Bac, ☎ (04) 826 04 93. **Meeting Café**, 59 Ba Trieu, ☎ (04) 825 88 13. **The Red River**, 73 Hang Bo, ☎ (04) 826 84 27. **Garden Café**, 16 Nguyen Gia Thieu,

☎ (04) 822 67 62. **Horizon Café**, 2 Tran Hung Dao, ☎ (04) 933 09 36. **Mai Linh Café**, 22 Cau Go, ☎ (04) 824 45 54.

En cas de problème mécanique, contactez un des **Piaggio Centres**, 157 Giang Vo, ☎ (04) 514 05 68 ; 368 Bach Mai, ☎ (04) 863 53 88 ; 4 Phan Boi Chau, ☎ (04) 826 43 88.

🏍 Pour arpenter Hanoi, que vous soyez motocycliste ou piéton, vous devez connaître quelques règles pour vous mettre au diapason de la circulation. Soyez prudent au détour d'une rue, car vous risquez de tomber nez à nez avec un véhicule qui aurait pris son virage à la corde. Si vous roulez, essayez de freiner le moins possible et d'adopter la fluidité d'un mouvement qui n'est jamais trop rapide. Si vous marchez, faites confiance à la capacité d'anticipation : ne ralentissez surtout jamais au milieu de la route et ne vous arrêtez pas avant d'avoir atteint le trottoir opposé. Il existe des feux et quelques passages protégés, mais si les voitures s'arrêtent, la circulation des deux-roues continue de s'écouler comme un robinet mal fermé.

Adresses utiles

Office du tourisme - Toserco, 8 To Hien Thanh *(Plan II C4)*, ☎ (04) 978 00 04, www.tosercohanoi.com **Vietnam Tourism**, 30A Ly Thuong Kiet *(Plan I B3)*, ☎ (04) 826 41 54, www.vn-tourism.com

Banque / Change - La Vietcombank et ses succursales vous garantissent les meilleurs taux, à condition de connaître les règles suivantes : taux optimal sur les coupures de 50 et 100 $, commission de 1 % sur les achats de chèques de voyage en devises étrangères et de 3 % sur la transaction avec une carte bancaire (Visa et Mastercard). Vous trouverez sans difficulté des distributeurs ATM autour des quartiers touristiques. Vous pouvez également convertir des devises en toute sécurité dans les bijouteries arborant l'enseigne Vietcombank sur fond jaune. **Vietcombank**, 23 Phan Chu Trinh, ☎ (04) 824 48 90. Lundi-vendredi 8h-11h30, 13h-15h30, samedi 9h-12h. Distributeur automatique accessible aux heures d'ouverture. Succursales au 1 Hang Bai ; 120 Hang Trong ; 36 Hang Bun ; 7 Cau Go ; 11 Ly Thai To ; 198 Tran Quang Khai ; 3 Quoc Tu Giam ; 39 Ly Thuong Kiet ; 250 Minh Khai. Lundi-vendredi 8h-11h30, 13h-15h30.

ANZ Bank, 14 Le Thai To, ☎ (04) 825 81 90. Distributeur 24h/24 avec Visa et Mastercard. Lundi-vendredi 8h30-15h30, samedi 8h30-12h.

Poste / Téléphone - Buu Dien Trung Uong, 75 Dinh Tien Hoang (Plan I B3), ☎ (04) 825 70 36. Vente de timbres de 8h à 17h30 ; télégrammes 24h/24 ; poste restante fermée de 12h à 13h10 et le samedi. Bureau de télécommunications internationales à l'angle de Dinh Tien Hoang et de Dinh Le. 7h30-21h30. Renseignements, ☎ 1080.

Internet - De nombreux mini-hôtels et agences de la vieille ville disposent d'accès Internet, mais il existe aussi des cybercafés (connexion de 300 à 400 VND/mn). **Emotion Cybernet Cafe**, 52 Ly Thuong Kiet (près de la pagode des Ambassadeurs), ☎ (04) 934 10 66. **Hoan Kiem Internet Café**, 26 Le Thai To, ☎ (04) 828 57 99. **Love Planet Cafe**, 18 Hang Bac, ☎ (04) 828 48 64. **AZ Queen cafe**, 50 Hang Be, ☎ (04) 826 73 56. **Tin Tin Club**, 2A Bao Khanh, ☎ (04) 928 50 89 (ouvert jusqu'à 0h).

Urgences / Santé - Hanoi French Hospital, 1 Phuong Mai (Plan II C5) (près de l'hôpital Bach Mai), ☎ (04) 574 07 40. Le mieux équipé avec un service d'urgences 24h/24, ☎ (04) 574 11 11.

Médecin de l'ambassade de France, 57 Tran Hung Dao, ☎ (04) 825 27 19. Consultations de 14h30 à 17h30 du lundi au mercredi, de 8h30 à 12h du jeudi au vendredi.

SOS International, 31 Hai Ba Trung, ☎ (04) 934 05 55. Service d'urgences.

Hanoi Family Dental Practice, 101-102 Van Phuc, ☎ (04) 846 28 64. Soins dentaires.

Pharmacie Nguyen Luan, 1 Trang Thi, ☎ (04) 826 86 44. 8h-12h, 14h-18h, fermé le dimanche après-midi.

Consulat / Ambassade - Voir « Sur place de A à Z », p. 34.

Centre culturel - Alliance Française, 42 Yet Kieu, ☎ (04) 826 69 70, webmaster@francedit.com

Compagnies aériennes - Aeroflot, 360 Kim Ma, ☎ (04) 712 85 12. **Air France**, 1 Ba Trieu, ☎ (04) 825 34 84. **Cathay Pacific**, 49 Hai Ba Trung, ☎ (04) 826 72 98. **China Airlines**, 18 Tran Hung Dao, ☎ (04) 824 26 88. **China Southern Airlines**, 360 Kim Ma, ☎ (04) 771 66 16. **Lao Aviation**, 41 Quang Trung, ☎ (04) 826 65 38. **Malaysia Airlines**, 49 Hai Ba Trung, ☎ (04) 826 88 20. **Pacific Airlines**, 152 Le Duan, ☎ (04) 518 15 03. **Singapore Airlines**, 17 Ngo Quyen, ☎ (04) 826 88 88. **Thai Airways**, 44B Ly Thuong Kiet, ☎ (04) 826 79 21. **Vietnam Airlines**, 1 Quang Trung, ☎ (04) 825 08 88 ou 832 03 20 (reconfirmation).

Agences de voyages - De nombreux mini-hôtels représentent des voyagistes et proposent les mêmes services. La concurrence étant féroce sur les *packages tours*, comparez les prix (notamment avec les agences de Ninh Binh, voir p. 185) et demandez la catégorie d'hôtels utilisés. Méfiez-vous des excursions bon marché, particulièrement des offres en baie de Ha Long.

A Z Queen Cafe, 50 Hang Be, ☎ (04) 826 73 56, www.azqueencafe.com Une agence pour petits budgets avec un bar. **Buffalo Tours**, 11 Hang Muoi (rue parallèle à Tran Quang Khai, à l'est de la vieille ville), ☎ (04) 828 07 02, info@buffalotours.com Haut de gamme, spécialisé dans l'écotourisme. **Ecco Voyages**, 50A Ba Trieu, ☎ (04) 825 46 15. Haut de gamme, croisière en jonque privée dans la baie de Ha Long. **Especen**, 1 Nha Chung, ☏ (04) 826 68 56. Petits budgets. **Exotissimo**, 26 Tran Nhat Duat, ☏ (04) 828 21 50, info@exotissimo.com La meilleure agence haut de gamme. **Dragon Travel**, 128 Hang Trong, ☏ (04) 928 53 66, dragontravel@fpt.vn Moyenne gamme, accueil anglophone et francophone. **Green Bamboo Tours**, 49 Nha Chung (au carrefour de Trang Thi et Le Thai To), ☏ (04) 826 87 52. L'une des pionnières parmi les agences privées, mais prestations inégales. **Compagnie Bourlingue**, 50 Hang Vai, ☏ (04) 923 25 90, www.freewheelin-tours.com Le spécialiste incontesté du Vietnam en moto, après dix ans de repérages sur le terrain et pour des étapes loin des sentiers battus (tourisme équitable). **Red River Tours**, 73 Hang Bo, ☏ (04) 826 84 27, redrivertours@netnam.org.vn Petits budgets. **Sinh Café**, 18 Luong Van Can, ☏ (04) 828 75 52, hopentour@hn.vnn.vn Petits budgets. **TF Handspan**, 116 Hang Bac, ☏ (04) 828 19 96, tfhandspn@hn.vnn.vn La plus sérieuse des agences pour petits budgets. **Viet Attitude**, 197 Hong Ha, ☏ (04) 932 36 80. Dirigée par un français, une des rares agences à proposer des excursions de qualité en baie de Ha Long. Les circuits s'organisent loin des routes maritimes embouteillées et le bateau est une superbe jonque fabriquée dans le respect des traditions.

Visa - Vous gagnerez du temps et dépenserez à peine plus en vous adressant aux agences de voyages et mini-hôtels. Comptez de 20 à 30 $ selon le temps de prolongation. Pour obtenir des visas pour les pays voisins, voir « Sur place de A à Z », p. 34.

Direction centrale de l'immigration, 40A rue Hang Bai. Lundi-vendredi 8h-11h, 14h-16h, samedi 8h-11h.

Sécurité - Police, ☏ 113. **Pompiers**, ☏ 114. **Ambulance**, ☏ 115.

Photo - Kodak Express, 2 Le Thai To (au nord du lac Hoan Kiem). Pellicules et travaux photos, y compris les diapositives, à prix imbattables.

Se loger à Hanoi

Finie l'ère du monopole des hôtels d'État : Hanoi regorge de mini-hôtels bon marché. Sachez que la climatisation n'est pas un luxe, car elle permet de combattre l'humidité, particulièrement en hiver. Le choix est également vaste parmi les hôtels de moyenne et haute catégories, et la quantité pléthorique d'établissements de luxe permet d'y obtenir des tarifs très intéressants.

▸ *Dans le quartier des Trente-Six Guildes et de la cathédrale (Plan I)*

De 6 à 10 $

😊 **Hanoi Backpackers' Hostel**, 48 Ngo Huyen, ☏ (04) 928 53 72, www.hanoibackpackershostel.com - 40 lits 🖥 ✖ Pour une fois, des dortoirs flambant neufs non dénués de charme. En tout, quatre chambrées (dont une réservée aux filles) disposant d'une salle de bains chacune, ainsi que plusieurs douches très propres au 4e étage. Chaque lit a sa lampe articulée et cache un coffre fermant à clé. Le patron est australien et deux employés parlent français.

Bao Long Hotel, 39 Hang Be, ☏ (04) 824 04 34 - 12 ch. ✎ ✖ Les budgets serrés sont accueillis avec beaucoup de gentillesse dans ce mini-hôtel basique. Préférez les chambres avec ventilateur, elles offrent le meilleur rapport qualité-prix.

De 10 à 12 $

Coco Hotel, 49 Hang Be, ☏ (04) 824 22 29, cococafehotel@yahoo.com - 3 ch. ✎ 🖥 ✖ Les chambres sont basiques mais propres, et l'hôtel bénéficie d'une situation centrale, dans une rue réputée pour sa vie nocturne. Dommage que la décoration des chambres ne soit pas à la hauteur de celle du café-restaurant Coco situé au rdc.

Rose Hotel (Kach San Bong Hong), 56 Ngo Huyen, ☏ (04) 826 04 70, bonghonghotel@ftp.vn - 10 ch. ✎ 🖥 ✖ 📺 Un « mini » un peu vieillot mais bien tenu et calme qui accueille aussi bien une clientèle étrangère que vietnamienne. Service très attentionné. La chambre à l'étage qui donne sur la ruelle est parfaite.

HANOI

Camellia Hotel, 10C Dinh Liet, ☎ (04) 934 37 97 - 8 ch. ⌁ 📧 ✕ 📺 De grandes chambres tout en longueur plus ou moins propres avec des salles de bains au diapason, carrelées à l'ancienne. Claustrophobes s'abstenir : les chambres à l'arrière donnent sur la cage d'escalier.

De 10 à 15 $

Youth Hotel (Sinh Café), 33 Luong Van Can (face à Hang Quat), ☎ (04) 828 58 22, hopentour@hn.vnn.vn - 17 ch. ⌁ 📧 ✕ 📺 ✗ Une véritable ruche de routards, gérée avec beaucoup de gentillesse. Très cher cependant vu l'état de certaines chambres. Au rdc, connexion Internet et Internet-phone, agence de voyages et petit restaurant.

Thien Trang Mini Hotel, 24 Nha Chung, ☎ (04) 826 98 23, thientranghotel24@hotmail.com - 9 ch. ⌁ 📧 ✕ 📺 Voyages organisés avec Toserco et accès Internet. La réceptionniste parlant très bien le français, l'adresse est devenue un mini QG pour les routards francophones. Les chambres sont carrelées et bien entretenues, côté cour au calme, ou côté rue avec balcon. La chambre du dernier étage et celle qui dispose d'une terrasse sont particulièrement charmantes.

De 13 à 15 $

Hang Trong Hotel, 56 Hang Trong, ☎ (04) 825 13 46, thiencotravel@yahoo.com - 10 ch. ⌁ 📧 Accès Internet. Dans une cour, derrière l'agence Sinh, grandes chambres au confort sommaire, celles du 1er étage sont beaucoup plus claires.

De 15 à 20 $

Sunflower Hotel, 22 Au Trieu (le long du chevet de la cathédrale), ☎ (04) 928 80 64, sunflowertravel@vnn.vn - 6 ch. ⌁ 📧 ✕ 📺 🆑 Dans le quartier chic de Hanoi, cet hôtel récent, très bien tenu mais sans charme particulier, propose entre autres trois grandes chambres claires avec balcon et vue sur l'église. Petite réduction pour séjours prolongés.

Especen 2, 28 Tho Xuong, ☎ (04) 824 44 01, tsyhai@yahoo.com - 9 ch. ⌁ 📧 ✕ 📺 Géré par une famille parlant le français. Belles chambres spacieuses et claires donnant sur les vieilles ruelles de Hanoi. Dommage que les salles de bains ne soient pas à la hauteur.

Nam Phuong Hotel, 16 Bao Khanh, ☎ (04) 928 50 85, www.vinhquanghotel.com - 8 ch. ⌁ 📧 ✕ 📺 À l'entrée du quartier nocturne, un hôtel simple mais refait en 2003. Les chambres les moins chères sont à l'arrière, ce qui ne présente pas d'inconvénient, sauf au rdc où elles sont aveugles.

De 15 à 30 $

Hoa Linh Hotel, 35 Hang Bo, ☎ (04) 824 38 87, www.hotels-in-vietnam.com - 17 ch. ⌁ 📧 ✗ 🆑 Accueil très sympathique. Les chambres au décor un peu vieillot sont propres. Sachez que les plus chères sont aménagées pour des familles. Le patron vous proposera différents services : accès Internet (30mn gratuites/j), location de voiture, excursions.

De 20 à 25 $

☺ **Classic Street Hotel (Kach San Pho Co)**, 41 Hang Be, ☎ (04) 825 24 21, www.classicstreet-phocohotel.com - 15 ch. ⌁ 📧 ✕ 📺 🆑 Initiative rare, c'est une maison aménagée avec charme et souci du confort. Vous serez accueilli avec beaucoup de gentillesse. L'hôtel vient de s'agrandir. Les chambres, très claires, sont installées en retrait, à l'arrière d'une courette agrémentée de plantes : des pièces toujours impeccables, avec rideaux et gravures au mur, dotées de salles de bains bien équipées. Petits-déjeuners copieux.

De 20 à 30 $

Win Hotel, 34 Hang Hanh (une ruelle entre Bao Kanh et Luong Van Can), ☎ (04) 828 73 71, winhotel@yahoo.com - 8 ch. ⌁ 📧 ✕ 📺 🆑 Des chambres tout confort dans le quartier nocturne le plus animé. Vous avez le choix entre balcon sur rue ou grande fenêtre au calme. Pièces carrelées et mobilier chinois. Salles de bains parfaites avec baignoire. Sert les petits-déjeuners.

Trung Nam Hai Hotel, 2 Phu Doan, ☎ (04) 828 82 28, www.besthotelhanoi.com - 20 ch. ⌁ 📧 ✕ 📺 🆑 Internet.

Immeuble neuf sur huit étages avec ascenseur. Les chambres n'ont pas de cachet particulier mais sont parfaitement tenues et le personnel est très accueillant.

De 20 à 45 $

Salute Hotel, 7 Hang Dau, ☎ (04) 825 80 03, www.salutehotels.com - 15 ch. ⌐| 🔲 📺 Ascenseur. Rénové il y a peu, cet hôtel possède des chambres très agréables dotées de parquet et de mobilier en bois. Insistez pour avoir celles avec vue.

De 30 à 35 $

Hong Ngoc Hotel, 34 Hanh Manh, ☎ (04) 828 50 53, hongngochotel@hn.vnn.vn - 10 ch. ⌐| 🔲 ✕ 📺 🆑 Très central sans toutefois être bruyant. Les chambres sont vraiment charmantes, si l'on passe sur les couvre-lits, un peu criards.

De 35 à 70 $

🍴 **Church Hotel**, 9 Nha Tho, ☎ (04) 928 57 93, churchhotel@vnn.vn - 26 ch. ⌐| 🔲 ✕ 📺 🆑 Internet dans les chambres, ascenseur. Ce charmant hôtel propose des chambres de standing au cœur de la ville, dans une rue où se côtoient restaurants, bars et boutiques chic. La petite terrasse au 7e, dont tout le monde peut profiter, offre une belle vue sur le quartier et l'église. La réceptionniste parle français.

De 80 à 150 $

Majestic Salute Hotel, 54-56 Hang Duong, ☎ (04) 923 00 36, www.majesticsalutehotel.com - 39 ch. ⌐| 🔲 ✕ 📺 🆑 Un hôtel de haut standing ouvert en 2004 dans une rue très commerçante en partie piétonne. Idéal pour ceux qui veulent allier confort et proximité du centre-ville.

▶ *Dans le quartier de l'ancienne concession française (Plan I)*

De 6 à 18 $

Lotus Guesthouse, 42V Ly Thuong Kiet, ☎ (04) 934 41 97, www.lotus-guesthouse.com - 12 ch. ⌐| 🔲 ✕ L'entrée se fait par un bar à jus de fruits. Puis, un escalier très raide dessert des chambres meublées avec goût et beaucoup d'astuce, tels les murs en pavés de verre qui laissent passer le jour à l'arrière. Les salles de bains sont correctes.

Sofia, 6 Hang Bai (entre Hai Ba Trung et Hang Khay), ☎ (04) 826 68 48 - 10 ch. ⌐| 🔲 ✕ ✕ D'un abord tristounet, cet établissement réserve pourtant de bonnes surprises. Les chambres sont aménagées en retrait de la rue, sur le toit, autour d'une courette où poussent quelques plantes.

De 15 à 30 $

Sun Hotel, 10B Xom Ha Hoi (ruelle donnant sur Quang Trung, derrière l'ambassade du Cambodge), ☎ (04) 826 11 88, gianghongminh@ftp.vn - 9 ch. ⌐| 🔲 ✕ 📺 🆑 Une adresse centrale, mais calme. L'escalier à claustra dessert de grandes chambres, dont les balcons donnent sur un quartier résidentiel et ses villas huppées.

De 30 à 60 $

Eden Hotel, 78 Tho Nhuom, ☎ (04) 824 52 73, eden@hn.vnn.vn - 32 ch. ⌐| 🔲 ✕ 📺 ✕ 🆑 Derrière une façade bleu lavande, la cour à colonnes romaines héberge un restaurant italien et dessert des chambres d'une propreté parfaite. L'établissement propose de petits services comme les appels téléphoniques gratuits sur Hanoi, le ramassage gratuit à l'aéroport pour les séjours supérieurs à cinq jours. Le personnel est très gentil.

De 70 à 200 $

🍴 **Guoman Hotel**, 83A Ly Thuong Kiet, ☎ (04) 822 28 00, www.guomanhotels.com - 149 ch. ⌐| 🔲 ✕ 📺 ✕ ⚒ 🐾 🆑 Luxe feutré et cosy dans une architecture néocoloniale. Chambres à l'élégance classique et grandes salles de bains. Petit « Fitness Centre » équipé dernier cri et gratuit pour les hôtes. Buffet international au déjeuner. Bar très intime ouvert de 16h à 0h. Restaurant extérieur attenant avec barbecue tous les soirs.

De 100 à 160 $

Zéphyr Hotel, 4-6 Ba Trieu, ☎ (04) 934 12 56, www.zephyrhotel.com.vn - 38 ch. ⌐| 🔲 ✕ 📺 ✕ ⚒ 🆑 Cet hôtel flambant neuf offre les services d'un établissement de standing international et bénéficie d'une situation plus centrale que celle des grandes chaînes. Les chambres les moins chères sont néanmoins un peu petites. Réduction de 30 % en fonction de la saison.

De Syloia Hotel, 17A Tran Hung Dao, ☎ (04) 824 53 46, www.desyloia.com - 33 ch. 🍴 🗎 ✈ 📺 ✖ cc Une ancienne maison coloniale sert d'accès à l'hôtel proprement dit, installé dans une tour de dix étages avec ascenseur. L'établissement joue la carte de la sobriété élégante, y compris dans les parties communes. Service attentionné et accueil excellent. Il est nécessaire de réserver. Très bon restaurant au pied de l'hôtel.

À partir de 200 $

Hilton Hanoi Opera, 1 Le Thanh Tong, ☎ (04) 933 05 00, hanoi@hilton. com - 269 ch. 🍴 🗎 ✈ 📺 ✖ 🏊 cc Des chambres dont le décor joue sur le cosy, mâtiné de touches vietnamiennes. Salles de bains dallées de marbre de Da Nang et sanitaires en céramique de Bat Trang. Tout confort, avec minibar et télévision satellite. Un bon point pour son restaurant chinois et son buffet de *dim sum* à 10 $, son café-pâtisserie donnant sur l'Opéra et son bar à l'ambiance feutrée avec orchestre tous les soirs, à partir de 18h30.

Melia Hanoi, 44B Ly Thuong Kiet, ☎ (04) 934 33 43, www.meliahanoi. com - 306 ch. 🍴 🗎 ✈ 📺 ✖ 🏊 cc Le plus de cet hôtel de standing international somme toute assez banal : sa piscine en plein air au 3e étage.

☺ **Sofitel Metropole**, 15 Ngo Quyen, ☎ (04) 826 69 19, sofitel@sofitelhanoi. vnn.vn - 232 ch. 🍴 🗎 ✈ 📺 ✖ 🏊 cc Le plus vieil hôtel de Hanoi a gardé tout son charme, malgré l'ajout en 1996 d'une nouvelle aile plus fonctionnelle sur Ly Thai To. Aux deux premiers étages de l'ancien bâtiment : couloirs sombres et feutrés, donnant sur des chambres aux murs crème dont les parquets ont été piétinés par des générations de voyageurs. Tout cela avec toutes les facilités d'un cinq étoiles. Autre atout : ses restaurants *(voir « Se restaurer »)* et cours de cuisine *(voir « Loisirs »)*. Bars très agréables ouverts jusqu'à 1h du matin.

À la boutique, quotidiens et magazines français et bon choix d'ouvrages sur le Vietnam.

▶ *Dans le quartier du parc Lénine (Plan II)*

De 15 à 30 $

Grand Hotel, 71 Trieu Viet Vuong, ☎ (04) 822 77 64 - 9 ch. 🍴 🗎 ✈ 📺 ✖ cc Des chambres impeccables, notamment les plus grandes, avec parquet, mobilier en rotin et superbes salles de bains.

De 50 à 85 $

Green Park Hotel, 48 Tran Nhan Tong, ☎ (04) 822 77 25, www.hotelgreenpark.com - 40 ch. 🍴 🗎 ✈ 📺 ✖ cc Derrière sa façade menthe à l'eau, cet hôtel propose un confort absolu et un service charmant. Au 7e étage, le restaurant donne sur le parc Lénine.

▶ *Dans le quartier du lac de l'Ouest (Plan II)*

De 30 à 60 $

☺ **Dragon Hotel**, 48 Xuan Dieu, ☎ (04) 829 29 54, www.dragonhotelvn. com - 23 ch. 🍴 🗎 ✈ 📺 ✖ cc Évitez son voisin, le Tropicana, aux prix exorbitants et à l'entretien douteux, franchissez la haie de bambous et vous trouverez des chambres aux grands volumes, avec vue sur le lac de l'Ouest ou le petit lac Dinh Lien. Un très bon point pour son restaurant en terrasse, sur le lac, cerné de bambous où sont accrochées des cages d'oiseaux chanteurs et creusé d'un bassin où s'ébattent des carpes. Partout, une avalanche d'architecture, de sculptures et de décoration de l'ancien Orient. On regrette seulement la route entre l'hôtel et le lac.

De 50 à 120 $

☺ **Thanh Loi Hotel**, Yen Phu, ☎ (04) 829 42 11, www.thangloitourhtl.com. vn - 177 ch. 🍴 🗎 ✈ 📺 ✖ 🏊 cc Moins cher que les hôtels internationaux des alentours, cet établissement d'État aurait besoin d'un sérieux rafraîchis-

Coiffeur de rue à Hanoi

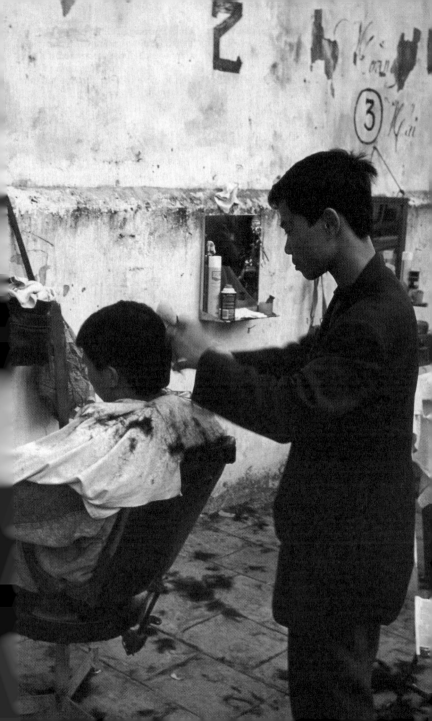

sement malgré sa récente rénovation (2003). Les deux bâtiments au ras de l'eau (l'un sur terre ferme, l'autre sur pilotis, à privilégier) offrent tout de même une vue unique sur le lac.

Plus de 200 $

🏨 **Sofitel Plaza Hanoi**, 1 Thanh Nien, ☎ (04) 823 88 88, www.sofitel. com - 322 ch. 🛏 📺 📺 ✖ 🛄 🎰 Fitness Club, massages, salon de beauté. Magnifiquement situé, toutes ses chambres bénéficient d'une vue sur les lacs du nord et le fleuve Rouge. Trois bars, dont un au bord de la piscine couverte et un autre au 20e étage pour embrasser la vue de Hanoi. Ses trois restaurants (brasserie, chinois et italien) proposent des buffets thématiques.

Se restaurer à Hanoi

De la cuisine de trottoir au restaurant luxueux, on peut tout connaître de la cuisine vietnamienne ou méditerranéenne, très en vogue à Hanoi. Les établissements de fruits de mer demeurent toutefois chers. N'oubliez pas les buffets des grands hôtels (de 15 à 25 $). Outre ceux déjà cités, la brasserie du **Nikko** (84 Tran Nhan Tong, ☎ (04) 822 35 35) *(Plan II C4)* est une valeur sûre. Sachez enfin que cuisines de rue et restaurants traditionnels ferment vers 22h.

▶ *Dans le quartier des Trente-Six Guildes et de la cathédrale (Plan I)*

Moins de 25 000 VND

Au n° 83 de la rue **Hang Dieu** *(A2)*, une excellente adresse de trottoir (à partir de 18h) pour goûter le *hu tieu* à la mode de Hué : les nouilles de riz, saupoudrées de cacahuètes et de viande hachée, sont servies « sèches », accompagnées d'un bouillon parfumé aux tiges de ciboule. Goûtez aussi les *banh cuon* avec une sauce à base de *to phu*, de piments et de coriandre. Pour le dessert, traversez la rue : grande parade de *che*.

Tong Duy Tan *(Plan II C3)* est une petite rue à l'extrémité de Hang Bong où l'on trouve de nombreux restaurants ouverts tard le soir : bons *bun cha* et poulet aux herbes médicinales.

Linh Phuong, 7 Dinh Liet *(B2)*. Situé dans une rue de cantines où les Hanoiens viennent déjeuner, cette adresse propose *bia hoi* et quelques plats en portions généreuses, sur fond de musique occidentale.

Bia Hoi, 27 Hang Be *(B2)*. Une salle aux allures de garage où l'on peut boire et grignoter.

Kim Dac, 1 Hang Manh *(A2)*. L'un des spécialistes du *bun cha*.

Phu Doan, en bordure de l'hôpital Viet Duc *(A3)*. Une valeur sûre, avec des *pho* de très bonne qualité dès 6h du matin.

De 25 000 à 50 000 VND

Dong Thinh, 87 Hang Dieu *(A2)*, ☎ (04) 826 79 43. Spécialiste de l'anguille en soupe aux œufs et aux champignons *(sup luon)*, en salade avec des nouilles de manioc *(mien truon luon)* et du pâté de crabe *(choc cua)*.

No Noodles, 20 Nha Chung *(A3)*, ☎ (04) 928 59 69. Près de la cathédrale, une sandwicherie donnant sur un petit jardin. Sympathique, bon rapport qualité-prix.

Smiling Cafe, 100 Cau Go *(B2)* (à l'angle de Dinh Liet), ☎ (04) 825 15 32. Pour picorer, sur une terrasse donnant sur Dinh Liet.

Baguette et Chocolat, 11 Cha Ca *(A1)*, ☎ (04) 923 15 00. Restaurant à l'étage et salon de thé au rdc, ne manquez pas d'aller dans ce nouvel établissement ouvert en avril 2002 par l'école Hoa Sua *(voir le restaurant du même nom)*. Vous y prendrez soit votre petit-déjeuner (délicieuses viennoiseries), soit vos repas (cuisines vietnamienne et française) dans un très joli cadre. Ouvert de 7h à 22h.

De 50 000 à 100 000 VND

Bao Khanh, 10 Bao Khanh *(B2)*, ☎ (04) 828 77 62. Au bout de la rue éponyme se trouvent plusieurs petits restaurants fréquentés par une clientèle vietnamienne. Le Bao Khanh est plus touristique et propose une carte impressionnante : pigeon, anguille, lapin, grenouille et tortue parmi d'autres plats.

☺ **Cha Ca La Vong**, 14 Cha Ca *(A1)*, ☎ (04) 825 39 29. Une institution familiale qui depuis plus de cent ans se transmet la recette du meilleur *cha ca* de Hanoi : une cassolette de poisson, mijoté dans un mélange d'épices et servi avec des nouilles de riz et des herbes aromatiques. Si c'est complet, tentez votre chance auprès des *cha ca* du voisinage, par exemple au **Cha Ca 66**, 66 Hang Ga *(A2)*, ☎ (04) 826 78 81.

Garden, 36 Hang Manh *(A2)*, ☎ (04) 824 34 02. Un rafraîchissant mur d'eau et une cour tranquille... près de l'un des carrefours les plus bruyants de Hanoi. Si la chaleur est trop étouffante, vous pourrez vous réfugier dans une des salles climatisées à l'étage. Cuisine française et plats vietnamiens à prix doux.

Little Hanoi, 21 Hang Gai *(B2)* (à l'angle de Luong Van Can), ☎ (04) 928 53 33. 7h30-23h. Cappuccino, quiches et salades, dans un cadre tout droit sorti du film *Indochine*.

La Brique, 6 rue Nha Tho *(A-B2)*, ☎ (04) 928 56 38. Spécialités de poisson dont le *cha ca*. Vous pourrez aussi déguster différents plats de pâtes.

En dessert : les glaces de chez Fanny *(voir « Sortir, boire un verre »)*.

De 100 000 à 200 000 VND

Cyclo, 38 Duong Thanh *(A2)* (près du carrefour avec Hang Bong), ☎ (04) 828 68 44. Son steak au poivre et son magret de canard ont la faveur des expats français, mais on sait aussi y cuisiner vietnamien. On mange assis dans des *xi clo* immobilisés pour la circonstance.

Paris Delhi, 13 Nha Tho *(A2)*, ☎ (04) 928 66 97. Salon de thé et pâtisseries à l'entrée, plusieurs salles de restaurant sur différents niveaux au-delà proposant une cuisine internationale et vietnamienne. C'est un peu cher mais le restaurant est fréquenté aussi bien par des touristes que par des Vietnamiens aisés. Idéal pour déguster une pâtisserie.

Plus de 200 000 VND

☺ **Café des Arts**, 11B Bao Khanh *(B2)*, ☎ (04) 828 72 07, www.cafedesarts.com On peut boire un verre sur son toit-terrasse perché au-dessus du « quartier Latin » de Hanoi, mais la carte mérite que vous y veniez déjeuner ou dîner. Programme semaine par semaine des plats du jour sur le site Internet. Que ne ferait-on pour d'authentiques tournedos Rossini, du gigot d'agneau, de la purée de pommes de terre ou des crêpes Suzette ! Ambiance jazz et exposition d'artistes locaux.

Au rdc, profitez du **Stop-Café** pour une petite faim. Ouvert jusqu'à 0h.

☺ **Green Tangerine**, 48 Hang Be *(B2)*, ☎ (04) 825 12 86. Dans cette maison magnifiquement restaurée, les tables sont réparties dans une cour pavée et deux salles dont une est non fumeur. Le chef, un Français en permanence à la recherche d'une cuisine novatrice et raffinée, travaille à base de produits locaux ou importés et change la carte tous les trimestres. On apprécie particulièrement les desserts et les vins. Réservation fortement recommandée le soir et le week-end.

☺ **La Salsa**, 25 Nha Tho *(A2)*, ☎ (04) 828 90 52. Des tapas comme là-bas, avec huile d'olive, « jambon serrano » et de renversantes pommes de terre à l'ail, à faire descendre avec un pichet de sangria.

▸ *Dans le quartier de l'ancienne concession française (Plan I)*

Moins de 25 000 VND

La **Ngo 55** *(A3)*, une ruelle donnant sur Hai Ba Trung, entre Tho Nuom et la Hanoi Tower, est une excellente adresse pour prendre un petit-déjeuner typique : soupe de vermicelles de manioc et cubes de sang de canard et/ou bol de sang de canard coagulé *(tiet canh vit)*, saupoudré de cacahuètes pilées, de basilic haché et arrosé de citron vert.

Bia Hoi Tong Dan, à côté du musée de la Révolution *(C3)*. Archicomble à l'heure du déjeuner. On peut s'y désaltérer, y manger des valeurs sûres vietnamiennes ou se risquer au pis de truie et autres rognons blancs.

De 25 000 à 50 000 VND

Nang Tam Vegetarian Restaurant, 79A Tran Hung Dao *(Plan II C4)*, ☎ (04)

942 41 40. Fermé le dimanche. La cuisine vietnamienne revue à la mode bouddhiste, où *to phu* et champignons remplacent la viande. Essayez les boulettes *tuyet hoa*, le chou farci *bap cai nhoi* ou les nems végétariens. La maison n'est pas sectaire et propose quelques plats à base de poulet et de porc.

De 50 000 à 100 000 VND

Hanoi Gourmet, 1 Ham Long *(B4)*, ☏ (04) 943 10 09. Ambiance de bar à vin pour un choix de quiches, de sandwiches et autres viennoiseries, à conclure avec une tarte ou un yaourt.

De 100 000 à 200 000 VND

A Little Italian, 81 Tho Nhuom *(A3)* (Eden Hotel), ☏ (04) 825 81 67. Une cuisine internationale à tendance italienne : *scallopine al limone*, pizza Margherita, variantes locales telles que pizza au poulet thaï mariné à l'aigre-doux, pâtes à la carbonara et *tiramisu*.

Serenade, 18D Ngo Quyen *(B3)* ☏ (04) 824 22 56. Café, bar et fast-food. Il dispose de salles sur plusieurs niveaux, d'une véranda à l'étage et d'une table très romantique dans sa cave, au frais. Plats européens et thaïlandais.

☏ **Cay Cau**, 17A Tran Hung Dao *(Plan II D4)*, ☏ (04) 933 10 10. Le restaurant de l'hôtel De Syloia est logé dans une très chic demeure coloniale. Sa carte offre une anthologie de la cuisine vietnamienne, avec une petite préférence pour les traditions de Hué et du Sud, présentée de manière extrêmement raffinée. À noter ses horaires d'ouverture qui permettent de se ravitailler à toute heure : 6h-10h, 11h30-14h30, 17h30-22h30, 23h-5h.

Diva Café, 57 Ly Thai To *(C3)*, ☏ (04) 934 40 88. C'est, malgré son nom, un restaurant plutôt qu'un café. Cuisines méditerranéenne et vietnamienne (la première est meilleure), dans un décor très soigné. Un lieu chic et branché, très agréable quand vient le soir et que sont invités des orchestres de jazz. Bonne carte de vins français et australiens.

☏ **Emperor**, 18B Le Thanh Tong *(C4)*, ☏ (04) 826 88 01. Un cadre de rêve, une villa coloniale avec une cour à ciel ouvert et de multiples salons desservis par des coursives en bois, à la mode des maisons patriciennes d'autrefois. Une carte inventive mêlant des ingrédients de l'Ouest et des saveurs de l'Est.

☏ **Hoa Sua**, 28A Xom Ha Hoi *(A4)*, ☏ (04) 942 44 48, www.hoasuaschool. com L'école hôtelière Hoa Sua a été créée en 1995 pour offrir aux enfants de la rue une formation dans la restauration et la pâtisserie, doublée d'un apprentissage du français ou de l'anglais. Son restaurant du même nom est installé dans une petite ruelle très agréable du centre-ville. On dégustera des plats français et vietnamiens délicieux à l'ombre d'un parasol dans la cour, ou dans les salles à manger d'une superbe villa coloniale.

Restaurant Club Opera, 59A Ly Thai To *(C3)*, ☏ (04) 824 69 50. Élu meilleur restaurant de Hanoi en 2002, le Club Opera dispose d'un bon choix de plats vietnamiens (notamment des spécialités de Hué). On aime l'ambiance feutrée des petites salles voûtées où sont réparties les tables.

Plus de 200 000 VND

Au Délice, 17 Tong Dan *(C3)*, ☏ (04) 934 53 28. Pour faire provision de fromages et de vins français, voire déguster du tournedos ou un chèvre chaud. À condition toutefois de réserver.

Le Beaulieu, 15 Ngo Quyen *(C3)* (restaurant de l'hôtel Sofitel Metropole), ☏ (04) 826 69 19. Le brunch du dimanche au Beaulieu est un must : on profite d'un buffet inventif et original, concocté avec les produits les plus frais. Réservation indispensable.

Press Club, 59A Ly Thai To *(C3)*, ☏ (04) 934 08 88. Déjeuner et dîner très chic, à l'intérieur dans une atmosphère 1930 ou sur la terrasse dominant le « petit Paris », avec orchestre chaque soir. On y vient pour l'excellente cuisine et pour la carte des vins. Ceux-ci sont conservés, présentés et servis dans les grandes règles de l'œnologie.

☏ **Sea Food Market**, 77 Doc Bac Co *(Plan II D4)* (à hauteur du musée d'Histoire, près de la berge du fleuve), ☏ (04) 825 07 80. Un cadre surréaliste, ours en cage et petite sirène de Copenhague se côtoyant dans un immense hangar. Partout, des aquariums où s'ébattent toutes les créatures de la mer garantissent la fraîcheur des produits de la maison. On paie au kilo.

Spices Garden, 56 Ly Thai To *(C3)*, ☎ (04) 826 69 19. Un des deux excellents restaurants de l'hôtel Sofitel Metropole. Les spécialités hanoïennes préparées par le chef, un Français résidant au Vietnam depuis plus de dix ans, vous enchanteront.

▶ *Dans le quartier du parc Lénine (Plan II)*

Moins de 25 000 VND

En plein quartier étudiant, la rue Mai Hac De *(C4)* propose une succession de stands à plat unique ouverts jusqu'à 0h. Le n° 47 annonce la couleur avec une tête de vache qui ne rit pas : c'est le spécialiste du *pho bo*.

▶ *Dans le quartier du lac de l'Ouest (Plan II)*

Moins de 25 000 VND

Vous trouverez d'excellentes guinguettes *oc tom ca* (escargots, crevettes et poissons) dans la rue Phu Tay Ho *(B1)*. Plutôt que les *banh tom* (beignets de crevettes), fades et décevants, essayez le *ca qua nuong*, le poisson grillé à la mode du Sud, à déguster roulé dans une crêpe de riz avec de la banane verte, de l'ananas, du concombre, des herbes aromatiques et des vermicelles. Goûtez aussi aux *oc hap la gung*, les escargots à la mode de Hanoi, farcis de citronnelle et cuits à la vapeur.

De 100 000 à 200 000 VND

Seasons of Hanoi, 95B Quanh Tanh *(B2)*, ☎ (04) 843 54 44. Une sélection de spécialités vietnamiennes de Hanoi, Hué et Saigon, servies dans une ancienne villa française, meublée d'antiquités coloniales. Quelques tables en terrasse. Le tout dans un cadre très raffiné.

Ho Tay Floating House, 28 Doc Thanh Nien *(B2)*, ☎ (04) 829 04 36. Un restaurant flottant sur le lac de l'Ouest, avec une carte fournie en poissons et fruits de mer. La clientèle vient essentielle-

ment en groupe ou en famille. Il est également possible de louer un des bateaux de l'établissement pour un tour sur le lac (400 000 VND/2h) le temps d'un déjeuner ou d'un dîner.

Sortir, boire un verre

Cafés - Héritage français oblige, le café est une institution, du *ca phe den* (3 000 VND) au café chic (expresso à 15 000 VND). Les cafés hanoïens traditionnels sont ouverts de 6h à 22h, tandis que les cafés chic ouvrent plus tard.

▶ *Dans le quartier des Trente-Six Guildes et de la cathédrale (Plan I)*

◉ **Café Lam**, 60 Nguyen Huu Huan *(B2)*. 6h-22h. Malgré la disparition de son créateur, ce café typiquement hanoïen a conservé son atmosphère. L'esprit du lieu est entretenu par la famille de M. Lam, ainsi que la qualité exceptionnelle de son café. On peut aussi consommer bière et citron pressé.

Café Nhan, Bao Khanh *(B2)*. Il ne désemplit pas le soir venu, la clientèle vietnamienne se retrouvant sur le trottoir, et les étrangers à l'étage.

Café Quynh, 48 Bat Dan *(A2)* (au bas de la rue). C'est le café des photographes, qui y organisent régulièrement des expositions.

◉ **Kem Fanny**, 48 Le Thai To *(B3)*, ☎ (04) 828 56 56. Une bonne adresse en bordure du lac Hoan Kiem, pour découvrir sous forme de crèmes glacées tous les fruits du Vietnam. Agréable le soir pour prendre un verre en écoutant du jazz. Décor simple : mur de briques et plafond de bambou.

Café Kinh Do, 252 Hang Bong *(A2)*, ☎ (04) 825 02 16. Dès 6h du matin. Pour un petit-déjeuner à la française, avec des croissants et un accueil chaleureux.

Lac Viet, 46 Le Thai To *(B3)* (en bordure de lac), ☎ (04) 828 91 55. On peut rester lire dans ce café-bibliothèque, plutôt anglophone, qui s'étoffe au gré des livres donnés.

Moca Cafe, 14-16 Nha Tho *(A2)*, ☎ (04) 825 63 34. Le coin le plus chic du Hanoi expat branché. Le café coûte trois fois

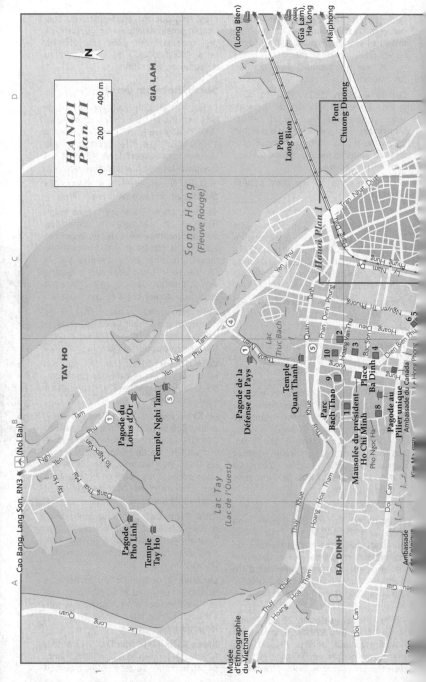

HANOI
Plan II

0 — 200 — 400 m

TAY HO

GIA LAM

Song Hong
(Fleuve Rouge)

Pont
Long Bien

Pont
Chuong Duong

(Long Bien)

(Gia Lam),
Ha Long

Haiphong

Pagode du
Lotus d'Or

Temple Nghi Tam

Pagode
Pho Linh

Temple
Tay Ho

Lac Tay
(Lac de l'Ouest)

Pagode de la
Défense du Pays

Temple
Quan Thanh

Parc
Bach Thao

Mausolée du président
Ho Chi Minh

Place
Ba Dinh

Pagode au
Pilier unique

Ambassade du Canada

BA DINH

Cao Bang, Lang Son, RN3

(Noi Bai)

Musée d'Ethnographie
du Vietnam

Hanoi Plan 1

156

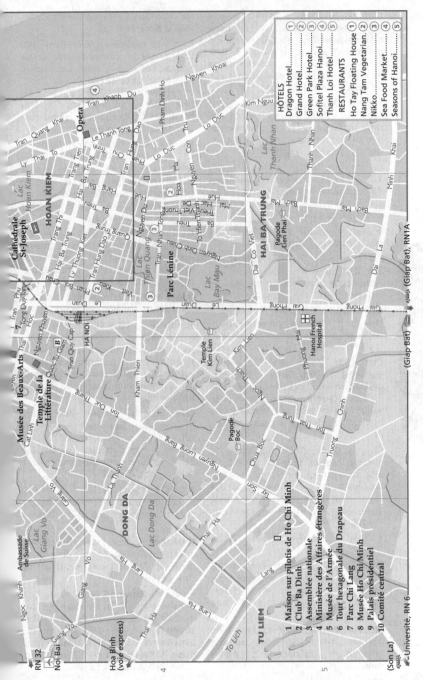

HÔTELS
- Dragon Hotel........... ①
- Grand Hotel........... ②
- Green Park Hotel........... ③
- Sofitel Plaza Hanoi........... ④
- Thanh Loi Hotel........... ⑤

RESTAURANTS
- Ho Tay Floating House ①
- Nang Tam Vegetarian. ②
- Nikko........... ③
- Sea Food Market........... ④
- Seasons of Hanoi........... ⑤

TU LIEM
1. Maison sur pilotis de Ho Chi Minh
2. Club Ba Dinh
3. Assemblée nationale
4. Ministère des Affaires étrangères
5. Musée de l'Armée
6. Tour hexagonale du Drapeau
7. Parc Chi Lang
8. Musée Ho Chi Minh
9. Palais présidentiel
10. Comité central

Cathédrale St-Joseph

HOAN KIEM

Opéra

Parc Lénine

HAI BA TRUNG

DONG DA

Musée des Beaux-Arts

Temple de la Littérature

Ambassade de Suisse

Temple Kim Lien

Hanoi French Hospital

Pagode Lien Phai

Pagode Boc

HA NOI

157

plus cher qu'ailleurs, mais il est toujours servi avec un petit biscuit. La cuisine n'est pas fameuse, mais que ne ferait-on pas pour être vu, d'autant que le lieu, ouvert sur la rue, a du cachet avec ses murs de briques. Cuisines vietnamienne, indienne et internationale.

Thuy Ta Café, 1 Le Thai To *(B2)*, ☎ (04) 828 81 48. Établissement chic, en terrasse sur le lac. Café à la mode vietnamienne, expresso ou capuccino, pâtisseries et glaces.

Le Malraux, 6 Nha Tho *(A2)*, ☎ (04) 928 62 03. Musique jazz d'ambiance dans un cadre ethnique avec quelques pièces d'artisanat à vendre. Snack et belle carte des vins.

▶ *Dans le quartier de l'ancienne concession française (Plan I)*

Au Lac, 57 Ly Thai To *(C3)*, ☎ (04) 825 78 07. Une jolie villa du « petit Paris » pour boire thé ou expresso en terrasse.

Café Zig Zag, Trang Tien *(B3)*. Une terrasse au 1er étage avec parasols et plantes vertes, point d'observation idéal de la ville nouvelle. Fait aussi fast-food.

Ciao Café, 2 Hang Bai *(B3)*, ☎ (04) 934 14 94. 7h-23h. On peut grignoter des pâtisseries ou des plats à prix modiques dans ce café au style italien très en vogue à Hanoi, avec murs verts, suspensions en tulle fuchsia et chaises en bois peint argent.

Dilmah Quan, 12 Hai Ba Trung. La terrasse installée sous des auvents, le long du bâtiment colonial qui abrite les bureaux de Pacific Airlines, est bondée l'après-midi d'une jeunesse qui écoute de la musique planante en sirotant du thé 100 % Sri Lanka.

▶ *Dans le quartier du parc Lénine (Plan II)*

Cheer, 69 Mai Hac De *(C4)*, ☎ (04) 978 25 16. Un joli café avec courette, toit-terrasse et mobilier en fer forgé, dans un quartier jeune et pas du tout touristique.

Maison Vanille, 49 Phan Chu Trinh *(D4)*, ☎ (04) 933 23 55. Très agréable salon de thé pour déguster tranquillement une pâtisserie ou une viennoise-

rie. Attention, la Maison Vanille est fermée le dimanche.

Bars - La gamme est vaste dans cette catégorie. Elle commence avec les *bia hoi*, où l'on sert la bière fraîchement brassée la veille (2 000 VND le demi), et s'achève avec les bars très selects des grands hôtels, en passant par les bars nocturnes de Bao Khanh, rendez-vous d'une jeunesse cosmopolite.

Library Park, 59A Ly Thai To *(Plan I C3)*, ☎ (04) 934 08 88. C'est le bar très sélect du Press Club. Il cultive le style *british* avec ses boiseries et un choix de whiskies impressionnant. Journaux en consultation, VCD à visionner et *happy hours* tous les vendredis.

GC Bar, 5 Bao Khanh *(Plan I B2)*, ☎ (04) 825 04 99. La carte des cocktails est aussi vertigineuse que la musique est assourdissante, avec percussions, house, hip-hop et techno acid jazz.

Polite Club, 7 Bao Khanh *(Plan I B2)*. Succès en alternance avec le GC.

Thanh Nien, Dinh Tien Hoang *(Plan I B2)*. À hauteur du temple de la Montagne de Jade, repérez le magasin de sacs et de valises, traversez-le et laissez-vous guider par la musique pour trouver le rendez-vous favori de la jeunesse hanoienne.

Live Jazz by Quyen Van Minh, 31 Luong Van Can *(Plan I B2)*, ☎ (04) 828 78 90. Pour les amateurs de jazz, concert live tous les soirs. Il est possible de s'y restaurer (cuisine internationale). Ouvert jusqu'à 23h30.

Z Café, 17 Tong Dan *(Plan I C3)*, ☎ (04) 934 28 98. Grand billard et ambiance club de jazz chic. Concerts live certains soirs.

Karaokés - Allez jouer les crooners dans la rue Ngo Huyen (près de la cathédrale) où l'on ne trouve pas moins de six karaokés.

Cinémas - **Fansland**, 84 Ly Thuong Kiet. Films vietnamiens et étrangers en v.o., doublés d'une voix off en vietnamien. **Thang Tam**, 45 Hang Bai. Programme des films à succès en anglais. **L'Alliance française**, 42 Yet Kieu, ☎ (04) 826 69 70. Projection hebdomadaire de films français.

Concerts - Hanoi Opera House, 1 Trang Tien *(Plan I C3)*, ☎ (04) 933 01 31. Prix des places de 100 000 à 200 000 VND. **Hanoi National Opera**, 15 Nguyen Dinh Chieu *(Plan II C4)*, ☎ (04) 826 73 61. Concerts de musique traditionnelle les lundi, mercredi et vendredi à 20h.

Bowlings - Cosmos Bowling Centre, 8B Ngoc Khanh, ☎ (04) 831 86 68. **Hanoi Super Bowl**, Fortuna Hotel, 6B Lang Ha, ☎ (04) 831 33 33.

Discothèques - New Century Club, 10 Trang Thi *(Plan I B3)*, ☎ (04) 928 52 85. Musique techno plein volume et jeunesse dorée de Hanoi sont au rendez-vous. Un des seuls établissements de la ville ouverts après 0h.

Loisirs

Piscine - Les piscines de certains hôtels sont ouvertes aux non-résidents. **Army Hotel**, 33A Pham Ngu Lao, ☎ (04) 826 55 40. Entrée 4 $. **Thang Loi**, Yen Phu Tay Ho, ☎ (04) 829 42 11. Entrée 20 000 VND. **Daewoo**, 360 Kim Ma, ☎ (04) 831 50 00. Entrée 15 $. **Meritus Westlake**, 1 Thanh Nien, ☎ (04) 823 88 88. Entrée 30 $, comprenant l'accès au Fitness Club ouvert de 6h30 à 22h30.

Cours de cuisine - Metropole Cooking Class, 15 Ngo Quyen (hôtel Sofitel Metropole), ☎ (04) 826 69 19. Les programmes d'une demi-journée (50 $) ou d'une journée complète (80 $) comprennent la visite des marchés, la leçon de cuisine ainsi que le ou les repas (en fonction de la durée choisie).

Marionnettes sur l'eau - La traditionnelle représentation de temple est devenue un spectacle à part entière et la troupe de Hanoi a effectué plusieurs tournées mondiales. Les manipulateurs, cachés derrière la scène, actionnent les marionnettes sur l'eau grâce à des perches en bambou, le tout accompagné par un orchestre. Féerique !

Thang Long Theatre, 57B Dinh Tien Hoang *(Plan I B2)*, ☎ (04) 825 54 50. Du mardi au dimanche à 20h, fermé le lundi.

Central Puppet Theatre, 361 Truong Chinh, ☎ (04) 853 45 45. Séances à 19h45 tous les mardi, jeudi, samedi et dimanche.

Cirque - Central Circus (Rap Xiec Trung Uong), à l'entrée nord du parc Lénine *(Plan I A4)*, ☎ (04) 822 02 77.

Achats

Les boutiques ouvrent de 9h à 18h ou de 10h à 19h, mais quelques magasins à touristes de Hang Gai ferment plus tard. Toutes les adresses indiquées ci-dessous se trouvent dans les quartiers des Trente-Six Guildes et de l'ancienne concession française *(Plan I)*.

Marchés - Bon choix au marché **Dong Xuan**, au nord de la ville *(A1)*, ainsi qu'au **marché du 19 décembre** *(A3)*.

Boulangerie - La boulangerie **Croissant** de l'école Hoa Sua, 35 Quang Trung *(A4)* est ouverte de 7h30 à 21h, ☎ (04) 943 67 07.

Supermarchés - Pour les produits importés d'alimentation et d'hygiène. **Sieu Thi Intimex**, 32 Le Thai To. **Minimart**, 66 Ba Trieu. **Eurofood**, 65 Hang Trong.

Antiquités - Do Nguyen Khoi, 45B Ly Quoc Su *(A2)*, ☎ (04) 828 55 71. Plus on monte les étages, plus on découvre de merveilles, rares et chères.

Artisanat et décoration - Vous trouverez plusieurs boutiques de bambou et rotin très bon marché à l'angle de Tran Nhan Tong et de Quang Trung, en face du parc Lénine *(A4)*.

Il y a également une boutique minuscule dédiée à la calligraphie dans laquelle on trouve à prix modiques pinceaux, encres de chine et papier (25 Hang Bo, à l'angle de la rue Luong Van Can).

La Casa, 12 Nha Tho *(B2)*, ☎ (04) 828 96 16. Une styliste italienne qui encourage le savoir-faire des artisans. Meubles et objets superbement dessinés.

Galerie L'Atelier, 6 Nha Tho *(B2)*, ☎ (04) 934 43 29. Des textiles ethniques, des laques et des objets réalisés d'après des motifs hmong ou dao, dans le cadre très tendance du vieux Hanoi.

Indochine House, 13 Nha Tho *(B2)*, ☎ (04) 824 80 71. Meubles anciens et délicats monochromes de Bac Trang exposés dans une maison lumineuse dont les murs ont été remplacés par des parois de verre.

La Boutique and the Silk, 6 Nha Tho *(B2)*, ☎ (04) 928 53 68. De somptueux tissages du Vietnam et du Laos. Il y en a pour toutes les bourses, de l'écharpe en soie sauvage entre 4 et 10 $, à l'étole en soie à 24 $ et autres grandes tentures des Thais du Laos à 45 $. Autre boutique au 10F Dinh Liet (à hauteur de Gia Ngu).

Lan Vietnamese Handicraft, 26 Au Trieu *(A2)*, ☎ (04) 828 92 78. Poupées, kilts et nappes réalisés par de jeunes handicapés.

Minh Tam, 2 Hang Bong *(A2)*, ☎ (04) 828 99 07. Laques coquille d'œuf à motifs originaux et laques noires ornées à la feuille d'or de très grande qualité, fabriquées dans les environs de Hanoi. De 2 $ pour des sous-verre à 30 $ pour de grands plats.

Vietnamese Ethnic Minorities Cultural Products, 40 Hang Be *(B2)*, ☎ (04) 825 19 47. Artisanat et costumes traditionnels des minorités.

Soie, broderies et vêtements - Duc Loi Silk Queen, 76 Hang Gai *(A-B2)*, ☎ (04) 826 87 58. Nappes, mouchoirs brodés et sacs de couchage en soie.

Hoa Sua, 63A Trang Thi *(A3)*, ☎ (04) 934 27 92. Broderies d'excellente qualité sur organdi, soie ou drap de coton.

Ipa-Nima, 30B Nguyen Huu Huan *(B2)*, ☎ (04) 934 08 76. Sacs à main délirants, brodés ou emperlés.

Khai Silk, 96 Hang Gai *(A-B2)*, ☎ (04) 825 42 37. Le plus chic des magasins de vêtements en soie. Quelques articles en lin et en coton. Autre boutique au 121 Nguyen Thai Hoc.

Pinochio, 32 Hang Bong *(A2)* (près du carrefour avec Ly Quoc Su), ☎ (04) 928 51 85. Variations étonnantes sur la soque et la tong à semelle de bois.

Song, 7 Nha Tho *(B2)*, ☎ (04) 828 96 50. Une jolie ligne de vêtements en lin ou en coton, et de linge de maison délicatement brodé.

Tan My, 109 Hang Gai *(A-B2)*, ☎ (04) 825 15 79. Excellente adresse pour les nappes et coussins brodés.

Galeries - Des petites gouaches, xylographies ou aquarelles pour une poignée de dollars aux créations contemporaines à 1 000 $ et plus.

Apricot Gallery, 40B Hang Bong *(A2)* (voisine de Co Do, près du carrefour avec la ruelle Tam Thuong), ☎ (04) 828 89 65. Exposition très éclectique, à tous les prix.

Co Do Gallery, 46 Hang Bong *(A2)*, ☎ (04) 825 85 73. Exposition de peintres abstraits et d'artistes du laqué dans une maison-tube aux cours recréées par des artistes contemporains.

Fine Art Association Exhibition House, 16 Ngo Quyen *(B3)*, ☎ (04) 824 18 45. Galerie officielle. **Mai Gallery**, 3B Phan Huy Chu, dans le quartier de l'Opéra *(C3)*, ☎ (04) 825 12 25. Ouverte en 1994 par un critique d'art dans sa propre maison.

Nam Son Gallery, 41 Trang Tien *(B3)*, ☎ (04) 826 29 93. Cette très ancienne galerie dirigée par des artistes organise diverses expos, du traditionnel au très surprenant.

Salon Natasha, 30 Hang Bong *(A2)* (au carrefour avec Ly Quoc Su), ☎ (04) 826 13 87. Pionnière des galeries privées, c'est aussi la plus audacieuse : art brut, objets compressés et détournés, œuvres de Vu Dan Tan, performances avec de jeunes musiciens.

Trang An Gallery, 15 Hang Buom *(B1)*, ☎ (04) 826 94 80. Une galerie tenue par le peintre Nguyen Xuan Thiep qui organise des expositions thématiques.

Librairies - Les **livres photocopiés** sont une grande tradition hanoienne qui permet d'acheter quantité d'ouvrages à bon marché. Vérifiez quand même la qualité des photocopies. On peut en trouver dans l'enceinte du Van Mieu, au kiosque situé près de la pagode au Pilier unique, et dans la ruelle des bouquinistes qui ouvre à hauteur du 61 Trang Tien *(B3)*, près du carrefour avec Hang Bai.

Savina (Centre national du livre), 44 Trang Tien, ☎ (04) 936 33 30. Au

1er étage, un grand choix de livres étrangers dont une belle part faite aux ouvrages français : littérature, poésie, méthodes de langue, etc.

Thang Long Bookshop, 55 Trang Tien, ☏ (04) 825 70 43. La plus grande et la meilleure librairie de Hanoi.

Hanoi Bookstore, 34 Trang Tien, ☏ (04) 824 16 14. Magazines étrangers.
Librairie vietnamienne francophone (Hieu Sach Viet Phap), 64 Trang Tien (près du carrefour avec Hang Bai), ☏ (04) 825 73 76. Quotidiens et magazines en français. Nombreux ouvrages sur le Vietnam en plusieurs langues.

HISTOIRE

Une cité sous influence

En 1010, le jeune État vietnamien déplaça le siège du pouvoir de Hoa Lu à Hanoi. Cette ville était un meilleur poste de contrôle du Nord du pays, car, située à la tête du delta du fleuve Rouge, elle bénéficiait de son réseau de communications fluviales. À ce choix stratégique s'alliaient des considérations géomantiques qu'illustre la légende de sa fondation. Abordant ces rives, le roi **Ly Thai To** vit un dragon s'élever dans les airs. En Extrême-Orient, les manifestations de cette bête bénéfique consacrent le pouvoir d'un souverain. Ainsi baptisa-t-on la cité **Thang Long**, « Envol du Dragon ».

Les Ly (1009-1225) aménagèrent leur capitale sur le modèle chinois. La cité impériale s'étendait au centre, doublée des lieux des cultes d'État : l'Esplanade pour le sacrifice au Ciel et à la Terre (détruite en 1937) et le temple de la Littérature affecté au culte de Confucius, saint patron des lettrés qui régissaient le royaume. À l'est s'étendaient les quartiers commerçants et artisans, qui s'appuyaient sur les quais de transbordement de la rivière To Lich et du fleuve Rouge. L'ensemble fut protégé des crues par une digue, élevée en 1108. Hanoi demeura capitale des dynasties vietnamiennes jusqu'au 19e s., période du transfert des instances du pouvoir à Phu Xuan (Hué). Durant cette longue séquence, la cité ne connut aucun changement notable, hormis son nom. L'un d'eux, **Dong Kinh**, « capitale de l'Est » (1427), demeura longtemps attaché à la région du Nord en devenant le Tonkin des Français d'Indochine.

De Dong Kinh au Tonkin

Le 19e s. sonna, pour un temps, le glas de Hanoi. En 1802, **Gia Long** contrôlait tout le pays. Anticipant l'insoumission des gens du Nord, il fixa sa capitale à Hué, base traditionnelle des seigneurs Nguyen, et ordonna en 1805 de réduire l'ancienne citadelle pour la ramener à des normes plus modestes que celles de ses palais d'Annam. En 1831, lorsque Minh Mang créa les divisions administratives de l'empire, la cité devint la résidence du gouverneur de la province de Hanoi. Sous le règne de Tu Duc, les derniers palais furent démolis, et toutes les richesses transférées à Hué.

En 1873, dans la foulée des guerres de l'Opium menées en Chine, les Français arrachèrent une concession de 2,5 ha, au sud de la cité. Puis ils élargirent leur emprise avec la mise en place du protectorat de l'Annam-Tonkin en 1883, puis de l'Union d'Indochine en 1887, dont Hanoi, entièrement concédée aux Français, fut la capitale. La ville devint un greffon des institutions républicaines, tout juste rétablies en France, et la citadelle de Gia Long, jugée anachronique, fut rasée en 1896-1897.

Capitale de l'Indochine

De 1888 à 1945, les Français d'Indochine réglèrent le sort de leurs colonies asiatiques (Vietnam, Laos et Cambodge) depuis la résidence du gouverneur général à Hanoi. Les aménagements effectués dans la capitale coloniale au tournant du 19e s., inspirés de l'éclectisme architectural en vigueur sous la IIIe République, modifièrent durablement la physionomie de la ville. Des villas de style néorégionaliste ou néorenaissance apparurent sur l'ancien territoire de la concession et à l'emplacement de la citadelle démolie. **Auguste-Henri Vildieu**, chef du service des Bâtiments civils d'Indochine, logea les instances administratives dans des édifices néoclassiques, dont témoignent toujours la résidence du gouverneur, le bureau des Postes et Télégraphes ou l'Opéra. Le centre-ville fut peu à peu électrifié, et la première ligne de tramway inaugurée en 1917. Les soirs d'été et le dimanche, la société élégante sortait en rickshaw, un moyen de transport importé du Japon et que rendaient silencieux ses roues équipées de pneumatiques, fabriqués avec le caoutchouc des plantations coloniales. Pourtant, la capitale indochinoise ne connut pas le destin brillant de Shanghai, de Hongkong ou de Singapour, autres nouvelles métropoles asiatiques alors en plein essor. Hanoi n'était pas un port et celui de Haiphong, auquel elle était reliée par un service de vapeurs, demeurait à l'écart des grandes routes du trafic maritime.

Guerres et paix

Hanoi fut au centre du processus d'indépendance engagé par Ho Chi Minh lors de la révolution d'août 1945, au sortir de l'occupation japonaise. Le 2 septembre de la même année, il choisit la place Ba Dinh, site de l'ancienne citadelle et quartier général de l'administration coloniale, pour proclamer la naissance de la **république démocratique du Vietnam**. Après neuf ans de guerre d'Indochine, le 9 octobre 1954, les forces françaises quittèrent Hanoi, mais celle-ci n'était plus capitale que jusqu'au 17e parallèle. Le nouveau pouvoir ne connut que dix années de répit pour industrialiser la région et remodeler la ville, recourant à une politique collectiviste de grands travaux basée sur le volontariat. En février 1965, les B52 américains envahirent le ciel du delta et la survie s'organisa au gré des sirènes et des longues nuits passées dans les abris antiaériens. Hanoi se replia dans le réseau restreint des échanges avec Cuba et l'Albanie, sous la houlette du « grand frère » soviétique.

La capitale du Vietnam réunifié

La vieille capitale royale, pôle culturel et berceau historique des Vietnamiens, devint celle du pays unifié en 1976. Sur la place Ba Dinh, les nouvelles institutions nationales occupèrent les anciens bâtiments publics français, ou les côtoyèrent dans des édifices construits avec le partenariat soviétique. Une grande partie des années 1980 fut employée à doter Hanoi et sa région de nouvelles infrastructures, les anciennes ayant été anéanties par les années de guerre. La plus notable fut la construction du pont Thang Long qui désenclave la ville au nord et la relie à l'aéroport de Noi Bai. Les quartiers de Thanh Xuan et de Gia Lam reçurent les principaux équipements industriels. Le **Doi Moi**, la « politique d'ouverture et de changement » qui accompagna l'arrêt de l'aide financière soviétique en 1986, fit entrer la cité dans sa physionomie actuelle.

VISITE

Hanoi est une agglomération de sept arrondissements (Hoan Kiem, Ba Dinh, Dong Da, Hai Ba Trung, Tay Ho, Cau Giay et Thanh Xuan) couvrant une superficie de 2 146 km². Le périmètre du promeneur est beaucoup plus réduit. Le visiteur pressé pourra emprunter moto (xe om) ou taxi pour rallier les principaux centres d'intérêt, mais le flâneur curieux sillonnera la ville, où musées et pagodes ne sont que prétextes pour découvrir des tranches de vie hanoienne.

Le **lac Hoan Kiem** (Plan I) constitue le cœur du centre-ville. Il est bordé au nord par le **quartier des Trente-Six Guildes** (Plan I), le damier des corporations de l'artisanat et du commerce, grandi entre les quais du fleuve Rouge, à hauteur du pont Long Bien, et le flanc est de la citadelle. C'est lui qui confère à Hanoi sa personnalité si chaleureuse et y sont installés nombre des hôtels bon marché. Au sud du lac, l'**ancienne concession française** (Plan I), marquée de constructions de la Belle Époque, correspond au tracé orthogonal qui s'étend entre l'Opéra et la cathédrale. Plus au sud encore, à la limite des arrondissements de Hai Ba Trung et de Dong

Sur le pont Long Bien

Da, le quartier étudiant autour du **parc Lénine** (Plan II) offre peu de curiosités, mais une atmosphère particulière. L'arrondissement nord-est englobe quant à lui le secteur de la citadelle. Symbole national, la place **Ba Dinh** (Plan II) voit se côtoyer les édifices commémoratifs de l'indépendance du Vietnam et les villas édifiées par les Français autour du palais du gouverneur général d'Indochine, actuel palais présidentiel. Au nord de la place, autour du **lac de l'Ouest** (Plan II), vous dénicherez quelques-uns des plus beaux temples de Hanoi.

LE QUARTIER DES TRENTE-SIX GUILDES★★

(Plan I) Prévoyez une demi-journée.

La vieille ville de Hanoi est un labyrinthe où il fait bon se perdre. Pas un trottoir qui n'ait ses commerces de poche, improvisés autour d'un brasero, d'une bassine d'huile fumante, de quelques pains dans un panier en plastique fluo ou de cigarettes vendues à l'unité. Ce quartier prit forme sous les Ly, lorsque s'établirent les premières guildes d'artisans, réquisitionnées par le pouvoir royal pour son usage et celui de la cour. Au 15e s., leur nombre fut fixé à 36. Équivalent urbain de l'organisation rurale, chaque quartier de guilde *(hang)* rassemblait des artisans exerçant un même métier et originaires d'un même village, greffant à Hanoi leurs pagodes, leurs temples de héros tutélaires *(den)* et leurs maisons communales *(dinh)*. Ils s'articulaient en rues *(pho)*, où s'alignaient les boutiques spécialisées dans les objets fabriqués sur place. Le quartier des corporations, aujourd'hui entre mutation et réhabilitation, est peu à peu déserté par ses habitants. Ceux qui en ont les moyens préfèrent vivre ailleurs que dans ce musée architectural surpeuplé, dont beaucoup de maisons manquent des équipements les plus élémentaires. De vieux Hanoiens nostalgiques murmurent que l'argent a fait plus de mal à ce quartier que n'en firent les bombardements américains.

Le lac Hoan Kiem★ (le lac de l'Épée restituée)

(B2-3)

Ancien bras du fleuve Rouge devenu lac résiduel, il forme la limite sud de l'ancienne ville commerçante. Ses berges furent aménagées en promenade publique dès le début des années 1930. Elles sont aujourd'hui fréquentées à toute heure, mais avec une préférence marquée pour les petites heures de l'aube, lorsqu'elles deviennent le terrain de prédilection des Hanoiens de tout âge qui y pratiquent leur sport de plein air favori : jogging, badminton ou taï-chi-chuan.

▶ Un joli pont de bois dessert le **temple de la Montagne de Jade★★** *(Den Ngoc Son)* (7h30-18h30, 2 000 VND), édifié au 19e s. sur un îlot du lac, à l'emplacement d'un ancien palais des seigneurs Trinh. Il est dédié au dieu de la Littérature Van Xuong, au général Tran Hung Dao, vainqueur des Mongols au 13e s., et au génie de la Médecine La To. Dans une salle latérale gît une tortue géante naturalisée, découverte dans les eaux du lac en 1968. C'est peut-être ici que l'histoire croise la légende… Au milieu du lac, l'**île de la Tortue**, avec sa tour qui mériterait un sérieux rafraîchissement, commémore cet épisode merveilleux, ainsi, bien sûr, que le nom de baptême du petit lac.

Temples et maisons-tubes★★

(B1-2)

▶ Au nord du lac court la très passante **Hang Dao** (« rue des Fleurs de Pêcher ») avec ses maisons début 20e s. aux façades occidentalisées. Elle était la « rue de la Soie » des Français d'Indochine et son nom vietnamien fait allusion à la couleur rose, alors à la mode pour teindre les articles en soie. Ce rôle est dévolu aujourd'hui à sa voisine, **Hang Gai** (« rue du Chanvre »), où se trouvent plusieurs magasins de soieries réputés.

▶ Parallèlement à Hang Dao, **Dinh Liet**, la rue des *com pho*, est coupée par Gia Nu où se déploient un marché de vêtements (à l'ouest) et des stands de spécialités culinaires (à l'est). Dinh Liet délimite désormais, avec **Hang Bac** (« rue des Orfèvres ») et **Hang Be** (« rue des Canots »), le quartier d'une corporation d'un genre nouveau : les mini-hôtels pour budgets serrés qui ont poussé comme des champignons dans les années 1990.

▶ Dans Hang Bac, qui est la plus vieille artère urbaine de Hanoi (13e s.), le commerce des orfèvres s'est éteint avec le transfert de la capitale à Hué au 19e s., et celui des marbres funéraires l'a remplacé sur la portion est. Elle débouche sur Nguyen Huu Huan, qui prolonge la très chic rue Ly Thai To dans un registre très différent : c'est le quartier des marchands de meubles en contreplaqué, des *bia hoi* fréquentés par de vieux Hanoiens coiffés de béret (n° 20 et 67) et du **café Lam** (n° 60). Nguyen Van Lam ouvrit ce café en 1956. Peu à peu, les murs de l'établissement se couvrirent de gouaches, d'aquarelles, de peintures à l'huile, données par des artistes pour payer les longues heures passées ici à boire et discuter. Ces tableaux, réalistes pour la plupart, forment une chronique de Hanoi et d'un art vietnamien influencé par la peinture occidentale, enseignée autrefois à l'École des beaux-arts de l'Indochine. *Revenez dans Hang Bac.*

▶ De Hang Bac, poursuivez dans **Ma May★** (« rue du Rotin »), où la ville de Toulouse a financé la réhabilitation d'une superbe maison-boutique en bois et maçonnerie (n° 87). Vous parvenez

ainsi dans **Hang Buom** (« rue des Voiles »), encore empreinte de l'atmosphère du quartier au 19e s., mâtinée de touches chinoises. S'il y a une exposition dans la **galerie Trang An★**, au n° 15, profitez-en pour découvrir l'art vietnamien contemporain dans une maison traditionnelle magnifiquement restaurée.

▶ Derrière une porte aux lourds vantaux de bois, le **temple du Cheval blanc★** *(Den Bach Ma)* *(76 Hang Buom, 8h-11h30, 14h-17h30)* est le plus vieil ensemble religieux du quartier (11e s.), mais son aspect actuel, fortement marqué d'influences chinoises, doit beaucoup à une importante restauration effectuée au 19e s. Il est dédié au génie tutélaire **Long Do** qui aida le roi Ly Thai To lors de la création de Thang Long. Considéré comme l'esprit gardien de l'Est, il formait un dispositif sacré avec le temple Quan Thanh au nord *(voir p. 173)*, le temple Voi Phuc à l'ouest, et Kim Lien au sud.

Les marchés de la vieille ville★

(A-B1)

▶ Si vous avez plus de temps à consacrer à la visite de ce quartier, vous pouvez pousser votre excursion plus au nord. Vous croisez **Hang Chieu** (« rue des Joncs »), barrée à l'est par la **porte Quan Chuong** (1749), seul ouvrage subsistant des seize portes de l'enceinte fortifiée qui enfermait les villages du quartier commerçant jusqu'au 19e s. Plus au nord encore s'élève le **marché Dong Xuan★** *(Cho Dong Xuan)*, le plus grand de Hanoi. Construit par l'administration coloniale, il fut endommagé par un incendie en 1994 et ne conserve plus que la façade de la halle originale. Dans cette version hanoienne de La Samaritaine, on trouve tout sur trois étages. Une excellente adresse si vous recherchez des objets traditionnels et bon marché. De là rejoignez Gam Cau, encore plus au nord, et prenez la direction du fleuve Rouge.

▶ Construit en 1897-1902, le **pont Long Bien** (ex-pont Paul-Doumer) étire sa carcasse de métal entre les rives du

Les reines de la rue

Le marché Long Biên est le QG des porteuses de Hanoi. Originaires des environs et des provinces voisines, elles représentent 90 % des effectifs de ce métier de rue. Âgées de 30 à 50 ans, elles travaillent d'arrache-pied pour subvenir aux besoins de leur famille déshéritée, assurer les soins d'un mari malade et la scolarisation de leurs enfants. Il leur faut travailler par tous les temps, transporter des charges de 40 à 50 kg, partager à plusieurs un abri précaire pour économiser et envoyer 300 000 dongs mensuels chez elles. Croûlant sous les paniers de fruits venant du delta du Mékong, disparaissant sous des brassées de dahlias et de glaïeuls, ou des articles ménagers en plastique coloré, elles sont des milliers, chaque jour, à arpenter les rues de la capitale.

fleuve et fut longtemps son seul point de franchissement. Désormais doublé par le **pont Chuong Duong**, à 650 m en aval, qui relie Hanoi à Gia Lam, il ne sert plus qu'au passage des trains, des vélos et des piétons. Sous le pont Long Biên s'étend le **marché★** *(Cho Long Biên)* le plus fascinant de la ville. Il fonctionne 24h/24, avec deux temps forts, entre 2h et 5h30, puis 15h et 18h, quand des camions venus de tout le pays viennent y décharger leurs cargaisons de fruits, de poissons et de crevettes séchées.

L'ANCIENNE CONCESSION FRANÇAISE★

(Plan I) Comptez une demi-journée, voire une journée si vous visitez les musées.

Attention, la plupart des musées sont fermés le lundi.

Le premier quartier investi par les Français s'étendait au sud-est de la vieille ville. On repère aisément le tracé de ses avenues au cordeau sur le plan de la ville aujourd'hui. Ici, on croise d'intéressantes architectures coloniales, dans une atmosphère bien plus animée que celle des sévères ambassades de Ba Dinh.

Le « petit Paris » et l'avenue de l'Opéra★ (Trang Tien)

(B-C3)

▶ Les instances municipales ont investi les bâtiments abandonnés par l'administration coloniale, dans le périmètre situé entre Dinh Tien Hoang et les cafés chic de Ly Thai To, au nord de Trang Tien. Repeintes de frais, ces constructions forment un ensemble très Belle Époque, au voisinage de l'hôtel Métropole et du **jardin Indira Gandhi** *(Chi Linh)*. L'ex-square Paul-Bert, créé lors de l'aménagement des rives du lac en 1886, a gardé son kiosque à musique de style indochinois. Côté lac, la poste occupe toujours le **bureau des Postes et Télégraphes** conçu par Vildieu, mais un bâtiment plus radicalement soviétique a été construit à l'emplacement de la mairie IIIe République, désormais siège du Comité populaire de Hanoi. À l'autre bout du square, la Vietcombank a déménagé en 2000 d'un des édifices les plus étonnants du style colonial international : la **banque d'Indochine★**, construite en 1930 par Georges-André Trouvé, qui mêle motifs Art déco et citations indochinoises. À l'entrée de Ngo Quyen (ex-boulevard Henri-Rivière), le gouvernement a réquisitionné l'imposant édifice néoclassique de la **résidence supérieure du Tonkin** pour y installer sa maison d'hôte. Juste en face, au n° 15, le plus vieux palace de Hanoi (1901), le **Métropole**, est peut-être l'un des lieux les plus chargés de l'histoire contemporaine de la ville, car de nombreuses personnalités se sont croisées ici.

▶ L'avenue de l'Opéra *(Trang Tien)* était l'axe principal de l'ancienne concession française, entre le fleuve Rouge et la citadelle. Au début du 20e s., elle accueillait Les Magasins réunis, le Crédit foncier, la Banque franco-chinoise, l'Imprimerie d'Extrême-Orient et le Club des vétérans. Avec ses galeries d'art, ses librairies et ses arcades ombragées débouchant sur la place de l'Opéra restauré, l'ancienne rue Paul-Bert a fière allure. Son nom vietnamien actuel, Trang Tien, rappelle l'existence de l'ancienne « sapèquerie » où l'on frappait la monnaie du royaume. Inspiré du palais Garnier de Paris, l'**Opéra** *(Nha Hat Lon)* ferme la perspective. Construit entre 1901 et 1911, il était l'unique opéra de style européen à l'est du Caire. Sa programmation (spectacles de magie et orchestres militaires) ne fut pas toujours à la hauteur, et « aller au concert » était surtout l'occasion de se montrer habillé à la dernière mode d'Europe. En août 1945, le comité d'insurrection organisa le premier rassemblement pour l'indépendance du haut de ses balcons. Aujourd'hui, de nombreux concerts et spectacles y sont donnés.

▶ À l'est de l'Opéra se dresse le **musée d'Histoire★** *(Bao Tang Lich Su) (1 Pham Ngu Lao, 8h-11h, 13h30-16h30, fermé le lundi, 15 000 VND. Comptez 1h de visite)*. Dessiné par Ernest Hébrard, l'édifice puise dans le répertoire architectural tonkinois, comme ces bras de console agencés pour former la grande coupole. N'espérez toutefois pas trop ressortir avec une vision synthétique de l'histoire du Vietnam. Seules les étiquettes sont trilingues (avec une traduction parfois curieuse), les panneaux d'explication et les cartes étant en vietnamien uniquement. Vous en apprendrez davantage au musée des Beaux-Arts *(voir p. 172)*.

L'intérêt de l'institution réside surtout dans sa remarquable sélection de **statuaire chame★★**, exposée à l'étage de la rotonde : 50 sculptures à observer en tournant dans le sens des aiguilles d'une montre. De la première époque (7e-10e s.) aux audacieuses combinaisons de formes de la fin du 11e s., en passant par les bouddhas assis du Dong Duong (10e s.), tout le meilleur de la plastique du royaume indianisé est représenté.

Il faut une solide imagination pour restituer ce que pouvaient être les citadelles et capitales du 15e au 18e s. à travers ce qui est exposé : des briques, des dalles de pavement aux motifs d'inspiration chinoise et quelques menus objets de métal. L'**art céramique** en revanche est bien illustré. On assiste à l'essor de la céramique des 14e-15e s., avec des pièces de Bat Trang et de Chu Dau ornées à la mode des « bleu et blanc » de Chine, jusqu'aux expériences des 17e-18e s.

La courte dynastie des Tay Son (1778-1802) est bien représentée avec un bel ensemble de **statuaire bouddhique** en bois laqué. La cour des Nguyen (1802-1883) à Hué offre la collection la plus diversifiée (meubles et objets d'apparat : sièges, coffres et autels en bois sculpté laqué rouge et or, écrans, plateaux et boîtes en bois sombre incrusté de nacre). Parmi les documents, vous remarquerez une photographie de la citadelle de Hué en 1932, avec son alignement de toitures à la mode de la cité impériale de Pékin, et une série d'**aquarelles★** représentant la cour. Les dernières vitrines content le destin du pays sous l'administration coloniale, puis la révolution.

▶ Dans le voisinage, les curieux pourront visiter d'autres collections. Le **musée de Géologie** *(Bao Tang Dia Chat) (6 Pham Ngu Lao, 8h-12h, 13h30-16h30, fermé le dimanche)* permet d'en apprendre davantage sur les reliefs karstiques du Bac Bo.

▶ Quant au **musée de la Révolution du Vietnam** *(Bao Tang Cach Mang Viet Nam) (25 Tong Dan, 8h-11h30, 13h30-16h, fermé le lundi, 10 000 VND)*, il occupe le premier édifice public français implanté en 1875 : la Direction des douanes et des mines de l'Indochine. Des documents y retracent la lutte pour l'indépendance et l'histoire du Parti communiste vietnamien.

Le long de l'avenue Ly Thuong Kiet★

(A-B3)

▶ Les avenues Hai Ba Trung (ex-boulevard Rollandes) et Ly Thuong Kiet (ex-boulevard Carreau) furent tracées en 1897 et quelques villas remontent à cette époque. Certaines hébergent de luxueuses résidences ou des bureaux d'ambassades, mais d'autres sont squattées par des familles, de petits restaurants ou autres commerces improvisés.

▶ En remontant l'avenue Ly Thuong Kiet vers l'ouest, vous trouvez à hauteur du carrefour avec Hang Bai le **musée des Femmes vietnamiennes★** *(Bao Tang Phu Nu Viet Nam) (36 Ly Thuong*

Kiet, 8h30-11h30, 13h30-16h, fermé le lundi, 10 000 VND). Derrière un discours (très) idéologique, se cachent des expositions émouvantes sur des sujets aussi variés que le culte des déesses-mères ou le rôle des femmes pendant la guerre du Vietnam et dans le quotidien du pays.

▶ Au pied des gratte-ciel utramodernes de Melia et de Hanoi Tower Center, engouffrez-vous au n° 43 dans le **marché du 19 Décembre★** *(Cho 19.12),* ainsi baptisé pour commémorer une victoire sur la France. Ses étals de légumes, de viandes et de condiments sont un modèle de propreté, les poissons séchés sont vendus sous plastique, et les épices sont joliment présentées dans leurs emballages de kraft. Les âmes sensibles oublieront les cuissots de chien exposés à l'entrée, sur Ly Thuong Kiet.

▶ Au détour de la rue, un porche est surmonté de l'inscription sans équivoque « Maison centrale ». La **prison Hoa Lo** *(Nha Thu Hoa Lo) (1 Hoa Lo, au carrefour Tho Nuom-Ly Tuong Kiet, 8h-11h, 13h30-16h30, fermé le lundi, 10 000 VND)* servit de geôle à l'administration coloniale avant d'accueillir les pilotes américains capturés par les Vietnamiens. Transformée en musée, elle retrace les mauvais traitements infligés aux prisonniers politiques par les Français et le séjour, présenté sous un jour presque idyllique, des captifs américains qui avaient baptisé la prison « Hanoi Hilton ».

▶ On repère à ses longs murs jaunes à claire-voie, la **pagode des Ambassadeurs** *(Chua Quan Su) (73 Quan Su, entre Ly Thuong Kiet et Trang Hung Dao, 6h-17h)* édifiée au 15e s. dans un quartier affecté au logement des ambassades en visite à Thang Long. En 1822, le temple fut restauré à l'usage des soldats d'une garnison voisine, puis accueillit en 1934 le siège de l'Association bouddhiste du Tonkin. Il fut alors reconstruit sous l'aspect qu'on lui voit aujourd'hui. Les salles ont été dotées de belles pièces de bois sculpté et laqué, telle cette énorme suspension de dragons enroulés portant le Bouddha enfant. Très fréquentée par une population féminine, la pagode héberge l'Institut d'études bouddhiques du pays.

Le quartier de la cathédrale★

(A-B2)

▶ Remontez vers l'avenue Trang Thi pour emprunter la rue Phu Doan, puis la ruelle Au Trieu qui longe le chevet de la **cathédrale Saint-Joseph** *(Nha Tho Lon) (5h-7h, 17h-19h).* Sa façade à deux tours carrées, édifiée entre 1883 et 1891 dans un style néogothique d'inspiration Viollet-le-Duc, domine le parvis qui sert de cour de récréation au collège voisin. La statue de la Vierge à l'Enfant a conservé son inscription « Regina Pacis », et la cloche sonne toujours les heures dès 6h du matin. Le dimanche, jour de grand-messe, la place voit un envol de dames et de demoiselles en *ao dai,* que l'on ne porte à Hanoi que dans les grandes occasions.

▶ La rue Nha Tho est aujourd'hui le quartier des expats branchés qui ont converti ses belles demeures en boutiques et cafés chic. Au n° 3, un porche ouvre sur la cour de la **pagode de la Dame de Pierre** *(Chua Ba Da) (7h-11h30, 13h30-18h30).* Reconstruite au 18e s., elle fut fondée au 15e s. pour abriter un bloc de pierre, découvert lors de travaux de terrassement dans la citadelle, dans lequel les ouvriers avaient vu l'apparence d'un Bouddha féminin. Ne cherchez pas l'image, remplacée depuis par une statue en bois.

▶ Beaucoup plus ancienne, fondée en 1131, mais restaurée en 1855 et 1954, la **pagode Ly Trieu Quoc Su★** *(50 Ly Quoc Su, 6h-17h)* possède le cachet indéfinissable des pagodes hanoiennes, avec son triple porche chantourné, ses caractères chinois et son débordement de banians sur la rue.

AUTOUR DU PARC LÉNINE

(Plan II C4) Prévoyez 2h.

Tout près de l'ambassade de France, dans un quartier résidentiel calme composé de quelques villas huppées, vous pouvez vous échapper vers le sud en suivant la ruelle Ha Hoi. Vous parvenez ainsi au petit **lac Thien Quang**, bien tranquille avec ses pêcheurs à la

Valse de non au marché aux fleurs

ligne et ses salons de coiffure improvisés autour d'un miroir, ses cafés-karaokés et ses pédalos en forme de cygne, de phénix ou de dragon... Il jouxte le **parc Lénine**, le plus grand de la ville *(5h-22h30, entrée payante)*, dont le cirque perpétue les grands numéros de la tradition soviétique : acrobaties et ours roulant à vélo *(voir « Loisirs », p. 159)*. Le jardin a été créé à la fin des années 1950 dans le cadre des journées de travail socialistes, en assainissant ce qui n'était alors qu'une décharge sur un terrain marécageux. À l'est, autour de Nguyen Du et Mai Hac De, c'est le quartier étudiant, avec de nombreux cafés et restaurants populaires.

BA DINH★

(Plan II) Prévoyez une journée de visite.

La place Ba Dinh est située au nord-est du lac Hoan Kiem. Vous pouvez vous y rendre en taxi ou en xe om. Attention, de nombreux monuments sont fermés les lundi et vendredi, et le mausolée de Ho Chi Minh ne se visite que le matin.

Arrêtez-vous déjeuner dans un *bun cha* de Tong Duy Tan.

Du 11e s. à nos jours, Ba Dinh fut le théâtre du pouvoir. Ce quartier très officiel n'a guère d'atmosphère, mais offre une étonnante anthologie d'édifices, où cohabitent temples classiques du 11e s., architectures de la IIIe République française et imposants monuments nationaux construits dans le style soviétique. Un cocktail détonant auquel il faut ajouter le vieux temple de la Littérature, qui bordait l'ancienne cité royale au sud. Le dimanche, l'austère Ba Dinh s'anime du débordement chaleureux des Vietnamiens venus visiter leurs monuments nationaux.

Les monuments de la place Ba Dinh

(B2-3)

Le site où Ho Chi Minh proclama l'indépendance du Vietnam fut entièrement réaménagé à partir des années 1970 en une vaste esplanade rectangulaire, plantée de 168 carrés d'herbe pour évoquer le damier des rizières du delta. Autour s'élèvent les façades des organes politiques et diplomatiques du pays.

▶ Au nord, le **palais présidentiel** est installé derrière la façade dessinée par Auguste-Henri Vildieu (1901-1906) pour le gouverneur général, et l'ancien lycée Albert-Sarraut (1919), que fréquentaient les jeunes Français et l'élite vietnamienne, héberge le siège du **Comité central**. À l'angle de Hoang Van Thu, les volumes 1930 de l'ex-Cercle sportif abritent le **club Ba Dinh**, destiné aux membres retraités du Parti. Il voisine avec l'**Assemblée nationale**, construite en 1970 dans le style néoclassique soviétique. En face, sur le côté ouest, s'élèvent différents monuments élevés à la mémoire du « Père de la nation ».

▶ Le palais présidentiel ne se visite pas, mais on peut pénétrer dans le **parc Bach Thao**, un ancien jardin botanique de 20 ha, établi en 1890 pour servir d'arboretum à diverses essences recueillies dans les colonies d'Indochine *(accès par la rue Hoang Hoa Tham ou la rue Ngoc Ha, 8h-17h, entrée payante)*. Une allée de manguiers conduit à la **maison sur pilotis de Ho Chi Minh★** *(Nha San Bac Ho) (accès par Hung Vuong, 5 000 VND)*, dans laquelle il vécut et travailla de 1958 à 1968. Sa sobriété contraste avec les fioritures stuquées du palais voisin. Au rez-de-chaussée, derrière des fenêtres simplement fermées de stores, Ho Chi Minh tenait ses conseils de guerre autour de la grande table de conférence. Sa chambre et son bureau se trouvaient à l'étage.

▶ Au sud du palais présidentiel, surplombant la place Ba Dinh, s'élève la lourde silhouette de marbre gris du **mausolée du président Ho Chi Minh** *(Chu Tich Ho Chi Minh) (7h30-10h30 en été et 8h-11h en hiver, fermé les lundi et vendredi et durant les mois d'octobre et novembre, entrée gratuite. La consigne au 8 Hung Vuong, ☎ (04) 845 51 28 ou (04) 845 55 20, est obligatoire, car appareils photo, sacs, chapeaux et casquettes sont interdits. Il est défendu de garder ses mains dans les poches et de parler ou de circuler en voiture et* à *moto devant le mausolée)*. Chaque dimanche, la file des visiteurs venus saluer l'Oncle Ho s'étire sur plusieurs centaines de mètres. Leur attente est récompensée par l'autorisation de traverser, en une minute à peine, la salle baignée d'une lumière sépulcrale, où repose la dépouille embaumée du leader. Au même titre que ceux de Lénine et de Mao, le mausolée (1973-1978) est une curiosité léguée par une idéologie qui déposait les dieux pour encenser ses idoles politiques.

▶ À quelques mètres au sud du mausolée, la **pagode au Pilier unique★** *(Chua Mot Cot) (Ong Ich Kiem, 7h-11h30, 13h30-17h)* est un rare souvenir de la Thang Long du 11ᵉ s. Le pavillon en bois, à la toiture élégamment relevée, est posé sur un unique pilotis au milieu d'un bassin. Cette pagode d'un modèle sans lendemain fut élevée en 1050 par Ly Thai To, à l'issue d'un rêve où il eut la vision du palais du Lotus de Quan Am. C'est ce que dit la légende. Pour les ethnologues, elle trahirait plutôt une analogie avec les niches cultuelles que les paysans édifiaient sur des poteaux, en des temps reculés, pour les esprits des rizières et des forêts. L'édifice fut reconstruit à l'identique en 1249, sous la dynastie des Tran. Le pavillon actuel fut relevé sur un pilier de béton en 1955, après sa destruction lors des dynamitages qui accompagnèrent l'évacuation de Hanoi par les Français.

▶ Le **musée Ho Chi Minh★** *(Bao Tang Ho Chi Minh) (3 Ngoc La, 8h-11h, 13h30-16h, fermé les lundi et vendredi, 5 000 VND. Laissez sacs et caméras au vestiaire)* fut construit avec l'aide de l'URSS entre 1985 et 1990. Sa muséographie peut vous laisser perplexe si vous ne connaissez pas un minimum d'histoire du Vietnam et de la biographie de Ho Chi Minh, mais vous pouvez néanmoins y consulter de nombreux documents d'archives et photographies. Mémorial d'une conception audacieuse, il combine réalisme socialiste et mythologie traditionnelle vietnamienne : une **statue** colossale de Ho Chi Minh accueille le visiteur en levant la main dans un geste d'enseignement, sur un

fond de soleil émergeant des nuages. Le parcours suit les étapes de la vie du leader, de son enfance à ses voyages en Europe et en Chine, à travers des mises en scène très fortes (espace noir et blanc autour des figures de Guernica pour dénoncer le fascisme, fleur aux pétales métalliques symbolisant l'unité du Parti communiste, arc-en-ciel annonçant la réunification). Un **autel funéraire**, élevé devant le rideau de pluie de l'automne 1969, évoque la mort du leader.

Le quartier des ambassades

(B-C3)

▶ Installé dans le batiment de la Direction des finances, construit en 1931 par Hébrard dans le style indochinois, le **ministère des Affaires étrangères** ferme la place Ba Dinh au sud, là où commence l'avenue Dien Bien Phu. Celle-ci est bordée d'une suite continue de villas françaises, aujourd'hui sièges d'ambassades. Cette promenade architecturale est d'autant plus agréable que les trottoirs sont larges et ombragés.

▶ Le **musée de l'Armée★** *(Vien Bao Tang Quan Doi) (28 Dien Bien Phu, 8h-12h/13h-16h30, fermé les lundi et vendredi, 10 000 VND. Comptez 30mn de visite)* s'étend au pied de la **tour hexagonale du Drapeau** *(Cot Co)* qui fut élevée en 1812, sous le règne des empereurs Nguyen *(accès possible aux heures d'ouverture du musée)*. Dans la cour, un enchevêtrement de ferraille, avions abattus et prises de guerre, annonce la couleur : le musée est tout entier dédié aux longs conflits que vécut le pays. Un pavillon est consacré à la bataille de Dien Bien Phu avec une maquette, des images filmées à l'époque, et la fameuse bicyclette viet-minh qui servit au transport de l'artillerie. D'autres salles exposent cartes de campagnes, reliques, armes et photos très émouvantes, notamment de la guerre contre les Américains.

▶ Un peu plus bas, le **parc Chi Lang** est un clin d'œil au grand frère russe. Il fut aménagé en 1985-1987 pour célébrer le

70e anniversaire de la révolution soviétique et accueillir une **statue de Lénine** spécialement importée d'URSS.

Pour gagner le musée des Beaux-Arts, empruntez la rue Tran Phu, le long de laquelle des grilles protègent du regard les villas cossues.

▸ Derrière la façade couleur vanille et café d'un ancien lycée de jeunes filles, le **musée des Beaux-Arts**★★ *(Vien Bao Tang My Thuat) (66 Nguyen Thai Hoc, au coin de Cao Ba Quat, 9h15-17h, fermé le lundi, 10 000 VND. Comptez 1h de visite)* explore sur trois étages le patrimoine artistique du pays. Les salles du rez-de-chaussée débutent avec l'**art du Dong Son**, rare occasion d'admirer la virtuosité des bronziers de ces âges (1er millénaire av. J.-C.). Les objets d'apparat déploient figures humaines ou animales, traitées avec beaucoup de verve. Rares sont les **sculptures chames**, mais de belle qualité : une jolie danseuse de Tra Kieu (9e-10e s.), un buste féminin d'un grand classicisme, un joueur de flûte à l'air mélancolique et un danseur cambré comme un esclave de Michel-Ange.

On peut se faire une idée complète de la sculpture vietnamienne du 10e au 18e s., mais attention, certaines sont des copies non signalées. La délicatesse de l'**art des Ly** (1009-1225) transparaît dans sa sculpture architecturale : piédestal où deux lions s'enroulent pour jouer avec une perle, base de colonne ciselée d'une farandole de danseurs et musiciens. Au contraire, l'**art des Tran** (1225-1413) joue sur la vigueur de formes amples, à l'exception des claustras de porte ou de fenêtre sculptés de figurines. La renaissance artistique sous les **Le** et les **Mac** (15e-16e s.) éclate dans une Quan Am aux quarante bras, assise sur un lotus porté par un géant émergeant des flots, ou un bouddha de l'Ouest au visage penché et empreint d'une beauté androgyne (copie d'une sculpture de la pagode Phat Tich de Bac Ninh). L'**art des Le postérieurs** (1428-1789) est de facture plus fruste, mais pleine de saveur quand il s'agit de camper des scènes quotidiennes pour orner les maisons communales. Une dernière

salle présente des peintures anciennes, tels ce couple du roi Ly Nam et de sa reine exécuté en laque sur bois au 17e s., le portrait, d'une précision photographique, de Nguyen Chu Ai en costume de mandarin (début 19e s.), ou un rouleau vertical peint à l'encre sur soie représentant le retour des mandarins avec tous les honneurs.

Au 1er étage, il est question d'**art populaire** avec les estampes de Dong Ho, la broderie de Hanoi, les tableaux rituels sur bois des Tay et des Nung, et les sculptures funéraires des Gia Lai. Les salles suivantes amorcent les collections du dernier étage qui déroulent la grande séquence de la **peinture réaliste** avec des peintures à l'huile ou à la laque des élèves des Beaux-Arts. Le temple de la Littérature s'étend face au musée, mais il faut longer son mur d'enceinte pour en trouver l'entrée qui, selon les normes de la géomancie extrême-orientale, ouvre au sud.

▸ Bizarrement surnommé la « pagode des Corbeaux » par les Français d'Indochine, le **temple de la Littérature**★★ *(Van Mieu) (Quoc Tu Giam, 7h30-18h en été et 8h-17h en hiver, 10 000 VND, spectacles de théâtre et de musique classique sur demande)* est un havre d'un autre âge, avec ses bassins où se reflètent pavillons et vieux arbres. Fondé en 1070, sa construction suivit de 60 ans l'établissement de la capitale à Hanoi et l'adoption d'une bureaucratie sur le modèle chinois, placée sous l'égide de Confucius et de sa pensée. En 1076, on lui adjoignit le **Quoc Tu Giam**, ou Collège national, destiné à l'élite lettrée qui fournissait les cadres de l'empire. Durant la période des examens de recrutement, les candidats étaient cantonnés dans le **camp des Lettrés** *(Trang Thi)*, à l'est du temple, qui n'est plus aujourd'hui que le nom d'une avenue. Restauré et agrandi maintes fois, l'ensemble demeura l'institution la plus prestigieuse de la bureaucratie impériale, y compris après le transfert du pouvoir à Hué. Très endommagé durant la bataille de Hanoi en 1947, il fait l'objet d'une campagne de restauration depuis 1990 qui s'achèvera avec la reconstruction du Collège national, au nord de l'ensemble.

L'agencement du temple suit strictement le protocole des temples chinois, soit une succession de cours rythmées de portiques. Dans la deuxième cour s'élève le pavillon dédié à Khue Van Cac, divinité stellaire de la Littérature. C'est un kiosque de bois ajouré de fenêtres en forme de lune (1805). Un jardin de stèles posées sur le dos de tortues de pierre borde la cour suivante. Au nombre de 82, elles répertorient les dates des examens et les noms des lettrés reçus docteurs de 1484 à 1779. Au centre, un grand bassin carré, le « puits à l'Éclat céleste », s'étend entre deux pavillons : c'est là que, à chaque cérémonie anniversaire de Confucius, on brûlait de l'encens en l'honneur des lauréats de jadis. Le temple proprement dit ferme la dernière cour, flanqué de deux salles où l'on rendait culte aux 72 disciples de Confucius, et qui font le bonheur de boutiques de souvenirs aujourd'hui. À l'intérieur, la mémoire du philosophe chinois, de ses quatre grands disciples et des dix penseurs qui s'inscrivent dans sa tradition est honorée sous la forme de tablettes, fixées sur des trônes portant leurs noms.

LES BERGES DU LAC DE L'OUEST★ (HO TAY)

(Plan II) Comptez une demi-journée.

🚲 Faites des sauts de puce à *xe om*, car les distances sont importantes, et la circulation sur les digues se révèle décourageante.

L'ancien lieu de villégiature des empereurs a connu une métamorphose radicale dans la seconde moitié des années 1990. Une intense spéculation immobilière a transformé ce qui n'était encore que villages, spécialisés dans la culture des fleurs et la fabrication du papier, en une agglomération affolante de résidences pour les nouveaux riches et la nomenclatura. Éclectiques et tape-à-l'œil, les demeures d'aujourd'hui découpent les berges en rangs serrés de « maisons de Blanche-Neige », coiffées de clochetons couverts de tuiles roses, et

de villas hollywoodiennes, avec balcons à balustres et bow-windows de verre fumé. C'est pourtant dans ce drôle de capharnaüm que l'on déniche quelques-uns des plus beaux temples de Hanoi.

Le lac de l'Ouest★ et le lac de la Soie blanche

(Ho Truc Bach) (B2)

▶ Ils forment le plus grand plan d'eau résiduel que les caprices du fleuve Rouge aient légué à Hanoi. Le nom du second évoque la mélancolie des concubines royales délaissées, qui passaient là leurs journées, cloîtrées dans les palais, à filer et à tisser la soie. Le lac lui-même, progressivement grignoté par des constructions illégales, risque bien de n'être plus qu'un souvenir. Sur sa rive sud, le **temple Quan Thanh★★** *(Den Quan Thanh) (Thanh Nien, 8h-16h, 5 000 VND)* fut fondé en 1010, sous les Le antérieurs, en l'honneur de Tran Vu, le Guerrier Noir gardien du Nord, vainqueur d'un renard à neuf queues qui terrorisait la région. L'édifice actuel remonte aux 17e-18e s. et le travail du bois y est superbe : battants de porte ornés de natures mortes à la chinoise, encadrements en bois sculpté, consoles en forme de dragon. Tous les supports de charpente sont travaillés et des motifs auspicieux en bois découpé courent le long des poutres. Dans la première travée, un superbe **autel** sculpté à la mode cantonaise est encadré d'armes cérémonielles, d'enseignes et grues perchées sur des tortues. Au fond, Tran Vu s'appuie sur son glaive, où s'enroule le serpent et qui repose sur une tortue, les deux compagnons de ce génie du Nord. Fondue en 1677, avec 4 000 kg de bronze noir, sa terrible effigie domine tout l'espace de ses 3,72 m.

▶ La **route de la Jeunesse** *(Duong Thanh Nien)* sépare les deux lacs. C'est une ancienne digue, élargie dans le cadre des journées du travail des années 1960, et dont les bords furent aménagés en promenade plantée vingt ans plus tard. De la **pagode de la Défense du Pays★★** *(Chua Tran Quoc) (Thanh Nien, 7h30-11h30, 13h30-18h30, entrée libre)*, on découvre d'abord le **cimetière monastique**, petite forêt de « pagodons » en briques gravés de caractères en *nom*, au pied de grêles aréquiers. Une diguette mène à l'îlot Ca Vang (« Poisson d'Or »), traverse des cours, des travées abritant des portraits de vénérables et des autels consacrés aux immortelles jusqu'à la salle principale qui, malgré une réfection en 1815, préserve l'harmonie rustique d'une architecture du 17e s. Fondée au 6e s., cette pagode est l'une des plus anciennes du pays. Elle occupait alors les berges du fleuve Rouge. En 1615, elle fut démontée à la suite d'un glissement de terrain pour être dressée à son emplacement actuel.

Le long de Nghi Tam★

(A-B1)

▶ Plus au nord, cette digue sépare les eaux du lac de l'Ouest de celles du fleuve Rouge. La ravissante **pagode du Lotus d'Or★★** *(Chua Kim Lien)* *(Ngo 1, Au Co)* semble échouée au pied de la tour hideuse du Sheraton, laissée à l'abandon. Mais à peine franchit-on le portique d'entrée qu'opère le charme du lieu, posé comme un îlot d'encens parfumé. La statuaire est récente, mais placée sous une charpente aussi belle que celle du porche, avec ses entraits sculptés de dragons et ses bras de consoles. Les colonnes en bois sont posées sur des dalles sculptées en forme de lotus épanouis. À l'arrière, les plantes dans des pots de céramique bleu et blanc égaient un cloître moderne. La pagode fut fondée au 12e s. par une fille du roi Ly Than Tong, la princesse Tu Hoa. Celle-ci enseigna aux villageoises qui vivaient sur ces berges l'art d'élever les vers à soie et l'une d'elles entra dans le panthéon des divinités féminines, au titre de Quynh Hoa, la « princesse des Vers à soie ». C'est elle que l'on vénère dans la salle principale de la pagode, en compagnie d'une effigie de Tu Hoa.

▶ À proximité, une enclave de quelques pépiniéristes et horticulteurs est tout ce qui subsiste de ce qui avait été, jusqu'à une date récente, le paysage de l'ancien **village de Nghi Tam**. En suivant jusqu'au bout la ruelle qui le borde, vous parviendrez derrière l'hôtel Thang Loi à un petit **den** moderne dédié aux esprits du lac de l'Ouest.

▶ Situé à l'extrémité d'un promontoire, le **temple Tay Ho★** *(Phu Tay Ho) (6h-18h)* est planté au beau milieu d'un quartier résidentiel poussé en quatre ans. On y accède par une digue bordée de guinguettes *(accès interdit aux véhicules)*. Réhabilités dans les moindres détails, les lieux sont empreints d'une atmosphère de vénération, surtout les jours d'affluence *(le dimanche, ainsi que le 1er et le 15 du mois lunaire)*. Seuls les arbres de la cour attestent l'ancienneté de ce lieu de culte : un vieil arbre rampe sur le sol en direction des eaux du lac et un banian crée déjà une petite forêt. 100 % moderne, le temple est surchargé d'or, de rouge, d'ombrelles et de lampions. La **chapelle principale** est dédiée à une Sainte Mère, dont la statue est dissimulée derrière un claustra, sous la bonne garde de fonctionnaires coiffés du bonnet à ailettes. On mesure ses pouvoirs aux piles de Tiger Beer dont on lui fait offrande. En annexe, une **chapelle bouddhique** est dominée par la figure de Quan Am aux mille bras environnée d'un panthéon, logé dans une véritable crèche de Noël réalisée avec des morceaux de calcaire, ornés de fleurs et de raisins en plastique.

▶ Une diguette bordée de palmiers dessert la petite **pagode Pho Linh**, installée au milieu des cabanes de pêcheurs et bourrée de charme avec son fouillis de plantes en pot et son jardin de nonne.

☺ Conclure la balade dans l'une des gargotes de Phu Tay Ho où l'on se régale de spécialités du lac *(voir « Se restaurer », p. 155)*.

LE MUSÉE D'ETHNOGRAPHIE DU VIETNAM★★★

(Bao Tang Dan Toc Hoc Viet Nam) (Plan II A2, en direction) Comptez 2h de visite.

Le musée est situé Nguyen Hai Nien, Nghia Do, au nord-ouest de la ville, dans un quartier excentré au bout d'une longue avenue en impasse, près de l'Institut tropical russo-vietnamien. Prenez le bus n° 14, un taxi ou un xe om pour vous y rendre. Attention, au retour il vous faut remonter jusqu'à l'avenue Nghia Do, plus passante, pour héler un véhicule. 8h-17h30, fermé le lundi. Entrée 10 000 VND. Droits photo et vidéo. Explications en vietnamien, anglais et français, et possibilité de visite guidée en français.

C'est un passionnant musée où l'on prend toute la dimension de la diversité ethnique du Vietnam. La qualité des pièces et de la présentation donne le choix de se laisser mener par la poésie d'objets inusités chez nous, comme les épouvantails des Ba Na ou les pièges à écureuils des Muong, ou de découvrir la fabuleuse richesse ethnographique du pays dans un parcours pédagogique qui suit le découpage en cinq familles linguistiques, utilisé pour introduire aux 54 ethnies du pays (voir p. 104).

▶ Majorité oblige, les **Viet**, ou **Kinh**, inaugurent l'exposition à travers les cultes qui continuent de souder les communautés rurales du delta du fleuve Rouge. Sur un somptueux autel rouge et or trône **La Trinité des Saintes Mères**, régentes de la Montagne, de la Terre et de l'Eau. C'est dans ce cadre religieux que se développèrent les représentations de marionnettes sur l'eau, manipulées pour le divertissement des dieux et des hommes. La plupart des jouets d'enfants, confectionnés et offerts en cadeau au fil des fêtes du calendrier lunaire, ont disparu de nos jours (cerfs-volants de l'automne, cages à grillons pour les combats de ces insectes au printemps). Large place est faite aux techniques artisanales dans lesquelles les Viet sont passés maîtres : laques, sculptures sur bois, céramiques de Bat Trang et estampes populaires de Dong Ho. Le chapitre des Viet se clôt sur la reconstitution d'un **autel domestique** avec ses tablettes ancestrales, ses généalogies et ses portraits.

▶ On découvre ensuite les « montagnards » de parler muong-viet, essarteurs du Than Hoa, de l'ouest du Nghe An et du Quang Binh (filets de chasse, éperviers, arbalète et vaisselle d'écorce).

La société des **Muong** de Hoa Binh est évoquée à travers les vivants et les morts, autour d'un foyer reconstitué et des bandes de tissu aux couleurs contrastées, tendues comme des bannières pour la veillée funèbre.

▶ À l'étage, la visite se poursuit avec la grande famille des **Tai-Kadai** et permet de se familiariser avec les habitats de ces ethnies installées dans les vallées au sol fertile, le long des frontières chinoise et laotienne : maison sur pilotis des Tay, Thai Noir et Thai Blanc, ou maison au sol, parfois fortifiée, des Nung. Des trésors d'art textile sont dépliés dans une maison thai noir reconstituée : brocarts de soie et de coton de Lao Cai, tunique des Tay Pa Di rehaussée de perles en argent, veste à boutons d'argent et jupe plissée des Nung, sarong à motifs de losanges des Thai Blanc. Les plus élaborés des tissages sont l'œuvre des Co Lao et des Lu, établis à la frontière du Laos.

▶ Les **Hmong** et les **Dao** s'imposent par la variété de leurs costumes. Ainsi, la tunique à disques d'argent et la coiffe ornée de pièces des Dao « aux sapèques » de Tuyen Quang, ou le costume écarlate des Pa Then de Ha Giang.

▶ La section des **Mon-Khmers** vous fera pénétrer dans un univers radicalement différent, d'architectures imposantes et de vanneries habiles. Les **Ba Na** confectionnent des épouvantails sonores en bambou natté, ou en forme de cerfs-volants, munis d'une tête animale. Ils s'illustrent, de même que les **Sedang**, dans une statuaire funéraire qui puise dans la sexualité et l'environnement contemporain. Ces statues sont le prélude à une architecture funéraire encore plus élaborée, celle des **Gia Rai**, dont on voit un modèle réduit de tombe ainsi que quelques statues.

▶ La longue séquence des ethnies se clôt avec les **Chams**, les **Hoa** et les **Khmers**, évoqués chacun par des objets emblématiques de leur culture : charrette pour le transport des jarres, dragon du Nouvel An et soie ikatée.

LES ENVIRONS DE HANOI★★

Quelques repères

Provinces de Ha Tay, Bac Ninh, Hung Yen et Vinh Phuc - Hébergement à Hanoi - Plan p. 177.

À ne pas manquer

La pagode de l'Empreinte parfumée à la saison des pèlerinages.

Les pagodes Tay Phuong et Tram Gian, en harmonie avec le paysage.

Les statues de la pagode But Thap.

Conseils

Il n'y a pas de bus, aussi louez une voiture avec chauffeur à la journée ou recourez aux excursions organisées par les agences de Hanoi.

Avis aux photographes : à la mi-mai et la mi-novembre, les rizières sont moissonnées et la plaine du Bac Bo devient une friche de terre brune.

Route n° 1, route n° 2, route n° 6… Les nationales qui quittent Hanoi en étoile traversent sur des dizaines de kilomètres le même décor de vilains bourgs, aux façades aussi larges que le permet l'impôt (4,50 m). Pour trouver les vieilles pagodes enluminées de pourpre et d'or, il faut s'en aller par les chemins de traverse. Alors se déroule le panorama de la campagne du Bac Bo, la région Nord. On roule sur les digues, au-dessus d'une mer de riz où s'échouent des tombeaux blêmes que les pluies marbrent de gris. Parfois, le porche d'un temple crève le ciel bas comme un devant de scène, avec ses tigres aux airs de matous, ses éléphants à la peau plissée et au sourire débonnaire et, tout là-haut sur le faîte, un passage de dragons filiformes qui se disputent une perle. Sur les rives des fleuves, les briqueteries composent des agglomérations de nefs pareilles à des églises en ruine.

LA MONTAGNE DES PARFUMS★

(Huong Son) Comptez une journée aller-retour.

À 59 km au sud-ouest de Hanoi.

▶ La légende rapporte que Dieu Tien, une princesse bouddhiste, choisit le mont des Parfums pour retraite, afin d'expier les égarements d'un père cruel. À l'issue d'une vie pieuse et charitable, elle connut l'Illumination et se réincarna sous la forme de Quan Am, le bodhisattva compatissant. Ce massif aux contours escarpés devint le pèlerinage le plus célèbre du delta, lorsqu'en 1686, sous la dynastie des Le, le moine Huyen Quang orchestra restaurations et agrandissements. Depuis, le voyage saint à la montagne des Parfums est perpétué chaque année pendant les deux premières lunes (en février-mars ou mars-avril). Au fil des siècles, ses pentes et les berges de la rivière Yen ont vu naître temples, pagodes et chapelles qui sont autant d'étapes pour les fidèles sur le chemin de la pagode de l'Empreinte parfumée, une immense grotte où stalactites et stalagmites forment candélabres et autels naturels. Mystère et mysticisme imprègnent ces lieux, où résonne l'écho mélancolique du cri des gibbons.

Quittez Hanoi par la route de Ha Dong (6 km), puis prenez à gauche en direction de Van Dinh (25 km). À la sortie de Van Dinh, tournez à droite vers Cho Dau (13 km). 2 km plus loin, un panneau indique « Chua Huong 10 km » par une petite route sur la gauche. À la sortie du village de Doc Tin, vous devez acquitter un droit d'entrée de 33 000 VND, incluant le bateau (mais pas le pourboire des rameuses, qui vous sera réclamé avec véhémence). L'embarcadère et le parking sont à 1 km.

Au fil du song Yen

▶ Un sampan mené à la rame vous conduit en 1h au pied de la montagne située à 5 km de l'embarcadère, mais,

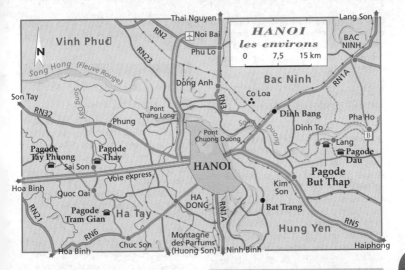

Map labels: Thai Nguyen, Lang Son, Vinh Phu, RN2, Noi Bai, BAC NINH, RN23, Phu Lo, HANOI les environs, 0 7,5 15 km, Song Hong (Fleuve Rouge), Dong Anh, Bac Ninh, RN1A, Co Loa, Son Tay, RN32, Song Day, Pont Thang Long, Dinh Bang, Pha Ho, Phung, Dinh To, Pont Chuong Duong, Song Duong, Lang, Pagode Dau, Pagode Tay Phuong, Pagode Thay, Sai Son, HANOI, Pagode But Thap, Voie express, Kim Son, Hoa Binh, Quoc Oai, HA DONG, RN1A, Bat Trang, Pagode Tram Gian, Ha Tay, RN21, Hung Yen, RN5, RN6, Chuc Son, Montagne des Parfums (Huong Son), Ninh Binh, Haiphong, Hoa Binh

selon les règles du pèlerinage, il convient de faire une escale au **temple des Présentations** *(Den Trinh)* pour demander au génie-gardien des lieux la permission de poursuivre le voyage. De vieilles femmes, vêtues à l'ancienne mode impériale version Nylon, font répéter les paroles des prières et règlent le protocole du rituel : il faut se présenter successivement devant les trois autels, en brandissant des deux mains au-dessus de la tête un plateau de gâteaux, de fruits et de monnaie votive. Le dieu est invisible, dissimulé par un écran. Une fois cette formalité accomplie, on remonte en barque pour la plus jolie partie du parcours, quand la rivière sinue au pied des pitons karstiques qui découpent l'horizon. Durant les deux mois de pèlerinage, le train des embarcations est continu. Elles sont chargées d'une population essentiellement féminine, silhouettes vêtues de brun et de noir, les cheveux serrés dans un bandeau, chantant des hymnes à Quan Am, blotties à vingt ou trente dans un bateau où dix Occidentaux tiennent à peine. Arrivées au pied de la montagne, elles se déploient à l'assaut du chemin escarpé qui conduit à la grotte.

L'ascension de la montagne des Parfums

Comptez 2h pour gravir les 2,5 km du chemin qui mène à la grotte.

▶ Le sentier est bordé, durant la saison de pèlerinage uniquement, de stands où l'on peut boire, manger ou acheter des objets de piété. Durant ces deux heures, vous gravirez le chemin au milieu d'une foule compacte. Surveillez votre porte-monnaie, car la sainteté des lieux ne trouble pas les pickpockets. Évitez les jours ou lendemains d'averse, le chemin se transformant alors en un cloaque dangereusement glissant. Vous pouvez néanmoins vous équiper à la mode locale en achetant une canne à sucre : elle fera office de canne de marche avant de vous rafraîchir de son suc.

▶ La **pagode de l'Antichambre du Ciel** *(Chua Thien Tru)* constitue une première halte. Détruite en 1947, elle fut reconstruite pour abriter une **statue** en pierre de Quan Am de près de 3 m. À l'entrée, un tripode géant en bronze reçoit les offrandes d'encens, tandis que dans un jardin attenant s'élèvent quelques pagodes funéraires.

▶ De temps à autre, des sentiers s'écartent du chemin pour conduire tantôt à des grottes célèbres pour leurs concrétions calcaires, tantôt à des oratoires,

LES ENVIRONS DE HANOI

177

tels la **pagode Tien Son**, où Quan Am trône en compagnie de ses sœurs, la **pagode Giai Oan** et le **temple Cua Vong**, où l'on rend culte à la déesse de la Montagne.

La pagode de l'Empreinte parfumée

(Chua Huong Tich)

▶ Parvenu au sommet, vous franchissez tout d'abord un **portique** arborant le titre de « première grotte sous le ciel méridional » que lui conféra un seigneur Trinh en 1770. Cent vingt marches vous conduisent ensuite vers l'antre obscur. Dans ce sanctuaire pétrifié, la fantaisie des concrétions compose des tableaux étranges. L'un d'eux, baptisé mont Thieu Nhi, semble héberger dans ses replis des effigies d'enfants, que caressent les femmes désireuses d'être enceintes. Partout, des statues et des autels occupent les anfractuosités. L'intérieur est baigné d'une lumière bleutée que rend presque palpable la fumée des bâtons d'encens.

Prévoyez 1h pour redescendre, et une autre pour gagner en bateau le point de départ. Si vous disposez d'un véhicule, vous pouvez gagner Ninh Binh via Phu Ly *(voir p. 184)*.

LES PAGODES DE L'OUEST

Prévoyez une grosse demi-journée.

Circuit de 95 km au départ de Hanoi. L'itinéraire ci-dessous forme une boucle au départ de Hanoi. Vous pouvez également visiter les pagodes Thay et Tay Phuong sur la route de Mai Chau (voir Mai Chau, p. 211), en empruntant la nouvelle voie rapide tracée entre la RN32 et la RN6. La première est indiquée à droite, à 25 km de Hanoi, la seconde, également à droite, à 27 km de Hanoi.

▶ Quittez Hanoi par la route de Son Tay (n° 32). Passé le village de Phung, vous remarquerez, sur la droite, un barrage de régulation, construit à l'époque coloniale sur le *song* Day, important défluent du fleuve Rouge. À 36 km de Hanoi, tournez à gauche au niveau de la borne indiquant « Son Tay 15 km ». Une

piste tracée sur une digue vous conduit à la première pagode située à 7 km de là, dans le village de Sai Son.

La pagode Thay★★

(La pagode du Maître)

8h-17h. Entrée payante.

▶ Une colline karstique reflétée dans une pièce d'eau, plusieurs fondations religieuses et une grotte-sanctuaire font de cet ensemble une montagne des Parfums miniature, à la seule différence qu'il se visite à pied et non en bateau. Les lieux sont tout entiers dédiés à la mémoire du bonze magicien Tu Dao Hanh, moine célèbre sous le règne de Ly Nhan Tong (1072-1128). Né dans les environs de Hanoi, il prit la robe sur cette colline. Devenu moine, il passa sous la protection d'un prince de la famille royale qui désespérait d'avoir un fils. Le patriarche lui en promit un, et lui assura de plus que cet enfant serait sa « réincarnation ». La prédilection se réalisa : l'enfant régna de 1128 à 1138 sous le titre de Ly Than Tong.

▶ La **pagode de la Félicité céleste** *(Chua Thien Phuc)*, plus communément appelée la pagode du Maître, s'étend au pied de la colline. Fondée au 11e s. et restaurée au 15e s., elle se compose de trois longues salles parallèles, bâties en bois sur une haute terrasse en schiste bleuté et entourées de galeries où les pèlerins peuvent se reposer. Leurs courettes, agrémentées de plantes en pot, sont balayées chaque jour par des nonnes en habit brun. Vous pénétrez d'abord dans la salle dédiée au culte de Tu Dao Hanh et de sa réincarnation. Devant l'autel central, où siège le Bouddha Amitabha encadré de deux bodhisattvas, est assise une statue du Maître, enveloppé dans la robe jaune monastique et coiffé de la tiare en forme de lotus des vénérables. Le piédestal en pierre sur lequel il est posé est délicatement sculpté d'un lion portant un lotus. À sa droite, un deuxième autel est consacré à la tablette de sa réincarnation, le roi Ly Than Tong. Vous accédez ensuite aux salles consacrées aux offrandes et au culte du Bouddha.

▶ Le temple est bordé par l'**étang du Dragon**, qu'enjambent deux petits ponts couverts où s'abritent les marchandes d'encens. Le pavillon au centre du bassin était utilisé autrefois pour les représentations de marionnettes sur l'eau.

▶ Un rude sentier grimpe sur la colline *(attention les dalles sont très glissantes lorsqu'il pleut)*. Il débouche au sommet, 100 m au-dessus de la plaine, sur une petite cour rocheuse naturelle offrant un magnifique panorama sur le *song* Day. Un pavillon protégeant une statue moderne de Quan Am marque l'emplacement du **temple Cao**, où Tu Dao Hanh prit la robe. Le sentier se poursuit à travers la colline pour descendre vers la **grotte Cac Co**, un antre sombre et profond, lieu de rencontre des amoureux durant la fête du site, le 7 du 3e mois lunaire. Un chemin bordé de vieux arbres monte enfin vers le **Temple supérieur** et la **grotte du Vent**, un corridor rocheux où s'engouffrent les courants d'air. Du Temple supérieur, vous pouvez redescendre sur le versant ouest vers la **pagode au Toit unique** *(Chua Mot Mai)*, ainsi nommée car, contrairement à l'usage, sa toiture n'a qu'une pente, l'arrière du temple s'adossant à la colline.

Quittez le village de Sai Son vers le sud, jusqu'au carrefour avec la nouvelle route rapide de Hoa Binh (à 3 km). Là, tournez à droite, puis, au bout de 2 km, encore à droite, en direction de Son Tay. L'accès à la pagode Tay Phuong, invisible de la route, est à 4 km.

La pagode Tay Phuong★★

Entrée payante.

▶ Il faut gravir 235 marches en latérite pour atteindre cette pagode de la fin du 18e s. à l'architecture des plus étonnantes. Trois salles massives aux murs de briques percés d'oculi portent chacune une toiture hardiment recourbée surmontée de dragons. Mais si les charpentes témoignent de la virtuosité de la sculpture décorative vietnamienne, la pagode est réputée pour les **statues en bois laqué★★★**

qui occupent ses autels, toutes exécutées dans un style réaliste et expressif. Vous pénétrez dans la première salle entre un détachement de guerriers-gardiens, brandissant leur arme de manière suggestive. Au centre, Quan Am déploie ses mille bras, encadrée de suivantes aux mains graciles. Dans la deuxième salle, **un bouddha ascète★★★** est campé comme un homme entre deux âges, au corps noueux, au milieu de disciples en robe brune et de fonctionnaires serrant leur tablette. La troisième salle est dominée par une trinité bouddhique, précédée des **Huit Juges des Enfers**. Tout autour, **Seize Patriarches★★★** se dressent, se grattent, rient et agitent leurs mains, poursuivant une conversation sans fin. Vous pouvez redescendre par un autre chemin, qui dessert d'autres pagodes récemment relevées et traverse le village de Yen, puis revenir à votre point de départ en contournant le pied de la colline.

Revenez sur la route de Hoa Binh et suivez-la sur 6 km avant de prendre à gauche en direction de Chuc Son et de Ha Dong. 2 km plus loin, une très mauvaise piste traverse le village de Tien Phuong. La pagode s'élève sur une colline à 3 km.

La pagode Tram Gian★

(La pagode aux Cent Entrecolonnements)

Accès payant.

▶ Des volées de marches serpentent sur une colline basse plantée de vieux arbres, où s'échelonnent, en harmonie avec le paysage, tour de la Cloche, pavillon de la Stèle et temple proprement dit. Les salles sobres, aux volumes amples, ont été repeuplées d'un panthéon moderne qui luit à peine dans la pénombre, sous les lourdes toitures. Tout ici respire les vertus bouddhiques d'austérité et de renoncement. Fondé au début du 13e s., l'ensemble fut remanié à maintes reprises et date, dans son état actuel, de la fin du 18e s.

Retraversez Tien Phuong et rentrez à Hanoi par la RN6 via Chuc Son et Ha Dong.

LE LONG DU SONG DUONG

(Le canal des Rapides) Comptez une demi-journée.

Circuit de 99 km au départ de Hanoi.

Quittez Hanoi par la route de Bac Ninh-Lang Son (RN1A) qui franchit le fleuve Rouge sur le pont Chuong Duong. Dinh Bang est situé à 18 km au nord-ouest de Hanoi. Les deux temples sont accessibles par un chemin, à la sortie du village sur la droite.

Dinh Bang★★

8h-17h. Entrée payante.

Ce riche village du delta est célèbre à deux titres. Berceau des rois Ly (1009-1225), il abrite leur temple dynastique, le *den* Do, ainsi qu'un *dinh* financé par la commune de Dinh Bang au milieu du 18e s., le *dinh* Dong Khang, dont l'ornementation de bois sculpté est sans égale.

▸ Entourée d'étangs, la salle de culte du **dinh Dong Khang★★** est posée sur une terrasse de schiste. Sa **toiture★★** est à elle seule un morceau de bravoure de charpentier : elle occupe les deux tiers de l'élévation du temple et repose sur 60 colonnes de bois de fer. Les caissons du plafond déploient des entrelacs de fleurs, de dragons et autres chimères tirées du bestiaire chinois, taillés dans des bois précieux. Les autels des deux extrémités, dédiés aux divinités tutélaires de Dinh Bang (les génies de la Terre, de l'Agriculture et de l'Eau), sont surélevés sur des pilotis, à la différence des autres *dinh* du delta, tous construits sur terrasse et colonnes à la mode chinoise. Ce dispositif trahit l'inspiration ancienne de cet édifice du 18e s. Lors de la retraite de 1954, des Français tentèrent de détruire le temple en tirant les pilotis avec des chaînes, mais l'orgueil de Dinh Bang tint bon. La fête du *dinh*, accompagnée de représentations d'opéra traditionnel, a lieu chaque année le 12e jour du 2e mois lunaire.

▸ À 500 m de là, le **den Do** n'a pas, quant à lui, résisté aux ravages de la guerre d'Indochine. Détruit en 1950, il a été relevé en 1990 pour perpétuer le culte de la quatrième dynastie nationale. La fête célébrée chaque année en son honneur, le 15e jour du 3e mois lunaire, est un spectacle inouï. Venus de tout le delta, les Vietnamiens représentent toute la société du temps des cours royales, dans une grande procession à travers les rizières.

Poursuivez jusqu'à Bac Ninh (27 km de Hanoi) et prenez à droite, au premier carrefour, en direction de Pha Ho (14 km) où vous traversez en bac le canal des Rapides (*song* Duong). Parvenu sur l'autre rive, suivez la direction de Dinh To par une piste tracée sur la digue et traversez le village de Lang.

La pagode But Thap★★★

(La pagode de la Pointe du pinceau)
8h-17h. Entrée payante.

▸ On pénètre dans cet ensemble du 17e s., construit sur une levée de terre au milieu des rizières, en traversant le pavillon de la Cloche sous la garde de guerriers de terre émaillée. Les **statues en bois laqué★★★** disposées sur les autels de la salle principale sont de purs chefs-d'œuvre de l'art vietnamien. À droite d'une trinité bouddhique, **Quan Am aux mille bras** émerge de l'eau, assise sur un lotus que porte un dragon. Cette pièce majeure fut exécutée en 1656 par un dénommé Truong. À gauche, un **bouddha ascète** médite, son visage posé sur son genou relevé.

▸ À l'arrière, un petit pont de pierre conduit à un pavillon à étages, construit autour d'une **tour** en bois sculpté qui pivote sur un axe. Les panneaux qui la composent déroulent la vie du Bouddha en scènes de sermons et d'assemblées de saints personnages.

▸ Dans une cour latérale s'élève l'édifice qui a donné son appellation populaire à la pagode : une **pagode funéraire**, construite en 1646 par une reine

Armée de batelières sur le song Yen

de la dynastie des Trinh en l'honneur du vénérable Chuyet Chuyet. Sa base en pierre est ornée de **bas-reliefs animaliers★★** traités avec beaucoup de saveur : des singes s'amusent à déloger un nid d'oiseaux, un couple de lions joue avec une balle, tandis que crabes et carpes s'ébattent parmi les vagues. Retraversez le village de Lang pour trouver à droite la direction « Chua Dau ». La pagode de Dau est située dans le village de Thanh Khuong, à 54 km de Hanoi.

La pagode de Dau★

La région de Dau est l'une des plus anciennes terres bouddhistes du Vietnam. Cette pagode, de son vrai nom Phap Van (« Nuage du Dharma »), aurait été fondée au début de l'ère chrétienne et reçu la visite de missionnaires indiens. À la fin du 6e s., un moine venu de Chine y établit la secte du Dhyana. L'édifice fut entièrement reconstruit au 14e s. et conserve dans la salle principale des sculptures sur bois du temps des Tran et des Le. Dans la cour s'élève une puissante **tour** en briques où sont suspendus le gong et la cloche en bronze, sous la garde des quatre statues des dieux des Orients. L'autel principal est dédié à Dame Nuage du Dharma, précédée de deux autres déesses : Dame Pluie du Dharma et Dame Lumière du Dharma. Ces trois statues laquées de rouge datent du 18e s. Des jeunes filles vêtues de la tunique à longs pans et du turban traditionnel assistent ces divinités féminines du bouddhisme. Retournez vers Hanoi, via Kim Son (7 km) où vous récupérez la RN5. Juste avant le pont Chuong Duong, prenez une route sur la gauche. Bat Trang est situé à environ 8 km du centre de Hanoi.

Bat Trang

Depuis des générations, ce village est spécialisé dans la **céramique**, en particulier les « bleu et blanc » *(voir « Artisanat », p. 127)*. Vous pouvez découvrir les techniques de fabrication dans les ateliers et acheter les produits finis dans de nombreux magasins sur place.

DANS LE TRIANGLE DU DELTA
ITINÉRAIRES AUTOUR DE NINH BINH

Les bras du delta du fleuve Rouge, le *song* Thai Binh et le *song* Day, ont accueilli la naissance du premier État indépendant du joug chinois, le Dai Co Viet. Sa capitale, Hoa Lu, s'inscrivait dans le cadre étonnant de collines et de pitons karstiques, où apparaît et disparaît une rivière, bien loin du bel ordonnancement des futures villes royales de Hanoi ou de Hué. Il y eut là des palais lambrissés d'or et couverts de tuiles d'argent. Il n'en reste rien. Tout fut déménagé en grande pompe à Thang Long, la future Hanoi, à la tête du delta. Mais pour qui est sensible à l'histoire, à la quête obstinée d'indépendance des Viet et à la fantaisie de ces paysages, cette région, rebaptisée « baie de Ha Long terrestre », conserve un charme indiscutable. Autour de Ninh Binh, son épicentre aujourd'hui, vous pouvez faire des escapades dans le berceau des grandes dynasties nationales près de Nam Dinh, dans la Rome vietnamienne sur la route de Phat Diem, ou à la découverte des sites de Tam Coc et de Cuc Phuong.

HISTOIRE

Les premiers pas d'un nouvel État

Le royaume indépendant constitué par Ngo Quyen à l'issue de sa victoire contre les Chinois en 938 *(voir « Histoire », p. 72)* s'effondra rapidement suite aux révoltes suscitées par les seigneurs du delta et de la Moyenne Région. L'un d'eux choisit pour lui succéder un jeune homme valeureux du nom de Bo Linh. Tel un lion, ce dernier soumit un à un les seigneurs rebelles, se proclama **Dinh Tien Hoang De**, « Premier Auguste Empereur des Dinh », et établit la capitale de son empire, le **Dai Co Viet**, dans sa ville natale, Hoa Lu, en 968. En reconnaissant la souveraineté chinoise, il rétablit la paix aux frontières mais, fatalité des artisans du premier État vietnamien, il mourut assassiné en 979, alors que son successeur n'avait que six ans. Ce fut son épouse, **Duong Van Nga**, qui assuma la régence, assistée par le généralissime **Le Hoan**. La fragilité du jeune État était extrême. Il fallait de nouveau mettre au pas les feudataires, s'affirmer vis-à-vis de l'Empire chinois qui tentait de reprendre le contrôle de ses marches, et contenir les Chams au sud. L'urgence poussa Duong Van Nga à transmettre en 980 la couronne à Le Hoan qui, sous le titre de **Le Dai Hanh**, triompha de tous les fronts. Une nouvelle dynastie, les **Le antérieurs**, était née. Elle fut tout aussi éphémère que celle des Dinh. À la mort de Le Dai Hanh en 1005, ses fils s'entredéchirèrent pour le pouvoir. L'arbitrage des dignitaires y mit fin en portant sur le trône l'un des leurs, le mandarin Ly Cong Van. Devenu le roi **Ly Thai To** (1009-1028), il ouvrit enfin une ère de stabilité pour près de quatre cents ans.

DE HANOI À NINH BINH

Itinéraire de 95 km. Comptez 2h30 sans les arrêts.

Bus et trains pour Ninh Binh, voir ci-dessous, p. 185.

Quittez Hanoi par la RN1. À une quinzaine de kilomètres de Hanoi apparaissent les premières enseignes de *banh day*, spécialité de Quan Guanh. Aux devantures, ces gâteaux de riz et de pâte de haricot étuvés forment des piles de paquets verts, emballés de feuilles végétales. Bientôt se manifestent les premiers signes de l'évangélisation de la région avec les cimetières chrétiens, dont les tombes se serrent parfois autour de la coque vide d'une église, abandonnée au milieu des rizières.

PHU XUYEN

À 36 km de Hanoi.

▶ Phu Xuyen annonce la proximité des bouches du delta, pays quadrillé par les eaux du fleuve Rouge et de ses affluents, ainsi que celles des canaux, où partout l'on pratique la pêche. L'entrée de l'agglomération est d'ailleurs balisée par des échoppes vendant des éperviers et autres matériels du même acabit.

5 km après le village de Dong Van (45 km de Hanoi), un panneau signale les grottes de Ngo Dong sur la droite. Ces dernières sont situées 5 km plus loin.

NGO DONG

▶ Une kyrielle de cavernes et d'avens ponctuent cette région karstique. Ces « Cinq Grottes » forment un tunnel de 100 m de long qui fore le Thi Son, un récif calcaire appartenant au système de la montagne des Parfums. Celle-ci ne s'élève qu'à 7 km de là à vol d'oiseau, en remontant le *song* Day *(voir p. 176)*. Revenez sur la RN1 et poursuivez votre route en direction de Ninh Binh.

▶ À 56 km de Hanoi, **Phu Ly**, la capitale de l'ancienne province de Ha Nam, fut rayée de la carte par les bombardements américains, mais les années du *Doi Moi* l'ont relevée en immeubles flambant neufs. On y traverse le *song* Day, tandis qu'à l'ouest, au loin, se profilent les reliefs du Truong Son. Bientôt les silhouettes karstiques se rapprochent, enserrant la RN1. Parvenu à Cau Huyen, à 89 km de Hanoi, prenez à droite en direction de Trung Yen. 5 km plus loin, un panneau indique « Co Do Hoa Lu 1 700 m ».

HOA LU★

Prévoyez 1h de visite.

8h-17h. Entrée et parking payants. Vente de souvenirs et de boissons.

▶ De la citadelle de Hoa Lu, qui ne servit de siège au pouvoir que 42 ans, ne subsistent que quelques ruines. Mais la mémoire des premiers pas du Dai Co Viet sommeille toujours dans la pénombre des beaux **temples dynastiques**, élevés en souvenir de ses rois. Construits après le déménagement de la capitale à Hanoi et restaurés sous les Nguyen, ces *den* troublent bien plus par leur sobriété que par leurs pompes.

▶ Le premier temple desservi par le chemin qui part du parking est le **den Dinh★★**, dédié à l'empereur Dinh Tien Hoang. Le temple, un bâtiment à la lourde toiture, ferme la troisième et dernière cour. Ses colonnes en bois sont posées sur des bases en pierre octogonales sculptées en bas-relief de fleurs et d'oiseaux. Des dragons jouant parmi les nuages ornent l'encadrement des portes qu'il faut enjamber d'un pas de géant. À l'intérieur, l'autel du Bonnet royal luit dans une ambiance de pourpre fanée et de vieux ors, encadré des armes et enseignes processionnelles. Colonnes et poutres gardent des vestiges de leur décor laqué. Un claustra, déploiement virtuose d'oiseaux et de dragons évoluant dans les nuages, fait écran avec la salle arrière où siègent des statues laquées. Dinh Tien Hoang, coiffé de la couronne à double écran de perles, est entouré de ses fils en vêtements de cour. Les visiteurs vietnamiens sont pèlerins avant d'être touristes et renouvellent toujours les offrandes d'encens, de biscuits et d'argent à leurs premiers souverains. Dans les pavillons latéraux, quelques photos et objets proviennent des fouilles du site.

▶ Des marches grimpent au sommet du **mont Ma Yen** d'où l'on embrasse le site. Là-haut repose **Dinh Tien Hoang** dans la sépulture royale la plus ancienne conservée au Vietnam. Bien différente du protocole funéraire chinois adopté dans les tombeaux impériaux de Hué, il s'agit d'un simple tertre adossé à un autel.

▶ 50 m au nord du *den* Dinh, le **den Le★**, dédié à l'empereur **Le Danh Hanh**, est disposé selon un plan moins rigoureux. Ses recoins et ses contre-allées font office de potagers, agrémentés de buissons de rosiers remontants et d'hibiscus. Sur un côté, un passage conduit à un hideux hangar construit au-dessus des maigres vestiges du **palais** de Dinh Tien Hoang, mis au jour en 1998 : un pavement, un pan de mur et quelques poteries ornementales. Le temple dynastique obéit au même agencement que celui des Dinh, à la différence que dans la salle des statues trône Duong Van Nga aux côtés de Le Danh Hanh.

▶ Le village voisin de Hoa Lu, à 100 m au nord du temple de Le Danh Hanh, est entouré d'un ru où barbotent les canards (et quelques sacs en plastique…) et que franchit un pont en dos d'âne. Sa petite **pagode Nha Tro** conserve un joli mur-écran, protégeant aujourd'hui un jardin d'enfants.

▶ Vous pouvez par ailleurs rêver sur les joutes nautiques organisées par les souverains du Dai Co Viet en faisant une promenade en bateau sur la **rivière Sao Khe**, qui borde le site à l'est, ponctuée de quelques curiosités : la grotte Xuyen Thuy, le mont Hom Sach et la grotte Lien Hoa *(adressez-vous au guichet touristique du parking)*. Revenez sur la RN1 pour rejoindre enfin Ninh Binh.

NINH BINH

La ville n'a d'intérêt que pour ses facilités d'hébergement et l'imagination des propriétaires de mini-hôtels qui vous aideront à organiser vos nombreuses excursions dans la région.

Arriver ou partir

En train - La gare de Ninh Binh se trouve sur la rive est, ☎ (030) 88 13 05. Les trains circulant entre Hanoi (3h) et Hué (15h) y font étape.

En bus - La gare routière est située au sud de Ninh Binh, près du carrefour des routes de Thanh Hoa et de Kim Son. Liaisons fréquentes avec Hanoi-Giap Bat (2h) et un bus tous les matins, à 5h50, pour Haiphong (4h). Pour ceux qui ont adopté la formule *Open Tour*, les bus Toserco font escale dans les hôtels Hoa Lu et Thuy Anh.

Adresses utiles

Banque / Change - **Vietcombank**, Luong Van Tuy (à droite à l'entrée nord de Ninh Binh), ☎ (030) 87 26 14.

Poste / Téléphone - **Buu Dien Ninh Binh**, au sud de la ville.

Internet - Accès Internet au **Star Hotel**, en face du Thuy Anh.

Agences de voyages - Les voyageurs arrivant du sud pourront organiser toutes sortes de circuits, en voiture avec chauffeur, auprès des mini-hôtels de Ninh Binh, parfois même à un meilleur prix qu'à Hanoi. À titre d'exemple, l'itinéraire de 7 jours Ninh Binh-Mai Chau-Son La-Dien Bien Phu-Lai Chau-Sapa-Hanoi revient à 400 $ pour 2 pers.

Se loger

De 6 à 15 $

Thanh Thuy Guesthouse, 128 Le Hong Phong (dans le quartier ouest), ☎ (030) 87 18 11 - 9 ch. ⌐¶ 🗐 ⚒ ✕ C'est un peu bruyant dans la journée et certaines salles de bains sont minuscules, mais les propriétaires méritent la palme de l'hospitalité et se mettent en quatre pour vous faciliter la vie.

Autour de 10 $

Queen Mini Hotel, 21 Hoang Hoa Tham (dans la rue de la gare), ☎ (030) 87 18 74 - 15 ch. ⌐¶ 🗐 ⚒ Un petit hôtel tout simple, dont les chambres sont propres et bien tenues. Le gérant est professeur d'anglais et vous aidera à organiser vos excursions dans la région. Vous pourrez aussi glaner des informations utiles dans le livre d'or.

De 15 à 40 $

Thuy Anh, 55A Truong Han Sieu, ☎ (030) 87 16 02 - 37 ch. 🎐 🗒 ⛩ 📺 ✗ Tout est absolument impeccable dans cet établissement qui possède des chambres pour tous les budgets. Les meilleures sont parfaites. Si certaines sont aveugles, leurs sanitaires communs sont très bien entretenus. Rien à redire sur le confort et le rapport qualité-prix, mais quel dommage que la délicieuse cuisine soit servie dans un restaurant enfumé !

De 20 à 35 $

Hoa Lu Hotel, à l'entrée nord de Ninh Binh, sur la RN1, ☎ (030) 87 12 17, hoaluhotel@hn.vnn.vn - 120 ch. 🎐 🗒 ⛩ 📺 ✗ C'est un hôtel d'État dont les chambres sont très convenables, mais les parties communes parfaitement sinistres. Dans l'aile moderne, vous pouvez bénéficier de tout le confort à bon prix (baignoire et TV satellite), car seule la qualité du mobilier fait varier les tarifs.

Se restaurer

Moins de 25 000 VND

Hoa Lu Hotel, à l'entrée nord de Ninh Binh, sur la RN1. La cuisine est honorable, mais la salle de restaurant est sinistre.

Thanh Thuy, 128 Le Hong Phong. L'endroit propose une carte variée et certaines spécialités, tels la viande de chèvre ou les escargots.

Achats

Le village de **Kim Son** est un centre réputé de vannerie en bambou et roseau, vendue dans les échoppes voisines de la cathédrale de Phat Diem.

À voir, à faire

▶ Le grand **marché** de Ninh Binh s'anime chaque jour sur les berges de la rivière, et une petite **pagode**, nichée sous le **rocher de Ninh Binh**, à la sortie de la ville, sur la route de Thai Binh, ne manque pas de charme. Cette fantaisie

karstique est d'ailleurs fameuse pour les acteurs de la guerre d'Indochine, puisque c'est là que le fils du « roi Jean », le maréchal de Lattre, trouva la mort en 1951, lors de l'offensive de la rivière Day.

DE NINH BINH À MAI CHAU

Comptez 1/2 journée sans les arrêts.

Itinéraire de 149 km.

Empruntez la RN1 en direction de Hanoi. À 12 km au nord de Ninh Binh, prenez sur la gauche la RN477 qui permet de rejoindre le parc de Cuc Phuong (23 km). 10 km après cet embranchement, vous parvenez à Gia Vien.

GIA VEN

Gia Vien est une nouvelle base d'excursions organisées par les agences de Ninh Binh pour désengorger Tam Coc. On embarque près de Me dans de petits bateaux couverts pour un tour de 3h dans une autre « baie de Ha Long terrestre ». Les karsts y sont plus épars que sur le site de Tam Coc, mais la vie des paysans y est beaucoup plus lacustre comme au village de Ken Ga.

LE PARC NATIONAL CUC PHUONG

Accès au parc par Nho Quan. Entrée 5 $. Randonnées accompagnées à organiser avec les autorités à l'entrée du parc.

🐌 La meilleure période pour visiter le parc est d'octobre à janvier.

Se loger

L'excursion peut se faire dans la journée, de Ninh Binh ou de Hanoi, mais l'administration du parc dispose d'un hébergement rustique à l'entrée (5 $, sanitaires communs), ou plus confortable, dans des chalets, à l'intérieur de la réserve (25 $). Contact sur place, ☎ (030) 84 80 06, ou réservation à Hanoi, 1/13 Tan A, ☎ (04) 86 10 29. Les agences de Hanoi et de Ninh Binh organisent aussi un hébergement dans les villages muong.

▶ Créé en 1962, le parc national de Cuc Phuong est la dernière forêt tropicale primaire et abrite quelque 2 000 variétés de plantes et 250 espèces d'animaux, mammifères, oiseaux et reptiles. On y protège de nombreuses espèces que l'on croyait disparues, tels renards ou langurs, que l'on peut même « adopter » pour 250 $ annuel. Le plaisir de la randonnée sous le couvert de la forêt se double de celui de la visite des villages muong établis dans le parc.

En poursuivant sur la RN477, vous parvenez à Mai Chau *(voir p. 211)*.

LA ROME DU BAC BO

Comptez 3h aller-retour.

Excursion de 30 km au départ de Ninh Binh.

Quittez Ninh Binh en suivant la direction de Kim Son, au sud-est de l'agglomération. Le long de la route, pas un village qui n'ait sa basilique néogothique ou son église de style colonial peinte en rouge et blanc. Mais cette région, si près de l'estuaire et de la côte, est aussi une campagne des eaux, au maillage dense de canaux qu'enjambent de petits ponts en dos d'âne. Il y règne un trafic incessant de barques, dont les bateliers manient les rames avec les pieds, ou de barges équipées d'un levier en bambou pour la pêche au carrelet.

▶ À 15 km de Ninh Binh, **Phu Nhac** était le siège d'un petit séminaire. C'est un site curieux où s'élèvent aujourd'hui trois grandes **basiliques**. Signe d'œcuménisme conciliant, le vieux *dinh* à la sortie du village a repris du service.

LA CATHÉDRALE DE PHAT DIEM★★

(Nha Tho Phat Diem)

À 28 km de Ninh Binh, à la sortie du village de Kim Son. Offices à 5h et 17h.

▶ La célèbre cathédrale du Tonkin fut construite de 1875 à 1899 par le père Tran Luoc (« Père Six ») qui puisa dans le répertoire de l'architecture des pagodes et des *dinh* tonkinois. Au-delà du symbole chrétien, c'est un exemple magistral de l'architecture vietnamienne de l'époque de Hué. Demeuré intact, cet imposant ouvrage se révèle plus impressionnant que les vestiges de la capitale de l'Annam, rescapés de l'offensive du Tet. Son pavillon d'entrée, où l'on sonne les heures au gong, évoque d'ailleurs l'architecture impériale.

▶ Le **portail** de l'église est sculpté d'un étonnant mélange de symboles vietnamiens de bon augure, d'anges, de saints et de scènes de la vie du Christ. Sur le porche principal, des chérubins mutins évoluent dans un rinceau de fleurs.

▶ La **nef**, dont la charpente est portée par des colonnes en bois de fer *(lim)*, s'étire sur 80 m de long. La sculpture en bois y est extraordinaire, tels ces dragons s'enroulant sur les poutres sculptées, ou le grand retable laqué rouge et or autour d'une Vierge à l'Enfant. Les cloisons en bois des bas-côtés ont la particularité d'être amovibles, pour offrir plus d'espace en cas d'affluence. Sur le côté nord de la basilique, la **chapelle du Sacré-Cœur**, qui permit au Père Six d'expérimenter son projet, n'a rien à envier en matière d'ornementation de bois sculpté.

▶ Enfin, la **grotte de Lourdes** a été reconstituée au chevet de la cathédrale. À l'heure de la messe, les femmes viennent par paires, mères et filles, revêtues de leur plus beau *ao dai*, pour prier.

DE NINH BINH À HAIPHONG

Comptez une demi-journée.

Itinéraire de 150 km.

Quittez Ninh Binh par la RN10, au nord-est, qui franchit la rivière sur un pont à circulation alternée.

À 3 km de Ninh Binh, vous traversez **Cat Dang**, le premier d'une série de villages où l'on travaille le bois pour en faire du mobilier de temple. Des camions y livrent d'énormes grumes du Nghe Anh ou du Thanh Hoa.

NAM DINH

À la sortie nord de Nam Dinh (31 km de Ninh Binh), laissez à droite la direction de Thai Binh et suivez l'indication « Den Tran 6 km », jusqu'au village de Loc Vuong.

▸ La région de Nam Dinh fut le berceau de la famille royale des Tran (1226-1400) qui y fit édifier plusieurs palais… depuis longtemps partis en fumée. Le **den Tran** est posé au milieu des rizières. Ce temple dynastique a été récemment refait avec beaucoup d'allure et abrite un petit **musée** consacré aux victoires de Tran Hung Dao contre les tentatives d'invasions mongoles au 13e s. *(voir encadré, p. 72)*.

▸ La **pagode Pho Minh**★, à 300 m à l'ouest du *den*, s'élevait dans l'enceinte d'un palais des Tran. Plusieurs de ses briques sont estampillées de l'année 1305, qui fut sans doute celle de sa construction. Posée sur un terrassement orné de fleurs de lotus et précédée de deux bassins en forme de lune, elle répète sur treize étages la même structure d'un pavillon percé de quatre portes et coiffé d'un auvent. À l'arrière, les salles du temple bouddhique ont été repeintes de rouge et d'or et repeuplées de statues. Parmi elles, on remarque les effigies de trois patriarches bouddhistes influents à la cour des Tran.

Retournez à Nam Dinh pour emprunter la RN10 en direction de Thai Binh. À 5 km, vous traversez le *song* Hong, tout près de son embouchure, sur le bac de Tan De. 8 km plus loin, quittez cette route et prenez à droite en direction de la Chua Keo, très bien balisée. La pagode se trouve à 12 km, après le village de Vu Tien. De Nam Dinh, vous pouvez aussi gagner Hanoi via Phu Ly (87 km).

LA PAGODE KEO★★

(Chua Keo)

▸ Simple, ample et rustique, cette pagode posée au milieu de la campagne a des allures de temple japonais. Il faut, pour y entrer, contourner un immense bassin où s'ébattent des poissons et qui

sert de lavoir aux femmes du village. L'ensemble fut édifié au 17e s. grâce aux subsides octroyés par une dame de la cour. La salle principale épouse un plan en forme de T et sa lourde charpente repose sur des consoles où s'enroulent des dragons. Tout l'arrière forme galerie de cloître accueillant des salles de repos. Là aussi se dresse la **tour de la Cloche**, un impressionnant ouvrage en bois. Vous pouvez monter sonner ses trois cloches en bronze, suspendues sur trois niveaux, et admirer la mer de tuiles grises des toits de la pagode.

Revenez sur la RN10 pour rejoindre Thai Binh (à 16 km de Nam Dinh et 107 km de Hanoi). Après avoir successivement traversé les rivières Tra Ly, Thai Binh et Van Huc, vous parvenez enfin à Haiphong *(à 83 km de Nam Dinh)*. Voir p. 190.

LA BAIE DE HA LONG TERRESTRE

Comptez une demi-journée.

Itinéraire de 8 km.

Quittez Ninh Binh par la RN1 en direction du sud. 3 km plus loin, prenez à droite en direction de Bich Dong, puis continuez sur 5 km jusqu'à l'embarcadère de Van Lam.

TAM COC★★

Comptez 3h de navigation aller-retour.

Comme la fameuse baie de Ha Long, c'est en bateau que l'on visite Tam Coc. La promenade s'organise à l'embarcadère de Van Lam.

Se loger

De 10 à 15 $

Tam Coc Hotel, à 100 m de l'embarcadère de Van Lam, au bord de la rivière, ☎ (030) 86 10 29 - 10 ch. 🍴 📖 ✕ 📺 ✕ La construction est quelconque, mais l'initiative est heureuse. On peut jouir du cadre aux petites heures du matin (réveil assuré à 6h par le haut-parleur de la radio nationale), ou le soir quand les derniers visiteurs sont partis. Les chambres sont simples et très grandes.

La gentillesse du personnel fait mentir la réputation des établissements d'État, et le cuisinier parle français.

Se restaurer

Moins de 25 000 VND

On peut se restaurer correctement dans les restaurants construits près de l'embarcadère.

À voir, à faire

▶ Curieusement baptisé d'un nom chinois, le site de Tam Coc (« Trois Grottes ») marie pitons, cavernes et caprices d'une rivière. La rivière Ngo Dong y déroule ses méandres sur 3 km, autour des pains de sucre et au fil des avens. Seule ombre au tableau : les dérives touristiques des rameuses que ne parviennent pas à endiguer les autorités locales.

▶ On peut également jouir en toute quiétude de ce paysage étrange et fantastique en randonnant à travers la campagne. Quelques temples y ont été bâtis, beaux prétextes à la promenade. Le **dinh Cac★**, la maison communale du village de Van Lam, près de l'embarcadère, donne le ton avec son imposante charpente sculptée de dragons. Les chemins de Tam Coc, qui empruntent les levées de terre entre les rizières, sont un enchantement avec leurs maisonnettes chaulées, enfouies parfois sous une anfractuosité, et les chèvres gambadant sur les abrupts calcaires.

▶ À environ 700 m, par l'unique chemin qui file vers le nord-ouest de Van Lam, on parvient au **den Tran Vi★** dont la porte est gardée par deux chevaux en pierre. Partiellement reconstruit, il

Les brodeuses du delta

À Hoa Lu ou à Tam Coc, les amateurs de travaux d'aiguilles seront comblés, même si les bataillons de femmes harcèlent les touristes. Mais n'hésitez pas à jeter un œil à leurs œuvres : il y a de vraies merveilles et c'est vraiment bon marché. À Tam Coc, l'entreprise a toutefois dérivé vers le racket et les rameuses se muent en véritables harpies. C'est un problème, mais aussi le reflet d'une réalité économique. Pour les paysans de la région, le tourisme est une vraie manne. Or, même si les visiteurs sont nombreux, l'administration touristique ne peut employer toutes les rameuses chaque jour et impose à chacune d'elles de ne travailler que deux journées par mois. Cela explique leur acharnement à obtenir ces jours-là le maximum de bénéfice. En cas de situation épineuse, adressez-vous à la police touristique, installée dans le *dinh* de Van Lam.

dresse sa **tour de la Cloche** en bois dans le cadre splendide d'un cirque de karsts. À l'intérieur, deux grues, perchées sur des tortues, veillent la **tablette de Tran Vi**, ancêtre du roi Tran Thai Ton, dont la statue siège, en compagnie de celles de son fils et de son épouse, dans la petite salle à l'arrière.

▶ 3 km à l'est de Van Lam, **Bich Dong★** *(entrée payante)*, la « Grotte de Jade », est un temple mi-construit, mi-creusé, dédié à une grande triade bouddhique. En poursuivant en direction du sud, vous parvenez à Thanh Hoa *(à 57 km de Ninh Binh)*, qui s'étend dans la dernière grande plaine du Bac Bo. Passé Vinh *(à 138 km)*, la carte du Vietnam s'étrangle tandis que le massif du Hoanh Son rencontre la mer.

LE GOLFE DU TONKIN ★★★
HAIPHONG - CAT BA - HA LONG

😊 **Les excursions au départ de Hanoi.**

Quelques repères

Provinces de Haiphong et Quang Ninh - Plans p. 191 et 192.

À ne pas manquer

Une nuit en mer dans la baie de Ha Long.

Une randonnée dans le parc national de Cat Ba.

Conseils

Séjournez à Cat Ba plutôt qu'à Ha Long City pour explorer la baie.

Évitez les mois de février à avril, frais (10-15 °C), pluvieux et brumeux, ainsi que les périodes d'affluence, en juillet dans la baie, et le week-end à Cat Ba.

Choisissez une embarcation rien que pour vous pour une balade dans la baie.

LE GOLFE DU TONKIN

La baie de Ha Long : un rêve pour le voyageur, un eldorado touristique pour le Vietnam. L'un et l'autre restent vrais, à condition d'oublier un littoral transformé en ersatz de Costa Brava. Il n'y a pas si longtemps, rejoindre la fameuse baie était un voyage en soi, à travers le pays amphibie du bassin du fleuve Rouge, de ponts Eiffel à circulation alternée en bacs. Désormais, une voie rapide filant à travers les rizières permet d'accéder en 3h à l'embarcadère de Ha Long City. Mais il existe une alternative pour gagner l'archipel des pics engloutis. Il suffit de se ménager des étapes sur la route de la baie, le temps d'une pause dans le port de Haiphong, d'une randonnée sur l'île de Cat Ba... un peu de suspense en somme, et la baie déroulera les panoramas de sa flotte pétrifiée et sans âge.

HAIPHONG ★

Comptez 2h.

Capitale de la province de Haiphong. À 106 km à l'est de Hanoi. 1 580 000 hab. (agglomération).

Principal port et premier centre industriel du Vietnam, Haiphong est une création du colonialisme français (1874). Son port établi sur le Cua Cam servait, et sert toujours, aux charbonnages de la province de Quang Ninh. Défigurée par les bombardements américains de 1965 à 1972, Haiphong n'était plus que le souvenir d'une ville, triste et noire, au début des années 1990. Mais à l'instar de Hanoi, elle s'est refait une beauté. Même si sa réhabilitation vise plus à séduire les investisseurs que les touristes, Haiphong a du chic et l'étape permet de croiser l'ambiance d'une grande ville du Bac Bo, autre que la métropole.

Arriver ou partir

En avion - Aéroport (Cat Bi) à 7 km au sud. 1 liaison par jour avec Ho Chi Minh-Ville à 9h.

En train - La gare se trouve rue Luong Khanh Thien, au sud-est de la ville coloniale, ☎ (031) 92 13 33. 9 trains circulent chaque jour dans les deux sens entre Haiphong et Hanoi (de 1h50 à 2h30 de trajet).

En bus - 6 bus par jour pour Hanoi (1h45) et 3 pour Ninh Binh (4h) partent de la gare routière, **Ben Xe Tam Bac**, près du marché Cho Sat, à l'ouest de la ville. Pour des liaisons avec le Sud, **Niem Nghia Inter-provincial Bus**, sur Tran Nguyen Han, ☎ (031) 78 08 55.

En bateau - Les départs s'effectuent à l'**embarcadère de Binh**, à une dizaine de kilomètres de Haiphong : du centre, prendre la route de Hanoi, peu après la borne « Hanoi 110 km », continuer tout droit (la route principale tourne à droite) jusqu'au bout de cette petite route. Les billets des bateaux de ligne circulant entre Haiphong

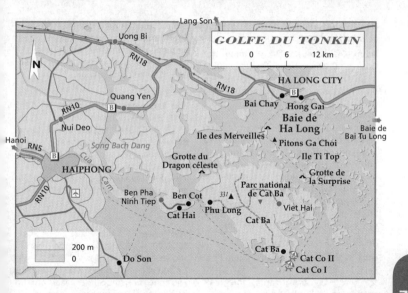

et Cat Ba (2 départs, 60 000 VND) et Haiphong et Hon Gai (4 départs, 50 000 VND) peuvent être réservés au guichet de la gare ferroviaire ou directement à l'embarcadère (au moins 1h à l'avance). Comptez de 2h à 4h de traversée.

Il existe un service d'hydroglisseur entre Haiphong et Cat Ba (1h, 90 000 VND), souvent affrété par les agences de voyages pour des prestations de luxe.

Comment circuler

Les *xe om* sont le moyen de transport le plus couramment utilisé. Il existe aussi deux compagnies de taxi : **VP Taxi**, ☎ (031) 82 82 82, et **Hai Phong Taxi**, ☎ (031) 83 83 83.

Adresses utiles

Banque / Change - Indovina Bank, 30 Tran Phu. Lundi-vendredi 8h-11h30, 12h30-16h30. Comptoir de change à la réception de l'hôtel Huu Nghi.

Poste / Téléphone - Buu Dien Trung Uong, 3 Nguyen Tri Phuong. Lundi-vendredi 6h-22h, samedi 6h-12h.

Compagnies aériennes - Vietnam Airlines, 30 Tran Phu, ☎ (031) 84 71 37/ 50 Dien Bien Phu (hôtel Huu Nghi), ☎ (031) 92 12 42.

Se loger

Les infrastructures de Haiphong sont avant tout destinées aux hommes d'affaires, au tourisme de masse chinois et aux voyageurs locaux. La ville ne possédant pas de mini-hôtels, il est difficile de trouver un bon rapport qualité-prix à moins de 15 \$, mais les très bons établissements sont ouverts à la négociation.

De 10 à 20 \$

Hoa Binh Hotel, 104 Luong Khanh Thien, ☎ (031) 82 23 47 - 38 ch. ♫ ▤ ⌷ 🆃🆅 ✕ Hormis la façade, les portes sculptées au chiffre de l'hôtel et quelques lits, il ne reste plus grand-chose de cet hôtel années 1930. Il a été rénové au goût de la clientèle chinoise : matelas mous et moquette pour les meilleures chambres, Formica et karaoké dans les standard. Les salons de « massages thaïlandais » sont à l'usage de la même clientèle. Le tout est convenable.

Hôtel du Commerce, 62 Dien Bien Phu, ☎ (031) 84 27 90 - 41 ch. ♫ ▤ ⌷ 🆃🆅 ✕ 🆒🅲 Son cachet colonial se limite à la façade, malgré une récente rénovation. Ses prestations sont sensiblement les mêmes que son voisin, le Huu Nghi, avec l'avantage non négligeable d'une

191

échelle plus humaine et d'une gamme de prix beaucoup plus abordable.

Navy Guesthouse (Nha Khach Hai Quan), 5 Tran Hung Dao, ☎ (031) 82 36 72 - 21 ch. 🛎 📶 🎇 📺 ✗ Derrière une résidence coloniale années 1940 (la Villa blanche), des bâtiments ont été construits dans le même style. On peut loger dans la partie ancienne, dotée de véritables suites, mais la plomberie n'a guère été changée et elle héberge quelques rats. Les ailes modernes offrent tout le confort (baignoire, télé satellite et frigo), malgré le côté étouffant de la moquette et du mobilier. Attention, l'hôtel possède une autre implantation, sans charme, au 27C Dien Biên Phu.

De 30 à 65 $

Huu Nghi Hotel, 60 Dien Bien Phu, ☎ (031) 82 32 44 - 126 ch. 🛎 📶 🎇 📺 ✗ 🛗 🆑 Confort incontestable mais impersonnel, d'un hôtel qui fonctionne comme une usine à touristes chinois. 3 restaurants proposent cuisines occidentale, vietnamienne et chinoise. La piscine s'étend à l'arrière, au pied d'anciens bâtiments coloniaux.

De 55 à 165 $

The Tray Hotel, 47 Lach Tray, ☎ (031) 82 85 55, trayhotel@hn.vnn.vn - 71 ch. 🛎 📶 🎇 📺 ✗ 🛗 🆑 Cet hôtel international à l'architecture sobre et élégante s'inscrit dans le cadre agréable du futur parc municipal. Le restaurant domine la ville, de même que la piscine, construite en terrasse. Excellent rapport qualité-prix.

De 60 à 75 $

Sunflower, 1 Van Cao, ☎ (031) 89 20 00, sunflower_marketing@hn.vnn.vn - 110 ch. 🛎 📶 🎇 📺 ✗ 🛗 🆑 Il s'agit d'une résidence construite dans une zone rurale et calme, à la lisière sud de la ville. Pour un tarif avantageux, on

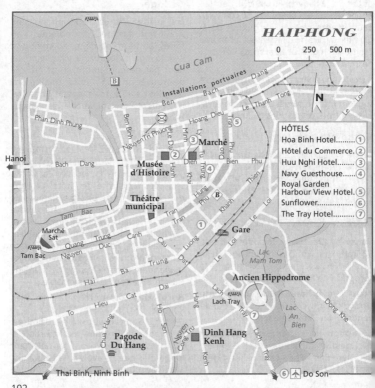

peut louer à la nuit un appartement meublé avec goût et bénéficier de nombreuses prestations (appels locaux gratuits, accès libre au centre de remise en forme). Location de voitures et excursions à Cat Ba ou dans la baie de Ha Long.

De 75 à 450 $

Royal Garden Harbour View Hotel, 4 Tran Phu, ☎ (031) 82 78 27, sales@harbourviewvietnam.com - 127 ch. ⌂ ▤ ☷ 📺 ✕ 🆑 Centre d'affaires et de remise en forme. Construit dans un élégant style néocolonial, c'est le meilleur hôtel de la ville avec des chambres parfaites. Même souci du décor dans les deux restaurants, dont l'un sert une excellente cuisine italienne. Organise des excursions en hydrofoil à Cat Ba et dans la baie de Ha Long.

Se restaurer

Avant tout conçue pour accueillir les hommes d'affaires qui dînent dans leur hôtel (les restaurants du **Tray** et du **Royal Garden Harbour View** sont très bons) et les touristes chinois qui banquettent en groupes, Haiphong ne regorge pas de bonnes adresses.

De 25 000 à 50 000 VND

Plusieurs restaurants vietnamiens établis sur Tran Hung Dao (le long du mail, à l'est du théâtre municipal) servent une cuisine honnête.

Le Bar de la Marine, 5 Tran Hung Dao. Ce *bia hoi* de plein air sert des portions de fruits de mer bon marché et des escargots à la citronnelle.

Moka, 115 Cat Dai, ☎ (031) 84 28 20. Ce salon de thé est une aubaine. Tout est délicieux. Les choux à la crème sont croquants, les cakes sont fondants et tous les gâteaux sont des merveilles.

À voir, à faire

▶ L'agglomération s'étend sur des kilomètres carrés de vilains faubourgs industriels et de HLM, mais le centre-ville offre une meilleure mine. Une ville coloniale s'était développée en rues tracées au cordeau de part et d'autre de l'avenue Dien Bien Phu, le long de laquelle se dressent toujours quelques vieux hôtels, réhabilités depuis avec plus ou moins de bonheur.

▶ Les collections du **musée d'Histoire** *(Bao Tang Lich Su)* *(66 Dien Bien Phu, 8h-11h30, 13h30-16h30, fermé le lundi, entrée payante. Comptez 30mn de visite)* balaient l'histoire régionale de la préhistoire à nos jours. On y glane des informations sur les guerres de résistance antichinoises et sur la dure exploitation coloniale des mines de charbon du Quang Ninh.

▶ À l'angle de Dien Bien Phu et de Minh Khai, qui conserve plusieurs constructions de caractère, une ancienne halle abrite un **marché couvert**. Non loin de là, le double boulevard Tran Hung Da-Tran Phu se prolonge en un mail, aménagé en promenade plantée sur un bras de rivière comblé, jusqu'au **théâtre municipal** *(Nha Hat Lon)*, dont la façade néoclassique a été fraîchement repeinte en rose. La place est investie par les marchandes de fleurs d'ornement et de couronnes mortuaires.

▶ Tandis que la rivière réapparaît à l'ouest de cette esplanade, la très commerçante rue Cau Dat s'échappe vers les quartiers sud. À l'est de cette dernière s'élèvent encore deux vestiges de l'époque coloniale. La **gare ferroviaire** a eu elle aussi droit à son coup de peinture, jaune et blanc, aux couleurs de Hanoi. Un peu plus loin, l'ancien **hippodrome** a été converti en stade de football. Dans un souci d'amélioration de l'environnement, il est prévu de réaménager le parc voisin et de transférer ailleurs la gare routière.

▶ Le sud-est fut toujours un quartier vietnamien. En suivant Hang Kenh, vous retrouvez l'ambiance du quartier des Trente-Six Guildes de Hanoi, peut-être même en plus authentique. L'étage des maisons-boutiques est resté en bois. Au rdc, on vend briquettes de charbon, vannerie et objets d'offrandes.

▶ Le **dinh Hang Kenh**, situé sur Nguyen Cong Tru, une rue à l'ouest de Hang Kenh *(le gardien des lieux vous ouvrira la porte)*, est une ancienne maison communale, toujours debout depuis ses derniers travaux de restauration, en 1767. Cette sobre bâtisse est rythmée de fenêtres à claire-voie et surmontée d'un imposant toit à croupe. À l'intérieur, la charpente de bois, posée sur des arbalétriers et des consoles à tête de dragon, contraste avec les autels récemment rénovés. Devant la tablette du génie tutélaire, un **palanquin** doré attend la prochaine procession.

▸ Au bout de la rue Chua Hang s'élève la **pagode Du Hang**, également appelée **pagode Phuc Lam** (pagode de la « Forêt du Bonheur ») *(6h-17h)*. De fondation ancienne, elle prit de l'importance au 17e s., puis au 19e s., grâce à l'activité de patriarches éminents. Elle doit sa physionomie actuelle à des campagnes de restauration entreprises en 1905 et 1917. L'intérieur est d'un kitsch étourdissant, mais l'autel principal, dédié à une trinité bouddhique, est richement orné de bois sculptés dans le style cantonais.

▸ Vous découvrirez les installations portuaires de l'embouchure du Cua Cam si vous quittez Haiphong en bateau. La plupart des équipements sont destinés au stockage du pétrole et le va-et-vient des barges transportant le charbon du Quang Ninh est incessant.

L'ÎLE DE CAT BA★★

(Dao Cat Ba)

À 40 km à l'est de Haiphong, 55 km au sud-ouest de Ha Long City. 12 000 hab.

Arriver ou partir

Les liaisons entre Cat Ba et le continent se sont nettement améliorées ces dernières années depuis l'aménagement d'une route sur l'île de Cat Hai qui permet de la traverser en bus plutôt que de la contourner en bateau.

En bateau - L'île de Cat Ba possède deux ports. **Cat Hai (Cat Ba Town)**, au sud, accueille les bateaux de ligne, tandis que la jetée de **Phu Long**, au nord-est de l'île, accueille les petits bateaux en bois venus de Haiphong. Des *xe om* attendent les passagers à l'arrivée pour les conduire à Cat Hai. 2 liaisons quotidiennes en hydrofoil entre le port de Cat Hai et l'embarcadère de Binh à Haiphong *(voir « Arriver ou partir », p. 190)*. Le temps de trajet est de 1h environ. Les liaisons avec Hon Gai (3h30-4h) sont beaucoup plus aléatoires, le but des hôteliers de Cat Ba étant de vendre des croisières d'une journée avec escale finale sur la côte. Par ailleurs un service de ferry (départ toutes les heures environ entre 5h30 et 17h30) est assuré entre le continent et l'île de Cat Hai (1h), ainsi qu'entre l'île de Cat Hai et celle de Cat Ba (30mn).

Comment circuler

Les reliefs de l'île rendent l'usage de la bicyclette très sportif. *Xe om* et motos sont les meilleurs moyens de circuler. Vous pourrez en louer auprès des hôtels et des restaurants.

Adresses utiles

Banque / Change - Il n'y a pas de banque, mais on peut vous dépanner dans certains hôtels (pas aux meilleurs taux).

Poste / Téléphone - Buu Dien Cat Ba, en bas de l'unique rue perpendiculaire au front de mer. Lun.-vend. 6h30-21h.

Internet - Accès Internet à l'hôtel Pacific, en face de la poste (2 500 VND/mn).

Agences de voyages - À Cat Ba Town, vous trouverez deux agences entre le Tra My et le Nam Duong pour acheter des billets de bateau pour la liaison Cat Ba-Haiphong. Quasiment tous les hôtels et restaurants ont une agence de voyages. Inutile de réserver au départ de Hanoi, vous pourrez organiser ici location de moto, randonnées, promenades en mer, réservation de billets sur les bateaux de ligne, etc. À titre indicatif le tour complet de Cat Ba (randonnée dans la forêt du parc national, pique-nique dans un village de pêcheurs et retour en bateau à travers la baie de Lan Ha) coûte 15 $, et la croisière d'une journée en baie de Ha Long (visite de plusieurs grottes, nage en mer et repa...

Jonque dans la baie de Ha Long

de fruits de mer à bord) revient à 10 $. Prestations et prix sont interchangeables, mais écartez d'emblée ceux qui vous disent que vous pouvez randonner dans l'île chaussé de sandales, car le terrain est escarpé et terriblement glissant. Vérifiez quel genre de bateau vous est alloué et quel type de repas est compris dans les prestations, certains baptisant repas une simple banane.

Se loger

Une quarantaine d'hôtels ont poussé à Cat Hai. Ils sont très fréquentés, en hiver par les étrangers, en été par les Vietnamiens. Les tarifs sont saisonniers et varient du simple au double.

La plupart des mini-hôtels peuvent vous organiser un petit-déjeuner. Vérifiez l'état des moustiquaires, indispensables.

Autour de 5 $

Nam Phuong Hotel, parmi les derniers sur le front de mer, côté nord-ouest, ☎ (031) 88 85 61 - 11 ch. 🍴 🗐 🎋 📺 Adossé à la falaise, dont la roche forme la paroi intérieure de la cage d'escalier ! Toutes les chambres donnent sur le port de pêche par une large fenêtre. Les deux plus grandes sont équipées d'un balcon sur la mer. Remarquablement tenu, c'est le meilleur rapport qualité-prix de Cat Hai.

Hoang Vu Hotel, sur le front de mer, côté nord-ouest, ☎ (031) 88 81 62 - 7 ch. 🍴 🗐 🎋 📺 Hôtellerie classique et petits prix, mais quatre chambres disposent d'une large baie vitrée et teintée donnant sur la mer. Les salles de bains sont en revanche petites. Très bien tenu.

Moins de 10 $

Giang Son Hotel, sur le front de mer, à l'extrémité nord-ouest, ☎ (031) 88 82 14 , giangsonhotelcb@hp.vnn. vn - 30 ch. 🍴 🗐 🎋 📺 ✗ De grandes chambres carrelées et très fonctionnelles équipées de cabinet de toilette. L'hôtel est bien situé pour la vue sur le port mais attention, cinq chambres donnent sur la paroi rocheuse d'une falaise. Même tarif en toute saison.

Cat Tien Tourism Complex, sur la plage de Cat Co 2 (accès à pied uniquement : à partir de Cat Co 1, longer la côte sur la gauche sur 800 m en empruntant la passerelle accrochée à la falaise), ☎ (031) 88 79 88, www. flamingocatbaresort.com - 32 tentes ✗ Camping sur la plus belle plage parmi les trois qui sont à proximité de Cat Ba Town. Deux modèles de tentes : « queen size » (7,50 $/3 pers.) ou « king size » (12 $/8 pers.).

Far Eastern Hotel (Khach San Vien Dong), sur le front de mer, côté sud-est, à l'aplomb de l'embarcadère des ferries, ☎ (031) 88 85 55 - 25 ch. 🍴 🗐 🎋 📺 ✗ Un établissement très agréable, avec de grandes chambres claires, joliment meublées, dont les balcons privatifs donnent sur le port. Le tarif des chambres augmente notablement en été.

Thu Ha Hotel, sur le front de mer, vers le milieu du port, ☎ (031) 88 83 43 - 16 ch. 🍴 🗐 🎋 📺 Régulièrement rénové depuis 2001, on apprécie le soin apporté pour rendre les séjours toujours plus agréables aux clients. Ainsi, il est prévu de changer toutes les literies d'ici fin 2005.

De 10 à 15 $

Nam Duong Hotel, sur le front de mer, côté sud-est, à côté de l'hôtel d'État, ☎ (031) 88 85 86, nguyenvankhai@hotmail.com -20 ch. 🍴 🗐 🎋 📺 ✗ Absolument impeccables et équipées d'un balcon privatif, la plupart des chambres donnent sur la mer. Les autres ouvrent sur la montagne. Confortable, l'hôtel est aussi très calme. Les chambres des étages élevés sont un peu plus chères et disposent de belles salles de bains.

Tien Thang Hotel, sur le front de mer, côté sud-est, mitoyen de l'hôtel d'État, ☎ (031) 88 85 68 - 26 ch. 🍴 🗐 🎋 📺 ✗ Discothèque. Seules six chambres sont avec vue et remarquablement conçues, avec leurs portes-fenêtres qui donnent sur le balcon. Certaines salles de bain sont équipées de baignoire. Les chambres à l'arrière sont également très grandes et aérées. Seulement, les tarifs doublent le week-end.

De 35 à 60 $

Holiday View Hotel, sur le front de mer, côté nord-ouest, ☎ (031) 88 72 00, holidayviewhotel@vnn.vn - 120 ch. 📶 🖵 🍴 📺 🆑 Le seul hôtel de standing du front de mer, ouvert fin 2004. Toutes les chambres ont le même mobilier et vue sur la baie dans la majorité. Les prix varient en fonction de l'étage, de la taille de la chambre ou de l'équipement, le meilleur rapport qualité-prix étant sans doute les supérieures-doubles avec balcon face à la mer (40 $). Le personnel est sympathique et compétent. Salle de restaurant et terrasse au 2e étage bénéficiant aussi d'une belle vue.

☺ **Sunrise Resort**, sur la plage de Cat Co 3, ☎ (031) 88 73 60, catba-sunriseresort@vnn.vn - 39 ch. 📶 🖵 🍴 📺 🏊 🆑 Centre de santé (jacuzzi, sauna, massages). Hôtel vraiment à part sur l'île, par sa situation et par son architecture. Boiseries, tissus d'ameublement bordeaux et or, atmosphère coloniale et soin du détail. Toutes les chambres donnent sur la mer. La superbe piscine est accessible aux non-résidents (10 $).

Se restaurer

Les restaurants de Cat Hai occupent le front de mer. Ils proposent tous la même carte aux mêmes prix, avec une large place faite aux fruits de mer. Les réputations se faisant et se défaisant d'une saison à l'autre, cette sélection est d'ordre indicatif. Il existe aussi un restaurant flottant où les enfants des sampaniers vous conduiront en barque moyennant 10 000 VND aller-retour. Là, les prix se négocient au kilo et en fonction des saisons.

De 25 000 à 50 000 VND

Pho Bo Gia Truyen Nam Dinh, à 50 m du restaurant Hoang Y. Petit restaurant fréquenté par les Vietnamiens. On y mange des spécialités que l'on ne trouve pas ailleurs comme les pieds de porc ou les pattes de poule.

Thang Loi, à côté de l'hôtel Quan Duc, ☎ (031) 88 85 31. Fruits de mer préparés à la mode vietnamienne ou internationale. Conseils et tuyaux auprès de jeunes guides de l'île.

Nam Phuong, voisin du Thang Loi. Un établissement très bien tenu aux bonnes saveurs vietnamiennes : gingembre frais, nems croustillants et parfumés.

De 50 000 à 100 000 VND

Hoang Y, proche du Nam Phuong, ☎ (031) 88 89 74. Avant d'ouvrir son restaurant ici il y a huit ans, le patron a appris la cuisine à Hongkong, Makao, en Chine, à Saigon, Hanoi et Haiphong. S'il n'est pas aux fourneaux, il viendra sans doute vous parler de cuisine. Il organise aussi sur demande des repas sur bateau (compter 45 $/2 pers. la journée).

Bien Xanh, proche du Nam Phuong, ☎ (031) 88 75 29. Restaurant flottant accessible par une longue jetée qui part de la route menant à Cat Co 3. Le soir, ce restaurant et son voisin (le Cat Tien, même catégorie en un peu moins bier) sont repérables grâce à leurs néons verts. Ils sont plus chers que la plupart de leurs concurrents, mais le cadre et l'emplacement, au milieu des bateaux de pêche, sont particulièrement agréables. On apprécie les poissons extra-frais, puisque requins, crevettes et crabes sont conservés vivants sous le plancher. À éviter cependant si vous avez le mal de mer.

Green Mango Restaurant, vers le centre de la baie, côté nord-ouest, ☎ (031) 88 71 51. De bonne réputation, le Green Mango est un peu plus cher que les restaurants du front de mer. Il y règne néanmoins une ambiance plus chaleureuse où l'éclairage n'est pas au néon.

À voir, à faire

▶ La plus grande des îles de la baie de Ha Long ressemble à une forteresse imprenable et sauvage quand on l'aborde en bateau, jusqu'à ce qu'au détour d'une falaise s'ouvre l'anse abritée de **Cat Hai (Cat Ba Town)**, annoncée par un fort fumet de poisson. Tout à coup se déploie le chaos apparent d'un port de pêche, un de ces havres naturels en eau profonde où les pêcheurs de la baie s'abritent des colères du large. Les enfants des sampaniers vous emmèneront en barque à la découverte de ce village flottant, moyennant un prix modique *(15 000 VND pour 1h).* Le matin, c'est le retour de la pêche en mer, qui se pratique au lamparo. Mais le jour, la vie s'écoule comme dans n'importe quel village du Bac Bo. À la poupe des sampans, les femmes lavent et cuisinent, et il n'est pas rare de voir une partie de l'embarcation investie par un poulailler, voire une porcherie.

▸ Au nord-est du port, Cat Ba possède deux jolies plages de sable fin, répondant aux doux noms de **Cat Co 1** et de **Cat Co 2** et ouvrant sur des panoramas de minibaies de Ha Long. On accède à la première par une rampe très raide qui grimpe au bout du front de mer de Cat Hai. La seconde, située dans le prolongement de Cat Co 1, est accessible par une passerelle de 700 m, suspendue à flanc de rocher *(entrée payante).*

Cat Hai étend à l'intérieur des terres zones cultivées et constructions, entre des anses couvertes de mangrove.

▸ Une route cahotante rejoint le cœur de l'île à travers une nature insolite qui fait très vite oublier la mer. Quelques grottes sans grand intérêt ponctuent le chemin du **parc national★** *(Vuon Quoc Gia Cat Ba) (accès au parc à 16 km au nord de Cat Hai, entrée payante).* Un sentier entretenu et balisé, mais escarpé et terriblement glissant par tous les temps, permet une randonnée de 3h A/R jusqu'au sommet *(alt. 300 m),* d'où le regard embrasse l'île *(de bonnes chaussures sont indispensables).* Vous aurez ainsi un aperçu de la végétation étrange qui tapisse les pics calcaires de la baie. Au passage, un écriteau signale un arbre d'une espèce rare, le **Rung Kim Giao** ou « arbre aux baguettes ». Il est ainsi nommé car son bois, réactif aux poisons alimentaires, était utilisé pour fabriquer les baguettes utilisées à la cour, éternel domaine d'intrigues. Il est rare de pouvoir observer des spécimens des dizaines d'espèces que protège le parc (nombreuses variétés de singes, faucons, cervidés), mais les innombrables papillons contribuent à l'enchantement des lieux et les trilles assourdissantes qui montent de la jungle vous convaincront qu'elle est habi-

La fureur de vivre

Dotée de criques de sable blanc et surtout d'électricité, Cat Ba est chaque week-end le grand rendez-vous de la jeunesse vietnamienne. Cette dernière s'empare de l'île au son des motos, des karaokés ou des discothèques, et des duos romantiques investissent les plages, sur fond de coucher de soleil et de chansons d'amour diffusées par radiocassettes.

tée. Les hôtels de Cat Hai proposent un programme alternatif, avec guide *(voir « Adresses utiles »).*

▸ À la pointe orientale de l'île, **Phu Long** *(à 32 km de Cat Hai)* est un bourg écrasé par la lumière que reflètent les bassins à crevettes. Au bout d'une langue de terre gagnée par la mangrove, des bateaux de pêche stationnent à l'embarcadère. On peut louer leurs services pour visiter la **grotte du Dragon céleste★** *(Dong Thien Long) (entrée payante. Comptez 25mn de navigation aller).* Découverte en 1998, elle comporte une grande variété de formations calcaires, dans lesquelles l'imagination vietnamienne aime à voir la silhouette d'animaux réels ou imaginaires.

HA LONG CITY

(Thanh Pho Ha Long)

Capitale de la province de Quang Ninh. À 55 km de Haiphong par la route, 160 km de Hanoi et 55 km de Cat Ba.

Arriver ou partir

En bus - Un service de petits bateaux assure la liaison entre la gare routière de **Hon Gai** et celle de **Bai Chay**, qui dessert Hanoi, Haiphong et Ninh Binh (à l'est de la station, au pied de l'hôtel Ha Long Plaza). Des minibus de 24 places partent toutes les 25mn, de 5h30 à 17h30, pour la gare de Kim Ma à Hanoi (3h30, comptez 35 000 VND). La gare est bien organisée et on peut acheter son billet au guichet. Nombreuses liaisons également avec Haiphong (2h, 14 000 VND). Un bus quotidien à 6h15 pour Ninh Binh (6h).

En bateau - L'embarcadère des bateaux de ligne est à Hon Gai. Cinq liaisons quotidiennes, de 6h à 16h, avec Haiphong (50 000 VND).

En hélicoptère - La compagnie **Northern Service Flight** (182 Truong Chinh, ☎ (04) 852 34 51) organise tous les samedis des combinés survol et croisière au départ de Hanoi. Les appareils décollent à 8h de l'aéroport de Gia Lam (6 km au nord-est de Hanoi). La durée du vol est de 50mn, dont 15mn de survol de la baie ; il est suivi d'une croisière de 4h, avant le retour à 15h45 à Hanoi. Le prix du billet aller-retour est de 175 $. Renseignements et réservations auprès de l'agence située à l'aéroport de Gia Lam, ☎ (04) 563 31 10.

En excursion organisée - À moins de disposer vraiment de peu de temps, il n'est pas nécessaire de recourir aux forfaits Hanoi-Cat Ba-Ha Long-Hanoi proposés par les agences de la capitale. Il est vrai que leurs tarifs sont attractifs : moins de 20 $ pour deux jours et une nuit, croisière comprise. Mais vous risquez de grosses déconvenues sur la qualité des hôtels et des repas et l'organisation marathonienne. Pour les budgets modestes, Cat Ba est une base idéale pour profiter de la baie. Signalons néanmoins que l'agence **TF Handspan** propose une formule intéressante pour dormir à bord d'un bateau en baie de Ha Long (116 Hang Bac, ☎ (04) 828 19 96, tfhand spn@hn.vnn.vn).

Comment circuler

Le *xe om* est le transport le plus approprié. Ils stationnent au voisinage des gares routières et maritimes. On trouve aisément des taxis en s'adressant à la réception des grands hôtels (15 000 VND la course en moyenne). Des bacs fonctionnent toutes les 5mn dans la journée, toutes les 15 à 30mn pendant la nuit, entre Bai Chay et Hon Gai.

Adresses utiles

Banque / Change - **Vietcombank**, Le Thanh Tong (près de la poste). Lundi-vendredi 7h30-11h, 13h30-16h30, samedi 7h30-12h. Chèques, cartes de crédit et cash. Il n'y a pas de banque à Bai Chay, mais les grands hôtels disposent d'un comptoir de change. Vous trouverez un autre distributeur de billets à l'entrée de l'hôtel Heritage, 88 Halong Rd.

Poste / Téléphone - **Buu Dien Ha Long**, en bas de la rue Vuon Dao, à Bai Chay, ☎ (033) 84 62 03. Lundi-vendredi 6h30-21h.

Internet - **Dilmah Cafe**, Halong Rd 2, dispose d'une connexion à 1 $/20mn.

Se loger

Comme Cat Ba, Ha Long City connaît deux saisons touristiques. L'été (de mai à septembre, avec une affluence maximum en juillet), les prix, déjà plus chers qu'à Cat Ba, doublent pour une qualité d'hébergement très moyenne. Il vaut beaucoup mieux vous établir à Cat Ba.

▶ *À Bai Chay*

L'hébergement se répartit sur deux secteurs : les établissements les plus agréables sont à l'ouest, non loin de l'embarcadère des bateaux touristiques ; les autres se trouvent à l'est, dans une zone densément construite, où il est rare d'avoir vue sur la mer.

De 5 à 8 $

Thanh Binh, à 100 m dans la rue qui monte face au restaurant Shark's Fines, ☎ (033) 84 55 16 - 3 ch. ♨ ✕ Une adresse très économique au confort spartiate, avec toilettes à la turque.

Yen Oanh hotel, 47 Vuon Dao, ☎ (033) 84 65 15 - 8 ch. ♨ ▤ ✕ 📺 Confort sommaire mais convenable dans ce mini-hôtel sans prétention. Pas de petit-déjeuner.

De 10 à 15 $

Hoa Binh Hotel, 39 Vuon Dao, ☎ (033) 84 60 09 - 5 ch. ♨ ▤ ✕ 📺 Un échantillon convenable sur les dizaines d'établissements qui jalonnent Vuon Dao, la rue des mini-hôtels. De petites salles de bains, mais de vastes chambres, toutes blanches, avec froufrous et pâtisseries. En se penchant du balcon, on aperçoit même la mer.

Vinaly 1 Hotel, 11 Khu 4B (sur une colline, derrière la tour de l'hôtel Heritage), ☎ (033) 84 66 94 - 16 ch. ⍨ 🍽 ⌘ 📺 Ce « mini » sort du lot grâce à sa situation : il est perché si haut sur les collines qui dominent Bai Chay qu'on arrive même à apercevoir un bout de mer. Chambres et salles de bains carrelées et bien entretenues.

De 15 à 20 $

🅐 **Biet Thu Nha Tron**, à côté de la tour du Halong Pearl, ☎ (033) 83 80 53 - 3 ch. ⍨ ⌘ 🍽 📺 Coincée entre des bâtiments récents, cette villa années 1930 paraît vraiment hors du temps. Préférez les deux petites chambres, plus charmantes et moins chères, dont les balcons donnent au milieu des pins.

Autour de 30 $

Ha Long 2 Hotel, à l'ouest de la station, il surplombe la route conduisant à l'embarcadère, ☎ (033) 84 63 21 - 37 ch ⍨ ⌘ 🍽 📺 ✕ 🔤 Seules deux chambres n'ont pas de balcon sur la mer. Elles seraient convenables si leur moquette était moins douteuse. Un confort sans surprise.

Autour de 60 $

Ha Long 1 Hotel, au-delà du Ha Long Bay, isolé au bout d'un grand parc, ☎ (033) 84 60 20 - 22 ch. ⍨ ⌘ 🍽 📺 ✕ 🔤 Une récente réfection a ravivé le charme colonial de cet hôtel construit en 1935. La chambre 208 est celle des célébrités. Ho Chi Minh y séjourna deux fois et Catherine Deneuve y résida pendant le tournage du film *Indochine* en 1991. Tout est vaste, impeccable, agréable et feutré. Dommage que le restaurant, situé dans une partie ancienne entourée d'une véranda, ait la taille d'un hall de gare. Dispose de la meilleure situation à Bai Chay.

De 70 à 80 $

Ha Long Bay Hotel, à l'ouest du Ha Long 2, ☎ (033) 84 52 09, www.vn-tourism.com - 42 ch. ⍨ ⌘ 🍽 📺 ✕ 🔤 La moitié des chambres donnent sur la mer, les autres ouvrent sur le jardin à l'arrière. Toutes sont vastes et propres, mais si tristement banales ! En revanche, le restaurant offre la bonne surprise d'une grande baie vitrée.

De 70 à 100 $

Saigon Halong Hotel, Halong Rd, ☎ (033) 84 58 45/48, www.saigonhalonghotel.com - 228 ch. ⍨ ⌘ 🍽 📺 ✕ 🔤 Restaurant panoramique, bar et centre de remise en forme. Ce luxueux hôtel ouvert en 2002 est très bien placé. Du haut de ce grand building de 14 étages, la vue sur la baie est splendide. Pour amateur de grand confort, très jolies chambres classiques dans les tons beiges. Demander celles avec balcon. Possibilité de loger dans des villas entourées de verdure (à partir de 58 $).

De 200 à 300 $

Royal Hotel & Villas, 63 Halong Rd, ☎ (033) 84 89 99, royaljvc@hn.vnn.vn - 120 ch. ⍨ ⌘ 🍽 📺 ✕ 🔤 Ensemble d'appartements-villas dominant la baie de Ha Long. Les logements sont superbes mais chers comparés aux prix du Saigon Halong Hotel, juste à côté.

▸ *À Hon Gai*

L'hébergement n'est pas la vocation première de Hon Gai, mais deux initiatives particulières l'ont dotée de deux excellentes adresses.

De 10 à 15 $

🅐 **Pension Hien Cat**, 252 Ben Tau (prendre la première rue à gauche en venant de la gare maritime, c'est au bout de la rue à 150 m), ☎ (033) 82 74 17 - 6 ch. ⍨ 🍽 📺 Les charmants propriétaires jouent la carte de la francophonie par dictionnaire interposé. Quel plaisir de partager leur demeure construite au-dessus du port de pêche ! La chambre du dernier étage est parfaite avec sa petite terrasse où l'on prend le petit-déjeuner, l'œil sur le mouvement des bateaux dans la baie. De plus, la propriétaire est un cordon-bleu qui, si vous lui en passez commande, vous cuisinera les fruits de mer du jour.

🅐 **Nha Nghi Chez Simone**, 10 Cao Xanh, ☎ (033) 82 51 70, vinhth@ho.fpt.vn - 3 ch. ⍨ ⌘ 🍽 📺 ✕ La très accorte Simone Nguyen Thi Than a converti sa maison en chambres et table d'hôte. Située dans un quartier résidentiel tranquille, elle n'offre pas de vue sur la mer, mais l'agrément de son jardin et de ses chambres impeccables. C'est une formidable adresse relais pour voyager en douceur au Vietnam, car Simone, francophone et anglophone, est de précieux conseil et vous aidera à déjouer les chausse-trappes parfois mafieuses de l'organisation du tourisme en baie de Ha Long. Réservation indispensable. On peut venir vous chercher à la gare.

Se restaurer

▶ *À Bai Chay*

Le tableau n'est pas brillant et vous n'aurez guère le choix. La cuisine des grands hôtels est exécrable, les restaurants alternatifs sont rarissimes et leurs prix exorbitants. Une multitude de restaurants et de cafés de qualité équivalente se succèdent sur la plage et sur la rue du bord de mer.

Moins de 25 000 VND

Des stands de rue font office de *com pho* bon marché dans la rue au pied de la tour de l'hôtel Heritage. D'autres sont installés en bas de la rue Vuon Dao, en face de la poste.

De 25 000 à 50 000 VND

Thanh Binh Restaurant, au croisement de Halong Rd et de la rue qui monte à l'hôtel Heritage. Vous repèrerez le restaurant aux aquariums installés devant. Fréquenté par une clientèle essentiellement vietnamienne, il est un peu moins cher et un peu meilleur que les autres établissements de cette catégorie.

Hawaii Ha Long Restaurant, entre les hôtels Ha Long Bay et Ha Long Bay 2, ☎ (033) 84 75 91. Cuisines occidentale, chinoise et vietnamienne. Grande salle avec balcon autour de la scène.

De 50 000 à 100 000 VND

Van Song Restaurant, Halong Rd (en bas de la rue qui monte à l'hôtel Heritage), ☎ (033) 84 60 84. Restaurant de fruits de mer, où l'on peut essayer la mante religieuse de mer (hybride de gambas et de langouste particulier à la baie) ou les crabes bleus. Le propriétaire, qui parle français, est une excellente source d'informations sur l'organisation touristique à Ha Long. Il sera également ravi de vous parler du tournage du film *Indochine* auquel il a participé.

▶ *À Hon Gai*

De 25 000 à 50 000 VND

Les tables d'hôte de **Chez Simone** (sœur de Van Song) et de la pension **Hien Cat** sont les meilleures que vous puissiez trouver sur le littoral.

Loisirs

Croisières dans la baie - Renseignements et réservations à l'**embarcadère touristique de Bai Chay** à l'ouest de Bai Chay, à 2,5 km de la poste, ☎ (033) 84 74 81 ou 84 65 92, http://halongbay.halong.net.vn 5h30-18h30 en été ou 6h-18h en hiver. Très bien organisé, il fait office de bureau d'informations touristiques, avec des renseignements détaillés sur les modalités des croisières. Les bateaux se louent à l'heure ou sur la base des itinéraires proposés. Les tarifs, fixés par l'administration touristique, varient selon la taille et le confort des bateaux. À titre indicatif, un bateau traditionnel en bois de 15 passagers pour une croisière de 4h revient à 360 000 VND. Les places des bateaux de 1re classe, plus rapides, à coque métallique (60-80 passagers) coûtent 30 000 VND (4h), 42 000 VND (6h) et 54 000 VND (8h). À quelques exceptions près, tous les circuits qu'on vous proposera dans les agences ou les hôtels utilisent ces services, se contentant de vous faire payer une commission.

La **compagnie Mui Ngoc** assure un service d'hydroglisseurs entre l'embarcadère de Bai Chay et la ville de Mong Cai (2h), à la frontière chinoise. L'itinéraire traverse la baie de Bai Tu Long, qui prolonge à l'est celle de Ha Long. Deux départs quotidiens, à 8h et 13h30. Comptez 24 $. Renseignements et réservations à l'embarcadère de Bai Chay, ☎ (033) 88 39 88.

Croisières en jonque - Les belles jonques ont déserté la baie, mais grâce à des initiatives privées, certaines ont été reconverties en bateaux de croisière. Des agences à Hanoi se sont spécialisées dans ces balades de 2 ou 3 jours, avec nuits et repas à bord. Comptez de 170 à 860 $ par pers. selon la durée et le nombre de participants. **Ecco**, 50A Ba Trieu, ☎ (04) 825

46 15. **Exotissimo**, 26 Tran Nhat Duat, ☎ (04) 828 21 50, hansales@exotissimo. com **Viet Y**, 18 Hang Chuoi, ☎ (04) 821 32 64.

Canoë-kayak - Quelques agences de Hanoi organisent ces explorations sportives de 2 à 6 jours. **Hanoi's Buffalo Tours**, 11 Hang Muoi, ☎ (04) 828 07 02, buffalo@netnam.org.vn **Ho Guom Tourist Company**, 125 Bui Thi Xuan, ☎ (04) 821 61 99, inserhan@fpt.vn

À voir, à faire

▶ Le port de pêche de **Hon Gai** (à l'est) et la station balnéaire de **Bai Chay** (à l'ouest) composent Ha Long City. Elle n'a vraiment que son nom pour faire rêver, car le spectacle est désespérant, malgré de réels efforts pour aménager le littoral du côté de Bai Chay. Une plage artificielle y a été créée, bordée d'une promenade plantée de pins et de flamboyants, mais l'arrière-plan des constructions désordonnées de la ville est désolant. De plus, vu de la côte, l'horizon est si grand qu'il est difficile d'imaginer que le dédale rocheux de la célèbre baie se déroule à quelques encablures du rivage.

▶ Hon Gai présente au moins l'intérêt d'être un port actif avec son ballet de sampans et de barges charbonnières. Les sampaniers proposent leurs services le temps d'un tour en bateau (de 5 à 10 $/h). En 1999, l'**église Sainte-Marie-Rose**, qui n'était plus qu'une ruine calcinée après les bombardements américains de 1967, a été relevée sur les collines à l'est. C'est un joli but de promenade que de grimper là-haut pour voir se déployer la ville sur fond de rochers fantomatiques.

LA BAIE DE HA LONG★★★

(Vinh Ha Long)

Accès et croisières, voir ci-dessus.

Nul doute que Ha Long, inscrite au patrimoine mondial de l'Unesco en 1994, est l'une des merveilles du monde. 1 969 îles émergent de ses eaux de jade, mais seules 980 d'entre elles sont nommées. Si Hanoi fut Thang Long, « Envol

du Dragon », la baie est Ha Long, « Descente du Dragon », et son chaos irréel de pitons rocheux, le fruit des ébats de cette bête, maîtresse des eaux. Les hommes qui s'établirent dans ses cavernes il y a 6 000 ans ont-ils croisé le monstre ? En tout cas, ils ont laissé quelques vestiges de leur industrie lithique. Le spectacle est infini, entre pitons fantomatiques, montagnes englouties, antres et cavernes et mers intérieures. Le plus singulier est que ces collines aux formes étranges semblent flotter à la surface de l'eau, tant leur base est rongée et que partout règne le silence de cette mer étale, parfois rompu par le cri d'un oiseau de mer. Les Français d'Indochine ont dressé des cartes précises des îles de la baie, en les baptisant des noms que leur évoquaient ces contours accidentés. Il y eut le Sampan et le Buffle, le Képi, le Polichinelle ou le Bonnet phrygien. Les Vietnamiens ont fait de même, voyant ici la Tête humaine *(Hon Dau)*, la Vieille Dame *(Hon Ba)*, la Forteresse *(Dao Phao Dai)* ou le Brûle-parfum *(Hon Dinh Huong)*.

Une alchimie des eaux

Cônes, aiguilles rocheuses, pitons ou collines, toutes ces fantaisies calcaires sont nées de la mer. Il y a des millions d'années, la sédimentation marine a laissé, de la Chine du Sud au Vietnam, une couche épaisse de coquilles, fracturée par les mouvements de la croûte terrestre. Au retrait de la mer succédèrent l'action chimique des eaux pluviales et la dissolution par les rivières souterraines, creusant un fantastique réseau de grottes et de cavernes. Celles-ci se sont parfois effondrées, isolant des pitons, sculptés à leur tour. Les géologues nomment **karst** ce phénomène né des caprices de l'eau. Ha Long est le plus grand karst marin du monde. Les arbres ordinaires ne pouvant s'accrocher aux rochers, ici règnent les **saxifrages**, des plantes qui s'accommodent du peu de terre qu'elles trouvent dans les aspérités.

La baie des pirates

Ces côtes trouées de cavernes offrirent des bases de rêve aux pirates chinois et vietnamiens. À la fin du 18e s., il y régnait une piraterie intense, qui fournissait, à l'occasion, des recrues de qualité aux insurrections de l'arrière-pays. Jusqu'en 1810, les pirates tinrent tête aux armées chinoises ou vietnamiennes avec une armada de 50 000 marins embarqués sur des centaines de jonques armées. Ils déplacèrent progressivement leurs activités vers les rivières et les fleuves quand la flotte de guerre britannique, basée à Singapour puis à Hongkong, les chassa de la côte pour protéger le commerce de la Couronne.

De l'or noir à l'or bleu

L'archipel ne contient pas de charbon, mais les terrains du nord de la baie recèlent le plus vaste gisement vietnamien de houille. Exploité jadis à ciel ouvert, il fit la fortune de la Société française des charbonnages du Tonkin qui possédait la région de Hon Gai et traitait ses habitants en esclaves. Il s'écrivit ici quelques-unes des pages les plus noires de l'exploitation coloniale. Aujourd'hui, les couches d'anthracite et de charbon s'épuisent et il faut aller les chercher de plus en plus profond. Mais la région préfère investir dans un autre trésor, le **tourisme**. Les croisières dans la baie ne sont jamais tout à fait improvisées et vous conduiront au cœur de deux ensembles de formations rocheuses, dont les accès ont été aménagés. Chaque fois qu'un bateau touristique fait escale, il est aussitôt abordé par une nuée d'embarcations. Les pêcheurs tentent ainsi d'avoir leur part de la manne touristique et s'improvisent marchands de cartes postales ou de coquillages *(attention, la vente du corail est interdite)*.

À voir, à faire

ⓐ Vérifiez si les droits d'entrée des grottes sont compris dans votre croisière, car elles sont toutes d'accès payant.

▶ **L'île des Merveilles**, ainsi baptisée par les Français d'Indochine, est l'une des premières îles que l'on croise en venant du continent. Elle cache la **grotte des Bouts de Bois** *(Hang Dau Go)* où l'on a retrouvé les pieux, hauts de 1,5 à 3 m, qui ont sans doute servi lors de la défaite maritime des Mongols *(voir p. 72)* et qui sont à présent exposés au musée de Haiphong. La **grotte du Palais céleste** *(Dong Thien Cung)*, suspendue à 50 m au-dessus de l'eau, ouvre sur une petite anse. L'enfilade de ses salles rocheuses a fait l'objet d'un éclairage en Technicolor.

▶ Les deux pitons affrontés, dits des **Coqs combattants** *(Hon Ga Choi)*, mènent vers un autre archipel. Non loin de l'**îlot du Cimetière**, où reposent des marins anonymes, une île abrite la **grotte de la Surprise** *(Hang Sung Sot)*. Une première salle puis un boyau débouchent sur un imposant amphithéâtre, déployé sous les candélabres des stalactites. En face, un rideau de concrétions calcaires est suspendu à l'entrée de la **grotte du Pélican** *(Hang Bo Nau)*. Dans le même secteur, la **grotte du Tunnel** *(Hang Luon)* livre passage à un lac intérieur et, plus loin, les plages de l'**île Ti Top** sont propices à la baignade.

3 jours	Sapa et les environs (p. 226)
Boucle de 800 km au départ de Hanoi	Départ de nuit de Hanoi pour Sapa en train. **Jour 1.** Visite de Sapa. Mise au point du parcours de la randonnée à l'office de tourisme. Après-midi : tour en deux-roues dans la vallée de Lao Chai. **Jours 2 et 3.** Randonnée dans les environs *(avec ou sans guide, p. 228, 234)*. Retour à Hanoi par le train de nuit.
Transport	Préférez le train de nuit pour la liaison Hanoi-Sapa. Location de deux-roues et de motos-taxis sur place.
Étapes	Sapa, nuit dans un village.
Conseils	Évitez les week-ends et la période de la fête du Tet. Prévoyez de bonnes chaussures de randonnée.
6 jours	**L'ouest du Haut Tonkin (p. 205)**
Boucle de 1 150 km au départ de Hanoi	**Jour 1.** Départ de Hanoi pour Mai Chau *(p. 209)* et visite des villages Van et Lac *(p. 212)*. **Jour 2.** Route et paysages magnifiques de Son La à Dien Bien Phu *(p. 215)*. Prévoyez un pique-nique. **Jour 3.** Visite de Dien Bien Phu *(p. 215)* et route pour Sapa *(p. 219)*. **Jour 4.** Visite de Sapa *(p. 226)* et tour en deux-roues dans la vallée de Lao Chai *(p. 228, 234)*. **Jour 5.** Marché de Bac Ha et hameaux alentour *(p. 236)*. **Jour 6.** Retour à Hanoi.
Transport	Location d'une voiture. Pour ceux qui entreprennent la boucle en moto, prévoyez plus de temps et doublez les étapes.
Étapes	Son La, Dien Bien Phu, Sapa (2 nuits), Bac Ha.
Conseils	Vous pouvez aussi utiliser les transports en commun, mais vous risquez de regretter de ne pouvoir vous arrêter à tout instant pour profiter des paysages magnifiques.
11 jours	⚙ **Le Haut Tonkin (p. 205)**
Boucle de 1 700 km au départ de Hanoi	**Jours 1 à 5.** Boucle de l'ouest du Haut Tonkin jusqu'à Bac Ha *(voir ci-dessus)*. **Jours 6 et 7.** La piste de Bac Quang jusqu'à Ha Giang *(p. 238)*. **Jour 8.** Profitez des paysages et des hameaux entre Ha Giang et Cho Ra *(p. 244)*. **Jours 9 et 10.** Randonnée et nuit dans le parc national de Ba Be *(p. 244)*. **Jour 11.** Retour à Hanoi.
Transport	Location d'une jeep indispensable pour tout le périple, car aucune voiture de tourisme ne peut emprunter les pistes entre Bac Ha et Cho Ra. Ne vous y aventurez pas non plus en moto si vous n'avez pas une sérieuse expérience.
Étapes	Son La, Dien Bien Phu, Sapa (2 nuits), Bac Ha, Xin Meng, Ha Giang, Cho Ra, parc national de Ba Be (2 nuits).
Conseils	En deux-roues, les passages difficiles se multiplient à partir de Bac Ha. Sachez également que si vous voulez rejoindre directement la baie de Ha Long, la route via Lang Son est en mauvais état.

Paysage du Haut Tonkin

LE HAUT TONKIN

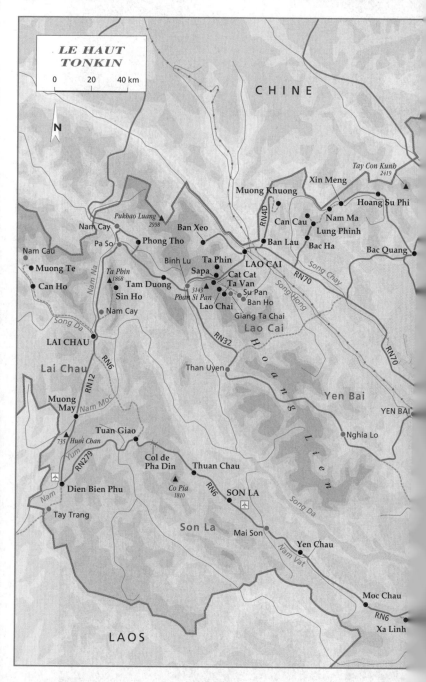

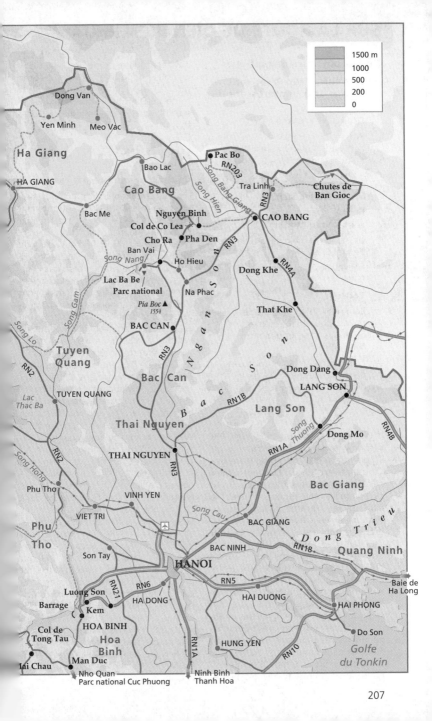

Dong Van

Yen Minh

Meo Vac

Ha Giang

HA GIANG

Bao Lac

Cao Bang

Pac Bo

RN203

Song Bang Giang

Tra Linh

RN3

Chutes de
Ban Gioc

Bac Me

Nguyen Binh

Col de Co Lea

Pha Den

Cho Ra

Ban Vai

Song Nang

Ho Hieu

RN3

CAO BANG

Dong Khe

RN4A

Lac Ba Be
Parc national

Na Phac

That Khe

Song Gam

Pia Boc
1554

BAC CAN

Song Lo

RN2

**Tuyen
Quang**

RN3

N
g
a
n

S
o
n

Lac
Thac Ba

TUYEN QUANG

Bac Can

B
a
c

S
o
n

Dong Dang

LANG SON

Song Hong

RN2

Thai Nguyen

RN1B

Lang Son

RN4B

Phu Tho

THAI NGUYEN

RN3

Song Thuong

Dong Mo

VINH YEN

RN1A

VIET TRI

Song Cau

Bac Giang

**Phu
Tho**

Son Tay

BAC GIANG

D o n g   T r i e u

RN18

Quang Ninh

BAC NINH

HANOI

RN5

Baie de
Ha Long

Luong Son

RN21

RN6

HA DONG

HAI DUONG

Barrage

Kem

HAI PHONG

RN4B

Col de
Tong Tau

HOA BINH

Do Son

Lai Chau

Man Duc

**Hoa
Binh**

RN1A

HUNG YEN

RN10

Golfe
du Tonkin

Nho Quan
Parc national Cuc Phuong

Ninh Binh
Thanh Hoa

1500 m
1000
500
200
0

SUR LA ROUTE DE DIEN BIEN PHU★★

Les paysages magnifiques

Les villes-étapes souvent tristes et peu intéressantes

Quelques repères

Provinces de Hoa Binh, Son La et Lai Chau - Itinéraire de 480 km au départ de Hanoi - Compter 3 jours - Hébergement possible à Hoa Binh, Mai Chau, Lac, Van, Son La et Dien Bien Phu - Plan p. 206-207.

À ne pas manquer

Un séjour paisible dans la vallée de Mai Chau.

Les villages thai noir de la *nam* Vat.

Conseils

Emportez suffisamment de dollars pour l'hébergement et de dongs pour les dépenses courantes.

La radio nationale est diffusée dans les villes par haut-parleur dès 5h15 : pensez-y lors du choix de votre hôtel.

Il y a un demi-siècle, Dien Bien Phu résonna du fracas d'une bataille qui sonna le glas de l'Indochine française. Cinquante ans après, l'État vietnamien restaure et entretient les symboles de sa conquête de l'indépendance : on cimente les cratères de bombes, on renouvelle les sacs de sable, on réaménage bunkers et tunnels. La ville de Dien Bien n'a toutefois plus rien du théâtre d'une bataille, ni même d'une campagne enclavée aux portes du Laos. Depuis que le siège de la province de Lai Chau y a été transféré en 1995, elle s'est mise au diapason des capitales provinciales avec ses grandes avenues bordées de bâtiments administratifs flambant neufs. Désormais, on peut s'envoler de Hanoi pour Dien Bien Phu le temps d'un pèlerinage, aussi poignant que les plages du débarquement ou les cimetières militaires de la Marne. Mais ce serait rater le merveilleux spectacle de la route de Dien Bien, de ses vallées et ses villages, du pays muong au pays thai.

HISTOIRE

Un œil sur de turbulents vassaux

Les **Thai** établirent leurs premières chefferies dans le Nord-Ouest, au moment où naissait le Dai Co Viet, le premier État viet indépendant (*voir p. 183*). À Hanoi, puis à Hué, les souverains du Vietnam réglèrent leur attitude vis-à-vis de ces pouvoirs « barbares » sur le système chinois. Ils maintenaient les chefs coutumiers, leur donnaient à marier des princesses vietnamiennes et leur distribuaient des titres en échange du versement d'un tribut de vassalité à la cour. En 1067, par exemple, les Thai Noir présentèrent à Hanoi de l'or et de l'argent, du bois de santal, des cornes de rhinocéros et des pointes d'ivoire d'éléphant. Ces seigneuries indigènes conservaient une emprise sur leur territoire à travers une hiérarchie de vassaux, seigneurs d'une cuvette cultivée, le *muong* (ou *muang*), comprenant villages et bourgs et dont les limites étaient définies par les collines et montagnes qui la circonscrivaient. À défaut d'alliances sûres, cette politique garantissait une relative stabilité dans ces régions trop difficiles à contrôler. Lorsque les Vietnamiens lançaient des expéditions vers le haut pays, c'était pour une remise au pas, comme lors de la campagne de Le Thai To au 15e s. qui mit fin au piratage exercé par le chef thai blanc Deo Cat Han. L'émergence du Dai Co Viet autour de l'an mille contribua aussi à définir le territoire de leurs cousins linguistiques, les **Muong**. Toujours centré de nos jours sur Hoa Binh, leur peuplement s'étend bien au sud, sur le Nghe Anh et le Thanh Hoa. Mais les Muong se montrèrent d'un voisinage bien plus paisible que les Thai.

Le temps des rébellions

Les Français ignoraient ce que savaient les souverains vietnamiens, à savoir que toute tentative d'administration directe se soldait par un soulèvement. Ils en firent les frais en provoquant une série de rébellions des Muong, des Thai et des Dao à la fin des années 1880. Suite à la riposte militaire française, des garnisons furent créées à Hoa Binh, Son La, Lai Chau et Lao Cai. Les mouvements de mécontentement ne cessèrent pas pour autant, stigmatisés par les bandes des **Pavillons noirs**, guérilleros sino-vietnamiens qui œuvraient le long de la frontière. La situation conduisit les Français à une attitude plus répressive : Son La est aujourd'hui le seul vestige des pénitenciers qu'ils établirent dans la Haute Région.

Les 57 jours de Dien Bien Phu

Après l'évacuation désastreuse de Cao Bang en 1950, les Français perdirent progressivement tout contrôle sur la région montagneuse. Dans le Nord-Ouest, le **Viet-minh**, soutenu par des actions du Pathet Lao révolutionnaire (une organisation révolutionnaire communiste établie au Laos), les contraignit à abandonner leur base aérienne de Son La en 1953, et la garnison de Lai Chau à la fin de la même année. Sûr de rallier les minorités ethniques, le **général Giap** avait concentré des forces dans la région dès 1952, poussant même jusqu'aux portes de Luang Prabang au Laos. C'est dans ce contexte qu'**Henri Navarre**, nouveau commandant en chef des forces françaises d'Indochine, lança l'opération Castor, destinée à s'emparer de Dien Bien Phu, où le **général de Castries** fut parachuté avec six bataillons. Henri Navarre avait sous-estimé l'engagement de Giap en se refusant à déplacer des unités cantonnées dans le Centre, même après le début de la bataille. Il n'avait pas non plus pris en compte la mobilité du Viet-minh, qui concentra une force telle qu'elle contraignit les soldats français à se battre à un contre cinq.

Prévoyant une attaque directe au centre de la cuvette, les Français avaient

établi trois points de résistance, tous baptisés de prénoms féminins : Gabrielle et Béatrice au nord, Isabelle au sud. La première vague d'attaque se déroula selon leurs prévisions et Giap essuya de telles pertes qu'il suspendit les combats pour changer de stratégie. Le Viet-minh abandonna l'assaut en vagues pour l'étranglement, et le fusil pour la pelle : en trois mois, un réseau de galeries et de tranchées encercla les Français.

Dans l'après-midi du 13 mars, Giap mit fin au siège et attaqua. Les Français se tournèrent vers l'aide américaine, mais Eisenhower refusa de laisser l'Amérique s'engager seule et les Britanniques firent la sourde oreille. Le 7 mai 1954, le drapeau viet-minh flottait sur Dien Bien Phu et le 8 mai débutait la conférence de Genève.

DE HANOI À MAI CHAU★

Comptez 4h.

Itinéraire de 162 km.

Il est possible d'effectuer la totalité de l'itinéraire jusqu'à Dien Bien en bus de ligne, mais ce serait dommage, car ce qu'il y a à voir le long de la route est bien plus beau et bien plus intéressant que les villes-étapes.

Étant donné l'interdiction pour un étranger de conduire une voiture, il est préférable de louer une Volga (la « jeep russe ») avec chauffeur pour vous déplacer. Ces dernières années, d'importants travaux ont été entrepris pour améliorer les routes et il est désormais possible de faire le tour du Haut Tonkin en louant une moto Minsk à Hanoi. La route étant dangereuse et sans grand intérêt avant Son La, nous vous conseillons de trouver un bus qui accepte la moto sur le toit, au moins jusqu'à Hoa Binh (de même au retour de Sapa, vous pouvez la mettre dans le train). Toutes les agglomérations importantes sont équipées de postes d'essence.

Arriver ou partir

En 4x4 avec chauffeur - Le forfait pratiqué à Hanoi (de 1 à 3 pers., 7 jours et 6 nuits, de Hanoi à Sapa) varie de 150 à 200 $/pers., sur la base d'un itinéraire établi (soyez vigilant sur les pseudo-formules à kilométrage illimité : elles n'existent pas et sorti de l'itinéraire de base, le compteur tourne). Il comprend les frais d'essence ainsi que la nourriture et l'hébergement du chauffeur. Prévoir entre 15 et 20 $/j pour un guide et 25 $ par journée de location supplémentaire en 4x4 Volga. Le programme type est Hanoi-Mai Chau (1 nuit)-Son La (1 nuit)-Dien Bien Phu (1 nuit)-Lai Chau (1 nuit)-Sapa (2 nuits)-Hanoi.

À moto - Comptez 6 $ de location par jour au départ de Hanoi.

DE HANOI À HOA BINH

Quittez Hanoi par la voie rapide qui file à travers les rizières sur 30 km avant de rejoindre la route n° 21. En chemin, vous pouvez faire étape dans les jolies pagodes de l'Ouest *(voir p. 178)*.

▶ À 60 km de Hanoi, **Luong Son** accueille un marché *(les jours du calendrier luni-solaire se terminant par 1, 3, 7 et 9)* où vous trouverez des légumes en abondance et des articles en bambou confectionnés par les Muong des environs.

▶ 24 km plus loin, dans le village de **Kem**, on torréfie le thé vert à la mode ancestrale. Chaque maison est équipée d'un fourneau sur lequel chauffent les marmites à fond concave qui servent à sécher les feuilles dès la cueillette.

HOA BINH

À 107 km de Hanoi.

« La Paix » est la capitale de la province du même nom. C'est une petite cité moderne et dynamique qui doit beaucoup à la proximité du premier grand barrage hydroélectrique construit dans le pays.

Arriver ou partir

En bus - La gare routière de Hoa Binh est située à l'entrée de la ville en venant de Hanoi. Deux bus par jour, à 5h et midi, pour Mai Chau (1h30) et une liaison le matin avec la gare de Kim Ma à Hanoi (4h).

Se loger

Hoa Binh n'étant qu'à 2h30 de route de Hanoi et présentant peu d'intérêt, il n'est pas indispensable d'y loger. Des adresses en dépannage :

De 10 à 15 $

Phuong Lam Hotel, 186 Cu Chinh Lan (à l'entrée de Hoa Binh en venant de Hanoi), ☎ (018) 85 32 08 - 88 ch. ⚑ 🖳 🕱 📺 ✗ Choisissez les chambres qui se trouvent le plus en retrait de la très passante route n° 6. Vous serez ainsi logé très convenablement. Le personnel parle un peu l'anglais. Possibilité de louer une voiture avec chauffeur pour faire l'excursion de Mai Chau (1 journée) : comptez 600 000 VND aller-retour.

De 25 à 40 $

Hoa Binh 1, 54 Phuong Lam (à la sortie de Hoa Binh sur la route de Mai Chau), ☎ (018) 85 20 51 - 32 ch. ⚑ 🖳 🕱 ✗ 💳 Une initiative comme on voudrait en voir plus souvent dans la région. Les chambres, très confortables, sont installées dans de grandes maisons thai en bois sur pilotis donnant sur la campagne. Seul bémol, les salles de bains sont toutes petites. L'établissement a l'habitude de fonctionner avec des groupes, ce qui rend le service du restaurant aléatoire quand on est seul. De l'autre côté de la route, le **Hoa Binh 2**, ☎ (018) 85 20 01, offre les mêmes prestations et dispose de 27 chambres dont les mieux situées ont vue sur la montagne.

Loisirs

Excursions - **Hoa Binh Tourist Corporation**, installé dans l'hôtel du même nom, ☎ (018) 85 43 74, hbtoursinmuongland@yahoo.comOrganise des croisières sur le lac de barrage du *song* Da. Comptez 30 $ par bateau pour une promenade de 3h comprenant la visite d'un village muong et d'un village dao tien. Possibilité de randonnées de 1 à 7 jours (10 $/j pour le guide).

À voir, à faire

▶ En ville, les passionnés de protohistoire visiteront le **musée de Hoa Binh** (Bao Tang Hoa Binh) (Phuong Lam, *ouvert uniquement les dimanche et jours de fête, 8h-10h, 14h-17h, 20h-22h*). Il est installé dans une horreur en béton de style sino-soviétique, mais ses collections, bien que pauvrement présentées, ne manquent pas d'intérêt, notamment la séquence consacrée à la période qui s'étend de la préhistoire hoabinhienne aux tambours de l'âge du bronze. Quelques costumes et objets thai et muong complètent la visite.

▶ Aménagé sur le cours du *song* Da, à 6 km à l'ouest de la ville, le **barrage** fut construit à partir de 1979 avec le support financier de l'URSS et l'assistance technique de ses « experts ». Il joue le double rôle de prévenir les crues de la rivière Noire en aval, dans le delta, et de fournir de l'électricité au Nord du pays ainsi qu'à la région de Saigon, depuis l'installation d'une ligne à haute tension en 1994. L'ouvrage est visité et des croisières sont organisées sur le **lac** voisin qui s'étend dans un moutonnement de collines cultivées par les riverains muong et dao tien (*voir « Loisirs », p. 211*). La promenade en bateau four-

nit l'occasion de visiter leurs villages, où l'eau descendue des collines est captée pour actionner le pilon à décortiquer le paddy. Les sols fertiles permettent la culture d'arbres fruitiers, tel celui qui fournit le curieux citron digité. Tous les cultivateurs n'ont pas eu la chance de s'établir sur ces berges et on estime à 4 000 les foyers qui durent déménager lors de la mise en eau.

▶ Après Hoa Binh, on quitte définitivement le plat pays du delta pour la région montagneuse. Les premières rizières en terrasses apparaissent, bordées de bosquets de bananiers. L'habitat change lui aussi radicalement. La campagne se piquette de chaumières, parmi lesquelles la maison muong se reconnaît à sa toiture à pans coupés et à ses pilotis bas. Sur les panneaux de signalisation, les noms des agglomérations sont tantôt en vietnamien, tantôt en thai. La route monte ainsi en lacet pendant 25 km jusqu'à **Man Duc** (*Muong Khen* en thai), un petit village-carrefour posé au col où il est possible de se restaurer (*de Man Duc, une route conduit également à Nho Quan et au parc Cuc Phuong, situé à 84 km de là. Voir p. 186*). Enfin, parvenu au **col de Tong Dau**, vous découvrirez la vallée de Mai Chau (*Pho Vang* en thai), sereine et splendide, en contrebas de la route : c'est un beau poljé que tapissent les rizières cultivées par les Thai Blanc, dont les hameaux sont dispersés autour du bourg, siège de l'administration et du marché. Passé le col, suivez la direction de Mai Chau, situé à 1 km à l'ouest de la route de Son La.

MAI CHAU★

À 55 km de Hoa Binh. Alt. 400 m.

Se loger, se restaurer

Moins de 10 $

Mai Chau, Lac, Van sont les villages que l'usage a consacrés, mais rien ne vous empêche de tenter votre chance un peu plus loin dans la vallée. Le prix est fixé à 165 000 VND pour le dîner, la nuit et le petit-déjeuner dans le village de Lac, alors que la même prestation à Van coûte 80 000 VND. Les conditions d'hébergement sont grosso modo les mêmes partout : matelas au sol, pas de chambres séparées, mais l'isolement diaphane d'une moustiquaire, salle de bains et WC communs. Certains propriétaires ont construit des blocs sanitaires en dur avec douche et eau chaude.

Les voyageurs en solo préfèrent la tranquillité de **Van**, où l'on ne vend pas de textiles et où aucun spectacle folklorique n'est organisé. Les deux seules maisons accueillant les touristes sont à l'entrée du village, sur la droite. Adressez-vous à Mlle Trung, qui loge dans la plus grande.

Lac est en revanche plutôt fréquenté par les voyageurs en groupes organisés. Les maisons y sont très belles et les habitants savent s'occuper des étrangers, peu habitués à vivre au ras du sol. Les vingt maisons habilitées à accueillir les touristes sont repérables par un petit panneau « Nha nghi so » suivi d'un numéro. Les chambres des maisons 9, ☎ (018) 86 73 80/19, ☎ (018) 86 72 55, ont de belles vues sur les rizières ainsi que sur la campagne environnante et proposent la location de vélos (10 000 VND/j).

Sortir, boire un verre

Spectacles - À **Lac**, on peut vous organiser un dîner-spectacle avec danses au son du khène, profusion d'alcool de riz et spécialités locales (poisson-chat, riz glutineux, crosses de fougères, etc.) pour 400 000 VND.

Achats

Tissage - À **Mai Chau**, les doigts experts des femmes thai blanc réalisent toutes sortes de tissages. Ceux de leur groupe sont basés sur des combinaisons de losanges ou des variations sur des soies sauvages. Elles savent toutefois faire beaucoup d'autres choses et recueillent des étoffes d'autres groupes ethniques. Le village de Lac est ainsi pavoisé de batiks hmong, d'ikats des Thais du Laos et de broderies dao, dont les prix sont dix fois moins élevés que dans les boutiques de Hanoi.

À voir, à faire

▶ Ce bourg fut l'un des pionniers dans l'ouverture du Nord-Ouest au tourisme en 1990. Que de changements en dix ans ! Les villages de **Van** et de **Lac**, les plus proches de Mai Chau, se sont rodés à l'accueil des visiteurs *(à la sortie de Mai Chau prendre la route au niveau de la guest-house pour vous rendre à Lac ; tourner à gauche 50 m après le 2e pont pour aller à Van)*. Leurs maisons sont toujours aussi belles et peu de béton défigure l'environnement, mais les bassins, creusés au pied de chaque demeure pour lutter contre le feu et élever d'énormes poissons-chats ont été comblés... pour servir de parking aux visiteurs. Les femmes de Mai Chau sont habiles au tissage. Le matin, le village résonne du bruit des rouets que manœuvrent les jeunes filles à l'étage. Aux heures chaudes, elles tissent sur de grands métiers à pédales dans l'espace aménagé sous les pilotis. Le village de Lac est tout pavoisé de leurs travaux, vendus à prix très raisonnables. Les quêteurs d'authenticité seront peut-être déçus, mais il n'y a nul mercantilisme de la part des marchandes d'étoffes, qui ne sont ni empressées ni agressives.

DE MAI CHAU À SON LA★

Comptez 6h.

Itinéraire de 170 km.

La province de Son La est l'une des trois plus grandes du pays (19 000 km²). Les Thai constituent le groupe ethnique le plus important de cette région, mais leur peuplement se concentre le long des principales rivières dont ils tirent profit pour irriguer leurs cultures et fournir de l'énergie grâce à d'astucieux bricolages hydrauliques en bambou.

SUR LA ROUTE DE SON LA

▶ En quittant Mai Chau, la route remonte à l'assaut du plateau. 28 km plus loin, une piste sur la gauche conduit à **Xa Linh**, rare agglomération hmong dans cette région densément peuplée de Muong et de Thai *(voir p. 106)*. Pas de rizières sur ce plateau, mais quelques champs de manioc et de patates douces. Passé Xa Linh, la route entre dans la province de Son La. Après le plateau de **Moc Chau** *(à 51 km de Mai Chau)*, un gros centre de ravitaillement culminant à 1 000 m d'altitude, vous longez sur 40 km une vallée très large qui tantôt se resserre en pentes déboisées par le brûlis, tantôt s'élargit.

▶ Vous descendez enfin le long de la **nam Vat** (en pays thai, les rivières ne s'appellent plus *song*, mais *nam*), jalonnée sur une dizaine de kilomètres de **villages thai noir★**, tous bâtis sur le même modèle. Situés sur la rive opposée, seuls les signalent un petit drugstore à auvent vendant sel, huile et confiseries, et un **pont en bambou**, sans garde-fou, suspendu au-dessus de la rivière. Le village s'étire en longues maisons sur pilotis, comme celles des Thai Blanc de Mai Chau, mais à la différence qu'elles sont pourvues d'une véranda, où les femmes s'installent pour coudre, préparer les repas ou tresser de grandes hottes en bambou qu'elles portent à l'aide d'un bandeau frontal. En contrebas, le cours d'eau est barré de gués de galets où tournent de microscopiques moulins qui, grâce à un réseau de câbles, alimentent les ampoules électriques du village.

▶ Vous parvenez ainsi à **Yen Chau** *(à 110 km de Mai Chau)*, un village-rue où vous trouverez un marché, une station-service, et de quoi vous ravitailler. Dans cet univers de moyenne montagne, seuls les fonds de vallée sont travaillés en rizières. Partout, c'est le domaine du manioc et du bananier, qui dessinent des frises dentelées sur les croupes laissées nues par le brûlis.

SON LA

À 170 km de Mai Chau. Alt. 600 m.

Les principales curiosités se concentrent sur les collines, au sud-ouest de Son La, mais vous trouverez musée et marché au cours de votre promenade en ville.

Arriver ou partir

En avion - L'aérodrome est à Na San, 20 km à l'est sur la RN6. En travaux, il devrait reprendre son activité courant 2006. Pour information, Vietnam Airlines organisait avant fermeture un vol A/R pour Hanoi 2 fois par semaine.

En bus - Gare routière à l'entrée de la ville, à l'intersection de la rue Tinh Doi et de la RN6. Des minibus très convenables circulent entre la capitale (gare de Kim Ma) et Son La. Attention toutefois au départ de Son La : contraints de partir à l'heure, les chauffeurs s'exécutent, mais n'hésitent pas à livrer leur clientèle à un collègue au véhicule déjà bien plein, s'ils estiment n'avoir pas suffisamment de passagers. Liaisons toutes les heures, de 4h à midi, pour Hanoi (12h), 2 fois par jour, à 4h et 12h, pour Dien Bien (10h) et 1 fois par jour pour Moc Chau (9h). Pour Lai Chau, prendre la correspondance à Thuan Chau (2 bus par jour).

Se repérer

Deux avenues courant de part et d'autre de la *nam* La (Chu Van Thinh sur la rive est et To Hieu sur la rive ouest) forment le centre de Son La. Au sud, à l'entrée du village, se trouvent l'hôtel Son La, plusieurs petits restaurants et la gare routière. La poste est sur To Hieu, au pied des collines où l'avenue du 26-août (Duong 26.8) fait une boucle.

Adresses utiles

Poste / Téléphone - Buu Dien Son La, 168 To Hieu, ☎ (022) 85 24 21. Lundi-vendredi 6h30-21h. Tous services dont téléphone et fax.

Compagnie aérienne - Vietnam Airlines, Chu Van Thin, ☎ (022) 85 98 87.

Se loger

De 4 à 12 $

Thuong Anh, 94 To Hieu, ☎ (022) 85 33 40 - 12 ch. et 2 dortoirs ⌨ ▤ ✕ ▥ Les salles de bains sont certes passables, mais il y a un lecteur DVD dans toutes les chambres ! Grande salle de dancing-karaoké au dernier étage et restaurant avec vue sur les rizières. L'intérêt principal de cet hôtel réside dans les chambres 202 à 204, qui offrent au cœur de la ville une belle vue sur les cultures alentour. Minuscules balcons.

Autour de 7 $

Thanh Tung, Duong 26-8, ☎ (022) 85 83 99 - 22 ch. 🅿 📺 ✕ 📺 Dans une grande bâtisse mauve tout au bout de la rue Duong, là où la ville se fait village avec ses maisons et ses potagers. Préférez, pour le même prix que les chambres, l'un des deux bungalows. Le personnel ne parle pas un mot d'anglais.

De 10 à 15 $

Phong Lan, Chu Van Thinh, ☎ (022) 85 35 15 - 10 ch. 🅿 📺 ✕ 📺 À 100 m du marché. Des étages un peu de guingois, mais les chambres sont sympathiques avec leur balcon ou leur véranda. On y parle anglais.

De 12 à 30 $

Trade Union Hotel (Kach San Cong Doan), Duong 26-8 (sur les hauteurs au sud-ouest de la ville), ☎ (022) 85 28 04, congdoanhotelsla@yahoo.com - 100 ch. 🅿 📺 ✕ 📺 ✕ Un grand établissement à la mode des « pays frères », propriété du Parti. Mais le personnel est si sympathique (parle anglais et quelques mots de français) qu'il fait oublier la froideur du béton, et les chambres sont si bien entretenues qu'on s'y sent bien. Carrelage, télé et « pâtisseries » au plafond dans les grandes chambres, baignoire et eau chaude dans les salles de bains. On y mange bien, international ou vietnamien. Attention, cet hôtel constitue généralement l'étape en ville des tours organisés.

Se restaurer

De 25 000 à 50 000 VND

Si vous ne logez pas au **Trade Union**, dont la cuisine est convenable, vous pouvez vous restaurer dans les petits

restaurants de Nguyen Luong, situés face à l'hôtel Son La : le 10D (sans nom) est une honnête petite cantine, et son voisin, le **Luong Phuong**, sert des *bun* dans une salle impeccable.

À voir, à faire

▸ Ses qualités de capitale s'affichent dès l'entrée avec un ensemble de logements tout neufs à l'usage des fonctionnaires, construits sous une grande pancarte de Ho Chi Minh saluant les minorités. Le **marché** *(Cho Cau Moi)*, au nord de Chu Van Thinh, mérite le détour, d'autant que l'on y déniche quelques textiles et sacs d'épaule des Thai Noir.

▸ La **prison de Son La** *(Nha Tu Son La) (7h-11h, 13h30-16h30, entrée payante)* fut construite en 1908 sur Doi Thanh Nien, la « colline de la Jeunesse », pour incarcérer les chefs des rébellions ethniques. Un an après sa création, elle fut le théâtre d'un soulèvement des prisonniers qui manifestaient contre les conditions de détention inhumaines. À partir de 1942, les effectifs grossirent avec l'arrivée d'autres rebelles : les activistes du Viet-minh pour qui Son La fut un foyer de diffusion de leurs idées. C'est à ce titre que les ruines du pénitencier, laissées en l'état après le transfert des prisonniers dans le delta et le bombardement par les Français en 1945, ont été partiellement relevées par les Vietnamiens. Elles permettent d'évoquer les conditions effroyables de détention de cette prison qui abrita jusqu'à 600 prisonniers. On y entre par les vestiges des dépendances. Çà et là, des mains anonymes ont allumé des bâtons d'encens à la mémoire des hommes morts dans cette sinistre geôle. Une petite salle dresse une chronique émouvante à travers des photos de prisonniers et des documents de l'administration coloniale.

▸ Un **musée★** *(Bao Tang Son La)* occupe les anciens bureaux de l'administration pénitentiaire. Ses collections ne sont pas folichonnes, mais fournissent l'occasion de démêler l'écheveau des douze groupes ethno-linguistiques peuplant la province, à travers leurs costumes et quelques objets (poteries utilitaires, jouets en céramique et paniers).

Vous y verrez notamment le corsage à agrafes en argent que ne portent plus de nos jours que quelques Thai Noir. Les objets les plus significatifs sont les bijoux et la ferronnerie (armes et outils) du peuple hmong et le mobilier en vannerie des Kho Mu.

DE SON LA À DIEN BIEN PHU★

Comptez 6h.

Itinéraire de 154 km.

La route de Dien Bien Phu s'échappe à travers les montagnes qui enserrent Son La à l'ouest et redescend dans une vallée plantée de pêchers et de pruniers. La variété de l'habitat trahit celle du peuplement : les maisons, très dispersées, y sont en bois ou en bambou, couvertes de tuiles ou de chaume, de plain-pied ou sur pilotis.

Se loger

▶ *À Tuan Giao*

De 10 à 15 $

Tuan Giao, Thi Tran, ☎ (023) 86 26 13 - 5 ch. ⌁ ▤ ☒ ▥ Seul hôtel de la ville, il pourrait se révéler utile à ceux qui entreprendraient la découverte du Haut Tonkin en moto.

Se restaurer

▶ *À Tuan Giao*

De 50 000 à 100 000 VND

Hoang Quat, sur la route de Dien Bien Phu, ☎ (023) 86 24 82. Ce bon petit restaurant travaille pour les tour-opérateurs, qui s'y arrêtent généralement le midi.

À voir, à faire

▶ À proximité de **Thuan Chau** (*à 36 km de Son La*), la vallée s'élargit. De grandes norias tournent sur la rivière pour irriguer les rizières et les maraîchages installés sur les rives. Le bourg est le marché principal de cette campagne active et s'anime tôt le matin. Vous y croiserez jusqu'à 9h ou 10h des femmes thai noir en grande tenue, mais très lasses d'être la cible des photographes. Rangez votre appareil, on appréciera le geste. On y vend également quelques textiles et bijoux en argent à des tarifs exorbitants.

▶ La RN6 quitte Thuan Chau en grimpant à 1 000 m au **col de Pha Din**. De l'autre côté débutent la province de Lai Chau et les premières plantations d'abrasins, l'arbre à huile emblématique du Nord-Ouest. Paraissent aussi les premiers villages dao dans un cadre montagneux entièrement défriché pour la culture du maïs.

▶ **Tuan Giao** (*à 39 km de Thuan Chau*) est la dernière étape avant Dien Bien Phu, que vous pouvez rejoindre par la RN279 (*à 79 km. Comptez 3h30*). Ceux qui ne souhaitent pas se rendre sur le site de la fameuse bataille poursuivront sur la RN6 qui gagne directement Lai Chau (*à 90 km*). Peu après Tuan Giao s'ouvre une nouvelle vallée rizicole, domaine des Thai Noir, fermée par un rideau de pitons calcaires.

DIEN BIEN PHU★

Une demi-journée de visite.

La route de Tuan Giao entre dans la célèbre plaine en longeant une petite butte : c'est **Béatrice** (*Him Lam*), première position française à être tombée aux mains du Viet-minh le 13 mars 1954. Le cadre est splendide avec les gradins bleutés des **monts Phu Xam Xan**, une échine qui fait écran entre Vietnam et Laos et encadre le site à l'ouest et à l'est. Au centre, la **nam Yum** irrigue une terre de 20 km de long sur 5 km de large : Dien Bien Phu, le siège administratif (*phu*) de Dien Bien. Avec ses mini-hôtels, ses karaokés, son marché couvert, ses banques et sa poste flambant neuves, la ville ressemble à un mirage surgi dans ce Far West vietnamien. Le *Doi Moi* est passé par là.

Arriver ou partir

En avion - L'aéroport de Dien Bien Phu est à 1 km, sur la route de Lai Chau. Un à deux vols par jour relient Hanoi à Dien Bien Phu (45mn). Bureau de réservation au **Airport Guest House**, ☎ (023) 82 46 92.

En bus - La gare routière se trouve à la sortie de la ville, en direction de l'aéroport. Un départ chaque jour, le matin, pour Ninh Binh (17h), Lao Cai (15h) via

Lai Chau (5h) et Sapa. Deux départs très tôt le matin pour Hanoi (16h) et Son La (8h). Quatre liaisons quotidiennes pour Lai Chau.

Se repérer

Dien Bien Phu s'étire en une longue avenue qui prolonge la RN279, de Son La au Laos, et qui court parallèlement à la *nam* Yum. Au nord du marché, elle s'appelle Him Lam, puis Be Van Dan, tandis qu'au sud elle devient l'avenue du 7 Mai (Duong 7.5). Le pont sur la *nam* Yum marque le centre-ville, le quartier de Thanh Binh. Le site principal de la bataille (A1) est situé 2 km plus au sud, près du musée et du cimetière militaire.

Adresses utiles

Banque / Change - Dien Bien Phu Bank, Muong Thanh. Lundi-vendredi 8h-11h30, 13h-15h30.

Poste / Téléphone - Buu Dien Dien Bien, Duong 7.5. Lundi-vendredi 6h30-21h.

Se loger

Autour de 6 $

Thuy Linh Guest House, entre le pont et la station-service, ☎ (023) 82 57 24 - 6 ch. ⌐ 🖳 ✕ 📺 Avec sa vue sur la rivière, cet hôtel récent est un point de chute idéal pour les petits budgets.

De 6 à 12 $

☸ **Trung Tam Hoi Nghi**, Muong Than, ☎ (023) 83 13 79 - 35 ch. ⌐ 🖳 ✕ 📺 Minibar dans les chambres. Tout le confort, bien agréable, d'un hôtel de bon standing pour 3 $ de plus qu'un mini-hôtel.

Binh Long, Tan Thanh 4 - Duong 7/5, ☎ (023) 82 43 45 - 14 ch. ⌐ 🖳 ✕ 📺 À 250 m du marché, ce petit hôtel familial propose des chambres simples récemment repeintes. Les prix doublent si vous optez pour l'air conditionné.

De 10 à 15 $

Phong Huyen Mini Hotel, Thanh Binh, ☎ (023) 82 44 60 - 5 ch. ⌐ 🖳 ✕ 📺

Ambiance familiale, dans le style des mini-hôtels de Hanoi. Tout est propre et cosy. Les propriétaires ne parlent que le vietnamien, mais leur gentillesse compense les difficultés à communiquer. Petit-déjeuner sur demande.

De 10 à 20 $

Dien Bien Phu Trade Union, 14 Tan Thanh 4, ☎ (023) 82 48 41, kscongdoandbp@hn.vnn.vn - 90 ch ⌐ 🖳 ✕ 📺 Parmi les trois catégories de chambres, celles à 15 $ offrent le meilleur rapport qualité-prix.

De 18 à 25 $

Muong Thanh Hotel, 25 Him Lam, ☎ (023) 81 00 43 - 60 ch. ⌐ 🖳 ✕ 📺 ✕ ⌐ Massages thaïlandais et karaoké. L'hôtel est le point de chute de tous les tour-opérateurs qui partent de Hanoi. L'accueil ainsi que les services sont déplorables, la piscine est sale et qui plus est payante, même pour les résidents (10 000 VND). Mais c'est le seul endroit où vous pourrez croiser d'autres touristes et leurs guides pour vous renseigner, par exemple, sur l'état des routes.

Se restaurer

Les petits restaurants se font plus nombreux. On peut y prendre un petit-déjeuner dès 7h, mais le service en soirée s'arrête à 21h.

De 25 000 à 50 000 VND

Lien Tuoi, au pied d'Éliane, près du cimetière, ☎ (023) 82 49 19. La table est bonne et l'emplacement idéal, mais les propriétaires n'ont pas réalisé qu'ils n'étaient plus les seuls restaurateurs de la ville. On y mange pour beaucoup plus cher qu'ailleurs.

Luan Nga, 415 Be Van Dan (l'accès se fait par une ruelle située juste au nord du marché), ☎ (023) 82 56 04. Une cuisine variée dans le cadre agréable d'une courette avec rocaille et fauteuils en rotin.

Ngoc Mai, Trau Cau (en retrait de l'avenue du 7-Mai, au nord d'Éliane), ☎ (023) 82 63 22. Spécialités de nouilles et de viande de chèvre.

Sortir, boire un verre

So Dem, 13 Tan Thanh, ☎ (023) 82 47 25. À 50 m du marché, sur le toit du bâtiment, deux terrasses où se retrouvent les jeunes de la ville. Cadre romantique et excellent point de vue pour observer la rue principale.

Loisirs

Piscine - La piscine en plein air de l'hôtel **Muong Thanh** est accessible aux non-résidents moyennant 10 000 VND. Attention, l'eau n'y est pas très claire.

À voir, à faire

▶ Au sud de la ville reposent quelques-uns des 15 000 soldats du Viet-minh tombés pendant l'assaut. La construction du **cimetière** (*Nghia Trang Liet Si Doi A1*) fut financée par la France. Le long des murs, des bas-reliefs font la chronique de la bataille soulignant les moments de bravoure qui figurent dans les manuels d'histoire au Vietnam : l'assaut de **Be Van Dan**, le canon à l'épaule, ou le sacrifice de **Phanh Dinh Giet**, qui s'interposa sur une batterie française.

▶ Pour visiter le site, il faut d'abord se rendre au **musée★** (*Bao Tang Dien Bien Phu*) (en face du cimetière, mercredi-dimanche 7h-11h, 13h30-16h30, entrée payante) dont le ticket d'entrée donne accès aux sites reconstitués : la colline Éliane et le quartier général de De Castries. Une **maquette** de la bataille, une bande vidéo et un réseau de petits points lumineux (verts pour les Français, rouges pour le Viet-minh) résument la chronologie des 57 jours. Les vitrines en livrent quant à elles une version moins didactique, mais plus émouvante, avec leurs photos en noir et blanc, leurs documents et objets, tels que des vélos viet-minh qui servirent au transport de l'artillerie, des outils pour creuser les tunnels ou des vestes en coton qui faisaient office d'uniforme.

▶ La colline voisine, **Éliane** (A1 pour les Vietnamiens), domine à peine le carrefour à ses pieds. Au cœur du dispositif du hérisson *(voir p. 209)*, ce fut la dernière des collines à tomber, le 6 mai 1954, après 36 jours de tentati-

Wanted !

À l'entrée des postes ou des écoles du « Far West » vietnamien, les murs sont tapissés de photos d'hommes en noir et blanc. Ce sont des avis de recherche des trafiquants d'opium. Ces affiches rappellent opportunément la proximité du Triangle d'or et la survivance d'un trafic hérité du temps des guerres de l'Opium. Comme l'expliquent les commentaires des musées du pays, les Hmong étaient particulièrement impliqués dans la culture du pavot qui fut longtemps leur source principale de revenus. En 1908, les Hmong de la région se soulevèrent, refusant de continuer à payer l'impôt en numéraire et de livrer l'opium à leur commanditaire : l'administration coloniale française.

ves. Au sommet de la butte, près d'une « machine-buffle », un tank français abandonné baptisé « Gazelle », un abri antibombardement a été reconstitué. À côté, une immense cratère creusé le soir, au débouché d'une galerie. C'est une toute petite partie du dispositif souterrain déployé par le général Giap pour étrangler la garnison française. Une charge de 1 000 kg y explosa le 6 mai 1954 à 23h, signal de l'assaut final.

▶ Le **quartier général de De Castries** (*Ham Kien Co Cua Tuong De Castries*) se situe à la même hauteur, mais sur l'autre rive (*quittez Dien Bien Phu direction Lai Chau et tournez à gauche après le pont*). Vous le repérerez à la grande roseraie installée à proximité. C'est un abri semi-souterrain, protégé par des sacs de sable. Un peu plus loin, le tout petit enclos du **Mémorial des soldats français**, élevé à l'initiative de Rolf Rodel (ex-sergent, chef du commando de la 10e compagnie de la Légion pendant les combats au PA Isabelle), fut inauguré le 7 mai 1994, à l'occasion du 40e anniversaire de la bataille. Depuis, la France l'a classé monument national.

La *nam* Yum qui irrigue la plaine de Dien Bien se jette dans le Mékong, et le Laos n'est qu'à 38 km. Cette frontière restant fermée aux étrangers, il ne reste plus qu'à rebrousser chemin ou poursuivre vers Lai Chau *(voir p. 220)*.

AUX SOURCES DE LA RIVIÈRE NOIRE★★
DE DIEN BIEN PHU À SAPA

😊 **L'amélioration des routes**

😟 **Le permis obligatoire pour Muong Te et Sin Ho**

Quelques repères

Provinces de Lai Chau et Lao Cai - Itinéraire de 290 km - Compter de 2 à 3 jours - Hébergement à Lai Chau, Muong Te, Sin Ho et Tam Duong - Plan p. 206-207.

À ne pas manquer

Les villages thai, hmong et kho mu.

Franchir le canyon du *song* Da sur un pont suspendu.

Les foires de Muong Te, Sin Ho, Tam Duong et Binh Lu.

Une balade dans la plantation de thé de Tam Duong.

Conseils

En toute saison, les pluies peuvent rendre les pistes autour de Lai Chau difficilement praticables, voire dangereuses.

Emportez toujours des biscuits et de l'eau, car vous rencontrerez peu de points de ravitaillement.

Maîtrisé en aval par le barrage de Hoa Binh, le *song* Da (rivière Noire) est pourtant bien plus indomptable que le fleuve Rouge. Descendu des montagnes du Yunnan (Chine) il creuse un profond canyon pour forcer la barrière de l'angle nord-ouest du Vietnam. Dans cette région que dominent des sommets de plus de 2 000 m, rien ne semble vouloir passer que cette rivière. En arrivant à Lai Chau, ses gorges croisent celles de la *nam* Na et, en août 1996, les eaux des deux rivières, grossies des pluies estivales, se sont engouffrées dans la vallée, privant 4 000 personnes de leur logis. La fureur de l'eau a condamné Lai Chau. Un bar-rage prévu sur la rivière Na inondera un jour la région. Mais, pour l'heure, celle-ci reste sans conteste la plus grandiose du Haut Tonkin, et celle où l'on croise des peuples des cinq familles linguistiques du Vietnam.

HISTOIRE

Entre Vietnam et Laos

Connue jadis sous le nom de Muong Le, Lai Chau est un ancien fief des **Thai Blanc** qui partageaient l'autorité sur le Nord-Ouest avec les **neuf Muong**, les neuf seigneuries thai noir de la région de Son La. En 1323, son chef reçut un sceau d'or de l'Empire chinois et le titre héréditaire de préfet de Ningyuan. La lignée de sa famille seigneuriale, les **Deo**, s'est maintenue jusqu'à nos jours. Au 15e s., ils tentèrent des alliances avec le royaume du Lan Xang (ancien Laos), dont la frontière avec l'État vietnamien était située au sud de Lai Chau. Mais, au début du 19e s., l'attitude conquérante des Siamois au Laos poussa plusieurs chefferies thai à basculer vers le Vietnam, et toute la région, de Sam Nua à Savannakhet, passa sous la suzeraineté de Minh Mang.

Le tigre de Lai Chau

La lignée des seigneurs Deo de Lai Chau se montra d'abord hostile à l'avancée des Français, tentant une alliance avec les Thai Noir, mais dut finalement capituler en 1890. Nommé gouverneur de Lai Chau par l'administration coloniale en 1940, **Deo Van Long** devint de fait le suzerain non seulement des Thai Blanc de Muong Te et de Phong To, mais aussi des Thai Noir de Son La. Lorsqu'en 1945 le Viet-minh essaima à partir de sa base du Nord-Vietnam *(voir p. 79)*, Deo Van Long quitta le pays pour la France, où il participa à la conférence de Fontainebleau en juillet 1946. De retour au pays, il fut promu roi de la nouvelle zone autonome thai (1947-1954). Quand la garnison de Lai Chau fut évacuée par les Français, à la veille de la bataille de Dien Bien Phu, leur allié fut contraint de fuir. Réfugié au Laos, il gagna ensuite la France où il mourut dans les années 1970. Aujourd'hui, la légende de ce personnage lui survit et les gens des vallées relatent de terribles histoires sur son compte. On vous racontera que, chaque matin, Deo Van Long exigeait de boire du lait au sein d'une femme, qu'il en honorait neuf chaque nuit, ou qu'il fit précipiter, lors de sa fuite, une partie de sa maisonnée dans le canyon de la rivière Noire, l'autre sur des pals en bambou dans la montagne.

DE DIEN BIEN PHU À LAI CHAU★★

Comptez au minimum 4h.

Itinéraire de 102 km.

Pour visiter la région, l'alternative est la suivante : disposer d'un véhicule pour vous arrêter où bon vous semble, ou de beaucoup de temps pour emprunter les bus de ligne et randonner à la journée à partir des villes-étapes.

À VOIR SUR LA ROUTE

▸ La route franchit une frontière invisible entre deux mondes : au sud, la plaine riante de Dien Bien, peuplée de Thai Noir ; au nord, des échines montagneuses, domaine des Thai Blanc. C'est ici aussi qu'on franchit la ligne de partage des eaux. Au nord, les rivières courent vers le delta du fleuve Rouge, tandis qu'au sud elles gonflent les eaux du Mékong. Peu de terres sont cultivées dans ce paysage sauvage, où partout des bosquets d'arbres *ban* répandent un parfum de jasmin. Cette piste, empierrée et défoncée d'ornières par le passage des bus et des camions, fut tracée avec l'aide des Chinois en 1970, dans le cadre du projet d'une **route de l'Amitié** qui reliait Dien Bien à Nam Cay, sur la frontière *(impraticable sans véhicule tout-terrain et par temps de pluie)*.

▸ À 22 km de Dien Bien, **Huoi Chan** est une petite zone où sont établis des **Kho Mu** (ou Xa). Venu du Laos, ce peuple mon-khmer s'est acculturé au contact des Thai Noir, mais vit dans des conditions précaires. Chaque année, les caprices de la rivière voisine le contraignent à abandonner leurs champs. Leur habitat reprend le modèle des Thai, mais les pilotis sont en général plus bas, abritant basse-cour et porcherie. Les murs et le sol sont en clayonnage de bambou et le toit est couvert de chaume. Les femmes sont vêtues à la mode des Thai Noir, du sarong descendant à mi-mollet et de la veste à sequins, portée sur un tee-shirt, parfois à même la peau.

▸ Une quinzaine de kilomètres plus loin, **Muong May★** est l'un des derniers villages thai noir. Il est installé sur la berge d'une rivière qui fournit l'eau courante et l'énergie nécessaire à quelques ouvrages hydrauliques miniatures. L'eau est également canalisée depuis la montagne. Les grandes maisons construites en bois ou en bambou sont parfois ouvertes par des fenêtres dont les menuiseries sont joliment travaillées. La terrasse résume le quotidien : nasses et filets de pêche, cages d'oiseaux chanteurs ou de volailles, potées d'herbes aromatiques et d'oignons. L'espace intérieur traduit le même souci d'organisation que l'ensemble du village : la longue travée est partagée en deux. D'un côté, les activités familiales, autour de la table et du foyer ; de l'autre, un alignement de cellules faisant office de chambres. Une grande variété de **paniers tressés** témoignent de la richesse de l'artisanat thai.

▸ Poursuivant votre chemin vers Lai Chau, vous parvenez aux **hameaux hmong rouge** *(à 28 km de Muong May)*, que vous reconnaîtrez aisément si vous les traversez un jour de lessive – de grandes jupes plissées en batik bleu et blanc, rehaussées de notes brodées corail, pavoisant les murs –, ou si vous voyagez entre deux récoltes, quand les femmes de tout âge, assises, seules ou en groupes, tirent l'aiguille sur le perron. Pour les Hmong Rouge, la chevelure est un ornement, d'autant plus précieux que les carences alimentaires dans cette région reculée font des ravages sur les cheveux et les dents (remplacées par des prothèses en or). Les femmes se coiffent de postiches faits de cheveux véritables. Les intérieurs sont modestes : un brasero près d'une table basse posée sur le sol, une tablette fixée au mur pour le dieu du foyer, encombrée de coupes d'alcool, de bâtons d'encens et des plumes d'un coq sacrifié en guise d'offrande. Au mur pendent les trophées dont les Hmong sont si fiers : les fusils de chasse, forgés à la main.

LAI CHAU

Le bourg est blotti au fond d'une ancienne vallée fluviale, au sud du confluent du *song* Da et de la *nam* Na.

Arriver ou partir

En bus - Départ des bus à 2 km du centre-ville en direction de Dien Bien Phu. Un tableau indique les horaires. Une liaison tous les 2 jours, très tôt le matin, pour Hanoi (21h) et liaisons quotidiennes pour Lao Cai (12h), Sin Ho, Muong Te et Dien Bien Phu (5h). Départs en matinée pour Tam Duong.

Adresses utiles

Poste / Téléphone - Buu Dien Lai Chau, au carrefour de Main St. et de la route de Tuan Giao. Lun.-vend. 6h30-21h.

Se loger

Autour de 6 $

Song Da, Main St. (à l'entrée de Lai Chau en venant de Dien Bien Phu), ☎ (023) 85 25 27 - 10 ch. 🛏 🗐 🍽 📺 Une adresse basique et sans charme, mais bien entretenue. Les chambres, équipées de moustiquaire, sont carrelées, et les salles de bains propres.

De 10 à 20 $

🏨 **Lan Anh Hotel**, 200 m à l'ouest du marché, passé le pont, ☎ (023) 85 26 82, www.lananhhotel.com 31 ch. 🛏 🗐 🍽 ✗ Vous pouvez loger dans un bâtiment en dur ou dans des maisons thai en bois noyées dans la verdure, qui ont beaucoup de charme. Petites salles de bains carrelées avec eau chaude. Organise des excursions en bateau ainsi que des randonnées ; loue vélos et motos.

Se restaurer

De 50 000 à 100 000 VND

Peu de choix en dehors du restaurant de l'hôtel **Lan Anh**. L'établissement sans nom situé à l'entrée du marché sert des *bun* et des *pho* honorables pour le petit-déjeuner. Pour les repas, essayez le *com pho* en face de l'arrêt des bus.

À voir, à faire

▶ Tout ici respire le provisoire depuis la catastrophe qui s'est abattue sur l'ex-capitale de la province en 1996. Il en reste d'inquiétantes cicatrices, comme le palais de la Culture, échoué comme un navire de béton, ou le chemin creux, partant de l'auberge Lan Anh jusqu'à la poste, qui était la rue principale. Un **mémorial** se dresse à l'entrée du bourg. Tôt le matin, on croise sur le **marché** *(Cho Xa)* des Hmong Blancs, descendus des villages de la route de Tuan Giao. Les femmes arborent des manches rayées à la mode des Ha Ni de Muong Te, et surtout, extravagance suprême pour elles qui aiment faire danser leur jupe plissée sur les hanches, une paire de pantalons noirs à la mode viet.

DE LAI CHAU À MUONG TE★

Comptez 3h30.

Itinéraire de 92 km.

Avant de poursuivre vers Tam Duong, vous pouvez explorer la haute vallée de la rivière Da jusqu'à Muong Te *(voir encadré p. 222)*. Ce village est situé dans un véritable cul-de-sac, car si la Chine n'est qu'à 30 km à vol d'oiseau, elle n'est accessible qu'en sept jours à cheval.

Se loger, se restaurer

Moins de 25 000 VND

Kim Oanh, Muong Te, en face de la poste, ☏ (023) 88 12 13 - 2 ch. ✕ Une dame de Ha Dong tient un restaurant digne de ce nom. Malgré son isolement, on y mange fort bien. On peut louer des nattes sur une mezzanine ou une chambre basique. Sans eau courante, on se lave dans la pièce à côté de la cuisine.

À VOIR SUR LA ROUTE

▶ En quittant Lai Chau, vous traversez le *song* Da sur le **pont Hang Tom**, impressionnant ouvrage suspendu. 2 km plus loin, la route bifurque sur la gauche pour franchir la *nam* Na sur un pont vertigineux dont les traverses reposent sur des chaînes tendues entre les rives. À 8 km de Lai Chau, la **maison de Deo Van Long** n'est plus qu'une ruine calcinée, mais elle reste toujours debout à côté d'une école primaire. Sur l'éperon qui domine la rive opposée, les bâtisses jaunes sont tout ce qui reste d'une garnison de l'époque coloniale *(accès de Lai Chau par la piste qui part du pont et longe la vallée à l'ouest)*.

▶ 6 km plus loin, un panneau signale une **inscription** en contrebas de la route. Gravée en 1432, elle commémore une campagne de pacification conduite par Le Thai To contre les chefs thai de la région *(voir p. 73)*. Au-delà, la route grimpe en virages vertigineux, ce que rappelle, au détour d'une boucle, un oratoire édifié pour ceux qui périrent dans un accident. Le paysage devient immense, la végétation tropicale, peuplée d'oiseaux et de papillons. Vous traversez ensuite **Can Ho** *(à 74 km de Lai Chau)* où s'est fixé le groupe tibéto-birman des Ha Ni. La tenue féminine est un tourbillon de couleurs, sur la base sobre d'une longue tunique portée sur un pantalon noir. Les manches étroites sont bariolées de rayures multicolores. Les cheveux sont serrés dans un bonnet orné de floches de couleurs vives. Des pièces de monnaie ornent en rangs serrés le devant de la tunique et brillent dans la coiffe. Leurs maisons, élevées sur la terre battue, rappellent celles des Hmong et restent très rudimentaires.

Formalités

Pour vous rendre à Muong Te et Sin Ho, des permis sont obligatoires et délivrés uniquement à Tam Duong. L'obtention du pass reste cependant un vrai casse-tête. Aussi, nous vous recommandons d'organiser ces visites de Tam Duong en faisant appel à l'hôtel Phuong Thanh *(p. 224)*, qui organise des excursions et s'occupe des formalités.

▶ La dernière portion de route est asphaltée et conduit à un troisième pont suspendu. À l'entrée de Muong Te, un chemin sur la gauche mène au village des La Hu de **Nam Cau** *(3 km)*. Le costume de ces Tibéto-Birmans est très proche de celui des Ha Ni, de même que leur habitat groupé en minuscules villages. **Muong Te** *(voir encadré ci-dessus)* est un bourg plus coquet que Lai Chau, dont le marché permanent s'anime le dimanche, jour de foire.

DE LAI CHAU À SAPA★★

Comptez une journée, sans le détour par Sin Ho. Si vous souhaitez visiter Sin Ho, faites l'excursion de Tam Duong.

Itinéraire de 188 km.

La route emprunte la vallée de la *nam* Na et traverse, à 21 km, un village thai noir établi sur ses rives. 4 km plus loin, une piste sur la droite monte sur le plateau de Sin Ho. Seul un départ matinal (7h) autorise ce détour sur l'un des trajets les plus spectaculaires de la région. Le séjour à Sin Ho est soumis à l'autorisation de la police locale, mais les hébergements donnent plutôt envie de fuir.

SIN HO★★

Permis obligatoire, voir encadré ci-dessus. Alt. 1 700 m.

Le bourg est affreux, mais s'inscrit dans un cadre magnifique au pied du mont Ta Phin (1 868 m).

Adresses utiles

Poste / Téléphone - Buu Dien Sin Ho, à l'entrée de la rue qui descend vers le marché. Lun.-vend. 6h-11h, 14h-17h.

Se loger

Moins de 10 $

People Comitee Guesthouse (Nha Nghi Uy Ban), à l'entrée du bourg, ☎ (023) 87 01 68 - 13 ch. ⚐ ⚒ Ultra-basique, crasseux et sinistre, mais c'est tout ce dont vous disposerez à Sin Ho.

▶ *À Pa So*

De 12 à 20 $

Lan Anh Hotel, sur la route principale, ☎ (023) 89 63 37, www.lananhhotel. com - 60 ch. ⚐ ▤ ⚒ ✗ Dans le même genre que Lan Anh Hotel de Lai Chau, l'environnement est cependant radicalement différent : la ville n'est qu'un chantier depuis que Hanoi a décidé, en déplaçant des milliers de personnes, de faire de cet ancien bourg une ville importante de la province. Pour ceux qui font le parcours en moto, il reste une halte confortable.

Se restaurer

Moins de 25 000 VND

L'unique *com pho* à l'entrée du marché sert des repas plus ou moins consistants selon les jours.

Le plateau de Sin Ho

▶ Une fois la *nam* Na quittée, le chemin de terre serpente sur 20 km à l'assaut du plateau, décrivant de longues épingles à cheveux. Le panorama est ample et sauvage et il n'y a nulle trace de présence humaine sinon, par endroits, des pans de montagne ciselés en terrasses. Il faut parvenir au sommet pour croiser les premiers **villages hmong rouge**. Le bois étant rare sur le plateau, les maisons ne sont pas assemblées à l'aide de planches, mais élevées sur des murs de torchis d'argile et de paille.

Visite de Sin Ho

▶ Même en dehors des jours de **foire** (*jeudi et dimanche*), les villageois sont nombreux à venir se ravitailler à Sin Ho, au premier rang desquels les femmes hmong

rouge et dao noir se distinguent par leurs tenues colorées. Revenez sur la route de Tam Duong qui suit la vallée de la *nam* Na. Attention, le passage des camions et des jeeps a transformé la piste poussiéreuse en une terrible tôle ondulée.

▶ Beaucoup moins majestueuse que les gorges du *song* Da, la *nam* Na traverse un univers végétal très tropical : hibiscus, papayers et coulées vertes des bananeraies. Passé le carrefour de **Pa So** (*vous pouvez, de là, rejoindre Nam Cay sur la frontière chinoise*), les derniers kilomètres sont les plus beaux du parcours. Un passage au milieu d'une belle forêt d'abrasins débouche sur le décor de mamelons calcaires qui environnent Tam Duong. Si vous empruntez cette route le matin de bonne heure, vous pouvez faire un crochet par le marché de **Phong Tho** que fréquentent Thai, Dao et Hmong (*prenez à gauche 10 km après Pa So*). Ce très ancien centre thai blanc a été entièrement détruit lors de la guerre sino-vietnamienne en 1979. Il a été depuis reconstruit, mais les instances administratives ont été déplacées à Tam Duong.

TAM DUONG★

Comptez 4h30.

À 112 km de Lai Chau.

Ce gros village-rue a grandi depuis que les fonctions de centre régional y ont été transférées, mais il conserve un côté campagne et constitue une halte très agréable sur la route de Sapa.

Arriver ou partir

En bus - La gare routière est située en face de l'hôtel Tam Duong et à côté du marché de Phong Tho. Liaisons quotidiennes avec Dien Bien (5 départs en matinée, 9h), Lao Cai (4 départs, 6h30), Lai Chau (6h), Muong Te et Sin Ho (départ tôt le matin), et Sapa (bus de Lao Cai, 4h30). Pour Hanoi, départs tous les jours pairs à 5h.

Adresses utiles

Poste / Téléphone - Buu Dien Tam Duong, à l'entrée du bourg en venant de Lai Chau. Lun.-vend. 6h30-21h.

Se loger, se restaurer

De 6 à 10 $

Huyen Trang Hotel, rue principale (à côté de la gare routière), ☏ (023) 87 58 29 - 10 ch. 🛏 🍴 📺 Hôtel récent, chambres simples mais bien tenues. Très bon rapport qualité-prix.

De 10 à 20 $

Tam Duong Hotel, face à la gare routière, ☏ (023) 87 52 88 - 16 ch. 🛏 🍴 📺 Immenses chambres carrelées et fonctionnelles et salles de bains à l'avenant. Étant l'hôtel d'État, il « bénéficie » du voisinage du haut-parleur diffusant la radio nationale dès 5h30.

Taybac Hotel, dans la rue principale en centre-ville, ☏ (023) 87 58 79 - 16 ch. 🛏 🍴 📺 Chambres charmantes dans une maison thai typique en bois. Préférez celles du rdc, qui sont carrelées, à celles du 1er, dallées d'une affreuse mousse.

Phuong Thanh Hotel, 118 Phong Chau (peu après le marché quand on vient de Lai Chau), ☏ (023) 87 52 35 - 52 ch. 🛏 🍴 📺 ✕ Son charme tient à sa situation en lisière de campagne. Fréquenté par les tour-opérateurs, l'hôtel n'a pas d'intérêt pour les voyageurs individuels, si ce n'est d'échanger des informations avec d'autres touristes. *Voir « Loisirs »*.

Se restaurer

Autour de 50 000 VND

Tuan Anh, 145 Phong Chau, ☏ (023) 87 52 17. Chauffeurs et guides, qui fuient la nourriture exécrable du Phuong Thanh, s'y retrouvent. On y mange très bien et l'accueil est sympathique.

Loisirs

Randonnées - L'hôtel **Phuong Thanh** organise des randonnées à Muong Te et Sin Ho et prête le matériel de camping. Comptez 550 000 VND pour 2 pers./2j, avec nuit dans un village. Les permis, obligatoires, sont fournis par l'hôtel.

À voir, à faire

▸ Le **marché permanent** (*Cho Phong Tho*) s'anime particulièrement les jours de foire (*les lundi, jeudi et dimanche*). Il rassemble alors Hmong Rouge et Dao

Khau de Sin Ho, Dao Noir de Binh Lu, et Nhang, une ethnie cousine des Giay de la province de Lao Cai.

▸ Des chemins offrent une jolie balade à travers l'immense **plantation de thé** qui court à la lisière nord du bourg et les hameaux hmong, dao ou kinh, dont les habitants cueillent le thé tous les quatre jours (*départ du chemin à l'entrée ouest de la ville, face à la poste. Munissez-vous d'un bâton ou de pierres contre les chiens*). La fabrique voisine produit du thé noir, mais vous pouvez vous procurer un excellent thé vert séché artisanalement auprès des familles cueilleuses ou au marché (*20 000 VND/kg*).

▸ À 3 km de Tam Duong, la foire de **Tam Duong Dat** (« Tam Duong de Terre ») fonctionne selon la même rotation, et les étals sont vides le reste de la semaine. La plantation de thé court sur 5 km après la sortie de Tam Duong, puis fait place à un paysage cultivé en terrasses jusqu'à Binh Lu.

▸ La foire du dimanche de **Binh Lu** (*à 25 km de Tam Duong*) est fréquentée par les femmes dao noir. Plus que le vêtement, c'est leur coiffure qui retient l'attention. Comme chez toutes les femmes dao, elle vise à mettre en valeur le galbe du front épilé. Les cheveux sont maintenus au sommet du crâne dans un serre-tête d'argent en forme de sablier, fixé par de fines tresses noires enroulées et couvert d'un fichu orné de sapèques.

▸ Passé ce bourg, commence la montée vers Sapa. La route longe une rivière qui prend sa source dans le **massif du Phan Si Pan** et contourne ce dernier sur sa face nord. Ses contreforts sont dévastés par une déforestation due à la rigueur du climat l'hiver, qui pousse les habitants à se fournir en bois de chauffage.

▸ 15 km avant Sapa, la **porte du Ciel** ouvre sur le Phan Si Pan. 3 km plus loin, la **cascade d'Argent** ne mérite son nom que lorsque la saison sèche ne la réduit pas à un filet d'eau.

Femmes hmong

AU PIED DU PHAN SI PAN
SAPA ET SES ENVIRONS

😊 L'accès facile depuis Hanoi

😐 L'attrait touristique de Sapa au détriment d'autres sites plus authentiques

Quelques repères

Province de Lao Cai - Prévoir 3 jours pour rayonner alentour - Climat froid et humide (2 778 mm par an) - Plans p. 206-207 et 228.

À ne pas manquer

Randonner à travers les rizières autour de Sapa ou dans les collines des environs de Bac Ha.

Les foires hebdomadaires de Sapa et des villages voisins.

Le jardin extraordinaire de l'auberge Dang Trung à Sapa.

Conseils

Les meilleurs mois pour aller à Sapa sont février, mars et septembre.

Sachez lever le coude pour trinquer au *rouu* (prononcez « zio »), l'alcool local que l'on vous servira immanquablement dans les villages.

Merci se dit « o tcho » en contrée hmong.

Si vous entreprenez la boucle de Hanoi en moto, prévoyez de petites étapes. C'est à cette fin que nous avons multiplié les adresses d'hôtels.

À l'époque du protectorat français, les élites de l'administration avaient installé leurs résidences de vacances à Sapa, un rebord montagneux faisant face au toit du Vietnam, le Phan Si Pan (3 143 m). À la fin du 20e s., la station d'altitude disparut des cartes pendant dix ans, entre la guerre sino-vietnamienne de 1979, cause de nombreuses destructions, et

la redécouverte de ce coin des « Alpes tonkinoises » par des voyageurs audacieux au début des années 1990. Ce fut d'abord une rumeur propagée dans le cercle des routards, puis un must inscrit au programme des agences de voyages : « Allez à Sapa, c'est reposant, les populations sont accueillantes et le climat est frais. » Au fil des ans, ce petit paradis est devenu une manne pour les habitants de la région, d'autant que ce Dalat du Nord attire aussi de nombreux touristes vietnamiens le week-end. Les natifs de Sapa convertissent leurs maisons en boutiques, en restaurants ou en guest-houses, et les montagnards dao et hmong des hameaux environnants améliorent leur écot en vendant leurs travaux d'aiguilles. Sapa peut être un but, mais c'est surtout un point de départ pour de superbes randonnées au fil des cultures en terrasses ou à la découverte de vallées plus lointaines.

HISTOIRE

Un rail français à l'assaut du plateau chinois

Après avoir implanté leurs garnisons en divers points des hautes terres tonkinoises, les Français d'Indochine inaugurèrent en 1910 une voie ferrée reliant le port de Haiphong à Kunming, en Chine. Ce fut l'entreprise la plus folle jamais tentée dans leur colonie asiatique. L'investissement fut tel qu'il ne fut jamais amorti, et les travaux coûtèrent la vie à 12 000 des 60 000 personnes qui travaillèrent à l'aménagement de la voie. Le mirage d'un riche sous-sol minier au Yunnan avait motivé Paul Doumer, gouverneur général de l'Indochine, à créer une **Compagnie française des chemins de fer de l'Indochine et du Yunnan** (CIY) le 10 août 1901. Mais le minerai s'avéra si médiocre ou si rare que seul le trafic de l'opium rentabilisa quelque peu l'opération, et ce, malgré la Société des nations qui en interdit la culture en 1920. À partir des années 1930, la concurrence du Transindochinois qui desservait la station climatique de Dalat (*voir p. 340*) poussa la CIY à jouer la carte du tourisme en lançant un train-couchettes entre Hanoi et Kunming (il fallait alors compter 21h30 de trajet… soit à peine plus qu'aujourd'hui) et en construisant là-bas un hôtel de standing international. Malgré les dépliants vantant le Yunnan comme étant l'« un des pays les plus pittoresques du globe », rares furent les touristes européens à s'y rendre. L'essentiel des billets étaient de 3e et 4e classes vendus à la population locale pour de courts trajets. Un quasi-monopole du ravitaillement de la Chine libre, basée à Chongqing durant l'occupation nippone, fit monter les bénéfices de la CIY en flèche. Mais, en 1940, les Chinois choisirent de se protéger des Japonais par l'isolement et firent sauter le pont frontalier de Lao Cai. Restauré en 1955-1957, celui-ci fut saboté en 1979 lors de la guerre sino-vietnamienne. Enfin remis en service, il permet de nouveau de franchir la frontière entre les deux pays.

Jour de marché

Pittoresques, authentiques, colorés : les qualificatifs touristiques font et défont la réputation des marchés de Sapa et de ses environs. Où aller ? Le choix est embarrassant, la plupart des foires hebdomadaires se tenant le samedi ou le dimanche. Partout, a-t-on envie de répondre, car, lieu de sociabilité par définition, un marché est toujours intéressant et il est ce qu'en font ses chalands. Sur les **marchés permanents** (à Sapa par exemple), les vendeurs proposent toute la semaine des produits de première nécessité (épicerie, livres et fournitures scolaires, articles de toilette, mercerie), relayés, selon des rotations qui diffèrent, par les paysans venus vendre leur production (légumes, élevage, artisanat).

Les **foires hebdomadaires** sont en revanche totalement vides le reste de la semaine, ne laissant paraître que leurs stalles de bois et bambou désertes. Avant de faire le bonheur des yeux et des appareils photo pour leurs « mino-

Un train d'enfer

Les ingénieurs ne rencontrèrent pas de grosses difficultés de Haiphong à Lao Cai, et cette première tranche de travaux fut conduite entre 1903 et 1906. Mais, au-delà du confluent de la *nam* Ti et du *song* Hong, ils furent face à une déclivité infranchissable (1 600 m sur 90 km) qui les contraignit à abandonner la vallée du fleuve Rouge pour celle de la *nam* Ti, et à multiplier les ouvrages d'art (107 viaducs et 155 tunnels). Une nouvelle base fut établie au consulat français de Mengzi, en Chine. Le ravitaillement des employés et les pièces nécessaires à la construction durent, dans un premier temps, être acheminés par les voies traditionnelles : 30 jours à bord de jonques sur le fleuve Rouge, puis transbordement à dos d'homme ou de cheval pour atteindre Mengzi par la « route des Dix Mille Escaliers ». Sur les 60 000 hommes et femmes qui participèrent à la construction, 12 000 y laissèrent la vie.

rités chamarrées » (certains groupes sont en fait sobrement vêtus d'étoffes indigo), le marché est un lieu où les touristes peuvent croiser les populations locales, sans les déranger par leurs regards surpris ou admiratifs et leurs photos. Les femmes calculent le bénéfice de la journée ou comparent les produits, les jeunes filles se font belles, le temps de poser devant l'objectif du photographe ambulant, les hommes trinquent à l'alcool de riz tout en discutant chevaux et terres. Dans cet univers où chacun vaque à ses affaires, plus l'étranger se fait discret, plus il aura à voir.

SAPA

À 380 km de Hanoi. 67 000 hab. Alt. 1 630 m.

Il semble que la randonnée soit le principal attrait d'un séjour à Sapa. L'enchantement de la région tient beaucoup à ses rizières en terrasses, déployées comme des marches géantes, qui reflètent le ciel lorsqu'elles sont inondées.

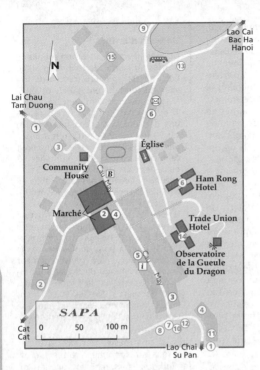

HÔTELS

Bambou Sapa Hotel........ ①
Cat Cat Guesthouse .... ②
Cau May Hotel .... ③
Dang Trung Auberge .... ④
Forestry Guesthouse ...... ⑤
Ham Rong Hotel .... ⑥
Hill Tribe Guest House... ⑦
Hoang Long.................. ⑧
Huyen Sapa Hotel.......... ⑨
Mountain View Hotel.... ⑩
Queen Hotel.................. ⑪
Royal Sapa Hotel............ ⑫
Sapa Hotel.................... ⑬
Trade Union Hotel .... ⑭
Victoria Sapa Hotel........ ⑮

RESTAURANTS

Baguette & Chocolat...... ①
Camellia......................... ②
Delta............................. ③
Hoang Hon Restaurant.. ④
Nature Bar &
   Grill Resaurant............ ⑤
The Greko...................... ⑥

Arriver ou partir

En train - Pour l'achat des billets, adressez-vous aux agences et hôtels de Sapa. La chaîne **The Victoria Hotels & Resorts** *(voir coordonnées ci-dessous)* propose une voiture spéciale, équipée tout confort, sur les trains circulant entre Hanoi et Lao Cai.

En bus de ligne - La gare routière se trouve juste en arrivant au lac, au 01 Ngu Chi Son, ☎ (020) 87 10 06. Les minibus, 4x4 et motos qui font la navette avec la gare de Lao Cai y stationnent de 6h à 15h (25 000 VND).

En minibus - C'est la formule que proposent les agences de Hanoi, avec ses variantes plus ou moins organisées (combiné foire du samedi à Sapa et foire du dimanche à Bac Ha). Les minibus prennent les passagers à leur hôtel à Hanoi et partent vers 21h (11h de trajet).

En 4x4 avec chauffeur - Ce système permet d'effectuer un périple de plusieurs jours à travers le Nord-Ouest *(voir « En 4x4 avec chauffeur », p. 210).*

À moto - Pour les conducteurs chevronnés, c'est la meilleure manière de partir explorer les bourgs-marchés autour de Sapa. Si les routes ne sont pas bonnes, elles sont en revanche peu fréquentées. Attention quand même dans les virages, jeeps, camions et bus de ligne ayant tous l'habitude de les prendre à la corde en klaxonnant à la dernière minute. Il existe des stations Petrolimex à toutes les étapes, à l'entrée ou à la sortie des agglomérations. Pour la location, adressez-vous aux agences et mini-hôtels et comptez 6 000 VND par jour. Les moins intrépides peuvent négocier leur place sur le porte-bagages auprès des *xe om* qui stationnent en face de l'église.

Adresses utiles

Office de tourisme - **Sapa Tourisme Information & Service Center**, Cau May, ☎ (020) 87 19 75, www. sapatourism.info.vn Nous vous recommandons une rapide visite pour vous renseigner sur les différentes activités proposées à Sapa, prendre connaissance des conditions de randonnée, seul ou avec guide, dans la région (les permis ne sont pas requis pour tous les villages), vous procurer la liste des villages où vous pourrez dormir. Vous trouverez quelques brochures, recommandations pour un tourisme respectueux des tribus et de la nature, ainsi qu'une excellente carte à l'échelle 1/60 000, la Sapa Tourist Map chez Cartographic Publishing House. Il est également possible d'organiser des randonnées de 1 à 5 jours. Comptez 10 $/j et par groupe pour le guide, auxquels il faut ajouter 2 $/nuit et 6 $/j pour la nourriture et les boissons (par personne).

Banque / Change - Il y a une banque en haut de la rue Cau May où vous ne pourrez changer que dollars et euros. Retrait d'argent avec une carte de crédit au Mountain View Hotel, à l'auberge Dang Trung ou à la boutique Wild Orchid (6 % de commission contre 10 % au Victoria).

Poste / Téléphone - Buu Dien Sapa, place de l'église. Lundi-vendredi 7h30-21h30.

Internet - Nombreux points Internet dans la rue Cau May. Ne comptez pas trop sur l'Internet-phone, qui pose encore des problèmes techniques.

Se loger à Sapa

Le secteur de l'hôtellerie est en pleine expansion puisque la ville est passée de 12 hôtels en 1993 à plus de 200 aujourd'hui. Vous n'aurez donc aucune difficulté à trouver une chambre agréable à bon prix. À Sapa, ventilateur et air conditionné ne sont pas nécessaires, mais le chauffage est le bienvenu en hiver. Assurez-vous qu'il ne soit pas trop archaïque (les braseros à charbon, dont la fumée est très toxique, sont à proscrire). Les prix grimpent, voire doublent en été, en raison du grand nombre de touristes vietnamiens, et ce, malgré les précipitations abondantes. Les prix communiqués ci-dessous sont ceux du reste de l'année.

De 4 à 10 $

Queen Hotel, Cau May, ☎ (020) 87 13 01, sapaqueenhotel@yahoo.com - 20 ch. ⌧ 🎋 📺 ✗ Les chambres les plus agréables, avec cheminée et parquet, sont en étage et permettent d'embrasser d'un regard la vallée à travers une grande baie vitrée. Toutes sont aménagées avec goût et équipées d'une salle de bains parfaite. Seul bémol, un rdc mal aéré où l'on sert les repas au milieu des odeurs de cuisine. L'hôtel reste cependant la meilleure adresse pour les petits budgets. Randonnées et excursions organisées en partenariat avec le Viet Hung Hotel.

Autour de 5 $

Cau May Hotel, Hoang Lien, ☎ (020) 87 12 93 - 11 ch. ⌧ Cet établissement situé un peu à l'écart et au calme dispose de très grandes chambres carrelées avec de larges balcons pour une vue sur Sapa et les montagnes.

De 5 à 30 $

☻ **Cat Cat Guesthouse**, à la sortie de Sapa sur la route de Cat Cat, ☎ (020) 87 16 01, www.catcatsapa.netfirms. com - 43 ch. ⌧ Cet établissement qui domine la vallée de Cat Cat est d'un excellent rapport qualité-prix. Toutes les chambres sont dans des bâtiments neufs ou récents, que ce soit celui en bord de route, pour les petits budgets (de 5 à 10 $), ou le second, sur quatre niveaux, une centaine de marches plus haut (de 10 à 30 $, le meilleur rapport qualité-prix revenant aux chambres à 10 $). Les chambres de ce dernier ensemble disposent de parquet et de cheminée. Internet gratuit et restaurant avec terrasse très agréable où sont servis les petits-déjeuners.

De 7 à 10 $

Hill Tribe Guest House, Cau May, ☎ (020) 87 17 79 - 10 ch. ⌧ 🎋 📺 ✗ Moins cher que ses voisins, cet hôtel impeccablement tenu a moins de charme et la vue des chambres n'est pas aussi grandiose.

Forestry Guesthouse (Nha Nghi Lam Nghiep), route de Lai Chau, ☎ (020) 87 12 30 - 9 ch. ⌧ Un très beau bâtiment de style sino-colonial, en surplomb au-dessus de la route de Lai Chau et au pied de la colline plantée de pins que domine le Victoria. Les chambres sont fonctionnelles et bien entretenues, avec un carrelage à l'ancienne. Si vous ne trouvez personne à la réception, renseignez-vous au restaurant à côté, le An Phuc Tay Bac.

De 8 à 15 $

Hoang Long, en bas de Cau May, prendre la ruelle sur la droite, ☎ (020) 87 20 89 - 10 ch. 🔌 🚿 📺 ✗ Hôtel familial tout neuf et bien moins fréquenté que ses voisins. Les chambres les plus chères ont (pour l'instant) une vue imprenable sur la vallée.

De 10 à 20 $

Royal Sapa Hotel, Cau May, ☎ (020) 87 13 13, royalhotel_sapa@yahoo.com - 35 ch. 🔌 🚿 📺 ✗ Hôtel souvent complet, car fréquenté par les groupes. Outre l'agence de voyages à côté de la réception, cette adresse constitue un bon point de rencontres et d'échanges d'informations sur la région. Les chambres avec parquet ont beaucoup de charme, et certaines bénéficient d'une belle vue sur les montagnes.

Mountain View Hotel, Cau May, ☎ (020) 87 13 34, www.geocities.com/mountainviewhotel - 25 ch. 🔌 🚿 📺 ✗ Dans le même genre que l'adresse précédente, les chambres disposent cependant d'une vue un peu plus dégagée.

De 10 à 30 $

🅐 **Dang Trung Auberge**, Cau May, ☎ (020) 87 12 43, auberge@ftp.com.vn - 12 ch. 🔌 ✗ Cet établissement francophone est l'un des plus anciens et des plus charmants de Sapa. Les chambres les moins chères sont dans le bâtiment d'origine, dont la vue a été malheureusement obstruée par de nouvelles constructions. Celles du nouvel hôtel, situé un peu plus haut sur le flanc de la montagne, sont plus dégagées et presque toutes équipées de cheminée. Les plus chères, au dernier étage, jouissent d'une vue magnifique sur Sapa et la chaîne de montagnes. Vous avez de bonnes chances de rencontrer le propriétaire des lieux, francophone, contemplant son

merveilleux jardin aménagé en terrasses. Une profusion de giroflées, de roses trémières, de capucines, de tulipes et de fraises, autant de bulbes et de graines que le propriétaire a recueilli auprès de ses amis du monde entier. La cuisine, servie à l'intérieur ou en terrasse, est délicieuse et comprend de nombreux plats végétariens.

Autour de 15 $

Huyen Sapa Hotel, Xuan Vien, ☎ (020) 87 21 86 - 12 ch. 🔌 🚿 📺 ✗ De l'autre côté du petit lac, ambiance curieuse dans ce grand hôtel qui paraît vide. Demandez une chambre avec balcon et vue sur le lac.

De 15 à 18 $

Trade Union Hotel Sapa (Kach San Cong Doan), Ham Rong, ☎ (020) 87 13 15, kscdsapa@hn.vnn.vn - 54 ch. 🔌 Un ensemble de villas françaises des années 1940, restaurées en 1998, dont certaines sont déjà fermées pour travaux. La réception est catastrophique, mais le cadre est très agréable et les maisons sont dispersées sur une colline dominant la vallée de Cat Cat. Les chambres ne sont peut-être pas à la hauteur de l'architecture, mais restent très convenables avec leur lambris et leurs moustiquaires. Certaines disposent d'un balcon.

Autour de 20 $

Ham Rong Hotel, dans le secteur colonial de Sapa, au pied de la colline Ham Rong, ☎ (020) 87 12 51, hamronghotelsp@hn.vnn.vn - 30 ch. 🔌 📺 ✗ 💳 Trois grandes bâtisses dans le style français de Hanoi avec murs gris, pierres d'angle, fenêtres à volets en bois et toiture à auvents. Cela en retrait de la place de l'église, avec vue sur le dos des maisons et leurs potagers. Certaines chambres, hautes sous plafond, sont immenses. En hiver, chauffage à résistance sur demande.

De 30 à 45 $

Bambou Sapa Hotel, Cau May, ☎ (020) 87 10 75, www.sapatravel.com - 28 ch 🔌 🚿 📺 ✗ Le bâtiment principal est un hôtel trois étoiles qui dispose de chambres charmantes avec cheminée et mini bar et une vue absolument imprenable sur la vallée. Les trois ensembles en contre bas ont une étoile en moins, mais la vue est tout aussi belle et le prix divisé par deux.

Sapa Hotel, Ngu Chi Son, ☎ (020) 87 23 60, www.sapahotel.com.vn -28 ch. ⌁ 🛏 📺 ✖ Ouvert en 2004, cet hôtel dans les tons crème avec vue sur le lac est la meilleure adresse de cette catégorie. Discothèque ouverte aux non-résidents.

De 70 à 100 $

ⓐ **Victoria Sapa Hotel**, ☎ (020) 87 15 22, renseignements et réservations : sapa@victoriahotels-asia.com, Victoria Hotels & Resorts, 2ᵉ étage, 101 Tran Hung Dao, District 1, Ho Chi Minh-Ville, ☎ (08) 837 30 31 ou 33A Pham Ngu Lao, Hanoi, ☎ (04) 933 03 18 - 77 ch. ⌁ 🛏 📺 ✖ ⚙ 🅲🅲 Coffre-fort et minibar dans les chambres. Superbe compromis architectural de chalet colonial et de style traditionnel. Les salles de bains sont luxueuses, les chambres chaleureuses avec leur parquet, leur mobilier en bois dessiné avec beaucoup de goût, et leurs murs patinés de « jaune colonial ». Chauffage électrique. On peut dîner au choix dans l'immense salle à manger ou dans le coin bar, plus intime, près de la cheminée. La cuisine à la française est remarquable, et la fondue savoyarde à se lécher les doigts. À 50 m, un autre bâtiment, vitré sur un côté et donnant sur la pinède voisine, abrite piscine chauffée, bar, sauna et billard. Propose des forfaits week-end (train A/R de Hanoi et trois nuits).

Se restaurer à Sapa

Attention, certains établissements ne durent que le temps d'une saison. Sapa propose une cuisine à l'image de sa croissance : spontanée et hétéroclite. Au détour des cartes, on découvre du « doufu chasseur » (pâté de soja braisé avec des champignons et des fruits de saison), des sandwiches pâté-mayonnaise-cornichons, de la fondue savoyarde, des pizzas aux gambas et poivre rouge chinois, etc. Cela dit, il existe des spécialités à découvrir telles

que les alcools parfumés, les gibiers et les champignons sauvages.

Moins fréquentés par les touristes que les établissements de la rue Cau May, vous trouverez quelques restaurants bon marché, spécialisés dans les grillades, entre la place de l'église et le lac, ainsi qu'au niveau de la gare routière.

Moins de 25 000 VND

Le petit *com pho* situé en face de la poste sert des soupes excellentes.

De 25 000 à 50 000 VND

Camellia, au cœur du marché, ☎ (020) 87 14 55. Petits-déjeuners complets, *pho* et quelques spécialités à prix très doux, comme le sanglier ou les cuisses de grenouille.

Baguette & Chocolat, Thac Bac, ☎ (020) 87 17 66, hoasuaschoolsp@hn.vnn.vn Restaurant, salon de thé et boulangerie, idéal pour le petit-déjeuner ou le goûter. Fauteuils en rotin, coussins, cheminée, jeux de société comme le Scrabble ou le Trivial Pursuit. Trois chambres agréables à louer au 1ᵉʳ étage.

Autour de 50 000 VND

Nature Bar & Grill Restaurant, Cau May, ☎ (020) 87 20 91. Belle carte mais les assiettes ne sont pas très copieuses. On apprécie cependant beaucoup le lieu : une ancienne maison avec une haute charpente en bois, parquet, mobilier en bambou, tissus ethniques aux murs et lumière tamisée.

De 75 000 à 150 000 VND

The Greko, à côté de la poste, ☎ (020) 87 15 04, fredericneige@yahoo.com Dans une belle maison aux murs jaunes et patinés, possibilité de déguster une cuisine vietnamienne, française ou des pizzas au feu de bois. Belle carte de vins chiliens, français et australiens, en bouteille ou au verre. Salle non fumeur. Chambres à louer.

Hoang Hon Restaurant, Cau May (proche de l'entrée du marché), ☎ (020) 87 18 12. Sert du petit-déjeuner au dîner sans interruption. Sa carte est surprenante, mélange d'inventaire surréaliste et de défis culinaires, mais le résultat est très bon et préparé avec soin. Les pizzas sont cuites dans un four spécial, les yaourts faits maison, de même que l'alcool de riz parfumé à la pomme.

Bambou Restaurant, Cau May (dans l'hôtel du même nom). Un des restaurants les plus réputés de Sapa. Grande salle vitrée et quelques tables à l'extérieur, sur la terrasse.

Autour de 150 000 VND

Delta, Cau May, ☏ (020) 87 17 99, tungsapa@hotmail.com Une succulente cuisine italienne préparée avec de l'huile d'olive et autres produits importés d'Italie. On cultive ici l'art de la *pasta* et de ses sauces.

Loisirs

Randonnées - Toutes les agences de Sapa pratiquent la politique du « satisfait ou remboursé ». Vous versez 50 % d'acompte qui vous seront remboursés si vous êtes mécontent.

Dang Trung Auberge, Cau May, ☏ (020) 87 12 43. Une équipe de cinq guides, dont certains francophones, assure l'organisation des randonnées.

Royal Hotel, Cau May, ☏ (020) 87 13 13. Outre son programme très diversifié et ses informations sur les marchés environnants, ce correspondant du Sinh Café de Hanoi se charge de vous simplifier la vie pour passer la frontière chinoise, en s'occupant des visas pour la Chine et des billets de train pour Kunming.

Balades - Dragon's Jaws Mountain, Ham Rong Hotel. Particulièrement apprécié des touristes asiatiques, ce parcours fléché vous amènera tour à tour dans le jardin des orchidées (184 espèces), la forêt de rochers, un village ethnique et une boutique de souvenirs. Comptez 1h environ, entrée 15 000 VND.

Spectacle - Tous les jours (9h30-10h30, 15h-16h, 15 000 VND) a lieu un spectacle des minorités ethniques dans le parc de Ham Rong.

Piscine - La piscine couverte et chauffée du **Victoria Sapa** est ouverte aux non-résidents, mais le prix est exorbitant.

Achats

Spécialités locales - Textiles ethniques et vêtements sont en vente à tous les coins de rue, mais les prix ne sont pas forcément plus intéressants qu'à Hanoi. Marchandez toujours avec les vendeuses dao ou hmong et soyez ferme.

À VOIR, À FAIRE

▶ Les nuages de Sapa sont d'une vélocité stupéfiante, plongeant en un clin d'œil l'ancien sanatorium dans la purée de pois. Ici, nul besoin de chercher les montagnards, car ce sont eux qui viennent à vous. Vous croiserez assurément des représentants des deux groupes de la région : les **Dao Rouge** et les **Hmong Noir**. Ils vont et viennent, chaque jour, la serpe à la main, la hotte remplie de fourrage, de légumes, de bois ou d'étoffes à vendre. Les dames dao rouge sont de redoutables vendeuses et les petites mamies hmong pires encore : elles vous agrippent le poignet, vous collent un calot sur la tête et égrènent trois mots de français ou d'anglais pour en vanter l'effet sur vous. La tenue des Hmong Noir est étonnamment sobre. Localement, on les surnomme les « Hmong Indigo », non seulement à cause de leur costume, dans toutes les nuances de bleu plus ou moins délavé, mais aussi pour leurs mains bleuies à force de teindre et manipuler des étoffes. Les femmes dao rouge ne passent pas inaperçues avec leurs dents laquées de noir et leur visage épilé, enveloppé dans un énorme turban écarlate. Leur costume déploie un extraordinaire travail de broderie sur les jambes du pantalon et le pan de tunique qui descend dans le dos.

▶ Le **marché** est animé tout au long de la semaine. Les villageois viennent y vendre une profusion de légumes frais, dont les brocolis-feuilles, une variété très courante dans la région. Sous la halle s'amoncellent quincaillerie, papeterie et mercerie, mais aussi les herbes

Marché de Sapa

médicinales, spécialité de Sapa, destinées à parfumer l'alcool de riz. À défaut de réelles propriétés, elles composent en tout cas de jolis pots-pourris.

‣ En ville, de rares bâtiments coloniaux demeurent au pied de la colline de l'**observatoire de la Gueule du Dragon** *(Ham Rong) (accès par des marches jusqu'au relais-télévision)* : la Community House avec son beffroi, les villas 1940 du Trade Union Hotel, les toitures à auvent du Ham Rong Hotel et l'église, saccagée en 1954 et récemment reconstruite pour servir de symbole à Sapa.

RANDONNÉES AU DÉPART DE SAPA★★

On peut bien sûr marcher à sa guise en empruntant les chemins tracés par les Hmong et les Dao, mais vous gagnerez beaucoup à recourir aux services d'une agence pour assurer la logistique *(voir ci-dessus, « Loisirs »)*. Leurs guides expérimentés vous aideront à choisir un itinéraire en fonction de vos capacités, et leur connaissance des langues hmong et dao sera une véritable passerelle pour pénétrer plus avant l'univers des montagnards. Enfin, avantage non négligeable, ils peuvent organiser un retour motorisé, ce qui est bien agréable vu la configuration de Sapa. Dans la plupart des cas, vous descendrez en effet vers les vallées environnantes... et devrez ensuite grimper un fort dénivelé pour rentrer. Le droit d'entrée de 5 000 VND perçu à l'entrée des villages sert à financer écoles et dispensaires.

La vallée de Cat Cat★

‣ À 2,5 km de Sapa par la route qui prolonge le marché. Attention, la pente est très raide. Un circuit classique, que vous pouvez aussi effectuer à moto. La route descend en lacet à travers une zone cultivée en maraîchages. **Cat Cat**, un village hmong d'une vingtaine de maisons, doit son nom à la proximité d'une cascade. Une petite station hydroélectrique fut installée sur la rivière Muong Hoa par les Français en 1925.

La vallée de Lao Chai★★

‣ À 6 km de Sapa par la route qui descend dans le prolongement de la rue Cau May. En saison sèche, elle est carrossable jusqu'au site rupestre. Le chemin traverse la rivière Muong Hoa pour remonter à travers les rizières jusqu'au village hmong noir de **Lao Chai**. En poursuivant à travers champs sur cette même rive, vous parvenez au village giay de **Ta Van** *(à 2 km, de l'autre côté d'un torrent)*. En redescendant vers le cours de la Muong Hoa que franchit un petit pont suspendu *(à 2 km du village)*, vous découvrirez un site de **gravures rupestres** *(à 2 km du pont, en longeant la vallée en direction du sud-est)*. De là, vous avez le choix entre la rude remontée sur Sapa *(10 km)* ou continuer vers les villages hmong et dao situés plus au sud *(les agences de Sapa proposent un intéressant programme de randonnée sur trois jours, avec étapes chez l'habitant, qui évite de remonter la vallée. Au-delà de Ta Van, vous poursuivez alors le long de la Muong Hoa vers le village dao de Giang Ta Chai, puis jusqu'à Ban Ho, un village tay situé au fond de la vallée, à 26 km de Sapa. Au village hmong de Su Pan, à 5 km en amont, des motos-taxis attendent pour le retour sur Sapa).*

Ta Phin★

‣ À 9 km de Sapa. Empruntez la route de Lao Cai sur 6 km, puis un sentier montant sur la gauche sur 3 km. On traverse d'abord les ruines d'un séminaire, détruit en 1952, puis le chemin descend sur 4 km jusqu'au village dao rouge de **Ta Phin**.

LE LONG DE LA FRONTIÈRE CHINOISE

La route qui relie Sapa à Lao Cai offre sur 38 km l'un des plus jolis parcours de la région. Elle vire en épingles à cheveux entre des croupes montagneuses taillées en gradins et des gorges où cascadent des torrents.

Arriver ou partir

En train - La gare ferroviaire est au sud de la ville, sur la rive gauche du *song* Hong, ☎ (020) 83 00 93. Quatre trains par jour pour Hanoi-Gia Lam (10h) : départs à 10h20, 19h, 20h50 et 21h10. Pour Lao Cai, départs à 6h15, 21h30, 22h et 22h30 de Hanoi. L'hôtel Victoria de Sapa possède une voiture-couchettes confortable et climatisée circulant sur le train de 21h au départ de Hanoi les jeudi et vendredi (*renseignements et réservations auprès des bureaux du Victoria, voir ci-dessus, p. 231*).

Le train international pour **Kunming** en Chine dessert Lao Cai (*voir « Hanoi », p. 143*). Attention, une bonne partie du temps s'écoule en formalités côté vietnamien (1h30 à Lao Cai) et côté chinois (1h30 à Hekou). Il est plus simple de franchir la frontière à pied et d'emprunter un train (départ quotidien à 14h45) ou un bus à Hekou pour Kunming (14h).

En bus - Aucun départ pour la Chine de l'importante gare routière située sur la rive droite du *song* Hong. Liaisons fréquentes en minibus jusqu'au milieu de l'après-midi avec Sapa (2h), Muong Khuong (4h), Tam Duong (6h30), Lai Chau (12h) et Bac Ha (2h30). Liaisons quotidiennes en bus avec Hanoi (10h) ainsi qu'avec Bac Ha (deux départs l'après-midi).

Se repérer

Lao Cai s'étire sur les deux rives du *song* Hong, au sud de son confluent avec la *nam* Ti qui marque la frontière avec la Chine. La gare routière se situe rive droite, à hauteur du pont sur le *song* Hong. Sur la rive gauche se trouvent la gare ferroviaire (à 2 km au sud), la poste et les principaux hôtels.

Adresses utiles

Poste / Téléphone - Buu Dien Cuc Cua Khau, Nguyen Hue (près de l'hôtel Hanoi). Lundi-vendredi 6h30-21h30.

Poste frontière - Le pont qui enjambe la *nam* Ti, à 3 km au nord de la gare ferroviaire, fait office de frontière avec la Chine. Les bureaux de police et de douane sont ouverts tous les jours de 7h à 16h. Comptez 1h30 pour accomplir les formalités. Le bureau de douane est situé dans un grand building flambant neuf, juste avant le pont sur la *nam* Ti. On peut y convertir des dongs, des euros et des dollars en yuans.

Visa - Il est aujourd'hui possible d'obtenir un visa pour la Chine pour 45 $. Le plus simple est de passer par le comptoir situé à l'entrée du nouveau bâtiment des douanes. Sinon, l'agence principale est à 150 m, au **Binh Minh Travel,** 39 Nguyen Hue, ☎ (020) 83 66 66, www.laocaiimexco.com.vn Comptez 5 $ de commission si vous passez par une agence qui vous évitera les formalités pénibles quand vous ne parlez pas la langue.

Se loger

Loger à Lao Cai n'a rien de folichon. Ces adresses dépanneront surtout les voyageurs arrivés trop tard pour passer la frontière. L'hébergement n'est d'ailleurs pas meilleur à Hekou, côté chinois.

Autour de 6 $

Huu Nghi Hotel, 16D Nguyen Cong Hoan (face au bâtiment administratif des douanes, prendre la ruelle puis longer la voie ferrée sur la gauche), ☎ (020) 83 06 16 - 5 ch. ⌁ ▤ 굿 ▣ Moins cher, plus calme et d'un confort équivalent au Hong Phuong Hotel, mais personne ne parle un mot d'anglais.

De 7 à 10 $

Hong Phuong Hotel, 17 Nguyen Hue (en face du bâtiment administratif des douanes), ☎ (020) 83 04 19 - 8 ch. ⌁ ▤ 굿 ▣ Les chambres sont petites mais propres. Au 4e étage, on accède aux chambres par un balcon avec vue imprenable sur la frontière et la ville chinoise de l'autre côté du pont.

Lao Cai International Hotel, 88 Thuy Hoa (sur l'autre rive que le bâtiment des douanes), ☎ (020) 82 66 68, laocaihotel@hn.vnn.vn - 8 ch. 🛏 📧 🍴 📺 ✕ 🆓 Le seul hôtel de grand standing à proximité de la frontière. Les chambres sont très agréables mises à part les moquettes, un peu vieilles. La clientèle est essentiellement chinoise, qu'on retrouve toute la journée à jouer dans le casino de l'hôtel autour de 7 tables de jeu et de nombreuses machines à sous.

Se restaurer

Tout proche de la frontière, vous trouverez quelques gargotes (prendre la ruelle à gauche de l'hôtel Hong Phuong, puis sur la droite le long de la voie ferrée). Juste bonnes pour passer le temps, en attendant d'obtenir votre visa.

À voir, à faire

▶ D'origine chinoise, le nom de **Lao Cai**, la « Vieille Rue », souligne son rôle de marché frontalier, car c'est ainsi qu'on désigne parfois en Chine les bourgs-marchés. Hormis cette toponymie flatteuse, Lao Cai n'a rien à montrer, sauf à quelques badauds venus du Yunnan, circulant en groupes derrière le porte-voix de leur guide.

BAN XEO★

Comptez une journée aller-retour et prévoyez un pique-nique.

À 71 km de Sapa via Lao Cai. Une escapade à effectuer à moto ou en 4x4, la dernière partie du parcours étant peu praticable.

▶ Au-delà de Lao Cai, une excellente route file le long de la frontière chinoise à travers la campagne. Le ruban de bitume s'interrompt toutefois brutalement à 90 km de Lao Cai, dans un petit marché de Far West dressé à 1 km à vol d'oiseau de la Chine. De là, une piste escalade la montagne, longeant le cours d'un torrent qui cascade entre les rochers. Elle débouche en surplomb d'un vaste poljé quadrillé de rizières, reprend son trajet en zigzag et passe au pied d'un monument aux soldats tombés durant la guerre sino-vietnamienne.

Elle entre enfin dans Ban Xeo, principal **bourg-marché** du canton de Bat Xat.

▶ Vous y croiserez, même en semaine, les paysans des environs, tous membres de groupes ethniques particulièrement hauts en couleur. Ici, les **Dao Rouge**, à la différence de ceux de Sapa, se drapent la tête dans un cylindre de tissu chinois imprimé de grosses pivoines. Les **Hmong Noir** dans leur tenue indigo côtoient les **Hmong Bariolé**, vêtus de leur ensemble entièrement orné de galons jaunes, orangés et fuchsia, un carré de toile à carreaux noué sur la tête. Les **Giay** (ou Nhang) sont les plus nombreux dans la région et vont dans leur sarrau bleu ou vert clair, boutonné sur le côté et porté sur un pantalon noir.

MUONG KHUONG★

À 89 km de Sapa via Lao Cai. Si vous disposez d'un véhicule, vous pourrez loger à Bac Ha, plutôt que de retourner à Sapa.

▶ À 20 km de Lao Cai, vous traversez le hameau de **Ban Lau** dont les étals, vides en semaine, accueillent le dimanche la foire des paysans hmong, dao, giay et nung des environs. Il marque le début de deux heures d'ascension vers Muong Khuong par une route empierrée (relativement bonne, car peu fréquentée), le long de laquelle se succèdent **plantations de thé** et cultures en terrasses.

▶ Niché sur un rebord montagneux, encadré de crêtes découpées, le bourg de Muong Khuong possède un grand **marché couvert** qui ne s'anime que le dimanche. Ici, le regard s'échappe vers une zone interdite, car, au-delà de Muong Khuong, la RN4D entre en territoire sous contrôle militaire et les touristes doivent revenir sur leurs pas.

BAC HA★

100 km de Sapa via Lao Cai. Grand marché le dimanche et petite activité le reste de la semaine.

Arriver ou partir

En bus - Les seuls bus de ligne partent de Lao Cai *(voir ci-dessus)*. La gare routière se trouve juste à côté du marché.

En minibus - Agences et mini-hôtels de Sapa organisent des liaisons en minibus à l'occasion de la foire du dimanche. Comptez 3h.

Se repérer

La route de Lao Cai à Can Cau fait office de rue principale. Au premier carrefour, la rue de droite descend vers l'arrêt des bus et le marché, tandis que celle de gauche dessert le dispensaire et le réseau de chemins menant aux hameaux hmong. En continuant tout droit, vous trouverez sur votre droite la rue qui conduit vers l'ancienne résidence du chef hmong.

Se loger

Chapeau bas aux initiatives privées qui ont fait de ce village une étape d'hébergement très honorable. L'eau chaude est partout assurée, malgré un approvisionnement en électricité aléatoire.

Si les hôtels que nous vous indiquons étaient exceptionnellement complets, vous en trouverez de nombreux autour du carrefour principal.

De 3 à 6 $

Ngan Nga Hotel, au premier carrefour de la rue principale, ☎ (020) 88 02 51, long_huynh@hotmail.com - 12 ch. ⌖ ☴ Des chambres impeccables à moins de 5 $.

De 6 à 10 $

Minh Quan Hotel 1 et 2, l'un à côté de l'autre, en face de la gare routière, ☎ (020) 88 02 22 et 88 07 27 - 10 et 4 ch. ⌖ ☴ À deux pas du marché. Vous ne serez pas dérangé par la gare routière dont le trafic est peu intense. De plus, les chambres situées à l'arrière (en particulier la n° 204) s'ouvrent sur un immense verger et le spectacle des montagnes environnantes.

Anh Duong Hotel, au niveau de la seconde entrée du marché, à l'opposé de la gare routière, ☎ (020) 88 03 29 - 10 et 4 ch. ⌖ ☴ À cet endroit, la rue continue en un chemin qui se perd dans la campagne. Les chambres sont très bien tenues, et deux d'entre elles (n° 202 et n° 206) donnent sur le marché.

Autour de 10 $

Hoang Vu Hotel, au premier carrefour de la rue principale, vers l'hôtel Sao Mai, ☎ (020) 88 02 64, hoangvutours@hotmail. com - 10 ch. ⌖ ☴ Une adresse dynamique où les jeunes sont toujours prêts à vous servir de guide, à pied, en jeep ou en moto. Les chambres sont agréables, en particulier celles de derrière qui donnent sur une colline boisée.

De 10 à 15 $

Sao Mai, 127 Hoang Lien (à la sortie nord-est du village), ☎ (020) 88 02 88, saomaibh@hn.vnn.vn - 50 ch. ⌖ ☴ ✗ Deux ailes pour ce bâtiment dont la première, inaugurée en 2000, est en bois et la nouvelle (2004), en béton. Les chambres sont claires et spacieuses, en particulier les plus récentes. Une jeune équipe organise également des excursions dans la région. Attention, car les prix grimpent de 50 % le week-end. Pour avoir un guide francophone en semaine, mieux vaut prévenir à l'avance.

Se restaurer

Autour de 25 000 VND

Hoa Nga, au carrefour principal, à gauche de la rue qui mène au marché. 6h-21h. Restaurant dont la clientèle est principalement locale.

De 25 000 à 50 000 VND

Cong Phu, au début de la rue du marché. 6h-21h. Cuisine simple et honnête. Les guides et les chauffeurs ont l'habitude de s'y retrouver.

Thanh Son, dans la rue du marché face à la gare routière. 6h-21h. Restaurant familial fréquenté essentiellement par des touristes.

Loisirs

Excursions - À Bac Ha, profitez de l'aide de jeunes guides locaux pour découvrir les environs en toute simplicité, sans passer par une agence.

À voir, à faire

▸ Passé Lao Cai, les deux premiers tiers du trajet s'effectuent sur la très bonne RN70 qui mène à Hanoi, jalonnée de villages majoritairement peuplés de Kinh. À 73 km de Lao Cai, une route grimpe jusqu'à Bac Ha. Le panorama déroule alors à-pics et damier de rizières. Dans cette région plantée de casses de Chine, vous croiserez peut-être des convois chargés de paquets d'écorce de cette variété de cannelier.

▶ À Bac Ha, les tenues chamarrées des Hmong Bariolé qui s'assemblent ici le temps de la **foire dominicale** ont volé la vedette à celles des Hmong Indigo et des Dao Rouge du marché de Sapa. Depuis quelques années, les touristes viennent plus nombreux et le petit village dispose désormais d'infrastructures très convenables pour les accueillir.

▶ Les hameaux autour de Bac Ha, qui répondent aux très poétiques appellations de **Ban Pho 1** et de **Ban Pho 2**, sont majoritairement peuplés de ces **Hmong Bariolé**, beaucoup plus organisés que leurs cousins Hmong Noir. Leurs grandes maisons sont posées sur un sol en terre battue, et l'espace intérieur est aménagé avec des cloisons assurant l'intimité de chacun. Ils distillent un alcool de maïs à la belle couleur ambrée.

▶ Toujours à portée de pas, vous pourrez visiter la **demeure abandonnée** de Huang A Tuong, un ancien roi hmong. Avec ses toits-terrasses, ses escaliers labyrinthiques et ses balcons, elle compose un décor de théâtre, curieusement déplacé dans cette campagne, et sert de terrain de jeu aux enfants du village.

CAN CAU

Comptez 1h.

À 21 km de Bac Ha par une route aussi spectaculaire qu'épouvantable.

▶ La **foire** de Can Cau, qui rassemble chaque samedi les Hmong Bariolé des environs, est l'une des plus pittoresques de la région. Trois mondes, les Hmong, les Chinois et les Vietnamiens se côtoient sans se mélanger. Les premiers viennent en grande tenue échanger leurs produits, y compris ceux de

l'élevage. À l'extérieur de l'enceinte du marché, on vend chevaux, porcs et chiens, tandis qu'à l'intérieur se perpétue le dur métier de colporteur, les marchands étant pour la plupart yunnanais. Ils viennent de Xiaobazi, une bourgade chinoise sise juste de l'autre côté de la frontière, à 6h de marche. Ils proposent l'habituelle quincaillerie chinoise, mais également tout ce qui est nécessaire à la fabrication du costume « traditionnel » local. Absolument tout est « made in China » : les galons brodés (appliqués à profusion sur les vestes et les jupes), les métrages d'indigo, les bandes de faux batik imprimé pour les jupes et les sacs d'épaule. Les stands d'alimentation servent avant tout de la cuisine locale et le « bar », alignant ses jerricans en plastique remplis de liquide ambré, est le rendez-vous des adultes mariés.

LA PISTE DE BAC QUANG

Comptez 9h.

Itinéraire de 149 km au départ de Bac Ha.

Si la météo garantit un temps sec, si vous disposez d'un 4x4, d'un chauffeur expérimenté, et si vous n'avez pas le vertige, la piste de Bac Quang est une route spectaculaire pour gagner la province voisine de Ha Giang ou rejoindre Hanoi. Vous devez aussi vous assurer à Bac Ha que la police vous laissera passer sur cette zone frontalière (ce qui ne devrait poser aucun problème). Il est fortement déconseillé de s'y aventurer seul, car la route est peu fréquentée, et une panne risquerait de tourner au cauchemar. De plus, certains passages sont délicats en deux-roues, mais si vous avez un peu d'expérience et une moto pas trop chargée, vous passerez. Il est exclu de faire le trajet en voiture de tourisme pour l'instant. Si toutes ces conditions sont réunies et que c'est dimanche, alors allez-y : cet itinéraire est jalonné de plusieurs marchés hebdomadaires, et des processions de paysans en grande tenue, semblant sortir de nulle part, confluent vers la route.

Sur le chemin de la foire

Entre 7h et 9h, routes et pistes de montagne sont fort animées. Là, un paysan tire son baudet qui ne veut pas avancer. Ici, un autre tient un porcelet au bout d'une laisse en le poussant avec un fouet en bambou. D'autres, plus avisés, préfèrent transporter les petits cochons à la palanche pour leur éviter de perdre du poids sur le chemin de la foire. Certains vont par couple, la femme portant sur le dos la pile de hottes qu'elle a tressées, l'homme le jerrican d'alcool qu'il a distillé. Mais, le plus souvent, les bandes se forment en séparant les sexes : groupes de femmes et de jeunes filles en grande tenue, tandis que les messieurs et les garçons vont plus sobrement vêtus.

Se loger

▶ *À Xin Meng*

Autour de 10 $

Thanh Dat Hotel, Thi Tran Coc Pai, ☎ (019) 83 64 57 - 6 ch. ◖ 🖹 📺 Un mini-hôtel récent avec des chambres simples et propres. Parfait pour les petits budgets. Un peu plus loin, en continuant la rue principale vers le marché, vous trouverez un excellent petit restaurant : Nhat Thuy.

Gia Long Hotel, Thi Tran Coc Pai, ☎ (019) 83 64 79 - 10 ch. ◖ 🖹 📺 Grand bâtiment bien situé au-dessus de la poste, face à la gare routière et à 50 m du marché. Les chambres sont vastes et équipées d'un minibar.

▶ *À Hoang Su Phi*

Évitez l'établissement situé au niveau du pont, qui semble être un hôtel de passe.

Moins de 10 $

Hoang Anh, 3 Thi Tran Vinh Quang, ☎ (019) 83 11 33 - 5 ch. ◖ 📺 Simple et propre, une autre étape sur la route de Ha Giang.

▶ *À Bac Quang*

Moins de 10 $

◉ **Hoang Hon**, 3 Tan Quang, ☎ (019) 82 75 49 - 15 ch. ◖ 📺 Un peu avant d'arriver sur la route principale qui relie Tuyen Quang et Ha Giang, cet hôtel bariolé et récent se dresse en bordure de rizière. Les chambres ressemblent à des maisons de poupée. Au croisement des routes, de nombreux petits restaurants bon marché.

▶ *À Ha Giang*

Moins de 6 $

Nguyen Cong Cuong, 19 Nguyen Trai, ☎ (019) 86 61 62 - 12 ch. ◖ 📺 Confort basique et petits prix.

De 10 à 12 $

Ngoc Anh, 1 Nguyen Trai, ☎ (019) 86 62 31 - 18 ch. ◖ 🖹 📺 Un hôtel confortable à 50 m de la gare routière. Les chambres à l'arrière sont très agréables, avec balcon et vue sur la rivière.

De 10 à 15 $

Huy Hoan, 14 Nguyen Trai, ☎ (019) 86 12 88 - 41 ch. ◖ 🖹 📺 Dans cet hôtel récent et bien tenu, il y a trois catégories de chambres, dont les plus grandes disposent d'un petit salon. On regrette le personnel peu aimable.

▶ *À Bac Me*

De 3 à 6 $

Song Gam, rue principale, ☎ (0281) 84 63 56 - 8 ch. ◖ 🍴 Ce bâtiment démesuré par rapport à la taille de la ville est étrangement vide. Demandez les chambres 209 ou 210 qui offrent une vue sur le village et les montagnes. Plusieurs gargotes en face de la station-service pour vous restaurer.

▶ *À Bao Lac*

Ne comptez pas faire ici une halte confortable : vous trouverez un hôtel juste à côté du marché, minable et sans sanitaires, ainsi qu'un autre au niveau de la place, qu'on ne nous a pas laissé visiter.

▶ *À Tuyen Quang*

De 15 à 30 $

Lo Giang, 219C Duong 17/8 (il donne sur la rivière Lo), ☎ (027) 82 14 52 - 52 ch. ◖ 🖹 📺 Cet immense hôtel d'État, dont les couloirs ne sont pas souvent balayés, est désespérant. Les chambres, banales et tristes, sont acceptables. Le personnel ne parle pas anglais. En dépannage.

▶ Quittez Bac Ha par le nord en direction de **Lung Phinh**, siège d'une petite foire dominicale. Les 35 premiers kilomètres filent à travers l'immensité désertique d'un plateau calcaire, puis la piste s'arrête brutalement pour laisser place à un sentier muletier qui grimpe en virages vertigineux sur des blocs de pierre terriblement glissants. Il débouche à **Nam Ma**, un hameau de Hmong Bariolé, suspendu à 1 000 m d'altitude au-dessus de la vallée de Xin Meng.

▶ La piste, dans une alternance de bons passages goudronnés et de très mauvais chemins, plonge ensuite en grands lacets vers **Xin Meng** (à 48 km de Bac Ha. Comptez 3h), une petite ville sans charme qui marque la frontière entre les zones d'établissement hmong et dao et le grand arc de peuplement des **Tai-Kadai** du Nord-Est. Quelques Hmong Bariolé de Nam Ma viennent encore à la foire du dimanche, mais les notes corail et fuchsia de leur tenue sont dominées par les harmonies indigo des **Tay** et des **Nung**. Les premières portent sobrement une blouse claire sur leur pantalon noir, tandis que les secondes se distinguent par l'ajustement de leur costume : une jupe plissée indigo, repliée en éventail sur les fesses. Les unes et les autres, en particulier les jeunes filles, arborent de superbes épingles de tête en argent.

▶ Au-delà, la route, en assez bon état, domine la vallée profondément entaillée du *song* Chay, un univers minéral jalonné de cascades où les hommes ont aménagé quelques minuscules champs. Vous parvenez ainsi à **Hoang Su Phi** (à 37 km de Xin Meng) qui est aussi le siège d'une foire dominicale pour les Nung et les Tay. La route quitte ensuite son parcours suspendu entre ciel et terre pour descendre en larges boucles vers **Bac Quang** (à 64 km de Hoang Su Phi), porte des hautes terres de **Ha Giang** (à 47 km de Bac Quang par la RN2) ou la Moyenne Région autour de **Tuyen Quang** (à 106 km par la RN2). La région de Ha Giang nécessite un permis dont l'obtention reste très aléatoire, raison pour laquelle elle n'a pas été traitée dans ce guide. Vous trouverez néanmoins ci-dessus quelques adresses d'hébergement.

▶ Les plus téméraires pourront rejoindre le lac Ba Be en empruntant la piste Ha Giang-Bac Me-Bao Lac. Certains passages sont très délicats, absolument infranchissables en voiture de tourisme. D'autre part, si vous n'avez pas une certaine expérience des pistes en moto, nous vous déconseillons de vous y aventurer.

VERS LA PORTE DE LA CHINE★★
LAC BA BE - CAO BANG - LANG SON

😊 **Le parc national de Ba Be**

😦 **Le trafic sur les routes principales**

Quelques repères

Provinces de Thai Nguyen, Bac Can, Cao Bang et Lang Son - Circuit de 684 km au départ de Hanoi - Compter 5 jours - Plan p. 206-207.

À ne pas manquer

Les marchés le long de la route.

Remonter le *song* Nang jusqu'au lac Ba Be.

L'ambiance du vieux marché de Cao Bang.

Conseils

La période d'octobre à avril est la meilleure pour voyager dans la région.

Hormis au poste frontière de Dong Dang, le change est difficile : emportez dongs et dollars en provision suffisante.

Au Nord-Est du Vietnam, un moutonnement de collines et de montagnes, prolongé dans la province chinoise du Guangxi, dilue la frontière politique avec la Chine. De rares petites dépressions trouent ce relief confus. L'une d'elles, autour de la ville de Lang Son, fut tour à tour couloir d'invasions et passage d'ambassades : c'est la porte de la Chine. Ici, il ne règne plus la sauvagerie inquiétante des hautes vallées du fleuve Rouge et de la rivière Noire, mais une collection poétique, digne d'un paysage d'estampe, de ces étranges formations calcaires que les géographes appellent karsts. Depuis deux mille ans, la région est le domaine des Tay. Avec les Nung, puis les Dao et les Hmong, ils ont colonisé cet espace qui vibre, tous les cinq jours du calendrier luni-solaire, le temps des foires et des marchés.

HISTOIRE

Quand naît une frontière

Ces terres compartimentées ne furent faciles à contrôler ni pour l'Empire chinois ni pour l'État vietnamien. Celui-ci mena vis-à-vis des chefs tay et nung le même système de **protectorat** qu'auprès des Thai du Nord-Ouest. Jusqu'à l'époque contemporaine, Chinois et Vietnamiens durent compter avec ces peuples tantôt soutiens militaires, tantôt foyers de rébellion. À la fin du 19e s., les mandarins chinois tentèrent de contenir l'implantation française au Tonkin en soutenant secrètement la guérilla des **Pavillons noirs**, des brigands sino-vietnamiens dont les bandes œuvraient le long des régions montagneuses qui formaient la frontière. En 1885, à l'issue d'une courte guerre, l'armée coloniale française vint finalement à bout des rebelles en même temps qu'elle défit l'armée régulière chinoise. En signant le **traité de Tianjin** la même année, la Chine dut s'engager à faire respecter par ses troupes les frontières du Tonkin, tandis que la France obtenait de construire des voies ferrées vers ses provinces du Sud. Au lendemain de la bataille, le général de Négrier, commandant de l'armée française, fit même apposer un écriteau en chinois sur la porte de la Chine : « Ce ne sont pas les murailles de pierres qui protègent les frontières, mais l'exécution des traités. » Les limites fixées par le traité de Tianjin sont celles d'aujourd'hui : elles ne furent pas remises en question à la création de la république de Chine en 1911, ni lors de l'indépendance du Vietnam.

Une terre de maquis

En février 1941, un intellectuel vietnamien vint s'établir avec sa machine à écrire dans la **grotte de Coc Bo**, non loin de Cao Bang. Il s'appelait alors Père Thu ; il ne se nommait pas encore

Ho Chi Minh. Deux mois plus tard, il organisa dans ce lieu retranché la **VIIIe session du Parti communiste**, acte de naissance d'une série de mesures qui conduisirent le Vietnam à l'indépendance. La région servit de base au **Viet-minh** dans sa guerre contre le corps expéditionnaire français au Vietnam de 1946 à 1954. C'est là que se concentra l'artillerie qui scella en 1954 le sort du camp de Dien Bien Phu *(voir p. 80)*.

Guerre et paix

En 1979, l'armée chinoise occupa les villes frontalières de Lao Cai, Cao Bang et Lang Son et lança une guerre éclair de seize jours durant lesquels ses troupes détruisirent tout ce qu'elles purent. L'aide économique au Vietnam fut suspendue, les consulats vietnamiens furent fermés, et les voies de communication ferroviaires et routières avec Hanoi, coupées. La crise fut l'occasion pour les deux pays d'une remise en cause des frontières terrestres, mais aussi maritimes, telles qu'elles avaient été définies par le traité de Tianjin. Il fallut plus de dix ans pour voir s'ébaucher une réconciliation dans cette « guerre froide » entre les deux régimes socialistes *(voir p. 87)*.

DE HANOI AU LAC BA BE

Comptez 6h de route.

Itinéraire de 295 km.

La RN3 que vous empruntez pour rejoindre Thai Nguyen suit la vallée du *song* Cau. Le paysage n'a ici d'autre visage à montrer que la conurbation anarchique qui a poussé autour de Hanoi depuis la fin des années 1990.

Arriver ou partir

En bus - La gare routière est à l'entrée de Cho Ra, au croisement des routes qui partent vers Cao Bang et vers Bac Can. De Cao Bang, un bus local assure cinq liaisons par jour avec Thai Nguyen via Bac Can si vous venez de Hanoi.

En excursion organisée - Les agences de Hanoi proposent une formule de trois jours aller-retour, en petits groupes, entre 35 et 60 $ par personne.

En 4x4 avec chauffeur - C'est la seule solution pour effectuer l'ensemble du circuit dans les meilleures conditions. Le forfait pratiqué à Hanoi (1 à 3 pers., 5 jours et 4 nuits) varie de 80 à 150 $ par personne, sur la base d'un itinéraire établi comprenant les frais d'essence ainsi que la nourriture et l'hébergement du chauffeur. Le programme type est Hanoi-Ba Be (1 nuit)-Cao Bang (1 nuit)-Lang Son (1 nuit)-Ha Long (1 nuit)-Hanoi.

Adresses utiles

▶ *À Cho Ra*

Poste / Téléphone - Buu Dien Cho Ra est située au milieu de l'unique rue du village. Lundi-vendredi 6h30-20h.

Se loger

▶ *À Cho Ra*

De 6 à 10 $

Trung Kien Hotel, à l'entrée de Cho Ra, ☎ (0281) 87 63 56 - 8 ch. ⌁ 🌫 On apprécie sa situation en face de la gare routière et à proximité d'un des restaurants les plus populaires de Cho Ra. Les chambres, dont certaines bénéficient d'une belle vue sur les rizières, sont vastes de même que les salles de bains.

De 10 à 12 $

Tuyet Trinh Hotel, au milieu de la rue principale, à 50 m du pont, ☎ (0281) 87 61 17 - 5 ch. ⌁ 🌫 ▤ 📺 Moins agréable que le Thuy Dung, cet hôtel propose cependant des chambres très correctes, certaines avec balcon, et vue sur les cultures et la rivière. En cas de grosse chaleur, les chambres sont équipées d'air conditionné.

De 10 à 15 $

Thuy Dung Hotel, à 300 m de la gare routière, ☎ (0281) 87 63 54 - 9 ch. ⌁ 🌫 Hôtel récent avec carrelage et parquet dans les chambres. Celles donnant sur les rizières sont particulièrement agréables. La famille qui gère l'établissement ne parle pas anglais, mais l'accueil est très sympathique.

De 12 à 15 $

Ba Be Guesthouse (Nha Khach Ba Be), à 2 km de la rive ouest du lac et 15 km de Cho Ra, ☎ (0281) 87 61 27 - 31 et 47 ch. 🛏 🍴 ✗ En dépannage si vous ne pouvez pas loger chez l'habitant. Cet ensemble d'hôtels d'État d'architecture médiocre se trouvent dans la nature, mais pas au bord du lac. L'alternative consiste à loger dans un bâtiment en béton crasseux et vétuste ou un bungalow en bois, poussiéreux et déglingué. Préférez tout de même un des trois bungalows en béton, plus récents. L'adresse est aussi le siège administratif du parc de Bac Be.

Se restaurer

▶ *À Cho Ra*

De 25 000 à 50 000 VND

Nha Hang Thanh Dung, à côté de l'hôtel Ba Be. Restaurant servant des plats simples.

Loisirs

Excursions - Pour organiser votre croisière, adressez-vous à la **Guesthouse**. Les bateaux qui remontent le *song* Nang jusqu'au lac Ba Be sont des barges à moteur, équipées de mobilier de jardin et protégées du soleil par une bâche en plastique, qui peuvent accueillir une dizaine de personnes. Comptez 25 $ pour la journée. Vous pouvez opter pour une excursion en bateau aller-retour ou choisir de revenir sur Cho Ra par la route qui part de l'embarcadère situé sur la berge orientale du lac Ba Be.

THAI NGUYEN

134 km de Hanoi.

▶ Ceux qui n'auraient pu visiter le musée d'Ethnographie de Hanoi ne manqueront pas le **musée culturel des Ethnies du Vietnam** (*Bao Tang Van Hoa Cac Dang Toc Viet Nam*) (*359 Tu Minh, au nord-est de la ville sur la route de Bac Son, 7h30-12h, 13h30-17h,*

entrée payante). Il mérite une bonne heure de visite, ne serait-ce que pour la qualité de ses textiles et ses reconstitutions d'intérieurs et d'ateliers. Son architecture est une curiosité, mélange de tradition vietnamienne et de style pompier stalinien. La présentation, commentée en vietnamien, en anglais et en français, suit la classification en grandes familles ethno-linguistiques. La section viet-muong déploie les instruments de pêche du sud du delta (cuillères à crevettes, épuisettes, nasses) et les pièges ingénieux des Muong. Une composition autour d'une robe de chaman tay brodée et d'un officiant nung coiffé d'un bonnet incrusté de miroirs illustre le rôle des cultes médiumniques chez ces ethnies. Une mezzanine est entièrement consacrée aux savants tissages des groupes tai, tandis que les Mon-Khmers et les Austronésiens ont été regroupés autour de leurs tissages indigo et de leurs travaux de vannerie. Les textiles hmong et dao sont également d'une superbe qualité.

▶ Poursuivez votre chemin sur la RN3. Vous entrez maintenant dans la **Moyenne Région**. Des vallons se dessinent entre les collines plantées du **thé** de Thai Nguyen – le cru le plus fameux du pays –, ou piquetées de bouquets de bambous et de bosquets de bananiers. Paraissent aussi les premiers villages tay aux maisons sur pilotis coiffées d'un immense toit de chaume.

BAC CAN

▶ La ville de **Bac Can** (*à 101 km de Thai Nguyen*) servit de première base de repli à Ho Chi Minh quand, en 1946, les forces du Haut-Commissariat en Indochine se déployèrent dans le delta du fleuve Rouge, à grand renfort de fortins et de blockhaus. En 1947, les Français encerclèrent la zone, contraignant le Viet-minh à s'enfoncer encore dans la région montagneuse et le long de la frontière chinoise. Face à la force vietnamienne (60 000 soldats dispersés sur près de 200 000 km²), le général Étienne Valluy choisit de se maintenir sur une ligne fortifiée, le long de la route coloniale n° 4 (RC4), entre Cao Bang et Lang Son.

▶ 18 km plus loin, une route sur la gauche monte vers le lac Ba Be, au-dessus d'une vallée cultivée, tandis que l'écran montagneux du **Pia Boc** se déploie à l'ouest, culminant à 1 554 m d'altitude. Bien qu'étroite, la route, moins cahotante que la RN3, se déroule par monts sauvages et vaux travaillés par les Tay.

CHO RA

▶ À 60 km de Bac Can, **Cho Ra**, le « marché de Ra », est un modeste village-rue aux maisons basses construites en briques crues, parfois chaulées, et couvertes de tuiles grises. Tay et Nung, coiffées de chapeaux coniques, vêtues d'un pantalon noir et d'une tunique courte bleue ou violette, Hmong Noir en jupe plissée indigo, Dao Rouge ayant troqué leur vêtement traditionnel contre chemisier et pantalon du prêt-à-porter : tels sont les chalands du marché de Cho Ra, qui se déroule les jours se terminant en 0 et en 5 du calendrier luni-solaire. On y trouve des objets de l'artisanat textile (écheveaux de coton, cadres et peignes de métiers à tisser) et des étoffes filées, tissées et teintes artisanalement par les Tay et les Nung. Elles sont vendues au métrage, coupées en veste à brandebourgs de tissu ou en sacs que l'on utilise dans la région, portés en bandoulière ou sur le dos. Les paysans y échangent encore le riz et les poissons frais du lac, les bidons de bière de riz et les cannes à sucre.

LE PARC NATIONAL DE BA BE★★

(Vuon Quoc Gia Ba Be) Comptez 1 journée pour la balade en bateau sur le lac.

Le parc est situé à 17 km de Cho Ra : prendre la route à droite au km 14 et passer le portail bleu. Il est également possible de rejoindre le lac par la rivière, l'embarcadère se trouvant à 2 km du

marché de Cho Ra. Entrée payante. Prenez votre maillot, car on peut s'y baigner.

Réputée pour ses paysages à l'époque coloniale, cette région ne fut érigée en parc national qu'en 1992. La réserve protège 23 000 ha de rivières et de cascades autour des Ba Be, les « Trois Bassins ». Vous pouvez atteindre ce vaste lac de 8 km de long par la route, mais il est plus intéressant d'y parvenir en remontant le *song* Nang.

Se loger

Autour de 3 $

Parc national de Bac Be, renseignements à l'entrée du parc *(voir ci-dessous)*. Si vous avez le temps, nous ne saurions trop vous recommander de passer la nuit dans le parc national. Vous trouverez à cet effet des guest-houses dans les villages de Pac Ngoi (5 maisons traditionnelles sur pilotis) et de Bo Lu (7 maisons à l'architecture moins authentique). Les logements sont constitués de dortoirs avec des rideaux en guise de séparation.

Loisirs

Randonnées - Les possibilités de trekking dans le parc naturel sont fabuleuses, mais très peu développées à ce jour. Le seul à pouvoir vous organiser une randonnée d'une journée ou plus est Anh Tru, le guide officiel du parc, qui parle anglais.

Au fil du song Nang★★

▶ La rivière se faufile dans une campagne cultivée avant de pénétrer dans un paysage de falaises calcaires, au flanc desquelles s'accrochent de petits jardins sauvages d'où pendent des lianes et de longues racines en quête de terre. Parfois, des buttes terreuses sont avalées par la jungle, tachées de cannas rouge sang, marbrées de troncs grêles argentés, et de vieux arbres se tordent pour se pencher au-dessus de la rivière. L'autre attrait de la navigation, c'est le spectacle de la **pêche**. Des nasses jalonnent le cours de la rivière, des hommes jettent l'épervier, d'autres frappent les berges rocheuses pour en déloger de minuscules crevettes.

▶ On entre ainsi dans la **grotte-tunnel de Puong** (*Hang Puong*). La rivière ne coule que sur un côté, laissant une berge pour admirer à pied les stalactites de cet aven. De l'autre côté de la grotte, le paysage est tout à fait sauvage, peuplé d'une centaine d'espèces de papillons et d'oiseaux et de 23 sortes de reptiles et de batraciens, dont le serpent d'eau à tête fine.

▶ À 1h de là, le *Trading Post* de **Ban Vai** permet de s'offrir un déjeuner frugal. Il fait office de drugstore et de café pour les Hmong de Ban Tuo, un village situé 2 km plus haut. Les dames viennent bavarder en tirant l'aiguille, tandis que leurs époux tirent, eux, sur la pipe à eau. Des barges à fond plat rapportent du marché les ballots de riz qui sont chargés à dos de cheval après la pesée. Un chemin descend vers la **cascade de Dau Dang** (*Thac Dau Dang*), alimentée même au cœur de la saison sèche, et qui jaillit avec fracas entre deux parois rocheuses.

Le lac Ba Be★★ (Ho Ba Be)

▶ Cette petite mer d'eau étale s'inscrit dans un cadre de falaises calcaires, marbrées de traces d'eau et de jardins. L'érosion a foré quelques grottes dans ces parois rocheuses aux noms très prosaïques, comme cette **Dong Ba Cua**, une grotte « aux trois fenêtres » percées sur le lac. Les îlots ont plus d'attrait et on peut s'y amarrer pour les visiter ou plonger à leurs abords. Sur l'**îlot An Ma**, la « Selle de Cheval », un petit temple est consacré au génie des Eaux.

▶ Les rives sud et ouest sont peuplées de Tay. Dans le village de **Pac Ngoi** (*accessible en bateau, au sud du lac*), leurs demeures sont montées sur pilotis, tandis que dans les nombreux hameaux qui jalonnent la route du lac à Cho Ra, elles sont de plain-pied.

DE BA BE À CAO BANG PAR LE COL DE CO LEA★★

Itinéraire de 115 km. Comptez 7h.

Quittez Cho Ra par la route de Ho Hieu. 17 km plus loin, laissez à droite la route qui rejoint Na Phac et la RN3 (Cao Bang est à 128 km de Ba Be par ce chemin). Sur ce chemin détourné conduisant à Cao Bang, les ornières et les pierres rendent la progression lente et éprouvante, mais le parcours est magnifique et on découvre, à mesure que l'on monte, les mondes tay, nung, hmong et dao.

Se restaurer

▶ *À Nguyen Binh*
De 25 000 à 50 000 VND

Nha Hang Thui Hong, ☎ (026) 87 21 77. Un *com pho* qui sort du lot, proposant un repas délicieux et reconstituant, très opportun sur cette route difficile. Goûtez le fromage de soja farci aux boulettes de porc (*dau phu nhoi chit*) ou le porc sauté aux champignons parfumés (*thut lon xao nam huong*), le tout arrosé de l'alcool local.

À VOIR SUR LA ROUTE

▶ La route abandonne très vite le monde organisé des grands villages tay pour l'univers dispersé en maisons isolées des Hmong et des Dao. Ceux-ci dominent la région jusqu'au bourg de **Pha Den** (*à 47 km de Cho Ra, marché les jours en 1 et en 6*), à plus de 1 000 m d'altitude. Leurs maisons basses sont construites à proximité des terrains pentus qu'ils défrichent, puis cultivent sur brûlis. Comme à Cho Ra, les femmes dao rouge ont abandonné leur costume traditionnel, mais les Dao « aux sapèques » (Dao Tien) arborent quant à elles toujours leur tenue (*voir p. 107*).

▶ Passé Pha Den, la route grimpe sur 7 km jusqu'au **col de Co Lea** à travers un vestige de la **grande forêt** qui couvrait autrefois toute la région montagneuse. Au milieu de vieux arbres d'une étonnante variété d'essences percent les bouquets de fougères arborescentes. Au col, le **panorama** sur l'écran de montagnes bleutées est grandiose. La route descend ensuite en lacet vers le grand poljé de **Nguyen Binh** *(à 27 km de Pha Den, marché les jours en 3 et en 8)*, à travers des buttes de terre rouge plantées de maigres forêts de pins, puis elle remonte, abandonnant les champs de maïs pour les montagnes déboisées.

CAO BANG ET SES ENVIRONS★

Une journée de visite pour les environs.

CAO BANG

La ville est modeste et quelconque, mais son cadre magnifique, au pied d'un rideau de falaises blanches tendu comme un panoramique du Vercors, au confluent de la rivière Hien et du *song* Bang Giang.

Arriver ou partir

En bus - La gare routière de Cao Bang est située à la sortie de la ville, sur la route de Lang Son. Des bus locaux partent tôt le matin pour Bac Can (5h), Thai Nguyen (7h), Nguyen Binh (3h), Lang Son (6h) et Cho Ra (4h). Minibus plus confortables pour Hanoi à 14h30 (10h).

Se repérer

L'avenue Kim Dong forme le centre de Cao Bang. Elle est surplombée à l'ouest par la place Ba Dinh et prolongée au nord par le pont qui franchit la Bang Giang, près duquel se trouve le vieux marché.

Adresses utiles

Poste / Téléphone - Buu Dien Pho Tau, 115 Kim Dong, ☏ (026) 85 38 52. 7h-11h30. **Buu Dien Cao Bang**, place Ba Dinh. 6h-21h.

Se loger

De 6 à 10 $

Hang Nga, 30 Pho Thau, ☏ (026) 85 62 56 - 8 ch. ⌖ ▤ ⤬ ▭ Un des hôtels au calme le long de la rivière. Celui-ci est à peine plus cher que ses voisins (prix négociable), mais il est beaucoup plus propre et agréable.

Hoang Long, 51 Pho Kim Duong, ☏ (026) 85 24 77 - 17 ch. ⌖ ▤ ⤬ ▭ Bien moins intéressant que son proche voisin, le Hang Nga, cet hôtel un peu poussièreux reste une bonne adresse pour les petits budgets.

De 12 à 15 $

Khach San Bang Giang, Kim Dong, (près du pont, face au vieux marché), ☏ (026) 85 34 31, banggiang-dl@yahoo.com - 70 ch. ⌖ ▤ ⤬ ▭ ✗ Une vilaine construction, idéalement placée au bord de la rivière Bang Giang. Les chambres sont spacieuses, fonctionnelles et aérées, très calmes pour celles qui disposent d'un balcon sur la rivière.

De 15 à 18 $

Huong Thom, 91 Kim Dong, ☏ (026) 85 61 28 - 11 ch. ⌖ ▤ ⤬ ▭ ✗ Un des rares hôtels de Cao Bang où vous aurez des chances de rencontrer d'autres touristes et d'échanger des informations. L'ensemble est impeccablement tenu et c'est en général dans cet hôtel que les chauffeurs vous inciteront à descendre. Les cinq chambres qui donnent sur la rivière sont au même prix et bien plus calmes que les autres.

Se restaurer

Moins de 25 000 VND

Les étals du **marché couvert** constituent une bonne occasion de manger à la bonne franquette. Vous vous ferez une place sur les bancs, entre un camionneur kinh et une grand-mère tay, le temps d'une soupe, d'un bol de nouilles ou d'une spécialité locale. À l'extérieur du marché, des stands proposent des spécialités à emporter ou à consommer sur place de 17h à

19h. Les cantines sous la halle tournent dès 6h du matin et s'arrêtent le soir à 20h.

Huong Sen, 115 Kim Dong, ☎ (026) 85 46 54. C'est dans ce petit restaurant que les chauffeurs et les guides ont l'habitude de se retrouver. Pas de carte, les plats sont présentés sur une table.

À voir, à faire

▶ Au 17e s., le site servit de refuge aux Mac (1527-1677), seigneurs usurpateurs et sécessionnistes chassés de Hanoi. Le grand **marché couvert**★ de Cao Bang, établi le long de l'avenue Kim Dong, vaut à lui seul la visite. Du lever du jour à la fin de l'après-midi, il déborde sur l'avenue voisine en duos de dames et de paniers, proposant leurs légumes dans un flot de vêtements qui décline toutes les valeurs de l'indigo. En fin de journée, les maraîchères sont relayées par les cuisinières. Des vapeurs appétissantes montent des marmites et des braseros où cuisent et mijotent galettes de riz, canard laqué et tripaille. À l'intérieur, sous la halle, c'est le triomphe de la camelote chinoise. Quelques vieilles dames vendent le matériel nécessaire au culte pour les gens du delta, tel que monnaies d'offrandes, baguettes d'encens et objets en papier à brûler pour les funérailles.

SUR LA ROUTE DE PAC BO

Comptez 2h de trajet. Si vous n'avez pas beaucoup de temps, vous pouvez effectuer l'excursion jusqu'à Cao Binh.

À 56 km au nord-ouest de Cao Bang. Empruntez la route 203.

▶ Se rendre à la grotte où l'Oncle Ho séjourna quatre ans et lança le Vietminh est un pèlerinage important aux yeux des Vietnamiens. Pour un touriste étranger, c'est l'occasion de parcourir la jolie campagne de la plaine de Cao Bang.

▶ À 5 km de Cao Bang, le **den Ky Sam** est juché sur une butte. Ce temple fut élevé en hommage au chef tay Nung Tri Cao, qui tenta de créer un royaume indépendant du Dai Co Viet au milieu du 11e s. Sa révolte secoua la région pendant dix ans, jusqu'aux provinces chinoises du Guangxi et du Guangdong. Elle ne fut réduite qu'avec le soutien de la Chine qui envoya son armée. L'édifice a été entièrement rebâti, mais dégage le charme naïf d'un petit temple de campagne avec ses chevaux blancs et rouges peints sur les murs, galopant et soufflant de leurs naseaux. Poursuivez votre route sur 10 km, puis prenez à gauche un chemin qui vous conduit jusqu'à Cao Binh, situé 2 km plus loin.

▶ **Cao Binh** n'est plus qu'un modeste village. « Paix supérieure » fut pourtant le siège administratif de la région, depuis la dynastie Mac jusqu'à son transfert par l'administration coloniale sur le site de Cao Bang en 1884. Quelques maisons coloniales ainsi qu'une église en sont les seuls vestiges. Revenez maintenant sur la RN203 pour poursuivre vers Pac Bo.

▶ À **Pac Bo**, un petit musée *(8h-17h, entrée payante)* retrace les événements liés au séjour de Ho Chi Minh. On peut visiter sa retraite, la **grotte de Coc Bo**, située au pied de la montagne Cac Mac (Karl Marx), bordée par la rivière Le Nin (Lénine).

DE CAO BANG À HANOI

Comptez 4h.

Itinéraire de 123 km. Bus entre Cao Bang et Lang Son, ou entre Hanoi et Lang Son, voir ci-dessus.

La RN4 est étroite et mauvaise. Jusqu'à Dong Khe, le parcours présente peu d'intérêt, à l'exception de quelques maisons tay doublées d'une véranda sur pilotis, et du marché qui se tient les jours en 2 et en 7 à **Nam Nang** *(à 18 km de Cao Bang)*.

SUR LA ROUTE DE LANG SON

Se loger

▶ *À That Khe*

De 6 à 10 $

Thanh Hang Hotel, 50 m après le pont en venant de Lang Son, ☎ (025) 88 37 47 - 12 ch. 🍴 🖥 🍽 📺 Hôtel-étape agréable entre Cao Bang et Lang Son pour ceux qui entreprennent la boucle du Haut Tonkin en moto. Les chambres 208 et 308 bénéficient d'un balcon avec une belle vue sur la campagne.

Se restaurer

▶ *À That Khe*

Moins de 25 000 VND

Hong Nga, rue Trang Dinh (perpendiculaire à la rue principale, au niveau de la gare routière). Ce restaurant est le plus fréquenté des adresses du coin. Cuisine savoureuse.

À voir, à faire

▶ En entrant dans **Dong Khe** *(à 24 km de Nam Nang)*, on découvre tout un quartier de maisons, miraculeusement conservées après l'évacuation de la place par les Français en 1951. Son monument aux morts est dédié aux soldats vietnamiens tombés lors de la prise de la ville qui marqua la première grande défaite française de la guerre d'Indochine.

▶ La route déploie un très beau paysage de falaises percées de grottes et de pitons escarpés jusqu'à **That Khe** *(à 22 km de Dong Khe)*, un bourg aux maisons menthe à l'eau, dont le marché *(jours en 2 et en 7)* est fréquenté par des Tay, des Nung et des Dao. On quitte le village par un damier de rizières, rare spectacle dans cette zone où la culture du maïs est majoritaire.

▶ À 48 km de That Khe apparaissent une quatre-voies et **Dong Dang**, dont les petits immeubles aux façades carrelées ou en verre fumé semblent un vilain mirage. Le grand frère chinois

En 1950, l'armée de libération commandée par le général Giap avait reconstitué ses forces à l'abri des montagnes, soutenue par les bases arrière du Yunnan et du Guangxi en Chine. L'armée française s'était déployée le long d'une ligne fortifiée sur la RC4, entre Cao Bang et Lang Son. En mai 1950, Giap lança sa première attaque sur Dong Khe, coupant en deux le système de défense français et isolant Cao Bang, qui tomba quelques mois plus tard. L'évacuation de Cao Bang se solda par l'un des épisodes les plus sanglants de la guerre d'Indochine, les unités françaises n'ayant d'autre voie de repli que la RC4 et le piège de Giap. Les Français durent abandonner l'ensemble de leur dispositif de contrôle sur la Haute Région et perdirent 6 000 soldats, morts ou faits prisonniers.

et son économie de marché socialiste ne sont pas loin : la frontière est à 5 km. C'est ici que s'ouvre le passage historique entre Chine et Vietnam, maintes fois emprunté par les armées de l'empire : la **porte de la Chine**, que les Chinois ont rebaptisée la **passe de l'Amitié** *(Cua Khau Huu Nghi)*. Le 1er avril 1992, une cérémonie en marqua la réouverture. Pour l'occasion, les Chinois ont reconstruit la porte de la citadelle *(visible du côté chinois uniquement)* qui gardait la passe, élevée en 1823 et détruite lors de la guerre éclair de 1979 *(pour le passage de la frontière, voir ci-dessous, « Poste frontière »)*. Revenez sur la RN14 pour atteindre Lang Son, à 11 km.

LANG SON

Comptez une demi-journée de visite.

Aux trois quarts détruite lors de la guerre de février 1979, la ville a depuis connu un véritable boom économique, grâce à la contrebande puis à la réouverture de la frontière. À l'instar de Cao Bang, la ville est laide, mais sertie dans un joli paysage de pitons calcaires.

Arriver ou partir

En train - La **Ga Lang Son** est située au bout de l'avenue Le Loi. Quatre trains quotidiens circulent dans les deux sens entre Lang Son et Hanoi-Gia Lam (5h30). Départs à 6h30, 10h10, 14h04 et 18h05. Attention : les étrangers ne peuvent se rendre en Chine en train qu'au départ de Hanoi.

En bus - La gare routière de Lang Son se trouve dans le quartier de la gare ferroviaire. Des minibus climatisés et équipés de vidéo font la liaison deux fois par jour, à 6h30 et 13h30, avec Hanoi-Gia Lam (5h30) et Haiphong via Bac Giang, Bac Ninh et Gia Lam (9h). Deux bus quotidiens, à 9h et 15h, relient Lang Son à Pingxiang, la première ville chinoise de l'autre côté de la frontière. Un bus local, le matin, pour Cao Bang (6h).

Se repérer

Lang Son est traversée par l'avenue Tran Dang Ninh, dans le prolongement de la RN1. L'ancien marché Ky Lua se trouve sur la portion nord. Au sud, l'avenue forme un carrefour avec Le Loi qui mène au quartier des gares routière et ferroviaire. Une route part de ce même croisement vers les grottes Nhi Thanh et Tam Thanh (2 km). La rivière Ky Cung est à la lisière des faubourgs sud. Le marché Dong Kinh s'étend sur sa rive nord.

Adresses utiles

Poste / Téléphone - Buu Dien Lang Son, Le Loi, ☎ (026) 85 38 52. 7h-21h.

Poste frontière - La frontière avec la Chine est à 11 km de Lang Son, près de Dong Dang. Elle est desservie par des bus au départ de Lang Son. Certains permettent de se rendre directement à Pingxiang, à 20 km du poste frontière chinois, où bus et trains font la liaison avec Ningming et Nanning. Il faut franchir à pied les 800 m du no man's land qui s'étend entre les postes vietnamien et chinois.

Visa - Les visas pour la Chine ne peuvent être obtenus qu'à Hanoi (*voir p. 147*) ou Lao Cai (*voir p. 235*).

Se loger

Vous pouvez rencontrer des problèmes pour vous loger à Lang Son, car les meilleures chambres sont accaparées toute l'année par les négociants chinois venus traiter pour le commerce frontalier. De toute façon, l'hébergement n'incline guère à prolonger le séjour.

De 6 à 10 $

Hoang Gia Hotel (Khach San Hoang Gia), 67 Le Loi (à 250 m de la poste), ☎ (025) 87 17 31 - 10 ch. 🛉 🗐 ⤪ 📺 Un mini-hôtel à la décoration très kitsch. Les chambres y sont convenables, mais les salles de bains minuscules.

Lam Dinh, à côté de la gare routière, ☎ (025) 71 51 65 - 24 ch. 🛉 🗐 ⤪ Très bon rapport qualité-prix pour une courte escale. Les chambres, sans charme, sont grandes. Évitez celles, très bruyantes, qui donnent du côté de la gare routière.

Autour de 12 $

😊 **Nam Kinh Hotel**, 40 Ngo Gia Tu, ☎ (025) 71 76 98 - 22 ch. 🛉 🗐 ⤪ 📺 Ascenseur. Demandez une chambre située au minimum au 5e étage pour bénéficier de la vue sur le quartier résidentiel avec ses toits en forme de clocher et les montagnes au loin. Les salles de bains sont petites, mais les chambres spacieuses sont agréablement meublées, avec armoire, bibliothèque, coiffeuse et fleurs en plastique. Le meilleur hôtel en ville.

De 12 à 15 $

Hoang Nguyen Hotel, 84 Tran Dang Ninh, ☎ (025) 87 45 75 ou 87 03 49 - 12 ch. 🛉 🗐 ⤪ 📺 Un mini-hôtel correct et propre, mais la plupart des chambres sont aveugles. Aussi, demandez impérativement celles de derrière, qui ont une vue agréable. Adresse utile quand les autres hôtels sont pleins.

Hoang Son Hotel, 57 Tam Thanh, ☎ (025) 71 04 79, nguyentienhung@yahoo.com - 32 ch. 🛉 🗐 ⤪ 📺 Dans le même esprit que l'hôtel Nam Kinh, en moins charmant et plus cher.

Se restaurer

Le canard rôti (*vit quay*) est la spécialité locale, proposée avec la soupe de nouilles au canard dans les restaurants près du carrefour des rues Tran Dang Ninh et Le Loi.

Autour de 25 000 VND

Hai Anh, dans la rue qui part à gauche de la poste. La cuisine et les tables sont disposées sous une grande toile en forme de chapiteau. Pas de carte mais la possibilité de choisir ce qui vous inspire directement devant les fourneaux ou les woks. Délicieux et très bon marché.

De 25 000 à 50000 VND

Nha Hang Minh Quang, 44 Ngo Quyen (à côté de l'hôtel Huu Nghi), ☎ (025) 87 04 17. Pour boire un coup avec les routiers dans un barguinguette qui sert tous les labels de « Zohnnie » (Walker, bien sûr !) et possède une bonne carte de cuisine vietnamienne.

À voir, à faire

▶ Les marchés de Lang Son méritent le détour : **Cho Ky Lua** (*au nord de la ville, sur Tran Dang Ninh*), et surtout **Cho Dong Kinh** illustrent parfaitement les relations économiques étroites que Lang Son entretient avec la Chine voisine. Ce dernier est un temple dédié à la quincaillerie chinoise, une avalanche surréaliste de gadgets incroyables. Attention, label « Made in China » oblige, leur durée de vie est limitée.

▶ Quelques maisons du temps où Lang Son était ville de garnison française subsistent dans les faubourgs sud, où se trouve le sanctuaire le plus vénéré de Lang Son : la **pagode des Immortels** (*Chua Tien*) (*7h-17h, entrée payante*). La pagode, à laquelle on accède par une volée de marches, occupe les recoins d'une immense caverne. Les pyramides de Coca-Cola et autres boissons gazeuses posées avec respect sur les autels témoignent des pouvoirs prêtés aux

Un amour interdit

Dans un village vivaient deux jumeaux, frère et sœur, auquel un astrologue prédit qu'ils se marieraient ensemble. Afin de contrecarrer cette destinée, le frère profita d'une sortie en forêt pour tuer sa sœur d'un coup de hache. Il quitta le pays, changea de nom, et s'établit à Lang Son où, quelques années plus tard, il épousa la fille d'un négociant. Un jour qu'elle se peignait, il aperçut la longue cicatrice qu'elle portait à la nuque. Interrogée à ce sujet, la jeune femme avoua qu'après avoir été blessée et abandonnée par son frère elle avait été recueillie et soignée par des brigands qui la vendirent à son « père ». Troublé par ces révélations, l'homme s'enrôla dans l'armée et quitta son foyer. Dès lors, son épouse gravit chaque jour la colline avec son enfant pour scruter son retour, mais un jour, épuisée de chagrin, elle se mua en pierre dans une éternelle attente.

divinités du lieu. À l'arrière d'une salle dédiée à Quan Am, on révère la Sainte Mère céleste, entourée d'une forêt de bâtons d'encens qui se consument dans leurs brûle-parfums bleu et blanc. Un tunnel conduit à des fenêtres naturelles ouvrant sur la jolie campagne qui borde Lang Son.

▶ Au pied de la colline, un autre chemin grimpe vers le site de **Gieng Tien**, modeste oratoire d'où on a une superbe vue sur Lang Son et ses environs.

▶ À la lisière nord-ouest de Lang Son, dans une petite banlieue maraîchère, deux pitons percés de cavernes sont devenus des sites de pèlerinage bouddhistes très fréquentés par les gens du delta.

▶ La **grotte des Trois Purs★** (*Dong Tam Tanh*) (*accès balisé à partir du carrefour entre Tran Dang Ninh et Le Loi, 7h-17h, entrée payante*) a tout d'une pagode. À l'entrée, un autel aligne sagement les statues du panthéon bouddhique près d'une paroi rocheuse gravée de stèles des 16e et 18e s. relatant les donations faites au sanctuaire.

Mais au-delà, dans les anfractuosités, ce sont tantôt les Saintes Mères, tantôt des héroïnes locales divinisées que l'on vénère. Les eaux qui suintent des stalactites ont des vertus bénéfiques, d'où la présence de gobelets en plastique à proximité des bassins qui les recueillent. Dans la pénombre où se tapit parfois une famille de chauves-souris, les pas trouvent des marches taillées dans le calcaire et les yeux rencontrent des « fenêtres » ou des puits de lumière naturels.

▶ La colline voisine de la grotte Tam Tanh est le symbole de Lang Son. Elle est appelée **Nui Vong Phu** (« montagne de la Femme qui attend »), en raison d'un rocher dont la forme évoque la silhouette d'une femme debout, portant son enfant. Elle est l'objet d'une de ces histoires d'amour tragiques qui abondent dans la littérature du pays.

▶ Plus à l'ouest, la **grotte des Deux Purs★** (Dong Nhi Thanh) (7h-17h, entrée payante) fut affectée au culte au 18e s. et abrite également une chapelle bouddhique. Un petit dédale de recoins, de détours et d'anfractuosités monte en spirale à travers la roche, formant autant de chapelles et d'oratoires dédiés au Bouddha et à ses pairs.

DE LANG SON À HANOI

Comptez 4h.

Itinéraire de 151 km. Bus et trains entre Hanoi et Lang Son, voir « Arriver ou partir », p. 249.

À voir, à faire

▶ Quittez Lang Son par la RN1. C'est une jolie campagne de sols rouges, marquetée du vert des cultures. Au-delà, la route suit le couloir montagneux de la vallée du *song* Thuong, cadre de nombreux combats pour s'approprier cette zone de passage.

▶ À 35 km de Lang Son, **Dong Mo** est un petit village blotti dans un amphithéâtre karstique. À l'est et au sud, le relief forme une série de cirques et de défilés où opérait, dans les années 1890-1896, la bande de pirates sino-vietnamiens du Bac Son. En 1884, l'armée chinoise, cantonnée à Lang Son, y tendit une embuscade à un détachement de 350 Français, à la suite de laquelle la France entreprit avec succès de refouler les impériaux de l'autre côté de la porte de la Chine.

▶ Après **Met** (à 33 km de Dong Mo), on quitte ce décor de falaises et de pitons pour entrer dans le plat pays du delta. À l'est, l'arc des collines de Dong Trieu se prolonge vers le sud pour former la célèbre baie de Ha Long (*voir p. 190*).

3 jours	Hué et ses environs (p. 260)
Suggestion de visites	**Jour 1.** Visite de la citadelle et de la ville moderne (*p. 270, 274*). **Jour 2.** Visite des tombeaux de Tu Duc (*p. 277*), Minh Mang (*p. 279*) et Gia Long (*p. 279*). **Jour 3.** Visite de la zone démilitarisée (DMZ) avec un guide (*p. 257*).
Transport	Location d'un vélo pour Hué. Pour les tombeaux royaux, vous avez le choix entre le bateau (attendez-vous parfois à marcher longtemps pour rejoindre les sites) ou la moto (mais vous passerez à côté d'une charmante balade fluviale). L'idéal est de combiner les deux. Il est également possible de faire appel à une agence (*p. 267*).

3 jours	⊛ Hoi An et ses environs (p. 293)
Visites et excursions autour de Hoi An	**Jour 1.** Matin : tour en bateau de 2h autour de l'île Cam Nam (*p. 298*). Après-midi : balade dans le centre historique de Hoi An (*p. 300*). **Jours 2 et 3.** Excursion organisée et plongée sur l'île de Cham (*p. 298*). De retour à Hoi An, n'hésitez pas à vous promener en vélo dans la campagne alentour (*p. 305*).
Transport	La marche à pied est le moyen idéal pour découvrir cette ville. Pour les environs, vous n'aurez aucune difficulté à louer un deux-roues. Les petites barques à moteur pour l'île Cam Nam sont à quai, devant le marché.
Étapes	Choisissez un hôtel authentique au cœur du centre historique.
Conseils	Ne manquez pas cette ville magnifique. Malheureusement le charme est rompu pendant la haute saison touristique (de novembre à avril).

2 jours	La route des Chams (p. 284, 306)
Parcours de 510 km de Hoi An à Nha Trang	**Jour 1.** Matin : visite du musée d'Art cham (*p. 288*) à Da Nang. Après-midi : visite du site de My Son (*p. 306*). **Jour 2.** Matin : halte au site de Hung Thanh (*p. 314*). Après-midi à la plage de Doc Let (*p. 314*). Arrivée en début de soirée à Nha Trang (*p. 316*).
Transport	À moins de disposer de beaucoup de temps, la voiture est indispensable.
Étapes	Qui Nhon (*p. 313*).
Conseils	Si vous ne faites que traverser la région, préférez le train qui passe au cœur des campagnes.

Tour chame de Po Nagar

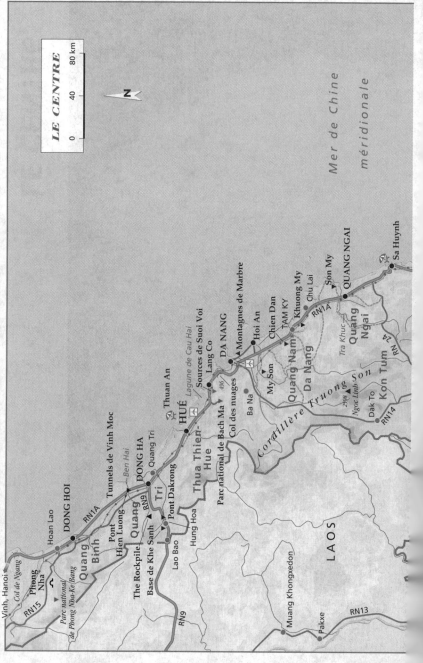

254

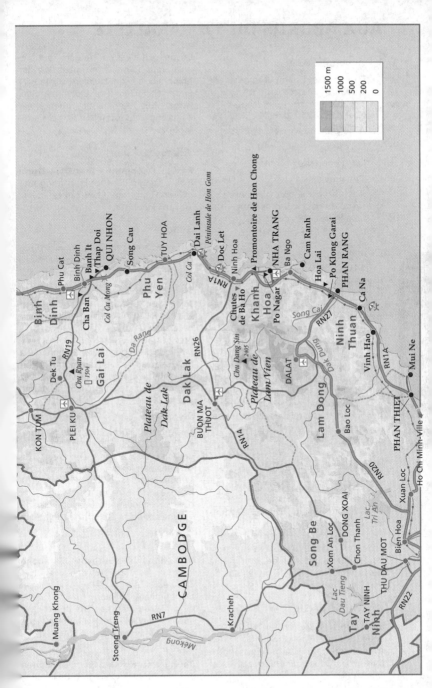

AUX ABORDS DU 17ᴇ PARALLÈLE

Quelques repères

Provinces de Quang Binh et Quang Tri - Hébergement possible à Dong Hoi et Dong Ha - Plan p. 254-255.

À ne pas manquer

Les grottes de Phong Nha.

Les tunnels de Vinh Moc.

Conseils

Il est recommandé de prendre un guide pour visiter la zone démilitarisée, et de ne pas s'aventurer en dehors des sentiers balisés.

Passé la porte de l'Annam, la Transvietnamienne se faufile entre le littoral et la cordillère Truong Son, traversant les provinces de Quang Binh et de Quang Tri qui comptent parmi les plus pauvres du pays. Elles cicatrisent mal des profondes blessures infligées lors des combats qui firent rage aux abords du 17ᵉ parallèle durant la guerre du Vietnam, et la visite de ces lieux marqués par la période la plus sombre de l'histoire du pays se présente comme un pèlerinage à la mémoire des milliers d'hommes et de femmes sacrifiés sur l'autel de la folie guerrière.

DONG HOI ET SES ENVIRONS

À 18 km au nord de Dong Hoi, quittez la RN1 au village de Hoan Lao pour emprunter la route qui part à droite en face de la poste. L'embarcadère pour les grottes de Phong Nha est situé 30 km plus loin, au village de Son Trach. ⛩ 📧

Arriver ou partir

En train - La gare ferroviaire est située à l'ouest de Dong Hoi, à l'extrémité de Tran Hung Dao. Quatre liaisons par jour pour Hanoi et Ho Chi Minh-Ville.

En bus - Il n'y a pas de gare routière, aussi vous faut-il intercepter l'un des nombreux bus qui circulent sur la RN1 entre Hanoi et Ho Chi Minh-Ville. Armez-vous toutefois de patience, car beaucoup sont complets et ne s'arrêtent pas.

Adresses utiles

Poste / Téléphone - Buu Dien Dong Hoi, à l'angle des rues Ly Thuong Kiet et Tran Hung Dao. 6h30-22h en été et 7h-21h30 en hiver.

Se loger

Évitez les hôtels Nhat Le, Phuong Dong et Huu Nghi, défraîchis, sales et déprimants, qui pratiquent des tarifs élevés.

Autour de 10 $

My Ngoc Hotel, 5 Ly Thuong Kiet, ☎ (052) 82 20 74 - 12 ch. ⛩ 📧 Un mini-hôtel bien tenu. Les chambres sont propres et claires, et l'accueil est très sympathique. Bien que située au bord de la RN1, cette adresse est sans doute la plus agréable de Dong Hoi et vous pouvez demander une chambre qui ne donne pas sur la rue.

De 10 à 20 $

Dong Hoi Hotel, 50 Quang Trung, ☎ (052) 82 22 89 - 30 ch. ⛩ 📧 📺 ✕ Le Dong Hoi n'a rien d'une adresse de charme, mais les chambres sont propres et disposent d'un balcon. Possibilité de louer une voiture ou un minibus, de réserver un billet de bus et d'organiser une excursion aux grottes de Phong Nha.

De 20 à 25 $

Hoa Hong Guesthouse, 34 Truong Phap (en bordure de rivière), ☎ (052) 82 20 42 - 15 ch. ⛩ 📧 📺 ✕ Établissement similaire au Phong Nha. Sa façade en carrelage bleu et verre fumé n'est guère attrayante, mais l'hôtel n'a pas encore subi les ravages du temps.

De 20 à 40 $

Phong Nha Hotel, 5 Truong Phap (en bordure de rivière, au nord de la ville),

☎ (052) 82 49 71 - 37 ch. ♨ 📧 📺 ✗
L'établissement est un peu impersonnel et froid, mais on a une jolie vue sur la plage et l'endroit est très calme. Les chambres sont correctes et propres... pour combien de temps ? On peut organiser ici ses excursions dans les environs et réserver une voiture ou un billet de bus. La réceptionniste parle anglais.

Se restaurer

Moins de 25 000 VND

Nam Long, 22 Ho Xuan Huong. Restaurant modeste et sans charme, mais la cuisine est excellente et servie en portions généreuses. Carte en anglais.

LES GROTTES DE PHONG NHA★

Comptez 2h de visite.

Pour visiter les grottes de Phong Nha, à 48 km, vous pouvez vous renseigner auprès des hôtels Phong Nha et Dong Hoi, mais le plus économique est de louer une moto-taxi (200 000 VND aller-retour), une voiture (350 000 VND pour 4 pers.) ou un minibus (450 000 VND pour 12 pers.). Entrée 100 000 VND.

▶ Le parc national de Phong Nha-Ke Bang, inscrit sur la liste du patrimoine mondial de l'Unesco en 2003, se compose de montagnes calcaires couvertes sur 41 000 ha de forêts primitives et abritant une faune et une flore très riches. La région compterait près d'une quinzaine de cavernes, mais celles de Phong Nha passent pour être les plus belles de toutes. D'abord découvertes par un Français au 19ᵉ s., ce n'est qu'en 1990-1992 qu'une équipe britannique put parcourir la totalité des 7 729 m de galeries souterraines. On rejoint les grottes, situées à 5 km du débarcadère, à l'issue d'une très agréable balade en bateau au fil de la rivière Son of Son. L'antre lui-même comporte une succession de plages de sable et de salles, où stalactites et stalagmites savamment sculptées par le temps composent d'étonnants tableaux colorés. Rejoignez la RN1 et reprenez la direction de Dong Hoi.

DONG HOI

488 km de Hanoi et 166 km de Hué.

▶ Son statut de capitale provinciale du Quang Binh vaut à cette bourgade paisible et sans grand charme d'accueillir l'ensemble des bâtiments administratifs de la région et de nombreux hommes d'affaires. Vous n'y croiserez en revanche guère de touristes, sinon ceux qui passent là une journée pour organiser leur excursion aux grottes de Phong Nha. Si vous devez séjourner à Dong Hoi, promenez-vous de préférence au **marché** *(au sud de l'hôtel Nhat Le)* ou sur l'agréable **plage** qui s'étire le long de la rivière Nhat Le. Poursuivez votre route vers Dong Ha.

LA ZONE DÉMILITARISÉE (DMZ)

Comptez une journée.

Les accords de Genève conclus le 20 juillet 1954 entre Français et Vietnamiens établirent au niveau du 17ᵉ parallèle une ligne de démarcation provisoire entre Nord et Sud-Vietnam, partageant ainsi le pays entre la république démocratique du Vietnam de Ho Chi Minh et l'État du Vietnam dirigé par Bao Dai puis Ngo Dinh Diem *(voir p. 80)*. Ils instaurèrent également une zone démilitarisée, au sud de laquelle les Américains mirent en place en 1967 une ligne de défense électronique particulièrement sophistiquée pour freiner l'avancée des forces du Viet-minh. Baptisée **ligne McNamara**, elle consistait en un véritable mur de mines et de produits toxiques, soutenu par un entrelacs de barbelés dotés de détecteurs à infrarouge et acoustiques. S'il ne reste rien en apparence de cet important dispositif, le sol demeure criblé de mines et on dénombre de nombreuses victimes parmi les habitants de la région qui cherchent à récupérer les bouts de ferraille encore enfouis sous terre dans l'espoir de les revendre.

AUTOUR DE DONG HA

À l'intersection des RN1 et RN9, le vilain bourg de Dong Ha *(92 km de Dong Hoi et 74 km de Hué)* ne présente aucun intérêt, si ce n'est de constituer une étape sur la Transvietnamienne ou sur la route de Lao Bao.

Arriver ou partir

En train - La gare ferroviaire est située à droite à la sortie sud de la ville.

En bus - La gare routière se trouve au 122 Le Duan (à l'angle des RN1 et RN9). Plusieurs bus par jour desservent Hanoi (580 km) et Hué (74 km, 1h30). Nombreuses liaisons pour Lao Bao (80 km, 2h) et un bus par jour, à 0h, pour Savannakhet (330 km), au Laos. Pour cette destination, billets en vente à l'hôtel Dong Ha, le bus venant de Da Nang.

Adresses utiles

Poste / Téléphone - **Buu Dien Dong Ha**, Le Duan. 6h30-22h.

Agences de voyages - **DMZ Open Tour / Sinh Café**, 94 Le Duan, ☎ (053) 85 32 56. **Quang Tri Tourist Information Office**, Dong Ha Hotel, ☎ (053) 85 29 27 ou 85 30 47.

Se loger

Autour de 10 $

Dong Ha Hotel, 66 Le Duan (à côté de la gare routière), ☎ (053) 85 52 34 - 26 ch. ⁕ 🖳 📺 ✗ L'hôtel profite de sa proximité avec la gare routière, mais ne propose que des chambres miteuses et d'une propreté plus que douteuse. À éviter, de même que son restaurant. Vous pouvez réserver billets de bus et excursions auprès de l'agence située à côté du restaurant.

Mini Hotel Thanh Tinh, 220 Le Duan, ☎ (053) 85 22 36 ⁕ 🖳 Établissement correct. En dépannage si le Phung Hoang 2 est complet.

De 15 à 20 $

Buu Dien Hotel, Le Duan (au sud de la gare routière), ☎ (053) 85 44 18 ⁕ 🖳 ⌛ 📺 ✗ L'hôtel s'organise autour d'une vaste cour où vous pourrez laisser votre

véhicule. Les chambres sont confortables et propres, et l'accueil est aimable. *De 20 à 25 $*

Phung Hoang 2, 146 Le Duan (au sud de la gare routière), ☎ (053) 85 45 67 - 15 ch. ⁕ 🖳 ⌛ 📺 ✗ Hôtel récent et confortable. Les chambres sont correctes et propres, mais les moins chères (10 $) n'ont pas de fenêtre ni d'air climatisé. Le gérant parle un peu anglais.

Loisirs

Excursions - La **visite de la zone démilitarisée** (le « DMZ Tour ») est proposée au départ de Hué ou de Dong Ha. En réservant votre billet à Dong Ha (15 $), il est probable que l'on vous rattache à un groupe en provenance de Hué, avec lequel vous pourrez rentrer vers la capitale impériale le soir venu. Deux circuits, de 1 ou 2 jours, mais à moins de porter un intérêt particulier pour cette période tragique de l'histoire, celui d'une journée devrait vous suffire.

Au nord de Dong Ha

▶ À une vingtaine de kilomètres au nord de Dong Ha, le 17e parallèle est matérialisé par le **fleuve Ben Hai**, qui chemine depuis les montagnes Truong Son jusqu'à l'estuaire de Cua Tung pour se jeter dans la mer de Chine méridionale. Il délimita durant vingt ans le Nord et le Sud-Vietnam et s'écoulait au milieu d'un no man's land de 10 km. Le **pont Hien Luong** qui l'enjambe servit de poste frontière entre les deux zones. Cet ouvrage en acier de 178 m de long fut construit en 1950 par un ingénieur français pour suppléer au bateau. Sur la rive nord du fleuve, un monument très stalinien a été érigé à l'emplacement de l'ancien poste de police. 500 m au nord du pont, avant la station, empruntez une petite route partant à droite de la RN1, au travers des rizières *(panneau)*. Les tunnels de Vinh Moc sont à 18 km.

▶ **Les tunnels de Vinh Moc**★ sont l'un des exemples les plus frappants du courage et de la ténacité des Vietnamiens dans leurs efforts de résistance aux Américains. Il est difficile de s'imaginer comment 400 personnes purent vivre, deux ans durant, dans ce tunnel de 1 700 m de long, dont l'arche n'excédait pas 1,8 m de haut et 1,2 m de large. Situé à proximité du village de Vinh Linh, réputé pour ses ressources en fer, ainsi que de l'archipel de Can Co, à partir duquel s'effectuait une partie du ravitaillement vers le sud, le site stratégique de Vinh Moc était la cible d'incessants bombardements. La population s'unit finalement pour creuser ce village souterrain qu'elle occupa de 1966 à 1968. Ces tunnels s'organisaient sur trois niveaux, de 12, 15 et 23 m de profondeur. Ils comportaient de petites cellules, des cuisines, des toilettes, des puits, ainsi qu'un hôpital, où naquirent 17 enfants, et une salle commune qui pouvait accueillir de 50 à 60 personnes. À proximité des tunnels, un **musée** expose divers clichés de l'époque retraçant les conditions de vie sous terre. Revenez sur la RN1 et rejoignez maintenant Dong Ha.

Sur la route de Khe Sanh

▶ Ce sont les Français qui, les premiers, tracèrent la RN9 qui permet de rejoindre la frontière laotienne. Ils rasèrent pour cela une grande partie de la jungle qui couvrait autrefois la région. Les bombardements massifs et les défoliants utilisés par les Américains durant la guerre du Vietnam ont achevé de redessiner le paysage. L'action de l'agent orange persistant pendant plus d'un siècle, seules de rares espèces, tels l'hévéa et le caféier, peuvent aujourd'hui pousser sur cette terre à la végétation clairsemée.

▶ 30 km à l'ouest de Dong Ha, à la sortie du village de Hak Lam, se dresse **The Rockpile**, un piton rocheux qui servit de base d'observation aux Américains au cours de la guerre. De nombreux GI's se relayèrent dans ses grottes, vivant là en totale autarcie et ne pouvant être ravitaillés que par hélicoptère.

▶ En route pour Khe Sanh, vous apercevez de part et d'autre de la RN9 des **maisons sur pilotis** en bambou tressé avec

Clopin-clopant

Vous vous étonnerez peut-être de voir trotiner cahin-caha, au bord de la RN9, quelques femmes aux formes généreuses. Ne vous y trompez pas : il s'agit de trafiquantes qui s'en reviennent de la frontière laotienne, leurs gilets remplis de paquets de cigarettes achetés à meilleur prix au Laos. Afin d'éviter les barrages policiers, elles descendent au travers des collines pour retrouver le bus qui les attend en contrebas.

toit de chaume. C'est là que vivent les **Bru**, une minorité ethnique qui joua un rôle important durant la guerre contre les Américains. Ils apportèrent en effet leur soutien aux troupes de Ho Chi Minh et se révélèrent très efficaces pour combattre dans la jungle, un environnement qui leur était familier. Au nombre de 80 000 avant la guerre, ils ne sont plus que 20 000 aujourd'hui.

▶ Quelques kilomètres plus loin, vous apercevez à gauche de la route le nouveau pont qui enjambe la rivière Dakrong. Il vient remplacer le **Dakrong Bridge** qui s'est écroulé à l'automne 1999. Construit en 1972 avec l'aide financière cubaine, il constituait une pièce importante du système de la piste Ho Chi Minh (*voir p. 83*). Parvenu au village de Hung Hoa, empruntez le chemin à droite du monument qui marque l'entrée de l'agglomération (avant la station). 3 km plus loin, un étroit chemin de terre sur la droite (indiqué par un panneau) mène à la base de Khe Sanh.

▶ Comme Dien Bien Phu, la base militaire américaine de **Khe Sanh** aurait dû être inexpugnable. Plus de 10 000 soldats y étaient postés quand la place tomba en mars 1968. Ce lieu désolé, cette terre rouge comme d'avoir bu trop de sang conservent les stigmates des violents combats qui y firent rage. Un petit **musée** expose une carte de la région et le déroulement des combats ainsi que quelques photos d'époque et divers objets retrouvés sur le site.

HUÉ ET SES ENVIRONS★★★

 **Le calme de la citadelle**

Quelques repères

Capitale de la province de Thua Thien-Hué - 654 km de Hanoi, 1 071 km de Ho Chi Minh-Ville - 290 000 hab. - Climat humide - Plans p. 262-263 et 281.

À ne pas manquer

La Cité impériale.

Les tombeaux royaux.

La route de Hué à Da Nang.

Conseils

Le vélo est idéal pour visiter la ville et ses environs.

Ayez toujours un parapluie à portée de main, car il pleut souvent en journée.

L'ancienne capitale impériale se love dans un méandre du *song* Huong, cette « rivière des Parfums » qui déploie son cours au milieu de collines verdoyantes, jalonnée de vestiges d'une grandeur passée. Si les pouvoirs administratifs et économiques lui préfèrent la prude Hanoi ou la vibrionnante Saigon, Hué demeure sans conteste le foyer intellectuel et culturel du pays. Elle est la muse des artistes, séduits par la poésie de ses paysages, le charme indicible de ses palais, pagodes et tombeaux, son art de vivre raffiné, la grâce et l'élégance des femmes qui portent ici plus volontiers l'*ao dai* et le chapeau conique.

La bicyclette est reine dans la cité. La citadelle et les anciens quartiers commerçants occupant la rive ouest de la rivière, la ville moderne qui s'étire sur sa rive est, de même que la campagne environnante, se prêtent idéalement aux longues promenades à vélo. Sans doute vous abordera-t-on pour échanger quelques mots, parfois même en français, mais l'intérêt que l'on vous portera ne sera que rarement intéressé. En dépit des nombreuses destructions subies durant la guerre du Vietnam, Hué demeure une escale incontournable, qui compte parmi les lieux les plus séduisants et les plus attachants du Vietnam.

Arriver ou partir

En avion - L'aéroport de **Phu Bai** est situé à 14 km au sud de Hué. Vietnam Airlines assure un à deux vols par jour pour Hanoi (1h10) et Ho Chi Minh-Ville (1h20). Taxe d'aéroport de 10 000 VND. Service de taxi (15mn) disponible à l'aéroport, comptez 5 \$. Certaines compagnies aériennes ont un service de navettes (25 000 VND).

En train - La gare ferroviaire se dresse à l'extrémité sud-ouest de la rue Le Loi, au 2 Phan Chu Trinh *(C4)*, ☎ (054) 82 21 75. Centre de réservation ouvert tous les jours, 7h30-11h, 13h30-16h. Consigne, bureau de poste, boutiques. Possibilité d'acheter les billets une heure à l'avance au 2 Bui Thi Xuan. Huit trains par jour pour Ho Chi Minh-Ville (19h de trajet) via Da Nang (2h45), Quang Nai (6h), Tam Ky (8h), Dieu Tri (9h), Thuy Hoa (11h), Nha Trang (13h30) et Thap Cham (16h). Sept trains par jour pour Hanoi (15h), Dong Ha (1h15), Dong Hoi (3h), Vinh (7h30), Thanh Hoa (11h), Ninh Binh (12h), Nam Dinh (13h) et Phu Ly (13h30).

En bus - Hué compte trois gares routières. La gare d'**An Cuu**, située sur la RN1 *(E4)*, dessert les villes du Sud. La gare de **Dong Ba**, sur la rue Le Duan *(C3)* (à proximité du pont Phu Xuan), dessert le Nord du pays, de même que la gare d'**An Hoa**, sur la RN1, au nord-ouest de la citadelle *(A2)*.

Comment circuler

En taxi - Hue Taxi, ☎ (054) 83 33 33. **Gili,** ☎ (054) 82 88 82.

Location de vélos et de motos - La plupart des hôtels disposent de vélos et de motos qu'ils louent à l'heure ou à la journée (comptez 1 \$/h et 6 \$/j).

Une excellente adresse : **Cafe On Thu Wheels**, 10/2 Nguyen Tri Phuong *(D3)* (une impasse à deux pas de la rue Hung Vuong), ☎ (054) 83 22 41. Cette petite entreprise familiale est tenue de main de maître par Thu, une jeune femme généreuse et d'une bonne humeur communicative. Possibilité de visiter les environs de Hué à moto avec ses frères, Minh et Toan.

Location de véhicules - Location de voitures avec chauffeur dans toutes les agences de voyages de la ville, ainsi qu'auprès de nombreux hôtels.

Adresses utiles

Banque / Change - **Vietcombank**, 46 Hung Vuong *(D4)*, ☎ (054) 82 46 29 ou 84 60 55. Lundi-vendredi 7h-11h30, 13h30-16h30, samedi 7h-11h30. Retrait et change. Accepte les traveller's cheques ainsi que les cartes Visa, Mastercard, American Express et JCB.

Vietindebank, 41 Hung Vuong *(D3)*, ☎ (054) 82 60 07 ou 82 50 68. Lundi-samedi 7h-11h15, 13h30-16h. Accepte les traveller's cheques, les cartes Visa et Mastercard.

Agribank, 10 Hoang Hoa Tham *(D3)*, ☎ (054) 82 36 31. Lundi-samedi 7h-11h30, 13h30-17h. Cartes Visa et Mastercard.

Poste / Téléphone - **Buu Dien Hué**, Ly Thuong Kiet *(D3)*. 6h30-21h. De petits bureaux assurant uniquement les services postaux sont disséminés partout en ville.

Internet - Aucune difficulté pour se connecter à Hué. Vous trouverez partout en ville de nombreux cafés ou agences de voyages proposant un accès Internet de bonne qualité pour 3 000 VND/h. Au **A-Net**, 7 Nguyen Tri Phuong, un des services Internet-phone les moins chers 3 000 VND/mn).

Santé - **Hôpital général**, 16 Le Loi *(C3)*, ☎ (054) 82 23 25, bvtwhue@dng.vnn. ǀn Médecin francophone : Dr Hoang ʀong Chau, 32 Nguyen Hue, ☎ (054) ɔ2 33 33.

Centre culturel - **Centre de français ɂe Hué**, Le Loi *(D3)*, ☎ (054) 82 26 78,

cfhue@dng.vnn.vn Lundi-vendredi 7h30-11h15, 14h-17h, samedi 8h-10h30. Bibliothèque disposant de livres, bandes dessinées, magazines et journaux en français ; séance de cinéma le jeudi soir.

Compagnies aériennes - **Vietnam Airlines**, 12B Ha Noi *(D3)*, ☎ (054) 82 32 49. 7h-11h, 13h30-16h30.

Agences de voyages - Vous n'aurez que l'embarras du choix parmi toutes les agences qui se sont ouvertes en ville, notamment dans les rues Le Loi et Hung Vuong. Toutes proposent les mêmes excursions aux mêmes prix. Une adresse toutefois qui mérite d'être mentionnée pour la clarté et la densité de ses informations (horaires et tarifs des vols, trains et bus au départ de Hué) : **Queen café - Kim Travel**, 29 Nguyen Tri Phuong et 38D Le Loi *(D3)*, ☎ (054) 83 38 97 ou 84 71 25.

Services de guide - Vous trouverez des guides francophones susceptibles de vous accompagner dans vos visites au **Centre de conservation des monuments de Hué**, ☎ (054) 52 30 58 ou 53 52 46.

Se loger à Hué

Autour de 5 $

Thanh Thuy's Guesthouse, 6/66 Le Loi, ☎ (054) 82 45 85 - 4 ch. ⌁ ▤ 㐅 Située comme son voisin, le Mimosa, dans une ruelle calme, cette petite pension propose quatre chambres basiques mais très propres et assez agréables. Les chambres avec air conditionné sont particulièrement bon marché.

Mimosa Hotel, 46/6 Le Loi, ☎ (054) 82 80 68 - 6 ch. ⌁ ▤ 㐅 Cette pension familiale tenue par un professeur de français à l'ENS de Hué est idéalement située au fond d'une petite ruelle paisible. Les chambres sont assez sommaires, mais l'endroit est agréable et on peut profiter de la terrasse.

Hoang Huong, 46/2 Le Loi, ☎ (054) 82 85 09 - 10 ch. ⌁ ▤ 㐅 Si le Mimosa est complet, vous pouvez opter pour l'une des chambres basiques, mais vastes et propres, du Hoang Huong. Dortoirs à 2,50 $.

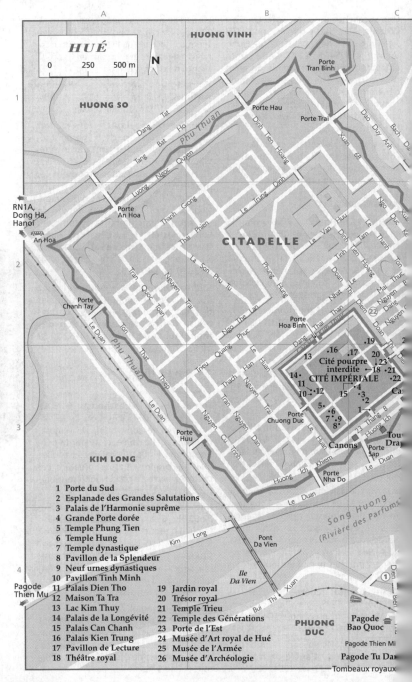

HUÉ

0   250   500 m

N

HUONG VINH

HUONG SO

Porte Tran Binh

Porte Hau

Porte Trai

RN1A, Dong Ha, Hanoï

An Hoa

Porte An Hoa

Porte Chanh Tay

CITADELLE

Porte Hoa Binh

Porte Chuong Duc

Porte Huu

Porte Nha Do

KIM LONG

Cité pourpre interdite

CITÉ IMPÉRIALE

13   .16   .17   .19   20

14.   11   .18   23   21

10.   .12   .4   .22

15   .3

5.   .6   .2

7.   .9   1

8.

Canons

Porte Sap

Tou Dra

Pont Da Vien

Ile Da Vien

Pagode Thien Mu

1 Porte du Sud
2 Esplanade des Grandes Salutations
3 Palais de l'Harmonie suprême
4 Grande Porte dorée
5 Temple Phung Tien
6 Temple Hung
7 Temple dynastique
8 Pavillon de la Splendeur
9 Neuf urnes dynastiques
10 Pavillon Tinh Minh
11 Palais Dien Tho
12 Maison Ta Tra
13 Lac Kim Thuy
14 Palais de la Longévité
15 Palais Can Chanh
16 Palais Kien Trung
17 Pavillon de Lecture
18 Théâtre royal
19 Jardin royal
20 Trésor royal
21 Temple Trieu
22 Temple des Générations
23 Porte de l'Est
24 Musée d'Art royal de Hué
25 Musée de l'Armée
26 Musée d'Archéologie

Song Huong
(Rivière des Parfums)

PHUONG DUC

Pagode Bao Quoc

Pagode Thien Mi

Pagode Tu Da

Tombeaux royaux

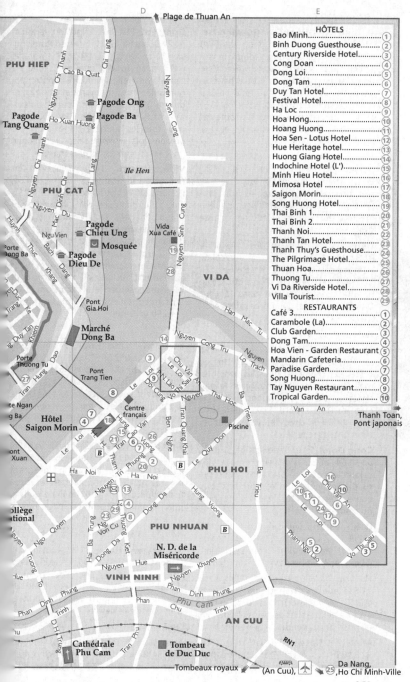

Plage de Thuan An

PHU HIEP

Pagode Ong
Pagode Ba

Pagode
Tang Quang

Ile Hen

PHU CAT

Pagode
Chieu Ung
Mosquée

Vida
Xua Café

Pagode
Dieu De

VI DA

Porte
Dong Ba

Pont
Gia Hoi

Marché
Dong Ba

Porte
Thuong Tu

Pont
Trang Tien

Centre
français

Hôtel
Saigon Morin

Piscine

PHU HOI

Pont
Xuan

Ha Noi

PHU NHUAN

Collège
national

N. D. de la
Miséricorde

VINH NINH

AN CUU

Cathédrale
Phu Cam

Tombeau
de Duc Duc

Tombeaux royaux — (An Cuu), Da Nang,
Ho Chi Minh-Ville

RN1

HÔTELS

Bao Minh	①
Binh Duong Guesthouse	②
Century Riverside Hotel	③
Cong Doan	④
Dong Loi	⑤
Dong Tam	⑥
Duy Tan Hotel	⑦
Festival Hotel	⑧
Ha Loc	⑨
Hoa Hong	⑩
Hoang Huong	⑪
Hoa Sen - Lotus Hotel	⑫
Hue Heritage hotel	⑬
Huong Giang Hotel	⑭
Indochine Hotel (L')	⑮
Minh Hieu Hotel	⑯
Mimosa Hotel	⑰
Saigon Morin	⑱
Song Huong Hotel	⑲
Thai Binh 1	⑳
Thai Binh 2	㉑
Thanh Noi	㉒
Thanh Tan Hotel	㉓
Thanh Thuy's Guesthouse	㉔
The Pilgrimage Hotel	㉕
Thuan Hoa	㉖
Thuong Tu	㉗
Vi Da Riverside Hotel	㉘
Villa Tourist	㉙

RESTAURANTS

Café 3	①
Carambole (La)	②
Club Garden	③
Dong Tam	④
Hoa Vien - Garden Restaurant	⑤
Mandarin Cafeteria	⑥
Paradise Garden	⑦
Song Huong	⑧
Tay Nguyen Restaurant	⑨
Tropical Garden	⑩

Thanh Toan,
Pont japonais

263

Moins de 10 $

Binh Duong Guesthouse,
17/34 Nguyen Tri Phuong, ☎ (054)
83 32 98, binhduong1@dng.vnn.vn -
14 ch. ⚑ 🍴 ✗ Une excellente adresse
pour les petits budgets. Cette pension
sympathique située au fond d'une
ruelle paisible dispose d'un dortoir (5 $)
et de chambres bon marché, propres et
claires. Le personnel est aimable, et l'endroit très convivial.

Hoa Hong, 46C Le Loi, ☎ (054) 82 43 77,
hoahonghotel@dng.vn.vn - 7 ch. ⚑ 🍴
Petit hôtel en face du Century Riverside
très propre et confortable. Bon rapport qualité-prix des chambres, en bien
meilleur état que la façade ne le laisse
supposer.

Dong Tam, 7/66 Le Loi, ☎ (054)
82 84 03 - 17 ch. ⚑ 🍴 🍽 Au calme
au bout d'une ruelle se dresse ce beau
bâtiment coloré doté d'un petit jardin
et d'un bon restaurant dans la cour.
Dommage que les chambres soient aussi
spartiates.

Autour de 10 $

Thuong Tu, 22 Dinh Tien Hoang,
☎ (054) 52 83 80 - 12 ch. ⚑ 🍴 Un peu
tristes ses chambres dans les tons gris,
mais finalement l'établissement le plus
agréable de cette catégorie dans le
quartier. Très propre, il est bien situé
pour visiter la citadelle. Demandez les
chambres avec fenêtre.

Cong Doan, 13 Ly Thuong Kiet, ☎ (054)
82 30 64 - 4 ch. ⚑ 🍴 Une grande villa
coloniale. Les chambres sont propres et
spacieuses mais d'un confort très sommaire. C'est regrettable, car la maison a
du charme.

Bao Minh, 66/8 Le Loi, ☎ (054)
82 99 53, baominh2673@dng.vnn.vn -
8 ch. ⚑ 🍴 🍽 Hôtel très bien tenu.
Quelques chambres avec balcon fleuri.

Ha Loc, 10A/66 Le Loi, ☎ (054) 82 93
71 53, huehalo@yahoo.com - 7 ch. ⚑
🍴 🍽 Même esprit que le précédent
avec de belles salles de bains et une jolie
terrasse pour prendre le petit-déjeuner.

Minh Hieu Hotel, 3 Chu Van An, ☎ (054)
82 87 25 - 7 ch. ⚑ 🍴 📺 ✗ Hôtel très bien
entretenu mais sans charme particulier.

De 8 à 25 $

Dong Loi, 11A Pham Ngu Lao, ☎ (054)
82 22 96 ou 82 62 34, interser@dng.vnn.
vn - 34 ch. ⚑ 🍴 🍽 📺 ✗ Une adresse
paisible au fond d'une rue calme du
centre. De belles peintures contemporaines décorent chambres et couloirs, ce
qui ne manque pas de donner un certain cachet à l'endroit. Des chambres
pour tous les budgets. Négociation des
prix possible en basse saison touristique
pour les chambres les plus chères.

Villa Tourist, 14 Ly Thuong Kiet
(à côté de la poste), ☎ (054) 82 54 61,
ndhung2001@hotmail.com - 3 ch. ⚑ 🍽
Très jolie demeure dans laquelle ont
été aménagées trois chambres, assez
sommaires mais propres et agréables.
L'endroit possède un petit côté vieillot
qui lui donne beaucoup de charme. Les
propriétaires parlent français et vous
réserveront un accueil chaleureux. Ils
vous proposeront des excursions à un
tarif très intéressant. Connexion Internet 250 VND/mn.

De 12 à 15 $

Hoa Sen - Lotus Hotel, 51 Dinh Cong
Trang,☎ (054)52 59 97,hotelhoasen@dng.
vnn.vn - 9 ch. ⚑ 🍴 📺 ✗ Accès Internet.
L'un des rares hôtels situés dans la citadelle, dont vous apprécierez sans doute
la tranquillité. Les chambres sont correctes et certaines sont dotées d'un petit
salon.

Thanh Tan Hotel, 12 Nguyen Van Cu,
☎ (054) 82 41 46, thanhtancom@dng.
vnn.vn - 20 ch. ⚑ 🍴 📺 Hôtel récent
de très bon rapport qualité-prix, situé
à proximité d'un petit marché vietnamien typique. Chambres spacieuses et
propres.

De 12 à 18 $

Song Huong Hotel, 79-86 Nguyen Sinh
Cung, ☎ (054) 82 57 96, ksdlcdsh@dng.
vnn.vn - 102 ch. ⚑ 🍴 📺 ✗ Cet hôtel
d'État mériterait un sérieux coup de
peinture. Quelques belles chambres
avec vue sur la rivière.

De 15 à 30 $

Thai Binh 1, 6/34 Nguyen Tri Phuong,
☎ (054) 82 80 58, ksanthaibinh@hotmail.
com - 35 ch. ⚑ 🍴 📺 ✗ Situé au fond

d'une ruelle tranquille face au Binh Duong, un hôtel aux chambres propres d'un bon rapport qualité-prix.

De 15 à 40 $

Thai Binh 2, 02 Luong The Vinh, ☏ (054) 82 75 61, ksanthaibinh@hotmail.com - 30 ch. ⚑ 🖩 📺 Situé dans une rue très calme, cet hôtel au décor sobre est tout neuf. Demandez les chambres avec terrasse : depuis celle du 6e étage vous avez une vue magnifique sur la Cité impériale. Accès Internet possible à 300 VND/mn. Attention, les prix varient du simple au double en fonction de l'étage.

De 18 à 80 $

Duy Tan Hotel, 12 Hung Vuong, ☏ (054) 82 50 01, www.duytanhotel.com.vn - 103 ch. ⚑ 🖩 📺 ✕ Belle situation, au cœur de la ville. Seules les chambres les moins chères méritent qu'on y loge.

De 20 à 50 $

⊛ **Thanh Noi**, 3 Dang Dung, ☏ (054) 52 24 78 ou 52 72 09, thanhnoi@dng.vnn.vn - 55 ch. ⚑ 🖩 📺 ✕ 〆 Installé dans la citadelle, à quelques pas de la porte de l'Est, ce bel hôtel bénéficie d'une localisation privilégiée calme et ombragée. Il dispose de vastes chambres bien équipées, agréables et propres. Le personnel est serviable et très aimable. Possibilité de louer vélos, motos ou voitures et de réserver une excursion dans les environs. Spectacles de danse royale.

Thuan Hoa, 7 Nguyen Tri Phuong, ☏ (054) 82 25 53, t_hoahtl@dng.vnn.vn - 70 ch. ⚑ 🖩 📺 ✕ 〆 🆑 Sauna, massages, discothèque, boutique. Établissement de standard international où descendent surtout des groupes. Les chambres meublées en rotin sont convenables, mais l'endroit demeure un peu impersonnel.

De 25 à 35 $

⊛ **Vi Da Riverside Hotel**, 47 Nguyen Sinh Cung, ☏ (054) 82 61 45, www.vidahotel.com.vn - 45 ch. ⚑ 🖩 📺 ✕ L'hôtel est au bord de la rivière, là où mouillent les petites embarcations de pêcheurs. Préférez les chambres avec vue sur la rivière plutôt que celles situées sur le côté de l'hôtel, qui sont au même prix (35 $). Joli petit jardin.

De 35 à 60 $

L'Indochine Hotel, 2 Hung Vuong, ☏ (054) 82 38 66 ou 82 59 09, indochine-hotel@dng.vnn.vn - 66 ch. ⚑ 🖩 📺 ✕ Bel établissement bénéficiant d'une situation on ne peut plus centrale. Chambres confortables et calmes. L'hôtel comprend également une dizaine de chambres moins chères dans un bâtiment annexe. Accueil sympathique.

De 35 à 100 $

Festival Hotel, 15 Ly Thuong Kiet, ☏ (84.54) 82 61 77, www.festivalhuehotel.com - 86 ch. ⚑ 🖩 📺 〆 ✕ Karaoké, discothèque, boutique. Ce bel hôtel de standing international propose de vastes chambres agréables disposant pour certaines d'un salon. Celles du nouveau bâtiment sont les plus agréables, certaines avec parquet. Deux chambres à 35 $ sont prévues pour quatre personnes. Tarifs variant de 20 % entre la basse et la haute saison (octobre à avril).

⊛ **Hue Heritage Hotel**, 9 Ly Thuong Kiet, ☏ (054) 83 88 88, www.hueheritagehotel.com - 68 ch. ⚑ 🖩 📺 ✕ 〆 Hôtel tout neuf sans cachet particulier. On appréciera cependant la piscine sur le toit au 5e étage.

De 50 à 70 $

Century Riverside Hotel, 49 Le Loi, ☏ (054) 82 33 90/91, www.centuryriversidehue.com - 138 ch. ⚑ 🖩 📺 ✕ 〆 🆑 Ascenseur. Vous ne pourrez manquer cet immense bloc de béton dressé en bordure de rivière. Si cette usine à touristes offre tout le confort d'un établissement de standing international, l'hôtel n'a cependant aucun cachet.

De 100 à 300 $

Huong Giang Hotel, 51 Le Loi, ☏ (054) 82 21 22 ou 82 39 58, www.huonggiangtourist.com - 180 ch. ⚑ 🖩 📺 ✕ 〆 🆑 Salle de gymnastique, sauna, ascenseur, galerie d'art, salle de conférences. On peut regretter que l'endroit soit surtout fréquenté par des groupes, mais il faut admettre que cet hôtel quatre étoiles en bordure de rivière est plaisant. Mieux vaut ne pas se fier à l'aspect extérieur, car il est aménagé avec goût et caractère. Les chambres les plus chères sont dans le nouveau bâtiment, les anciennes en cours de rénovation.

De 120 à 500 $

@ **Saigon Morin**, 30 Le Loi, ☎ (054) 82 35 26, www.morinhotel.com.vn -180 ch. 🛏 🖬 📺 ✕ 🛗 🆑 Salle de gymnastique, massages, sauna, ascenseur, boutique, galerie, garde d'enfants, salle de conférences. Ce superbe établissement d'architecture coloniale passe pour être l'un des plus luxueux de Hué, et si de nouveaux hôtels cinq étoiles sont actuellement en construction, il restera certainement le plus charmant. Les chambres sont vastes et claires et aménagées avec goût. Très joli jardin arboré autour de la piscine, où l'on peut prendre un verre *(voir « Se restaurer à Hué »)*.

▶ *Dans les environs de Hué*

À partir de 100 $

The Pilgrimage Village, 130 Minh Mang Road (environ 4 km au sud de Hué), ☎ (054) 88 54 61, www. pilgrimagevillage.com - 50 ch. 🛏 ✕ ✕ Au cœur de la nature, un *resort* d'un raffinement exquis.

Se restaurer à Hué

Hué est réputée pour sa cuisine raffinée. Parmi les spécialités de la ville, goûtez notamment au *banh cuon*, rouleau de pâte de riz cuit à la vapeur, avec bœuf et salade, ou au *banh khoai*, crêpe garnie de légumes, de crevettes et de viande, servis tous deux avec une sauce à la cacahuète.

Moins de 25 000 VND

Café 3, 3 Le Loi *(C3)*. Petite adresse sans prétention proposant une cuisine simple et bon marché. Plats vietnamiens, chinois et occidentaux, petits-déjeuners et snacks. Propose aussi des excursions.

Mandarin Cafeteria, 12 Hung Vuong *(D3)*, ☎ (054) 82 12 81. Cuisines asiatique et occidentale sans surprise, mais c'est l'endroit à fréquenter si vous souhaitez rencontrer d'autres voyageurs.

Pour un petit-déjeuner, un snack ou un verre, plus que pour un bon dîner. Fait aussi agence de voyages.

Dong Tam, 48/7 Le Loi *(D3)*, ☎ (054) 82 84 03. Ce restaurant installé dans une cour paisible et ombragée, au fond d'une ruelle, offre un cadre idéal pour un déjeuner ou un dîner loin des bruits de la ville. Cuisines asiatique et végétarienne simples et à petits prix.

De 25 000 à 50 000 VND

Tay Nguyen Restaurant, 49 Le Loi *(D3)* (à côté du Century Riverside), ☎ (054) 84 56 80. Installé au bord de l'eau, vous apprécierez l'endroit pour la vue qu'il offre sur la rivière des Parfums, son calme, sa bonne cuisine traditionnelle – confectionnée sous vos yeux – et la gentillesse de son personnel.

Paradise Garden Restaurant, 17 Le Loi *(D3)*, ☎ (054) 83 22 20. Restaurant en plein air, sous les arbres, au bord de la rivière, particulièrement agréable en soirée pour dîner à la lumière des lampions. Une adresse très fréquentée par les Vietnamiens.

@ **Song Huong**, 3 Thang 2 Park *(D3)*, ☎ (054) 82 37 38. Menu en français dans ce restaurant flottant où l'on rencontre une clientèle en grande partie vietnamienne. La grande salle éclairée au néon dispose d'une petite estrade où un groupe joue des chansons populaires reprises en chœur par le public (de 19h à 21h, mais venez tôt, les représentations se terminent souvent avant l'heure annoncée). Autour, une dizaine de tables installées au bord de l'eau pour une ambiance plus romantique et moins bruyante. Pour couronner le tout, on y mange très bien.

De 50 000 à 100 000 VND

La Carambole, 11A Pham Ngu Lao *(D3)*, ☎ (054) 81 04 91. Si vous recherchez un cadre agréable et calme où dîner, vous apprécierez l'atmosphère chaleureuse du lieu, aménagé avec goût. La carte est alléchante et propose un large choix de plats vietnamiens et occidentaux à prix raisonnables.

Hoa Vien - Garden restaurant, 11 Vo Thi Sau *(D3)*, ☎ (054) 84 93 00. Restau ant avec terrasse et joli jardin ombragé. On y sert la galette de riz garnie, spécialité de Hué. Mais ne partez pas sans avoir goûté aux crevettes sautées à l'ail.

De 100 000 à 200 000 VND

Tropical Garden, 27 Chu Van An *(D3)*, ☎ (054) 84 71 43. L'endroit, fréquenté surtout par les touristes, est une oasis de verdure où il est agréable de prendre un verre pour échapper au soleil. En plus de la salle de restaurant, de petites tables en bois protégées par un large parasol en palme offrent un cadre des plus plaisants. Bonne cuisine traditionnelle à la carte ou menus à partir de 100 000 VND. Musique et chants traditionnels tous les soirs de 19h à 21h.

Club Garden, 8 Vo Thi Sau *(D3)*, ☎ (054) 82 63 27. Même direction que le Tropical Garden, proposant une carte équivalente dans un cadre plus conventionnel et plus calme.

☺ **Garden Rendez-vous**, 30 Le Loi *(D3)*, ☎ (054) 82 35 26 (dans le jardin de l'hôtel Saigon Morin). Si la carte est moins attrayante que celles des deux autres restaurants de l'hôtel, le cadre est absolument délicieux. Grillades en plein air et buffet en fonction du taux de remplissage de l'hôtel (12 $). Vous pouvez aussi prendre un verre, en particulier en début de soirée (19h30-21h30) pour assister au concert de musique traditionnelle.

Sortir, boire un verre

Salons de thé - Dilmah, 7 Doi Cung *(D3)*, ☎ (054) 84 51 03. 6h-0h. Un agréable salon de thé avec musique d'ambiance. 25 thés différents (banane, mangue, fraise, pêche, rhum, etc.), pâtisseries. Service attentionné.

☺ **Vi Da Xua**, 131 Nguyen Sinhg Cung *(D2)*, ☎ (054) 82 71 31. Ce grand complexe ouvert en 2004 a été conçu dans le respect de l'architecture traditionnelle. Il regroupe un salon de thé (mardi, jeudi et samedi soir 18h30-22h, concert de musique traditionnelle à partir de 20h), un grand restaurant (réservé aux mariages uniquement) et un splendide café (6h30-10h30, 14h30-22h) au milieu d'un petit jardin baigné du chant des oiseaux.

Nam Giao Hoai Co, 321 Dien Bien Phu *(hors plan)*, ☎ (054) 88 63 38. Même esprit que l'adresse précédente. Vous trouverez également entre les n°s 183 et 205 de la rue Dien Bien Phu d'autres lieux agréables pour prendre un verre, en particulier le soir, où les Vietnamiens sont nombreux à sortir.

Pâtisserie Mai Huong, 42 Nguyen Tri Phuong *(D3)* (à côté de l'hôtel Binh Minh). 7h-22h. Les gourmands trouveront là une grande variété de gâteaux (raisins, noisettes, banane, fraise, mangue, noix de coco, etc.), tous aussi appétissants les uns que les autres. À déguster sur place ou à emporter.

Cafés / Bars - On ne compte plus le nombre de cafés qui fleurissent partout en ville le soir, notamment sur la rive ouest, en bordure de rivière. Vous les remarquerez à leurs guirlandes de lumières multicolores et à leur musique tonitruante.

Apocalypse Now, 7 Nguyen Tri Phuong *(D3)* (à côté du Thuan Hoa). LA discothèque de la ville.

Seven Coffee, Nguyen Cong Tru *(D2)*. Au début de la rue, quelques cafés, tel le Seven Coffee, où les étudiants ont l'habitude de se retrouver en terrasse le long du bras de la rivière.

DMZ Bar, 44 Le Loi *(D3)*. LE bar branché de la ville, rendez-vous des noctambules de Hué.

Why Not Bar, 21 Vo Thi Sau *(D3)*. Un nouveau venu dans cette rue, largement fréquentée par les touristes. Il fait aussi fast-food, salle de billard et, qui plus est, ferme souvent très tard.

Discothèque - Ngoc Anh Club, 7 Nguyen Tri Phuong *(D3)*. Discothèque de l'hôtel Thuan Hoa.

Loisirs

Excursions - Le grand classique, proposé par toutes les agences de Hué, est l'excursion en bateau sur la rivière des Parfums, avec déjeuner à bord et visite de la pagode Thien Mu et des tombeaux de Tu Duc, Khai Dinh et Minh Mang. Comptez à partir de 5 $ avec une douzaine de personnes sur le bateau.

Sachez que vous pouvez aussi négocier à bon prix, en fonction de la saison touristique, un bateau particulier. Prévoyez un pull ou un K-way, car il peut faire frais. Possibilité d'excursion également à la source minérale thermale de My An, au parc national de Bach Ma et aux chutes de Suoi Voi, ainsi qu'à Hoi An et à Da Nang, dans la zone démilitarisée (DMZ), ou aux grottes de Phong Nha. D'autres agences (**Cafe On Thu Wheels**, *voir p. 261*) proposent d'effectuer ces circuits en deux-roues.

Musique et théâtre - De nombreux hôtels et restaurants proposent en début de soirée de la musique, souvent de qualité *(voir « Se restaurer » et « Sortir, boire un verre »)*. Mais le **Théâtre royal** *(Duyet Thi Duong)*, dans l'enceinte de la Cité impériale *(C3)*, ☎ (054) 52 92 19, hue-mcc@dng.vnn.vn, reste sans conteste le plus intéressant. Admirablement restauré, il accueille quatre représentations d'une demi-heure de musique de cour *(Nha Nhac)*, danse impériale et théâtre (à 9h, 10h, 14h30 et 15h30, 20 000 VND).

Karaoké - Thanh Phuong, 6A Nguyen Van Cu *(D4)*, ☎ (054) 83 11 49. Le bâtiment ressemble à un hôtel dont les chambres auraient été aménagées en salons privés, ceci pour s'adonner aux joies du karaoké. Répertoire vietnamien et anglo-saxon. 40 000 VND/h.

Activités sportives - Piscine municipale, 2 Le Quy Don *(D3)* (près du stade), ☎ (054) 81 00 22. 6h-12h, 13h-19h. Entrée payante (2 $). La piscine du Saigon Morin est également ouverte aux non-résidents (2 $). **Tennis**, 11 Le Loi *(D3)*, ainsi que dans les hôtels Huong Giang et Century Riverside.

Achats

Marché - Du chapeau conique aux nougats vietnamiens, des vêtements tissés par les minorités ethniques au nuocmam, vous trouverez à peu près tout au marché **Dong Ba** *(D2)*, ouvert tous les jours de 7h à 19h.

Spécialités locales - Hué est renommée pour ses chapeaux coniques qui présentent la particularité d'être ornés de motifs décoratifs que l'on distingue par transparence. La plupart des boutiques en proposent, mais ceux du marché Dong Ba sont les plus réputés.

Boutiques - Vina Silk, 38D Le Loi *(D3)*, ☎ (054) 82 84 04. Tissus et vêtements en soie réalisés à la demande.

Hai Quang, 1 Pham Ngu Lao *(D3)*, ☎ (054) 82 20 64. Boutique d'antiquités.

Nhu Y, 10 Hung Vuong *(D3)*, ☎ (054) 83 29 16. Objets laqués.

Galeries d'art - Boi Tran, 30 Le Loi *(D3)*, ☎ (054) 84 67 98. Galerie de l'hôtel Saigon Morin.

Duy Tan Gallery, 12 Hung Vuong *(D3)*, ☎ (054) 83 45 56. Art vietnamien contemporain.

Gallery Newspace, 7 Pham Ngu Lao *(D3)*, ☎ (054) 53 44 53. Galerie d'art contemporain.

Librairie - Van Hoa, 18B Hung Vuong *(D3)*, ☎ (054) 83 26 37. Propose des ouvrages en langues étrangères.

HISTOIRE

Une terre âprement disputée

Si la création de l'actuelle Hué ne remonte qu'au début du 19e s., la région était déjà habitée il y a plus de 4 000 ans, comme en témoignent les vestiges d'une industrie lithique. Après son occupation par la commanderie chinoise du Hainan, elle fut placée du 3e au 14e s. sous l'influence du Champa, avant que le roi Che Man ne cède ces terres au Dai Viet en guise de dot *(voir p. 73)*. En 1466 fut ainsi créée la région de **Thuan Hoa**, mais elle demeura un siècle durant l'objet de conflits entre les deux royaumes. Après la disparition des Chams, le pays était encore, sous la dynastie des Le, divisé entre deux seigneuries : les Trinh au nord et les Nguyen au sud. En 1636, ces derniers installèrent leur résidence et le siège de leur administration à **Kim Long**, mais ils déplacèrent leur capitale en 1687 à **Phu Xuan** (5 km au

Échoppe à Hué

nord de l'actuelle Hué) où ils firent élever une imposante citadelle. Dès 1778 le Sud fut secoué par de nouveaux conflits, opposant cette fois les seigneurs Nguyen aux frères Tay Son, victorieux, puisqu'ils s'emparèrent de la région de Thuan Hoa et de Phu Xuan en 1786 et l'occupèrent jusqu'en 1802. Cette même année, Nguyen Anh reprit la citadelle de Phu Xuan, après avoir maté la rébellion et opéré l'unification des territoires du Nord, du Centre et du Sud. Devenu l'empereur **Gia Long**, il décida d'élever à Hué, sur les rives du *song* Huong, une nouvelle citadelle pour remplacer celle de Phu Xuan. Elle allait devenir le centre politique et culturel du nouvel empire d'Annam.

L'ultime capitale impériale

Sous le protectorat français, Hué demeura un temps encore la capitale officielle du Vietnam, mais elle n'abritait plus qu'un pouvoir fantoche. À la solde de la France, les empereurs Nguyen ne conservèrent qu'un rôle emblématique, jusqu'à l'abdication de **Bao Dai** en 1945. La signature des accords de Vienne en 1954 marqua la fin du régime monarchique du Vietnam et de la prépondérance de Hué. Le pays fut divisé en deux zones : au Nord, la république démocratique du Vietnam de Ho Chi Minh prit pour capitale Hanoi, tandis qu'au Sud, la république du Vietnam de Ngo Dinh Diem établit la sienne à Saigon. Au cours des années noires qui suivirent, notamment durant l'offensive du Tet, Hué essuya de terribles bombardements, et une grande partie de la ville dut être reconstruite.

VISITE

LA CITADELLE★★ (KINH THANH)

Comptez une demi-journée.

Comme on se sent loin de la ville une fois franchie l'enceinte de la citadelle ! Profondément meurtrie par les guerres successives, elle offre au visiteur le sourire doux et mélancolique de ceux qui ont beaucoup souffert. La vieille dame

conserve toutefois l'éclat du pourpre et de l'or qui l'habillèrent au temps de sa splendeur.

▶ Construite en 1805, sous le règne de l'empereur Gia Long, selon un plan inspiré des fortifications de Vauban, la citadelle s'organise en espaces concentriques, renfermant la Cité impériale et la Cité pourpre interdite. Protégée par un canal et une enceinte en briques longue de 10 km, elle couvre une superficie de 520 ha.

▶ Au niveau du premier rempart se dresse la **tour du Drapeau** *(Cot Co)* *(C3)*, élevée en 1807. Construite à l'origine en bois, elle fut brisée par un typhon en 1904 et remplacée par une colonne en fonte, elle-même détruite en 1947 et remplacée par l'actuelle colonne en béton armé.

▶ Que vous entriez par les portes Ngan ou Sap, deux des dix portes de la citadelle, vous ne manquerez pas d'admirer les **neufs canons dynastiques** *(Cuu Vi Than Cong)* *(C3)* minutieusement sculptés, fondus sur l'ordre de l'empereur Gia Long à partir des armes et objets en bronze des frères Tay Son *(voir p. 75)*. Les quatre canons situés à proximité de la porte Ngan symbolisent les **quatre saisons**, tandis que ceux exposés près de la porte Sap représentent les **cinq éléments** (métal, bois, eau, feu et terre). Ils ne furent jamais utilisés comme arme de guerre, mais un culte leur fut rendu et chacun reçut le titre honorifique de « Than Oai Vo Dich Thuong Tuong Quan » (« grand général champion tout-puissant »).

La Cité impériale★★ (Hoang Thanh)

(B-C3)

6h30-17h30 en été et 7h-17h en hiver. Entrée 55 000 VND. Comptez 50 000 VND pour une visite de 1h avec un guide. Il ne vous conduira sans doute que jusqu'aux urnes dynastiques. Si vous souhaitez visiter avec lui l'ensemble de la citadelle, convenez-en ensemble à l'avance.

La Cité impériale et ses allées ombragées vous invitent pour la plus agréable des promenades. Ici, nul véhicule n'est autorisé à circuler et vous êtes déjà très loin de la ville.

▶ Protégée par le **canal Kim Thuy** (« rivière d'Or »), l'enceinte qui renferme la cité est percée de quatre portes fortifiées. La plus importante et la plus belle, la **porte du Sud**★ *(Cua Ngo Mon)*, fut construite en 1833 sous le règne de Minh Mang, et restaurée en 1990 avec l'aide de l'Unesco et du Japon. Elle était réservée au roi et ouverte uniquement à l'occasion des grandes cérémonies. Elle se compose elle-même de cinq entrées : le portail central que seul franchissait le monarque, ceux de droite et de gauche pour les mandarins, les civils et les militaires, et les accès latéraux pour les éléphants, les chevaux et les soldats. La porte du Sud est surmontée d'un superbe belvédère en bois de teck laqué, appelé **pavillon des Cinq Phénix** *(Ngu Phung)*. Supporté par cent colonnes admirablement peintes, il est couvert de tuiles en porcelaine émaillée jaune (la couleur du roi) et verte (celle des mandarins). Le roi venait ici proclamer les décisions et les édits impériaux face à la foule des mandarins de la cour, et c'est de ce balcon que Bao Dai abdiqua le 30 août 1945. Parmi les femmes, seules la mère et la grand-mère du roi étaient autorisées à venir le visiter ici.

▶ Marchant sur les pas des empereurs Nguyen, vous passez ensuite un portique en bronze sculpté de dragons et de nuages et traversez le pont Trung Dao qui enjambe le lac Thai Dich. Il précède l'**esplanade des Grandes Salutations** *(Dai Trieu Nghi)* réservée aux mandarins lors des cérémonies. En fonction de son rang dans l'ordre mandarinal (il y en avait neuf), chacun occupait alors une place précise, marquée par les stèles que vous apercevez de part et d'autre de la cour.

▶ Là se dresse le **palais de l'Harmonie suprême**★★ *(Dien Thai Hoa)*, l'un des plus remarquables de la Cité impériale. Cette vaste salle, où l'empereur avait coutume de trôner pour présider les cérémonies et recevoir des invités de marque, est éblouissante de couleurs et de richesses. Murs et colonnes en bois de teck laqué rouge et or sont gravés de poèmes en caractères chinois chantant la beauté du pays et de motifs traditionnels tel le dragon, symbole de la puissance royale. Parmi les 80 colonnes qui soutiennent le palais, beaucoup ont été attaquées par les termites et ont dû être remplacées. Un chantier de rénovation a été mis en place avec l'aide de la société Rhône-Poulenc, mais le gouvernement vietnamien ayant réglementé l'exploitation forestière, il faut importer le bois du Laos et du Cambodge. Sous un large dais finement ciselé est exposé le **trône** en bois laqué doré sur lequel montèrent les treize empereurs de la dynastie Nguyen. Dans une salle à l'arrière, une **maquette** permet d'imaginer à quoi pouvait ressembler la Cité impériale avant qu'elle ne soit partiellement détruite par les Français en 1947, puis par les Américains en 1968.

▶ À l'arrière du palais de l'Harmonie suprême, vous parvenez dans la cour où s'élevait jadis la **Grande Porte dorée** *(Dai Cung Mon)* qui passait pour l'une des plus belles de la cité, mais fut entièrement brûlée en 1947. Elle marquait l'entrée de la **Cité pourpre interdite** *(Tu Cam Thanh)*, à l'intérieur de laquelle s'élevaient une quarantaine de bâtiments, où résidaient l'empereur et sa famille. Nul n'était autorisé à y pénétrer, à l'exception des mandarins eunuques. Empruntez à gauche l'allée qui rejoint la porte Chuong Duc.

▶ Au bout du chemin, sur la droite, il ne reste qu'un porche du **temple Phung Tien** *(Dien Phung Tien)*. Il était dédié à la mémoire des empereurs et impératrices Nguyen, dont on célébrait ici les anniversaires de naissance et de mort. Les femmes n'étant pas autorisées à entrer dans le temple dynastique, celui-ci fut construit à leur intention pour qu'elles puissent venir y célébrer le culte aux ancêtres. Vous pouvez apercevoir sur cette porte quelques restes d'émaux cloisonnés sur bronze, une technique très résistante venue de Chine.

▶ Un peu plus loin, à gauche, passez la petite porte qui ouvre sur un vaste jardin. Là s'élève le **temple Hung** *(Hung*

Mieu) dédié au culte des parents de Gia Long. Bâti en 1821, il fut reconstruit en 1951 et restauré en 1997. À ses côtés, le **Temple dynastique**★★★ *(The Mieu)*, édifié en 1821-1822 sous le règne de Minh Mang, est consacré quant à lui au culte des rois Nguyen. Dix autels dédiés chacun à un roi et sa reine sont dressés dans cette longue pièce. Il manque ceux de Duc Duc et de Hiep Hoa, tous deux détrônés pour avoir falsifié le testament de leurs pères, et celui de Bao Dai, exilé en France. Ce n'est par ailleurs qu'après 1954 que furent ajoutés les trois autels dédiés aux rois Ham Nghi, Thanh Thai et Duy Tan, exilés à la Réunion ou en Algérie et interdits par les Français pour leur anticolonialisme. Les nombreux descendants de la dynastie Nguyen vivant à Hué viennent encore honorer ici la mémoire de leurs ancêtres.

▶ Face au temple se dresse le **pavillon de la Splendeur** *(Hien Lam Cac)*, construit en 1821-1822 à la mémoire des mandarins ayant rendu service à la dynastie Nguyen. Haut de 13 m, il est le plus élevé de tous les bâtiments de la citadelle.

▶ Devant le pavillon trônent **neuf urnes dynastiques**★★★ *(Cuu Dinh)* en bronze, fondues en 1835-1837 et pesant chacune entre 2 et 2,5 t. Elles correspondent pour la plupart à un autel du Temple dynastique et symbolisent l'une des qualités du roi qu'elles représentent. Si de prime abord ces tripodes paraissent identiques, vous constaterez en les détaillant que pieds et anses sont tous différents et que pas un seul des motifs sculptés sur le corps n'est reproduit deux fois. Chaque urne est ainsi décorée de 17 dessins évoquant les beautés du Vietnam, telles que fleurs, arbres, fleuves, montagnes, animaux ou épices. Ce sont de véritables chefs-d'œuvre qui témoignent de la maîtrise des artisans de Hué dans l'art de la fonderie.

De là, rejoignez le chemin qui longe l'enceinte de la Cité impériale, et dirigez-vous vers la porte de l'Ouest *(Cua Chuong Duc)*, malheureusement fort endommagée.

Le chiffre absolu

Le tripode en bronze *(dinh)* est un très vieil emblème du pouvoir royal dans le monde chinois. L'un des souverains mythiques de la Chine fit ainsi fondre neuf tripodes représentant l'espace dont il avait le contrôle, et sur lesquels il fit représenter les montagnes et les fleuves. Le chiffre 9, impair et yang, passe pour le chiffre absolu et représente à ce titre le Tout. Les *dinh* de Hué relèvent du même symbolisme. Ce n'est d'ailleurs pas un hasard si chacune des neuf urnes dynastiques de la Cité impériale comporte 17 dessins. 9 que l'on multiplie par 17 font en effet 153. Et si on ajoute 1, 5 et 3, on obtient de nouveau 9.

▶ À gauche de la cour s'élève le **pavillon Tinh Minh** *(Lau Tinh Minh)* qui, en 1927, remplaça l'édifice originel en bois datant du 19e s., pour être utilisé par la première épouse de l'empereur Dong Khanh, l'impératrice Thanh Cung. Il fut par la suite rénové et servit de résidence privée à l'empereur Bao Dai en 1950.

▶ Le pavillon central est le **palais Dien Tho** *(Dien Tho Chinh Dien)*. Construit en 1804 et rénové en 1916, il servit de lieu de résidence et de salle d'audience aux reines mères. Il est relié par un couloir couvert à la **maison Ta Tra** *(Nha Ta Tra)*, aujourd'hui en ruine, où attendaient les personnes qui souhaitaient être reçues.

▶ Sortez par la porte située à droite de la maison Ta Tra et prenez à gauche jusqu'au **lac Kim Thuy**. Vous passez devant le **palais de la Longévité** *(Cung Truong Sinh)* jadis consacré aux loisirs du roi *(en cours de reconstruction)*.

▶ Après avoir longé le lac sur quelques mètres, pénétrez dans la **Cité pourpre interdite** par l'une des portes sur votre droite. Vous arrivez ainsi sur un vaste terrain herbeux, un peu désolé, qui ne laisse rien soupçonner de la splendeur passée du lieu, et où rien ne subsiste du **palais Can Chanh** *(Dien Can Chanh)* où le roi avait coutume de travailler, ainsi que des appartements de la reine et des concubines.

▶ Une volée de marches mène à une esplanade où s'élevait le **palais Kien Trung** *(Kien Trung Lau)*. De style mixte, européen et asiatique, il servit d'appartement privé au roi Khai Dinh, puis de résidence à l'empereur Bao Dai jusqu'en 1947. Il fut malheureusement totalement détruit au cours des bombardements de 1947 et 1968.

▶ Redescendant en direction du palais de l'Harmonie suprême, vous passez devant le **pavillon de Lecture★** *(Thai Binh Lau)* où le roi venait lire et se reposer. Il est précédé d'un joli jardin arboré et d'un bassin, au milieu duquel a été aménagée une petite montagne artificielle. C'est le seul pavillon de la Cité pourpre interdite qui n'ait pas été détruit durant la guerre.

Parvenu dans la cour située à l'arrière du palais de l'Harmonie suprême, prenez à gauche l'allée qui vous conduit à la porte de l'Est.

▶ Sur votre gauche, un chemin mène au **Théâtre royal** *(Duyet Thi Duong)* et au **Jardin royal** *(Vuon Thuong Uyen)*, aujourd'hui laissé à l'abandon. Avant d'atteindre la porte de l'Est, vous longez un bel édifice du 19e s., de style européen, qui abrite aujourd'hui l'École des beaux-arts de Hué et remplace le bâtiment du **Trésor royal** *(Phu Noi Vu)*, où étaient produits et entreposés les objets de valeur de la cour.

▶ À droite, caché derrière une haute enceinte, le **temple Trieu** *(Trieu Mieu)* fut construit en 1804 et consacré au culte des parents du seigneur Nguyen Hoang. Il a été restauré en 1983-1985, mais semble de nouveau délaissé. Plus au sud, le **temple des Générations** *(Thai Mieu)* était dédié aux neuf générations des seigneurs Nguyen, mais il est aujourd'hui très endommagé.

▶ Vous pouvez sortir de la Cité impériale par la **porte de l'Est** *(Cua Hien Nhon)*, ou porte de l'Humanité, qui possède quant à elle de superbes mosaïques.

Passé cette porte, prenez à droite dans Doan Thi Diem, puis à gauche dans la rue Le Truc.

À l'extérieur de la Cité impériale

▶ Fondé en 1923, sous le règne de Khai Dinh, le **musée d'Art royal de Hué★** *(C3) (3 Le Truc, 7h-18h, 20 000 VND)* est riche de plus de 500 objets de grande valeur ayant appartenu à différents membres de la dynastie Nguyen (vaisselle, mobilier, vêtements brodés, objets rituels en bronze, poteries domestiques, vases en porcelaine japonaise ou en « bleu de Hué », etc.). Tout autant que les œuvres exposées, vous apprécierez la superbe architecture du palais Long An, construit en 1845, dans lequel le musée est aménagé. Murs et colonnes en bois de teck sont ornés de poèmes en caractères chinois incrustés d'or et de nacre, célébrant la gloire du pays et la beauté des paysages.

▶ Il suffit de traverser la rue pour accéder au **musée de l'Armée** *(Bao Tang Tong Hop) (C3) (entrée principale au 23 Thang 8, 7h30-17h, entrée libre)*, où photographies de guerre, armes, coupures de presse, maquettes et objets divers retracent la résistance des Vietnamiens à Hué face à l'invasion américaine (1954-1973). En face, le **musée d'Archéologie** *(C3)* expose des vestiges trouvés à Hué qui remonteraient aux périodes paléolithique et néolithique.

SUR LA RIVE OUEST DE LA RIVIÈRE DES PARFUMS

▶ Passé les portes de la citadelle, la vie semble reprendre son cours. L'animation bat son plein aux abords du **marché Dong Ba** *(D2) (rue Tran Hung Dao, à côté du pont Trang Tien)*, véritable centre névralgique de Hué. Vous flânerez avec plaisir le long des étals colorés. De nombreux bateaux se pressent autour des débarcadères, situés à proximité de la grande halle couverte, où sont déchargés les vivres, acheminés depuis les villages voisins. Naviguant d'un sampan à l'autre, des femmes s'en vont proposer quelques bols de la soupe qu'elles préparent au fond de leur petite barque. Franchissez le pont Gia Hoi pour rejoindre le quartier de Phu Cat et prenez tout de suite à gauche la rue Bach Dang.

La rivière des Parfums

Déroulant son cours de la cordillère Trong Son à l'estuaire de Thuan An, la rivière des Parfums est l'âme de la ville et détermine sa physionomie. Si de nombreuses légendes brodent sur l'origine de son nom, artistes, peintres et poètes n'ont pas manqué d'user de métaphores pour louer sa beauté, la comparant par exemple à un long ruban de soie flottant au vent. Aujourd'hui, le *song* Huong concentre une grande partie de l'activité de Hué, les sampans utilisés pour le transport du sable ou des produits qui viennent alimenter le marché Dong Ba côtoyant les bateaux destinés à conduire les touristes vers la plaine des Tombeaux.

▶ À hauteur du n° 100, avant de passer la rue Ngu Vien, un portail en pierre à trois portes marque l'entrée de la **pagode Dieu De** (C2) qui se dresse au bout d'une allée bordée d'arbres. Édifiée en 1842 sous le règne du roi Thieu Tri, elle fut jadis l'une des plus jolies et des plus importantes pagodes de la ville. Elle abrita même au cours de l'histoire une fonderie de la monnaie nationale, ainsi que les réunions d'étudiants et de bouddhistes opposés au régime de Ngo Dinh Diem. Elle ne paie plus vraiment de mine aujourd'hui, mais est encore très fréquentée aux heures des offices.

▶ Poursuivez le long de la rue Bach Dang et empruntez le chemin de terre à droite du pont qui rejoint la rue Nguyen Chi Thanh. Continuez pendant 300 m. Vous apercevez sur la gauche, un peu en retrait de la route, la **pagode Tang Quang** (C1), où les gens ont coutume de se recueillir le 14 de chaque mois. Vous pouvez demander la clé, mais l'intérieur, vide et kitsch, ne présente que peu d'intérêt.

▶ Continuez sur Nguyen Chi Thanh, puis prenez à droite la rue Ho Xuan Huong. Vous parvenez ainsi dans la rue Chi Lang, à l'angle de laquelle se dressent les **pagodes Ong** et **Ba** (D1). Revenant vers la citadelle, vous passez devant une maison communale, la **pagode Chieu Ung** et l'ancienne **mosquée** (D2).

LA VILLE MODERNE

Comptez une demi-journée.

La rive est du *song* Huong est occupée par les quartiers modernes de Hué. Ils contrastent avec la citadelle dont ils sont loin de posséder le charme, mais ils demeurent de taille humaine et conservent quelques ruelles paisibles où il fait bon se promener. Peu de choses à visiter, sinon quelques pagodes et églises, mais c'est sans doute là que vous séjournerez, hôtels, restaurants et boutiques se concentrant aux abords des avenues Hung Vuong et Le Loi.

En abordant la rive est par le pont Trang Tien, vous êtes accueilli par l'imposante silhouette de l'**hôtel Saigon Morin** (D3), un superbe édifice d'architecture coloniale, aujourd'hui centenaire.

▶ Remontez la rue Le Loi en direction de la gare. Vous apercevez sur votre gauche les bâtiments roses du **Collège national** (C4). Si vous vous y aventurez le soir, après la sortie des classes, peut-être aurez-vous alors la chance d'assister à l'une des leçons d'arts martiaux données dans la cour en plein air.

À hauteur de l'hôtel 5 Le Loi, prenez sur votre gauche la rue Dien Bien Phu, passez la voie de chemin de fer, tournez dans la première rue à droite, puis tout de suite à gauche.

▶ On accède à la **pagode Bao Quoc** (C4) par une volée de marches que domine une large porte en pierre décorée d'incrustations en porcelaine bleu et blanc. Édifiée à la fin du 17e s. par le bonze Giac Phong, elle fut élevée plus tard au rang de pagode d'État. Mais vous viendrez surtout ici pour la sérénité du lieu. Dans un bâtiment attenant, des moines suivent leurs cours, tandis que dans le jardin ombragé situé à l'arrière du sanctuaire, parmi les tombeaux de bonzes ayant œuvré pour la pagode, de jeunes étudiants profitent de cet endroit paisible et reposant pour réviser.

Cité impériale

► Remontant la rue Dien Bien Phu, vous passez devant la jolie pagode Thien Minh, sise au n° 45. Quelques mètres plus loin, prenez la première rue à gauche pour accéder à l'entrée de la pagode Tu Dam. Élevée en 1695 par le bonze Minh Hoang Tu Dung, la **pagode Tu Dam** *(C4)* est précédée d'une vaste cour où peuvent se réunir des milliers de fidèles. Dans un coin s'épanouit un large figuier, planté en 1936. Si elle conserve aujourd'hui autant d'importance, c'est qu'elle fut pour beaucoup dans la fondation et le développement du bouddhisme au Vietnam. Elle accueillit notamment l'Association des études bouddhistes de l'Annam (1936), les activités bouddhiques anticolonialistes pour l'indépendance du peuple (1945), ainsi que le mouvement bouddhiste contre la dictature du président Ngo Dinh Diem (de 1960 à 1963). Prenez à gauche dans la rue Phan Boi Chau et descendez jusqu'à la rivière, puis prenez à droite avant le pont la rue Phan Chu Trinh. Parvenu au pont suivant, remontez sur votre droite dans la rue Doan Huu Trung.

► La **cathédrale Phu Cam** *(C-D4)* manque pour le moins de charme avec ses deux hautes tours de pierres grises. Elle est l'œuvre de l'architecte vietnamien Ngo Viet Thu, prix de Rome, qui a par ailleurs signé le palais présidentiel de Ho Chi Minh-Ville. Les premiers travaux ont débuté en 1961, mais ne sont toujours pas achevés. Redescendez jusqu'à la rivière, passez le pont, prenez tout de suite à droite, puis à gauche dans la rue Nguyen Khuyen.

► La **cathédrale Notre-Dame de la Miséricorde** *(D4)*, que domine un clocher atypique de trois étages, présente une architecture intéressante. Elle fut construite de 1959 à 1962 par l'architecte vietnamien Nguyen My Loc.

LES TOMBEAUX ROYAUX★★

Comptez une journée pour tous les visiter.

Deux possibilités pour visiter les tombeaux royaux : soit l'excursion en bateau, proposée par toutes les agences de la ville (voir p. 267), soit la loca- tion d'un vélo ou d'une moto à Hué en organisant votre propre circuit. La campagne alentour réserve mille surprises.

Soucieux, comme tout souverain, de l'éternité de leur vie dans l'au-delà, les empereurs Nguyen prêtèrent beaucoup d'attention à l'édification de leurs mausolées. Ces œuvres grandioses constituèrent d'ailleurs de leur vivant une résidence secondaire, dans lesquelles ils se plaisaient à séjourner pour veiller à l'avancement des travaux. Ces tombeaux représentèrent plusieurs années de dur labeur pour des milliers d'ouvriers et de soldats, enrôlés de force, dont beaucoup y laissèrent la vie. Véritables bijoux d'architecture sertis d'une nature triomphante, témoignages de la splendeur passée de la dynastie Nguyen et du savoir-faire des artisans de l'époque, ils constituent l'une des principales curiosités de Hué.

Selon les règles de la géomancie

Si chacun des mausolées élevés par les empereurs Nguyen possède un charme et un caractère propres, ils sont tous la réplique schématisée de la citadelle et répondent à une disposition précise, inspirée des tombeaux des souverains chinois. Le site sur lequel devait s'élever un mausolée faisait l'objet d'études spécifiques réalisées par les géomanciens du roi *(voir p. 98)* et s'inscrivait dans un vaste jardin paysager agrémenté de lacs et de canaux.

Parmi les éléments architecturaux communs à l'ensemble des tombeaux Nguyen, on note le **mur d'enceinte**, au-delà duquel s'étire d'abord une vaste cour pavée, la **cour des Salutations**, où sont alignées les statues de mandarins civils et militaires – substituts des mandarins qui se tenaient dans la cour d'honneur devant la salle du trône –, de chevaux et d'éléphants. À l'extrémité de celle-ci se dresse une tour qui abrite une immense **stèle** en marbre, sur laquelle est gravé un discours vantant les mérites du roi défunt et composé par son successeur. De part et d'autre de ce pavillon s'élèvent par ailleurs deux obélisques, symboles de la puissance du roi. Puis on accède au **temple**, dédié au monarque, à ses reines et concubines, où sont exposées leurs tablettes funéraires et la table de culte. Enfin apparaît le **tombeau**, lui-même entouré d'un petit mur.

Le tombeau de Duc Duc

Prendre la rue Tran Phu, puis sur la droite la rue Duy Tan. Le tombeau est situé un peu plus loin sur la droite. Duc Duc ne régna que trois jours, avant d'être détrôné et emprisonné pour avoir falsifié une partie du testament de son oncle et père adoptif, le roi Tu Duc. Il mourut peu après, mais ce n'est que sept ans plus tard que son fils, Thanh Thai, monté à son tour sur le trône, fit construire ce mausolée pour son père. Le tombeau de Duc Duc est le plus simple de tous ceux que vous pourrez voir aux alentours de Hué. Il est d'ailleurs assez peu visité et il vous faudra demander la clé pour entrer dans le temple ou accéder aux tombeaux, assez endommagés.

Le tombeau de Tu Duc★★

Comptez 1h de visite.

À 6 km de Hué. Suivez la rue Bui Thi Xuan, à droite de la gare ferroviaire, sur 3 km, puis prenez à gauche en direction des arènes. Poursuivez sur 2 km jusqu'au tombeau de Tu Duc qui se dresse à gauche de la route. 6h30-17h30 en été et 7h-17h en hiver. Entrée 55 000 VND. Si vous arrivez au tombeau par le fleuve, comptez 20mn de marche par un sentier facile, ou 10 000 VND – en négociant – pour vous y faire conduire.

Deuxième fils du roi Thieu Tri, Tu Duc était un passionné de poésie et conçut ce mausolée comme un véritable parc d'agrément pour sa vie éternelle. Entouré d'une enceinte de plus de 1 500 m, il s'inscrit dans un cadre particulièrement agréable et comporte une cinquantaine d'édifices répartis sur quelque 12 ha. Tu Duc régna 35 ans, de 1848 à 1883. Il supervisa lui-même les travaux et séjourna régulièrement dans ce lieu qui lui permettait de s'éloigner un peu de la cour. Sa construction

s'étala sur trois ans, de 1864 à 1867, et mobilisa 6 000 soldats et ouvriers.

▶ En entrant dans le parc, vous longez tout d'abord le **lac Luu Khiem**, au bord duquel le roi aimait venir se reposer, lire ou composer des poèmes. Le **pavillon Xung Khiem** qui s'élève sur l'une de ses berges offre toujours un cadre agréable pour profiter de la beauté du lieu.

▶ Des marches mènent au **porche Khiem Cung** qui ouvre sur le temple dédié au culte de Tu Duc. Vous parvenez ainsi dans une première cour, flanquée des pavillons Phap Khiem et Le Khiem, destinés aux mandarins. Là se dresse le **palais Hoa Khiem** où le roi avait pour habitude de travailler durant ses séjours sur le site. À sa mort, il lui fut consacré, ainsi qu'à la reine, et des objets ayant appartenu au couple y sont exposés (horloge, vase, etc.). À l'arrière de ce pavillon, le **palais Luong Khiem** en briques grises regroupait les appartements privés de l'empereur, dédiés quand il mourut, à sa mère. À droite, le **pavillon Minh Khiem** abrite l'ancien théâtre classique. Il fut construit en 1866 et on peut encore y voir la scène et le balcon où le monarque prenait place pour assister aux représentations.

▶ Empruntez maintenant le chemin qui serpente jusqu'au tombeau. Vous pénétrez tout d'abord dans la **cour des Salutations**, bordée de frangipaniers et de deux rangées de mandarins. La **stèle** qui se dresse non loin est l'une des plus grosses du Vietnam et compte parmi les constructions les plus solides du tombeau. Elle est gravée du « Khiem Cung Ky », qui présente la particularité d'avoir été composé par l'empereur lui-même pour narrer sa propre histoire. Au-delà, vous parvenez à la tombe en granit de Tu Duc.

▶ À proximité s'élève la tombe de l'empereur **Kien Phuc** (1883-1884), fils adoptif de Tu Duc, mais celle-ci est assez endommagée et les céramiques ont disparu. Le temple qui lui rend hommage est en revanche bien restauré, et vous pouvez y admirer de belles céramiques et peintures.

Le tombeau de Dong Khanh

Proche du tombeau de Tu Duc. Empruntez le chemin à gauche, au sud de l'entrée du tombeau de Tu Duc. Entrée 22 000 VND. Un guide parlant un peu anglais se propose de vous accompagner. Attention aux serpents.

Le fils de Tu Duc ne régna que trois ans, de 1885 à 1888, puisqu'il mourut à l'âge de 25 ans, sans avoir eu le temps de faire édifier son tombeau. Sa construction se fit alors en deux temps : le culte du roi fut d'abord rendu dans un temple existant, le palais Trung Tu – devenu temple Ngung Hy –, et le tombeau proprement dit, élevé en 1917 par son fils, le roi Khai Dinh. Cela explique que deux styles architecturaux se côtoient dans ce mausolée.

▶ Vous entrez d'abord dans le **temple** où sont exposés divers objets ayant appartenu à l'empereur ou à ses femmes (vaisselle, chaussures, oreiller, tableau de Napoléon, vases vietnamiens et français, etc.). Dans une salle, à l'arrière, un autel est dressé pour les concubines. En sortant du temple, empruntez le chemin qui conduit au **tombeau** situé 100 m plus loin.

Le tombeau de Thieu Tri

À 8 km de Hué. Si vous venez de Hué, passez le tertre de Nam Giao et suivez la rue Minh Mang. Si vous venez du tombeau de Tu Duc, suivez la route en direction du tombeau de Minh Mang, le tombeau de Thieu Tri est situé au croisement avec la route qui remonte sur Hué. 7h-18h. Entrée 22 000 VND.

Thieu Tri, fils de Minh Mang, étant décédé à 41 ans, avant d'avoir pu faire édifier son tombeau, la tâche en revint à son fils, Tu Duc. L'ensemble s'élève entre jardins et rizières dans un cadre paisible, résonnant du chant et des piaillements des enfants de l'école voisine. Autour du mausolée de Thieu Tri ont été rassemblées les tombes de sa famille : sa mère, sa femme et ses enfants. La cour des Salutations, la tour de la Stèle et le tombeau peuvent se visiter indépendamment du temple et ne sont soumis à aucun droit d'entrée. Vous ne pourrez toutefois accéder au tombeau lui-même, niché sur une colline entourée d'une haute enceinte. Vous pouvez vous dispenser de la visite du temple qui est fort endommagé et ne présente guère d'intérêt.

Le tombeau de Khai Dinh★

Comptez 30mn de visite.

À 10 km de Hué. Passé le tertre de Nam Giao, suivez la rue Minh Mang jusqu'à une intersection qui vous indique la route à suivre. Si vous venez en bateau, comptez de 20 à 30mn de marche pour parvenir jusqu'au tombeau ou 10 000 VND – en négociant – pour vous y faire conduire à moto. 7h-18h. Entrée 55 000 VND.

▶ Véritable folie architecturale, ce mausolée mêle tout à la fois style traditionnel vietnamien, arts classique et moderne et influences occidentales. Glaces, tessons de céramique et mosaïques colorées composent des bas-reliefs élaborés, chefs-d'œuvre des artisans vietnamiens du 20e s. Absolument kitsch, mais très impressionnant, ce **tombeau** rompt radicalement avec l'harmonie des autres mausolées et ne cherche nullement à se fondre dans la nature environnante. Son édification, la plus longue de tous les tombeaux Nguyen, dura onze années, de 1920 à 1931. Elle coûta par ailleurs extrêmement cher, nécessitant l'importation de matériaux de France, de Chine et du Japon.

▶ On accède à une première cour par un escalier solennel, puis à la **cour des Salutations** où siègent mandarins civils, militaires et serviteurs, dans leurs vêtements finement brodés. La **tour de la Stèle** octogonale est remarquable pour ses piliers sculptés. Le **palais Thien Dinh** (« la Destinée ») qui abrite le tombeau est quant à lui perché deux terrasses plus haut. Au milieu du temple trônent la **table de culte** de Khai Dinh ainsi qu'une lourde **statue** en bronze, fondue en France en 1922 et protégée par un imposant dais en béton armé. C'est sous ce portrait de Khai Dinh que repose le corps du roi.

Le tombeau de Minh Mang★★

Comptez 30mn de visite.

À 12 km de Hué, sur la rive ouest de la rivière des Parfums. Si vous venez en voiture ou à moto, il vous faut prendre un bac pour traverser (10 000 VND pour la traversée A/R). 7h-18h. Entrée 55 000 VND.

Le tombeau de Minh Mang, tout entier voué à la peinture, à la poésie et à la philosophie, est sans conteste l'un des plus majestueux avec celui de Tu Duc. Le roi, qui régna de 1820 à 1841, en conçut les plans de son vivant, mais celui-ci ne fut construit qu'après sa mort.

▶ L'ensemble s'organise sur un axe de 700 m, le long duquel se succèdent quelque 35 monuments, palais, pavillons, ponts, canaux et lacs. La **porte Dai Hong** qui marque l'entrée du mausolée ne servit qu'une fois, à l'occasion du dépôt du cercueil. L'entrée se fait désormais par une porte annexe. La **cour des Salutations** précède la **tour de la Stèle**, assez endommagée, sur laquelle est gravée le « Thanh Duc Than Cong », composé par Thieu Tri pour vanter les exploits de son père.

▶ Vous passez ensuite la **porte Hien Duc** pour accéder à un espace consacré aux cérémonies du culte au centre duquel se dresse le **palais Sung An**, dédié au roi et à sa reine. On y accède par trois terrasses. Après avoir traversé le **lac Trung Minh** (« Pure Clarté »), vous parvenez au **pavillon Minh Lau** (« Lumière »), un bel édifice en briques grises décoré de colonnes laquées rouge et or, qui représente les trois pouvoirs : le ciel, la terre et l'homme. Un jardin aménagé en terrasses descend vers le **lac Tan Nguyet** (« Lune nouvelle »), mais vous ne pourrez aller au-delà de celui-ci, car le tombeau est niché sur une colline envahie par la végétation.

Le tombeau de Gia Long★

À 18 km au sud de Hué. Passé l'embarcadère menant au tombeau de Minh Mang, poursuivez le chemin plus au sud jusqu'au hameau où s'effectue la traversée pour rejoindre le tombeau de Gia Long (comptez 10 000 VND pour la traversée A/R). Parvenu sur l'autre rive, il vous faut encore parcourir 3 à 4 km pour accéder au site. Entrée libre.

Gia Long (1762-1819), le premier roi de la dynastie Nguyen, monta sur le trône en 1802. Il choisit lui-même le site de son mausolée, sur une presqu'île de la rivière des Parfums, et dirigea sa construction qui dura six ans, de 1814 à 1820. D'autres tombes ont été élevées à proximité pour sa famille. Blotti dans un écrin de collines verdoyantes piquetées de bouquets d'arbres, le tombeau s'inscrit dans un cadre absolument enchanteur, et seuls les bruissements de la nature viennent troubler la sérénité des lieux. Peu de visiteurs s'aventurent jusqu'ici.

LES ENVIRONS DE HUÉ

LA PAGODE THIEN MU★★

(La pagode de la Dame céleste) Comptez 1h de visite pour prendre le temps de flâner dans les jardins.

Entrée libre.

☺ Si vous vous y rendez seul, allez-y plutôt en fin de matinée ou dans l'après-midi, car à partir de 9h l'endroit est envahi par des groupes de touristes.

▶ À 4 km de Hué, sur la rive ouest de la rivière des Parfums. Empruntez la rue Le Duan, puis la rue Kim Long. C'est le seigneur Nguyen Hoang qui fit édifier cette pagode en 1601, mais la **tour octogonale** *(Phuoc Duyen)* en briques rouges, qui aujourd'hui symbolise le lieu, ne fut élevée qu'en 1844, sur l'ordre du roi Thieu Tri. Chacun de ses sept étages représente une réincarnation du Bouddha. Quatre petites tours hexagonales s'élèvent à proximité. L'une d'entre elles abrite une **cloche**, haute de 2,5 m et pesant plus de 2 t, qui fut fondue en 1710 sur l'ordre du seigneur Nguyen Phuc Chu. C'est lui qui fit également dresser en 1714 l'immense **stèle** en marbre, supportée par une tortue, sur laquelle est gravée l'histoire de la pagode.

La légende de la Dame céleste

Une légende conte qu'une vieille femme apparut un jour au seigneur Nguyen Hoang tandis qu'il se promenait sur une colline aux abords de l'actuelle Hué, et lui prédit qu'un bon seigneur ferait édifier en ce lieu une pagode pour la prospérité du pays. En 1601, il fit donc construire ladite pagode qu'il nomma Thien Mu (« Dame céleste »), en hommage à cette divine apparition.

▶ Passé un **porche** percé de trois portes gardé par d'imposants personnages, vous parvenez dans une cour qui protège un charmant jardin fleuri. Là se dresse la **pagode**, à l'entrée de laquelle trône un superbe bouddha en cuivre. Derrière l'autel, trois autres bouddhas illuminés en cuivre : Amitabha, le Bouddha du Passé, Sakyamuni, le Bouddha historique, et Maitreya, le Bouddha de l'Avenir. À gauche, un autel est consacré au bodhisattva Pho Hien ; à droite, un autre est dédié au bodhisattva Van Thu.

▶ À l'arrière de la pagode s'étire un grand jardin planté de bonsaïs, au fond duquel repose un bonze ayant beaucoup œuvré pour le bouddhisme. Sur la gauche, un bâtiment abrite l'Austin bleue du vénérable **Thich Quang Duc** qui, le 11 juin 1963, s'immola à Saigon pour protester contre le régime de Ngo Dinh Diem et les discriminations faites à l'encontre des bouddhistes.

LES ARÈNES ROYALES

(Ho Quyen)

À 5 km de Hué. Sortez de la ville par la rue Bui Thi Xuan, à droite de la gare ferroviaire, qui traverse le quartier de Phuong Duc. 3 km plus loin, un panneau sur votre gauche indique « Ho Quyen, Den Voi Re ». Les arènes sont à 200 m.

▶ Les empereurs Nguyen avaient coutume de faire combattre tigres et éléphants afin d'amuser la cour et le peuple. C'est pourquoi en 1830, sous le règne de Minh Mang, des arènes roya-

les furent construites aux abords de la citadelle. L'éléphant, symbole de la puissance royale, sortait toutefois toujours vainqueur, les organisateurs prenant soin avant le combat de couper les dents et les griffes du tigre, parfois même de l'attacher. De ces arènes nichées dans un nid de verdure subsistent aujourd'hui de hauts murs en briques percés de portes par lesquelles les animaux pénétraient dans la fosse.

▶ Un peu plus loin, en continuant sur le même chemin, vous parvenez à un étang, à proximité duquel s'élèvent les vestiges du **temple Voi Re** *(Den Voi Re)*.

LE TERTRE DE NAM GIAO

Le tertre se situe au bout de la rue Dien Bien Phu, qui débute en face de l'hôtel 5 Le Loi. Entrée libre.

Les rois Nguyen venaient ici faire des sacrifices pour la sécurité du royaume et la stabilité de la dynastie à l'occasion d'une grande cérémonie annuelle. Édifiée en 1806 sous le règne de Gia Long, cette esplanade est un emprunt au protocole impérial chinois. Composée de trois terrasses circulaires superposées, elle correspond à l'autel du Ciel dont l'empereur est le fils spirituel : la forme circulaire est celle de la voûte céleste selon la conception chinoise, et le chiffre 3, impair et yang, est celui du ciel.

LA PAGODE TU HIEU

À 5 km au sud-ouest de Hué. Passé le tertre de Nam Giao, prenez la direction du tombeau de Tu Duc, puis la rue Le Ngo Cat, à droite du carrefour. La pagode est située un peu plus loin sur votre droite, à l'extrémité d'un chemin en terre rouge. Il est également possible de rejoindre la pagode à partir des arènes royales (voir carte, page suivante).

À l'abri d'une vaste pinède, le site dans lequel s'inscrit la pagode est empreint d'une grande sérénité. Elle fut construite en 1843 par le bonze Nhat Dinh, puis agrandie en 1848 sur la demande des mandarins eunuques. Dans le temple principal, on honore le Bouddha ainsi que les bonzes fondateurs, et la cour qui le précède a été superbement aménagée en jardin, avec plantes et arbres en pot. La pagode abrite également une communauté de moines qui vit dans les bâtiments attenants. Dans le jardin, vous apercevrez les tombes de certains des mandarins de la dynastie Nguyen.

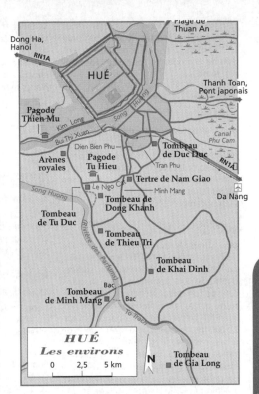

LE PONT JAPONAIS

À 7 km à l'est de Hué. Empruntez la rue Le Quy Don située à proximité de la Vietcombank, et traversez la rue Ba Trieu pour rejoindre la rue Van An. Poursuivez toujours tout droit jusqu'au hameau de Thanh Toan où se trouve le pont.

▶ Ceux qui ne pourraient visiter le célèbre pont japonais de Hoi An peuvent toujours se consoler avec celui, certes plus modeste, de Thanh Toan, vieux de 200 ans. L'excursion vaut d'ailleurs davantage pour les paysages rencontrés que pour l'ouvrage lui-même. Un chemin de terre rouge, le long duquel se dandinent canards et canetons, serpente au milieu des rizières verdoyantes d'où émergent quelques tombes colorées.

SUR LA ROUTE DE DA NANG★

La section la plus pittoresque de la **route Mandarine**, l'axe principal du pays, s'étend entre Hué et Da Nang. Longeant la cordillère Truong Son qui marque la frontière avec le Laos, elle culmine au col des Nuages, offrant ainsi une superbe vue sur la zone littorale de Hué au nord et la baie de Da Nang au sud.

LE PARC NATIONAL DE BACH MA

Quittez la ville par la rue Hung Vuong et rejoignez la RN1. À 40 km au sud de Hué, au village de Cau Hai, prenez à droite vers Bach Ma. La réception est à 3 km, mais pour parvenir au sommet il vous faut parcourir 13 km de plus. Vous devez laisser votre véhicule au parking de la réception, car seuls ceux des gardes forestiers sont autorisés à circuler dans le parc. Comptez 250 000 VND pour 4 pers., 300 000 VND pour 6 pers., 400 000 VND pour un minibus de 14 pers. et 50 000 VND supplémentaires si vous passez la nuit dans le parc (il est conseillé de réserver), ☎ (054) 87 13 30, bachma@dng.vnn.vn 7h30-16h30 Entrée 10 000 VND/j.

Adossé aux montagnes Truong Son qui viennent mourir ici sur la côte, le site, déclaré réserve naturelle en 1987, reçut officiellement le titre de parc national le 15 juillet 1991 par le gouvernement afin de protéger les ressources forestières du pays.

Se loger

Moins de 10 $

Bach Ma Guest House, Bach Ma, ☎ (054) 87 13 30 - 22 ch. ⌁ 곳 ✗ Il est possible de loger à l'extérieur du parc, tout près de la réception, ou dans le parc, dans l'une des anciennes villas françaises réhabilitées (de 15 à 20 $). On peut également camper (50 000 VND/tente).

À voir, à faire

▶ Le site de Bach Ma fut découvert par les Français durant la période coloniale. En 1936, ils y établirent une station d'altitude fort appréciée pour la douceur de son climat, et construisirent une route qui reliait le sommet de Bach Ma à la RN1. Le parc s'étend aujourd'hui sur 22 000 ha. Couvert d'une forêt semi-tropicale humide, il est doté d'une végétation et d'une faune exceptionnellement riches auxquelles vous sensibilise un petit **musée**. La réserve compterait 1 280 espèces de plantes, 124 de mammifères, 330 d'oiseaux, 31 d'amphibiens et 218 de papillons. Elle est sillonnée de **chemins de randonnée** qui permettent d'observer plantes et oiseaux, et conduisent de cascade en bassin jusqu'au sommet, d'où l'on embrasse toute la région jusqu'à Da Nang.

Reprenez la RN1 sur 10 km. Au village de Thua Luu, à hauteur du kilomètre 879, un panneau situé à gauche de la route indique « Suoi Voi Summer Resort ». Tournez à droite, traversez la voie ferrée, puis prenez plus loin un chemin de terre sur votre droite.

LES SOURCES DE SUOI VOI

Après le guichet, le chemin serpente sur 2 km avant de rejoindre la rivière. Entrée payante.

▶ La cascade n'est guère impressionnante, mais le cadre est plaisant, paisible et ombragé, et il est possible de

se baigner dans les petits bassins creusés par l'érosion. L'eau est claire et des gargotes installées à proximité du site louent de grosses bouées. L'endroit peut constituer une halte sur la route de Da Nang, mais ne justifie pas le détour.

▶ Passé Thua Luu, la RN1 grimpe à travers les collines avant de redescendre vers la mer. Les paysages changent : la végétation est plus sèche et plus rase, et des dunes se profilent sur le littoral.

LANG CO

À 15 km des sources de Suoi Voi.

Le village de Lang Co occupe une étroite péninsule coincée entre mer et lagon. La route jalonnée de petits étals file à travers une cocoteraie.

Se loger

Moins de 10 $

Lang Co Tourist Hotel, Lang Co Beach, ☎ (054) 87 44 26 - 30 ch. ⌁ 곳 ✗ Hôtel passable.

De 10 à 15 $

Thanh Tam Seaside Resort, Lang Co Beach, ☎ (054) 87 44 56 - 11 ch. ⌁ ▤ 곳 ✗ ⇖ Les chambres sont basiques, et les murs décrépis, mais l'hôtel est bien plus recommandable que son voisin, le Lang Co.

À voir, à faire

▶ Si l'endroit semble plaisant de prime abord, la plage est en revanche sale et décevante et les deux seuls hôtels du village ne proposent qu'un hébergement de fortune, sans charme aucun.

▶ Dès la sortie de Lang Co, la route entame l'ascension de la chaîne des Truong Son pour parvenir au **col des Nuages★** *(Hai Van)*, le plus long et le plus haut col du pays. Culminant à 496 m d'altitude, il marque une véritable frontière entre le Nord et le Sud. Comme son nom l'indique, il est souvent baigné par les nuages, mais si la vue est dégagée, vous apercevez la côte baignée par les eaux turquoise de la mer de Chine méridionale et ses kilomètres de plages immaculées. Da Nang est à 26 km.

DA NANG★

(😊) **Le musée d'Art cham**

(😦) **Une ville dénuée d'ambiance**

Quelques repères

Capitale de la province de Da Nang - 105 km de Hué, 759 km de Hanoi, 960 km de Ho Chi Minh-Ville - 680 000 hab. - Plan p. 285.

À ne pas manquer

L'exceptionnelle collection du musée d'Art cham.

Une promenade le long de l'avenue Bach Dang.

Les grottes des montagnes de Marbre.

Conseil

Réservez la visite du musée aux heures chaudes de la journée.

S'étirant au fond d'une vaste baie à l'estuaire du *song* Han, protégée par la presqu'île de Son Tra qui domine la ville et forme un ample paravent naturel, Da Nang est largement ouverte sur l'océan Pacifique. Le port maritime de Tien Sa, aménagé au nord-est de la ville, est d'ailleurs le troisième du Vietnam après ceux de Ho Chi Minh-Ville et Haiphong. Ce n'est pourtant pas de la mer que Da Nang attend le miracle d'un retour à la croissance, mais de l'aéroport international dont elle s'est dotée à l'automne 1999 et qui, en lui ouvrant de nouveaux horizons aériens, lui permettrait de sortir de sa léthargie et d'ambitionner le titre de « porte de l'Indochine ». Située à mi-chemin entre Hanoi et Saigon, Da Nang dispose d'un réel potentiel touristique et permet de rejoindre facilement l'ancienne capitale impériale de Hué, la vieille cité-port de Hoi An, le site sacré de My Son ou la région des Hauts Plateaux. Elle jouit par ailleurs toute l'année d'un climat agréable et possède de superbes plages de sable blanc où venaient se reposer les GI's durant la guerre

du Vietnam. Pourtant l'ancienne Tourane n'a pas vraiment la cote auprès des touristes, qui ne s'y arrêtent que le temps d'une visite à l'incontournable musée d'Art cham ou aux montagnes de Marbre. Il est vrai que cette grosse cité moderne – la quatrième du Vietnam – ne possède a priori guère d'attrait. Elle offre cependant d'agréables surprises à ceux qui prennent le temps de se fondre dans la ville, de fuir les rues bruyantes et encombrées pour flâner au gré des ruelles ou le long des quais.

Arriver ou partir

En avion - L'aéroport international se trouve à 2 km à l'ouest de Da Nang, sur la rue Dien Bien Phu, dans le prolongement de Hung Vuong *(A3, en direction)*. Vietnam Airlines propose deux vols par jour pour Hanoi (1h10) et Ho Chi Minh-Ville (1h10), un vol par jour pour Bangkok (4h30), trois vols par semaine pour Buon Ma Thuot (1h10) et quatre vols par semaine pour Nha Trang (1h20). Pacific Airlines assure trois à quatre vols quotidiens pour Ho Chi Minh-Ville, Hanoi ou Taiwan, et la Thaï relie Bangkok trois fois par semaine. D'autres vols sur Taipei, Luang Prabang, Hongkong.

En train - La gare ferroviaire (Ga Da Nang) est située à l'ouest de la ville, au 122 Hai Phong *(A2)*, ☎ (0511) 82 11 75 ou 82 38 10. La billetterie est ouverte de 6h à 17h. Comptez en moyenne neuf trains par jour pour Hanoi (16h de trajet), Hué (4h), Nha Trang (11h) et Ho Chi Minh-Ville (16h30-21h).

En bus - La gare routière interurbaine est au 31 Dien Bien Phu (1 km environ à l'ouest du centre-ville), ☎ (0511) 82 20 20. Dix bus par jour pour Hué (3h), cinq pour Ho Chi Minh-Ville (24h) et Nha Trang (12h), quatre pour Qui Nhon (10h) et Dalat (16h) et trois pour Hanoi (20h). Plusieurs compagnies proposent aussi des liaisons avec le Laos.

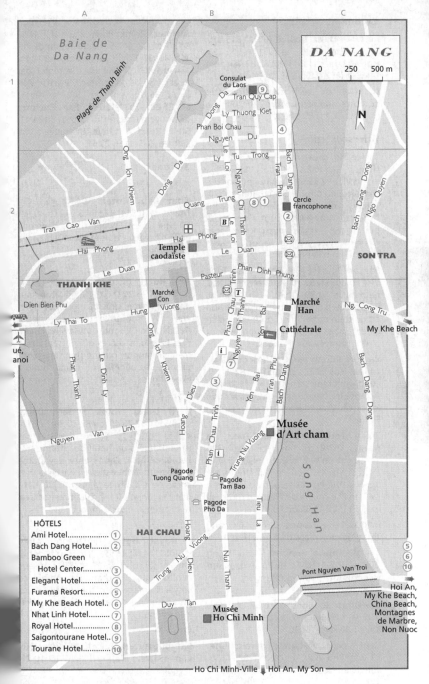

Baie de
Da Nang

Plage de Thanh Binh

DA NANG

0   250   500 m

N

Consulat
du Laos

Tran Quy Cap ⑨

Ly Thuong Kiet

Phan Boi Chau

Nguyen   Du

Tu   Trong

Le   Loi

Nguyen Chi Thanh

Quang   Trung   ⑧①

Cercle
francophone ②

Dong   Da

Ong Ich Khiem

Tran Cao Van

Hai   Phong

B

Hai   Phong

Le   Loi   Le   Duan

Bach   Dang

Tran   Phu

Ngo Quyen

Bach Dang Dong

SON TRA

Temple
caodaïste

THANH KHE

Le   Duan

Pasteur

Phan Dinh Phung

Trinh

Dien Bien Phu

Marché
Con
Vuong

Ly Thai To

Hung

Ong Ich Khiem

Phan Chau   Nguyen Chi Thanh

T

Bai

Marché
Han

Ng. Cong Tru

Cathédrale

My Khe Beach

Phan Thanh

Le Dinh Ly

Dieu

Hoang

i

⑦

③

Yen   Bai

Tran   Phu

Bach   Dang   Dong

Nguyen   Van   Linh

Phan Chau Trinh

i

Trung Nu Vuong

Musée
d'Art cham

S o n g   H a n

Pagode
Tuong Quang

Pagode
Tam Bao

Pagode
Pho Da

HÔTELS

Ami Hotel.................. ①
Bach Dang Hotel........ ②
Bamboo Green
    Hotel Center............ ③
Elegant Hotel............. ④
Furama Resort............ ⑤
My Khe Beach Hotel.. ⑥
Nhat Linh Hotel......... ⑦
Royal Hotel................ ⑧
Saigontourane Hotel.. ⑨
Tourane Hotel............ ⑩

HAI CHAU

Hoang   Dieu

Nui   Thanh

Tieu   La

Pont Nguyen Van Troi

⑤
⑥
⑩

Hoi An,
My Khe Beach,
China Beach,
Montagnes
de Marbre,
Non Nuoc

Trung   Dieu

Duy   Tan

Musée
Ho Chi Minh

ué,
anoi

Ho Chi Minh-Ville ▮ Hoi An, My Son

285

Comment circuler

En taxi - Dana Taxi, ☎ (0511) 815 815. **Song Han Taxi**, ☎ (0511) 655 655. **Huong Lua**, ☎ (0511) 82 82 82. **Airport Taxi**, ☎ (0511) 825 555.

Location de véhicules - Bicyclettes et motos au **Lien Coffee**, 20 Dong Da *(B1)*, ☎ (0511) 89 54 22.

Adresses utiles

Office du tourisme - Vietnam Tourism, 92A Phan Chau Trinh *(B3)*, ☎ (0511) 82 36 60, www.vietnamtourism-vitours.com 7h30-11h30, 13h30-17h30. Les circuits que proposent l'agence s'adressent plutôt à des groupes organisés, mais vous pouvez louer ici une voiture, acheter le forfait *Open Tour* ou un billet d'avion.

Saigon Tourist, 357 Phan Chau Trinh *(B4)*, ☎ (0511) 82 70 84, dnbranch@tdn.netnam.vn 7h30-11h30, 13h30-16h30. Possibilité d'acheter un billet d'avion ou de train et de louer les services d'un guide, mais les circuits proposés sont plutôt réservés aux groupes.

Banque / Change - Vietcombank, 140 Le Loi *(B2)*, ☎ (0511) 82 21 10. Lundi-vendredi 7h30-11h, 13h-16h. Accepte les traveller's cheques ainsi que les cartes Visa, Mastercard et American Express.

Poste / Téléphone - Buu Dien Da Nang, 60B Bach Dang *(C2)*. 6h-22h en été et 6h30-21h30 en hiver. Envois express via DHL ou Fedex. Une autre agence DHL est située dans la poste du 37 Tran Phu (à côté de Vietnam Airlines), ☎ (0511) 82 11 34 ou 83 45 18.

Internet - Internet Cafe, 16 Quang Trung (juste en face du Royal Hotel).

Santé - Hôpital général, 74 Hai Phong *(B2)*, ☎ (0511) 82 11 18. Possède un service de santé pour les étrangers.

Représentations diplomatiques - Consulat du Laos, 16 Tran Quy Cap *(B1)*, ☎ (0511) 82 12 08. Lundi-vendredi 8h-11h30, 14h-16h30.

Centre culturel - Cercle francophone, 33 Tran Phu *(C2)*, ☎ (0511) 82 12 59. Lundi-vendredi 7h-10h30, 14h-16h30.

Compagnies aériennes - Vietnam Airlines, 35 Tran Phu *(C2)*, ☎ (0511) 82 11 30 ou 82 64 65. Lundi-vendredi 7h-11h, 13h30-17h30, week-end 7h30-11h, 13h30-16h30. Possibilité de régler par cartes Visa ou Mastercard. **Pacific Airlines**, 35 Nguyen Van Linh, ☎ (0511) 58 35 83. 7h30-17h30. **Far Eastern**, 69 Nguyen Van Linh, ☎ (0511) 58 31 11. **Siem Reap Airways**, 84 Nguyen Van Linh, ☎ (0511) 58 23 61.

Se loger

Autour de 10 $

Nhat Linh Hotel, 194 Nguyen Chi Thanh, ☎ (0511) 82 56 26 - 12 ch. 🎵 ▤ 📺 Une adresse sympathique dans une belle bâtisse de trois étages. Demandez les chambres avec fenêtre.

De 10 à 15 $

Ami Hotel, 7 Quang Trung, ☎ (0511) 82 44 94/07 - 20 ch. 🎵 ▤ 📺 Situé dans une rue calme, près du port, cet hôtel agréable propose différentes catégories de prix. Ce sont toutefois les chambres les moins chères qui présentent le meilleur rapport qualité-prix : elles sont propres et bénéficient d'une double exposition.

De 25 à 40 $

Bach Dang Hotel, 50 Bach Dang, ☎ (0511) 82 36 49 ou 82 30 34 - 87 ch. 🎵 ▤ 📺 ✕ ⌇ cc Ne cherchez pas ici l'intimité d'un hôtel de charme, car l'établissement s'apparente davantage à une usine à touristes. La partie la plus ancienne est située dans un joli bâtiment colonial où les chambres sont en rénovation. En dépannage.

De 30 à 50 $

🅐 **Royal Hotel**, 17 Quang Trung, ☎ (0511) 82 32 95, royalhotel@dng.vnn.vn - 28 ch. 🎵 ▤ 📺 ✕ cc Ascenseur, minibar dans les chambres. Ambiance cosy à l'anglaise pour l'un des hôtels les plus agréables de la ville. Accueil et service soignés.

De 35 à 60 $

Saigontourane Hotel, 14A Tran Quy Cap - 5 Dong Da, ☎ (0511) 82 10 21, sgtouran@dng.vnn.vn - 82 ch. 🎵 ▤

📺 ✕ 🆑 Massages, sauna, ascenseur, karaoké, boutique. Un peu isolé au nord de la ville, cet établissement propose des chambres très correctes et réserve un excellent accueil à sa clientèle.

De 45 à 60 $

Bamboo Green Hotel Center, 158 Phan Chau Trinh, ☎ (0511) 82 29 96/97, bamboogreen@dng.vnn. vn - 46 ch. 📶 🛏 📺 ✕ 🆑 Salle de gymnastique, massages, sauna, ascenseur, karaoké, boutique, salle de conférences, minibar dans les chambres. Cet hôtel dispose de tout le confort d'un établissement de standing international. Les chambres sont agréables et bénéficient d'une belle vue sur la ville, mais l'endroit demeure quelque peu impersonnel.

Elegant Hotel, 22A Bach Dang, ☎ (0511) 89 28 93, elegant@dng.vnn. vn - 32 ch. 📶 🛏 📺 ✕ 🆑 Ascenseur. Cet hôtel confortable situé face au port dispose de belles chambres aménagées avec goût. Accueil sympathique.

Se restaurer

Moins de 25 000 VND

Lien Coffee, 20 Dong Da *(B1)*. Un petit café un peu défraîchi, mais où finissent toujours par atterrir les voyageurs en quête d'informations. Possibilité de réserver son billet de bus et de louer bicyclettes ou motos. Cuisine basique mais bon marché. Accueil très aimable et empressé.

Christie's et Cool Spot Restaurant, 112 Tran Phu *(B3)*, ☎ (0511) 82 40 48. 10h-23h. Une adresse également pour les touristes, qui y trouvent de nombreuses informations. Cuisines vietnamienne et internationale à petits prix.

Autour de 50 000 VND

Vietnam, 53 Ly Tu Trong *(B2)*, ☎ (0511) 82 38 45. Un restaurant sympathique pour ceux qui séjournent dans le quartier.

De 50 000 à 100 000 VND

Phi Lu, 225 Nguyen Chi Thanh *(B3)*, ☎ (0511) 82 37 72. Midi et soir. Un restaurant très populaire auprès de nombreuses familles vietnamiennes. Cuisine chinoise à prix modérés et portions généreuses. Un peu bruyant toutefois.

Autour de 100 000 VND

Kim Do Restaurant, 180 Tran Phu *(B3)*, ☎ (0511) 82 18 46, k.co@dng. vnn.vn Midi et soir. L'adresse chic de Da Nang. Le cadre est agréable, la cuisine de qualité, mais l'endroit est très fréquenté par les groupes organisés et il vous faudra parfois patienter longtemps avant d'être servi. Service peu aimable.

Plus de 100 000 VND

🍴 **Hana Kim Dinh**, 15 Bach Dang *(C2)*, ☎ (0511) 83 00 24/14. 10h30-23h. 🆑 Ce restaurant flottant offre l'un des cadres les plus agréables pour dîner à Da Nang. Il dispose de deux terrasses d'où l'on peut suivre le ballet des bateaux dans le port tout en savourant une bonne cuisine vietnamienne, chinoise, japonaise ou européenne. Service soigné et attentionné.

Sortir, boire un verre

Cafés / Bars - Christie's et Cool Spot Bar, 112 Tran Phu, ☎ (0511) 82 66 45. 10h-23h.

Bamboo Bar, 5 Bach Dang *(C2)*, ☎ (0511) 83 71 75. Ambiance exotique et musicale pour soirée décontractée autour d'un verre ou d'un billard. Dispose d'informations pour les touristes et propose des excursions dans les environs.

Spectacles - Théâtre municipal, à l'angle des rues Phan Chau Trinh et Hung Vuong *(B3)*.

Discothèques - Pour les noctambules, deux adresses très « couleur locale » : **Royal Hotel**, 17 Quang Trung *(B2)*, ou **Trong Dong**, à la sortie du pont Nguyen Van Troi. Ferme à 23h30.

Loisirs

Excursions - Si vous souhaitez organiser une excursion en voiture au site cham de My Son, renseignez-vous auprès du **Bamboo Bar**, du **Lien Cof-**

fee ou du **Christie's et Cool Spot Bar** (comptez 30 $). L'agence **Danatours** (130 Dien Bien Phu, ☏ (0511) 74 64 47) propose des excursions de un ou deux jours à Ba Na, une station d'altitude (1 482 m) située à 40 km de Da Nang.

HISTOIRE

La porte de l'Indochine

Si le nom de Da Nang n'apparaît que tardivement sur les cartes (17e s.), la région fut occupée dès le 15e s., accueillant de nombreux colons venus du Nord pour exploiter les terres cédées par le royaume du Champa au Dai Viet *(voir p. 73)*. Da Nang devint dès le siècle suivant un port de premier plan, damant peu à peu le pion à la vieille cité commerciale de Hoi An. C'est notamment là qu'accostèrent en 1858 les premiers colons espagnols et français. Trente ans plus tard, ces derniers en firent une de leurs concessions et lui donnèrent le nom de **Tourane**. Elle devint ainsi durant la période coloniale l'une des villes les plus importantes d'Indochine. Les Français expulsés (1945), ce sont les Américains qui débarquèrent là en mars 1965 pour y implanter la plus importante base aérienne et navale du Sud-Est asiatique. La chute de la ville en mars 1975 marqua le début de la démission du régime du Vietnam du Sud. Le pays réunifié, Da Nang fut intégrée à la province de Da Nang-Quang Nam jusqu'en décembre 1996, après quoi il fut décidé qu'elle serait dirigée par un gouvernement autonome, institué le 1er janvier 1997.

VISITE

Comptez une demi-journée.

Si la ville présente de prime abord un visage un peu triste, vous serez surpris en parcourant l'**avenue Bach Dang** de découvrir de superbes demeures coloniales, occupées par divers services administratifs de l'État. Cette promenade le long de la rivière est particulièrement agréable le soir, quand elle se

pare de mille lumières et que de petits cafés de fortune s'improvisent sous les grands arbres face au port.

▸ À hauteur de la rue Le Duan, un **pont** résolument moderne, inauguré le 29 mars 2000, relie maintenant la péninsule de Son Tra.

▸ Plus au sud, passé la rue Hung Vuong, vous parvenez au **marché Han** *(Cho Han) (C3)*, le plus animé de la ville. Maraîchères et ménagères s'activent autour des étals colorés et savamment composés, dont les produits, épices et autres plantes aromatiques saturent l'air de mille senteurs. Accroupies derrière leurs paniers surchargés ou debout derrière leurs éventaires, des femmes laminent avec une étonnante dextérité de larges bandes de pâte de riz. Au martèlement régulier des hachoirs répondent le frétillement des poissons s'ébattant au fond de grosses bassines en acier et le piaillement des volailles dans leurs cages. Le marché se poursuit dans la grande halle couverte qui abrite sur deux étages textiles et produits de consommation courante.

▸ Ressortez du marché par la rue Tran Phu et prenez à gauche, vers le sud. Vous apercevez sur votre droite la **cathédrale** de Da Nang *(B3) (158 Tran Phu, mais l'entrée se fait par le 47A Yen Bai, office à 17h)*, un élégant édifice tout de rose vêtu, élevé en 1923 par les ressortissants français, et qui abrite de jolis vitraux. Rejoignez le bas de la rue Tran Phu jusqu'au carrefour avec les rues Trung Nu Vuong et Bach Dang. Là se dresse le musée d'Art cham.

LE MUSÉE D'ART CHAM★★★

(B4) Comptez 1h de visite.

☏ *(0511) 57 24 14. 7h-17h30. Entrée 20 000 VND.*

Construit en 1915 avec l'aide de l'École française d'Extrême-Orient, ce musée rassemble aujourd'hui la collection la plus complète de sculptures chames, soit plus de 300 œuvres originales en

Pièce du musée d'Art cham

grès et en terre cuite, retraçant l'évolution de l'art du Champa du 7e au 15e s. Il est installé dans un charmant édifice, ouvert sur une cour et un jardin planté de frangipaniers, inspiré de l'architecture des temples chams et réalisé par les architectes Delaval et Auclair d'après les plans d'Henri Parmentier.

▶ Débutez votre visite par la **salle My Son★** au centre de laquelle trône une partie de l'**autel★** retrouvé dans la tour E1 du site de My Son (milieu du 7e s.), et dont les bas-reliefs campent des ermites, priant, méditant ou jouant de la musique. Face à l'entrée, un autre bas-relief représente Vishnu se reposant entre deux ordres cosmiques. Dans la salle Quang Tri attenante, vous pouvez admirer une **statue de Shiva** du 8e s., portant des moustaches et une tenue peu académiques, ainsi qu'un étonnant **bas-relief** représentant une partie de polo (10e s.), sport originaire de Perse qui fit fureur dans la Chine médiévale.

▶ Poursuivez votre visite par la galerie Quang Nam qui abrite notamment deux intéressantes statues de Shiva des 9e et 10e s., puis par la **salle Tra Kieu★★★** où sont exposées les plus belles pièces du musée, des œuvres originales rayonnantes de vigueur et de finesse. Dans l'angle nord-ouest de la salle, un piédestal du 10e s. est en effet sculpté d'une **apsara★★★** d'une très grande beauté, au visage serein, au geste fluide et au déhanché sensuel. Sur le mur opposé, notez également une superbe statue de la **déesse Laksmi★** (9e s.) surmontant une amusante frise d'éléphants, de chevaux et de lions. Au centre de la pièce, le **piédestal de Tra Kieu★★★** est l'un des chefs-d'œuvre de la sculpture chame. Il retrace des événements miraculeux liés à la vie du dieu Krishna. La face nord est animée d'une jolie frise de danseuses célestes, gracieuses et souples. On les croirait toutes semblables, mais chacune d'elles se distingue par sa pose et son vêtement léger.

▶ Passé les salles Quang Ngai et Kontum, vous parvenez à la salle Dong Duong consacrée au site de l'ancienne capitale bouddhique du Champa (9e s.).

Durant cette période, l'architecture et la sculpture adoptèrent un style original et vigoureux, unique dans l'art du Sud-Est asiatique. Parmi les vestiges retrouvés, une statue en bronze du bodhisattva Tara et l'**autel** du temple principal, dont les sculptures illustrent la vie du Bouddha. Dans une salle attenante, quelques photos montrent différents temples chams tels qu'ils apparaissaient avant d'être endommagés ou détruits durant la guerre du Vietnam.

▶ Après les salles Quang Binh et Binh Dinh, la visite s'achève par la salle Thap Mam qui suggère un style nouveau avec lequel apparaissent des sculptures d'animaux fabuleux ou curieusement interprétés, travaillés avec beaucoup moins de finesse qu'auparavant. Les vestiges exposés ici appartiennent au groupe de **tours du Vijaya** édifiées au début du 10e s. près de la citadelle de Do Ban. En sortant du musée, prenez sur votre gauche la rue Trung Nu Vuong jusqu'au carrefour de la rue Nui Thanh. Empruntez cette dernière, et prenez à droite dans la rue Duy Tan. Le musée Ho Chi Minh est situé 250 m plus loin sur la gauche.

LE MUSÉE HO CHI MINH

▶ Le **musée Ho Chi Minh** (B5) (7h-11h30, 13h30-16h30, entrée payante. Attention, le musée refuse parfois les visiteurs dès 16h), décrépit et peu attrayant, retrace la lutte pour l'indépendance menée contre les Français et les Américains à travers l'exposition de photographies, d'objets ayant appartenu à des héros de la guerre et de quelques armes ou maquettes, sur lesquels nous n'avons toutefois aucun commentaire. Dans la cour, à l'extérieur du musée, sont exposés avions, tanks, canons et camions, ainsi qu'une reproduction fidèle de la maison sur pilotis de Ho Chi Minh, intéressante pour ceux qui n'auraient pas la possibilité de visiter l'originale à Hanoi.

▶ Pour rejoindre le centre-ville, prenez la rue Hoang Dieu à gauche en sortant du musée, puis la rue Phan Chau Trinh le long de laquelle vous pouvez admirer les pagodes Tam Bao (au n° 323), Pho Da (n° 340) et Tuong Quang (n° 316). Poussant votre exploration de la ville plus au nord, vous passez devant le théâtre municipal (à l'angle de la rue Hung Vuong), puis prenez à gauche dans la rue Hai Phong.

LE TEMPLE CAODAÏSTE

Au 63 Hai Phong s'élève le deuxième plus grand **temple caodaïste** (B2) du pays. Édifié en 1906, il présente une belle architecture coloniale. À l'intérieur du temple, au-dessus de l'autel sont représentés l'œil divin, symbole du caodaïsme, ainsi que les cinq fondateurs des plus grandes religions du monde : Mahomet, Lao-tseu, Jésus-Christ, le Bouddha et Confucius (voir p. 114). Vous êtes invité à participer à l'une des quatre séances de prière quotidiennes, à 5h30, 11h30, 17h30 et 23h30.

LES ENVIRONS DE DA NANG★

LES MONTAGNES DE MARBRE★★

Comptez 1h30 de visite.

À 8 km au sud-est de Da Nang. Un plan du site est vendu à l'entrée. Il est conseillé de se munir d'une lampe de poche pour explorer les grottes. Entrée 10 000 VND.

Le site de **Ngu Hanh Son** (« montagnes des Cinq Éléments »), plus connu sous l'appellation de « montagnes de Marbre », se compose de cinq collines karstiques sculptées par les eaux de ruissellement, et portant chacune le nom d'un élément premier : Thuy Son (« Eau »), Tho Son (« Terre »), Hoa Son (« Feu »), Kim Son (« Métal ») et Moc Son (« Bois »). Autrefois occupées par les Chams qui y avaient établi des sanctuaires religieux, elles abritent des pagodes et des grottes aux formes fantastiques dans lesquelles sont vénérées des divinités bouddhiques, confucéennes ou taoïstes.

Les fils du dragon

Une légende veut que les monts Ngu Hanh Son soient nés d'un dragon venu de la mer. Celui-ci déposa en effet sur la plage un œuf qui s'ouvrit mille jours et mille nuits plus tard pour donner naissance à une belle jeune fille qui s'envola vers les cieux. L'histoire ne dit pas ce qu'il advint d'elle, mais les fragments de la coquille d'œuf grossirent jusqu'à devenir les cinq montagnes de Marbre.

▶ **Thuy Son**, la plus haute et la plus grande de toutes, est également la plus visitée. L'accès se fait par un escalier très raide dont les marches en marbre rose, bleu, gris ou rouge ont été taillées à même la montagne. Vous parvenez ainsi à la **pagode Tam Thai** construite en 1825 sous le règne de l'empereur Minh Mang. Elle abrite une statue du Bouddha entourée des déesses Quan Am (déesse de la Miséricorde), Van Phu (déesse de la Sagesse et de l'Intelligence) et Pho Hien (déesse de la Générosité et du Pardon).

▶ À l'arrière de la pagode, empruntez sur votre gauche le chemin qui mène aux **grottes Hoa Nghiem** et **Huyen Khong★★**. Cette dernière, haute d'une trentaine de mètres, est un lieu particulièrement magique, baigné par les quelques rayons de lumière qui parviennent à filtrer à travers de minces ouvertures situées sous la voûte. L'air est saturé des volutes d'encens, et l'atmosphère on ne peut plus mystique. Cet ancien sanctuaire cham, qui servit de refuge et d'hôpital aux combattants viet-congs durant la guerre, est devenu un important site de pèlerinage bouddhiste et de nombreux fidèles viennent encore se recueillir auprès des statues du Bouddha, de Van Phu et de Pho Hien qui trônent là.

▶ Derrière la pagode Tam Thai, la **grotte Linh Nham** abrite les statues très kitsch du Bouddha et de deux gardiens, conservées sous une châsse de verre. Poursuivant le sentier, vous passez sous un porche et parvenez dans un défilé coincé entre deux falaises. Sur votre droite se trouve la **grotte**

Van Thong (*c'est le moment de sortir votre lampe de poche !*), qui abrite un bouddha derrière lequel vous découvrirez un passage étroit permettant d'accéder – après quelques contorsions – au sommet du pic. On a de là une superbe **vue★** sur Da Nang, la mer et les quatre autres montagnes de Marbre.

▶ Le **pavillon Vong Hai**, situé un peu plus loin, offre également un joli point de vue sur la mer et le village de Non Nuoc.

▶ Le sentier aboutit enfin à la **pagode Linh Ung**, construite par l'empereur Minh Mang, mais rénovée en 1970 grâce aux donations de fervents bouddhistes. À l'arrière de la pagode, la **grotte Tang Chon** est un dédale de roche abritant des bouddhas assis et couchés ainsi que quelques vestiges chams datant de plus de 900 ans. De là, un escalier vous permet de redescendre vers le village de Non Nuoc.

▶ Le marbre extrait des collines est sculpté depuis des générations par les artisans du **hameau de Non Nuoc**, qui s'étire au pied de Thuy Son. En vous promenant le long de la route vous les verrez façonner statues d'animaux, du Bouddha ou de Ho Chi Minh, objets divers et bijoux, dans le vacarme des ponceuses et des coups de burin.

MY KHE ET CHINA BEACH★

Non loin de Da Nang, les plages My Khe et China Beach s'étirent à perte de vue.

Se loger

▶ *À My Khe Beach*
De 15 à 40 $

My Khe Beach Hotel, 142 Nguyen Van Thoai, Son Tra District, ☎ (0511) 83 61 25 ou 83 66 62 - 40 ch. ⌁ 🖳 📺 ✕ ⌕ Une bonne adresse pour qui souhaiterait séjourner au bord de la plage à moindre coût. Les chambres, agréables et propres, sont réparties dans différents bâtiments selon leur catégorie.

Certaines disposent d'un balcon avec vue sur la mer. Quatre chambres basiques à 10 $.

De 30 à 80 $

☺ **Tourane Hotel**, Phuoc My Ward, Son Tra District (à côté du My Khe Beach), ☎ (0511) 93 26 66 ou 93 22 22, tourinco@dng.vnn.vn - 30 ch. ⌁ 🖳 📺 ✕ ⌕ Les chambres, très agréables et meublées avec goût, sont situées dans de belles villas de style colonial, en bordure de plage.

▶ *À China Beach*
Évitez le Non Nuoc Beach Resort qui est absolument sinistre.

Plus de 200 $

☺ **Furama Resort**, 68 Ho Xuan Huong, ☎ (0511) 84 73 33 ou 84 78 88, furamadn@hn.vnn.vn - 186 ch. ⌁ 🖳 📺 ✕ ⌕ ⌁ ⌕ Salle de gymnastique, massages, sauna, ascenseur, boutiques, salon de beauté et de coiffure, centre d'affaires, minibar dans les chambres. L'une des adresses les plus luxueuses du Vietnam où tout est d'un goût exquis. Cet établissement propose de superbes chambres parquetées avec mobilier de style colonial, salle de bains en marbre et balcon donnant sur la plage ou la piscine. Cuisines asiatique et européenne de qualité servies dans l'un des quatre bars-restaurants de l'hôtel. Soirées paisibles, bercées par les notes jazzy du pianiste, dans le *lounge* à l'atmosphère feutrée. Service de très grande classe.

À voir, à faire

Ces longues plages de sable blanc firent le plaisir des GI's avant de séduire les touristes. Quelques hôtels y ont aujourd'hui élu domicile, mais la plage demeure en partie déserte et vous aurez tout le loisir de trouver un petit coin tranquille pour vous faire dorer au soleil et profiter des plaisirs de la mer en toute tranquillité.

☺ Vous pouvez également profiter de votre séjour pour visiter le site cham de My Son, à 50 km au sud de Da Nang *(voir p. 306).*

HOI AN★★★

😊 **La plus belle ville du pays**

😠 **La foule en pleine saison touristique**

Quelques repères

Province de Quang Nam - 30 km de Da Nang, 130 km de Hué, 510 km de Nha Trang - 75 000 hab. - Plan p. 295.

À ne pas manquer

Les vieilles maisons chinoises de Hoi An.

Une balade dans le marché au petit matin.

Conseils

Planifiez vos visites pour tirer au mieux parti de votre pass.

Profitez du centre historique lorsqu'il est fermé à la circulation ou encore l'après-midi quand tout le monde est à la plage.

Louez une petite embarcation pour faire le tour l'île Cam Nam (2h).

Bercée par les eaux tranquilles de la rivière Thu Bon, Hoi An semble endormie, sous l'effet d'un enchantement qui aurait suspendu le temps. Il en est ainsi lorsque, le matin ou le soir, la brume envahit les eaux, remplissant de coton les larges filets des pêcheurs étendus tout au long de la rivière. Avec ses maisons colorées aux façades décrépites et patinées, Hoi An possède ce charme suranné que rien ne semble vouloir troubler. Pourtant, partout en ville, de petits artisans œuvrent dans leur boutique, perpétuant la tradition artisanale hoïannaise. Les ruelles se parent de lanternes, de peintures ou de soieries aux couleurs chatoyantes, résonnent des coups de burin et du ronronnement des machines à coudre... Les touristes ne s'y sont pas trompés, qui viennent ici toujours plus nombreux et n'hésitent pas à prolonger leur séjour pour profiter de la quiétude des lieux ou de la plage de Cua Dai, à 5 km de là. Tout entière vouée au tourisme, Hoi An a vu fleurir ces dernières années restaurants, bars, cafés Internet et agences de voyages, ainsi qu'une multitude de boutiques proposant des vêtements taillés sur mesure en un temps record.

Arriver ou partir

En bus - La gare routière est à 1 km à l'ouest du centre-ville, au 74 Huynh Thuc Khang. Pour Da Nang (1h), des départs plus fréquents, toutes les 30mn de 5h20 à 17h50, à l'angle des rues Le Hong Phong et Nhi Trung. Pour les autres destinations, il faut emprunter l'un des bus privés dont les billets sont vendus dans les hôtels et agences de voyages.

Visiter Hoi An

Le pass - La ville impose un pass (50 000 VND) donnant accès à un musée, une maison commune, une vieille demeure, le pont japonais ou la pagode Quan Cong et un site au choix. Pour toute visite supplémentaire, il vous faudra acheter un nouveau forfait. Ces billets sont en vente dans les bureaux de l'office du tourisme *(voir ci-dessous)*.

Comment circuler

À pied - Hoi An se découvre à pied, la vieille ville étant interdite aux véhicules trois jours par semaine (lundi, mercredi et samedi) de 8h30 à 11h, de 13h30 à 16h30 et de 18h à 21h, ainsi que le 14e jour du mois du calendrier lunaire aux mêmes heures.

Location de vélos et de motos - Dans les hôtels et agences de voyages. Comptez de 5 à 10 000 VND par jour pour un vélo et 50 000 VND pour une moto.

Adresses utiles

Office du tourisme - Plusieurs offices du tourisme sont disséminés dans la ville au 12 Phan Chu Trinh, au 37 Tran Phu, au 78 Le Loi, ainsi qu'au 19 Nhi Trung et dans la rue Nguyen Thi Minh Khai.

Possibilité de visites guidées. Si vous souhaitez rencontrer un guide francophone, demandez Le au 12 Phan Chu Trinh. 7h-17h30.

Banque / Change - **Vietcombank**, 4 Hoang Dieu. Lundi-samedi 7h30-19h. Traveller's cheques, cartes Visa, Mastercard et American Express. Transfert d'argent par Western Union. Autres agences au 78 Le Loi (lundi-vendredi 7h-18h30) et au 29 Phan Dinh Phung (6h-22h). Distributeur ATM à la poste (voir ci-dessous) et au Hoi An Hotel (6 Tran Hung Dao).

Hoi An Bank for Agriculture, 92 Tran Phu. Lundi-samedi 7h-17h. Cartes Visa et Mastercard.

Poste / Téléphone - **Buu Dien Hoi An**, à l'angle de Ngo Gia Tu et Tran Hung Dao, ☏ (0510) 86 14 80. 6h-21h30. Téléphone et Internet.

Internet - De nombreux hôtels, restaurants et agences disposent d'un accès Internet. Comptez 300 VND/mn.

Santé - **Hôpital général**, 4 Tran Hung Dao, ☏ (0510) 86 12 18.

Compagnie aérienne - **Vietnam Airlines**, 20 Tran Phu, ☏ (0510) 86 32 79.

Agences de voyages - Il y a pléthore d'agences en ville, proposant toutes des services identiques à des prix similaires, de la vente de billets de bus, de bateau ou d'avion aux excursions organisées aux sites de My Son, My Lai et dans les îles chames.

L'agence **Sinh Café** est située au 37 Phan Dinh Phung.

Se loger à Hoi An

Moins de 10 $

Thanh Binh, 1 Le Loi, ☏ (0510) 86 17 40 ou 86 22 64 - 15 ch. ◌ ⟲ Une adresse pour petits budgets offrant un bon rapport qualité-prix. Les chambres sont agréables et bien tenues. Comptez 2 $ de plus pour l'air conditionné.

Phu Thinh 1, 144 Tran Phu Trung, ☏ (0510) 86 12 97, minhthaoha@dng. vnn.vn - 15 ch. ◌ ▤ 📺 ✕ Cet hôtel pour petits budgets n'a certes pas le charme du Minh A, mais il bénéficie lui

aussi d'une situation centrale, au cœur de la ville historique. L'ensemble mériterait un coup de neuf et les chambres les plus agréables sont celles du 1er étage (avec balcon).

SeaStar, 15 CuaDai,☏ (0510) 86 15 89 - 15 ch. ◌ ▤ 📺 ✕ Un des hôtels les moins chers de la ville (6 $ sans air conditionné).

De 8 à 12 $

Huy Hoang, 73 Phan Boi Chau (près du pont Cam Nam), ☏ (0510) 86 22 11, kshuyhoang@dng.vnn.vn - 26 ch. ◌ ⟲ ▤ ✕ Situé à l'entrée du quartier français, au bord de l'eau, l'hôtel dispose de chambres bien tenues quoique relativement sommaires. Les moins chères n'ont pas de fenêtre ouvrant sur l'extérieur, celles des catégories supérieures sont plus récentes et plus agréables. Terrasse surplombant la rivière.

De 8 à 25 $

Green Field, 1C Cua Dai, ☏ (0510) 86 34 84, www.greenfieldhotel.com - 65 ch. ◌ ▤ 📺 ✕ ⛆ Les premiers prix des chambres avec air conditionné sont à 10 $. Un des rares hôtels à ce tarif ayant une piscine.

De 10 à 15 $

Dong Xanh Hotel, 1C Cua Dai, ☏ (0510) 86 34 84 - 20 ch. ◌ ⟲ 📺 ✕ 💳 L'hôtel n'a pas beaucoup de charme, mais les chambres sont très bien pour le prix, et certaines disposent d'un balcon.

Hoai Thanh, 23 Le Hong Phong, ☏ (0510) 86 12 42 - 43 ch. ◌ ▤ 📺 Un peu à l'écart de la vieille ville, à proximité de l'église de Hoi An, une adresse sans grand cachet, mais d'un confort et d'une propreté acceptables.

Sao Bien, 15 Cuaz Dai, ☏ (0510) 86 15 89 - 15 ch. ◌ ⟲ ✕ Établissement sans originalité ni surprise. Propre et correct, rien de plus.

☺ **Minh A**, 2 Ngyuen Thai Hoc, ☏ (0510) 86 13 68 - 5 ch. ⟲ Vous serez reçu avec beaucoup de gentillesse dans cette ancienne maison typique, très agréable et très propre. Les salles de bains sont toutes au rdc. Demandez (et réservez à l'avance) la chambre du 1er étage, une des plus authentique

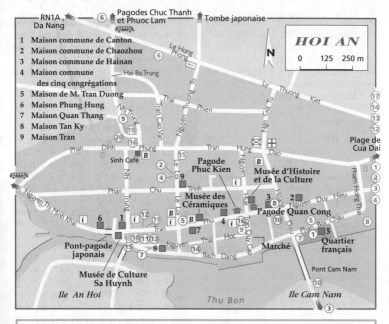

HÔTELS

Ancient House Resort ①
Cua Dai ②
Dong Xanh Hotel ③
Green Field ④
Ha An Hotel ⑤
Hoai Thanh ⑥
Huy Hoang ⑦
Life Resort Hoi An ⑧
Minh A ⑨
Pho Hoi 2 ⑩
Phu Thinh 1 ⑪
Phu Thinh 2 ⑫
Sao Bien ⑬
Sea Star ⑭
Thanh Binh ⑮
Thanh Binh 2 ⑯
Victoria Hoi An Resort ⑰
Vinh Hung 1 ⑱
Vinh Hung 2 ⑲
Vinh Hung 3 ⑳

RESTAURANTS

Brother's Café ①
Café Bobo ②
Cam Thu ③
Dudi Restaurant ④
Faifoo Restaurant ⑤
Hai Tan ⑥
Mango Rooms ⑦
Mermaid Restaurant ⑧
Miss Ly Cafeteria 2 ⑨
Restaurant du marché ⑩
Tam Tam Café ⑪
Thanh Thanh ⑫
The Lounge ⑬
The Thanh Restaurant ⑭
Vinh Hung ⑮
Wan Lu ⑯

du pays. Fermée par des panneaux de bois, agrémentée d'un salon et d'une petite terrasse, c'est une véritable suite pour routard. Idéal pour ceux qui vivent à l'heure du pays, car le balcon donne sur le marché qui s'anime de très bonne heure. Pas de petit-déjeuner.

De 12 à 20 $

Thanh Binh 2, Hai Ba Trung - Nhi Trung (à côté du Vinh Hung 2), ☎ (0510) 86 37 15, vothihong@dng.vnn.vn 33 ch. ♒ 🎋 🖳 📺 ✗ Construit dans le style des demeures chinoises, cet hôtel offre un cadre agréable et ses chambres, lumineuses et bien tenues, possèdent beaucoup de cachet, notamment les plus grandes, avec salon et balcon. Pratique :

si l'hôtel est complet, vous trouverez à proximité un bon nombre d'autres établissements.

De 15 à 20 $

Vinh Hung 3, Nhi Trung, ☎ (0510) 9162 77, quanghuy.ha@dng.vnn.vn - 24 ch. ♒ 🖳 📺 ✗ 🚿 🆑 Le moins cher des hôtels Vinh Hung propose des chambres moins charmantes que ses deux aînés. On apprécie néanmoins la jolie petite piscine sur le toit.

De 15 à 30 $

🅐 **Vinh Hung 1**, 143 Tran Phu, ☎ (0510) 86 16 21 ou 86 36 97, www.vinhhunghotels.com - 12 ch. ♒ 🖳 📺 🆑 Située au cœur de la vieille ville, cette belle maison chinoise, que l'on repère le soir à ses jolies lanternes, abrite un hôtel agréable, calme et accueillant. Les deux chambres (nos 206 et 208) situées dans la partie ancienne sont de vrais lieux d'atmosphère, avec un superbe mobilier chinois et un large lit à baldaquin. Elles sont toutefois plus chères (35 $) que les autres, pluôt banales.

De 20 à 30 $

🐝 **Cua Dai**, 18A Cua Dai, ☎ (0510) 86 22 31, www.hoianhospitality.com - 12 ch. ◁▌ 🔲 📺 ✕ 🆑 Ce charmant hôtel installé dans une maison coloniale propose des chambres claires aménagées avec goût. Au 1er étage, une agréable terrasse pour lire ou se détendre. Le restaurant est situé dans une véranda attenante. Malheureusement l'ensemble est un peu vieillissant. L'accueil reste sympathique.

🐝 **Vinh Hung 2**, Nhi Trung, ☎ (0510) 86 37 17 ou 86 40 74, quanghuy.ha@dng. vnn.vn - 31 ch. ◁▌ 🔲 📺 ✕ 🗾 🆑 Ce bel établissement moderne s'organise autour d'un patio central et de sa piscine, bien appréciable quand la ville est écrasée par une chaleur caniculaire. Les chambres, spacieuses et confortables, disposent pour la plupart d'un balcon et sont meublées avec goût. Certaines, décorées dans le style chinois, ont beaucoup de caractère. Personnel très sympathique et service attentionné.

Phu Thinh 2, 144 Cua Dai, ☎ (0510) 92 39 23, www.phuthinhhotels.com - 53 ch. ◁▌ 🔲 📺 ✕ 🗾 🆑 Cet hôtel de style Chine impériale est situé à 1 km du centre. Les chambres sont joliment décorées, certaines possèdent un balcon avec vue sur la piscine et sur une impressionnante rizière.

De 25 à 55 $

Ha An Hotel, 6-8 Phan Boi Chau, ☎ (0510) 86 31 26, tohuong@ftp.vn - 24 ch. ◁▌ 🔲 📺 ✕ 🆑 Dans une rue calme mais à deux pas du marché, cette belle maison d'époque abrite des chambres simples et de bon goût. Terrasse et jardin.

De 30 à 60 $

Pho Hoi 2, Cam Nam, ☎ (0510) 86 26 28, www.phohoiriversidehoian.com - 26 ch. ◁▌ 🔲 📺 ✕ 🆑 Cette grande bâtisse de trois étages s'élève au bord de l'eau, de l'autre côté du pont Cam Nam. L'endroit ne manque pas d'attrait et les chambres sont claires et propres, certaines donnant sur le jardin, d'autres sur la rivière. Quelques chambres basiques pour 15 $.

De 60 à 100 $

🐝 **Ancient House Resort**, 61 Cua Dai, ☎ (0510) 92 33 77, www.ancienthouse-resort.com - 42 ch. ◁▌ 🔲 📺 ✕ 🗾 🆑 Les logements sont construits autour d'un jardin et d'une ancienne maison où vit toujours la famille. Les chambres, peintes à la chaux, sont particulièrement reposantes avec leur joli mobilier en bois.

Plus de 100 $

🐝 **Life Resort Hoi An**, 1 Pham Hong Thai, ☎ (0510) 91 45 55, www.life-resort.com - 94 ch. ◁▌ 🔲 📺 ✕ 🗾 🆑 Une des adresses les plus confortables et chaleureuses de Hoi An. Les chambres sont réparties entre plusieurs bâtiments de style colonial. Toutes disposent d'un porche donnant sur le jardin ou la rivière. De nombreux groupes descendent ici, aussi pensez à réserver si vous désirez une chambre en particulier.

Plus de 150 $

Victoria Hoi An Resort, Cam An Beach, ☎ (0510) 92 70 40, www.victoriahotels-asia.com - 100 ch. ◁▌ 🔲 📺 ✕ 🗾 🆑 À 5 km de Hoi An, vous logez soit dans de splendides bungalows, soit dans des chambres avec vue sur la mer ou sur la piscine. Havre de paix et décor inspiré de l'architecture traditionnelle des villages de pêcheurs. Possibilité de faire de la voile et du tennis, location de motos side-car Oural avec chauffeur.

Se restaurer à Hoi An

N'hésitez pas à goûter aux spécialités régionales : le *cau lau* (pâte de riz macérée dans de l'eau de cendre, couverte d'une marinade de porc frit, servie avec de la salade et des germes de soja), le *bong hong trang* ou *white rose* (pâte de riz fine et blanche farcie d'un hachis de crabe et de crevettes) et le *hoanh thanh* ou *won-ton* (pâte de farine farcie aux crevettes et frite).

Moins de 25 000 VND

Dans la rue Le Loi, plusieurs établissements attirent une clientèle de voyageurs : parmi eux, le **Café Bobo**, au n° 18, en face de l'hôtel Thuy Duong, et son voisin le **Dudi Restaurant**.

Restaurant du marché, Tran Phu. Le midi seulement (ferme à 14h). Cinq familles vendent chacune à une table un assortiment de poisson, de viande de porc, de pommes de terre confites, etc. Pas de menu mais vous composez votre assiette directement en choisissant parmi les plats présentés. Vous y goûterez de délicieuses spécialités traditionnelles de Hoi An.

De 25 000 à 50 000 VND

Faifoo Restaurant, 104 Tran Phu, ☎ (0510) 86 15 48. Petit restaurant sympathique permettant de suivre l'animation de la rue Tran Phu. Poisson, fruits de mer et plats vietnamiens pour 50 000 VND le menu complet. Belle terrasse au 1er étage.

Mermaid Restaurant, 2 Tran Phu, ☎ (0510) 86 15 27, www.hoianhospitality.com Le lieu se fait discret en journée, mais, dès la nuit tombée, la terrasse s'illumine, invitant le passant à un dîner à la lueur des lanternes et des bougies. Cuisines internationale et vietnamienne, poissons et fruits de mer.

The Thanh Restaurant, 76 Bach Dang, ☎ (0510) 86 13 66. 7h-23h. Restaurant installé dans une maison chinoise, face à la rivière. Cuisine vietnamienne et plats de poisson.

Miss Ly Cafeteria 2, 03 Ba Trieu, ☎ (0510) 91 62 52, lycafe22@yahoo. com En attendant la réouverture de Miss Ly Cafeteria 22 dans une maison ancienne entièrement restaurée (rue Nguyen Hue), les touristes continuent d'affluer chez Miss Ly. Une adresse appréciée depuis des années.

Wan Lu, 27 Tran Phu, ☎ (0510) 86 12 12. Spécialités locales dans une belle maison traditionnelle. Rien ne semble distinguer ce restaurant parmi la multitude des autres établissements de la rue, si ce n'est sa clientèle vietnamienne.

Vinh Hung Restaurant, 147B Tran Phu, ☎ (0510) 86 22 03. Un endroit paisible et un cadre très agréable, surtout le soir quand la terrasse est illuminée par une multitude de lanternes chinoises. Petites nappes sur les tables et beau mobilier en bois. Cuisine vietnamienne à la carte ou menus composés de deux ou trois plats.

Thanh Thanh Restaurant, 152 Tran Phu, ☎ (0510) 86 13 08. Bonne cuisine vietnamienne. L'adresse est recommandée pour ses *hot pot* et ses poissons au barbecue. Petite terrasse sur la rue, installée à même le trottoir.

Hai Tan Restaurant, Nhi Trung (en continuant vers le nord jusqu'à ce que vous arriviez aux rizières sur la droite, c'est juste de l'autre côté de la route). Un très bon restaurant qui ne paie pas de mine. Essayez les *ech chien* (grenouilles) ou le *luon* (anguille) qui ne figurent pas sur la carte, mais sont néanmoins succulents.

De 50 000 à 100 000 VND

Tam Tam Café, 110 Nguyen Thai Hoc, ☎ (0510) 86 22 12, tamtam. ha@dng.vnn.vn Ouvert de 9h à 0h. L'endroit est tenu par un Français originaire de Normandie qui a aménagé avec goût une résidence coloniale du début du siècle. Cadre agréable avec musique d'ambiance et lumière tamisée. Cuisines internationale et vietnamienne. Menus et suggestions du jour pour des plats plus élaborés. Service soigné.

Mango Rooms, 111 Nguyen Thai Hoc, ☎ (0510) 91 08 39, mangocafe@yahoo.com Le cuisinier, qui a beaucoup voyagé, propose des plats originaux aux accents de Thaïlande. La décoration est assez design, en accord toutefois avec les tons de la rue. Bonne idée : le chef donne aussi des cours de cuisine en fin de matinée (de 11h à 13h, 100 000 VND par personne).

The Lounge, Nguyen Thai Hoc. Superbement aménagée en bar-restaurant, une autre très belle maison de la rue

Nguyen Thai Hoc qui s'essaye à la vie nocturne.

Brother's Café, 27 Phan Boi Chau, ☎ (0510) 91 41 50. Cette demeure coloniale française admirablement restaurée abrite un des restaurants les plus réputés de Hoi An. Le jardin qui descend jusqu'à la rivière est un délicieux endroit pour prendre un verre.

Cam Thu, Cam Nam, ☎ (0510) 86 48 48. Traversez le pont Cam Nam et continuez jusqu'à ce que la rue fasse un angle droit. Le restaurant, sur pilotis, est juste à ce niveau. Les poissons sont excellents, mais les prix un peu élevés pour le standing. L'établissement est pourtant uniquement fréquenté par une clientèle vietnamienne. En chemin, la route passe le long d'une dizaine de gargotes posées au bord d'un bras de la rivière. Moins chères que le Cam Thu, vous pouvez venir y manger, boire un verre, lire ou jouer aux cartes.

Sortir, boire un verre

Cafés / Bars - **Tam Tam Café**, 110 Nguyen Thai Hoc, ☎ (0510) 86 22 12, tamtam.ha@dng.vnn.vn 10h-1h. Le bar attenant au restaurant est un lieu à l'ambiance très conviviale.

Treat's Café, 158 Tran Phu, ☎ (0510) 86 11 25. Une adresse sympathique avec terrasse donnant sur rue et cour intérieure ombragée où l'on peut jouer au billard. *Happy hours* de 18h à 21h.

Cham Pa Bar, 75 Nguyen Thai Hoc, ☎ (0510) 86 29 74. Tous les soirs spectacles de danse et de musique traditionnelles à l'étage, mais au rdc ambiance décontractée, billard et musique branchée.

Treat's, 31 Tran Hung Dao Chau, ☎ (0510) 86 22 78. Un bon nombre de *back-packers* se retrouvent dans ce bar, qui est l'un des derniers à fermer ses portes le soir.

Restaurant Son, Cam Chau, ☎ (0510) 86 11 72. Café-bar-restaurant dans une paillote sur pilotis installée sur un bras de la rivière Thu Bon, à mi-chemin entre la ville et la plage de Cua Dai. Le cadre colonial, les filets des pêcheurs suspendus au-dessus de l'eau et les cultures alentour ont raison de la route qui passe derrière. Rien d'extraordinaire d'un point de vue culinaire, mais certainement une halte agréable sur la route de la plage.

Spectacles - Des spectacles de musique folklorique et de danses traditionnelles sont présentés tous les soirs (sauf le dimanche) à 19h30 sur le bateau culturel amarré le long de la rivière Thu Bon (20 000 VND, réservé aux groupes) ou à 21h au théâtre du **Champa Bar**, 75 Nguyen Thai Hoc (40 000 VND). Durée du spectacle : 1h.

Loisirs

Excursions - Le site de My Son, au programme de toutes les agences de voyages, est très accessible de Hoi An *(voir p. 306 pour la visite)*. La plupart des agences proposent aussi des excursions en bateau dans les **îles chames** et sur la rivière Hoi An. Notez que les petits bateaux amarrés le long du quai demandent environ 30 000 VND pour un tour de 1h (ou 50 000 VND pour un peu plus de 2h) vers les îles ou autour de l'**île Cam Nam**. Comptez à partir de 60 000 VND l'excursion au village des potiers, à Thua Thinh et à la plage de Cua Dai (2-3h).

Activités sportives - **Lao Cham Sailing Club Hoi An**, 98 Bach Dang, ☎ (0510) 91 07 82, laochamsailing@hotmail.com Activités nautiques, plongée et excursions sur l'**île de Cham**. Certes, l'adresse est deux fois plus chère qu'ailleurs, mais Lodovico, installé ici depuis près de dix ans, et toute l'équipe pratiquent un tourisme équitable autour de rencontres et de repas avec les pêcheurs de l'île.

Piscine - La piscine de l'hôtel Hoi An est ouverte aux non-résidents pour 20 000 VND.

Fêtes / Festivals - Chaque année, le dernier dimanche de mars ou le premier dimanche d'avril, le festival des Pêcheurs célèbre les esprits afin d'assurer la prospérité des villages de pêcheurs. Une procession accompagnée de musiciens et de chanteurs remonte la rivière.

Achats

Artisanat - La **Maison d'artisanat traditionnel de Hoi An** (41 Le Loi) regroupe les différents métiers de la ville : sculpture sur bois, broderie, vannerie, filature et tissage de la soie.

Vêtements - De nombreuses boutiques proposent de vous confectionner un vêtement sur mesure en quelques heures et pour trois fois rien *(voir p. 303)*. Attention toutefois, car, désormais, rares sont les nouvelles boutiques qui ne fassent faire le travail dans un atelier-usine à l'extérieur de Hoi An, au détriment de la qualité.

Galeries - De l'autre côté du pont japonais, vous trouverez une concentration de galeries de peinture intéressantes.

HISTOIRE

Si Hoi An est aujourd'hui une bourgade paisible, l'ancienne **Faifo** fut, deux siècles durant, un maillon de la chaîne des comptoirs du Sud-Est asiatique et le plus grand port commercial du pays. Elle constitua dès le 15e s. un carrefour maritime important, où mouillèrent nombre de navires marchands venus d'Asie. Au 16e s., les échanges sino-japonais se développèrent dans la province de Quang Nam, suite à l'interdiction faite aux bateaux nippons de faire escale dans un port chinois.

Une cité florissante

Fondée officiellement entre 1602 et 1613 avec le soutien du gouverneur **Nguyen Phuoc Nguyen** (1563-1635), Hoi An connut au cours des deux siècles suivants une intense période commerciale, à laquelle participèrent les Européens – Hollandais, Anglais, Français et Portugais. On y écoulait de la soie, du thé, des épices, de la porcelaine et de la laque. Il s'agissait dans un premier temps de simples échanges de marchandises et d'activités saisonnières liées à la période des moussons, mais le commerce prospérant, nombre de marchands s'installèrent finalement dans la cité, où ils se firent construire de riches demeures leur servant à la fois d'habitation, de boutique et d'entrepôt. Peu à peu, les quartiers japonais, chinois et français se dessinèrent et diverses communautés, vivant chacune selon ses us et coutumes, vinrent à se côtoyer. Avec les Européens débarquèrent aussi les premiers missionnaires. Parmi eux, le **père Alexandre de Rhodes** qui, arrivé en 1625, résida trois ans à Hoi An. C'est à lui que l'on doit la latinisation de la langue vietnamienne *(voir p. 135)*.

À la fin du 18e s., la guerre opposant les Nguyen aux Trinh, puis la révolte des Tay Son endommagèrent gravement la ville et marquèrent le déclin du port de Hoi An au profit de celui de Da Nang. L'ensablement de la rivière sonna le glas du transport maritime, empêchant toute navigation autre que celle des barques et sampans.

Un musée à ciel ouvert

Petit joyau d'architecture, Hoi An présente un caractère unique. La coexistence des communautés chinoise, japonaise et occidentales au cours des siècles derniers est à l'origine d'un échange culturel fertile se traduisant par la combinaison de différents styles architecturaux, ce qui n'empêche pas une certaine harmonie.

Ne manquez pas de visiter l'une des vieilles **maisons chinoises** qui font la fierté de la ville. Ces anciennes maisons de commerce chinoises tout en longueur sont dotées de deux portes, l'une ouvrant sur la rue, la seconde sur la rivière. Elles se composent de trois parties : à l'avant, la boutique ; dans la partie centrale, le salon, la cour intérieure et le puits ; et à l'arrière, une pièce où étaient stockées les marchandises.

En vous baladant dans les rues de la ville, vous pourrez aussi observer d'autres curiosités architecturales, telles que les **devantures en bois** de certaines boutiques composées de longues planches horizontales glissées entre deux piliers, les **toitures** des maisons couvertes de tuiles courbes disposées en yin (concave) et en yang (convexe) permettant un meilleur écoulement de l'eau, ou encore les **yeux de la porte**, talismans en forme de fleur placés au-dessus de la porte et destinés à chasser les mauvais génies de la demeure.

Depuis 1991, d'importants travaux de rénovation des édifices historiques ont été entrepris avec l'aide d'équipes japonaises pour préserver ce patrimoine culturel d'une valeur inestimable. Certains trouveront peut-être cette ville trop touristique, voire artificielle. Mais la réhabilitation de Hoi An est un cas unique au Vietnam, et donne aujourd'hui à voir la plus belle ville du pays. Le centre historique n'est fermé que partiellement à la circulation, mais les projets ne manquent pas : rendre piétonne cette zone toute la semaine, interdire les néons, enterrer les câbles électriques, enlever les antennes de télévision, ou enfin détruire les quelques maisons en béton de ces dernières décennies, pour reconstruire les précédentes à l'identique, en suivant les plans d'époque. Une ambition qui pourrait faire école dans le pays…

VISITE

Comptez une journée à pied.

Inscrite au patrimoine mondial de l'Unesco en décembre 1999, la cité est un véritable musée vivant où pas moins de 844 sites d'intérêt historique ont été recensés, tels que ponts, puits, pagodes et maisons particulières. C'est de cette atmosphère unique, empreinte d'une certaine nostalgie, que vient s'imprégner le voyageur, flânant au hasard des rues à la découverte de ce port marchand d'un autre temps.

AUTOUR DE LA RUE TRAN PHU

Hoi An a accueilli au cours de son histoire une large communauté chinoise, venue des diverses régions de Chine. Ces immigrants bâtirent à Hoi An des sièges sociaux, où ils pouvaient se retrouver pour le culte de leurs ancêtres. Ces maisons communes sont parfois appelées pagodes, mais on y célèbre uniquement des divinités que l'on souhaite remercier pour l'aide apportée à la communauté chinoise.

Les maisons chinoises★

▶ Dissimulée aux regards des passants derrière une haute clôture mêlant les styles chinois et japonais, la **maison de culte de la famille Tran★★** fut construite en 1802 par un mandarin civil du nom de Tran Tu Nhac et consacrée au culte de ses ancêtres *(21 Le Loi, à l'angle de la rue Phan Chu Trinh, 7h30-18h, entrée payante)*. La visite est d'autant plus intéressante qu'elle est assurée par les filles de M. Tran, dont l'une, Ngoc Thao, parle parfaitement le français. On pénètre d'abord dans un joli jardin fleuri, appelé « jardin de l'Ouest », qui symbolise le futur et le paradis, tandis qu'à l'arrière de la demeure, le jardin de l'Est, planté d'un carambolier, où sont enterrés les cordons ombilicaux de tous les membres de la famille, désigne le passé. La maison représente quant à elle le temps présent et se divise en deux parties : la première est réservée au lieu de culte, la seconde à l'habitat.

▶ Les trois pièces qui composent la **chapelle** évoquent successivement le bonheur, la prospérité et la longévité. Les visiteurs sont accueillis dans l'antichambre, véritable petit musée familial à l'atmosphère intime, dont vous pouvez admirer le beau mobilier de bois sombre, les lanternes et les panneaux gravés de caractères chinois contant l'histoire de la maison. Dans la salle de culte se dresse l'**autel des ancêtres**, dont la responsabilité se transmet de père en fils aîné. Prenez garde à la marche, le seuil entre les deux pièces est volontairement haut afin d'obliger le visiteur à baisser la tête devant l'autel ! Chacune des boîtes en bois disposées là renferme la relique d'un ancêtre. Dans la troisième pièce, vous pouvez admirer la superbe collection familiale de **céramiques**, constituée génération après génération.

▶ Redescendez la rue Le Loi et prenez à gauche dans la rue Tran Phu jusqu'à la **maison Quan Thang**, sise au n° 77 *(6h-18h, entrée payante. La pro-*

La pagode Long Tuyen

priétaire ne parle ni anglais ni français). Elle fut construite il y a plus de 200 ans par un commerçant chinois et présente beaucoup de similitudes avec la maison Tan Ky. Visitez de préférence cette dernière qui est mieux préservée.

▶ De l'autre côté de la rue, au n° 80, le **musée des Céramiques de commerce★** *(7h-18h, entrée payante)* est installé dans une élégante maison chinoise en bois du début du 20e s. Elle était à l'origine utilisée comme lieu d'habitation et comme boutique, et fut restaurée de 1993 à 1995 avec l'aide du gouvernement japonais. Y sont aujourd'hui exposés des morceaux de céramiques chinoises, japonaises et vietnamiennes retrouvés lors de fouilles effectuées dans la région, ainsi que divers dessins retraçant les modèles d'architecture typiques de la ville.

Les maisons communes★

▶ Passé la **maison commune des cinq congrégations** *(64 Tran Phu, entrée libre)*, construite en 1741 pour regrouper tous les Chinois vivant à Hoi An, vous parvenez à la **maison commune de la congrégation chinoise de Fujian★★**, appelée également **pagode Phuc Kien** *(46 Tran Phu, 7h-18h, entrée payante)*. Édifiée en 1697, elle fut consacrée à la déesse de la Mer, Thien Hau Thanh Mau, par les mandarins chinois de la dynastie Ming qui durent émigrer et rejoindre le Vietnam en bateau, suite aux combats qui les opposèrent aux Mandchous en 1644.

▶ Un superbe porche de briques roses, reconstruit en 1974, précède la maison et ouvre sur une large terrasse arborée et fleurie. En pénétrant dans la pagode, vous apercevez, de part et d'autre de la table autour de laquelle siégeaient les notables, deux belles **fresques en relief★**. Celle de gauche représente le combat entre Ming et Mandchous, celle de droite, la déesse de la Mer portant assistance à un navire en perdition. Un premier autel est dédié à la déesse de la Compassion, et deux êtres étranges gardent l'accès du second, consacré à la déesse de la Mer : Thien Ly Nhan (en vert), dont la vue porte à 1 000 lieues, et Thuan Phong Nhi (en rouge), dont l'ouïe porte à 1 000 lieues. À droite de l'autel est exposée la **maquette** d'un bateau à voile chinois similaire à ceux qu'empruntèrent les Ming pour quitter la Chine.

▶ Une salle adjacente est destinée au culte des ancêtres. Dans l'arrière-cour, trois superbes autels en bois laqué richement sculptés : celui de gauche est dédié au dieu de la Prospérité, celui du centre aux six mandarins chinois de la province de Phuc Kien, celui de droite aux trois seigneurs de la Fertilité et aux douze sages-femmes célestes (une pour chaque mois) qui apprennent chacune à l'enfant une façon d'être.

▶ Au n° 24 de la rue Tran Phu, au carrefour de la rue Nguyen Hue, la **pagode Quan Cong** *(Chua Ong)*, édifiée en 1653, est l'ancien lieu de culte des habitants de Hoi An. Elle est aujourd'hui consacrée au général chinois Quan Cong, célèbre pour sa loyauté, sa sincérité, son intégrité et sa justice. Une impressionnante statue en couleur, protégée par une châsse vitrée, le représente aux côtés de son général adjoint et d'un mandarin civil qui est aussi son fils adoptif.

▶ Une porte située à l'arrière de l'édifice ouvre sur la cour de la pagode Quan Am dans laquelle est aujourd'hui établi le **musée d'Histoire et de la Culture★** *(7 Nguyen Hue, 7h-17h30, entrée payante)*. Une large exposition d'objets tout à fait hétéroclites retrace le développement de Hoi An durant les périodes pré et protohistorique, du Champa (7e-15e s.) et du Da Viet (15e-19e s.).

▶ En sortant du musée, retrouvez la rue Tran Phu, où vous pouvez également visiter la **maison commune de la congrégation chinoise de Hainan**, un assez bel édifice doté d'un autel ouvragé et de jolis panneaux décoratifs *(10 Tran Phu, entrée libre. Si les deux lourdes portes en bois sont fermées, passez par le petit porche à gauche du bâtiment)*.

▸ Un peu plus loin, la **maison commune de la congrégation chinoise de Chaozhou** *(Trieu Chau) (157 Nguyen Duy Hieu, entrée libre)* mérite le détour pour la richesse et la finesse de ses sculptures.

LE QUARTIER FRANÇAIS★

Descendez la rue Hoang Dieu en direction de la rivière, jusqu'au carrefour de la rue Phan Boi Chau qui marque l'entrée du quartier français. Voulant rompre avec l'architecture des quartiers chinois et japonais et se distinguer nettement de ces communautés, les Français édifièrent le long de l'ancienne rue Courbet une succession de maisons de style colonial à colonnade. Cette rue paisible bordée d'arbres à l'ombre généreuse est très pittoresque avec ses façades jaunes rehaussées de portes et volets bleu outremer.

▸ Au n° 25, ne manquez pas de visiter la **maison de M. Tran Duong★** *(entrée libre, donation bienvenue)* qui vous accueillera avec beaucoup de générosité et se fera un plaisir de vous conter l'histoire de ce quartier où il a toujours vécu. Construite en 1887, sa demeure conserve tous ses éléments d'origine et quelques pièces de mobilier français du début du 20e s.

LE LONG DE LA RIVIÈRE

Empruntez la rue Bach Dang qui longe la rivière.

Le marché★★

L'animation qui gagne la ruelle ne laisse pas de doute : le marché, riche en couleurs, en parfums et en saveurs, est le cœur palpitant de l'ancienne cité-port. L'arôme des fleurs se mêle aux senteurs des épices et aux effluves des filets de poisson séchés ; le bavardage des marchandes accroupies entre deux palanches répond aux piaillements des poussins et des canetons ; les cuisinières s'activent derrière leur étal, invitant le chaland à une petite collation, tandis que sur le quai, à l'ombre d'un

Do you want to come to my shop ?

Hoi An est l'endroit idéal pour se refaire une garde-robe à moindres frais. Les boutiques de tailleurs ont envahi les ruelles de la vieille ville qui résonnent du ronronnement des machines à coudre. La concurrence est âpre et les rabatteuses ne manquent pas de vous aborder à la moindre occasion, mais sans agressivité, pour vous inviter dans leur atelier. De l'*ao dai* en soie vietnamienne au duffle-coat en laine, en passant par la robe en viscose ou le smoking en drap, il vous suffit de choisir un modèle et un tissu et l'on vous confectionne en quelques heures un vêtement sur mesure. N'hésitez pas à marchander et vérifiez, pour être sûr d'un travail soigné, que votre vêtement sera taillé et assemblé sur place, et non dans une usine des environs.

parasol ou de leur chapeau conique, de jeunes femmes proposent une variété infinie de poissons et de fruits de mer fraîchement pêchés… Plus que partout ailleurs, c'est en vous promenant le long de la rivière, sur laquelle barques et sampans exécutent un ballet charmant, que vous apprécierez l'atmosphère particulière de cette ville d'un autre temps.

La maison Tan Ky★★

Rejoignez la rue Nguyen Thai Hoc, à l'extrémité de laquelle se niche la maison Tan Ky, un joyau de l'architecture hoiannaise *(101 Nguyen Thai Hoc, 8h-17h30, entrée payante. La visite est assurée par un vieil homme parlant français)*. Construite à la fin du 18e s., elle a vu naître sept générations et fut la première maison chinoise de Hoi An classée monument historique en 1985. Dans le salon, notez les superbes colonnes en bois de jacquier incrustées de nacre, sur lesquelles sont gravés des poèmes à la gloire de la nature. Les deux colonnes décoratives placées côté cour sont quant à elles recouvertes de sentences dont chaque caractère est formé d'oiseaux (50 au total sur chaque colonne !).

Le pont-pagode japonais★★

La rue Nguyen Thai Hoc rejoint la rue Bach Dang que vous pouvez suivre jusqu'au pont-pagode japonais *(accès libre, mais la pagode, ouverte de 7h à 18h, nécessite que vous présentiez votre pass)*. Diverses communautés s'implantèrent à Hoi An du temps où celle-ci était une cité prospère. À l'ouest de la rivière s'était établi le quartier japonais, à l'est le quartier chinois, et au nord le quartier vietnamien. Ce sont finalement les Japonais qui, en 1593, entreprirent la construction de ce pont couvert. Cela prit trois ans, de l'année du singe à celle du chien, d'où la présence de part et d'autre du pont de **statues** de ces animaux totems. En 1719, un mandarin chinois en visite à Hoi An lui donna le nom de Lai Vien Kieu, « Le pont construit par les hommes qui sont venus de loin ». Cinquante ans plus tard, les Chinois décidèrent la construction d'une **pagode** consacrée à Bac De Tran Vu, un mandarin chinois très respecté. Elle fut un temps utilisée comme palais de justice pour régler les conflits entre les différentes communautés.

La maison Phung Hung★

À l'ouest du pont, la maison Phung Hung *(4 Nguyen Thi Minh Khai, 8h-18h, entrée payante. M. Nguyen Van Thanh, le frère du propriétaire, assure la visite en français)*, construite en 1780, est classée monument historique depuis 1985. Elle mêle, comme la plupart des maisons de Hoi An, divers styles architecturaux. Aucun élément en fer n'intervient dans la **charpente** en chêne, de style vietnamien, qui est soutenue par 80 piliers et n'est ajustée qu'avec des clés ou des chevilles en bois. L'eau de pluie qui s'écoule par le **toit à quatre pentes** japonais est collectée dans les gouttières, puis stockée dans un bassin en béton situé sous la maison. À l'étage, un **balcon** de style chinois à toit voûté est orné de jolies paires de carpes, symbole de prospérité pour les Vietnamiens, de chance pour les Chinois et de pouvoir pour les Japonais. Dans la pièce, un autel suspendu est consacré au commerce maritime. C'est à lui que s'adressaient les marins

Pont et dragon

Une légende veut que le pont-pagode de Hoi An ait été construit par la communauté japonaise pour exorciser un monstre reposant depuis l'Inde jusqu'au Japon et responsable de graves bouleversements en Asie, comme les sécheresses, les inondations ou les tremblements de terre. Le petit édifice passerait précisément sur le dos de la bête, l'empêchant ainsi de bouger et de nuire en déclenchant d'autres catastrophes.

avant de prendre la mer. Une trappe servant autrefois à hisser les marchandises à l'étage permet aujourd'hui de monter le mobilier du rez-de-chaussée lors des inondations qui, chaque année en octobre-novembre, touchent les quartiers situés près de la rivière.

La maison commune de Canton

Revenez sur vos pas. Rendez-vous à 50 m à l'est du pont japonais. La visite continue au n° 176 de la rue Tran Phu.

▶ Ici s'élève la **maison commune de la congrégation chinoise de Canton** *(Quang Dong) (7h-17h, entrée payante)*. Créée en 1895, elle est dédiée au culte du général Quan Cong. En pénétrant dans la première salle, vous pouvez admirer deux belles **fresques en relief** représentant le général accompagné d'une part de ses deux fidèles amis, de l'autre des épouses de ces derniers. Dans la salle principale, le général siège avec ses aides de camp, son général adjoint et un mandarin civil qu'il avait adopté. De part et d'autre du groupe, le cheval blanc, qui fut la première monture du général, et le célèbre cheval rouge, qui l'accompagna ensuite dans toutes ses expéditions. Enfin, deux autels encadrent un autel principal, celui de gauche est consacré à la déesse de la Mer et celui de droite, au dieu de la Prospérité.

Le musée de la culture Sa Huynh

À l'angle des rues Tran Phu et Nguyen Hue est installé le **musée de la culture Sa Huynh** *(149 Tran Phu, 7h-18h, entrée payante)*. Cette civilisation, dont on ne sait encore que peu de choses, s'est développée dans la région de Hoi An du 2e s. av. J.-C. au 5e s., avant que n'apparaissent les Chams. Archéologues et scientifiques l'étudient de près et plus de 20 sites de fouilles – habitations et cimetières – ont été établis dans les environs. Ils ont permis de mettre au jour de superbes **urnes funéraires** conservées dans le sable, qui contenaient les cendres et les bijoux des défunts, ainsi que des céramiques, des ustensiles de cuisine et des outils en fer.

BALADES AUX ENVIRONS DE HOI AN

N'hésitez pas à vous aventurer à vélo dans les proches environs de la ville pour goûter à la quiétude de la campagne hoiannaise. À l'extrémité nord de Nguyen Trung To, empruntez le chemin de sable à droite de la pagode du Tigre et suivez-le en prenant à gauche à chaque intersection. Parvenu au bout de ce sentier, tournez à gauche, puis à droite de l'école (bâtiment jaune) qui se dresse non loin.

▶ Au nord de la ville s'étirent de belles rizières traversées par de larges levées de terre permettant aisément de circuler à pied ou à bicyclette. Au milieu de ces étendues verdoyantes, dans un cadre empreint d'une sérénité absolue, s'élève la **tombe** d'un marchand japonais ayant résidé à Hoi An au 17e s.

Traversez les rizières jusqu'au canal d'irrigation, puis prenez à gauche après le pont. Continuez jusqu'à une digue en pierre, à droite du chemin, où vous pouvez laisser votre vélo ; la tombe est à 100 m.

▶ Si vous poursuivez le long du canal et tournez à gauche au prochain pont, vous rejoignez une piste en terre rouge qui se transforme bientôt en route. Passé le cimetière bouddhique, prenez à droite le chemin qui mène à la pagode Chuc Thanh. Construite dans un endroit paisible où paissent quelques vaches, la **pagode Chuc Thanh** serait l'une des plus vieilles de Hoi An. À l'entrée, trois tours abritent les tombes des moines du monastère. Non loin de là *(reprenez le chemin jusqu'à une route que vous traversez)*, la **pagode Phuoc Lam** est nichée dans un beau jardin fleuri. Revenez sur vos pas jusqu'à la première route que vous avez quittée, près du cimetière. Elle rejoint la rue Nhi Trung, au nord de Hoi An. Vous pouvez aussi emprunter le chemin qui part de l'autre côté de la route et vous ramène sur Nguyen Truong To.

▶ En quittant la ville par la rue Tran Hung Dao, vous pouvez également rejoindre la **plage** de Cua Dai, située à 5 km à l'est de Hoi An. La route, bordée de lagunes et de cocotiers, est très plaisante, et cette longue plage de sable blanc bien agréable pour échapper à la touffeur de la ville *(parking, restaurants et location de transats)*.

LA ROUTE DES CHAMS★
DE HOI AN À NHA TRANG

Quelques repères

Provinces de Quang Nam, Quang Ngai, Binh Dinh, Phu Yen et Khanh Hoa - Itinéraire de 510 km - Compter 2 jours - Hébergement possible à Qui Nhon et Doc Let - Plans p. 254-255 et 308.

À ne pas manquer

Le site de My Son.

La plage de Doc Let.

Conseils

Cet itinéraire n'est réalisable que si vous disposez de votre propre moyen de transport.

Ménagez-vous une étape à Qui Nhon pour couper la route.

Des environs de Da Nang, où le royaume du Champa établit sa première capitale, à la région de Phan Thiet, où il se maintint jusqu'au 17e s., l'étroite plaine côtière est jalonnée de tours que les Chams érigèrent le long de l'actuelle RN1, véritable épine dorsale du pays, qu'ils empruntèrent en leur temps dans leur expansion, puis lors de leur repli vers le sud. Silhouettes imposantes nichées au pied d'une montagne ou fièrement dressées au sommet d'une butte dominant les rizières, ces vestiges témoignent aujourd'hui encore de la grandeur du royaume du Champa et de la richesse de son art, qui s'est exprimé avant tout dans le domaine religieux. Selon le temps dont vous disposez, vous pouvez certes vous limiter à la visite de l'incontournable musée de Da Nang, des temples de My Son, Nha Trang et Phan Rang, qui sont les mieux conservés. Cependant si vous avez loué un véhicule, vous aurez l'occasion, en parcourant cette partie de la route Mandarine, de découvrir des sites non dépourvus d'intérêt, demeurés à l'écart des chemins touristiques.

HISTOIRE

Les Chams à travers l'histoire

Des chroniques chinoises rapportent l'existence dès la fin du 2e s., sur la côte de l'Annam, d'un royaume indianisé alors connu sous le nom de **Lin Yi**, mais ce n'est qu'au 4e s., sous le règne du roi Bhadravarman, que se forma réellement le **royaume du Champa**. À partir du 8e s., il s'étirait de la porte de l'Annam *(Hoanh Son)*, au nord, au bassin du Dong Nai, au sud, et se composait de cinq principautés (Indrapura, Amaravati, Vijaya, Kauthara et Panduranga).

Les Chams, dont la population n'a jamais dépassé les 2,5 millions, vivaient principalement de l'agriculture et du commerce maritime, activité qui les conduisirent à établir de nombreux contacts avec les Arabes, les Indiens, les Chinois, les Japonais et les Malais. Le royaume entretint des siècles durant des relations conflictuelles avec ses deux imposants voisins, l'Empire khmer et le Dai Viet, avant de disparaître définitivement à la fin du 17e s. *(voir aussi p. 73)*.

Aujourd'hui les Chams ne constituent plus qu'une des 54 minorités ethniques du Vietnam, et il ne reste de cette brillante civilisation que quelques édifices disséminés le long de la plaine côtière du Centre et du Sud.

MY SON★★

Que vous partiez de Da Nang ou de Hoi An, empruntez la RN1 en direction du sud. À Nam Phuoc (36 km de Da Nang), tournez à droite en direction de Hong Son. Attention, la route est assez mauvaise. À Kiem Lam, un panneau en bord de route indique My Son à gauche (9 km). 5 km plus loin, prenez de nouveau à gauche un chemin de terre qui mène à la billetterie.

Niché dans un écrin de verdure, au pied du mont My Son (« Bonne Montagne ») – appelé aussi Hon Quap (« Dent du Chat ») –, My Son est un joyau de l'architecture chame et demeure l'un des plus importants témoignages de cette civilisation. Avec plus de 70 édifices construits du 7e au 13e s., il constitue en effet le centre architectural et religieux le plus riche du Champa et est comparé à ce titre à d'autres sites du Sud-Est asiatique tels qu'Angkor, Borobudur ou Pagan.

La Terre sainte des Chams

La fondation du site de My Son remonte au 4e s. et serait l'œuvre du roi **Bhadravarman** qui commanda la construction en ce lieu d'un temple consacré au culte du linga du dieu-roi Bhadresvara. Cet édifice en bois fut cependant détruit par un grave incendie au 6e s., et ce n'est qu'au 7e s. que le roi **Sambhuvarman** entreprit sa reconstruction en brique et en pierre (actuel temple B1). Il fut dédié au dieu Sambhudresvara et devint dès lors le centre religieux du royaume du Champa, où tous les rois venaient se recueillir quand ils accédaient au trône. Ces derniers se devaient par ailleurs, au cours de leur règne, de construire ou de restaurer un temple à My Son et d'accorder des offrandes au dieu, ce qui explique l'importance que prit le site au cours des siècles. Un grand nombre de temples furent édifiés au cours des 8e et 9e s., avant que le bouddhisme du Grand Véhicule n'occupe une position dominante dans le royaume du Champa et que My Son perde pour quelque temps son rôle de capitale religieuse au profit de Dong Duong.

Dès le début du 10e s., l'hindouisme ayant été réhabilité, My Son retrouva une place de premier rang dans la religion chame, mais sa grandeur ne fut vraiment restaurée qu'à la fin du 11e s. grâce au roi **Harivarman**. Ce prestige fut pourtant de courte durée, le pouvoir du royaume du Champa déclinant dès le 12e s. et son centre politique étant transféré dans le sud du royaume. Certains temples furent élevés après le 12e s., mais l'activité religieuse des Chams se trouva dès lors concentrée dans la région de Panduranga.

Les temples de My Son furent redécouverts en 1889 par **Camille Paris**, à la suite de quoi le savant français **Henri Parmentier** dressa un inventaire complet du site, numérota ces édifices et les classa par groupes. Une équipe d'archéologues polonais a entrepris depuis quelques années la restauration de ces bâtiments, la plupart ayant été gravement endommagés lors de la guerre du Vietnam.

VISITE DU SITE

Comptez 1h de visite.

Vous devez laisser votre véhicule près de la billetterie, puis emprunter une jeep qui attend de l'autre côté de la rivière pour vous conduire à 500 m du site. De là, il vous faut marcher jusqu'à l'entrée. Prenez le petit sentier qui traverse la rivière et mène au pied des temples. La visite ne suit pas un parcours chronologique, mais débute aux groupes B, C et D, qui sont les mieux conservés et auxquels on peut se limiter. 6h30-16h30. Entrée 50 000 VND.

▶ Le **groupe B★★** est l'ensemble le plus important du site de My Son. Il comprenait à l'origine une quinzaine d'édifices, construits pour la plupart aux 12e et 13e s., mais beaucoup ont été détruits ou détériorés par les bombardements américains en 1969. Aujourd'hui, colonnes, stèles et chapiteaux, lingas et *yoni* jonchent le sol.

▶ Le **kalan B1** est le sanctuaire principal, au centre duquel vous pouvez observer le linga dédié au dieu Sri Ishana Bhadresvara, reposant sur une *yoni* destinée à recueillir l'eau provenant des ablutions rituelles. Le corps de la tour a aujourd'hui disparu et seul demeure le soubassement en grès.

▶ Au sud-ouest du *kalan* se dressent deux édifices consacrés au culte des fils de Shiva. Le **temple B3**, dédié à Skanda, est de facture traditionnelle. Il se compose d'une tour rectangulaire ornée de fausses portes et de pilastres richement décorés, et surmontée d'un toit à trois étages.

▶ Son voisin, le **temple B4**, est dédié à Ganesha. Bien qu'il soit plus abîmé – le corps de la tour et le vestibule sont

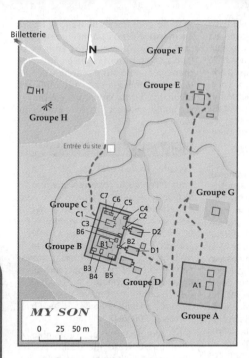

Billetterie

N

Groupe F

Groupe E

☐ H1

Groupe H

Entrée du site ☐

Groupe G ☐

Groupe C
C7 C6 C5
C1   C4
C3   C2
B6   D2
Groupe B
B1   B2
B3   D1
B4 B5
Groupe D

A1 ☐

Groupe A

MY SON

0   25 50 m

affaissés –, ses murs et pilastres conservent de jolis motifs végétaux.

▶ Au sud-est de B1, le **koshagraha B5** est l'un des édifices les mieux conservés du site. Il se compose d'une pièce rectangulaire percée à l'est et à l'ouest de deux fenêtres supportées par trois colonnes de pierre, et d'une voûte en berceau superbement sculptée. Notez également la beauté et la finesse de la fresque d'apsaras en façade ainsi que celles du couple d'éléphants au-dessus des fenêtres.

▶ Au nord-est du *kalan,* face à l'entrée du *koshagraha,* le **temple B6** abrite un petit bassin qui était utilisé lors des rites religieux. Il est assez détérioré, mais c'est le seul édifice de ce genre qui subsiste aujourd'hui.

▶ Enfin, à l'est de B1, se dressent le **gopura B2**, puis le **mandapa D1**. Cette longue pièce abrite aujourd'hui un petit musée où sont exposées de belles sculptures trouvées sur le site, dont un superbe bas-relief représentant un Shiva dansant. Quelques belles pièces également à l'extérieur, le long de la façade nord.

L'ensemble était à l'origine entouré de petits **reliquaires** dédiés aux *dikpalaka*, les divinités chargées de garder les points cardinaux.

▶ Le groupe C présente beaucoup de similitudes avec le groupe B, dont il n'est séparé que par un muret. Restauré au 10e s., le **kalan C1** se distingue toutefois par sa toiture en forme de bateau renversé, habituellement réservée au *koshagraha*, et par le fait qu'il abritait non un linga, mais une statue du dieu Shiva, aujourd'hui exposée au musée de Da Nang. Seul demeure l'autel. Le corps de la tour et le vestibule sont assez bien conservés et présentent de jolis motifs décoratifs et de fines statues sculptées dans la brique et la pierre.

L'ensemble comporte également une tour-porche (C2), un magasin des objets de culte (C3), des dépendances (C4), ainsi que trois autres petits *kalan* (C5, C6 et C7). Il faut aussi y inclure le bâtiment D2 qui est en fait le *mandapa* de C1. Il abrite comme D1 un petit musée où sont exposés un bas-relief représentant un Shiva dansant entouré de musiciens et de danseuses ainsi que divers éléments décoratifs et des animaux mythiques mi-lions, mi-éléphants.

▶ Pour poursuivre la visite du site, dirigez vous vers l'est et passez le petit pont de bois qui enjambe la rivière. Vous parvenez ainsi au groupe A. L'ensemble ayant été rasé par les Américains durant la guerre, il ne subsiste du **groupe A** qu'un mur d'enceinte, quelques fondations et vestiges épars. Il comportait à l'origine treize édifices de styles différents, dont certains comptaient parmi les plus anciens du site de My Son. Le **kalan A1**, haut de 24 m, était notamment considéré comme un chef-d'œuvre de l'architecture et de la sculpture chames *(voir les photos exposées au musée de Da Nang)*. Il présentait la particularité d'être percé de deux portes, ouvrant à l'est et à l'ouest, entre lesquelles se dresse toujours un autel richement sculpté. À l'instar du groupe B, l'ensemble comprenait également de petits temples consacrés aux *dikpalaka*, les génies protecteurs des points cardinaux (A2 à A7). A8 était un *gopura*, A9 un *mandapa*, A10 un *kalan*, A11 un magasin des objets de culte, A12 et A13 des dépendances.

▶ Un petit sentier situé au nord du groupe A vous permet de rejoindre le **groupe G**, mais ce dernier, très délabré, était entouré de barbelés au moment de notre visite. À noter toutefois, à proximité du *kalan* en ruine, une belle stèle couverte d'écriture sanskrite. En suivant ce sentier, vous parvenez enfin aux **groupes E et F** qui, bien que fort endommagés, méritent finalement le détour, car d'intéressants vestiges (taureau Nandi, statue de Shiva sans tête, stèle, autel, linga, etc.) gisent à côté des édifices affaissés.

▶ Reprenez le sentier qui vous ramène vers les groupes B et C et l'entrée du site. À gauche du chemin que vous empruntez ensuite pour rejoindre votre voiture, un petit passage à travers les arbustes vous conduit au sommet d'une butte où se dresse le **kalan H1**. Il ne subsiste qu'un pan de mur, mais on a d'ici une jolie vue sur le site de My Son.

Revenez sur la RN1 et poursuivez votre route en direction du sud.

LE LONG DE LA ROUTE MANDARINE

CHIEN DAN

À 10 km au nord de Tam Ky, passé le kilomètre 896, le site de Chien Dan se dresse à droite de la route nationale.

▶ L'ensemble de **Chien Dan** se compose de trois *kalan* tournés vers l'est *(ces vestiges étant peu visités, ils sont ouverts à la demande, entrée payante.*

Comptez 15mn de visite). Ces tours des 11e et 12e s. ont durement souffert des outrages du temps et peu d'ornements subsistent en façade, mais des fouilles effectuées sur le site en 1989 ont permis de mettre au jour de nombreux vestiges, éléments décoratifs, bas-reliefs et piédestaux, conservés in situ ou exposés dans le petit **musée** voisin. Vous pouvez notamment observer au pied de la tour du milieu, plus importante et mieux préservée que celles du sud et du nord, un piédestal sculpté de superbes **bas-reliefs** en L. À l'est, la façade est illustrée de guerriers, de danseurs et de musiciens, tandis que sur la façade ouest court une frise de gracieuses danseuses. Au nord, un couple d'éléphants broute des fleurs de lotus. Les avant-corps des trois *kalan* ont disparu et seule la tour du milieu est ouverte au public.

KHUONG MY

À 12 km au sud de Chien Dan, 2 km après Tam Ky, passez le pont du même nom et empruntez la première route à droite, dans le virage. Attention, l'endroit n'est signalé nulle part. Suivez ce chemin empierré sur 500 m, les tours de Khuong My apparaissent alors sur votre gauche, perdues dans la végétation.

▶ Les trois *kalan* de **Khuong My** *(entrée payante. Il n'y a pas de billetterie, mais quelqu'un est chargé de percevoir un droit d'entrée sur le site)* présentent une structure et des motifs similaires, caractéristiques du style de My Son (10e s.). Ils n'ont fait l'objet d'aucune restauration et sont aujourd'hui comme laissés à l'abandon, coiffés d'une chevelure végétale qui dissimule les détails de leurs toitures pourtant assez bien préservées. Ils demeurent cependant aux yeux des spécialistes un chef-d'œuvre de l'art cham par la richesse des éléments de décoration qui ornent murs, fausses portes, pilastres, voûtes ou corniches, témoignant du savoir-faire des Chams en matière de sculpture sur brique. Les **volutes végétales** gravées sur le corps des *kalan* du sud et du milieu se révèlent en effet d'une grande finesse et sont très bien conservées. La plupart des sculptures retrouvées sur le site sont aujourd'hui exposées au musée d'Art cham de Da Nang.

▶ Reprenant la RN1, vous apercevez 28 km plus loin les vestiges (aéroport, portique, mémorial) de l'ancienne base militaire américaine de **Chu Lai**, dont les troupes se sont tristement illustrées à l'occasion du massacre de My Lai.

À 30 km de Chu Lai, avant le pont qui enjambe la rivière Tra Khuc et mène à Quang Ngai, prenez la route qui part à gauche de l'hôtel Mitra (un grand bâtiment rose) en direction de Son My. Le musée est à 12 km.

SON MY (MY LAI)

Comptez 30mn de visite.

7h-17h. Entrée payante. Possibilité de visite guidée, mais il vaut mieux réserver à l'avance, car il n'y a pas toujours de guide sur place.

À voir aujourd'hui le site dans lequel s'inscrit ce petit musée, résonnant du chant des oiseaux et du rire des enfants de l'école toute proche, on a de la peine à imaginer que cet endroit fut le cadre de l'un des épisodes les plus tragiques de la guerre du Vietnam : le **massacre de My Lai**.

Au matin du 16 mars 1968, la 11e brigade d'infanterie de l'armée américaine, dirigée par le colonel Henderson, reçut l'ordre de détruire les quatre hameaux du sous-district de Son My, suspectés d'abriter ou de collaborer avec des combattants viet-congs. Les soldats, basés à Chu Lai, furent acheminés au petit jour par hélicoptère. Quatre heures durant, il brûlèrent tout sur leur passage et massacrèrent 504 innocents, hommes, femmes, vieillards et enfants. Il ne rencontrèrent bien sûr aucune résistance et le village fut rasé pour éviter de laisser des traces. Un seul blessé dans le camp américain, le soldat Herbert Carter, qui se tira lui-même une balle dans le pied pour éviter de participer au carnage.

L'opération fut présentée comme une offensive réussie contre un bastion viet-cong et saluée au plus haut niveau de l'armée. Les soldats furent médaillés pour cette action, et les villageois survivants internés au camp de Tra Khuc.

Ce n'est qu'un an plus tard que le soldat Ronald Ridenhour finit par rompre le silence, à la suite de quoi d'autres soldats avouèrent le massacre. L'affaire fit grand bruit dans le monde, soulevant un peu partout de vifs mouvements de protestation, et, en novembre 1969, des enquêteurs furent envoyés à Son My pour faire le jour sur cette tuerie. De nombreux soldats furent entendus, 25 d'entre eux inculpés, mais seul le lieutenant William Calley, commandant direct du massacre, fut reconnu coupable de 22 meurtres et condamné à la prison à perpétuité. Après trois ans passés dans une prison dorée à Fort Benning (Georgie), il fut remis en liberté conditionnelle.

▶ Dans le **musée** érigé à l'emplacement même du hameau de Xom Lang – le plus durement touché – sont aujourd'hui exposés les clichés pris par le photographe de l'armée américaine, Ronald Haeberle. Ils témoignent de l'atrocité de ce sombre épisode, dont ils retracent le déroulement. Certains sont à peine soutenables, tandis que sur l'un d'eux le lieutenant William Calley arbore le V de la victoire. Sont également exhibés les restes de bombes et des objets divers ayant appartenu aux victimes. Dans le jardin, un **mémorial** est élevé à la mémoire des victimes et quelques tombes sont disséminées çà et là.

Rejoignez la RN1 pour poursuivre en direction de Qui Nhon. Vous traverserez la ville de Quang Ngai qui ne présente pas d'intérêt particulier, mais offre quelques possibilités d'hébergement.

SUR LA ROUTE DE QUI NHON

La nationale file vers le sud à travers la campagne émaillée de rizières. Le long de la route règne une grande activité. Certains sèment, d'autres piétinent les mottes de terre ou ratissent les plantations ; une armée de bras fau-

chent, battent ou roulent les bottes de riz, balaient les grains qui sèchent au soleil et les mettent en sac avant de les charger sur de frêles bicyclettes... Puis la route et la voie ferrée rejoignent la mer, et apparaissent les premiers marais salants.

▶ À 60 km de Quang Ngai, le village de **Sa Huynh** est réputé pour sa longue **plage** bordée de cocotiers. Il peut être agréable d'y faire halte en cours de route, mais il n'est en revanche guère conseillé d'y séjourner, car l'endroit n'a rien de paradisiaque et le seul hôtel du coin, délabré et triste, ne dispose que de chambres très basiques et de salles de bains miteuses *(comptez de 12 à 18 $)*.

Passé Sa Huynh, la route s'éloigne à nouveau de la mer et le relief se fait plus vallonné. On aperçoit alors quelques rizières en terrasses. À 88 km au sud de Sa Huynh et à 13 km au nord de Binh Dinh, à hauteur du kilomètre 1202, apparaît une tour chame juchée sur une butte. Au kilomètre 1204, prenez à droite un chemin de terre qui traverse des rizières et mène jusqu'à un cimetière. Laissez là votre véhicule et continuez à pied ; la tour est à 100 m. Prenez garde à ne laisser aucun objet de valeur dans votre voiture, car beaucoup d'enfants rôdent aux alentours et harcèlent les rares touristes dans l'attente de quelques pièces.

▶ De la citadelle de **Cha Ban**, qui fut la dernière capitale des Chams, ne subsiste aujourd'hui que la **tour de Canh Tien**, aussi appelée « tour de Cuivre », qui s'élève gracieusement au sommet d'une petite colline *(entrée gratuite)*. Construite au début du 13ᵉ s., elle présente les caractéristiques du style de My Son et conserve de beaux ornements en grès, tels que les quatre pilastres sculptés encadrant le corps de la tour, les antéfixes en forme de flamme et les tourelles d'angle de la toiture. Il est toutefois regrettable qu'une partie de l'édifice ait été restaurée avec du ciment.

À 18 km au nord de Qui Nhon, à hauteur de l'embranchement de la RN19 qui conduit à Plei Ku, un chemin rejoint des tours qui s'élèvent sur une colline à l'est de la route.

▶ L'ensemble de **Banh It** *(entrée gratuite)* se compose de quatre édifices, caractéristiques du style de Binh Dinh, édifiés au cours du 11ᵉ s., après que la capitale chame eut été transférée dans la région de Vijaya. Le **kalan**, également appelé « tour d'Argent », présente une structure carrée classique surmontée d'une toiture à trois étages ornée de tourelles d'angle. Le corps de la tour, richement décoré, est renforcé de pilastres et doté de fausses portes aux voûtes finement sculptées. À l'est du *kalan*, faisant face à la porte du temple, s'élève le **gopura** percé de deux portes à l'est et à l'ouest. Au sud-est du *kalan*, le **koshagraha** est un long bâtiment au toit scaphoïde dont les extrémités sont décorées de sculptures représentant l'oiseau Garuda, véhicule de Vishnu. Le site comprend également une **tour de la Stèle** possédant quatre hautes portes en forme d'arche. C'est le seul édifice de ce genre qui subsiste aujourd'hui.

Pour rejoindre Qui Nhon, quittez la RN1 1 km plus loin, puis prenez à gauche comme indiqué. Qui Nhon est à 10 km.

QUI NHON

Située sur une petite péninsule dominée par les montagnes Ba Hoa et Vung Chua, la capitale de la province de Binh Dinh abrite l'un des principaux ports du Centre du Vietnam et constitue un carrefour commercial de dimension internationale. D'importants investissements ont d'ailleurs été concédés pour la moderniser et développer ses activités.

Arriver ou partir

En avion - L'aéroport **Phu Cat Airport** se trouve à 35 km au nord de Qui Nhon. Quatre vols par semaine pour Hanoi et Ho Chi Minh-Ville (les mardi, jeudi, vendredi et dimanche). La taxe d'aéroport s'élève à 10 000 VND. Possibilité de s'y rendre en taxi ou en minibus (25 000 VND).

En train - Le train de la Réunification dessert la **gare de Dieu Tri**, à 10 km de Qui Nhon. Des trains locaux la relient à celle de Qui Nhon, mais ils sont lents et peu nombreux, aussi aurez-vous tout intérêt à rejoindre la gare en taxi ou à moto-taxi. Vous pouvez toujours essayer d'acheter votre billet à la gare de Qui Nhon qui se trouve sur la place Cong Vien Quang Trung, ☎ (056) 82 20 36, mais la réceptionniste ne parle pas anglais et vous aurez du mal à obtenir ce que vous souhaitez. Quatre trains par jour pour Hanoi et Ho Chi Minh-Ville.

En bus - Les gares routières de Qui Nhon se trouvent au sud-ouest de la ville, sur la rue Tay Son. Pour les rejoindre, empruntez les rues Ly Thong Kiet puis Nguyen Thai Hoc, à l'extrémité de laquelle vous parvenez sur la rue Tay Son. Prenez à droite pour continuer jusqu'aux gares. La première que vous trouvez sur votre gauche, **Ben Xe Lien Linh**, dessert les villes et villages environnants. Également trois bus quotidiens pour Hoi An (6h). Une seconde gare routière, quelques centaines de mètres plus loin, dessert les grandes villes du Vietnam. Un départ quotidien, très tôt le matin, pour Quang Nai, Da Nang, Hué, Hanoi, Plei Ku, Nha Trang et Ho Chi Minh-Ville. Il est conseillé de vous renseigner la veille à la gare pour avoir confirmation des horaires.

Comment circuler

En taxi - Davi Taxi, ☎ (056) 812 812. **Qui Nhon Taxi**, ☎ (056) 812 666.

Location de vélos - Possibilité de louer des bicyclettes dans la plupart des hôtels de la ville. Comptez 10 000 VND la journée.

Adresses utiles

Office du tourisme - Central Vietnam Tourism, 122 Le Hong Phong (à l'angle de la rue Hai Ba Trung), ☎ (056) 82 82 82, cevi-tour@dng.vnn.vn 7h-11h30, 13h30-17h. **Binh Dinh Tourist Cie Travel Center**, 236 Phan Boi Chau, ☎ (056) 89 23 29 ou 89 25 24. Fermé le dimanche.

Banque / Change - Vietcombank, 152 Le Loi (à l'angle de la rue Tran Hung Dao), ☎ (056) 82 14 58. Lundi-vendredi 7h-11h, 13h-16h30.

Un bureau de l'**Incombank** est également ouvert au premier étage du Bank Hotel. Lundi-samedi 7h-11h30, 13h30-17h.

Poste / Téléphone - Buu Dien Qui Nhon, 197 Phan Boi Chau. 8h-20h. Services postaux et EMS, téléphone, Internet. Petit bureau de poste au 104 Le Hong Phong (en face de l'agence Vietnam Tourism), ainsi qu'au 1127 Tran Hung Dao (à hauteur de la rue Tap Doi qui mène aux tours chames).

Santé - Provincial General Hospital, 106 Nguyen Hue, ☎ (056) 82 23 30.

Compagnie aérienne - Vietnam Airlines, 2 Ly Thung Kiet (à côté de l'hôtel Thanh Binh), ☎ (056) 82 31 25. 7h-11h30, 13h-16h30.

Se loger, se restaurer

Autour de 10 $

Duong Phong, 60 Mai Xuan Thuong, ☎ (056) 82 29 15 ou 82 21 36 - 30 ch. 🛉 ⚟ 🖳 ✗ L'adresse est connue à Qui Nhon, mais l'hôtel est assez basique et quelques salles de bains sont vraiment miteuses… En dépannage uniquement pour les petits budgets.

De 10 à 15 $

Khach San Dien Anh, 296 Phan Boi Chau, ☎ (056) 82 28 76 - 23 ch. 🛉 🖳 📺 ✗ Hôtel situé en plein centre, près de la place. Ce n'est pas le quartier le plus calme de la ville, mais les chambres sont bien et très propres.

Bank Hotel, 259 Le Hong Phong, ☎ (056) 82 35 91/92 - 20 ch. 🛉 ⚟ 🖳 ✗ Hôtel correct situé en plein centre.

De 10 à 30 $

Anh Thu Mini Hotel, 25 Mai Xuan Thuong, ☎ (056) 82 11 68 ou 82 30 43 - 13 ch. 🛉 🖳 📺 ✗ Un mini-hôtel situé en plein centre. Les chambres, simples et propres, offrent un bon rapport qualité-prix. Accueil très aimable.

De 15 à 30 $

Khach San Hai Au, 489 An Duong Vuong, ☎ (056) 84 64 73 ou 84 63 77, ks.haiau@dng.vnn.vn - 56 ch. 🛉 🖳 📺 ✗ 🛥 Hôtel où descendent la plupart des groupes. Il n'a pas de cachet particulier, mais les chambres les moins chères sont d'un bon rapport qualité-prix, notamment celles qui ont vue sur la mer.

Thanh Binh Hotel, 6 Ly Thuong Kiet, ☎ (056) 82 20 41 ou 82 23 35 - 64 ch. ⌑ 🍴 ▤ ✕ L'hôtel dispose d'une nouvelle aile dans laquelle les chambres sont correctes, bien que ce ne soit pas le grand luxe, surtout pour le prix. Quelques chambres, basiques et sinistres, dans l'ancien bâtiment, pour moins de 10 $.

De 20 à 25 $

🅰 **Hai Ha Mini Hotel**, 5 Tran Binh Trong, ☎ (056) 89 12 95 - 14 ch. ⌑ ▤ 📺 Une très bonne adresse, dans une rue calme, à proximité de la plage. Chambres et salles de bains sont claires, propres et confortables. Une agréable terrasse avec bancs et plantes vertes a été aménagée à l'étage, où vous pouvez lire ou prendre votre petit-déjeuner. Le personnel est très aimable, mais parle peu anglais.

À voir, à faire

Sans être vraiment désagréable, la ville ne possède toutefois guère de charme et vous n'y ferez sans doute étape que pour couper la route entre Da Nang et Nha Trang.

▶ Si vous devez y séjourner, ne manquez pas cependant de visiter le site de **Hung Thanh★**, appelé aussi **Thap Doi** (« Tours jumelles »), qui comprend deux très belles tours chames, d'autant plus intéressantes qu'elles ont été restaurées récemment *(à 2 km au nord-ouest de la ville. Empruntez la rue Tran Hung Dao qui rejoint la nationale, puis, à hauteur du n° 900, prenez à droite la petite rue Thap Doi. Les tours sont à 50 m sur votre droite)*. Ces deux *kalan* de la fin du 12e s. sont tout ce qu'il reste d'un site qui devait comprendre à l'origine plusieurs édifices. Leur spécificité tient essentiellement à la structure originale de leur toiture qui présente la particularité d'adopter une forme pyramidale d'influence khmère.

▶ Au sud de la ville s'étire une longue **plage** où vous apprécierez sans doute de vous prélasser et de vous baigner après plusieurs heures de route.

▶ Reprenez la RN1 en direction de Nha Trang. La route, bordée d'eucalyptus, de cocotiers et de bananiers, traverse de beaux paysages de rizières parsemés de petites huttes en terre à toit de chaume. À 25 km de Qui Nhon, elle entreprend l'ascension du **deo Cu Mong**, le col qui marque la frontière entre les provinces de Binh Dinh et de Phu Yen, puis longe la mer jusqu'au village de **Song Cau** *(60 km de Qui Nhon)*. La plage n'est pas très large, mais la vaste baie de Xuan Dai, avec ses cabanes sur pilotis et ses bateaux colorés, offre un cadre agréable pour une petite halte sur la route.

▶ Passé **Tuy Hoa**, la capitale provinciale, la côte est plus urbanisée et le paysage s'émaille d'énormes rochers, comme polis par les pluies. 20 km plus loin, vous passez le **deo Ca**, frontière avec la province de Khanh Hoa, que domine un insolite pic de granit connu sous le nom de **Hon Vong Phu** (« rocher de la Femme qui attend »). De l'autre côté du col, le regard embrasse la côte turquoise piquetée d'îles qui se déploie jusqu'aux dunes de sable blanc de la péninsule de **Hon Gom**. Vous arrivez ainsi à **Dai Lanh**, un village de pêcheurs pittoresque, doté d'une belle plage et niché au creux d'une large baie entourée de collines verdoyantes.

À 37 km au nord de Nha Trang, à hauteur du kilomètre 1415, prenez l'étroite route qui part à gauche en direction de Cang (11 km). De là, poursuivez sur 9 km. Passé un petit village et la borne indiquant « Cang 3 km », tournez à droite en direction de Doc Let Beach Resort et suivez la piste sur environ 1 km.

DOC LET

Si vous souhaitez vous isoler un peu ou échapper aux harcèlements dont vous pourriez faire l'objet sur la plage de Nha Trang, **Doc Let★** offre un cadre idyllique pour une journée de détente ou quelques jours de repos, loin du bruit et de l'agitation de la ville.

Se loger

Autour de 20 $

Doc Let Beach Resort, plage de Doc Let, ☎ (058) 84 96 63 - 10 ch. 🍴 ⛱ 📺 ✗ 🛥 Bungalows en bambou simples mais confortables, face à la mer, à l'ombre des cocotiers, sur une plage vraiment paisible.

À voir, à faire

▸ Il faut dire que la nature a merveilleusement doté Doc Let : longue frange de sable immaculé caressée par l'ombre des cocotiers, eaux cristallines que rien ne vient troubler... La plage n'étant pas desservie par les bus, elle est assez peu fréquentée par les touristes et vous êtes garanti, pour un temps encore, d'y goûter une quiétude absolue. Pour ceux qui séjournent à Doc Let et ont le courage de se lever à l'aube, le petit village de pêcheurs que l'on aperçoit au sud de la plage offre dès 5h un spectacle tout à fait pittoresque, lorsque les marins rentrent au port après une nuit passée en mer.

Revenez sur la RN1. À 34 km au nord de Nha Trang, à hauteur de la commune de Ninh Hoa, vous trouvez l'embranchement avec la RN26 qui part à l'ouest en direction de Buon Ma Thuot (150 km) et de la province de Dac Lac. 12 km plus loin, passé le pont Suoi Tre et le kilomètre 1430, à hauteur du restaurant-café Quynh, deux piliers en pierre à droite de la RN1 marquent l'entrée de la route à prendre pour rejoindre les chutes de Ba Ho situées 3 km plus loin. Vous devez laisser votre véhicule au parking, puis marcher pendant 10 à 15mn avant d'arriver aux chutes. Parvenu aux premiers rochers, suivez les flèches rouges.

▸ **Les chutes de Ba Ho** (*entrée payante*) consistent en fait en une succession de petits rapides et de bassins qui prennent leur source au sommet de la montagne Hon Son et se tracent un chemin au travers d'énormes rochers polis par l'eau. Le site ne présente à vrai dire rien d'exceptionnel, mais l'endroit est paisible, bercé par les bruissements d'élytres de la jungle toute proche, et on peut y prendre un petit bain rafraîchissant.

Le long de la route, la campagne est maintenant couverte de parcs à crevettes. À 15 km au nord de Nha Trang, au niveau du kilomètre 1438, un panneau en bord de route vous indique l'embarcadère pour Monkey Island (*voir p. 328*). Pour rejoindre Nha Trang, ne manquez pas la route à gauche à hauteur du kilomètre 1445. Nha Trang est à 8 km.

NHA TRANG ET SES ENVIRONS★★

😊 **La ville balnéaire la plus appréciée du Vietnam**

😞 **L'absence d'espaces verts**

Quelques repères

Capitale de la province de Khanh Hoa - 445 km de Ho Chi Minh-Ville, 215 km de Dalat - 270 000 hab. - Plan p. 319.

À ne pas manquer

La plage et le farniente.

Les tours chames de Po Nagar.

Une excursion en bateau dans la baie de Nha Trang.

Conseil

Réservez la visite des musées et pagodes aux heures chaudes de l'après-midi.

Adossée aux montagnes qui dominent l'ouest de la ville, mais tout entière tournée vers la mer, Nha Trang est une station balnéaire aux allures méditerranéennes, devenue l'un des principaux centres touristiques du Vietnam. Les voyageurs sont nombreux à venir profiter de la douceur du climat et de la beauté de cette large baie piquetée d'îles verdoyantes. Le soleil à son zénith plonge la ville dans une douce torpeur. La longue plage immaculée, frangée de cocotiers, est alors déserte et il n'y a que les touristes étrangers pour oser mettre un pied sur le sable brûlant. Mais dès 16h, la ville s'éveille. L'animation bat son plein et les Vietnamiens envahissent la promenade du front de mer ; la place qui jouxte le Mémorial se transforme en un vaste terrain de football ; juchée sur des motos pétaradantes, la jeunesse prend possession des cafés de la ville ; les marchands de soupe fleurissent aux coins des rues et installent à même le trottoir leur mobilier. Nha Trang est empreinte d'une réelle douceur de vivre. Elle est une invitation à la paresse et vous offrira les plaisirs de la mer.

Arriver ou partir

En avion - L'aéroport se trouve 86A Tran Phu *(C5)* (au sud de la ville, en face du Louisiane Café), ☎ (058) 82 11 47. 2 à 3 vols quotidiens pour Ho Chi Minh-Ville (1h), 1 vol par jour pour Hanoi (2h-2h30) et 5 vols par semaine pour Da Nang (1h15).

En train - La gare ferroviaire est située à l'ouest de la ville, au 17 Thai Nguyen *(A3)*, ☎ (058) 82 21 13. 6h30-22h. 4 trains par jour pour Hanoi (29h-31h) dont un express à 4h18 (25h), 6 trains pour Ho Chi Minh-Ville (10h-11h) dont un express à 21h45 (7h).

En bus - La gare routière est au 58 rue 23 Thang 10 *(A2)* (à l'ouest de la gare ferroviaire), ☎ (058) 82 02 27. 5h-17h30. 20 bus par jour pour Ho Chi Minh-Ville (12h), 3 pour Dalat (5h, départs de 5h30 à 11h30), 7 pour Qui Nhon (6h, départs de 5h15 à 14h), Da Nang (14h, départ à 6h) et 10 pour Buon Ma Thuot (départs de 6h à 15h30). Attention, les bus les plus tardifs ne circulent qu'en fonction des besoins et peuvent être annulés.

Comment circuler

En taxi - Taxi Nha Trang, ☎ (058) 81 81 81. **Nha Trang Taxi**, ☎ (058) 82 40 00. **Khanh Hoa Taxi**, ☎ (058) 810 810. **Emasco Taxi**, ☎ (058) 81 44 44. Tous sont équipés d'un compteur.

En cyclo-pousse et à moto-taxi - Comme partout, cyclo-pousse et moto-taxi constituent les meilleurs moyens de circuler en ville si vous ne disposez pas de votre bicyclette, d'autant que Nha Trang s'étire sur 7 km du nord au sud.

Location de vélos et motos - Dans les hôtels et agences de voyages. Comptez 1 $ par jour pour un vélo.

Location de véhicules - Dans les agences de voyages.

Adresses utiles

Office du tourisme - Khanh Hoa Tourism, 1 Tran Hung Dao *(C4)* (à l'angle des rues Tran Hung Dao et Le

Thanh Ton), ☎ (058) 82 27 53, www.
nhatrangtourist.com.vn 7h-11h30, 13h30-
17h. Possibilité d'y acheter un plan de la
ville, d'y louer un véhicule ou de réserver des circuits de visite, mais ceux-ci
s'adressent surtout à des groupes organisés.

Banque / Change - Vietcombank,
17 Quang Trung *(B2)*, ☎ (058) 82 10 54.
Lun.-vend. 7h30-11h, 13h30-16h. Possibilité de changer des traveller's chèques
et de retirer du liquide avec une carte
Visa ou Mastercard.

Vietnam Bank for Agriculture,
2 Hung Vuong *(C4)*. Lun.-vend. 7h-
11h30, 13h30-16h30. Accepte les cartes
Visa, Mastercard et JCB.

**Poste / Téléphone - Buu Dien Nha
Trang**, 4 Le Loi *(C2)* (à l'angle des rues
Le Loi et Pasteur). 6h30-22h. Envois
express par EMS ou DHL, téléphone,
envoi et réception de fax, transfert d'argent. Service Internet au 2 Le Loi. 7h-
12h, 13h-21h. Un autre bureau de poste,
ouvert 24h/24, offre les mêmes services
au 50 Le Thanh Ton. Petits bureaux dans
les rues Hoang Hoa Tham et Ly Thanh
Ton, près de la cathédrale.

Internet - Connexion dans les agences de voyages, les restaurants ou les
cafés pour touristes (400 VND/mn). Possibilité de téléphoner en France pour
2 000 VND/mn au café Internet du
127 Hong Bang. Il est un peu excentré,
mais le personnel est très aimable.

Santé - Hôpital général, 19 Yersin
(B3), ☎ (058) 82 21 68. Vous pouvez
aussi joindre le Dr Catherine Bonnotte
(diplômée de la faculté de Nancy) au
37B Dong Da, ☎ 090 583 602.

Sécurité - Urgence, ☎ 115. **Pompiers**,
☎ 114. **Police**, ☎ (058) 82 24 85.

**Compagnie aérienne - Vietnam
Airlines**, 12B Hoang Hoa Tham *(C3)*,
☎ (058) 82 37 97 ou 82 21 35. 7h-11h,
13h30-16h30. Réservation et vente de
billets nationaux et internationaux.

Agences de voyages - Ce ne sont pas
les agences qui manquent en ville…
Toutes proposent les mêmes prestations
à des prix similaires, de la visite de Nha
Trang à la croisière dans les îles (7 $) ou

sur la rivière Ha Ra (10 $), et de l'excur-
sion à Monkey Island, aux chutes de Ba
Ho et à Doc Let (15 $) au circuit de 4 jours
dans la région des Hauts Plateaux (35-
40 $). Vous pouvez également réserver
auprès de ces agences vos billets de bus
et négocier la location d'une voiture
ou d'une moto. Pour ceux qui ont opté
pour la formule *Open Tour*, l'agence
Sinh Café se trouve au 10 Biet Thu *(C4)*,
☎ (058) 81 19 81 ou 81 19 82, www.
sinhcafevn.com 6h-10h30.

Se loger à Nha Trang

La nouvelle politique de la ville est
de rendre obligatoire l'affichage des
prix afin que Vietnamiens et étrangers paient le même tarif. La consigne est loin d'être suivie par tous. Par
ailleurs, la riviera, en pleine expansion,
a quelque chose d'une promenade des
Anglais en chantier. Certains de ces
hôtels promettent d'être somptueux
mais la côte devrait être entièrement
bétonnée d'ici quelques années. C'est
déjà le cas au niveau du Ana Mandara
Resort, où vous trouverez bon nombre
d'hôtels entre 15 et 20 $ très conforta-
bles.

De 5 à 10 $

53 Yersin Mini Hotel, 53 Yersin,
☎ (058) 82 56 45, 53yersinhotel@safe-
mail.net - 8 ch. 🛏 ▭ 🍴 📺 La rue est
assez passante, mais ce petit hôtel familial réserve un accueil sympathique aux
voyageurs et propose des chambres
agréables et très propres. L'hôtel est
régulièrement rafraîchi et les salles de
bains ont récemment été restaurées. Les
chambres avec ventilateur sont parmi les
moins chères de la ville. Anglais parlé.

Autour de 8 $

Hon Chong Hotel, 22 Nguyen Dinh
Chieu (à droite 800 m après le pont Xom
Bong, puis tout droit sur 1 km), ☎ (058)
83 11 10 ou 83 17 76 - 112 ch. 🛏 🍴 📺
Dans cet hôtel, le temps semble s'être
arrêté. Depuis un grand bâtiment carré
de style colonial aux volets bleus, donnant sur une vaste terrasse, la vue sur la
baie de Hon Chong est superbe. Essentiellement fréquenté par des Vietnamiens, son personnel ne parle pas un

mot d'anglais. Intéressant pour y dormir une nuit malgré son confort très sommaire et le fait qu'il soit excentré. Il se peut que vous ayez à insister pour obtenir une chambre, le personnel estimant que l'établissement n'est pas digne d'un touriste étranger.

Van Canh Hotel, 5A Phan Chu Trinh, ☎ (058) 82 12 90/99, hotelvancanh@dng. vnn.vn - 11 ch. ⚐ 🍽 Un très bon hôtel, tout aussi confortable que d'autres de catégorie supérieure. Les chambres ne sont pas très grandes, mais propres et vraiment très correctes. Exigez une fenêtre, car certaines ne disposent que d'un vasistas donnant sur le couloir.

Autour de 10 $

Huu Nghi Hotel, 3 Tran Hung Dao, ☎ (058) 82 67 03 ou 82 22 46 - 65 ch. ⚐ 🍽 📺 ✕ Ascenseur. L'établissement paraît un peu vieillot à première vue mais les chambres sont plutôt agréables, claires et très propres… et c'est l'un des rares hôtels de la ville à offrir une vue sur la mer pour 11 $!

De 10 à 15 $

36 Tran Phu, 36 Tran Phu, ☎ (058) 82 25 34 - 65 ch. ⚐ 🍽 🍽 📺 Cette guesthouse récente propose pour 10 $ sans le petit-déjeuner des chambres avec ventilateur très propres et agréables, mais aucune n'a vue sur la mer. L'ensemble, très bien situé, est d'un bon rapport qualité-prix. Petit restaurant ombragé à l'entrée.

Kinh Do Mini Hotel, 9 Le Loi (au carrefour des rues Le Loi et Han Thuyen), ☎ (058) 82 45 01 - 10 ch. ⚐ 🍽 🍽 Un charmant petit hôtel familial très bien tenu. Une bonne adresse pour petits budgets dans un quartier calme, à proximité de la plage. La chambre double est à 10 $, mais elle ne revient qu'à 12 $ pour 3 pers. Pas de petit-déjeuner.

De 10 à 20 $

Hai An, 11 bis Biet Thu, ☎ (058) 81 41 25, daoha3@dng.vnn.vn - 14 ch. ⚐ 🍽 🍽 📺 Une excellente adresse dans cette catégorie. Situé dans une rue très fréquentée par les voyageurs, où sont concentrés la plupart des restau-

rants bon marché, cet hôtel récent propose des chambres impeccables, sobres et claires.

Khach San Hong Tran, 7 Phan Chu Trinh, ☎ (058) 81 00 70 - 23 ch. ⚐ 🍽 📺 ✕ Un bel hôtel propre et frais, tout repeint de blanc. Les chambres sont agréables, avec leur mobilier en bois, et les salles de bains, entièrement carrelées, ont une baignoire. Demandez une chambre claire, car certaines donnent sur le couloir.

Mini Hotel Phu Quy, 54 Hung Vuong, ☎ (058) 81 06 09 ou 81 29 54, phuquyhotel@dng.vnn.vn - 12 ch. ⚐ 🍽 🍽 Un hôtel sympathique, accueillant et propre, avec une agréable terrasse sur le toit, où l'on peut prendre son petit-déjeuner, lire, se faire bronzer ou profiter d'une belle vue sur la ville et la mer.

Post Hotel, 2 Le Loi, ☎ (058) 82 12 52/50, posthotel@dng.vnn.vn - 20 ch. ⚐ 🍽 📺 ✕ 💳 Bel hôtel de bord de mer, à l'extrémité nord de la plage. Les chambres sont agréables et calmes, et les plus chères ont un petit balcon rond offrant une jolie vue sur la mer.

De 15 à 25 $

Dong Phuong 2, 96A 6/1 Tran Phu, ☎ (058) 81 45 80 ou 81 01 37, dongphuongnt@dng.vnn.vn - 32 ch ⚐ 🍽 📺 ✕ Cet hôtel propose un bon rapport qualité-prix. Les chambres sont propres et vastes. Attention : celles en apparence très attractives bénéficiant d'une double exposition et d'une vue sur la mer sont extrêmement bruyantes. L'établissement est visible de la route, mais on y accède par un petit chemin coincé entre deux bâtiments.

Thang Loi Hotel, 4 Pasteur, ☎ (058) 82 25 23/65, 4pasteur@dng.vnn.vn - 50 ch. ⚐ 🍽 📺 ✕ 💳 Un hôtel agréable situé à proximité de la plage, dans un quartier paisible. Les chambres, vastes et confortables, sont réparties, comme dans un motel, sur 2 étages autour d'une large cour. L'inconvénient est qu'il faut garder ses rideaux clos pour préserver un tant soit peu son intimité. Restaurant très agréable, dont une partie en plein air, sous une tonnelle.

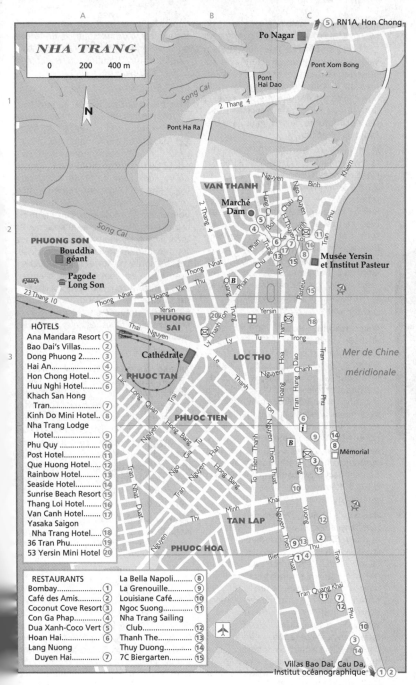

NHA TRANG

0   200   400 m

N

RN1A, Hon Chong

Po Nagar

Pont Xom Bong

Song Cai

Pont Hai Dao

2 Thang 4

Pont Ha Ra

Nguyen Binh

Ngo Quyen

Khiem

VAN THANH

Marché Dam

PHUONG SON

Bouddha géant

Pagode Long Son

Song Cai

2 Thang 4

Hang Ca

Bach Dang

H. Thuyen

Le Loi

Phu

Tran

Phan

Trung

Chu

Nu

Trinh

Musée Yersin et Institut Pasteur

23 Thang 10

Thong Nhat

Thong Nhat

Van Thu

Hoang

Hai

Phan

Bang

Pasteur

Thong Nhat

Yersin

PHUONG SAI

Thai Nguyen

Ly Thanh Ton

Yersin

Trung

Ly

Tu

Trong

Tham

Mer de Chine méridionale

Cathédrale

PHUOC TAN

Lac Long Quan

Le Thanh

LOC THO

Nguyen

Thanh

Hoang Hoa

Ton That Dao

Chanh

Tran Hung Dao

Phu

HÔTELS

Ana Mandara Resort ①
Bao Dai's Villas......... ②
Dong Phuong 2....... ③
Hai An.................. ④
Hon Chong Hotel..... ⑤
Huu Nghi Hotel......... ⑥
Khach San Hong
   Tran.................. ⑦
Kinh Do Mini Hotel.. ⑧
Nha Trang Lodge
   Hotel.................. ⑨
Phu Quy .... ⑩
Post Hotel............... ⑪
Que Huong Hotel..... ⑫
Rainbow Hotel......... ⑬
Seaside Hotel........... ⑭
Sunrise Beach Resort ⑮
Thang Loi Hotel........ ⑯
Van Canh Hotel....... ⑰
Yasaka Saigon
   Nha Trang Hotel..... ⑱
36 Tran Phu............. ⑲
53 Yersin Mini Hotel ⑳

PHUOC TIEN

Hong Bang

Tu

Gia

Han

Hien Thanh

Nguyen Thien Thuat

Hung

Mémorial

Ngo

Tran Nhat Duat

Nguyen

Hong Bang

Khai

Minh

TAN LAP

Thi

Vuong

PHUOC HOA

Biet

Thu

Tran

Tran Quang Khai

Phu

RESTAURANTS

Bombay.................. ①
Café des Amis........... ②
Coconut Cove Resort ③
Con Ga Phap............. ④
Dua Xanh-Coco Vert ⑤
Hoan Hai................. ⑥
Lang Nuong
   Duyen Hai............. ⑦
La Bella Napoli......... ⑧
La Grenouille............ ⑨
Louisiane Café........... ⑩
Ngoc Suong............. ⑪
Nha Trang Sailing
   Club.................... ⑫
Thanh The................ ⑬
Thuy Duong............. ⑭
7C Biergarten........... ⑮

Villas Bao Dai, Cau Da, Institut océanographique

Seaside Hotel, 96B Tran Phu, ☎ (058) 82 11 78 ou 82 80 38 - 15 ch. 🍴 📺 📺 Cet hôtel de bord de mer, au sud de la ville, a beaucoup de caractère avec ses boiseries, ses tentures et ses jolies chambres au mobilier en bois sombre. Les plus chères offrent une vue sur la mer… il n'y a que la route à traverser. Différentes catégories de prix, mais il est très facile de négocier.

⊛ **Rainbow Hotel**, 10A Biet Thu (à côté du Sinh Café), ☎ (058) 81 05 01, rainbowhotel@dng.vnn.vn - 21 ch. 🍴 📺 📺 ✖ 📺 Ascenseur. Cette adresse, repérable à ses colonnes vertes un peu kitsch, propose des chambres agréables, claires et impeccables. Certaines sont très spacieuses, avec une large baie vitrée ouvrant sur un balcon. L'accueil est de plus très sympathique et empressé. Le restaurant, situé en terrasse sur le toit, surplombe le quartier et offre une vue jusqu'à la mer.

De 60 à 100 $

Que Huong Hotel, 60 Tran Phu, ☎ (058) 82 50 47 ou 82 73 65, www. nhatrangtourist.com.vn - 58 ch. 🍴 📺 📺 ✖ 📺 📺 Tennis, massages, sauna, ascenseur, karaoké, boutique, salon de coiffure. L'établissement dispose de tout le confort d'un hôtel de standing international et présente l'avantage de faire moins « usine » que le Saigon Nha Trang ou le Nha Trang Lodge. Les chambres, avec vue sur la mer ou la piscine, sont agréables, mais il est regrettable que l'accueil soit aussi peu aimable. 6 suites à 100 $. Réduction de 20 % en fonction du taux de remplissage de l'hôtel.

Bao Dai's Villas, Cau Da (sur un promontoire à 6 km au sud de Nha Trang), ☎ (058) 59 01 47/48, baodai@dng.vnn. vn - 48 ch. 🍴 📺 📺 ✖ 📺 Les cinq villas où résida l'empereur Bao Dai sont perchées sur un promontoire surplombant la baie. Reconverties en hôtel, elles offrent le charme rustique des maisons d'antan, aussi ne vous attendez pas à y trouver le luxe raffiné des établissements de cette catégorie. L'endroit est paisible et la situation superbe, quoiqu'un peu éloignée du centre et de toute commodité. Les chambres sont

immenses et ouvrent sur la mer. Deux restaurants, l'un au sommet de la colline, le second près de la plage. Une vingtaine de chambres, plus simples, à 25 et 35 $ (*voir « Visite »*).

De 60 à 170 $

Nha Trang Lodge Hotel, 42 Tran Phu, ☎ (058) 81 05 00 ou 81 09 00, www. nt-lodge.com - 121 ch. 🍴 📺 📺 ✖ 📺 📺 Massages, sauna, hammam, ascenseur, karaoké, discothèque, boutique, salons de beauté et de coiffure, agence de voyages, salle de conférences, centre d'affaires. On peut regretter que cet immense hôtel impose sa lourde silhouette en front de mer. L'intérieur est cependant plus sobre, avec boiseries et tons pastel, et l'ambiance y est assez feutrée quoiqu'un peu impersonnelle. Les chambres, confortables et meublées avec goût, ne sont pas très grandes, mais jouissent toutes d'une superbe vue sur la baie. Les plus abordables sont à 58 $, prix uniquement justifié par le fait qu'elles sont situées aux étages les moins élevés.

Plus de 100 $

Yasaka Saigon Nha Trang Hotel, 18 Tran Phu, ☎ (058) 82 00 90, www. yasanhatrang.com - 174 ch. 🍴 📺 📺 ✖ 📺 📺 Salle de musculation, massages, sauna, jacuzzi, ascenseur, karaoké, discothèque, salle de conférences. L'un des grands géants du front de mer, disposant de tout le luxe que peut offrir un établissement de standing international. Les chambres sont agréables, claires, joliment meublées, et bénéficient toutes d'une vue sur la mer.

Sunrise Beach Resort, 12-14 Tran Phu, ☎ (058) 82 09 99, www.sunrisehatrang. com - 121 ch. 🍴 📺 📺 ✖ 📺 📺 Le dernier né des hôtels de classe internationale. Promotions pour 1 nuit ou 2 avec dîner compris selon la saison.

À partir de 250 $

⊛ **Ana Mandara Resort**, Beachside 86 Tran Phu, ☎ (058) 82 98 29, www. soneva-pavilion.com/ana-mandara - 68 ch. 🍴 📺 📺 ✖ 📺 📺 📺 Massages, sauna, jacuzzi, boutique, jardin d'enfants, minibar dans les chambres. Une douce musique traditionnelle dans le hall d'accueil ouvre sur le plus luxueux des hôtels de Nha Trang, mais d'un style chaleureux et raffiné en harmonie avec la nature. Des villas de facture traditionnelle sont disséminées dans un vaste jardin verdoyant où arbres et plantes préservent l'intimité de chaque bungalow. De même que toutes les pièces communes sont sobres et meublées avec un goût exquis. Toute chose flatte le regard. Le restaurant (de 20 à 40 $) est digne du lieu.

▸ *Île de Hon Ong*

De 30 à 50 $

⊛ **Île de la Baleine**, à 2h en bateau au nord de Nha Trang, ☎ (058) 84 05 01, decouvrir@fmail.vnn.vn - 20 ch. ⌁ ⍓ ✕ 🛥 Séjour en pension complète (boissons non comprises) pour 40 $ (45 $ pour une *single*). Si vous rêvez de jouer à Robinson sur une île déserte ou de vous reposer dans un endroit d'une quiétude absolue, c'est l'adresse qu'il vous faut. On vient vous chercher à Nha Trang, d'où le transfert est assuré jusqu'à l'île. Une fois installé dans votre bungalow en bambou, vous avez tout loisir de lézarder sous les cocotiers, de siroter un cocktail face aux eaux turquoise, calé dans l'un des fauteuils du bar, ou de vous adonner à l'une des nombreuses activités proposées (plongée, snorkelling, catamaran, planche à voile, kayak de mer, funboard). Au menu du restaurant : poissons, fruits de mer frais et cuisine vietnamienne.

Se restaurer à Nha Trang

L'une des spécialités de Nha Trang est la salangane. Il s'agit du nid que les hirondelles marines (salanganes) fabriquent à partir de leur salive et d'algues. Il constitue un mets fort recherché et coûteux, reconnu pour ses vertus tonifiantes et réconfortantes, mais dont la récolte n'est pas des plus aisées. Les hirondelles fabriquant leurs nids sur de hautes falaises ou dans les cavernes des îles, les hommes chargés de les recueillir doivent en effet s'y élancer sur des échelles en bambou ou en cordes.

Moins de 50 000 VND

La rue Biet Thu *(C4)* est très fréquentée par les voyageurs qui se pressent à toute heure dans les petits restaurants du coin. Aucun qui vaille particulièrement le détour, tous proposant une cuisine convenable à petits prix. Vous viendrez là moins pour les plaisirs de la table que pour l'ambiance, notamment si vous souhaitez rencontrer d'autres voyageurs. Parmi les adresses de la rue :

Café des Amis, 13 Biet Thu, ☎ (058) 81 30 09, desamis@dng.vnn.vn Ce café à l'ambiance sympathique, très apprécié des voyageurs, propose une cuisine internationale et végétarienne, simple et bon marché. Comme le nom du lieu le laisse supposer, le patron parle français.

Bombay, 15 Biet Thu (voisin du Café des Amis). Cuisine indienne assez relevée, mais qui semble avoir les faveurs des touristes qui se retrouvent là en grand nombre chaque soir.

La Grenouille, 12A Biet Thu, ☎ (058) 81 39 60. Une adresse plutôt agréable, dans une cour ombragée un peu à l'écart de la rue, où l'on sert des cuisines asiatique et européenne bon marché. Il est regrettable toutefois que la musique soit si forte.

Lang Nuong Duyen Hai, 72 Tran Phu *(C4)*, ☎ (058) 81 56 76. Juste à côté du Nha Trang Sailing Club, ce restaurant est tenu par des Vietnamiens très sympathiques. Cuisine traditionnelle, possibilité de prendre un petit-déjeuner. Face à la mer.

Autour de 50 000 VND

Thuy Duong, Tran Phu *(C4)* (face au Nha Trang Lodge), ☎ (058) 82 35 91. Restaurant de bord de mer au cadre agréable, installé sous une terrasse couverte, proposant fruits de mer et plats vietnamiens.

7C Biergarten, 7C Le Loi *(C2)*, ☎ (058) 82 82 43. On y mange allemand ou français, mais surtout on goûtera au requin (spécialité de la maison), cuisiné de différentes façons par le patron allemand. Sympa aussi pour aller boire une bière : *happy hours* de 18h à 22h.

Coconut Cove Resort, 40 Tran Phu *(C4)* (face au Nha Trang Lodge), ☎ (058) 82 67 82. Un endroit agréable, ombragé et délicieusement ventilé par la brise marine, où l'on déjeune sous des paillotes, face à la mer. Ambiance tropicale avec mobilier en bambou et tables en bois sculpté. Cuisine vietnamienne et fruits de mer.

Dua Xanh - Coco Vert, 23 Le Loi *(C2)*, ☎ (058) 82 36 86. 8h-22h. Le cadre est assez banal, mais le quartier est paisible et le restaurant dispose d'une agréable terrasse ombragée, très appréciable quand le soleil écrase la ville. Bonne cuisine vietnamienne, fruits de mer, et une longue carte de desserts (ce qui est suffisamment rare pour être souligné), proposant tartes, glaces et crêpes.

Louisiane Café, face au 86A Tran Phu *(C5)*, ☎ (058) 81 29 48 ⚒ ⚓ 7h30-0h. Cette adresse aux couleurs chatoyantes est tenue par un couple français qui offre à ses clients la possibilité de profiter gracieusement de diverses activités (piscine, plage privée, ping-pong, pétanque, billard). On vient ici moins pour la cuisine que pour le cadre et l'ambiance. À la carte, snacks, salades et poissons, mais surtout pâtisseries et glaces. Tous les soirs, soirée dansante autour de la piscine. Le lieu est fréquenté par les étrangers en journée, mais accueille une clientèle majoritairement vietnamienne en soirée.

Thanh The, 3 Phan Chu Trinh *(C2)*, ☎ (058) 82 19 31. Une adresse sans prétention proposant une cuisine vietnamienne et végétarienne dans un cadre sobre et propre. Service très aimable.

Hoan Hai, 6 Phan Chu Trinh *(C2)*, ☎ (058) 82 31 33. 8h-22h. Voisin du précédent, l'endroit est tout aussi simple et propose une carte similaire, avec petits-déjeuners continentaux, cuisine vietnamienne et fruits de mer. L'accueil est en revanche un peu plus froid.

De 50 000 à 100 000 VND

La Bella Napoli, Tran Phu *(C4)* (face au Nha Trang Lodge), ☎ (058) 82 96 21, labellanapoliviet@hotmail.com Et puisqu'il en faut pour tous les goûts… l'adresse propose, comme son nom le laisse deviner, une « *cucina tipica italiana* », avec les incontournables pizzas, pâtes et escalopes milanaises. Pour un poisson à l'italienne, téléphonez la veille.

Nha Trang Sailing Club, 74 Tran Phu *(C4)*, ☎ (058) 82 65 28, sailingnt@dng. vnn.vn ⚓ Restaurant de bord de mer en plein air, sous les cocotiers, servant de bonnes cuisines vietnamienne et japonaise. Le cadre est très plaisant, jouant sur l'harmonie entre la pierre, la brique et le bois. Possibilité de louer des transats pour profiter de la plage qui est plus tranquille ici qu'au niveau du Nha Trang Lodge.

☺ **Con Ga Phap (« Le Poulet français »)**, 33 Le Loi *(B2)*, ☎ (058) 82 38 84. Belle reconversion pour ce restaurant, auparavant spécialisé dans la volaille. Aujourd'hui, poissons et fruits de mer sont à l'honneur. Le patron, ancien rugbyman français, a choisi un emplacement non loin du marché central afin de s'ouvrir à une clientèle vietnamienne.

De 100 000 à 200 000 VND

☺ **Ngoc Suong**, 16 Tran Quang Khai *(C5)*, ☎ (058) 82 70 30. L'une des adresses chic de Nha Trang, située dans une rue calme et peu passante. Que vous dîniez à l'intérieur ou en terrasse, sous la superbe paillote couverte de bougainvilliers, vous apprécierez le goût exquis avec lequel les propriétaires ont soigné la décoration. Large carte de fruits de mer et cuisine vietnamienne. Service soigné et douce musique d'ambiance contribuent à faire du repas un vrai moment de plaisir.

Sortir, boire un verre

Cafés / Bars - Nha Trang compte un nombre impressionnant de cafés et de karaokés où se rassemblent chaque soir les jeunes vietnamiens. Vous les repérerez vite à leurs guirlandes de lumières et à leur musique tonitruante. C'est notamment pour cette raison qu'ils sont assez peu fréquentés par les touristes, mais il ne tient qu'à vous d'essayer… Parmi les adresses qui attirent les touristes :

Louisiane Café, face au 86A Tran Phu ☎ (058) 81 29 48 ⚒ ⚓ 8h-2h. Large sélection de cocktails. Tous les jours, *happy hours* de 22h à 0h et soirée dansante autour de la piscine. Billard. **Nha Trang Sailing Club**, 74 Tran Phu *(C4)*, ☎ (058) 82 65 28, sailingnt@dng. vnn.vn L'endroit est très agréable pour prendre un verre en journée, sur la terrasse au soleil, ou en soirée quand l'animation bat son plein autour du billard, sous les pales des ventilateurs. **Que Huong Club**, 60 Tran Phu *(C4)*. Tous les soirs, un spectacle de musique vietnamienne est donné autour de la piscine.

Discothèque - Pour ceux qui souhaitent poursuivre la fête jusqu'au bout de la nuit, l'hôtel Nha Trang Lodge dispose d'une discothèque, le **Tropicana Club**.

Loisirs

Excursions dans les îles - L'excursion en bateau dans les îles est la grande attraction de Nha Trang. Toutes les agences de la ville proposent une croisière d'une journée, incluant la visite des îles Mun, Mot et Tam, et d'un petit village de pêcheurs de l'île Mieu. Au programme de la journée, snorkelling, baignade et farniente. Si la formule peut paraître attrayante, sachez toutefois que l'on se retrouve habituellement à plus de 30 sur un bateau, que les accompagnateurs se sentent obligés de faire hurler la musique pour divertir leurs passagers, et que la prétendue « visite » des îles est bien trop courte pour vous permettre de profiter des lieux. Si vous préférez vous y rendre par vos propres moyens, rendez-vous directement au **port de Cau Da**, à 6 km au sud de Nha Trang (la route se termine à l'embarcadère), d'où vous pouvez prendre un ferry pour l'île Mieu. Chaque jour, un départ à 7h de Cau Da, retour de l'île Mieu à 15h (1,60 $, 15mn de traversée). Vous pouvez également négocier la location d'un bateau pour un circuit dans les îles, à définir selon vos propres envies. Le prix du bateau est divisé par le nombre d'occupants (jusqu'à 10 pers.). Les navettes partent généralement vers 8h, mais il est préférable de passer la veille au port pour réserver.

Plongée sous-marine - Soyez très vigilant quant au choix de l'agence avec laquelle vous partez. Si vous êtes débutant, renseignez-vous d'autant mieux auprès de votre instructeur sur les modalités de la plongée. Par chance, les centres cités ci-dessous comptent tous dans leur équipe un moniteur français, ce qui devrait faciliter les choses.

Blue Diving Club, 66 Tran Phu *(C4)*, ☎ (058) 82 53 90 ou 0913 460 763, bluedivingclub@hotmail.com Centre agréé PADI, CMAS, FFESSM, ANMP. Excursions à la journée sur l'île Mun pour 40 $ (2 plongées). Départ quotidien à 8h, retour à 15h. Cours *open water* sur 4 jours pour 280 $. **Octopus Diving Club**, 62 Tran Phu *(C4)*, ☎ (058) 81 06 29 ou 0903 588 093, www. octopusdivingclub.com Une adresse sérieuse composée d'instructeurs français, anglais, scandinaves et portugais. Centre agréé PADI, CMAS, CEDIP, ANMP et SSI. 1 départ par jour à 8h, retour à 15h30. Comptez 40 $ pour 1 plongée et 60 $ pour 2 plongées. Le centre prépare aussi au diplôme d'*open water diver* (3 jours, 220 $) et d'*advanced diver*. **Rainbow Divers**, The Sailing Club, 72 Tran Phu *(C4)*, ☎ (058) 82 99 46, www.divevietnam.com Centre agréé PADI. Départ quotidien pour l'île Mun à 7h30, retour en milieu d'après-midi. Comptez 40 $ pour 1 plongée. Plongées nocturnes de 1h à 1h30 pour 40 $. Stage d'initiation pour 40 $ (1 plongée). **Vinadive** (Viet Nam Scuba Diving Center), 58 Tran Phu *(C4)*, ☎ (058) 81 13 75, www. vietnamdive.com À partir de 30 $ les 2 plongées. **Vietnam Explorer** (Padi Dive Center), 24 Hung Vuong *(C4)*, ☎ (058) 52 44 90, vexplorer@pmail.vnn.vn

Piscines - Les **piscines** des hôtels Vien Dong, Hai Yan et Que Huong sont ouvertes aux non-résidents (de 10 000 à 15 000 VND). Le Que Huong dispose aussi de terrains de **tennis** (30 000 VND/h et 15 000 VND pour la location d'une raquette).

Coiffure - Jean Lou, 13 Biet Thu. Un Français installé en ville depuis plusieurs années, qui pourra vous tenir au courant des endroits à la mode pendant qu'il vous fait une coupe.

Sources d'eau chaude - 25 Ngoc Son, Ngoc Hiep, ☎ (058) 83 49 39, www. thapbahotspring.com Piscine d'eau de source, bains de boue, etc.

Fêtes / Festivals - Le **festival Thap Ba** est un grand festival qui se tient chaque année du 20ᵉ au 23ᵉ jour du 3ᵉ mois lunaire, en l'honneur de la déesse Po Ino Nagar. Les cérémonies sont suivies de chants et de danses traditionnels.

HISTOIRE

Alexandre Yersin, le fils adoptif

Au nord de la ville, une plaque bleue marque l'intersection entre les rues Pasteur et Yersin. Si anodin que cela puisse paraître, le détail n'est pas sans importance puisque ce sont les seules à n'avoir jamais été débaptisées et à porter aujourd'hui encore le nom d'illustres Français. S'il est inutile de présenter le premier, le second est en revanche moins connu. L'enfant adoptif de Nha Trang, ce « bienfaiteur et humaniste vénéré du peuple vietnamien » comme on peut le lire sur la tombe que les pêcheurs de Nha Trang lui ont élevée sur la colline de Suoi Giao, fut pourtant l'un des grands bactériologistes du siècle dernier. Envoyé en Chine par le gouvernement français en 1894 pour étudier un phénomène d'épidémie bubonique, il découvrit en effet à Hongkong le bacille responsable de la peste.

Né à Lavaux (Suisse) en 1863, Alexandre Yersin suivit des études de médecine à Paris, où il travailla avec Louis Pasteur et Émile Roux, avant de s'engager en 1890 comme médecin de bord sur un navire des Messageries maritimes assurant la liaison Saigon-Manille. Une première rencontre avec l'Asie où il passa finalement la majeure partie de sa vie. Il visita le golfe du Tonkin et l'estuaire du fleuve Rouge, avant de partir explorer des régions plus reculées, l'Annam ou les Hauts Plateaux, dont il établit des rapports illustrés de cartes, de plans et de photos. C'est à lui que l'on doit notamment la découverte du site de Dalat, devenu l'une des stations d'altitude les plus prisées du pays.

Ce bactériologiste de renom, explorateur infatigable à la curiosité sans limite, s'initia par ailleurs à l'astronomie et à l'agronomie et se passionna pour les différents aspects de la science. À Nha Trang, où il s'installa en 1895, il introduisit et acclimata l'hévéa et le quinquina, et fonda un laboratoire pour poursuivre ses études. Ce dernier, devenu l'**institut Pasteur** en 1903, est toujours en activité, tandis que la bâtisse attenante, dans laquelle Yersin vécut jusqu'à sa mort le 1ᵉʳ mars 1943, abrite un musée qui lui est consacré.

VISITE

Comptez deux jours.

Si Nha Trang vit par et pour le tourisme, elle n'en conserve pas moins un cœur de ville fébrile où se concentre l'essentiel des activités traditionnelles.

LE CENTRE-VILLE

▸ Dès les premières heures du jour, l'animation bat son plein au nord de la ville, aux abords de la grande halle du **marché couvert** (Cho Dam) (B2) qui déborde d'odeurs, de couleurs et de clameurs jusque dans les ruelles alentour.

▸ Empruntez la rue Trung Nu, puis prenez à droite la rue Phan Boi Chau qui débouche dans Thong Nhat. Vous parvenez ainsi sur 23 Thang 10, à droite de laquelle se situe l'entrée de la pagode Long Son (500 m à l'ouest de la gare ferroviaire). Bâtie en 1886, la **pagode Long Son** est la plus grande de la ville (A2) (se déchausser avant d'entrer Une donation est la bienvenue). Si vous séjournez quelques jours à Nha Trang, ne manquez pas de la visiter pour sa très belle architecture, sa toiture finement sculptée, ses superbes **mosaïques** en céramique et ses **fresques** fraîchement restaurées retraçant la vie du Bouddha. Siège de l'Association bouddhique de la province de Khanh Hoa, la pagode et le monastère attenants sont de véritables

Vue du port de Nha Trang

lieux de vie, où vous surprendrez peut-être moines et moinillons occupés à jardiner dans la cour ou engagés dans une partie de football « endiablée ».

▶ Empruntez les escaliers situés à l'arrière de la pagode pour accéder au sommet de la colline Trai Thuy où trône un immense **bouddha** (Kim Than Phat To) assis sur une fleur de lotus. Vous avez de là une superbe panorama sur Nha Trang, la vue embrassant les montagnes environnantes et plongeant jusque vers la mer.

▶ Revenant vers le centre-ville, suivez la rue Thai Nguyen et passez devant la gare pour déboucher sur un large carrefour. La **cathédrale** (B3) de Nha Trang a des allures de château fort avec ses murs crénelés, dominant la ville du haut d'une petite butte rocheuse. Elle est l'œuvre des Français, qui présidèrent à sa construction de 1928 à 1934. Elle ne constitue pas à proprement parler un chef-d'œuvre d'architecture, mais vitraux et rosaces sont très beaux (entrée sur Nguyen Trai. Deux messes par jour en semaine, à 4h45 et 17h, et cinq offices le dimanche, à 5h, 7h, 15h15, 16h45 et 21h30). Empruntez les rues Ly Tu Trong ou Le Thanh Ton pour rejoindre l'avenue Tran Phu.

LA PROMENADE DU FRONT DE MER★

▶ L'avenue Tran Phu s'étire sur près de 7 km, du nord de la ville jusqu'à l'embarcadère de Cau Da. Bordée de cocotiers à l'ombre généreuse, jalonnée de petits bars et de restaurants en plein air, elle constitue une agréable promenade où Vietnamiens et étrangers viennent profiter de la brise marine. La longue **plage★** de sable blanc est particulièrement agréable au nord de la ville, entre les rues Le Loi et Le Thanh Ton, mais il vous faudra pousser un peu plus au sud si vous souhaitez vous isoler un peu.

▶ Au n° 10 de la rue Tran Phu, dans une belle demeure attenante à l'institut Pasteur, le **musée Alexandre Yersin★** (Bao Tang Yersin) (C2) (☎ (058) 82 24 06, lundi-samedi 8h-11h, 14h-16h30, fermé les dimanche et jours fériés, 2 $. Comp-

tez 1h de visite. Panneaux explicatifs en français, en anglais et en vietnamien) retrace la vie du savant, de sa naissance en Suisse, en 1863, à sa mort à Nha Trang, en 1943. Fondé en 1995 avec l'aide de l'Institut Pasteur de Paris, du musée Pasteur et de l'Institut d'histoire de la médecine de Lausanne, il expose de nombreux objets et instruments de travail lui ayant appartenu, ainsi que des documents se rapportant à ses multiples activités et témoignant de son inlassable curiosité scientifique. L'exposition, claire et didactique, s'organise autour d'une pièce centrale où sont disposés les meubles et la bibliothèque d'Alexandre Yersin.

La promenade proprement dite ne va guère au-delà du Mémorial, aussi est-il conseillé de poursuivre la découverte du front de mer à vélo.

▶ À l'extrémité sud de la ville, avant de parvenir au village de Cau Da, vous apercevez à gauche de la route les cinq **villas** que l'empereur Bao Dai se fit construire dans les années 1920. Juchées sur un promontoire surplombant la mer, dans un agréable parc à la végétation foisonnante, elles offrent une superbe vue sur Nha Trang et Cau Da. Reconverties en hôtel, les Bao Dai's Villas disposent aujourd'hui de vastes chambres à des prix tout à fait raisonnables (voir « Se loger », p. 320).

▶ Quelques mètres plus loin, à la sortie du virage, un grand bâtiment d'architecture coloniale abrite l'**Institut océanographique** de Nha Trang. Fondé en 1923, il fut l'un des premiers centres de recherche scientifique du Vietnam et travaille à la préservation du monde marin. Le **musée national d'Océanographie** (Bao Tang Hai Duong Hoc) (6h-18h, 15 000 VND. Comptez 30mn de visite) qui le complète est cependant assez décevant. Vieillot et mal entretenu, il ne propose qu'une succession de bassins opaques, d'aquariums troubles et de cartes rendues illisibles par l'humidité. Une curiosité tout de même, le squelette d'une baleine à bosse de 10 t et de 18 m de long, découvert par les paysans du village de Hai Cuong lors de travaux d'irrigation. Il était enterré à environ 1,2 m de profondeur et à 4 km de la côte. Préférez la visite de l'aquarium de l'île Mieu.

▶ La route se termine à **Cau Da**, un paisible village de pêcheurs dont les habitants confectionnent des souvenirs en écaille, en corail et en nacre, qu'ils vendent le long de la route.

LES ENVIRONS DE NHA TRANG★★

Vous n'envisagez pas de passer votre journée sur la plage et souhaitez vous échapper un peu de Nha Trang ? Il est possible de varier les plaisirs en vous offrant une excursion culturelle au site cham de Po Nagar ou une promenade en mer à la découverte des îles qui émaillent la baie.

Po Nagar★★

(C1) Comptez 30mn de visite.

Le site se trouve à 2 km au nord de Nha Trang. Empruntez les rues Quang Trung puis 2 Thang 4 qui rejoignent la RN1 en direction de Hanoi. Les tours s'élèvent sur un petit promontoire à gauche de la route, après le pont Xom Bong qui enjambe le song Cai. Entrée 4 000 VND. Se déchausser dans les temples.

▶ Les quatre tours et les colonnes de Po Nagar faisaient autrefois partie d'un ensemble beaucoup plus vaste qui aurait compté, selon Henri Parmentier, une dizaine d'édifices de culte. Construits d'abord en bois (7ᵉ s.), ils auraient été totalement détruits par les Javanais en 774 et reconstruits en brique et en pierre du 8ᵉ au 12ᵉ s. À moins de venir vraiment très tôt, vous avez bien peu de chance de vous retrouver seul sur le site... et c'est ce qui fait son charme. Il est en effet très fréquenté par les Vietnamiens qui viennent se recueillir devant l'autel dédié à la **déesse Po Ino Nagar**, déesse-mère de la Patrie. Des jeunes femmes se promènent main dans la main ou se rendent au temple les bras chargés d'offrandes, tandis que les hommes, assis sur un banc, observent ce ballet incessant d'un air détaché.

▶ Les **colonnes** octogonales situées à droite du porche d'entrée supportaient autrefois le toit d'un large *mandapa* ouvert, que les fidèles traversaient pour accéder au temple. Un escalier, aujourd'hui détruit, reliait les deux édifices.

▶ Haut de 22,8 m, le **kalan**, ou temple du Nord, présente une structure carrée élancée supportant un toit de trois étages, avec tourelles d'angle et fausses niches. Chaque façade est ornée de pilastres et d'une fausse porte surmontée d'une double arche. La porte principale, qui donne accès à un vestibule très bien conservé, est encadrée de deux **piédroits** en grès gravés d'inscriptions chames datant des 11ᵉ et 13ᵉ s. Elle est surmontée d'un tympan et d'une **statue de Shiva dansant★** entouré de deux musiciens, un pied posé sur le taureau Nandi. Gardée par deux lourds vantaux en bois de fer, la salle principale abrite trois autels autour desquels règne une grande ferveur. Dans une atmosphère rendue irrespirable par les fumées d'encens, des femmes viennent déposer des fruits en offrande devant la **statue de la déesse Bhagavati★**, épouse de Shiva, identifiée avec la divinité locale Po Ino Nagar. Cette statue en pierre noire aurait été exécutée en 1050, sous le règne du roi Jaya Paramesvaravarman. Vous pouvez observer le fin travail de sculpture à l'arrière du siège sur lequel trône la déesse.

▶ La **tour centrale** est un édifice aux dimensions bien plus modestes, malheureusement en partie cimenté, et dont le toit pyramidal est fortement érodé. On y vénère un linga, symbole phallique de Shiva. Plus à gauche, le **temple du Sud** est une petite tour très abîmée dans laquelle un autel est consacré au Bouddha.

▶ À l'ouest du *kalan*, le **temple du Sud-Ouest** est l'ancien dépôt des objets de culte *(koshagraha)*. Ce petit édifice de forme carrée, dont on peut admirer l'élégant toit scaphoïde, daterait du 10ᵉ s. Sur les façades du temple, à la place des fausses portes qui ornent habituellement le corps de la tour, vous pouvez observer trois hautes sculptures en brique : au nord, un lion ; à l'ouest,

Indra, le « roi des dieux », chevauchant un éléphant ; au sud, l'oiseau Garuda, oiseau mythique à forme partiellement humaine, véhicule de Vishnu.

▶ Avant de quitter le site, ne manquez pas d'admirer la superbe **vue★** sur Nha Trang et le petit **quartier de pêcheurs** blotti à l'embouchure du *song* Cai. La multitude de bateaux colorés forment un tableau très pittoresque.

Le promontoire de Hon Chong

500 m après les tours de Po Nagar, empruntez la rue Nguyen Dinh Chieu à droite de 2 Thang 4 et suivez la route jusqu'à la baie de Hon Chong. Pour accéder au promontoire que l'on aperçoit au sud de la plage, prenez un petit chemin qui part à gauche d'un restaurant et suivez les rochers. 3 000 VND.

L'endroit peut constituer un but d'excursion si vous souhaitez vous échapper de Nha Trang, mais n'espérez pas trouver là un petit coin de paradis. Certes, la baie dessine une jolie demi-lune baignée par des eaux claires, mais la plage n'est pas vraiment propre et n'invite guère à la baignade. Le promontoire, constitué de gros blocs de granit, s'avance sur une petite péninsule au sud de la plage. De nombreuses petites gargotes et boutiques de souvenirs ont fleuri aux alentours et vous avez la possibilité de louer un transat pour jouir de la vue.

La baie de Nha Trang★★

La baie de Nha Trang est piquetée d'îles qui ne présentent en elles-mêmes que peu d'intérêt, mais elles offrent l'occasion d'une agréable promenade en mer et leurs abords constituent de superbes sites de plongée (*pour l'organisation de votre croisière, voir « Loisirs », p. 323*).

▶ La plus visitée des îles est l'**île Mieu★** (*Hon Mieu*), la plus proche de Nha Trang (*vous pouvez la rejoindre en ferry à partir de l'embarcadère de Cau Da*). Elle compte deux villages de pêcheurs et 2 000 habitants. Le village de **Tri Nguyen** abrite notamment un **aquarium★** intéressant (*payant. Comptez 30mn de visite*). Il est certes à première vue un peu déconcertant avec ses allu-

res de vaisseau fantôme sorti tout droit d'un mauvais parc d'attractions, mais il abrite de beaux spécimens de tortues à écailles, de requins blancs et de requins-tigres, ainsi qu'une grande variété de poissons et de coraux. N'hésitez pas à grimper tout en haut du bateau pour profiter d'un superbe panorama. De là, vous pouvez rejoindre à pied le village, ainsi que **Bai Soai**, une plage de galets située de l'autre côté de l'île.

▶ Au sud-est de l'île Mieu, la plage de l'**île Tam** (*Hon Tam*) est très fréquentée par les touristes vietnamiens, et la plupart des bateaux qui proposent une excursion à la journée y font escale. Ne vous attendez donc pas à rejoindre une île déserte, car l'endroit est dûment aménagé pour accueillir les visiteurs, avec bungalows, transats, bars et restaurants. Pour profiter du lieu en toute tranquillité, louez un bateau qui puisse vous y déposer dès le matin, les groupes organisés ne débarquant habituellement qu'en milieu d'après-midi.

▶ Plus à l'est, l'**île Mot** (*Hon Mot*) et l'**île d'Ébène** (*Hon Mun*) sont réputées pour leurs superbes fonds marins, où tous les amateurs de plongée de Nha Trang viennent passer la journée.

▶ Au nord de ces deux îles, l'**île aux Bambous** (*Hon Tre*) est la plus grande de toutes avec ses 25 km². Elle abrite une jolie plage, **Bai Tru**, mais il faudra louer un bateau pour la rejoindre.

Il est plus économique de rejoindre Monkey Island à partir d'un embarcadère situé à 15 km au nord de Nha Trang, indiqué au kilomètre 1438. Départs réguliers de 7h30 à 17h. Traversée en bateau 45 000 VND A/R.

▶ **Monkey Island** est une île peuplée de singes que vous pourrez facilement approcher (*accès à partir de Cau Da*). Méfiez-vous, car des personnes se sont plaintes d'avoir été griffées ou mordues. L'endroit est devenu très touristique et des spectacles de cirque, avec éléphants, singes et ours, sont même organisés à l'attention des visiteurs.

Possibilité d'organiser de Nha Trang une excursion à la plage de Doc Let ou aux chutes de Ba Ho (voir p. 317).

LE LITTORAL SUD
DE NHA TRANG À PHAN THIET

😊 Une côte de rêve

Quelques repères

Provinces de Khanh Hoa, Ninh Thuan et Binh Thuan - Itinéraire de 250 km - Compter 2 jours - Hébergement possible à Phan Rang, Phan Thiet et Mui Ne - Plan p. 254-255.

À ne pas manquer

Le site de Po Klong Garai.

Le farniente à Mui Ne.

Conseils

Faites étape à Mui Ne plutôt qu'à Phan Thiet ou Phan Rang.

Visitez Po Klong Garai tôt le matin, avant que ne déferlent les hordes de touristes.

Filant toujours plus au sud, la route Mandarine (RN1) quitte Nha Trang pour traverser les provinces côtières de Khanh Hoa, Ninh Thuan et Binh Thuan, où les Chams furent contraints de se replier à la fin du 16e s. Ce n'est certes pas la portion la plus pittoresque de cette côte – la région est quasi désertique –, mais vous pouvez vous y ménager quelques haltes fort agréables en bord de mer et visiter Po Klong Garai, l'un des sites chams les mieux conservés du Vietnam.

PHAN RANG

Arriver ou partir

En train - La gare ferroviaire, desservie par le train de la Réunification, se trouve à 7 km au nord-ouest de la ville, non loin du site de Po Klong Garai *(pour les horaires, voir p. 32)*. Le plus simple pour s'y rendre est de prendre un taxi ou une moto.

En bus - La gare routière est située à 500 m au nord du centre-ville, sur la rue Thong Nhat. Départs réguliers pour Phan Thiet (4h), Ho Chi Minh-Ville (8h), Dalat (2h), Nha Trang (3h) et Da Nang (17h), mais si vous faites route vers le sud ou le nord, postez-vous plutôt au croisement de la RN1 et hélez l'un des nombreux express qui y passent, car les bus qui partent de la gare de Phan Rang sont très lents. Pour les bus à desserte locale, la station est au sud de la ville, face au 428 Thong Nhat.

Adresses utiles

Poste / Téléphone - La poste principale est située rue Thong Nhat, à quelques mètres au nord de la gare routière. Autre bureau sur Le Hong Phong, à côté de l'hôtel Ninh Thuan. 6h-21h30.

Se loger, se restaurer

Moins de 10 $

Huu Nghi Hotel 1, 354 Thong Nhat, ☎ (068) 82 26 06 - 20 ch. ✗ Une adresse que l'on ne préférerait pas citer, mais c'est la seule abordable pour les budgets limités. En dépannage, uniquement si vous ne pouvez consentir à vous offrir une chambre un peu plus chère. Évitez absolument le Huu Nghi 2 (194 Thong Nhat), vraiment glauque.

De 15 à 20 $

Thong Nhat Hotel, 99 Thong Nhat, ☎ (068) 82 54 06 ou 82 72 01 - 33 ch. ✹ 📧 📺 ✗ Un établissement récemment rénové qui sans avoir beaucoup de charme n'en est pas moins le plus confortable de la ville. L'accueil est sympathique. Les tarifs sont un peu excessifs, mais il est possible de négocier.

Ninh Thuan Hotel, 1 Le Hong Phong, ☎ (068) 82 71 00 - 24 ch. ✹ 📧 ✗ 📺 ✗ Un hôtel sans grand cachet faisant face à un jardin public, mais les chambres sont confortables, vastes et propres. Quelques-unes avec ventilateur à 22 $ et une chambre pour 4 pers. à 48 $. N'hésitez pas à négocier.

De Nha Trang à Phan Rang

▶ Vous atteignez d'abord la vaste baie de **Cam Ranh** *(30 km de Nha Trang)*. Ce port naturel, disposant de nombreux atouts, est un site stratégique qui n'a pas manqué d'attiser les convoitises des grandes puissances et qui abrite aujourd'hui une base navale dont l'accès est interdit. Aménagé par les Français pendant la période coloniale, il fut occupé par les Américains durant la guerre du Vietnam, puis utilisé par les Soviétiques de 1975 à 1990.

▶ À une quinzaine de kilomètres au nord de Phan Rang, vous apercevez sur votre gauche les deux *kalan* du site de **Hoa Lai** (9ᵉ s.), fort endommagés.

▶ Capitale provinciale du Ninh Thuan, jumelée avec l'agglomération voisine de Thap Cham, **Phan Rang** ne présente pas d'intérêt particulier et attire assez peu de touristes, à l'exception de ceux qui, en route pour Dalat ou Ho Chi Minh-Ville, font une courte étape aux ruines chames de Po Klong Garai.

Pour rejoindre le site de Po Klong Garai situé à 7 km au nord-ouest de Phan Rang, dans la commune de Thap Cham, empruntez la RN20 en direction de Dalat. Passé le kilomètre 268 et la pagode Linh Son, prenez la première route à droite. Les tours s'élèvent à 200 m de là, au milieu des cactus, sur une colline appelée Doi Trau.

PO KLONG GARAI★

7h-17h. Entrée 5 000 VND.

L'ensemble fut élevé à la fin du 13ᵉ s. sous le règne de Jaya Simhavarman III. Dédié au roi Po Klong Garai (1151-1205), il attire aujourd'hui encore une foule de pèlerins, notamment lors des cérémonies rituelles de la fête Kate, célébrée le 7ᵉ mois du calendrier lunaire (aux environs du mois d'octobre). À cette occasion, les Chams célèbrent leurs ancêtres et invoquent la protection de divinités bienfaitrices tels la déesse Po Ino Nagar ou les rois sanctifiés Po Rome et Po Klong Garai. Restauré de 1981 à 1986, le site respecte le plan traditionnel des temples chams, mais présente les carac-téristiques du style de Binh Dinh, marqué par l'appauvrissement qui affecte l'architecture chame à partir du 12ᵉ s. Il se compose d'un *kalan*, d'un *mandapa*, d'un *koshagraha* (dépôt d'objets de culte) et d'une tour-porche, circonscrits dans une mur d'enceinte peu élevé. En contrebas des tours, près du chemin qui mène au porche d'entrée, vous apercevez une stèle qu'abritait jadis une tour située à l'intérieur du site.

▶ Le **kalan**, long de 13,8 m, large de 10,7 m et haut de 20,5 m, est tourné vers l'est. Il s'agit du temple principal dans lequel est vénéré le dieu Shiva. La porte principale est encadrée de deux **piédroits** en grès portant des inscriptions chames qui listent les donations faites au temple par le roi Jaya Simhavarman III. Elle est surmontée de quatre arches et d'une **statue de Shiva dan-sant★★** arborant ses objets fétiches.

▶ Chacune des trois autres façades du *kalan*, ornée de pilastres dont les chapiteaux sont gravés de pétales de lotus, comporte par ailleurs une fausse porte surmontée d'une double arche et de la statue d'un dieu assis en lotus, les bras croisés sur la poitrine. Le toit conserve une forme traditionnelle sur trois étages, composés chacun de quatre tourelles d'angle et de quatre fausses niches qui accueillent les images d'un dieu assis dans la position du lotus, les mains jointes devant le buste.

▶ Le vestibule et la salle principale sont très bien préservés. À l'intérieur de cette dernière, un **mukhalinga** repose sur une *yoni* dotée d'un système d'écoulement d'eau. Il est sculpté d'un portrait de Shiva figuré sous les traits d'un roi présentant des caractéristiques physiques autochtones. À l'occasion de cérémonies officielles, on y pratique le rite de la lustration de l'eau. Dans le vestibule, une très belle **statue du taureau Nandi★**, monture du dieu Shiva et symbole de fertilité agricole, à laquelle les Chams ont coutume de faire des offrandes pour s'assurer de bonnes récoltes.

Tour chame de Po Klong Garai

▶ Face au temple s'élève le **mandapa**, percé de quatre portes, dont ne subsiste que le soubassement. Vous apercevez aux quatre angles de l'édifice l'emplacement d'anciennes colonnes chargées de supporter une toiture légère.

▶ À l'est du *mandapa*, le **gopura** constituait à l'origine l'entrée du temple, auquel on accédait par un escalier très raide. Moins bien conservé et de dimensions plus modestes (5,65 m de hauteur), il présente une architecture plus simple mais assez semblable à celle du *kalan*, avec fausses portes, éléments décoratifs en forme de flamme, niches et tours. Au sud du *mandapa*, le **koshagraha**, appelé aussi temple du Feu, abritait les objets de culte.

Reprenez la RN1 en direction de Ho Chi Minh-Ville. La route traverse une région calcaire extrêmement aride à la végétation rase, parsemée d'eucalyptus. À 32 km de Phan Rang, elle rejoint la mer et traverse le village de Ca Na.

▶ Le paisible bourg de pêcheurs de **Ca Na** et sa superbe **plage** de sable blanc émaillée de gros rochers de granit offrent une halte agréable et quelques possibilités d'hébergement, mais la proximité de la nationale n'en fait pas un lieu de villégiature idéal.

▶ Reprenant votre chemin en direction de Phan Thiet, vous passez ensuite **Vinh Hao**, une bourgade connue pour son eau minérale commercialisée partout au Vietnam. La route dévoile maintenant un paysage de garrigue, où vous apercevez quelques vignes sur treilles qui font la renommée de la région. Elle est jalonnée de petits hameaux dont les habitations sommaires sont faites de nattes en bambou et de tôle. Plus au sud, à l'intérieur des terres, quelques zones mieux irriguées accueillent diverses cultures, telles rizières et bananeraies. À proximité de Phan Thiet, alors que la route rejoint de nouveau le littoral, apparaissent les premières dunes aux chaudes colorations orangées. On se croirait aux portes d'un désert.

PHAN THIET

Capitale de la province du Binh Thuan, la ville s'étire de part et d'autre de la rivière Ca Ty sur laquelle les bateaux de pêcheurs composent un tableau pittoresque.

Arriver ou partir

En train - La gare ferroviaire se trouve à Muong Man, à 12 km à l'ouest de Phan Thiet.

En bus - La gare routière est située à côté de l'hôtel 19/4, à l'angle des rues Tu Van Tu et Tran Hung Dao, mais la plupart des bus font le tour de la ville avant de quitter Phan Thiet. Départs fréquents pour Ho Chi Minh-Ville (4h), Nha Trang (7h) et le Nord.

Adresses utiles

Poste / Téléphone - Buu Dien Phan Thiet, rue Nguyen Tat Thanh. 6h-21h.

Se loger, se restaurer

Phan Thiet ne présentant pas d'intérêt particulier, vous n'y ferez sans doute étape que pour couper la route entre Ho Chi Minh-Ville et Nha Trang. Séjournez de préférence en bord de mer, dans l'un des hôtels qui jalonnent la route de Mui Ne.

Moins de 10 $

Khach San Suong Hoa, 110 Tran Hung Dao (à côté du Phuong Hung), ☎ (062) 82 82 57 - 17 ch. ⁴¶ 🔳 🌲 Si les chambres sont ordinaires, l'accueil est en revanche charmant et il est facile de négocier les prix. Les chambres avec air conditionné sont à 13 $ et certaines peuvent accueillir 4 pers. pour 23 $.

De 10 à 15 $

Khach San Thanh Cong, 49-51 Tran Hung Dao (face à l'hôtel 19/4), ☎ (062) 82 50 16 - 12 ch. ⁴¶ 🔳 Repérable à sa façade orange, l'hôtel dispose de chambres basiques mais correctes, parmi les moins chères de sa catégorie.

Mini Hotel 99A, 99A Tran Hung Dao (en face du Phuong Hung), ☎ (062) 82 15 20 - 6 ch. ⁴¶ 🔳 L'adresse n'est peut-être pas aussi élégante que voudrait le laisser croire leur carte, mais les chambres sont convenables, et l'accueil est très empressé.

Nha Nghi 186, 186 Thu Khoa Huan, ☎ (062) 82 70 26 - 5 ch. ☝ 🍽 Une petite adresse familiale proposant des chambres simples, correctes et calmes.

Hoang Huu Nhu Mini Hotel, 251 Thu Khoa Huan, ☎ (062) 82 26 15 - 6 ch. ☝ 🍽 Un mini-hôtel familial à la propreté irréprochable proposant des chambres confortables et agréables. L'accueil est charmant mais on n'y parle pas anglais.

Khach San 19/4, 1 Tu Van Tu (au nord de la ville), ☎ (062) 82 17 94 ou 82 52 16 - 84 ch. ☝ 🍽 🚿 📺 ✗ Massages, sauna, ascenseur, karaoké. Un grand établissement plutôt bien entretenu. On ne vient pas là pour le charme du lieu, d'autant qu'il est fréquenté par tous les groupes de touristes vietnamiens, mais si vous ne faites qu'une courte étape, vous apprécierez la proximité de la gare routière. L'hôtel dispose d'un grand restaurant servant une cuisine vietnamienne correcte à prix raisonnables. Quelques chambres très basiques pour 4 pers. à 7 $.

De 15 à 35 $

Phuong Hung Hotel, 112 Tran Hung Dao, ☎ (062) 82 56 19/20 - 42 ch. ☝ 🍽 📺 ✗ 🆑 Massages, sauna, ascenseur, karaoké, minibar dans les chambres. Un hôtel confortable, situé à l'intersection de Tran Hung Dao et de Thu Khoa Huan, la route qui file vers Mui Ne. Les chambres sont claires et propres et celles qui sont à l'étage jouissent d'une jolie vue sur la ville. Accueil agréable.

Plus de 80 $

Novotel Ocean Dunes Resort, 1 Ton Duc Thang, ☎ (062) 82 23 93, www.accorhotels-asia.com - 122 ch. ☝ 🍽 📺 ✗ 🏊 🚲 🆑 Salle de musculation, golf, massages, sauna, ascenseur, boutique, jardin d'enfants, salle de conférences, minibar dans les chambres. Installé en bord de mer, à la lisière d'un golf de 18 trous, l'hôtel couvre une superficie de 60 ha. On trouve ici tout le luxe que peut offrir un établissement de cette catégorie, mais l'ensemble demeure un peu impersonnel. Les chambres, con-

Nuoc-mam, le sel de la vie

L'usage des sauces de poisson (*nuoc-mam*) et de crevettes (*mam tom*) pour assaisonner les plats est une tradition répandue dans la péninsule sud-est asiatique. Cocktail de phosphore et d'azote, le *nuoc-mam* est issu d'un long processus de fermentation. Des couches alternées de poisson et de sel sont mises à macérer dans des citernes en béton, munies d'un robinet à la base. Au bout de trois mois de fermentation, on en tire un premier liquide, la saumure, qui est laissée à reposer encore trois mois. Les connaisseurs briguent la première pression, la plus riche en saveurs, et savent que plus longtemps on la conserve, meilleure elle est. Les meilleurs crus sont préparés à Phan Thiet et à Phu Quoc. Dans le Nord, on consomme le *nuoc-mam* pur, tandis qu'au Sud il est dilué d'un filet de citron vert et additionné d'ail, de piment et d'un peu de sucre (*nuoc cham*).

fortables et claires, disposent toutes d'un balcon, donnant sur le golf ou la piscine. 2 bars et 2 restaurants proposant buffets thématiques ou dîners à la carte. Diverses activités sportives telles que golf (65 $/18 trous), volley-ball, football, badminton et pétanque. Prêt de vélos et location de voitures.

À voir, à faire

▶ Son rôle de capitale politique, économique et culturelle de la province confère à Phan Thiet un certain dynamisme. Port vivant principalement de la pêche, la ville est également renommée pour son **nuoc-mam**, qui passe pour l'un des meilleurs du Vietnam.

▶ À 6 km au nord-est de Phan Thiet en direction de Mui Ne, dans le quartier de Phu Hai, les trois tours de **Poshanu** sont perchées sur une petite butte à droite de la route. Ce sont les plus méridionales des ruines chames, mais elles comptent parmi les plus anciennes (8e s.).

▶ La route qui conduit à Mui Ne traverse une cocoteraie offrant une ombre bienfaitrice et produisant une quantité industrielle de noix de coco que vous apercevrez séchant au soleil.

MUI NE★

Ce village de pêcheurs est réputé pour le surprenant spectacle de ses hautes dunes de sable orange surplombant la mer.

Arriver ou partir

En bus - Bus réguliers pour Mui Ne au départ de la gare routière de Phan Thiet.

En taxi - Le plus simple pour rejoindre Mui Ne est de prendre un taxi ou une moto-taxi (20 000 à 30 000 VND l'aller simple à moto).

Comment circuler

Location de vélos - La plupart des hôtels proposent des bicyclettes, parfois même des motos à louer.

Se loger, se restaurer

De nombreux *resorts* ont élu domicile le long de la route qui mène de Phan Thiet à Mui Ne. Les prix ont tendance à baisser au fur et à mesure que vous approchez de Mui Ne. Au-delà, la plage continue avec restaurants et bungalows épars ; les prix devraient y être dérisoires étant donné les structures mais restent parfois délirants. Négociez donc. Le kilométrage indiqué dans les adresses suivantes est donné à partir de Phan Thiet, situé à 22 km de Mui Ne.

Moins de 10 $

😊 **Boa Tran**, km 18 Ham Tien, ☎ (062) 84 70 62 - 16 bungalows 🍴 🖃 ✕ 🌴 🛵 Les bungalows en béton recouverts de feuilles de palmier sont disposés autour d'un joli jardin. Ceux disposant de l'air conditionné sont parmi les moins chers de la station, aussi mieux vaut-il réserver à l'avance. Très bon rapport qualité-prix et restaurant bon marché.

Hai Gia, km 18 Ham Tien, ☎ (062) 847 555, haigia_muine@yahoo.com - 40 ch. 🍴 🖃 ✕ 🌴 🛵 Beaucoup moins de charme que l'adresse précédente mais les chambres équipées de ventilateurs sont à un prix très raisonnable.

Autour de 10 $

😊 **Hong Di**, km 13 Ham Tien, ☎ (062) 84 70 14 - 5 bungalows 🍴 🌴 🛵 Grâce à cette nouvelle adresse vous jouerez les Robinson avec plaisir dans un des quatre bungalows avec accès direct sur la plage. Ils sont tous très bien entretenus et vous ne serez pas déçu du rapport qualité-prix. Pas de petit-déjeuner.

De 10 à 15 $

Khu Bai Tam Mui Ne (Coco Beach), km 19 Ham Tien, ☎ (062) 84 86 45 ou 84 71 53 - 11 ch. 🍴 🖃 🌴 ✕ 🛵 Une autre adresse paisible et ombragée, voisine de la précédente. L'hôtel dispose de 4 bungalows en bambou (8 $) et de 7 bungalows en dur (15 $). Si ces derniers sont plus confortables, ils sont aussi plus tristounets et l'éclairage au néon leur donne un petit aspect blafard.

De 10 à 25 $

😊 **Canary Resort**, km 18 Ham Tien, ☎ (062) 84 72 58, www.canaryresort.com - 24 bungalows 🍴 🖃 ✕ 🛏 🌴 🛵 La plupart des bungalows sont disposés le long d'un agréable jardin fleuri. D'un côté se trouvent ceux en bambou sur pilotis (les moins chers, avec ventilateur) ; en face, des habitations plus grandes peuvent accueillir 4 pers. (en dur, les plus chères, avec air conditionné). Plus loin, avant d'arriver à la plage, jouxtant la piscine flambant neuve, quelques bungalows tout confort avec terrasse privée donnant sur la mer. Le personnel est accueillant. Très bon rapport qualité-prix.

De 15 à 30 $

Small Garden, km 11 Ham Tien, ☎ (062) 84 70 12 - 11 ch. 🍴 🌴 ✕ 🛵 7 bungalows en bambou confortables de 15 à 20 $ et, pour les petits budgets, une chambre à 10 $. Aménagé avec goût et impeccablement entretenu, le « petit jardin » de Walter est un véritable havre de paix, à l'atmosphère familiale.

De 15 à 35 $

Paradise Huts - Chez Nina, km 13,5 Ham Tien, ☎ (062) 84 71 77, www.chez-ninaresort.com - 13 ch. 🍴 🖃 🌴 ✕ 🛵 Une adresse de charme comme on en trouve beaucoup à Mui Ne. 2 bungalows d'architecture traditionnelle avec terrasse, murs en bambou et toit de chaume, et 6 chambres claires et confortables aménagées dans deux maisons voisines. Toutes les chambres sont équipées de l'air conditionné, mais c'est en supplément (10 $). Le restaurant attenant propose une bonne cuisine vietnamienne dans un cadre agréable, en bord de plage.

De 20 à 70 $

Hai Au, km 17 Ham Tien, ☎ (062) 84 73 63, www.haiauresort.com.vn - 90 bungalows ⌂ ▤ ▣ ✕ ☂ ⚓ Aménagé pour une clientèle vietnamienne, ce complexe ravira les amateurs de karaoké avec ses bungalows tout équipés et sonorisés (repertoire vietnamien et anglo-saxon, 50 000 VND/h).

De 35 à 70 $

Full Moon Beach, km 13 Ham Tien, ☎ (062) 84 70 08, www.windsurf-vietnam.com - 5 bungalows et 7 ch. ⌂ ☂ ✕ ⚓ CC Nichés sous un chapiteau de verdure, ces bungalows en bambou (équipés de salle de bains en dur), joliment décorés, offrent un lieu de séjour des plus agréables. Il est également possible de dormir dans de très belles chambres. Prendre le petit-déjeuner (non compris, 3 $) sur la terrasse face à la mer et au milieu du jardin tropical vous ravira. En basse saison, réduction de 10 $. Les propriétaires, Pascal et Phuong, possèdent encore un magasin de planches à voile situé 50 m plus loin, qui fait aussi office de bar et de restaurant : **Le Jibe's**, ☎ (062) 84 74 05.

De 50 à 125 $

⊛ **Saigon Mui Ne Resort**, km 12,2 Ham Tien, ☎ (062) 84 73 02, www.saigonmuineresort.com - 75 ch. ⌂ ▤ ▣ ✕ ☂ ☂ ⚓ CC Tennis, massages, sauna, hammam, karaoké, boutique, salle de réunion, minibar dans les chambres. Un des plus beaux ensembles avec piscine, bassin et cascade, bars et restaurants sur plusieurs niveaux reliés par des passerelles.

De 70 à 90 $

⊛ **Hoang Ngoc**, km 18 Ham Tien, ☎ (062) 84 78 58, www.hoangngoc-resort.com - 100 ch. ⌂ ▤ ▣ ✕ ☂ ☂ ⚓ Tennis. Le cadre est splendide et les prix un peu élevés… Cependant, selon le taux de remplissage de l'hôtel, il est possible de négocier une importante réduction (jusqu'à 50 %). Cela en vaut vraiment la peine pour les chambres VIP dotées de lits *king-size* et de superbes salles de bains.

De 90 à 100 $

Coco Beach Resort, km 12,5 Ham Tien, ☎ (062) 84 71 11, www.cocobeach.net - 22 ch. ⌂ ▤ ✕ ☂ ⚓ Massages, minibar dans les chambres. Un cadre idyllique, pour un séjour en toute tranquillité. Des bungalows sur pilotis de facture traditionnelle, en bois exotique avec toit de chaume et terrasse, sont disséminés autour de la piscine, dans un jardin superbement entretenu. Le *resort* comprend 3 villas pour les familles, comptant 2 chambres, 2 salles de bains et un grand séjour. Prix variables selon les saisons.

Plus de 100 $

Victoria Phan Thiet Resort, km 9 Ham Tien, ☎ (062) 81 30 00/01/02/03, www.victoriahotels-asia.com - 50 ch. ⌂ ▤ ☂ ▣ ✕ ☂ ⚓ CC Practice de golf, minibar dans les chambres. Villas à l'architecture élégante disséminées dans un vaste jardin paysagé. D'un luxe raffiné – tommettes, parquets et mobilier en bois –, avec de beaux volumes, elles disposent de tout le confort et d'une terrasse donnant sur le jardin ou la mer. Restaurant en terrasse proposant fruits de mer et cuisine vietnamienne, ou grill au bord de la piscine. Accueil et service soignés.

À voir, à faire

▶ Pour accéder au village, empruntez la route qui part à gauche du carrefour principal et suivez le panneau « Hon Rom ». Il est situé à l'extrémité d'une superbe baie, baignée par les eaux turquoise de la mer de Chine méridionale et ourlée d'une longue plage de sable blanc. Elle offre un cadre idéal pour vous ressourcer, d'autant que l'endroit, demeuré à l'écart des grandes routes touristiques, est encore très préservé. De charmants *resorts*, tapis à l'ombre des cocotiers, ont élu domicile dans ce petit coin de paradis et vous invitent au farniente.

2 jours	Dalat et ses environs (p. 340)
Suggestion de visites	**Jour 1.** Matin : parcours de la ville et de ses marchés. Après-midi : visite au musée Lam Dong *(p. 348)* et à la pagode Thien Vuong *(p. 348)*. Retour en ville avant le coucher du soleil pour prendre un verre à la terrasse du Sofitel. **Jour 2.** Excursion à Lat et aux chutes d'Ankroët *(p. 342, 350)*.
Transport	L'avion est le moyen le plus rapide pour atteindre Dalat depuis la plupart des grandes villes. Sur place, deux-roues et marche à pied.
Conseils	Si vous voulez profiter du calme et de la nature à Dalat, choisissez une pension sur la crête dominant le lac. À 1 600 m d'altitude, le climat de Dalat est radicalement différent du reste du Vietnam. Prévoyez un pull pour le soir. Pour votre excursion, pensez au pique-nique et prenez de bonnes chaussures.
7 jours	**Les villages ethniques (p. 351)**
Itinéraire de 650 km au départ de Da Nang	**Jour 1.** Départ en bus le matin pour Kon Tum par la RN24 *(p. 359)*. **Jour 2.** Visite des villages ba na *(p. 358)* et nuit dans la réserve naturelle Ciu Mum Ray *(p. 363)*. **Jour 3.** Ascension du mont Ciu Mum Ray. **Jour 4.** Route pour Buon Ma Thuot *(p. 354)*. **Jours 5 et 6.** Excursion organisée au lac Lak et dans les villages environnants *(p. 352, 355)*. **Jour 7.** Bus pour Dalat ou Nha Trang.
Transport	Attention, la seule route qui traverse les Hauts Plateaux est très fréquentée, et la circulation en moto particulièrement dangereuse.
Étapes	Kon Tum, 2 nuits dans la réserve Ciu Mum Ray, Buon Ma Thuot, 2 nuits au lac Lak.
Conseils	Vous serez tenté d'explorer par vous-même les campagnes. Sachez que votre intrusion dans les villages sans accord préalable risque de poser problème dans cette région très peu touristique du Vietnam. Plus que dans le Haut Tonkin, la présence d'un guide est recommandée. Téléphonez à l'avance aux offices de tourisme pour l'obtention des permis et arrivez en ville avant 17h pour la mise au point des excursions.

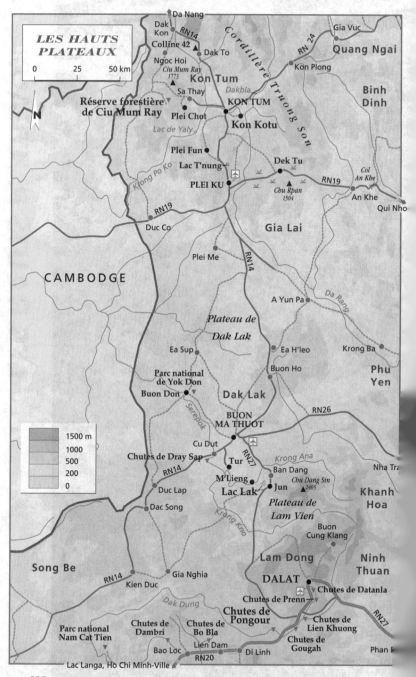

LES HAUTS PLATEAUX

0   25   50 km

N

Da Nang
Dak Kon
RN14
Colline 42
Dak To
Ngoc Hoi
Ciu Mum Ray 1773
Kon Tum
Sa Thay
Dakbla
KON TUM
Kon Kotu
Gia Vuc
RN 24
Kon Plong
Quang Ngai
Binh Dinh
Réserve forestière de Ciu Mum Ray
Plei Chot
Lac de Yaly
Plei Fun
Lac T'nung
Dek Tu
Col An Khe
PLEI KU
Chu Rpan 1504
RN19
An Khe
Qui Nho
Krong Po Ko
RN19
Duc Co
Gia Lai
Plei Me
RN14
CAMBODGE
A Yun Pa
Da Rang
Plateau de Dak Lak
Ea Sup
Ea H'leo
Krong Ba
Buon Ho
Phu Yen
Parc national de Yok Don
Buon Don
Dak Lak
Serepok
BUON MA THUOT
RN26
Cu Dut
RN27
Krong Ana
Nha Tra
Chutes de Dray Sap
Tur
Ban Dang
Chu Dang Sin 2405
M'Lieng
Jun
RN14
Lac Lak
Khanh Hoa
Duc Lap
Plateau de Lam Vien
Dac Song
Krong Kno
Buon Cung Klang
Song Be
Lam Dong
Ninh Thuan
RN14
Gia Nghia
DALAT
Kien Duc
Chutes de Datanla
Dak Dung
Chutes de Prenn
Chutes de Pongour
RN27
Parc national Nam Cat Tien
Chutes de Dambri
Chutes de Bo Bla
Chutes de Lien Khuong
Lien Dam
Chutes de Gougah
Bao Loc
RN20
Di Linh
Phan F
Lac Langa, Hô Chi Minh-Ville

1500 m
1000
500
200
0

DALAT ET SES ENVIRONS

😊 **Un bol d'air frais**

😠 **Le manque d'exotisme**

> **Quelques repères**
>
> Capitale de la province de
> Lam Dong - 300 km de Ho Chi
> Minh-Ville - 127 000 hab. -
> Alt. 1 500 m - Climat doux et
> tempéré - Plans p. 338 et 341.
>
> **À ne pas manquer**
>
> Les villas françaises et le palais
> de Bao Dai.
>
> Le musée Lam Dong et la
> pagode Thien Vuong.
>
> Les cascades des environs.
>
> **Conseils**
>
> Prévoyez un pull.
>
> Découvrez Dalat à vélo ou à
> moto.

Avec ses élégantes villas coloniales
dispersées dans un paysage de pinè-
des vallonné, Dalat est depuis l'époque française le lieu de prédilection
des Saigonnais. Royaume du kitsch et
repaire de quelques artistes marginaux,
centre universitaire et de recherche en
médecine radioactive entouré de villages traditionnels... la ville cultive les
paradoxes. C'est en 1893 que le site fut
découvert par le Dr Yersin, alors qu'il
recherchait un lieu propice à la culture
du quinquina. Plusieurs années s'écou-
lèrent avant que le gouverneur général Paul Doumer décide d'y établir une
station d'altitude, qui prit finalement
son envol en 1917. Depuis, la main de
l'homme a profondément modelé l'aspect de la campagne, et la ville doit son
opulence au tourisme autant qu'aux
cultures maraîchères et horticoles qui
ont remplacé les forêts impénétrables.
Dalat offre assurément de superbes
paysages, ainsi qu'une première rencontre avec les ethnies ma et co ho (les Lat
et les Chill). Néanmoins, certains visiteurs
lui reprocheront son tourisme de masse.
Mais s'il est vrai que la station attire par-

ticulièrement les nouveaux riches saigonnais, les Viet-Kieu de passage, les couples
en lune de miel ou les expatriés cherchant
un parfum d'Europe, elle offre l'occasion
d'une immersion sociologique pleine de
surprises.

DE HO CHI MINH-VILLE À DALAT

Comptez une journée.

Itinéraire de 300 km.

▶ Quittez Ho Chi Minh-Ville par la RN1.
65 km plus loin, parvenu à Dau Day,
bifurquez à gauche pour récupérer la
RN20 en direction de Dalat. Le lac Langa
est à 30 km. Créé après l'ouverture d'un
barrage hydroélectrique en 1984, le **lac
Langa** ne compte pas moins de 200 **maisons flottantes**, toutes pourvues de
viviers, comme à Chau Doc. La plupart des
habitants sont des Vietnamiens chassés du
Cambodge à l'époque des Khmers rouges.
Au débouché du pont, un mémorial commémore la rude bataille qui s'y déroula
lors de l'assaut final sur Saigon, en 1975.

▶ Puis la route traverse l'étrange plaine
de Dinh Quan, hérissée de **volcans** coniques depuis longtemps éteints, dont le
sol fertile permet une culture intensive
(manioc, café, maïs). Il est possible d'en
entreprendre l'ascension, mais demandez d'abord la permission aux paysans,
qui voient d'un mauvais œil que l'on pié-
tine leurs champs. Peu avant Ma Da Gui,
à hauteur du village de Tan Phu (kilomètre 125), prenez à gauche une mauvaise
piste de 25 km qui mène au parc national
Nam Cat Tien.

LE PARC NATIONAL NAM CAT TIEN

(Vuon Quoc Gia Cat Tien)

☎ *(061) 85 64 49 ou 79 12 26, www.
blakup.demon.nl/cat_tien Possibilité d'hébergement. Pour plus de renseignements :
WWF, 85 Tran Quoc Toan, District 3, Ho
Chi Minh-Ville, ☎ (08) 932 59 95. Entrée
payante.*

Nam Cat Tien, l'une des dernières forêts primaires du Sud du pays, est le refuge de rares mammifères (éléphants, rhinocéros de Java) et de nombreux oiseaux. Le tourisme y étant peu développé, il est conseillé de faire appel à un guide et de prévenir les gardes forestiers si vous souhaitez dormir sur place. Revenez sur la RN20 et poursuivez en direction de Dalat.

LA ROUTE VERS DALAT

▶ La route entame ensuite l'ascension du plateau de Di Linh, délivrant quelques somptueux **panoramas★**. Les **plantations de thé** étendent inexorablement leur soyeux manteau vert, mais la déforestation galopante et ses corollaires (glissements de terrains, assèchement des sols) posent de sérieux problèmes.

▶ Nichée au cœur d'une région luxuriante, Bao Loc est réputée pour ses fabriques de soie, mais les visiteurs s'y arrêtent surtout pour admirer les **chutes de Dambri★★** *(prenez à gauche au carrefour en T et continuez sur 15 km, entrée payante)*. Surgissant d'une bambouseraie, le torrent s'écrase 60 m plus bas dans un fracas assourdissant. Un **ascenseur** *(payant)* permet de descendre sans effort, mais il gâche un peu le paysage *(protégez votre appareil photo des projections d'eau, car il n'y a pas d'abri en bas)*.

▶ 5 km avant Di Linh, à l'entrée de Lien Dam, un petit terre-plein offre un point de vue dégagé sur les **chutes de Bo Bla★**, mince filet haut de 32 m qui jaillit au milieu de la verdure, loin en contrebas. Un sentier permet d'y accéder *(30mn de marche)*. Au kilomètre 191, prenez à gauche la piste de 7 km qui traverse une superbe lande sauvage.

▶ Le meilleur reste à venir avec les spectaculaires **chutes de Pongour★★★** *(entrée payante)*, hautes d'une trentaine de mètres, qui se déploient en un magnifique arc de cercle long de 150 m. Une piste de 300 m mène au pied de la cascade où la vue est tout aussi saisissante, particulièrement à la saison des pluies.

▶ De retour sur la RN20, en direction de Dalat, les **chutes de Gougah** *(au kilomètre 195, accès facile)* sont visibles de la route, tout comme les **chutes de Lien Khuong★★** *(au kilomètre 210, attention le sentier est glissant)*, larges de 100 m et hautes de 15 m.

DALAT ET SES ENVIRONS

Comptez 3 jours.

Le « petit Paris » doit son aspect de cité thermale au **lac Xuan Huong**, créé en 1919. Situé au cœur de la ville, c'est le lieu de rencontre par excellence des amoureux ou des familles en villégiature, qui s'offrent un tour en pédalo ou une balade en calèche autour du plan d'eau *(4 km)*. La partie la plus urbaine et la plus animée de la ville occupe sa rive nord-ouest, tandis que la rive sud présente un aspect plus bucolique, avec ses villas et ses pagodes dispersées au milieu des pins et des vergers.

Arriver ou partir

En avion - L'aéroport **Lien Khuong** se trouve à 30 km au sud de Dalat, sur la RN20 (navette au départ du bureau de Vietnam Airlines). La compagnie assure 1 à 2 liaisons par jour pour Ho Chi Minh-Ville (50mn de trajet).

En bus et minibus - Le terminal **Tinh Lam Dong** (3 Thang 4, à 2 km au sud du centre-ville) ouvre de 6h à 0h. Les bus populaires sont en théorie interdits aux étrangers, mais il suffit de monter et d'acheter son billet auprès du chauffeur. Le confort est sommaire, et les arrêts sont très fréquents. Plusieurs départs pour Ho Chi Minh-Ville (8h), 2 bus par jour, à 5h et 10h, pour Nha Trang (5h) et 1 bus à 5h pour Buon Ma Thuot (de 6h à 9h de trajet en saison des pluies). Pour Plei Ku, changez à Nha Trang.

En bus touristique - Les agences de Ho Chi Minh-Ville et Dalat proposent des billets *Open Tour* entre les deux villes (7h de trajet) incluant des étapes

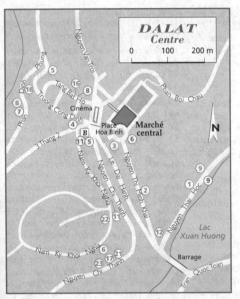

DALAT
Centre

0   100   200 m

N

- Nguyen Van Troi
- Dinh
- Phan Dinh Phung
- Tang Bat Ho
- Truong Cong Dinh
- Phan Boi Chau
- Cinéma
- Phan
- 3 Thang 2
- Nam Ky Khoi Nghia
- Nguyen Chi Thanh
- Le Dai Hanh
- Place Hoa Binh
- **B**
- **Marché central**
- Nguyen Thi Minh Khai
- Nguyen Thai Hoc
- Nam Ky Khoi Nghia
- Nguyen Chi Thanh
- Barrage
- Tran Quoc Toan
- *Lac Xuan Huong*

HÔTELS

RESTAURANTS :
voir dans rubrique "Se restaurer"

Lacs d'Ankroët — Village Lat — Vallée de l'Amour

DALAT

0   500   1000 m

N

- Cao
- Ba
- Ngo Quyen
- Quat
- Xo Viet Nghe Tinh
- Nguyen Cong Tru
- Phu Dong Thien Vuong
- Phan Dinh Phung
- Ly Hai Ba Trung
- Son Phu Tu
- Bui Thi Xuan
- **Université de Dalat**
- Phu Dong Thien Vuong
- **Jardin des Fleurs**
- Suong Nguyet Anh
- **Couvent du Domaine de Marie**
- **Pagode Linh Son**
- Dinh Tien Hoang
- Bui Thi Xuan
- **Golf**
- Ba Huyen Thanh Quan
- Ba Huyen Thanh Quan
- Quang Trung
- Nguyen Du
- Hoang Dieu
- Cam Ly
- Ly Hai Thuong
- 3 Thang 2
- Le Dai Hanh
- Nguyen Trai
- *Lac Xuan Huong*
- Pham Hong Thai
- **Gare**
- **Nha Trang, Trait Mat**
- **Chutes de Cam Ly**
- Hoang Van Thu
- Ho Tung Mau
- Yersin
- **Stade Thanh Pho**
- Hung Vuong
- **Musée Lam Dong**
- Khe Sanh
- **Pagode Lam Ty Ni**
- **Pension Hang Nga**
- **Cathédrale**
- Tran Phu
- Tran Phu
- **Sofitel**
- **Novotel**
- Tran Hung Dao
- **Pagode Minh Nguyet Cu Sy Lam**
- Institut Pasteur
- Le Hong Phong
- 3 Thang 4
- **Palais de Bao Dai**
- **Pagode Thien Vuong**

Chutes de Prenn, Chutes de Datanla, Lac Tuyen Lam,
Ho Chi Minh-Ville, Lang Con Ca   RN20

touristiques. Nha Trang (départ à 8h, 6h de trajet), Hoi An et Hué sont également desservies.

En voiture - De Ho Chi Minh-Ville, préférez la route de l'intérieur via Bao Loc.

Comment circuler

En taxi - **Dalat Taxi**, ☎ (063) 83 08 30. **Thang Loi Taxi**, ☎ (063) 53 59 83. Les taxis sont nombreux, notamment sur la place Hoa Binh. Vous pouvez aussi en chartériser un pour visiter la région (comptez 5 000 VND/km).

À vélo - Les courageux apprécieront le peu de circulation et la douceur du climat, mais attention aux montées ! Location auprès des agences de voyages ou des hôtels.

À moto - C'est le moyen idéal pour sillonner Dalat et ses environs. Vous pouvez louer une moto auprès d'un propriétaire privé (près du terminal, au bas de Nguyen Thi Minh Khai), ou en vous adressant à votre hôtel. Comptez de 5 à 8 $ par jour selon la saison, et 10 $ avec les services d'un chauffeur.

Adresses utiles

Banque / Change - Certains hôtels acceptent de changer des devises. Distributeur de billets au **Novotel Dalat**, 7 Tran Phu.

Change de devises, de chèques de voyage (dollars américains et euros) et distributeur de billets aux adresses suivantes : **Incombank**, 46 place Hoa Binh. Lun.-vend. 7h-11h, 13h30-16h30, sam. 7h-11h30. **Bank of Commerce and Trade**, 46-48 place Hoa Binh. Lun.-vend. 7h-11h30, 13h-16h30, sam. 7h-11h30. **Vietcombank**, 6 Nguyen Thi Minh Khai. Lun.-vend. 7h-11h, 13h30-16h30, sam. 7h-11h30.

Poste / Téléphone - **Buu Dien Trung Tam**, 16 Tran Phu (près du Novotel), ☎ (063) 82 25 71. 6h30-21h. Poste restante et DHL.

Hôpital - **Provincial General Hospital**, 4 Pham Ngoc Thach, ☎ (063) 83 41 58.

Internet - **Viet Hung Internet Cafe**, 7 Nguyen Chi Thanh. 8h-23h. **n.m Net**, 26 Nguyen Chi Thanh (100 VND/mn).

Pour utiliser le téléphone-Internet, préférez le bar en face qui propose des communications 2 fois moins chères.

Compagnies aériennes - **Vietnam Airlines**, 2 Ho Tung Mau, ☎ (063) 83 34 99 ou 82 28 95. 7h30-11h30, 13h30-16h30.

Agences de voyages - **Dalat Travel Bureau**, 1 Nguyen Thi Minh Khai (à côté de l'hôtel Hai Son), ☎ (063) 51 01 04, www.dalattourist.com.vn Le bureau qui centralise la plupart des agences de Dalat. Plusieurs brochures à disposition (choix non exhaustif). Propose aussi ses propres prestations. **Dalat Travel Service**, 7 rue 3 Thang 2 (hôtel Thuy Tien), ☎ (063) 82 21 25, ttdhhd@hcm.vnn.vn L'agence officielle de Dalat s'avère très compétente et propose de multiples services tels que location de voitures et de motos, guides et permis pour Lat ou circuits dans la province (Lang Bian, Tuyen Lam) et au-delà. **Dalat Torseco**, 9 Le Dai Hanh, ☎ (063) 82 24 79, dltoseco@hcm.vnn.vn La branche transport de Dalat Toserco, correspondante du Kim Café de Ho Chi Minh-Ville, vend des billets pour Nha Trang et Ho Chi Minh-Ville. **Phuong Nam Adventure Tourism**, 6 Ho Tung Mau, ☎ (063) 82 27 81. Cette agence, spécialisée dans les randonnées et les balades à dos d'éléphant au lac Tuyen Lam, propose aussi des circuits dans les Hauts Plateaux. **Pacific Tour**, 4A Bui Thi Xuan (dans l'hôtel Trung Cang), ☎ (063) 82 26 63, sinhcafe2dl@hcm vnn.vn Le correspondant local du Sinh Café de Ho Chi Minh-Ville met sur pied des circuits au village de Lat, au mont Lang Bian et dans le reste des Hauts Plateaux, des balades à dos d'éléphant ou en bateau. Billets pour Nha Trang e Ho Chi Minh-Ville. **Dalat Holidays Eco tours**, 73 Truong Cong Dinh, ☎ (063 82 94 22, www.phattireventures.com Pour une découverte sportive de Dala et de ses environs.

Se loger à Dalat

En haute saison (décembre-février surtout durant le Tet (janvier), nombr d'hôtels affichent complet et augmen tent leurs prix. Beaucoup de mini-hôte se concentrent près du cinéma et sur Nam Ky Khoi Nghia, mais certains n'acceptent pas les étrangers. Une option plus onéreuse consiste à loger dans une villa, notamment sur Tran Hung Dao.

▶ *Dans le centre*

Autour de 10 $

Phuong Thanh, 65 Truong Cong Dinh, ☎ (063) 82 50 97 - 10 ch. ⌁ Agence de voyages. Voisin de l'adresse suivante, un autre repaire de *back-packers*. Les chambres, avec parquet, ont beaucoup de charme. Accueil sympathique. Vous aurez plus de chance d'y trouver une chambre qu'à l'hôtel Hoa Binh.

Hoa Binh - Peace Hotel, 64-67 Truong Cong Dinh, ☎ (063) 82 27 87, peace 12@hcm.vnn.vn - 17 ch. ⌁ Un rendez-vous de voyageurs à petit budget, un peu mieux tenu que le Phu Hoa. Petite hausse en haute saison. Organise des excursions.

Phu Hoa, 16 Tang Bat Ho, ☎ (063) 82 21 94 - 35 ch. ⌁ 📺 ✗ Une adresse connue des routards, qui apprécient son confort minimal mais décent, sa situation centrale et son toit-terrasse. Petite augmentation en haute saison.

Hoai Thuong, 23 Nam Ky Khoi Nghia, ☎ (063) 83 58 28 - 13 ch. ⌁ Un mini-hôtel qui ressemble aux autres de la rue si ce n'est que la majorité des chambres sont prévues pour accueillir familles ou groupes d'amis : 8 chambres pour 4 pers. et 3 mini-appartements pour 8.

Nam Ky, 11 Nam Ky Khoi Nghia, ☎ (063) 82 44 93 - 11 ch. ⌁ 📺 cc Un mini-hôtel agréable mais sans cachet. Les chambres les moins chères n'ont pas de fenêtre et celles sur rue sont un peu bruyantes. La patronne parle français.

Thanh Long Hotel, 56 Nguyen Chi Thanh, ☎ (063) 82 75 18 - 11 ch. ⌁ Juste après le virage, plusieurs hôtels dans ce tronçon de rue très calme, à deux pas du centre. Le moins cher de la série ; préférez la chambre au dernier étage qui jouit d'une belle vue. Beaux balcons communs fleuris.

Thu Lan Hotel, 66 Nguyen Chi Thanh, ☎ (063) 51 04 03 - 10 ch. ⌁ Hôtel récent avec de grandes chambres spacieuses et lumineuses. **Phung Nghi Hotel**, 64 Nguyen Chi Thanh, ☎ (063) 83 43 30 - 9 ch. ⌁ Dans le même genre que le Thu Lan, en un peu plus cher et plus agréable. Les chambres de derrière sont en revanche très bon marché.

Thong Xanh, 33-35 Nam Ky Khoi Nghia, ☎ (063) 82 52 89 - 18 ch. ⌁ 📺 Ce mini-hôtel familial, où vivent quatre générations, loue des chambres impeccables avec vue dégagée, mais les prix sont légèrement surévalués.

De 10 à 14 $

Hai Son Hotel, 01 Nguyen Thi Minh Khai, ☎ (063) 82 23 79, haisondl@hcm.vnn.vn - 56 ch. ⌁ 📺 ✗ Établissement pour une clientèle essentiellement asiatique à la décoration vraiment surannée. Mais cela peut constituer un certain charme, au cœur de la ville.

De 15 à 20 $

Thanh The, 118 Phan Dinh Phung, ☎ (063) 82 21 80, khachsanthanhthe@vnn.vn - 70 ch. ⌁ ✗ Entièrement restauré et agrandi en 2004. Les chambres impeccablement tenues sont disposées autour d'un puits de lumière. Le prix varie en fonction de la taille des chambres, les plus grandes étant vraiment spacieuses.

☻ **Huong Tra Villa**, 7 Nguyen Thai Hoc, ☎ (063) 83 79 50 - 22 ch. ⌁ 📺 Cette grande bâtisse au charme simple et désuet domine le lac et propose un accueil chaleureux et personnalisé pour un prix abordable. Demandez la chambre 302 qui bénéficie de la meilleure vue, avec balcon. Un peu en arrière se trouve un autre bâtiment plus récent et moins charmant. Réservation recommandée. 50 % en sus en haute saison.

De 30 à 50 $

Pension Hang Nga, 3 Huynh Thuc Khang, ☎ (063) 82 20 70 - 9 ch. ⌁ cc La « Maison folle » mérite un détour, ne serait-ce que pour son architecture insolite. Les chambres, vraiment étonnantes, offrent toutefois un confort sommaire *(voir aussi p. 347)*.

De 40 à 60 $

Hôtel Cam Do, 81 Phan Dinh Phung, ☎ (063) 82 27 32, www.camdohotel. com - 54 ch. ⌖ 📺 ✖ 🆑 Cet établissement récemment restauré et agrandi propose des chambres très agréables, en particulier les « VIP » qui ressemblent à de petits appartements. 20 % en sus en haute saison.

De 40 à 100 $

Golf 3 Hotel, 4 Nguyen Thi Minh Khai, ☎ (063) 82 60 42, golf3hot@hcm.vnn. vn - 78 ch. ⌖ 📺 🆑 Massages, karaoké. Ce gros hôtel dominant le centre-ville propose des chambres impeccables mais d'un goût discutable. Le bar offre une vue imprenable sur le centre de Dalat. Accueil toutefois décevant.

▸ *Autour du lac et dans les environs*

De 10 à 15 $

Trang Anh, 1A Ho Tung Mau, ☎ (063) 82 31 18 - 11 ch. ⌖ 📺 Location de vélos. Un petit hôtel familial et sympathique un peu excentré. Hausse de 50 % en haute saison.

Hoang Hau Villa, 8A Ho Tung Mau, ☎ (063) 82 14 31 - 10 ch. ⌖ 📺 Une excellente adresse avec des chambres spacieuses et abordables (celles en sous-sol manquent cruellement de lumière). Les prix varient suivant l'étage et augmentent de 50 % en haute saison. Chambre familiale pour 4 pers. à 20 $.

☺ **Villa Mai An**, 7 Khoi Nghia Bac Son, ☎ (063) 82 12 91 - 6 ch. ⌖ 📺 Charme désuet pour cette villa tenue par une vieille dame qui parle bien français. Les chambres sont basiques mais parfaitement propres. Devant la maison, un petit jardin à flanc de colline parfait pour prendre un thé en fin de journée.

Phu An Villa, 5 Khoi Nghia Bac Son, ☎ (063) 82 16 17, phu-an@hcm.vnn.vn - 10 ch. ⌖ 📺 Une autre villa où l'on parle plutôt l'anglais. Le plus de cette adresse est le joli jardin agrémenté d'une petite serre tropicale.

☺ **Villa Kim Binh**, 14/1 Tran Hung Dao, ☎ (063) 8254 46, caothangdalat@yahoo. com - 12 ch. ⌖ 📺 Villa de construction récente mais conçue dans un style char-

mant. Curieusement, les chambres les moins chères ont les plus belles vues sur la vallée et les cultures en terrasses.

☺ **Ngoc My**, 1 Nguyen Thai Hoc, ☎ (063) 83 79 48 - 5 ch. ⌖ 📺 Les chambres sont spacieuses et ont un petit air d'antan. L'ensemble est moins bien aménagé et entretenu que les autres adresses de la rive nord-est du lac, mais les prix n'ont rien à voir et vous aurez plus de chance de trouver une chambre libre si vous n'avez pas réservé. Le tarif double pendant la fête du Tet.

Villa Hotel 28, 28 Tran Hung Dao, ☎ (063) 82 27 64 - 14 ch. ⌖ 📺 Cette grande villa pourvue d'un salon avec cheminée dispose de chambres spacieuses, idéales pour un séjour familial ou romantique (celles de l'annexe sont plus abordables). L'accueil est sympathique et la maison possède un agréable jardin. Étant donné sa situation proche de la route, préférez les chambres du bâtiment principal donnant sur le jardin.

De 20 à 25 $

Minh Tam Villa, 20A Khe Sanh (près de la pagode Thien Vuong), ☎ (063) 82 24 47 - 22 ch. ⌖ 📺 Loin de la ville cet hôtel isolé possède un charmant jardin. Attention toutefois, l'ambiance change du tout au tout le week-end lorsque les jardins, la serre tropicale et la boutique de souvenirs sont pris d'assaut par les touristes vietnamiens. Les chambres sont confortables, mais certaines sentent un peu le renfermé.

De 25 à 40 $

Palace 2, 12 Tran Hung Dao, ☎ (063) 82 20 92 - 27 ch. ⌖ 📺 ✖ Les chambres sont réparties dans 3 grandes villas au milieu des pins et des cigales. Le domaine est à cheval sur la crête avec vue sur le lac au nord et sur la chaîne de montagnes boisées au sud. Réservez, car des mariages y sont souvent organisés.

Tan Cuc Lan, 7B Khoi Nghia Bac Son, ☎ (063) 82 10 22 - 8 ch. ⌖ 📺 Le rdc de la villa est décoré dans un style très kitsch avec au centre un large escalier en colimaçon menant aux chambres, plus sobres. Le personnel ne parle pas anglais mais est plein de bonne volonté.

De 60 à 200 $

@ **Empress Hotel**, 5 Nguyen Thai Hoc, ☎ (063) 83 38 88, www.empresshotel-vn.com - 19 ch. ⚐ TV ✗ CC Bar et tables de billard. Un établissement de caractère, avec vue sur le lac, qui propose des chambres joliment décorées de boiseries et pavées de tommettes. Le prix est négociable (environ 30 % de remise). Le restaurant est agréable et propose des plats vietnamiens et occidentaux.

De 65 à 100 $

Novotel Dalat, 7 Tran Phu, ☎ (063) 82 57 77, www.novotel.com - 144 ch. ⚐ TV ✗ CC L'ancien Du Parc Hotel, construit en 1932 et propriété de la chaîne Accor (comme le Sofitel), a retrouvé toute sa splendeur. Les chambres, avec parquet et confort raffiné, se placent toutefois un cran en dessous du Sofitel pour le standing… et le prix.

De 180 à 435 $

@ **Sofitel Dalat Palace**, 12 Tran Phu, ☎ (063) 82 54 44, www.accorhotels.com/asia - 43 ch. ⚐ TV ✗ CC L'ancien Dalat Palace (1922), rénové avec un soin remarquable, exhale un parfum de luxe suranné dans un décor classique élégant. Certaines chambres disposent d'une cheminée et d'une vue imprenable sur le parc et le lac. Si cela dépasse votre budget, n'hésitez pas à prendre un verre sur la splendide terrasse.

Se restaurer à Dalat

Verger du Vietnam du Sud, la région de Dalat regorge de fruits et légumes que l'on trouve sur les marchés aux côtés de confitures, de fruits confits et de sirops. Les restaurants touristiques sont concentrés autour du cinéma, sur Nguyen Thi Minh Khai et Phan Dinh Phung, et ferment vers 22h-23h, voire 0h en haute saison. Il est possible de manger soupes, ragoûts, escargots et coquillages au marché, mais attention, le « marché infernal » de Le Dai Hanh a la réputation d'être cher et malhonête.

Moins de 25 000 VND

Sans nom, 10 Tang Bat Ho. Petite échoppe sans enseigne où l'on prépare les *ban kang*, gâteaux aux œufs et au riz trempés dans une sauce aux herbes. Ces omelettes sont préparées dans des creusets en terre cuite. À consommer sur place à une des minuscules tables ou à emporter.

Vinh Loi ⑪, 1 Nam Ky Khoi Nghia. Une petite adresse sans prétention où l'on sert une délicieuse soupe, pour changer des repaires à touristes.

Nam Son ⑤, 54 place Hoa Binh. 6h-21h. Un endroit sans charme, éclairé au néon, mais qui propose de bons plats vietnamiens et des soupes de légumes.

De 25 000 à 50 000 VND

Thanh Thuy ⑨, 2 Nguyen Thai Hoc. 6h30-23h. Un établissement chic au bord du lac, idéal pour prendre un verre.

Nhu Hai ⑥, 40-41 Nguyen Thi Minh Khai. 6h-23h. Un établissement sympathique et familial où les touristes se mélangent à la clientèle locale. Goûtez la spécialité de la maison, le *ta pin lu* (fondue de poisson, légumes et viande), les jus de fruits ou les plats végétariens (tofu et légumes frais du marché). Le patron étant chinois, demandez-lui conseil si vous désirez essayer une spécialité de son pays.

Cam Do, 81 Phan Dinh Phung (Hôtel Cam Do). 6h-23h. Une adresse bon marché proposant une cuisine végétarienne, vietnamienne ou occidentale, tout à fait honorable.

De 50 000 à 100 000 VND

Hoang Lan ③, 118 Phan Dinh Phung, ☎ (063) 82 22 13. 7h-22h. Une clientèle de routards et de Vietnamiens se presse toujours dans cette grande salle éclairée au néon où l'on sert des soupes, des plats de viande, des crevettes et une délicieuse fondue *ta pin lu*, à prix très modiques.

Restaurant de famille Long Hoa ④, 6 rue 3 Thang 2, ☎ (063) 82 29 34. Un lieu chaleureux où le patron, érudit et francophone, réserve un accueil des plus charmants. Pour déguster bœuf sauté, porc grillé ou fruits de mer sur des tables dressées de nappes à carreaux rouges…

Phuong Hoang ⑦, 81 Phan Dinh, ☎ (063) 82 27 73. Très apprécié des Vietnamiens qui viennent ici en famille ou entre amis. Essayez le *fried deer meat*, plat de viandes que l'on cuit soi-même sur un appareil électrique.

Restaurant Thuy Ta ❿, 1 Yersin, ☎ (063) 82 22 88. 6h-23h. L'ancienne Grenouillère, construite sur pilotis au bord du lac, jouit d'un emplacement très agréable, mais la cuisine (occidentale et vietnamienne) n'a rien d'exceptionnel et l'on peut se contenter d'y boire un verre. Location de pédalos juste à côté.

Thanh Thanh ❽, 16 Tang Bat Hao, ☎ (063) 83 74 01. 11h-22h. L'une des meilleures adresses de Dalat. Elle est réputée pour ses crevettes grillées au sucre de canne, son émincé de bœuf et son poulet cuit dans un pot en terre. Le service est soigné, mais l'attente un peu longue.

Empress, 5 Nguyen Thai Hoc (Empress Hotel). 6h-22h. Un restaurant élégant, avec lumière tamisée et musique douce, pour un dîner en amoureux (fruits de mer, cuisines occidentale et vietnamienne).

Huong Tra Restaurant, 7 Nguyen Thai Hoc (devant l'hôtel du même nom), ☎ (063) 81 16 99. La carte en anglais est loin d'être aussi complète que celle en vietnamien, aussi demandez conseil à la patronne qui parle un peu anglais. Plats succulents et copieux, à déguster sur la terrasse qui surplombe le lac.

De 100 000 à 200 000 VND

Le Café de la Poste ❶, 12 Tran Phu, ☎ (063) 82 54 44. Ancien grand magasin de 1928 converti en bistrot des années 1950, dans un beau décor colonial, ce restaurant propose des cuisines vietnamienne et occidentale simples ou raffinées. Prix en dollars.

Dalat House Restaurant ❷, 34 Nguyen Du (à 3,5 km du centre-ville), ☎ (063) 81 15 77, dalathouse2004@yahoo.com Ouvert en 2004, ce restaurant s'est rapidement forgé une très bonne réputation pour compter aujourd'hui parmi les meilleures tables de Dalat.

Plus de 200 000 VND

Le Rabelais, dans l'hôtel Sofitel Dalat Palace. Le cadre somptueux de la salle

est tout à fait unique à Dalat et le restaurant compte parmi les meilleurs de la ville. N'hésitez pas à venir prendre un verre (2 $ environ) en terrasse, au bord de la vaste pelouse qui descend vers le lac. Petits-déjeuners à 12 $.

Sortir, boire un verre

Salons de thé / Pâtisseries - Café Stop and Go, 2A Ly Tu Trong. Un joyeux désordre règne dans cette galerie-salon de thé aménagée dans une maison privée. Son propriétaire, Duy Viet, un peintre et poète francophone, accueille chaleureusement ses hôtes.

Hoan Hy Cake Shop, 20 rue 3 Thang 2. Excellentes pâtisseries.

Cafés / Bars - Une série de bars quasi identiques ont vu le jour sur Nguyen Chi Thanh, l'endroit le plus animé de Dalat le soir. **Larry's Bar**, 12 Tran Phu (hôtel Sofitel). 16h-1h. Une ambiance un peu confinée mais agréable règne dans ce pub au décor de chalet suisse.

Discothèque - PK's Nightclub, 12 Tran Phu (hôtel Sofitel). Week-end 20h-1h.

Loisirs

Golf - Dalat Palace Golf Club, Phu Dond Thien Vuong, ☎ (063) 82 12 01, dpgc@vietnamgolfresorts.com Ce golf de 18 trous ouvert en 1922 est l'un des meilleurs du Vietnam.

Achats

Artisanat - Les montagnards réalisent des nattes de fibres teintes, des paniers à riz en bambou et des vêtements que l'on peut trouver au village de Lat.

SUR LA RIVE NORD DU LAC

▶ Au bout de la rue Nguyen Thi Minh Khai, l'édifice en béton du **marché central** *(6h-18h)* est totalement dépourvu de grâce, mais une visite s'avère indispensable pour découvrir l'incroyable variété de fruits, de fleurs et de légumes cultivés dans la région.

▶ Des escaliers mènent au cinéma de la **place Hoa Binh**, d'où partent des rues les bordées de bas immeubles qui éve quent une petite ville de province française figée dans le passé. De là, poussez jusqu'au **couvent du Domaine de Marie** (*Nha Tho Lanh Dia Duc Ba*) (*6 Mai Hac De*). Élevé à la fin des années 1920, il fut agrandi grâce aux libéralités de l'épouse de l'amiral Jean Decoux, enterrée ici. Une douce quiétude règne en ces lieux où vit une poignée de religieuses. Demandez-leur de vous faire visiter le **jardin**, où elles cultivent notamment des sabots de fée, une délicate orchidée très répandue dans la région de Dalat. Récemment rénovée, l'**église** paroissiale abrite une statue de Marie suspendue au mur, debout sur un globe avec un serpent à ses pieds.

▶ Construite sur une hauteur à la fin des années 1930, la **pagode Linh Son** (*120 Nguyen Van Troi, à 800 m au nord du centre-ville*) est la plus ancienne de Dalat. Elle arbore un toit de tuiles à bords relevés, flanqué d'une **tour** de belle allure. Le jardin d'orchidées est malheureusement à l'abandon, mais le sanctuaire abrite toujours une énorme **cloche** en bronze de 1 250 kg.

▶ Symbole du regain d'intérêt de la jet-set saigonnaise pour Dalat, l'immense **golf** de 65 ha, conçu dans les années 1920, a rouvert en 1994. En face, l'**université de Dalat** (2 500 étudiants) occupe un parc arboré de 40 ha. Une occasion idéale d'aller à la rencontre de la jeunesse locale.

▶ En bas de la rue, sur la rive du lac, le **Jardin des Fleurs** (*Vuon Hoa Thanh Pho*) *2 Phu Dong Thien Vuong, 7h-18h, entrée payante*) recèle de superbes orchidées.

PARFUMS D'ANTAN...

▶ Au pied de l'énorme antenne de télécommunication, cousine lointaine et incongrue de la tour Eiffel, se dressent eux joyaux de l'architecture coloniale, e **Sofitel Dalat Palace** et le **Novotel**, ainsi que la silhouette de la **cathédrale** Nha Tho Lon) et de son **campanile** 47 m) (*Tran Phu, offices du lundi au amedi à 5h30 et 7h15, le dimanche à h30, 7h et 16h*). Cette dernière fut érigée de 1931 à 1942, et la plupart des 0 **vitraux** ont été réalisés à Grenoble.

▶ Élevée au rang de curiosité, la **pension Hang Nga** (*3 Huynh Thuc Khang, entrée payante*), alias la « Maison folle », est un endroit unique, fruit de l'imagination débridée de sa propriétaire. Fille d'un important dignitaire du Parti communiste vietnamien, elle a étudié l'architecture à Moscou avant de revenir s'installer à Dalat, où elle a fait élever cet édifice de béton en chantier perpétuel, à mi-chemin entre le bestiaire arachnéen et le château de sable.

▶ Au bout d'une courte allée se tient la **pagode Lam Ty Ni** (*Quan Am Tu*) (*2 Thien My*), lieu de retraite solitaire de **Vien Thuc**, le « bonze fou », depuis 1968. Peintre et poète, il parle anglais et français, et se réfère au bouddhisme zen tout en manifestant un sens aigu des affaires. On vient ici pour rencontrer ce personnage peu banal, autant que pour découvrir son œuvre multiforme envahissant le moindre espace. Vien Thuc, dont la fortune supposée fait beaucoup jaser, espère que la vente des toiles lui permettra de parcourir le monde, le rêve de sa vie.

▶ Perché au sommet d'une colline au bout d'une rue bordée de **villas françaises★**, le **palais de Bao Dai★★** (*Le Hong Pong, 7h-17h30, entrée payante*) présente un étonnant mélange de luxes occidental et oriental. Construit entre 1933 et 1938 par des architectes français et vietnamiens, il servit de palais d'été au dernier empereur du Vietnam jusqu'à son exil en France, en 1955. La résidence accueillit ensuite les présidents sud-vietnamiens jusqu'en 1975. Le vaste living-room et son **mobilier d'époque** aux couleurs royales (rouge et jaune) évoque d'emblée un musée d'Art décoratif des années 1940. Le reste est à l'avenant, à l'image du bureau, orné d'une tête de daim empaillée (trophée de chasse de l'empereur), et de la salle de réunion, qui renferme une immense table ainsi qu'une superbe **carte en verre** du Vietnam. Au fond, une petite pièce aux curieux bas-reliefs dorés servait aux délassements de Bao Dai et de ses concubines. Les appartements privés, à l'étage, dégagent en revanche une impression de luxe sans ostentation. La chambre de la reine est la plus belle.

347

▶ À la périphérie ouest de la ville, les **chutes de Cam Ly** *(Hoang Van Thu, 7h-18h)* ne sont pas spectaculaires, mais forment un but de promenade agréable. Rejoignez maintenant la rive est du lac Xuan Huong.

▶ Le long de Tran Hung Dao, Quang Trung et Nguyen Du, une multitude de **villas** de styles normand, breton, basque ou savoyard évoquent l'époque où Dalat était le lieu de villégiature favori des Français de Saigon. Certaines ont conservé toute leur splendeur. Dans le même esprit, la coquette **gare de Dalat★** *(1 Quang Trung, ☎ (063) 83 44 09, 8h-16h)* présente une similitude indiscutable avec sa lointaine cousine de Deauville. Inaugurée en 1933, la ligne de chemin de fer desservait Thap Cham, à une centaine de kilomètres, mais le service fut interrompu dans les années 1960, à la suite des attaques viet-congs. Un tronçon de 7 km, jusqu'à **Trai Mat**, a été remis en état pour les touristes *(30mn de trajet, 5 $)*, mais le voyage s'effectue en micheline et non avec la locomotive à vapeur qui reste malheureusement à quai. Redescendez Nguyen Trai pour rejoindre Pham Hong Thai et Hung Vuong.

▶ Le **musée Lam Dong★★** *(4 Hung Vuong, lundi-vendredi 8h-11h, 13h30-16h, entrée libre)*, ancien musée des Ethnies montagnardes, occupe ce qui fut la demeure de Nguyen Huu Thi Lan, la femme de Bao Dai. De passionnantes collections d'objets retrouvés dans la province couvrent toutes les périodes depuis la préhistoire.

▶ La première salle présente un étonnant **lithophone★★** *(dan da)*. Merveille de poésie, il était à l'origine placé sous une cascade, la musique étant produite par les déplacements aléatoires d'un caillou suspendu à une corde. La civilisation du Champa est par ailleurs évoquée à travers un énorme **linga★**, des statues et de la vaisselle en bronze, des bijoux en or, un délicat petit **yogi★★** en quartz, et un superbe **bas-relief★★** en argent figurant Shiva (que certains rapprochent du Oc Eo antérieur), datant tous des 10e-11e s.

▶ La deuxième salle présente des **jarres chinoises** (18e s.), des céladons et de la **vaisselle Ming** (14e-15e s.) et japonaise (17e s.), qui attestent l'ancienneté et l'amplitude géographique des échanges auxquels participaient les minorités. Des **bracelets en bronze** (15e-16e s.) témoignent en outre du raffinement des Co Ho et des Ma, tandis que la troisième salle traite des Ma. À l'étage, instruments de chasse et de pêche, tissus, vannerie, poteries ainsi qu'un **intérieur de hutte** et un **mât** sacrificiel *(klao)* donnent un aperçu du mode de vie traditionnel des Chu Ru et des Ma. Autre trait de poésie, ce curieux **orgue à bouche** (courge plantée de tiges de bambou) utilisé par les hommes pour appeler les enfants, chacun étant associé à une note distincte.

Empruntez la rue Khe Sanh au sud-est du centre-ville. La pagode Thien Vuong se trouve à 5 km, après 1 km de piste.

▶ La **pagode Thien Vuong★** *(6h-17h)*, appelée aussi **Chua Tau** (« Pagode chinoise ») émerge sur une colline arborée, dans un cadre superbe. Construite en 1959, elle comprend trois parties. Dans la première, un bouddha du Passé assis sur un lotus arbore un air jovial. Le second bâtiment *(ôtez vos chaussures)*, très dépouillé, renferme trois énormes **statues de santal★★** de 4 m et 1,5 t, qui furent acheminées de Hongkong lors de l'inauguration de la pagode. De gauche à droite, Quan Am, déesse de la Miséricorde, Amitabha, Bouddha de la « Lumière infinie », et le bodhisattva Dai The Chi Bo That représentant l'esprit d'Amitabha. C'est pour ne pas gâcher leur parfum naturel que l'on ne brûle pas d'encens dans cette pièce. Le sanctuaire s'achève au sommet de la colline par une imposante statue de **Bouddha** qui semble méditer devant le superbe **panorama★★**.

▶ De facture plus modeste, la **pagode Minh Nguyet Cu Sy Lam** *(sur la colline en face, au bout de Khe Sanh)* re[...]

Marché aux poisson[...]

348

pire également le calme et la sérénité. Le sanctuaire principal a la forme d'un lotus posé sur un socle. Il est dédié à Quan The Am Bo Tat, dont une statue trône à l'intérieur.

LES ENVIRONS DE DALAT

La vallée de l'Amour

(Thung Lung Tinh Yeu)

À 5 km au nord de Dalat par la rue Phu Dong Thien Vuong. 6h-18h. Payant.

▸ Lovée dans un écrin de collines, la vallée de l'Amour abrite un lac de retenue, où le tourisme de masse s'épanouit. Envahi de boutiques de souvenirs, il semble avoir été conçu par un paysagiste en mal d'imagination, mais il offre un instantané de vie riche de surprises, tels ces Vietnamiens posant pour l'éternité sur des poneys en tenue de cow-boy.

Lat et les chutes d'Ankroët

Empruntez la rue Phan Dinh Phung pour rejoindre le village Lat, situé à 12 km au nord-ouest de Dalat. Permis et guide obligatoires, délivrés par Dalat Toserco.

▸ Le village de **Lat** est constitué de neuf hameaux peuplés de Ma et surtout de Co Ho (Lat, Chill), protestants et catholiques, qui ont conservé leur habitat traditionnel sur pilotis. L'irruption du tourisme ne semble pas avoir bénéficié aux villageois qui vivent de la culture de la patate douce, des haricots et du riz. Lat est niché au pied du **Lang Bian**★★, une montagne sacrée culminant à 2 163 m. Une marche facile conduit au sommet, où la **vue**★★ est splendide *(comptez 3-4h aller. Des agences de Dalat organisent cette randonnée incluant la visite du village)*.

▸ De là, vous pouvez rejoindre les **lacs** et **chutes d'Ankroët**★★ *(à 18 km au nord-ouest de Dalat, les derniers kilomètres s'effectuent sur une piste difficilement praticable après la pluie)*. Ils sont cachés dans un superbe coin sauvage où un complexe touristique est malheureusement programmé.

Au sud de Dalat

▸ Prenez la RN20 vers le sud, tournez à droite au bout de 5 km, puis continuez sur 2 km. Niché au cœur d'une forêt de pins, le **lac Tuyen Lam**, aménagé en 1980, est l'une des attractions de Dalat, même si le paysage s'avère une fois de plus très domestiqué. Phuong Nam Adventure Tourism y organise des randonnées et des tours à dos d'éléphant, mais vous pouvez vous contenter d'une balade en barque ou d'une partie de pêche. Dominant la rive nord, le vaste **monastère Truc Lam**, inauguré en 1994, vaut le détour, ne serait-ce que pour son **jardin** avec vue sur le lac.

▸ De retour sur la RN20, poursuivez vers le sud jusqu'aux chutes de Datanla, à quelques centaines de mètres. Un sentier de 400 m à travers la forêt descend aux **chutes de Datanla** *(6h-16h, entrée payante)*, qui dévalent au milieu des rochers avant de pénétrer dans un étroit canyon. Des bungalows en bois ont été aménagés, qui répondent au romantisme à la vietnamienne.

▸ 8 km plus loin, passé le **col de Prenn**, la RN20 mène aux **chutes de Prenn** *(7h-17h, entrée payante)*, l'un des endroits les plus touristiques de la région, avec ses kiosques proposant cartes postales et souvenirs kitsch. Un chemin passe derrière la cascade, haute d'une quinzaine de mètres.

▸ À 18 km de Dalat, **Lang Con Ga** est peuplé de Co Ho, sédentarisés par les Français au début des années 1950. D'aspect très pauvre, il doit son surnom de « village du Poulet » à une énorme statue, dont on raconte qu'elle aurait été élevée par les Français pour habituer les villageois à se lever avec le chant du coq ! Lang Con Ga constitue une bonne introduction à la culture des minorités ethniques, mais la proximité de Dalat lui vaut de figurer au programme de toutes les agences de voyages et les touristes sont attendus. Dans la journée, les villageois qui vivent de la canne à sucre et de cultures maraîchères travaillent aux champs, et ne restent alors que les enfants ou quelques femmes à leur métier à tisser.

LES HAUTS PLATEAUX

Quelques repères

Provinces de Dak Lak, Gia Lai
et Kon Tum - 46 000 km² -
2,3 millions d'hab. - Alt.
supérieure à 500 m - Climat
doux - Hébergement possible à
Buon Ma Thuot, Plei Ku et Kon
Tum - Plan p. 338.

À ne pas manquer

Les chutes de Dray Sap, le lac
Lak.

Une balade à dos d'éléphant
dans le parc national de Yok
Don.

La route de Buon Ma Thuot à
Plei Ku.

Les villages gia rai et ba na
autour de Kon Tum.

Conseils

Visitez la région durant la saison
sèche, de novembre à mai.

Prévoyez suffisamment d'essence
si vous parcourez les Hauts
Plateaux en voiture.

Longtemps interdits aux étrangers, les
Hauts Plateaux se sont ouverts au tourisme au début des années 1990, mais
restent relativement peu visités en comparaison des stations balnéaires de la
côte. S'il est vrai que la région cumule
certains handicaps en matière de transports et d'hébergement, elle recèle certains des plus beaux paysages du Vietnam et offre l'occasion d'une immersion
au sein de minorités parmi les plus fasci-
nantes du pays.

Montagnes inviolées, cascades spectaculaires, forêts profondes, la nature conserve ici son caractère sauvage, malgré
les outrages de la guerre et l'avancée
inexorable des plantations de thé ou de
café qui redessinent le paysage. Les villes sans charme des Hauts Plateaux n'invitent guère à un séjour prolongé, aussi
la plupart des visiteurs s'empressent-ils
de se rendre dans les villages où vivent
Ê De, Gia Rai, Ba Na ou Mnong. Prétexte

à un voyage hors du temps, ces sociétés menacées manifestent un profond
attachement à leurs traditions, dont les
principaux traits distinctifs sont l'architecture, les rites funéraires et le matriarcat (à l'exception des Mnong). Les troubles survenus à Plei Ku en février 2001
montrent que la question des droits des
minorités et de leur liberté religieuse
reste un sujet sensible pour Hanoi.

BUON MA THUOT
ET SES ENVIRONS

Comptez une journée.

*Capitale de la province de Dak Lak. À
220 km de Dalat, 180 km de Nha Trang.
70 000 hab. Alt. 450 m.*

La réglementation en matière de permis
dépend de chaque province, celle de
Kon Tum étant la plus souple. En pratique, il est aisé de rejoindre les villages
des minorités ethniques par ses propres
moyens sans ce sésame, mais il est difficile de savoir quelles sanctions sont susceptibles d'être appliquées.

Arriver ou partir

En avion - L'aéroport se trouve à 7 km
au sud de la ville, sur la RN27 en direction de Dalat, ☎ (050) 86 22 48. Vietnam
Airlines assure plusieurs liaisons hebdomadaires pour Ho Chi Minh-Ville (1h), Da
Nang (1h10) et Hanoi (avec escale).

En bus et minibus - Le terminal se
trouve sur la RN14, à 5 km au nord du
centre-ville, en direction de Plei Ku,
☎ (050) 87 68 33 (pour les express seulement). Pour Nha Trang (190 km, 4h
de trajet), nombreux bus populaires
et un bus express climatisé toutes les
heures de 6h30 à 12h30 ; pour Plei Ku
(198 km, 4h), trois bus par jour ; pour
Dalat (220 km, 6h), un bus à 6h (mais il
est possible d'intercepter en milieu de
matinée ceux en provenance de Plei
Ku) ; pour Ho Chi Minh-Ville, un bus
express toutes les heures et pour le terminal de Mien Dong (6h), trois express
partent entre 6h et 15h.

En voiture ou à moto - La qualité des routes s'est améliorée ces dernières années et les 4x4 ne sont plus nécessaires pour rejoindre Dalat par la RN27. Veillez cependant à faire le plein avant de partir. Pour Buon Ma Thuot, Nha Trang et Ho Chi Minh-Ville, les routes sont parfaitement carrossables.

Comment circuler

En bus - Deux bus se rendent au lac Lak vers 7h du matin (1h de trajet), ainsi qu'à Buon Don (1h), à 7h et 14h, mais ils sont inconfortables. Dans le premier cas, préférez le bus pour Dalat puisqu'il s'arrête au lac.

Location de motos - En l'absence de loueur officiel, vous trouverez facilement une moto-taxi. Comptez de 10 à 15 $ par jour.

Adresses utiles

Office du tourisme - **Dak Lak Tourist**, 3 Phan Chu Trinh (près de l'hôtel Thang Loi), ☏ (050) 85 21 08. 7h-17h. L'agence officielle de la province organise des visites des villages de Lak, Mlieng et Tur. Elle organise aussi des treks de plusieurs jours au lac Lak, des promenades à dos d'éléphant (30 $/h pour 2 personnes) ou en pirogue (10 $/h). Vous pouvez également vous renseigner auprès de la branche située dans le village de Jun, ☏ (050) 88 61 84. Plusieurs guides parlent parfaitement français.

Banmeco (Buon Don Tourist), village de Buon Don, ☏ (050) 78 91 19. L'agence organise des balades à dos d'éléphant et propose un hébergement à l'entrée du village.

Yok Don National Park, ☏ (050) 78 91 49. Le bureau du parc propose des promenades à dos d'éléphant meilleur marché que Dak Lak Tourist, ainsi que des descentes en canoë et des treks en forêt avec nuit sous la tente ou en bungalow.

Banque / Change - **A Chau**, 60-62 Le Hong Phong. La banque commerciale de l'Asean accepte les dollars, les euros, les chèques de voyage et les retraits avec une carte de crédit.

Vietcombank, 6 Tran Hung Dao. Chèques de voyage et cartes de crédit sont acceptés.

Poste / Téléphone - **Buu Dien Buan Ma Thuot**, 6 Le Duan. 6h30-21h. Vous trouverez également une petite agence dans Ama Trang Long, sur la place principale.

Internet - **Buu Dien**, 6 Le Duan. 7h-20h. Prix variant selon l'heure, mais abordables. De nombreuses autres salles Internet ont récemment ouvert rues Quang Trung et Ba Trieu (3 000 à 4 000 VND/h). Pas de téléphone-Internet pour l'instant.

Compagnie aérienne - **Vietnam Airlines**, 67 Nguyen Tat Thanh, ☏ (050) 85 74 42 ou 95 50 55.

Se loger

Moins de 10 $

Anh Vu, 07 Hai Ba Trung, ☏ (050) 81 40 45 - 14 ch. ⌁ ▤ ✕ Idéal pour les petits budgets puisque cet hôtel propose, dans une rue assez calme et bien située, les chambres avec air conditionné les moins chères de la ville. Ne pas se fier à l'entrée qui ressemble plutôt au dépôt de papier d'une imprimerie.

Autour de 10 $

Dong Khan, RN14 à 5 km du centre-ville, ☏ (050) 95 35 55 - 66 ch. ⌁ ▤ ✕ Propre, bon marché et confortable ; à 200 m de la gare routière, parfait si vous êtes seulement en transit.

Thanh Phat, 41 Ly Thuong Kiet, ☏ (050) 85 48 57, thanhphat@pmail.vnn.vn - 6 ch. ⌁ ▤ ✕ Établissement récent et bon marché. Les chambres les moins chères (6 $) ont leur salle de bains à l'étage, et celles tout équipées avec air conditionné sont à 12 $. Le personnel ne parle guère anglais, mais réserve un accueil pour une fois sympathique.

Birdnet Chuong Chim, parc de Yok Don, ☏ (050) 78 91 49 - 6 ch. ⌁ ✕ La guest-house du parc loue des chambres confortables mais rustiques, dans un bâtiment en bois sur pilotis qui n'est pas aéré tous les jours. En saison sèche, vous pouvez opter pour les petits bungalows surplombant la rivière. Réservation nécessaire.

De 10 à 15 $

Hai Ba Trung, 8 Hai Ba Trung, ☏ (050) 85 24 07 - 21 ch. 🍴 🖾 🎌 📺 ✕ Un établissement d'État plutôt austère et surévalué, avec des chambres très inégales, mais vous pouvez négocier les prix.

De 15 à 30 $

Biet Dien, 12 Le Duan (près de la poste), ☏ (050) 85 04 87 - 21 ch. 🍴 🖾 📺 Situé dans un jardin à proximité du musée, cet établissement loue des chambres un peu fatiguées. Dommage, car elles pourraient avoir un certain cachet.

Tay Nguyen, 110 Ly Thuong Kiet, ☏ (050) 85 10 09 - 31 ch. 🍴 🖾 📺 ✕ Cet hôtel tout confort pratique des tarifs relativement élevés, mais d'un bon rapport qualité-prix pour la ville. Les chambres du nouveau bâtiment sont les plus agréables, les autres ayant des fenêtres pratiquement aveugles.

Agribank Hotel, 111 Le Hong Phong, ☏ (050) 85 78 28 - 12 ch. 🍴 🖾 🎌 📺 Austères et de mauvais goût, les chambres n'ont rien d'excitant, mais le confort est correct. Les prix sont en revanche exagérés et il ne coûte rien de négocier.

De 30 à 35 $

Heavenly Horse, 50-54 Hai Ba Trung, ☏ (050) 85 39 63, www.thienmahotel.com.vn - 22 ch. 🍴 🖾 📺 ✕ 🆑 Chaînes satellite. Installé dans un immeuble de trois étages, cet hôtel propose des chambres sans caractère, mais impeccables et confortables. La terrasse sur le toit jouit d'une belle vue sur la ville. Il est assez facile d'obtenir une réduction d'environ 10 $, mais attention aux prix du restaurant qui sont très aléatoires… Au moins cinq karaokés à proximité.

Thang Loi, 1 Phan Chu Trinh, ☏ (050) 85 76 15 - 40 ch. 🍴 🖾 📺 ✕ ⬛ 🔥 🆑 Un chasseur en tenue d'amiral reçoit les clients dans cet établissement très bruyant puisque situé sur le rond-point à l'entrée de la ville. Les chambres, dont les prix varient sensiblement en fonction de l'étage, sont tout de même spacieuses et agréables.

Cao Nguyen Hôtel, 65 Phan Chu Trinh, ☏ (050) 85 59 60 - 36 ch. 🍴 🖾 📺 ✕

🆑 Massages, chaînes satellite. Récemment transformé en hôtel, ce bâtiment accueillait il y a quelques années les dignitaires de l'État en déplacement à Buon Ma Thuot. Refait à neuf mais sans cachet particulier, l'hôtel loue aussi sa grande salle de restaurant pour des mariages.

Se restaurer

Moins de 25 000 VND

Tan Lac Vien, 61 Ly Thuong Kiet. Un petit établissement propre et animé pour prendre son petit-déjeuner dans une ambiance populaire.

Thanh Van, 20 Ly Thuong Kiet. L'un des nombreux restaurants de la rue, proposant une cuisine vietnamienne simple mais savoureuse. La spécialité est le *nem nuong* : un nem à confectionner soi-même avec des feuilles de riz, des brochettes de viande hachée, des condiments et des plantes aromatiques. On pourra tremper la préparation dans une délicieuse sauce à l'arachide. Le soir, les ventes à emporter connaissent un grand succès, et les clients en mobylette forment un manège incessant.

De 25 000 à 50 000 VND

Bon Trieu, 33 Hai Ba Trung. Petit restaurant éclairé au néon, sans prétention, mais avec une carte variée.

White Horse, 50-54 Hai Ba Trung. Une grande salle pas vraiment couleur locale, où l'on sert de bons plats vietnamiens ou occidentaux et des fruits de mer. Exigez la carte en anglais… avec les prix.

Sortir, boire un verre

La ville s'étend aujourd'hui vers le nord-est sur ce qui fut une base américaine. Nous citons ici le Y'niem, particulièrement intéressant, mais les lieux de vie nocturne se développent vite dans la rue **Le Thanh Tong**, où vous trouverez un choix varié de bars et de restaurants.

Cafés / Salons de thé - Ama Trang Long est la rue la plus animée de la ville le soir, idéale pour boire un verre et sentir battre le pouls de la ville.

Banh Mi Ha Noi, 123-125 Le Hong Phong. Un très large choix de pâtisseries locales.

Cam Xuc, 206 Ly Thuong Kiet. Café-karaoké agréable sur plusieurs niveaux, lumières tamisées, coins salon, plantes vertes et cascade artificielle.

☺ **Y'niem**, 37 Le Thanh Tong. Café, bar et discothèque, nouveau en ville. La journée, la jeunesse se retrouve au café du rdc et sur la terrasse. Le soir, c'est au 1er étage que se tient le gros de l'animation : ambiance boîte de nuit avec DJ et musique live. Le groupe de musiciens qui travaille également ici est censé pouvoir jouer tous les airs à la demande du public, et ce sont les clients qui chantent grâce au micro qui circule dans la salle. Ambiance vietnamienne assurée.

Loisirs

Fêtes / Festivals - La **fête du Printemps** s'échelonne sur deux à trois mois, des 10e-11e aux 1er-2e mois lunaires, avant les récoltes. Des buffles sont sacrifiés pour honorer le génie du village et les diverses cérémonies accompagnant le rituel de l'abandon des tombes donnent lieu à des chants et des danses rythmés par les gongs.

Dans le village de Buon Don, des **courses d'éléphants** sont organisées dans le stade le 3e mois lunaire (début mars), lors des fêtes des minorités.

Courses de motos - Les courses de motos qui ont lieu le dimanche dans le stade, rue Le Loi, constituent l'une des rares attractions de Buon Ma Thuot.

BUON MA THUOT

▶ Une piste de 220 km, praticable à la saison sèche uniquement, à moto ou en 4x4, relie Dalat et Buon Ma Thuot *(renseignez-vous avant de partir)*. Elle traverse certains des plus beaux paysages des Hauts Plateaux, alternant forêts profondes, plantations de café et villages mnong en torchis.

▶ Buon Ma Thuot ne présente guère d'intérêt pour les touristes, mais elle constitue un point de départ idéal pour partir à la rencontre des **E De** et des **Mnong**, voir le parc national de Yok Don ou faire une balade à dos d'éléphant. Toutes ces activités sont placées sous la garde de l'office de tourisme local qui organise les visites dans les hameaux. Aujourd'hui, les guides et les permis ne sont plus obligatoires, mais il est important de considérer un village comme une unité, un clan fermé, une propriété privée. Y entrer sans accord préalable et à l'improviste est perçu comme une violation de domicile. Les visites de l'office du tourisme sont, elles, encadrées dans le cadre d'un accord passé avec le chef du village, prévenu à l'avance pour éviter que l'on ne débarque à un moment inopportun.

Si la ville semble bâtir sa prospérité à l'écart du monde, l'impression est trompeuse, car l'économie locale repose essentiellement sur l'exportation du café (dont la qualité est reconnue dans tout le pays), une culture en pleine expansion au détriment des forêts. Son origine remonte à l'époque française, quand les plantations de thé, de caoutchouc et de café faisaient les beaux jours des colons.

▶ Avant de visiter les villages, jetez un coup d'œil au **musée des Minorités ethniques** *(4 Nguyen Du, lundi-vendredi 7h-11h30, 13h30-17h, entrée payante)* qui met en scène l'artisanat des E De, des Mnong et des Gia Rai à travers une belle collection de tissus, costumes, jarres, statues funéraires, outils et instruments de musique traditionnels.

▶ C'est à une autre vision de l'histoire qu'invite la **prison**, construite par les Français en 1931 *(18 Tan Thuat, lundi-vendredi 7h-11h30, 13h30-17h, donation)*. Des **documents** témoignent de l'implacable rigueur de l'administration coloniale, qui condamna un certain Nguyen Xan à sept ans d'internement pour « menées communistes », ou un dénommé Chu Van Bien à perpétuité pour « rédaction de papiers séditieux ». Demandez à voir les minuscules **cellules** où les détenus étaient enchaînés dans des conditions épouvantables. Des photos et surtout de belles **peintures** réalisées par les prisonniers font revivre cette époque.

LES ENVIRONS DE BUON MA THUOT★

▶ Quittez Buon Ma Thuot par la RN14 en direction du sud-ouest. À 13 km, prenez à gauche la piste à hauteur de la station-service. Le **village de Tur★**, peuplé d'environ 400 E De, jouit d'un calme et d'une prospérité apparente. Deux à trois familles vivent dans chacune des **longues maisons★** sur pilotis, aménagées autour d'une pelouse où sèchent le café et le maïs. Les villageois sont protestants, mais en l'absence de temple ils se réunissent dans des maisons pour prier. Personnage charmant, le pasteur parle un français tout à fait honorable et aime à rappeler qu'il est né la même année que François Mitterrand.

▶ Reprenez la RN14 sur 7 km. Tournez à gauche à la sortie de Cu Dut et continuez sur 5 km. Quelques kilomètres après s'être unis, les *krong* Ana et Kno (« rivières Femelle et Mâle ») se précipitent dans un chaos de pierres haut de 15 m et large de plus de 100 m : les **chutes de Dray Sap★★** *(entrée payante)*. Un escalier descend à la rivière et il faut ensuite crapahuter au milieu des pierres immergées jusqu'au pied de la chute *(tongs conseillées)*. Le pont suspendu qui menait à la grande cascade est malheureusement hors d'usage.

LE LAC LAK★★★

▶ À 56 km au sud de Buon Ma Thuot par la RN27, niché au creux d'un large bassin bordé de volcans éteints, le **lac Lak** constitue l'un des plus beaux sites de la province. C'est dans ce cadre somptueux, sur une petite presqu'île émergeant au milieu des bambous, que vivent les 400 Mnong du charmant **village de Jun★★**. Depuis l'irruption du tourisme en 1995, les **longues maisons** sur pilotis n'ont pas changé et les habitants ont conservé leur mode de vie traditionnel, mais des boutiques de souvenirs ont vu le jour, et Dak Lak Tourist y tient un petit bureau qui gère deux maisons pour les visiteurs. Bref, le village s'est retrouvé un peu « muséifié ».

▶ Si vous disposez de temps, vous pouvez effectuer une promenade à dos d'éléphant *(prix élevés, réservez la veille)* ou une balade en barque jusqu'au **village de Mlieng★**, sur la rive nord *(permis obligatoire)*.

▶ L'empereur Bao Dai, qui choisissait les plus beaux emplacements, s'était fait bâtir une **résidence** sur une colline toute proche, jouissant d'une **vue** splendide sur le lac.

LE PARC NATIONAL DE YOK DON★★

À 42 km au nord-ouest de Buon Ma Thuot. Accès à moto ou en bus. Entrée payante.

▶ Située à la frontière cambodgienne, cette **réserve naturelle** de 58 000 ha abrite plus de 60 races de mammifères (tigres, léopards, ours), près de 200 espèces d'oiseaux (paons, calaos) et 46 sortes de reptiles. Le meilleur moyen de la découvrir est de passer la nuit sur place ou, mieux encore, d'opter pour une descente en canoë, une balade à dos d'éléphant, ou un trek d'un ou deux jours organisé par le parc *(voir p. 352)*. Revenez sur la route principale. 4 km après l'entrée du parc, prenez la piste à gauche indiquée par un portique coloré et continuez tout droit sur 3 km.

▶ Capitale de l'élevage d'éléphants au Vietnam, **Buon Don★** *(entrée payante)* est passé sous la coupe de Buon Don Tourist, qui organise des spectacles traditionnels et propose un hébergement sur place. Le village y a perdu un peu de son âme, mais la visite n'en demeure pas moins passionnante si vous prenez le temps de déambuler et de nouer le contact avec les villageois. Buon Don est un conglomérat multiethnique de hameaux dispersés le long de la Serepok, où vivent E De, Lao, Gia Rai et Mnong. Activités nobles par excellence, la capture et l'élevage des éléphants s'y maintiennent aux côtés de l'agriculture (banane, manioc, papaye), mais vous n'êtes pas sûr de voir ces pachydermes qui, gros consommateurs d'herbages, paissent la plupart du temps dans les prairies alentour. À l'entrée du village, un étonnant **pont en bambou** *(payant)* se perd dans la gigantesque ramure d'un arbre suspendu au-dessus de l'eau. De retour sur la route principale, tournez à gauche, puis prenez la piste à gauche dans un virage à 2 km.

▸ Toutes sortes de légendes courent sur les exploits des chasseurs d'éléphants, notamment sur ceux d'y Pui Ne, mort à 124 ans après avoir capturé 300 pachydermes ! Situé à l'écart du village, le **cimetière★** abrite sa **tombe** ainsi que le **stupa** de son neveu, un autre chasseur fameux. Autour, des sépultures ornées de paons et de cornes de buffle en bois sont laissées à l'abandon.

DE BUON MA THUOT À PLEI KU★★

▸ Envahie en milieu de journée par des hordes d'écoliers à pied ou à vélo et de paysans montés sur des carrioles tirées par de petits tracteurs, la route traverse une superbe campagne vallonnée plantée d'hévéas, de caféiers et de pins. Peu avant Plei Ku, le **col de Ta Grong** (950 m) délivre une **vue★** plongeante sur la ville.

PLEI KU ET SES ENVIRONS

Comptez une journée.

Capitale de la province de Gia Lai. À 190 km de Buan Ma Thuot, 186 km de Qui Nhon. 40 000 hab. Alt. 785 m.

Arriver ou partir

En avion - L'aéroport se trouve à 7 km au nord de la ville, ☎ (059) 82 30 58. Vietnam Airlines dessert Ho Chi Minh-Ville (1h10), Da Nang (50mn) et Hanoi (avec escale).

En bus - Le terminal se trouve à la sortie est de la ville, sur la route de Qui Nhon. Un bus express climatisé part à 17h pour Ho Chi Minh-Ville (12h). D'autres bus desservent Buon Ma Thuot (198 km, 5h de trajet) et Qui Nhon (186 km, 4h30 de trajet).

En minibus - Avec les minibus, vous gagnerez en rapidité ce que vous perdrez en confort. Pour Buon Ma Thuot (4h) et Qui

Nhon (4h), les départs s'effectuent environ toutes les 30mn, de 7h à 17h, devant le terminal et près de Gia Lai Tourist. Fréquents départs pour Kon Tum (1h) sur Le Loi, à 500 m au nord de l'hôtel Plei Ku.

Comment circuler

En taxi - **Plei Ku Taxi**, ☎ (059) 99 99 99.

Location de véhicules - Gia Lai Tourist loue des voitures avec chauffeur, mais certains hôtels proposent également ce service (comptez 40 $ la journée pour 100 km). Vous trouverez facilement une moto-taxi dans la rue (environ 6 $ par jour).

Adresses utiles

Office du tourisme - **Gia Lai Tourist Travel Service**, 215 Hung Vuong, ☎ (059) 87 45 71, gialaitourist@hotmail.com Lundi-vendredi 7h30-11h, 13h30-16h30, samedi matin. L'agence de la province organise des circuits d'un à plusieurs jours dans les villages des Ba Na avec d'excellents guides parlant anglais ou français, mais les prix sont élevés. Les voyageurs individuels sont eux aussi tenus de prendre un guide (12 $ la journée) et un permis pour chaque village (10 $) !

Banque / Change - **Vietcombank**, 62 Phan Boi Chau. Lundi-vendredi 7h30-11h30, 13h-16h30. Chèques de voyage (dollars ou euros) et cartes de crédit sont acceptés.

Poste / Téléphone - **Buu Dien Plei Ku**, 87 Hung Vuong (à l'angle de Tran Hung Dao). 6h-22h.

Internet - **Tienviet Computer**, 29 Le Lai. 7h-21h. Comptez 350 VND/mn.

Compagnie aérienne - **Vietnam Airlines**, 55 Quang Trung (près du stade), ☎ (059) 82 30 58. 7h30-11h, 13h30-16h30.

Se loger

L'ensemble des hôtels qui accueillent les étrangers travaillent en collaboration avec l'office de tourisme, et les prix sont censés être moins chers si vous passez

Les chutes de Gougah

par cette agence. En fonction du taux d'occupation des hôtels, rien ne vous empêche cependant de négocier sur place. Les prix indiqués sont les moins chers qu'on nous ait communiqués.

De 10 à 15 $

Hôtel Than Lich, 86 Nguyen Van Troi (à l'angle de Phan Boi Chau), ☎ (059) 82 46 74, thanhlichhotel@gialaitourist. com - 20 ch. 🛏 🖃 🌫 📺 ✗ 🎴 Un petit coup de pinceau serait le bienvenu pour rafraîchir cet hôtel dont le confort et les prix varient sensiblement d'une chambre à l'autre, entre le très bon marché mais rustique, ou le propre et froid mais cher.

De 10 à 25 $

Vinh Hoi, 39 Tran Phu, ☎ (059) 82 46 44 - 37 ch. 🛏 🖃 🌫 📺 Difficile de classer cet hôtel dans une catégorie, car les prix des chambres varient de un à quatre. Les plus confortables sont celles du nouveau bâtiment, tandis que celles avec salle de bains à l'étage offrent le meilleur rapport qualité-prix de la ville.

Hôtel Hung Vuong, 215 Hung Vuong, ☎ (059) 82 42 70 - 31 ch. 🛏 🖃 📺 Le prix des chambres varie du simple au double selon que vous choisissez la nouvelle aile, propre et froide, ou l'ancienne, bien entretenue mais rustique et bruyante.

Hôtel Dien Anh - Movie Star, 6 Vo Thi Sau, ☎ (059) 82 38 55 - 19 ch. 🛏 🖃 🌫 📺 Le lino sinistre et le papier peint style chalet suisse évoquent plus l'austérité soviétique que les strass de Hollywood, et les prix s'avèrent prohibitifs pour le standing, à l'exception des chambres non climatisées.

Yali Hotel, 89 Hung Vuong, ☎ (059) 82 48 43 - 50 ch. 🛏 🖃 📺 Chaînes satellite. Ce bâtiment de cinq étages propose des chambres confortables dont les prix varient du simple au double.

Se restaurer

Moins de 25 000 VND

My Tam, 3 Quang Trung. 10h-22h. Ce restaurant simple mais très couru sert l'un des meilleurs poulets grillés de la province.

Sortir, boire un verre

Discothèques / Karaokés - Tre Xanh, 18 Le Lai. Plei Ku n'est pas réputée pour sa vie nocturne, mais vous pouvez boire un verre dans cet ancien cinéma décoré de guirlandes électriques.

VISITE DE PLEI KU

▶ Si vous n'avez pas succombé aux charmes de Buon Ma Thuot, il y a peu de chance que Plei Ku et son architecture de béton sans grâce suscitent votre enthousiasme. La ville s'est développée durant la guerre avec l'installation de bases américaines et l'afflux de villageois menacés par les bombardements. Elle jouit néanmoins d'un climat agréable et constitue un bon point de départ pour visiter les villages gia rai et ba na. Là encore, sachez qu'il faudra vous soumettre au bon vouloir de l'agence locale du tourisme, mais songez qu'un bon guide présente des avantages indéniables pour comprendre et communiquer dans les villages.

▶ Le **musée des Minorités ethniques du Gia Lai** *(28 Quang Trung, ☎ (059) 82 45 20, horaires aléatoires, entrée payante)*, plutôt décevant, mériterait probablement de bénéficier des revenus générés par le tourisme pour étoffer ses collections et rénover ses salles. Outre un très ancien **tambour du Dong Son**, il présente des costumes, de la vannerie et des gongs gia rai, ainsi qu'une reproduction de tombe.

À LA RENCONTRE DES BA NA★

À l'est de Plei Ku, la route de Qui Nhon (RN19) traverse le « grenier à riz » de la province, une plaine de 10 000 ha de rizières irriguées donnant trois récoltes par an, où l'on cultive également le thé, l'hévéa et le café. Plus en altitude, en revanche, les champs secs ne donnent qu'une récolte par an, mais de meilleure qualité.

▶ Niché au bord d'un torrent, le **village de Dek Tu** *(à 38 km de Plei Ku)* possède une superbe **maison commune★★★** à toit de chaume élevé, flanquée du traditionnel **mât** servant aux sacrifices de buffles. Le principal intérêt du village est toutefois son étonnant **cimetière★★**, les tombes ba na ressemblant à de petites maisons couvertes d'un toit de tôle ou de bambou et garnies de fleurs. Une échelle permet à l'âme du défunt d'accéder à la terre des ancêtres. Chez les Ba Na, la minorité la plus nombreuse des Hauts Plateaux, la désagrégation du matriarcat a élevé la position sociale de l'homme, mais le lignage maternel reste prépondérant. Les classes sociales sont par ailleurs assez marquées. Pratiquant traditionnellement la culture sur brûlis, ils déplaçaient jadis leur village tous les quatre ou cinq ans, une fois la terre appauvrie. Avec la colonisation française puis l'expansion de la culture en champs inondés, la plupart sont désormais sédentarisés. Horticulteurs renommés, les Ba Na sont aussi réputés pour la richesse de leurs chants, de leurs danses et de leurs instruments de musique.

▶ Avant de descendre sur la côte, la RN19 aborde le col d'An Khe, d'où le regard embrasse un splendide panorama s'étendant jusqu'à la mer par temps clair.

EXCURSION
CHEZ LES GIA RAI★★

▶ Empruntez la RN14 en direction de Kon Tum. À 8 km au nord de Plei Ku, tournez à droite après la base militaire. Dominé au loin par la silhouette souveraine de la **cordillère Truong Son**, le **lac T'nung★★** *(Bien Ho) (entrée payante)* occupe le cratère d'un volcan éteint. Profond de 30 à 40 m, il constitue la principale réserve d'eau douce de la ville.

▶ À 30 km au nord de Plei Ku, perché sur un petit promontoire dominant une jolie plaine de rizières, **Plei Fun★** conserve son habitat traditionnel, dont une belle **rong** (maison commune) à toit de chaume. À l'entrée du village, le **cimetière★★** jette un éclairage passionnant sur l'univers spirituel des Gia Rai. Il abrite plusieurs sépultures collectives coiffées d'un toit de tuiles, entourées d'une palissade et garnies de jarres

pour nourrir les morts. Lors de la cérémonie d'abandon des tombes, prétexte à des libations de plusieurs jours et à des sacrifices de buffles, des objets ayant appartenu aux défunts sont disposés, ainsi que des statues en bois parfois très fantaisistes, comme on pourra le constater... Après la cérémonie, la tombe n'est plus entretenue, car l'âme des défunts l'a quittée pour l'autre monde.

KON TUM
ET SES ENVIRONS★★

Comptez 2 jours.

Capitale de la province de Kon Tum. À 49 km de Plei Ku. 40 000 hab. Alt. 530 m.

Parvenant à Kon Tum après avoir traversé les Hauts Plateaux, le visiteur a pour la première fois le sentiment de pénétrer dans une ville à visage humain. Cette grosse bourgade occupe un site superbe sur la rive de la Dakbla, au milieu d'un large cirque montagneux, et bénéficie d'un climat particulièrement doux. Surtout, il y règne une atmosphère de bout du monde, à la fois paisible et mystérieuse, car les traditions se sont maintenues dans les villages, jusqu'aux portes de la ville. Les visiteurs disposant de temps gagneront à découvrir les coins les plus reculés de la province, prétextes à de passionnantes randonnées. Cependant, si tous les villages au nord et à l'est de la ville sont accessibles sans guide ni permis, ceux vers la frontière ont tendance à se fermer au tourisme, et il vous faudra impérativement un permis spécial *(renseignements au Kon Tum Tourist)*. Au total, on compte aujourd'hui 635 villages dans la province regroupant 8 minorités ethniques différentes.

Arriver ou partir

En bus et minibus - La gare routière est située à 2 km au nord du centre-ville, sur la route de Dak To. Des minibus partent toutes les 30mn pour Plei Ku (1h), entre 7h et 18h. Les bus desservant les environs (Sa Thay, Dak To) partent vers 5h du matin, suivis entre 6h et

7h par les bus longues distances (Ho Chi Minh-Ville, Hanoi, Buon Ma Thuot, Qui Nhon et Nha Trang). Pour rejoindre la côte, deux options : la grande route vers le Nord (Ho Chi Minh Road) et son trafic intense ou la RN24, par la région de Quang Ngai. Cette dernière est, certes, plus chaotique, mais passe par de nombreux villages authentiques et traverse des paysages magnifiques.

Comment circuler

Location de vélos et de motos - Adressez-vous à Kon Tum Tourist, aux hôtels ou au restaurant Dakbla's, qui vous aidera, si besoin, à négocier avec un loueur de mobylettes, que l'on trouve par ailleurs à tous les coins de rue. Vous pouvez également affréter une moto-taxi à l'heure ou à la journée.

Location de voitures - Kon Tum Tourist loue des voitures et des 4x4 (60 $/j) avec chauffeur. Les prix sont élevés, mais vous pouvez négocier en fonction des distances que vous comptez parcourir.

Adresses utiles

Office du tourisme - Kon Tum Tourist, 2 Phan Dinh Phung, hôtel Dakbla, ☎ (060) 86 16 26, www.kontumtourist.com.vn Lundi-vendredi 7h-11h, 13h-17h, samedi matin. L'agence n'impose pas de permis pour visiter les environs de Kon Tum. Un guide est en revanche requis pour les villages plus éloignés, mais tous sont sympathiques et compétents (francophones ou anglophones) et contribuent amplement à la compréhension et au plaisir de la découverte d'un village. Des descentes de la rivière Dakbla ainsi que des treks d'un ou plusieurs jours sont organisés dans la région, avec possibilité de dormir dans une maison traditionnelle. Les villages brau et ro mam et le champ de bataille de Ben Het comptent parmis les endroits pour lesquels un permis est obligatoire. Pour la visite de la région en mobylette, comptez 25 $ par jour et par personne et 45 $ pour un trekking (retour en pirogue pour certaines randonnées).

Banque / Change - Agriculture Bank, à l'angle de Tran Phu et Phan Chu Trinh.

Lundi-vendredi 7h-11h, 13h-17h. Attention, seuls les dollars sont acceptés.

Poste / Téléphone - Buu Dien Kon Tum, 205 Le Hong Phong. 7h-22h.

Se loger

On peut dénicher à Kon Tum un hôtel au confort correct pour un prix abordable. On attend la construction de l'hôtel Indochine superbement situé face à la rivière (fin des travaux prévue courant 2006).

Moins de 10 $

Bi Bi Hôtel, 274 Tran Hung Dao, ☎ (060) 86 27 77 - 10 ch. ⚏ 🍽 ❌ 📺 Les chambres sont réparties le long d'un couloir qui s'enfonce tant et si bien que les chambres les plus éloignées donnent sur une cour où vous serez sans doute réveillé par le chant du coq. L'air conditionné n'est pas optimal, mais c'est la meilleure adresse pour les petits budgets.

Hoang Ha, 34 Le Hong Phong, ☎ (060) 91 22 25 - 13 ch. ⚏ ❌ À peine moins cher que le Bi Bi Hôtel, mais beaucoup moins confortable, avec toilettes et salle de bains sur le palier. En dernier recours.

De 20 à 25 $

Quang Trung, 168 Ba Trieu, ☎ (060) 86 22 49 - 30 ch. ⚏ 🍽 ❌ 📺 Situé un peu à l'écart, au nord du centre-ville, cet hôtel bien équipé propose des chambres agréables mais un peu surévaluées, à l'exception de celles avec ventilateur. Réduction pour les séjours de plusieurs jours.

De 25 à 30 $

Dakbla Hotel, 2 Phan Dinh Phung, ☎ (060) 86 33 33 - 43 ch. ⚏ 🍽 📺 ✗ Massages, chaînes satellite et karaoké. Ce bâtiment moderne posté à l'entrée de la ville, à droite en débouchant du pont, propose des chambres un peu austères, mais confortables et bien tenues.

Se restaurer, boire un verre

Autour de 25 000 VND

☺ **Café 76 et Café 78**, 76 et 78 rue Le Hong Phong. Une dizaine de table en plastique sur le trottoir pour boire un verre mais surtout pour se régaler d'une coupe avec des morceaux de fruits, de la glace pilée et un nappage à la vanille. Ouvert toute la journée, mais c'est le soir que l'endroit a le plus de succès, les plus jeunes comme les anciens s'y succédant, entre amis ou en famille.

Thach Thao, 186 Ba Trieu. À l'écart du centre-ville, non loin de l'hôtel Quang Trung. Terrasse ombragée, billard et karaoké.

De 25 000 à 50 000 VND

Hiep Thanh, 129 Nguyen Hue. Soupes, fruits de mer et plats occidentaux servis dans une petite salle ventilée agréable. Attention, la carte ne mentionne pas les prix.

De 50 000 à 100 000 VND

Restaurant Dakbla's, 168 Nguyen Hue. 6h-22h. L'adresse la plus chaleureuse de Kon Tum, où l'on sert des plats occidentaux et vietnamiens, ainsi que des petits-déjeuners. Menu en anglais. Dans la salle du restaurant, qui ressemble à un petit musée, sont accrochés de beaux objets des villages environnants (certains sont à vendre).

☺ **Dakbla 1**, 2 Phan Dinh Phung. Installé dans un cabanon rustique avec vue imprenable sur la rivière, le restaurant propose un choix de plats occidentaux ou vietnamiens et de fruits de mer. Vous pouvez aussi profiter de la terrasse au coucher du soleil, à l'heure où les hommes viennent en nombre boire des bières.

Loisirs

Fêtes / Festivals - Chez les Ba Na, la **cérémonie du culte de la terre** (*Cung Dat Lang*) se tient à la fin du 2e mois lunaire et au début du suivant, en préparation de la récolte ou du déménagement du village. **Noël** et **Pâques** chez ces chrétiens du bout du monde constituent assurément des moments inoubliables. Pour l'occasion, l'office est célébré dans l'église en bois, en vietnamien, en gia rai, en ba na et en sedang. Bel œcuménisme !

HISTOIRE

Influences chrétiennes

En 1851, l'arrivée dans la région du **père Dourisboure** marqua un tournant dans l'histoire de Kon Tum, qui commença à se développer avec l'installation de la mission catholique. Au cours de la seconde moitié du 19e s., les missionnaires imposèrent leur mainmise jusqu'à l'aide occasionnelle de l'armée française, jusqu'à l'arrivée de l'administration républicaine et le tracé des frontières (1905). Ils convertirent les Ba Na afin de s'assurer leur soutien contre les autres minorités, traduisirent la Bible et rédigèrent un dictionnaire qui devint le principal instrument de pénétration culturelle. Aujourd'hui, la plupart des Ba Na sont chrétiens, à l'exception de petits groupes le long des frontières du Cambodge et du Laos. On dénombre 650 villages dans la province, dont seuls 200 possèdent encore une *rong*. Parmi les onze ethnies, qui représentent la moitié de la population (300 000 hab.), les plus nombreux sont les Sedang (70 000), les Ba Na (28 000), les Gia Rai (12 000), les Gie Treng, tandis que les Brau (250) et les Ro Mam (280) comptent parmi les plus petits groupes du pays.

VISITE DE KON TUM

▶ Le **pont** qui enjambe la Dakbla offre le meilleur point de vue pour admirer le coucher du soleil qui, le soir venu, vient s'accrocher aux montagnes et embraser la plaine de ses derniers feux.

▶ Du pont, tournez à droite dans Nguyen Hue et remontez jusqu'à l'angle de Tran Phu où l'**église Tan Huong** arbore une belle façade blanche ornée d'un **saint Georges terrassant le dragon**.

▶ Plus loin, dans la même rue, surgit soudain la haute toiture d'une **maison traditionnelle** qui se dresse sur le parvis d'une **église en bois★★** *(messe à 5h30 en semaine, ainsi qu'à 8h et 17h le dimanche)*. Construite en 1913 et dédiée à saint Cuenot, le premier missionnaire, cette dernière conserve un certain cachet malgré la reconstruction en béton des murs de base. Les piliers et la charpente sont en revanche d'origine, de même que la **porte**, superbement travaillée, et les **vitraux** multicolores qui illuminent la nef. Avant de partir, vous pouvez rendre visite à l'**orphelinat** voisin, où six sœurs prennent soin de près de 200 enfants.

LES VILLAGES BA NA DES ENVIRONS★★

▶ Dans les faubourgs ouest de Kon Tum, à proximité d'une vilaine raffinerie de sucre, le très vieux village de **Plei Tonghia★** est constitué de vastes maisons sur pilotis couvertes d'une toiture en tuiles. Son avenir demeure toutefois incertain, car la construction du barrage de Yaly condamnera bientôt les plantations de cannes à sucre qui constituent la principale ressource du village.

▶ À **Kon Robang★** *(2 km à l'ouest de Kon Tum)* se dresse la **longue maison★** blanchie à la chaux de l'ancien chef E De de toutes les minorités des Hauts Plateaux.

▶ Dans les faubourgs est de la ville, la rue Tran Hung Dao traverse les villages de Kon Tum Kopong et Kon Tum Konam, puis longe la rivière jusqu'au **pont suspendu de Kon Klor** *(3 km)*, près duquel se dresse une superbe **rong★★**.

▶ Passez sur l'autre rive, désenclavée depuis la construction du pont au milieu des années 1990, et prenez quelques centaines de mètres plus loin la piste à gauche jusqu'à **Kon Jri** *(3 km, praticable à pied ou à moto)*. Ce village fut le théâtre de l'un des épisodes les plus farfelus de la colonisation *(voir encadré)*.

▶ Lové en bord de rivière, au milieu des bois, **Kon Kotu★★★** *(3 km)* occupe un cadre magnifique et sauvage. Vous pouvez dormir dans la *rong* qui se dresse au milieu du village, occasion unique de vivre au rythme des Ba Na *(renseignements auprès de Kon Tum Tourist)*.

LE PAYS SEDANG

▶ Au nord de Kon Tum, la route de Dak To, enjeu stratégique majeur durant la guerre, passe la **Skull Pass** (« col du Crâne »), surnommé ainsi à la suite d'une attaque viet-cong en 1972. Après des semaines de combats acharnés, les armées de Saigon parvinrent à reprendre le poste, pour y découvrir les cadavres décomposés de leurs camarades.

▶ La place principale de **Dak To** *(à 42 km de Kon Tum)*, avec son mémorial et ses deux chars d'assaut, rappelle également les heures les plus terribles du conflit. En 1966, les Sud-Vietnamiens installèrent une base sur la **colline 42★**, à 6 km au nord du bourg. Une piste d'atterrissage, utilisée aujourd'hui par les paysans pour faire sécher leur riz, fut même aménagée par les Américains pour couvrir les fameuses « collines Charlie », clés de toute la région. La prise de cette position par le Viet-cong en mars 1972 entraîna la chute de Dak To. En l'absence de stèle, les vestiges à moitié enfouis (douilles, barbelés, morceaux de moustiquaires et de tentes) sur la colline 42 évoquent de manière poignante le sacrifice des soldats.

▶ Un vertigineux **pont suspendu★★★** en bambou de 140 m mène à **Dak Ri Jop** *(8 km à l'est de Dak To)*, de l'autre côté de la rivière. Le village, au centre duquel se dresse une remarquable **maison commune★**, conserve des traces inattendues de la guerre, comme ces casques américains convertis en pots de

Mayréna,
l'homme qui voulut être roi

Faux baron et vrai aventurier sans scrupules, obligé de fuir la France à la suite d'opérations boursières douteuses,
Marie-David de Mayréna (1842-1890)
échoue à Saigon en 1888 et obtient du
gouverneur général de l'Indochine, en
échange de la reconnaissance du pays
Sedang, la concession des mines d'or
qu'il découvrira. Arrivé sur place, Mayréna prend une décision stupéfiante.
Ayant réuni tous les chefs de tribu, il
se fait proclamer roi sous le nom de
Marie Ier, fait adopter une Constitution, un drapeau, un hymne national,
un ordre du mérite Sedang, et s'installe dans un palais de bambou. Quelques mois plus tard, il se rend auprès
des autorités coloniales, puis des Anglais de Hongkong, pour obtenir une
reconnaissance qui lui est refusée. De
retour à Paris, il parvient à convaincre
un industriel belge de financer une expédition, mais se voit interdire l'entrée
en Indochine et trouve refuge dans
l'île malaise de Tioman où il mour-
ra au cours d'une partie de chasse.

fleurs ou ces impacts de bombes. Ani-
mistes christianisés, les Sedang vivent
dans une grande pauvreté et accueillent
les rares touristes avec chaleur et timi-
dité. De là vous pouvez rejoindre **Dak
Ri Peng** à pied ou y aller par la route.

Un permis et un guide sont requis pour
visiter le **village des Ro Mam** et la
piste Ho Chi Minh *(près de Ngoc Hoi,
à 18 km de Dak To)*.

Au nord, la route de Da Nang *(318 km)*
traverse les plus beaux paysages des
Hauts Plateaux, mais elle n'est praticable qu'en jeep ou à moto.

LES VILLAGES GIA RAI ET LE MONT CIU MUM RAY★★

▶ 30 km à l'ouest de Kon Tum, au-
delà du lac de Yaly, prenez la piste à
gauche après Sa Thay et continuez sur
5 km. Niché au pied du mont Ciu Mum
Ray, au milieu d'un magnifique cirque
montagneux, **Plei Chot★★** *(435 hab.)*
offre une passionnante introduction à
la culture des Gia Rai, encore peu touchée par le tourisme. L'économie repose
sur la chasse, l'élevage (porc, volaille) et
la culture (riz, canne à sucre, cassave),
mais les Gia Rai manifestent des talents
hors pair pour la vannerie et le tissage.
À l'instar des autres minorités des Hauts
Plateaux, la fête constitue un moment
phare, comme celle qui précède la construction d'une **maison** (en bambou
et torchis) : des rites divinatoires sont
effectués pour connaître son emplacement idéal, et la cérémonie se conclut
par le fameux « passage de rivière »
(comprenez boire à la paille l'alcool de
riz contenu dans une jarre jusqu'à ce
qu'émerge la tige de bambou placée en
travers).

▶ Situé opportunément sur le chemin
qui mène à la rivière et aux champs,
afin que l'on n'oublie jamais de nourrir
les disparus, le **cimetière★★★** s'orne
de statues en bois disposées lors de la
cérémonie d'abandon des tombes : des
défenses d'éléphant protègent le défunt
contre les mauvais esprits, les femmes
enceintes illustrent la fertilité ou un
décès en couches, tandis que certains
personnages évoquent bizarrement le
maréchal Leclerc et Jeanne d'Arc.

▶ Pour effectuer l'ascension du **mont
Ciu Mum Ray**, au cœur de la **réserve
forestière★★★** du même nom, adressez-vous à Kon Tum Tourist.

2 jours	Ho Chi Minh-Ville (p. 368)
Suggestion de promenades	**Jour 1.** Alternez repos dans les parcs et visites du musée d'Histoire du Vietnam et du palais de l'Unification *(p. 391)*. **Jour 2.** Matin : Cholon *(p. 395)*. Après-midi : balade dans l'ancien quartier colonial *(p. 389)*.
Transport	Pour circuler entre les quartiers de HCM-V, optez pour la moto (location dans le quartier de Pham Ngu Lao) ou les motos-taxis (vous en trouverez à tous les coins de rue).
Conseils	Attention aux horaires d'ouverture du musée d'Histoire du Vietnam et du palais de l'Unification *(p. 391)*. Pour la visite de Cholon, prévoyez plutôt une matinée, car le quartier s'active très tôt le matin. À HCM-V, le bruit et la circulation deviennent vite fatigants. Réservez-vous des moments de calme.
3 jours	Le delta du Mékong (p. 412)
Boucle de 580 km au départ de HCM-V	**Jour 1.** Départ de HCM-V de bonne heure. Repas à My Tho *(p. 414)* et promenade en bateau autour des îles. Puis direction Vinh Long pour la nuit *(p. 420)*. **Jour 2.** Visite de Tra Vinh et des pagodes khmères *(p. 423)*. Départ pour Can Tho et nuit *(p. 427)*. **Jour 3.** Visite des marchés flottants de très bonne heure *(p. 430)*, repas à Can Tho et retour à HCM-V.
Transport	Le réseau routier du delta du Mékong est un vaste chantier, ce qui rend la circulation pénible ; aussi nous vous déconseillons fortement l'usage d'un deux-roues. Les liaisons par bus sont efficaces entre les villes et de nombreuses agences proposent des circuits au départ de HCM-V. Comme souvent, la location d'une voiture est la meilleure solution.
Conseil	Le temps passé sur les routes est éprouvant, aussi privilégiez les tours en bateau.
5 jours	Le pays de terre et d'eau (p. 412)
Boucle de 700 km au départ de HCM-V	**Jour 1.** Départ de HCM-V de bonne heure, arrivée à My Tho et balade en bateau *(p. 414)*. Nuit à Can Tho *(p. 427)*. **Jour 2.** Visite des vergers et des marchés flottants *(p. 430)*. Départ pour Cao Lanh en milieu d'après-midi et nuit *(p. 425)*. **Jour 3.** Excursion en bateau dans la forêt de Rung Tram le matin et dans la réserve de Thap Muoi l'après-midi *(p. 426)*. **Jour 4.** Départ de Cao Lanh, visite de la réserve ornithologique de Bang Lang *(p. 435)*, nuit à Chau Doc *(p. 435)*. **Jour 5.** Ascension du mont Sam au petit matin *(p. 438)*, repas à Chau Doc *(p. 436)* et excursion dans les villages flottants *(p. 437)* en début d'après-midi. Retour à HCM-V.
Transport	*Voir itinéraire du delta du Mékong.*
Conseil	Le meilleur moment pour visiter la réserve de Bang Lang est la tombée du jour.

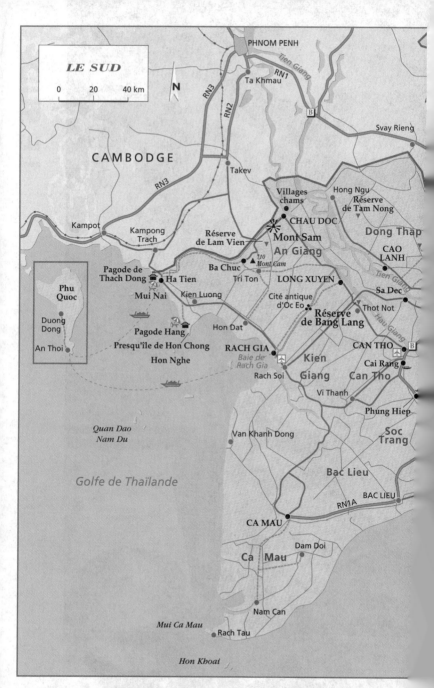

LE SUD

0   20   40 km

N

CAMBODGE

PHNOM PENH

Tien Giang

RN1

Ta Khmau

RN3

RN2

Svay Rieng

Takev

Villages chams

Hong Ngu

Réserve de Tam Nong

CHAU DOC

Dong Thap

Kampot

Kampong Trach

Réserve de Lam Vien

Mont Sam

An Giang

CAO LANH

Pagode de Thach Dong

Ha Tien

Ba Chuc

710 Mont Cam

Sa Dec

Tri Ton

LONG XUYEN

Tien Giang

Mui Nai

Kien Luong

Cité antique d'Oc Eo

Réserve de Bang Lang

Thot Not

Phu Quoc

Duong Dong

Pagode Hang

Hon Dat

Hau Giang

An Thoi

Presqu'île de Hon Chong

RACH GIA

CAN THO

Hon Nghe

Baie de Rach Gia

Kien Giang

Cai Rang

Rach Soi

Can Tho

Vi Thanh

Phung Hiep

Quan Dao Nam Du

Van Khanh Dong

Soc Trang

Golfe de Thaïlande

Bac Lieu

BAC LIEU

RN1A

CA MAU

Dam Doi

Ca Mau

Nam Can

Mui Ca Mau

Rach Tau

Hon Khoai

366

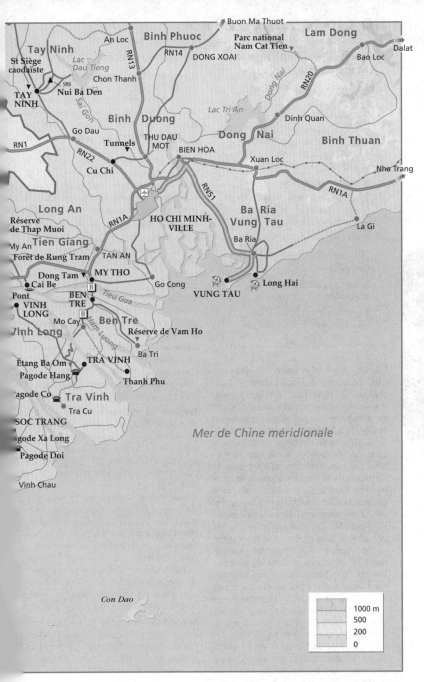

Buon Ma Thuot

Lam Dong

An Loc · Binh Phuoc

Parc national
Nam Cat Tien

Dalat

RN14 · DONG XOAI

Bao Loc

Tay Ninh

Lac
Dau Tieng

Chon Thanh

St Siège
caodaïste

986
Nui Ba Den

TAY
NINH

RN13

RN20

Dong Nai

Binh Duong

Lac Tri An

Dinh Quan

Binh Thuan

Go Dau

THU DAU
MOT

Dong Nai

RN1

Tunnels

RN22

BIEN HOA

Cu Chi

Xuan Loc

Nha Trang

RN51

RN1A

Long An

HO CHI MINH-
VILLE

Ba Ria
Vung Tau

RN1A

La Gi

Réserve
de Thap Muoi

Tien Giang

Ba Ria

My An

TAN AN

Forêt de Rung Tram

Dong Tam · MY THO

Cai Be

Go Cong

VUNG TAU

Long Hai

Pont

BEN
TRE

Tieu Gua

VINH
LONG

Mo Cay

Ben Tre

Vinh Long

Réserve de Vam Ho

Ba Tri

Étang Ba Om

TRA VINH

Pagode Hang

Ham Luong

Thanh Phu

Pagode Co

Tra Vinh

Tra Cu

SOC TRANG

Mer de Chine méridionale

agode Xa Long

Pagode Doi

Vinh Chau

Con Dao

1000 m
500
200
0

HO CHI MINH-VILLE★★

😊 **Son kaléidoscope humain et architectural**

😠 **Le bruit et la pollution**

Quelques repères

Province de Ho Chi Minh-Ville - 1 730 km de Hanoi - 7 millions d'hab. (agglomération) - Plans p. 370-371, 386-387 et 396.

À ne pas manquer

Une balade à pied dans l'ancien quartier colonial, et en bateau sur la rivière Saigon.

Visiter les musées et les pagodes.

Faire une promenade à Cholon.

Conseils

Saison des pluies de mai à novembre.

À pied ou en moto, circulez toujours avec la plus grande vigilance.

Ho Chi Minh-Ville pour les uns, Saigon pour les autres, l'identité éclatée de la légendaire métropole sud-vietnamienne se manifeste dès qu'il s'agit de la nommer. Des pagodes et temples où se dévoile le Vietnam intemporel aux édifices élégants de l'époque française, chacune de ses facettes révèle une réalité. Mais pour ses habitants, elle est aussi et surtout cette métropole vibrante et tournée vers l'avenir, où le luxe s'exhibe sans pudeur dans les boutiques chic du centre-ville, à des années-lumière des faubourgs miséreux. Ho Chi Minh-Ville se dévoile par ailleurs dans le spectacle permanent et désordonné de ses marchés populaires, où tout ce que le delta du Mékong compte de richesses s'offre sans retenue, dans ses rues sillonnées par des hordes de deux-roues montés par d'élégantes jeunes filles portant la tunique traditionnelle, ou croulant sous les cargaisons les plus improbables, dans ses concerts de variétés, ses bars, ses salles de billard et ses karaokés où les Saigonnais donnent libre cours à leur passion du jeu et de la chanson.

Arriver ou partir

En avion - L'aéroport **Tan Son Nhat** se trouve au bout de l'avenue Truong Son, à 7 km au nord-ouest du centre *(Plan II B1)*, ☎ (08) 884 31 79. Le plus simple pour s'y rendre est de prendre un taxi (6 $, 20mn) ou la navette d'une agence de voyages (4 $). N'oubliez pas la taxe d'aéroport pour les vols intérieurs (25 000 VND) ou internationaux (14 $). Vols réguliers pour les grandes cités européennes et asiatiques, ainsi que les principales villes du pays.

En train - Hoa Hung, la gare de Ho Chi Minh-Ville, se trouve au bout de Nguyen Thong, 3 km au nord-ouest du centre *(Plan II C2)*. Les billets sont en vente au comptoir réservé aux étrangers, ☎ (08) 843 65 27 ou 844 02 18. 7h30-11h30, 13h30-16h30. Vous pouvez également réserver (plusieurs jours à l'avance pour une couchette climatisée) auprès d'une agence de voyages ou du **Saigon Railways Tourist Service Company**, 275C Pham Ngu Lao, ☎ (08) 836 76 40. Lun.-sam. 7h30-11h30, 13h30-16h. La ligne dessert la côte jusqu'à Hanoi *(pour les horaires, voir p 32)*.

En bus et minibus - Pour les bus locaux, il faut se rendre directement au terminal et acheter son billet au moment du départ. En revanche, vous pouvez réserver auprès d'une agence pour les express. Ce sont des minibus de 12 à 24 places, parfois climatisés, généralement plus rapides, car ils sont censés ne pas prendre de passagers sur le trajet. Les bus partent du terminal de **Mien Dong**. Sachez que pour Vung Tau des minibus partent du bd Ham Nghi, près de l'hôtel Que Huong 2 (20 000-30 000 VND). En outre, certaines agences proposent un bus pour Phnom Penh, avec changement de véhicule au poste de frontière de Moc Bai.

Ben Xe Tay Ninh (Xe Khach Lien Tinh ou An Suong Station), du marché Ben Thanh, remontez Cach Mang Thang Tam jusqu'à Le Dai Hanh *(Plan II A1)* (8 km à l'ouest du centre-ville). Départs fréquents, de 5h à 17h (ou 19h selon la saison), pour Cu Chi (1h30, prendre ensuite une moto-taxi pour effectuer les 25 km jusqu'aux tunnels) et Tay Ninh (2h).

Ben Xe Cholon, près du marché Binh Tay *(Plan III)*. Vous pouvez y aller en bus de Ben Thanh. Le terminal dessert tout le delta du Mékong, de 4h30 à 18h-19h. Départ toutes les heures pour My Tho (2h), Ben Tre (3h environ), Vinh Long (3h) et Can Tho (4h) ; départ toutes les 2 heures pour Cao Lanh (3h30 environ) et Soc Trang (6h). 6 à 7 bus par jour pour Long Xuyen (6-7h), mais il vaut mieux changer à Can Tho ; 5 bus par jour pour Chau Doc (7h) et 3 ou 4 pour Tra Vinh (5h, mais il vaut mieux prendre le bus de Vinh Long et changer là-bas), Rach Gia (7h) et Ha Tien (9h).

Ben Xe Mien Tay, district d'An Lac, arrondissement de Binh Chanh, 10 km à l'ouest du centre-ville *(Plan II A4)*. Situé au-delà de Cholon, ce terminal est néanmoins plus pratique, car il est ouvert presque en permanence, les départs sont plus fréquents et les minibus express plus nombreux (certains sont climatisés). Il est accessible en bus de la station Ben Thanh. Toutes les villes du delta du Mékong sont desservies avec un départ toutes les 30mn pour les principales d'entre elles (My Tho, Can Tho, Long Xuyen, Chau Doc, Cao Lanh).

Ben Xe Mien Dong, 227/6 RN13 *(Plan II E1)* (à 5 km au nord du centre-ville, par Nguyen Thi Minh Khai puis Xo Viet Nghe Tinh). 4h30-17h30. Il dessert les Hauts Plateaux et la côte au nord de Ho Chi Minh-Ville. Départ toutes les heures, de 5h à 18h, pour Dalat (7h-8h ou 6h en express) ; départ toutes les 2 heures pour Buon Ma Thuot par la RN14 (7h-8h ou 6h en express). 4 ou 5 bus par jour pour Plei Ku (11h-12h ou 9h en express) et Kon Tum (12h-13h ou 10h en express). Un bus climatisé toutes les 30mn pour Vung Tau (2h30) ; départ toutes les heures pour Phan Thiet (4h ou 3h30 en express) et Nha Trang (9h-10h ou 8h en express) ; 3 départs par jour pour Da Nang (27h ou 24h en express) et Hué (29h ou 26h en express) ; 2 ou 3 départs par jour pour Hanoi (2 jours et 1 nuit).

En Open Tour - Fiditourist, Sinh Café, Kim Travel et Saigon Tourist - Kim Café proposent des billets *Open Tour* à destination de Dalat, Phan Thiet, Mui Ne, Nha Trang, Hoi An, Hué et Hanoi. Les services et les tarifs varient peu d'une agence à l'autre. Il s'agit de bus climatisés de 24 à 45 places qui viennent vous chercher à votre hôtel (sauf à Ho Chi Minh-Ville) et s'arrêtent dans les sites touristiques. Cette formule pratique présente toutefois l'inconvénient de voyager sans contact avec la population locale.

En bateau - *Voir « Le delta du Mékong », p. 412.*

En hydrofoil - Idéal pour Vung Tau et le delta du Mékong. *Voir p. 404 et 413.*

En voiture avec chauffeur - *Voir ci-dessous, p. 373.*

Comment circuler

À pied - Les distances réduites dans le centre et jusqu'à Pham Ngu Lao font de la marche le moyen idéal pour découvrir Ho Chi Minh-Ville, mais un certain apprentissage s'avère nécessaire pour traverser une avenue ou un carrefour dans le flot des deux-roues.

En bus - Vous n'aurez guère l'occasion d'utiliser les bus urbains, sinon pour les longues distances, comme Cholon, et pour rejoindre les terminaux situés à la périphérie. La principale station se trouve sur la place devant le marché Ben Thanh.

En taxi - Le parc automobile a été modernisé et les voitures japonaises climatisées avec compteur ont remplacé les vieilles françaises, devenues rares. Vous trouverez facilement des taxis devant les grands hôtels et à Pham Ngu Lao. En principe, vous n'avez guère à craindre de mauvaises surprises sur le tarif et le parcours. Certaines compagnies disposent d'une radio pour communiquer avec leur central : **Airport Taxi**, ☏ (08) 844 66 66. **Festival Taxi**, ☏ (08) 845 45 45. **Vina Taxi**, ☏ (08) 811 08 88 ou 811 11 11.

À moto-taxi - Très pratiques, les *xe om*, ou « Honda », stationnent à presque tous les carrefours. Négociez la course auparavant.

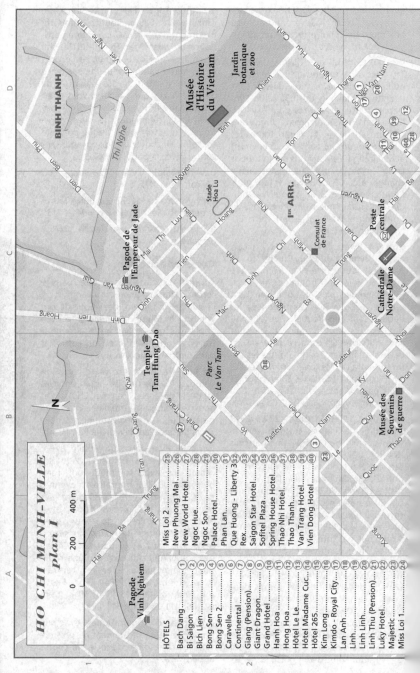

HO CHI MINH-VILLE
plan I

0   200   400 m

N

BINH THANH

IER ARR.

Pagode Vinh Nghiem

Temple Tran Hung Dao

Pagode de l'Empereur de Jade

Stade Hoa Lu

Parc Le Van Tam

Musée d'Histoire du Vietnam

Jardin botanique et zoo

Consulat de France

Poste centrale

Cathédrale Notre-Dame

Musée des Souvenirs de guerre

HÔTELS

Bach Dang	①
Bi Saigon	②
Bich Lien	③
Bong Sen	④
Bong Sen 2	⑤
Caravelle	⑥
Continental	⑦
Giang (Pension)	⑧
Giant Dragon	⑨
Grand Hôtel	⑩
Hanh Hoa	⑪
Hong Hoa	⑫
Hôtel Le Le	⑬
Hôtel Madame Cuc	⑭
Hôtel 265	⑮
Kim Long	⑯
Kimdo - Royal City	⑰
Lan Anh	⑱
Linh	⑲
Linh Linh	⑳
Linh Thu (Pension)	㉑
Luky Hotel	㉒
Majestic	㉓
Miss Loi 1	㉔

Miss Loi 2	㉕
New Phuong Mai	㉖
New World Hotel	㉗
Ngoc Hue	㉘
Ngoc Son	㉙
Palace Hotel	㉚
Phan Lan	㉛
Que Huong - Liberty 3	㉜
Rex	㉝
Saigon Star Hotel	㉞
Sofitel Plaza	㉟
Spring House Hotel	㊱
Thao Nhi Hotel	㊲
Thao Thanh	㊳
Van Trang Hotel	㊴
Vien Dong Hotel	㊵

370

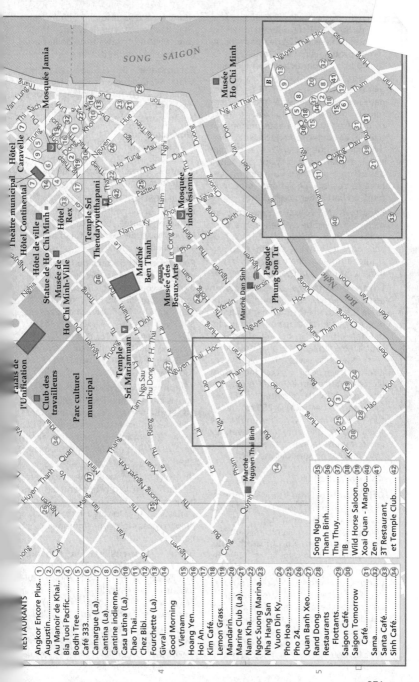

En cyclo-pousse - Près de 50 000 *xi lo dap* ou cyclo-pousse opérant à Ho Chi Minh-Ville, vous ne devriez pas rencontrer de problème pour en trouver un. Ce sont d'ailleurs plutôt eux qui viennent la plupart du temps vous trouver. Ce métier semble avoir été l'un des principaux modes de reconversion des anciens soldats de l'armée du Sud-Vietnam, ce qui explique que beaucoup parlent anglais. La course se négocie à l'avance, mais sachez que certaines rues du centre-ville, interdites aux cyclos, obligent à des détours. Il est très utile de posséder la carte de visite de l'endroit où l'on se rend, en particulier de son hôtel.

Location de vélos - Respectez les mêmes conseils de prudence que pour la moto *(voir ci-dessous)*. Renseignez-vous dans les hôtels et les cafés, en particulier autour de Pham Ngu Lao. Le prix moyen est de 1 $ par jour.

Location de motos - C'est un moyen assez dangereux pour sillonner la ville, car la circulation est totalement anarchique. On ne saurait trop vous recommander de vérifier l'état du véhicule et surtout d'être vigilant. Le port du casque n'est pas obligatoire, mais vous avez intérêt à en acheter un. Les loueurs sont légion, notamment à Pham Ngu Lao. Le prix varie selon la cylindrée, de 50 cm³ (environ 5 $ par jour) à 250 cm³ (environ 15 $ par jour). Négociez une remise si vous louez plusieurs jours et vérifiez le montant de la franchise en cas de vol. Les véhicules ne sont pas assurés.

Adresses utiles

Office du tourisme - Saigon Tourist, 49 Le Thanh Ton *(Plan I D3)*, ☎ (08) 829 89 14, www.saigontourist.net Peu utile en dehors des excursions organisées. **Vietnam Tourism Ho Chi Minh-Ville**, 234 Nam Ky Khoi Nghia, ☎ (08) 932 67 76, vnthcm@hcm.vnn.vn

Banque / Change - Vous trouverez des distributeurs ATM très facilement en centre-ville ainsi que dans le quartier des routards Pham Ngu Lao. **ANZ**, 11 Me Linh *(Plan I D3)*. Lun.-vend. 8h30-16h. Dollars, euros et chèques de voyage dans les deux devises sont acceptés. Distributeur.

HSBC, New World Hotel, 75 Pham Hong Thai *(Plan I B4)*. Lun.-jeu. 8h30-16h30, vend. 8h30-17h. Retraits de dollars avec une carte de crédit. Distributeur.

Sacombank, 211 Nguyen Thai Hoc *(Plan I B4)* (à l'angle de Pham Ngu Lao). Lun.-sam. 7h30-19h30. Dollars, euros et chèques de voyage acceptés, retraits au guichet avec une carte de crédit.

Western Union, 104-106 Nguyen Hue *(Plan I D4)*. Lun.-vend. 8h-12h, 13h30-18h, sam. 8h-12h. Dollars et euros acceptés. Transfert d'argent de l'étranger (commission).

Poste - GPO, 2 Cong Xa Paris *(Plan I C3)* (près de la cathédrale). 6h-22h. Poste restante. Autres bureaux : 125 Cong Quynh (près de Nguyen Cu Trinh) (6h-21h) ; 14 Bui Vien (7h-22h).

Pour les envois de colis ou de courriers urgents : **VN Cargo**, GPO, ☎ (08) 823 75 56. Envois par avion. **FedEx**, 146 Pasteur, ☎ (08) 829 09 95. Lun.-vend. 7h-20h, sam. 7h-11h30. **Airborne Express**, 80C Nguyen Du, ☎ (08) 829 43 10 ; 2E Tien Giang, ☎ (08) 848 56 73. **DHL**, 4 Pham Thuc Duyen (près de l'aéroport), ☎ (08) 844 62 03. Lun.-vend. 7h30-12h, 13h-17h.

Téléphone - Vous pouvez effectuer vos appels internationaux de la plupart des postes ou des agences privées situées dans les quartiers touristiques. Pour les appels locaux, le tarif normal est de 1 200 VND pour les trois premières minutes.

Internet - Les innombrables cybercafés de Pham Ngu Lao proposent des connexions à des prix imbattables. Ceux du centre-ville sont un peu plus chers. La plupart possèdent une imprimante et parfois un scanner.

Santé - **Dispensaire du consulat de France**, 27 Nguyen Thi Minh Khai, ☎ (08) 829 72 31. Consultations gratuites sur rendez-vous les lundi, mercredi et vendredi, 8h30-11h45, 14h30-17h15, ainsi que les mardi et jeudi, 15h-17h.

Hôpital Cho Ray, 291 Nguyen Chi Thanh, Cholon *(Plan III)*, ☎ (08) 855 41 37. Cet établissement vietnamien possède un service d'urgences ainsi qu'un service pour les étrangers aux tarifs très raisonnables.

Institut du cœur ou **International Medical Center**, 520 Nguyen Tri Phuong *(Plan II C4)*, ☎ (08) 865 40 25/26. Cet institut propose des consultations à des prix abordables, remboursées par la Sécurité sociale. Plusieurs médecins français y travaillent (cardiologie, pédiatrie, allergies, gynécologie, maladies tropicales).

Columbia Asia, 1 No Trang Long, ☎ (08) 803 06 78. Une clinique internationale très chère (consultations de 7h à 0h).

Oscat-AEA, 65 Nguyen Du *(Plan I C2-3)*, ☎ (08) 829 85 20. Cette clinique internationale tenue par d'anciens membres du Samu français dispense des consultations sur place 24h/24 ou à domicile, effectue des soins dentaires et organise des rapatriements. Les prix sont très élevés.

Pharmacies - Le personnel de la pharmacie de **Cao Thang**, à l'angle de Nguyen Thi Minh Khai, parle français. Celle de De Tham a l'avantage d'être bien située.

Dong Khoi, 197-199 Dong Khoi, ☎ (08) 829 05 77. Une grande pharmacie où le personnel parle anglais et un peu français. Lun.-sam. 8h-11h30, 13h30-17h30.

Kim Dinh, 205 Hai Ba Trung. 7h-12h, 14h-21h.

My Chau, 389 Hai Ba Trung, ☎ (08) 822 22 66.

Représentations diplomatiques - Voir « Sur place de A à Z », p. 34.

Police de l'immigration - Phong Quan Ly Nguoi Nuoc Ngoai, 254-258 Nguyen Trai *(Plan II D3)* (à l'angle de Nguyen Cu Trinh), ☎ (08) 839 22 21. Lun.-vend. 8h-11h, 13h30-16h30. Comptez de 5 à 7 jours pour prolonger votre visa, mais en pratique vous avez tout intérêt à vous adresser à une agence de voyages.

Centre culturel - Idecaf, 31 Thai Van Lung *(Plan I D3)*, ☎ (08) 829 54 51. L'Institut d'échanges culturels avec la France possède une bibliothèque et organise des cours de langue, diverses activités culturelles (concerts, théâtre, défilés de mode le dimanche à 20h), ainsi que des projections de films français le mardi soir. L'**Amicale des Français au Vietnam (AFV)**, ☎ 914 25 05, duzan@hcm.vnn.vn L'AFV se retrouve chez Fanny, illustre glacier de Saigon (voir « *Sortir, boire un verre* »). L'association tient une centrale de petites annonces, un journal d'information de la communauté francophone *(L'Écho des rizières)*, une bibliothèque de près de 800 titres et organise des cafés-rencontres le 1er vendredi de chaque mois. Bureau d'accueil lun.-jeu. 10h-12h (contact Anne Duzan).

Compagnies aériennes - Aeroflot, 4H Le Loi, ☎ (08) 829 34 89. **Air France**, 130 Dong Khoi, ☎ (08) 829 09 81/82. **British Airways**, 58 Dong Khoi, ☎ (08) 829 12 88. **Cathay Pacific**, 58 Dong Khoi, ☎ (08) 822 32 03. **Garuda**, 132-134 Dong Khoi, ☎ (08) 829 36 44. **KLM**, 2A-4A Ton Duc Thang, ☎ (08) 823 19 90/91. **Lao Aviation**, 93 Pasteur, ☎ (08) 822 69 90. **Lufthansa**, 132-134 Dong Khoi, ☎ (08) 829 25 29/49. **Malaysia**, 132-134 Dong Khoi, ☎ (08) 829 25 29. **Qantas**, Saigon Center, 65 Le Loi, ☎ (08) 821 46 60. **Royal Air Cambodge**, 11 Dong Khoi, ☎ (08) 829 93 63. **Singapore Airlines**, 29 Le Duan, ☎ (08) 823 15 88. **Swissair**, Saigon Center, 65 Le Loi, ☎ (08) 824 40 00. **Thai**, 65 Nguyen Du, ☎ (08) 822 33 65 ou 829 28 10. **United Airlines**, 58 Dong Khoi, ☎ (08) 823 47 55. **Vietnam Airlines**, 116 Nguyen Hue, ☎ (08) 832 03 20 ou 824 44 82.

Agences de voyages - Vous pouvez opter pour un tour clefs en main ou louer une voiture avec chauffeur pour un programme à la carte, mais dans ce cas négociez les prix et faites-vous préciser en détail le trajet et les prestations (hébergement et repas du chauffeur, entrées des sites incluses ou non, type de voiture et climatisation). La plupart des agences sont en cheville avec des guides francophones et proposent les mêmes circuits (delta du Mékong, Cu Chi et Tay Ninh, etc.) et prestations (prolongation de visa, location de voitures ou de motos, réservation de bus ou d'avion, etc.). Certaines organisent en outre des circuits *Open Tour*. Comparez les prix, mais gardez à l'esprit qu'une agence à la réputation éprouvée garantit a priori la qualité du service.

Sur Pham Ngu Lao *(Plan I B4)*, où la concurrence est vive, les tarifs sont bon marché : **Fiditourist**, 195 Pham Ngu Lao, ☎ (08) 836 80 18. Une équipe efficace et des prix corrects. **Kim Café**, 268 De Tham, ☎ (08) 836 81 22, sgnkimcafe@hotmail.com Cette agence bon marché, l'une des plus anciennes du quartier, a une réputation bien établie. **Kim Travel**, 270 De Tham, ☎ (08) 835 98 59 ou 912 59 42, kimtravel.com Cette agence joue de la confusion des noms avec sa voisine (circuits et services habituels). **Happy Tour**, 139 Bui Vien, ☎ (08) 837 95 67, agence qui propose en partenariat avec **T.M Brother's Café** (22 Tran Hung Dao) des excursions dans le delta et au nord jusqu'à Nha Trang avec des sorties en mer et de la plongée. Peut organiser des circuits à la carte. **Saigon Tourist**, 187A Pham Ngu Lao, ☎ (08) 836 85 42, sgnkimcafe@hotmail.com Partenaire de Kim Café, cette importante officine privée présente toutes les garanties, mais les tarifs sont un peu plus élevés. Vaste choix de prestations et circuits. **Sinh Café**, 246-248 De Tham, ☎ (08) 836 73 38, sinhcafevietnam@hcm.vnn. vn La plus célèbre adresse du quartier dispose d'une équipe rodée et ses prix sont parmi les moins élevés. Son partenariat avec de multiples agences du pays lui permet de proposer des prestations originales et variées (il semble possible d'y louer une moto et de la rendre dans une autre ville). Elle propose une liaison en minibus jusqu'à Moc Bai, puis en bus ou en bateau jusqu'à Phnom Penh. Le patron parle français. **VGA Tourist Co**, 58 Bui Vien, ☎ (08) 836 05 37, vgatourist@yahoo. com Cette nouvelle adresse commence avec des services à la carte très compétitifs. Demandez Ty.

Agences spécialisées : **Mekong Star**, 58 Mac Dinh Chi, ☎ (08) 823 63 79. Bateau effectuant des croisières sur le Mékong. **SinhBalo Adventures**, 43 Bui Vien, ☎ (08) 836 76 82, www.sinhbalo. com Une officine créée par le fondateur du Sinh Café qui met sur pied des circuits dans le delta du Mékong et les Hauts Plateaux à des prix abordables. D'autres agences s'adressent aux groupes et aux expatriés telle **Exotissimo**, 37 Ton Duc Thang, ☎ (08) 825 17 23, info@exotissimo.com

Se loger à Ho Chi Minh-Ville

▶ *Dans le centre-ville (Plan I)*

Les hébergements bon marché sont rares sur Dong Khoi et Le Loi, qui recèlent quelques palaces de légende, auxquels sont venus s'ajouter des hôtels de luxe internationaux.

De 20 à 25 $

Lucky Hotel, 5 Ton That Thiep, ☎ (08) 821 49 52 - 20 ch. 🕸 🗖 📺 🎦 Un hôtel flambant neuf dans une rue populaire au cœur du centre. Le meilleur rapport qualité-prix du quartier.

De 30 à 40 $

Linh, 16 Mac Thi Buoi, ☎ (08) 824 39 54, www.linhhotel.com - 10 ch. 🕸 🗖 📺 🎦 Chaînes satellite. Sympathique hôtel louant de grandes chambres à prix modérés pour le quartier. Le 5e étage est le moins cher.

Kim Long, 58 Mac Thi Buoi, ☎ (08) 822 85 58, kimlonghotel@hcm.vnn.vn - 15 ch. 🕸 🗖 📺 🎦 Chaînes satellite, ascenseur. Chose rare dans le centre, cet immeuble moderne loue de petites chambres abordables et d'un confort sobre et correct. Petite réduction pour des séjours de plus de 3 jours.

Bach Dang, 33 Mac Thi Buoi, ☎ (08) 825 15 01 - 16 ch. 🕸 🗖 📺 ✕ 🎦 Ascenseur. Ce petit hôtel sobre mais confortable loue des chambres impeccables, d'un bon rapport qualité-prix. Les chambres standard n'ont pas de fenêtre alors que celles de la catégorie supérieure ont toutes un joli balcon.

De 40 à 80 $

Bong Sen 2, 61-63 Hai Ba Trung, ☎ (08) 823 58 18, bongsen2@hcm.vnn. vn - 57 ch. 🕸 🗖 📺 🎦 Chaînes satellite, ascenseur. Une bonne adresse, avec de petites chambres très agréables et de bon goût. Le prix varie en fonction de la vue. Clientèle de groupes et d'individuels.

De 55 à 115 $

Kimdo - Royal City, 133 Nguyen Hue, ☎ (08) 822 59 14, www.kimdohotel.com - 132 ch. 🍴 📶 📺 ✕ 🆑 Chaînes satellite. Un hôtel luxueux de Saigon Tourist avec une belle vue sur la ville. Les prix sont élevés, mais les promotions semblent de règle. La terrasse du bar-restaurant au 4e étage est très agréable.

De 55 à 165 $

Palace Hotel, 56-66 Nguyen Hue, ☎ (08) 824 42 36, www.palacesaigon.com - 140 ch. 🍴 📶 📺 ✕ 🆑 🆑 Hôtel très bien situé avec piscine, restaurant panoramique, sauna. Les chambres, classiques, sont d'un bon rapport qualité-prix. Ne manquez pas de prendre un verre au Sky Bar au 15e étage.

De 70 à 140 $

🍴 **Continental**, 132-134 Dong Khoi, ☎ (08) 829 92 01, www.continentalvietnam.com - 86 ch. 🍴 📶 📺 ✕ 🆑 Salle de sport, massages, chaînes satellite, bar. La superbe façade de cet hôtel de légende (1880) est l'un des joyaux du centre et les chambres au luxe suranné évoquent le style colonial. Boiseries somptueuses d'époque dans les suites. Dommage que le service ne soit pas à la hauteur.

De 70 à 240 $

🍴 **Bong Sen**, 117-123 Dong Khoi, ☎ (08) 829 15 16, www.hotelbongsen.com - 126 ch. 🍴 📶 🆑 Massages, chaînes satellite, ascenseur, bar avec vue. Un hôtel de luxe abordable aux chambres confortables récemment restaurées.

De 80 à 220 $

🍴 **Majestic**, 1 Dong Khoi, ☎ (08) 829 55 14, www.majesticsaigon.com.vn - 122 ch. 🍴 📶 📺 ✕ 🆑 🆑 Ce joyau Art déco des années 1920 conserve toute sa splendeur et possède des chambres avec parquet de très grand luxe. Les premiers prix ne disposent malheureusement que d'une fenêtre sur le couloir. Le bar en terrasse sur le toit, avec vue sur la rivière, vaut à lui seul le détour.

De 85 à 490 $

🍴 **Grand Hôtel**, 8 Dong Khoi, ☎ (08) 823 01 63, www.grand-hotel.com.vn - 107 ch. 🍴 📶 📺 ✕ 🆑 🆑 Massages, sauna, chaînes satellite, boutique de souvenirs, bar. Ce superbe édifice des années 1920 loue de vastes chambres lumineuses et possède une ravissante piscine dans la cour intérieure, au 1er étage. Les suites sont particulièrement agréables avec leur beau parquet d'époque.

À partir de 120 $

Rex, 141 Nguyen Hue, ☎ (08) 829 21 85, www.rexhotel.com - 227 ch. 🍴 📶 📺 ✕ 🆑 🆑 Sauna, chaînes satellite. Cette autre institution du centre loue de jolies chambres avec moquette, ainsi qu'une suite de style chinois particulièrement chargée. La terrasse sur le toit, sur 3 niveaux avec piscine et tennis, est un mythe.

Plus de 150 $

🍴 **Sofitel Plaza**, 17 Le Duan, ☎ (08) 824 15 55, sofitelsgn@hcmc.netnam.vn - 290 ch. 🍴 📶 📺 ✕ 🆑 🆑 Chaînes satellite, boutique de souvenirs, bar, pâtisserie. Il est doté d'un hall somptueux et d'une remarquable piscine en terrasse (18e étage). Les chambres et le service sont irréprochables et le buffet est l'un des meilleurs de la ville (européen ou asiatique).

À partir de 200 $

Caravelle, 19 place Lam Son, ☎ (08) 823 49 99, hotel@caravellehotel.vnn.vn - 335 ch. 🍴 📶 📺 ✕ 🆑 🆑 Centre de remise en forme, sauna, chaînes satellite, boutique. Le vieux Caravelle est flanqué d'une tour de verre qui abrite un hôtel de grand luxe décoré sans beaucoup de charme. De sordides considérations financières vous convaincront peut-être de vous contenter d'un verre au bar du 10e étage.

▶ *Autour de Pham Ngu Lao (Plan I)*

Les hôtels bon marché pullulent dans le périmètre formé par les rues Pham Ngu Lao, Bui Vien et De Tham, qui concentre nombre de services… et de vendeurs harcelants.

Moins de 10 $

Van Trang Hotel, 80 Bui Vien, ☎ (08) 836 89 69, minithuy2002@yahoo.com - 15 ch. ♪ ▤ ▥ Un petit hôtel très simple et très propre. Bon accueil.

Pension Linh Thu, 72 Bui Vien, ☎ (08) 836 84 21, linhthu72@yahoo. com - 7 ch. ♪ ▤ ⌇ Une bonne adresse à l'ambiance familiale, dont les chambres, très bon marché, sont propres et agréables.

Pension Giang, 40/26 Bui Vien, ☎ (08) 837 11 83, pqgiang@yahoo. com - 13 ch. ♪ ▤ ⌇ ▥ Des chambres simples, mais propres et d'un bon rapport qualité-prix. Celles qui donnent sur la ruelle sont un peu plus chères, mais sont plus grandes et disposent d'une baignoire.

Hôtel 265, 265 De Tham, ☎ (08) 836 75 12, hotelduy@hotmail.com - 13 ch. ♪ ▤ ⌇ ▥ ⒸⒸ Un accueil chaleureux (on y parle anglais), des chambres propres et calmes, et un bon rapport qualité-prix. Différentes catégories : les chambres avec balcon sont un peu plus chères ; un lit dans le dortoir au 7e étage (sans ascenseur) coûte 3 $.

De 10 à 15 $

Phan Lan, 70 Bui Vien, ☎ (08) 836 95 69, phanlan@hcm. vnn.vn - 9 ch. ♪ ▤ ⌇ ▥ Chaînes satellite. Une charmante adresse où l'on peut dîner en famille. Une annexe au 100/23 Tran Hung Dao, calme, accueille des étrangers pour de longs séjours.

Thao Nhi Hotel, 185/20 Pham Ngu Lao, ☎ (08) 836 00 20, thaonhihotel@hcm. vnn.vn - 12 ch. ♪ ▤ ⌇ ▥ ⒸⒸ Chaînes satellite, pas de petit-déjeuner. Des chambres propres et gaies, certaines ne disposant que d'un ventilateur (moins chères). Demandez impérativement celles qui donnent sur la ruelle. La réceptionniste est très sympathique. Chambres avec balcon à 15 $.

Linh Linh, 175/14 Pham Ngu Lao ☎ (08) 837 30 04 - 12 ch. ♪ ▤ ⌇ ▥ Chaînes satellite. Préférez les chambres sur cour, un peu plus chères, mais vastes et lumineuses.

Lan Anh, 252 De Tham, ☎ (08) 836 51 97, lan-anh-hotel@hcm.cnn. vn - 22 ch. ♪ ▤ ⌇ ▥ ⒸⒸ Chaînes satellite. Ce sympathique hôtel offre le choix entre des chambres lumineuses et bruyantes sur rue, ou sombres et calmes à l'arrière.

De 13 à 18 $

Hong Hoa, 185/28 Pham Ngu Lao, ☎ (08) 836 19 15, www.honghoavn. com - 7 ch. ♪ ▤ ▥ ⒸⒸ Petit hôtel propre et agréable qui propose 1h de connexion Internet à ses clients pour 6 000 VND. Les chambres sur rue sont plus grandes, plus lumineuses… et plus chères.

De 15 à 25 $

⌂ **Spring House Hotel**, 221 Pham Ngu Lao, ☎ (08) 837 83 12, www. vietnamspringhotel.com - 51 ch. ♪ ▤ ⌇ ▥ ⒸⒸ Chaînes satellite, ascenseur. Ouvert en mars 2002, le Spring House propose des chambres propres et claires au décor très sobre et très agréable dans les tons pastel. On vous accueillera en français et en anglais. Petit-déjeuner vietnamien ou international pour 1 $ supplémentaire.

Hôtel Madame Cuc 127, 127 Cong Quynh, ☎ (08) 836 87 61, madamcuc@hcm.vnn. vn - 15 ch. ♪ ▤ ⌇ ▥ Chaînes satellite. Des chambres sans fard, mais impeccables, et un accueil sympathique en font une adresse appréciée des routards. On y parle français. Petit-déjeuner, dîner, thé et café offerts.

Hôtel Le Le, 171 Pham Ngu Lao, ☎ (08) 836 86 86, www.vietnamtourism.com/ lelehotel - 31 ch. ♪ ▤ ⌇ ▥ ✕ ⒸⒸ Chaînes satellite, ascenseur. L'hôtel Le Le offre un service impeccable. Les prix, très variables, sont surévalués pour les chambres les plus luxueuses.

Hanh Hoa, 237 Pham Ngu Lao, ☎ (08) 836 02 45, hanhhoahotel@hcm.vnn.vn - 12 ch. ♪ ▤ ⌇ ▥ ✕ Chaînes satellite, ascenseur. Cet hôtel réserve un accueil chaleureux et le confort est irréprochable, mais il est un peu cher. Les chambres sur rue sont comme toujours plus lumineuses, mais moins calmes.

De 20 à 35 $

Giant Dragon, 173/26 Pham Ngu Lao, ☏ (08) 836 92 68, ctydaihung@hcm.vnn.vn - 30 ch. 🍴 📶 ✈ 📺 ✗ cc Chaînes satellite et ascenseur. Les chambres sont spacieuses et joliment décorées, les moins chères n'ayant qu'une fenêtre donnant sur le couloir.

Bi Saigon, 185/26 Pham Ngu Lao, ☏ (08) 836 06 78, www.bisaigon.com - 13 ch. 🍴 📶 ✈ 📺 ✗ cc Chaînes satellite. Une valeur sûre du quartier, calme et confortable, avec un personnel compétent parlant anglais ou français. La décoration des chambres est digne des plus grands hôtels de la ville, notamment la 41 qui possède une très agréable terrasse avec jacuzzi et sauna (supplément).

De 30 à 60 $

Vien Dong Hotel, 275A Pham Ngu Lao, ☏ (08) 836 89 41, www.vietnamtourism.com/viendong - 101 ch. 🍴 📶 📺 ✗ cc Ascenseur. Le confort est irréprochable et le personnel très professionnel. En outre, l'hôtel possède un bar avec fontaine au 1er étage, ainsi qu'un salon de massages et un restaurant panoramique. Gratuit pour les enfants de moins de 10 ans.

De 60 à 100 $

Que Huong - Liberty 3, 187 Pham Ngu Lao, ☏ (08) 836 95 22, liberty3@libertyhotels.vnn.vn - 60 ch. 🍴 📶 ✈ 📺 ✗ cc L'ancêtre des hôtels du quartier a été rénové. Standing international.

▸ *Autour de Ho Hao Hon et de Co Bac (Plan I)*

Légèrement excentré par rapport au quartier des routards, vous trouverez des pensions familiales à des prix défiant toute concurrence, certaines d'un charme exquis. Ne pas hésiter à parcourir quelques centaines de mètres supplémentaires si vous aimez le calme et les terrasses fleuries.

Moins de 10 $

Ngoc Son, 178/32 Co Giang, ☏ (08) 836 47 17, ngocsonguesthouse@yahoo.com - 5 ch. 🍴 📶 ✈ Une nouvelle petite pension bien tenue pour ceux qui souhaitent s'immerger dans une ambiance vietnamienne. Jolie terrasse au dernier étage pour prendre le petit-déjeuner.

Bich Lien, 171/16 Co Bac, ☏ (08) 836 06 41 - 18 ch. 🍴 📶 ✈ 📺 Ce gros bâtiment disproportionné pour la ruelle, proche du Ngoc Son, loue des chambres propres et spacieuses d'un bon rapport qualité-prix.

De 10 à 20 $

Miss Loi et Miss Loi 2, 178/20 Co Giang, ☏ (08) 837 95 89, missloi@hcm.fpt.vn - 25 ch. en tout 🍴 📶 📺 cc Chaînes satellite. Préférez le Miss Loi. Accueil très chaleureux dans cette maison d'hôte superbe et impeccablement tenue. Vaste salon commun avec table de billard. Les chambres les plus chères possèdent une délicieuse terrasse fleurie. Pensez à réserver à l'avance, car les plus belles chambres seront certainement occupées. Un des meilleurs points de chute de la ville.

Ngoc Hue, 171/22 Co Bac, ☏ (08) 836 00 89, ngochuehotel@yahoo.com - 33 ch. 🍴 📶 📺 cc Chaînes satellite. Ne vous fiez pas à l'entrée, où sont entreposées bon nombre de mobylettes, car ce que réserve l'établissement est tout à fait surprenant. Au 3e étage l'architecture devient remarquable : le jeu des escaliers et des terrasses où la végétation abonde fait penser à un palace indien. On aboutit aux 6e et 7e étages à 2 terrasses conçues uniquement pour le plaisir des yeux. Réservation indispensable si vous voulez une chambre donnant sur l'une d'elles. Thé, café et Internet gratuit. De plus, la maison offre tous les dimanches un somptueux dîner vietnamien à ses hôtes. Location de mobylettes.

Thao Thanh, 58 Ho Hao Hon, ☏ (08) 836 55 66 - 10 ch. 🍴 📶 📺 cc Chaînes satellite. Situé dans une rue calme, cet hôtel aux allures d'hacienda constitue une option séduisante avec ses chambres spacieuses, disposées autour d'une jolie cour agrémentée de bonsaïs et d'un bar. À deux pas du plus extraordinaire bar de la ville, le Dau An.

▶ Autour du palais de l'Unification (Plan I)

Autour de 15 $

New Phuong Mai, 413 Nguyen Dinh Chieu, ☎ (08) 833 26 03 - 17 ch. ⌂ 📺 🌊 📺 Cet hôtel familial composé de 2 bâtiments sur rue est tenu par un sympathique patron parlant français. Le prix des chambres varie en fonction de l'étage. La montée au 5ᵉ est un peu rude, mais la vue sur le quartier est imprenable. Pour ceux qui préfèrent loger loin des centres touristiques, dans un quartier très commerçant.

De 35 à 55 $

Saigon Star Hotel, 204 Nguyen Thi Minh Khai, ☎ (08) 930 62 90, www.saigonstarhotel.com.vn - 72 ch. ⌂ 📺 ✕ 🆒 Massages, sauna, chaînes satellite, ascenseur. Un luxe agréable, mais sans fard. Le prix des chambres les plus chères est toutefois un peu abusif. Le bar-restaurant avec terrasse jouit d'une vue très agréable sur le parc. Préférez les chambres des étages supérieurs donnant sur le parc, plus au calme.

Plus de 100 $

New World Hotel, 76 Le Lai, ☎ (08) 822 88 88, www.newworldvietnam.com - 498 ch. ⌂ 📺 📺 ✕ 🌊 🆒 Salle de gymnastique. Ce très luxueux palace, qui a accueilli le président Clinton en novembre 2000, possède un bar en terrasse avec une vue superbe sur la ville. Les chambres et le service sont évidemment irréprochables, mais à ce prix-là…

Se restaurer à Ho Chi Minh-Ville

Véritable paradis culinaire, Ho Chi Minh-Ville satisfera tous les budgets et tous les goûts. De plus en plus d'hôtels de luxe proposent de délicieux buffets, mais la ville est surtout le royaume des gargotes où l'on déguste une cuisine simple et délicieuse en regardant le spectacle de la rue. Parmi la multitude d'options qui s'offrent à vous, voici quelques quartiers spécialisés : Nguyen Du pour le *pho ga* (soupe de nouilles au poulet) ; Pasteur pour le *pho bo* (soupe de nouilles au bœuf) ; Pham Van Hai pour le *bun cha* (bol de riz vermicelle avec du porc grillé, de la salade, des herbes et des condiments) ; Vo Van Tan pour le *hu tieu* (sorte de *pho bo* à la sauce aigre-douce) ; Dinh Tien Hoang pour le *banh cuon* (rouleau de riz avec de la viande et du poulet assaisonné). Vous trouverez aussi à vous sustenter dans la plupart des marchés, comme ceux de Ben Thanh et Ton That Dam. Goûtez encore aux sandwiches au pain français garnis de fromage ou de pâté, de concombre et de sauce soja.

▶ Dans le centre-ville (Plan I)

Moins de 25 000 VND

Quan Banh Xeo, 49A Dinh Cong Trang *(B1-2)* (la ruelle en face de l'église, sur Hai Ba Trung). Une gargote animée où l'on sert de délicieuses crêpes salées et des viandes grillées.

De 25 000 à 50 000 VND

Pho Hoa, 260C Pasteur *(C4)*. Ce restaurant très animé sert l'une des meilleures soupes de la ville. Il est surtout fréquenté par des Vietnamiens, une garantie de qualité !

🍴 **Rand Dong**, 15 Thi Sach *(D3)*, ☎ (08) 822 89 15. Particulièrement apprécié des Vietnamiens. Pas de carte, on choisit directement les plats en libre-service à l'entrée du restaurant. Essentiellement des préparations en sauce, viande de porc, poisson, crevettes et seiches.

Autour de 50 000 VND

Cantine indienne, 66 Dong Du *(D3)* (contournez la mosquée sur la droite, tout au fond). Installée dans la mosquée elle-même, cette adresse est sans conteste l'une des plus originales et des plus économiques du quartier. Pas de menu, on choisit son plat qui mijote dans des marmites.

Pho 24, 75 Nguyen Hue *(D4)*. 7h-23h. Nouvelle chaîne de restaurants proposant exclusivement des soupes *pho* et dont le nom vient des 24 ingrédients utilisés pour les préparer. En pleine expansion, elle compte aujourd'hui 8 restaurants à Ho Chi Minh-Ville tant le concept plaît aux Vietnamiens (134 Le

L'avenue Nguyen Hue

Thanh Ton, 5 Nguyen Thiep, 67 Hai Ba Trung, etc.). D'autres établissements ont ouvert à Hanoi, Singapour et Hongkong.

Bia Tuoi Pacific, 15 Le Thanh Ton *(D3)*, ☏ (08) 825 68 02. Ce restaurant-cantine sans concession fréquenté par des Vietnamiens est installé en plein air, à l'ombre, et rafraîchi par des ventilateurs-brumisateurs. Les tables où s'accumulent les plats et les bières jouxtent la cuisine et l'aquarium où les poissons attendent leur sort. Préparations de poisson, fruits de mer, crabe, viande de porc, au wok.

3T Restaurant, 29-31 Ton That Thiep *(C4)* (au-dessus du Temple Club). Une nouvelle adresse originale pour dîner en plein air, sur le toit d'un petit immeuble dominant une rue animée. Fruits de mer et spécialités de grillades.

De 50 000 à 100 000 VND

Xoai Quan - Mango, 15C4-C8 Thi Sach *(D3)*. À deux pas de l'Idecaf, cette rue est colonisée par des terrasses où Vietnamiens et étrangers viennent déguster de délicieux fruits de mer.

Sama, 35 Dong Du *(D3)*. Fermé le dimanche. Un endroit calme et très agréable fréquenté par les expatriés, qui fait également épicerie. Idéal pour déjeuner de fromages, charcuteries, sandwiches et salades à la mode française… tout ce qu'il y a d'exotique sous ces latitudes.

TIB, 187 Hai Ba Trung *(B2)*. [cc] Spécialisé dans la cuisine impériale de Hué (riz aux graines de lotus, poulet dans une feuille de lotus), le restaurant de Trinh Cong Son, le Brassens vietnamien, dispose d'une salle climatisée et d'une petite cour.

Lemon Grass, 4 Nguyen Thiep *(D3)*. Une institution, où l'on sert une cuisine vietnamienne « adaptée » au goût occidental, que d'aucuns trouveront un brin aseptisée.

Hoang Yen, 7 Ngo Duc Ke *(D4)*, ☏ (08) 823 11 01. [cc] Moins connu et un peu plus cher que son voisin le Restaurant 13, le Hoang Yen sert pourtant une cuisine vietnamienne irrésistible

(porc au jus de coco, poulet au gingembre). Menu en anglais, établissement climatisé. Une autre salle est située au 148 Hai Ba Trung.

Restaurants flottants, Ton Duc Thang *(D4)*. Le départ s'effectue à 20h pour un dîner romantique de 2 heures sur la rivière. Préférez le plus petit bateau, à l'ambiance plus intime. Vous pouvez réserver au K Cafe, 74A4 Hai Ba Trung *(D3)*, ☏ (08) 824 53 55, k-cafe@hcm.vnn.vn

Givral, 169 Dong Khoi *(C-D3)*. [cc] Créée en 1942, cette vénérable institution a perdu son cachet depuis sa rénovation (salle climatisée). Allez-y néanmoins pour les pâtisseries, jus de fruits, glaces et sandwiches, mais les plats sont sans surprise (vietnamiens ou occidentaux).

Chao Thai, 16 Thai Van Lung *(D3)*, ☏ (08) 822 32 40. [cc] Pour ceux qui désireraient faire un rapide détour par la Thaïlande. Décoration ethnique.

Angkor Encore Plus, 28 Ngo Van Nam *(D3)*, ☏ (08) 829 88 14. Ce restaurant khmer raffiné (poisson vapeur à la noix de coco, crevettes au caramel) a récemment déménagé dans une rue calme, à l'abri de la circulation. Salle climatisée.

Nha Hang San Vuon Din Ky, 50 Le Thi Hong Gam *(C4)*, ☏ (08) 829 41 12. 18h-21h. Prix fixe de 85 000 VND/pers. pour ce buffet gigantesque avec des tables réparties sur près de 3 000 m², où les Vietnamiens viennent en nombre, en famille ou entre amis.

De 100 000 et 200 000 VND

La Casa Latina, 11 Thai Van Lung *(D3)*, ☏ (08) 822 32 40. Fermé le dimanche midi. [cc] Un restaurant élégant de style colonial. Cuisines française et internationale, délicieuses mais chères. Goûtez les succulents raviolis aux fruits de mer. Bar *lounge*.

Mandarin, 11A Ngo Van Dam *(D3)*, ☏ (08) 822 97 83. [cc] Nappes blanches et service stylé. Ce vaste restaurant accueille une clientèle d'expatriés, mais attention aux prix. Sur fond de piano et de violon, on y déguste raviolis de crevettes, canard au poivre, fruits de mer, mousse au chocolat... Musique mandarinale le mardi et le jeudi.

Hoi An, 11 Le Thanh Ton *(D3)*, ☏ (08) 823 76 94. 🆑 Tenu par les même propriétaires que le Mandarin, ce restaurant ouvert le soir seulement est spécialisé dans la gastronomie de la région Centre du Vietnam.

Augustin, 10 Nguyen Thiep *(D3)*. 🆑 L'établissement ressemble à s'y méprendre à un bouchon lyonnais. Autrefois considéré comme le meilleur restaurant français de la ville, il propose une carte alléchante (filet mignon sauce moutarde, magret de canard à l'orange), mais son heure de gloire est passée.

⊛ **Temple Club**, 29 Ton Tat Thiep *(C4)* (1er étage), ☏ (08) 829 92 44. Une des adresses réputées de la ville. Installé dans une ancienne pension pour les pèlerins visitant le temple hindou voisin, ce restaurant aux murs de briques patinés avec de superbes boiseries et des lumières tamisées propose une cuisine vietnamienne recherchée. Il sert aussi de *show-room* d'antiquités. Vous pouvez boire un verre sur le balcon qui donne sur la rue.

La Fourchette, 9 Ngo Duc Ke *(D4)*, ☏ (08) 829 81 43. 🆑 Le patron a su recréer le décor d'un vrai bistrot. La carte n'a rien de dépaysant, mais les prix sont corrects et les plats savoureux (salades, côtes d'agneau, quiche lorraine). Le tout à la bonne franquette !

⊛ **La Marine Club**, 17A4 Le Thanh Ton *(D4)*, ☏ (08) 829 22 49. Fermé le dimanche midi. 🆑 Un décor marin intimiste où l'on sert de délicieux plats vietnamiens et français, notamment la palourde farcie et le soufflé Grand Marnier.

Wild Horse Saloon, 8A1/D1 Thai Van Lung *(D3)*, ☏ (08) 825 19 01. 🆑 Impossible de manquer sa façade et son tonneau géant. À l'intérieur, ambiance saloon avec très peu de lumière, ce qui procure un repos agréable pour les yeux. Au menu, barbecue, steaks, *T-bone*, etc.

Plus de 200 000 VND

⊛ **La Camargue**, 16 Cao Ba Quat *(D3)*, ☏ (08) 824 31 48. Réservation conseillée. 🆑 Au 1er étage de cette superbe maison coloniale réaménagée avec beaucoup de goût se trouve l'une des meilleures tables de la ville. Cuisines française et internationale. Musique live le vendredi soir.

Chez Bibi, 8A/8D2 Thai Van Lung *(D3)*, ☏ (08) 829 57 83. Fermé le dimanche midi. 🆑 Une institution. Qu'ils vendent du vin, du café ou des générateurs, tout ce que la ville compte d'expatriés se retrouve à cette table pour déguster des plats méditerranéens délicieux et copieux. Les moules viennent directement de France !

⊛ **Nam Kha**, 46-50 Dong Khoi *(D3)*, ☏ (08) 823 83 09, www.khaisilk-corporation.com et **Au Manoir De Khai**, 251 Dien Bien Phu *(B2)*, ☏ (08) 930 33 94, aumanoir@hcm.vnn.vn Réservation conseillée. 🆑 Voici 2 nouvelles adresses appartenant au même groupe, proposant une cuisine raffinée. La première est installée dans une ancienne demeure privée à l'atmosphère impériale, rouge et or, avec salon de thé et bar chic. La seconde, dans une autre ambiance, toujours avec un excellent cuisinier, propose des plats de chez nous dans une vieille villa décorée dans le style français du 19e s.

▶ *Autour de Pham Ngu Lao (Plan I B4-5)*

Moins de 25 000 VND

Thu Thuy, 26 Cach Mang Thang Tam. Une gargote qui ne paie pas de mine, mais où l'on sert une cuisine vietnamienne simple et délicieuse (nems, soupes, fruits de mer, pâtes de riz avec saucisse). Menu en français.

Zen, 185/30 Pham Ngu Lao. Un choix de cuisines végétarienne, indienne, vietnamienne, italienne et mexicaine... pour tous les goûts. Les jus de fruits sont excellents.

Bodhi Tree, 175/4 Pham Ngu Lao. Un choix intéressant de cuisine végétarienne bon marché (tofu, épinards, salades, soupes) avec pas moins de 121 plats au menu, dont quelques spécialités mexicaines et italiennes. Ne confondez pas avec le voisin qui en a usurpé le nom, signalé dans nombre de guides.

De 25 000 à 50 000 VND

La Cantina, 175/3 Pham Ngu Lao. Vietnamien, italien et mexicain. Qualité équivalente aux autres restaurants de la ruelle mais avec un réel effort de décoration et un mobilier en bois qui change des chaises en plastique.

Saigon Tomorrow Café, 40/27 Bui Vien. Ouvert jusqu'à 0h, ce petit bar-restaurant sert des petits-déjeuners et un bon choix de plats vietnamiens et occidentaux. Idéal également pour passer un moment de détente à regarder une vidéo.

Saigon Café, 196 Pham Ngu Lao. L'une des adresses bon marché de la rue, où l'on sert des plats vietnamiens ou occidentaux corrects mais sans surprise.

Café 333, 201 De Tham. Restaurant, bar. Une bonne adresse de la rue pour petit-déjeuner ou déjeuner (vietnamien ou occidental). La salade aux crevettes est délicieuse.

Sinh Café, 248 De Tham. On ne présente plus ce classique, qui fait à la fois agence de voyages, bar et restaurant (cuisines vietnamienne et occidentale, petit-déjeuner). Menu en français.

Kim Café, 272 De Tham. Une autre institution de la rue, sur le modèle du Sinh Café.

Santa Café, 1A Do Quang Dau. Ce bar-restaurant dispose d'une grande terrasse plantée sur un carrefour où se retrouvent les voyageurs. Cela en fait un excellent poste d'observation de l'agitation urbaine.

De 50 000 à 100 000 VND

Good Morning Vietnam, 197 De Tham. Dans un joli décor de bambou, un choix de salades, sandwiches, pâtes, viandes et pizzas. Salle climatisée à l'étage.

Song Ngu, 70 Suong Nguyet Anh. CC Le cadre élégant de cette grande demeure en fait un lieu privilégié de la jet-set saigonnaise, qui vient y déguster des fruits de mer. Le 1er étage réserve une ambiance plus feutrée.

Thanh Binh, 142 Le Thanh Ton. À deux pas du marché Ben Thanh, cet excellent restaurant vietnamien de soupes et de fruits de mer est fréquenté par une clientèle locale.

▶ *À l'extérieur du centre-ville*

De 25 000 à 50 000 VND

Tri Ky Restaurant, 478 Nguyen Kiem *(Plan II C1)*. Amateurs d'aventures culinaires, voici votre éden. Au programme : serpent, tortue, singe et chauve-souris, entre autres bizarreries.

De 50 000 à 100 000 VND

Com Nieu Saigon, 6C Tu Xuong *(Plan II D2)*. Rendez-vous de la bourgeoisie saigonnaise, cet endroit animé comme une brasserie parisienne propose un succulent choix de plats vietnamiens ou thaïlandais et de fruits de mer. Ne manquez pas la spécialité maison, le riz cuit et moulé dans un pot en terre cuite, qui est cassé au marteau, puis envoyé au serveur à travers la salle.

Ngoc Suong Marina, 19C Le Qui Don *(Plan I B2)*, ☎ (08) 930 52 34. Restaurant où se retrouvent les Vietnamiens en famille. Les clients montent sur scène pour reprendre les tubes locaux, français et américains joués par un orchestre. Dans l'assiette : une bonne cuisine à base de fruits de mer. Sur les murs : un décor très kitsch.

Phuong Nam Quan, 110-112 Vo Van Tan *(Plan I A4)*. Une vaste terrasse arborée devant une bâtisse coloniale, où l'on sert fruits de mer, fondue vietnamienne et crevettes à la bière.

De 100 000 à 200 000 VND

Le Toit Gourmand, 31/4 Hoang Viet *(hors plan)*, ☎ (08) 811 70 03. Un des meilleurs restaurants de Ho Chi Minh-Ville. Situé sur la route en direction de l'aéroport, il est très fréquenté par les pilotes de ligne.

Plus de 300 000 VND

Le Bordeaux, F 7-8 route D2 *(hors plan)* (au nord du centre-ville, en direction de Vung Tau), ☎ (08) 899 98 31. Fermé le dimanche midi. Installée dans une élégante maison de style classique, cette adresse un peu excentrée a la réputation de servir la meilleure cuisine française de la ville.

Sortir, boire un verre

(Plan I)

Cafés / Pâtisseries / Glaciers - Kem Bach Dang, 26-28 Le Loi ; 68 Hai Ba Trung *(D3)*. 8h-23h. Les meilleures glaces du Vietnam paraît-il, mais les pâtisseries ne sont pas à négliger.

Highlands Coddee, 7 Cong Truong Lam Son. Coincé entre le théâtre municipal, un parking et la circulation, ce café en plein air offre une halte très agréable grâce à ses tables installées le long d'un mur de fleurs, à proximité des brumisateurs. Appréciable quand il fait chaud.

Pat'a Chou, 65 Hai Ba Trung *(D3)*. Pains, croissants et pâtisseries.

Dong Du Café, 31 Dong Du *(D3)*. Un café italien chic où l'on sert expressos et glaces maison.

Paris Deli, 31 Dong Khoi *(D3-4)*. Ce café style bistrot parisien sert pâtisseries, croissants et sandwiches.

Fanny, 29-31 Ton That Thiep *(C-D4)*. Siège de l'Association des Français au Vietnam *(voir « Centre culturel »)*. On y sert des glaces françaises.

Bo Gia, 20 Ho Huan Nghiep. Une librairie convertie en café où l'on sert des glaces.

Chi Lang Cafe, Chi Lang Park, Dong Khoi *(D3-4)*. Un endroit stratégique pour regarder le spectacle de la rue. Galerie d'art à côté.

Bars / Pubs - Les bars ferment généralement à 1h du matin (2h le week-end) et presque tous possèdent une table de billard.

Les *bia hoi* sont de petits débits de boissons où l'on vient boire de la bière bon marché. Parmi eux : **Nguyen Chat**, 159 Pham Ngu Lao *(B4)* ; **Thanh Ha**, 6 Hai Ba Trung *(D3)*.

😊 **Dau An**, 58 Ho Hao Hon *(B5)*, ☎ (08) 836 72 07, www.dauancafe.com Ouvert de 6h à 2h du matin. Le café-bar le plus sublime de la ville, à ne manquer sous aucun prétexte. Les tables sont réparties sur de nombreuses terrasses au milieu d'une végétation exubérante, entretenue grâce à de nombreux brumisateurs. La jeunesse aime se retrouver dans ce cadre romantique, véritable forêt tropicale au cœur de la ville. Quelques salons fermés avec air conditionné quand il fait vraiment trop chaud. Musique live tous les soirs de 20h à 0h.

Les bars de Pham Ngu Lao accueillent surtout les routards :

😊 **Long Phi**, 163 Pham Ngu Lao *(B4)*. Une ambiance décontractée et la palme pour la musique, loin des standards habituels. Babyfoot. 😊 **Bonsai Cafe**, 28/25 Bui Vien *(B4)*. Jazz tous les soirs dans ce bar sympathique. On peut aussi y déguster des crêpes banane-chocolat, la spécialité de Bernard, le patron. **Allez Boo**, Pham Ngu Lao *(B4)* (à l'angle de De Tham). L'endroit le plus animé du quartier, idéal pour les rencontres. Décoration en bambou et fraîcheur assurée par les brumisateurs. **Guns & Roses Bar**, 207 Pham Ngu Lao *(B4)*. L'atmosphère y est plus tranquille qu'au Boo.

Les bars du centre-ville attirent quant à eux une clientèle d'expatriés :

😊 **Vasco's**, 16 Cao Ba Quat *(D3)*. Le bar de La Camargue, avec sa cour plantée de palmiers, est l'un des plus beaux de la ville. Il accueille un groupe de rock le vendredi soir. **Bop Jazz Club**, 8A1/D1 Thai Van Lung *(D3)*, ☎ (08) 827 94 73. Club de jazz au 1er étage du restaurant Wild Horse Saloon. **O'Brien's Factory**, 74A2 Hai Ba Trung *(D3)*. Fermé le dimanche midi. Un très joli pub aux murs de briques patinés, tenu par un Français. **Underground**, 69 Dong Khoi *(D3-4)*. LA nouvelle adresse branchée de Ho Chi Minh-Ville, où l'on peut également danser. **5 Ly Tu Trong** *(D3)*. Un bar récent installé dans une élégante villa française.

Pour une ambiance feutrée, voire guindée, optez pour les bars d'hôtel :

Rooftop Garden, 141 Nguyen Hu *(C3)* (terrasse au 5e étage de l'hôtel Rex). Offre une vue imprenable sur le centre-ville. **Saigon Saigon**, 19 place Lam Son *(D3)* (au 10e étage du Caravelle). Chic et élégant, il jouit lui aussi d'une vue exceptionnelle et accueille chaque soir un groupe. **Breeze Sky**, 1 Dong Khoi *(D4)* (au 6e étage du Majestic). 24h/24. La terrasse panoramique sur 3 niveaux est idéale pour boire un dernier verre. **Panorama**, 37 Ton Duc Thang *(D3-4)* (au 33e étage du Saigon Trade Center). N'a d'autre intérêt que d'être le plus haut point de vue de la ville.

Spectacles - *The Guide* est une bonne source d'informations pour les événements culturels. Le week-end, vous avez toutes les chances de tomber sur l'un de ces concerts de variétés qui attirent les foules le soir dans les parcs.

Théâtre municipal, 7 place Lam Son *(D3)* (sur Dong Khoi), ☎ (08) 825 15 63. À 20h. Une programmation très éclectique de théâtre traditionnel, de ballets et de variétés.

Nha Hat Hoa Binh, 14 rue 3 Thang 2 *(Plan II C3)*, ☎ (08) 865 52 15. Le « théâtre de la Paix » possède plusieurs salles où sont programmés des pièces traditionnelles, des spectacles de cirque, des concerts de variétés ou de pop occidentale.

Nha Hat Ben Thanh, 6 Mac Dinh Chi *(C2)*, ☎ (08) 823 16 52. À 20h. Concerts, défilés de mode.

Kich Sai Gon, 59 Pasteur. Un théâtre de quartier où l'on joue des comédies vietnamiennes.

Spectacles de marionnettes sur l'eau, musée d'Histoire du Vietnam, 2 Nguyen Binh Khiem *(D2)*. À 9h, 10h, 11h, 14h, 15h, 16h. Comptez 1 $.

Conservatoire de musique, 112 Nguyen Du, ☎ (08) 839 66 46. Lundi et vendredi à 19h30, de mars à mai et d'octobre à décembre. Musiques classique occidentale et traditionnelle vietnamienne.

Cinémas - **CLB Phim Tu Lieu**, 212 Ly Chinh Thang, ☎ (08) 822 23 24. Films en anglais sous-titrés en vietnamien. **Rex Cinema**, 141 Nguyen Hue. **Vinh Quang**, 59 Pasteur. Cinéma diffusant des films vietnamiens. **Rap Dong Khoi**, 163 Dong Khoi. **Tan Son Nhat Cinema**, 186 Nguyen Van Troi, ☎ (08) 842 16 13. Films en anglais.

Discothèques - Là encore, le choix est particulièrement varié. **Apocalypse Now**, 2B Thi Sach *(D3)*. Ce temple de la techno est le lieu de rencontre sulfureux entre les jeunes Vietnamiennes et les Occidentaux de tout âge.

Les discothèques vietnamiennes sont le théâtre d'agapes plus conventionnelles, mais non moins animées : **Gossip**, hôtel Mercury, 79 Trang Hung Dao. L'un des clubs les plus connus, avec musique live tous les soirs. **Mua Rung**, 5-15 Ho Huan Nghiep. Cette boîte récente dotée d'une sono et d'un système d'éclairage à la pointe organise des spectacles de danse. **KTV** (ancien Orient), 104 Hai Ba Trung. Une discothèque à la vietnamienne où le disco et la techno retentissent jusqu'à 2h du matin.

Lieux surannés, les dancings maintiennent une tradition que l'on croyait disparue, celle des entraîneuses : **Queen Bee**, 104-106 Nguyen Hue *(D4)*. Ce lieu culte qui a survécu à 1975 maintient sa cote auprès des yuppies saigonnais.

Dancing du Rex, 141 Nguyen Hue *(C3)*. Très animé le samedi soir, c'est le temple du kitsch rétro, où se retrouve une clientèle de tout âge pour écouter les stars locales de la variété.

Loisirs

Activités sportives - Consultez *The Guide* pour connaître les possibilités qu'offre Ho Chi Minh-Ville (bowling, golf, piscine, tennis). La plupart des palaces avec piscine acceptent les non-résidents moyennant un droit d'entrée.

Appréciés des expatriés, l'**International Club**, 285B Cach Mang Thang Tam ou 342 Tran Binh Trong, ☎ (08) 835 80 28 (piscine), et le **Lan Anh Country Club**, 291 Cach Mang Thang Tam, ☎ (08) 862 71 44 (tennis), possèdent de bonnes infrastructures.

Club des travailleurs, 55B Nguyen Thi Minh Khai, parc Van Hoa *(B3)*. L'ancien Cercle sportif a conservé ses infrastructures de l'époque coloniale, notamment les courts de tennis et la grande piscine en plein air.

Massages - Association municipale des aveugles, 185 Cong Quynh *(A4-B5)*, ☎ (08) 839 66 97. 9h-20h30. Leur réputation n'est plus à faire et les gains de l'association vont à l'école pour aveugles qui se trouve à côté (30 000 VND dans la salle ventilée, 40 000 VND avec air conditionné). Les grands hôtels possèdent en général un salon de massages.

Karaokés - Dan Ca 2, 4D Thi Sach *(D3)*, ☎ (08) 822 25 19. Salons privés pour une dizaine de personnes maximum. La location est de 24 000 VND/h en journée et de 54 000 VND/h en soirée. Chansons vietnamiennes et grand choix dans le répertoire anglo-saxon. Les boissons sont à un tarif tout à fait raisonnable (14 000 VND pour une bière). **Nhac Viet 1**, 27 Le Thanh Ton *(D3)*, ☎ (08) 825 83 82. Moins chic que le précédent, ce karaoké est particulièrement apprécié par la jeunesse locale. La location des salons est gratuite l'après-midi et coûte 44 000 VND/h en soirée. Vous trouverez dans la même rue d'autres karaokés, comme le **Dan Ca 1**, au 31B. **Dem Saigon 1**, 26 Nguyen Thi Nghia *(B4)*, ☎ (08) 832 27 98. Un autre karaoké à deux pas de la place Nga Sau Phu Dong.

Billard - Bi Da, 70 Ho Hao Hon *(B5)*. 19 tables de billard. 8 000 VND/h, boissons fraîches.

Achats

(Plan I)

Marchés - Le centre-ville compte deux marchés : **Ben Thanh** (en bas de Le Loi) *(C4)* est un vaste édifice couvert où l'on trouve victuailles et vêtements, alors que **Cho Cu** (Ton That Dam et Ton That Thiep) *(C4)* se spécialise dans l'électronique, les victuailles et les produits divers. Le surplus militaire **Dan Sinh** (angle de Yersin et Nguyen Cong Tru) *(C5)* a perdu de son intérêt. **Cau Ong Lanh** est l'un des marchés de produits frais les plus colorés de la ville (Nguyen Thai Hoc et les quais Ben Chuong Duong) *(C5)*. **Nguyen Thai Binh** (ouest de Pham Ngu Lao) *(B5)* regorge aussi de produits frais, tandis qu'**An Dong** (intersec-

tion de Tran Phu et An Duong Vuong) *(Plan II C4)* s'étire sur quatre étages. Mais le plus célèbre et le plus animé des marchés est bien sûr **Binh Tay**, à Cholon *(voir p. 398)*.

Vin - La Cave, 54 Le Thanh Ton *(D3)*, ☎ (08) 824 42 51. Eh oui ! Saigon possède sa cave, fort bien pourvue en vins français et internationaux.

Antiquités / Artisanat - En matière d'artisanat et d'antiquités, sachez qu'à Ho Chi Minh-Ville le choix est plus réduit et les prix sont plus élevés qu'à Hanoi. Le Cong Kieu, la rue des antiquaires *(C4)*, est bordée d'échoppes proposant céramiques, horloges, statues, laques, peintures, meubles, briquets Zippo… dans un joyeux capharnaüm. Le marchandage est de rigueur, mais la plupart des prétendues antiquités sont fausses. Même chose pour les timbres et pièces proposés par les vendeurs de rue. La poste centrale, en revanche, vend des timbres de belle qualité. Les boutiques de Dong Khoi *(D3-4)* proposent également des séries complètes de la période française, à des prix élevés. Celles de Pham Ngu Lao *(B4)* pratiquent des prix plus raisonnables pour ce qui est de l'artisanat.

Craft Home, 39A Ngo Duc Ke *(D4)*. Beaux produits ethniques (sacs, paniers, vêtements).

Heritage, 53 Dong Khoi *(D3-4)*. Une boutique chère qui vend de superbes vanneries, de la laque et des objets décoratifs ou usuels inspirés du style traditionnel.

Loan Anh, 26B Le Loi *(C3-4)*. Boussoles marines, montres, jumelles à infrarouge anciennes ou récentes.

Sapa, 29 Ngo Duc Ke *(D4)* ; 223 De Tham *(B4)*. Laques, tissus traditionnels ou copies du Vietnam du Nord et vannerie authentique.

Nguyen Frères, 2A Le Duan *(D2)*. Excellent choix de mobilier et d'objets décoratifs (anciens et copies).

Quoc Dung Co, 36 Dong Khoi *(D3-4)*. Mobilier de bois.

Vêtements - Le quartier de Pham Ngu Lao *(B4)* regorge de boutiques propo-

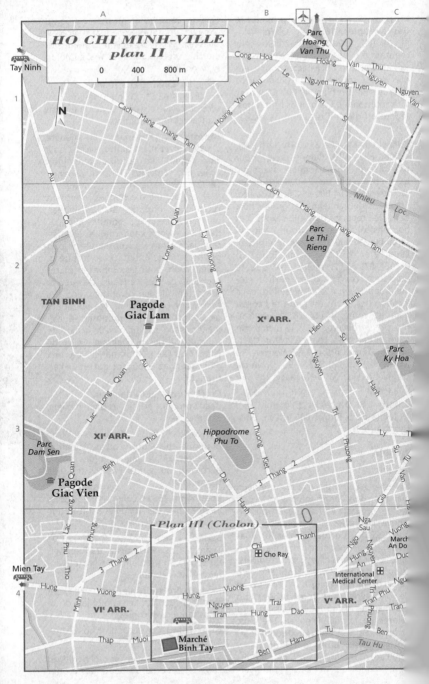

HO CHI MINH-VILLE
plan II

0   400   800 m

N

Tay Ninh

Parc Hoang Van Thu

Cong Hoa

Hoang Van Thu

Le

Nguyen Trong Tuyen

Nguyen Van

Nguyen Van

Si

Cach Mang Thang Tam

Hoang Van Thu

Au

Co

Lac Long Quan

Ly Thuong Kiet

Cach Mang Thang Tam

Nhieu Loc

Parc Le Thi Rieng

TAN BINH

Pagode Giac Lam

X⁰ ARR.

Thanh

Hien

Su

To

Nguyen

Van

Tri

Parc Ky Hoa

Au

Co

Lac Long Quan

Thoi

Le Dai Hanh

Ly Thuong Kiet

3 Thang 2

Phuong

Ly

T

Su

Tu

Van

Ga

Ha

XI⁰ ARR.

Parc Dam Sen

Pagode Giac Vien

Binh

Hippodrome Phu To

Nga Sau

Vuong

March An Do

Duc

Quan

Long

Lac

Phu

Phung

3 Thang 2

Tho

— *Plan III (Cholon)* —

Thanh

Chi

Cho Ray

Ngo

Hung

An

Nguyen

Vuong

International Medical Center

Tran Phu

Ngu

Mien Tay

Hung

Vuong

Nguyen

Hung

Vuong

Trai

Dao

V⁰ ARR.

Tran Phu

Ben

Tran

VI⁰ ARR.

Minh

Nguyen Tran

Hung

Tu

Thap

Muoi

Marché Binh Tay

Ben

Ham

Tau Hu

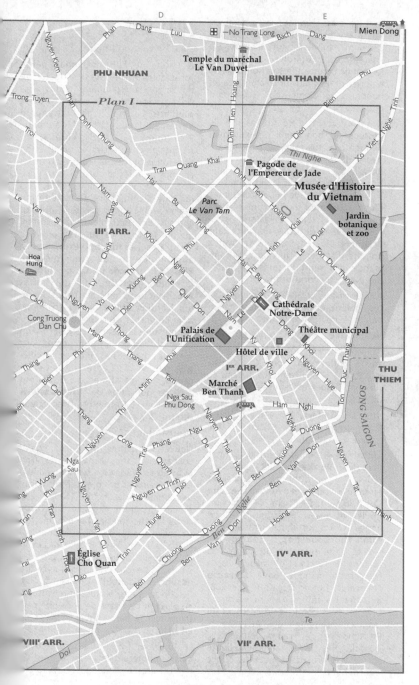

Mien Dong

Phan

Dang Luu

No Trang Long

Bach Dang

PHU NHUAN

Temple du maréchal
Le Van Duyet

BINH THANH

Trong Tuyen

Nguyen Kiem

Phan Dinh Phung

Phu

Troi

Le Van Si

Plan I

Dinh Tien Hoang

Dien

Xo Viet Nghe Tinh

Tran Quang Khai

Thi Nghe

Pagode de
l'Empereur de Jade

IIIe ARR.

Nam Ky Khoi Nghia

Ba Trung

Dinh Tien Hoang

**Musée d'Histoire
du Vietnam**

*Parc
Le Van Tam*

Hoa
Hung

Chinh

Thi Xuong

Bien

Le Qui Don

Nguyen

Nam

Minh Khai

Le Duan

Ton Duc Thang

**Jardin
botanique
et zoo**

Cach

Ly Tu Trong

Hai Ba Trung

Cong Truong
Dan Chu

Nguyen Thong

Mang

Khai

Le Duan

Cathédrale
Notre-Dame

Dong

Théâtre municipal

Thang 2

Bien

Phu

Thang

Palais de
l'Unification

Hôtel de ville

Khoi

Loi

Nguyen Hue

Ton Duc Thang

**THU
THIEM**

Cao

Minh

Tam

Ier ARR.

Le

Nga Sau
Phu Dong

Marché
Ben Thanh

Ham Nghi

Nghia

Duong

Nguyen Tat Thanh

SONG SAIGON

Thang

Nguyen

Cong

Nguyen Trai

Phang

Ngu

Thai

Hoc

Ben

Chuong

Don

Nga
Sau

Phu

Quynh

Nguyen Cu Trinh

Dao

Tham

Ben

Van

Dieu

Vuong

Hung

Van Cu

Duong

Ben Nghe

Hoang

Thanh

Tran

Tran

Binh

Trong

Dao

Chuong

Ben

Van Don

Église
Cho Quan

IVe ARR.

Te

VIIIe ARR.

Doi

VIIe ARR.

D

E

sant tee-shirts imprimés, imperméables, sacs à dos et duvets de soie. Le marché Ben Thanh et les rues alentour (Le Thanh Ton et Ly Tu Trong) *(C4)* sont également de bonnes adresses pour le prêt-à-porter et les chaussures, alors que les boutiques de Dong Khoi *(D3-4)* sont plus chères.

Galeries d'art - Ho Chi Minh-Ville possède un bon choix de laques et de peintures sur soie, sur toile ou sur papier de riz, mais la sélection s'avère difficile en raison du nombre de galeries, en particulier sur Dong Khoi *(D3-4)*. Pour ce qui est de la peinture, jetez d'abord un coup d'œil au musée des Beaux-Arts et dans ses galeries attenantes avant de vous décider. Dans un genre plus kitsch, vous trouverez nombre d'ateliers effectuant sur commande des reproductions de chefs-d'œuvre… ou votre portrait.

Ancient Gallery, 50 Mac Thi Buoi *(D3)*. Une galerie élégante qui présente un bon choix de peintres actuels.

Hoang Hac, 73 Ly Tu Trong *(D3)*. L'une des galeries les plus chic de la ville.

Tu Do Gallery, 142 Dong Khoi *(D3-4)*, ☎ (08) 823 17 85. Peintures à l'eau et sur soie, laques et canevas, sculptures sur bois.

Vinh Loi Gallery, 41 Ba Huyen Thanh Quan *(A-B3)*, ☎ (08) 822 20 06. Une galerie d'art réputée.

Librairies - La ville compte de bonnes librairies : **Bookazine**, 28 Dong Khoi *(D3-4)*. Romans et presse en anglais et en français, cartes et livres anciens. **The Cat Book**, 243 De Tham *(B4)*. Romans, guides et essais en français et en anglais, cartes postales et livres anciens. **Xuan Thu Bookshop**, 185 Dong Khoi *(D3-4)*. Vaste sélection de guides, de romans, de cartes et de magazines en français. Ne manquez pas la **Librairie Française**, 13 Ngo Duc Ke *(D4)*, ☎ (08) 823 20 68, kimlongpte@hcm.vnn.vn Une des trois librairies uniquement en langue française de toute l'Asie du Sud-Est, tenue par des Franco-Vietnamiens. Au-delà des livres, une excellente source d'informations pour le public francophone.

HISTOIRE

De Prei Nokor à Angkor

À l'aube de l'histoire, une épaisse forêt couvrait les rives de la rivière de Saigon, où quelques tribus aborigènes vivaient de la pêche et de la cueillette. Dans le sillage du **royaume khmer du Funan** (1er s.), la région de **Prei Nokor** (« pays de la Forêt ») sortit finalement de son sommeil et se développa grâce à la culture du riz en champs inondés et surtout à sa position sur les voies commerçantes vers la Chine. Des murailles en terre furent même érigées pour prévenir les raids chams. L'effondrement du Funan, auquel le Chen La succéda au 7e s., n'entraîna pas de bouleversements, au contraire de l'essor du **royaume khmer d'Angkor** (9e s.), qui projeta la région dans un cycle de conflits avec les Chams puis les Thaïs. Située aux confins orientaux du royaume, hors de portée de ceux-ci, Prei Nokor connut une croissance régulière. Son enceinte, agrandie pour parer aux attaques des pirates, incluait 14 villages, mais en 1620, après des siècles de décadence, les Khmers se résolurent à demander l'aide des **Vietnamiens** et leur concédèrent en contrepartie le droit de s'établir.

Vietnamiens et Français

Nouveaux maîtres des lieux, qu'ils connaissaient sous le nom de Sai Gon (« forêt de Kapok »), les Vietnamiens autorisèrent des réfugiés **chinois** à fonder le marché de Cholon (1683) et édifièrent une petite citadelle, **Gia Dinh**. Après la rébellion des Tay Son, maîtres de la ville de 1777 à 1788, le futur empereur Gia Long éleva à l'emplacement de l'actuelle cathédrale un vaste fort en forme de lotus, qui devint le centre administratif de tout le Vietnam du Sud. Celui-ci fut toutefois rasé et reconstruit en plus petit à l'issue de la révolte paysanne menée par le noble Le Van Khoi en 1835.

Le 10 février 1859, 2 000 soldats **français** remontèrent la rivière à bord de huit navires de guerre, s'emparèrent du fort en quelques jours, et repoussèrent la contre-attaque menée par les Vietnamiens à dos d'éléphant. En réaction, ceux-ci brûlèrent les stocks de riz et fuirent en masse la cité, qui passa de 200 000 à 25 000 habitants. Devenue capitale de la colonie de Cochinchine sous son ancien nom, **Saigon**, elle se couvrit d'édifices (poste, palais du gouverneur, arsenal, cathédrale), d'hôtels et de villas élégantes, mais cet « âge d'or » ne bénéficia guère à la population locale.

Une cité en guerre

Après l'épisode japonais de la Seconde Guerre mondiale, la cité passa brièvement entre les mains des Britanniques qui la remirent aux Français en septembre 1945. Débuta alors la guerre d'Indochine, conclue en 1954 par la partition du pays et l'élection de Saigon comme capitale du Sud-Vietnam, où débarquèrent des centaines de milliers de catholiques du Nord. L'une des premières décisions du président **Diem** fut de mettre au pas les puissantes milices, notamment le gang de Ginh Xuyen, maître du racket et de la prostitution, mais les destructions furent considérables, en particulier à Cholon, et la répression s'étendit à tous les opposants, même aux bouddhistes. Lâché par les Américains, Diem fut assassiné en 1963. Capitale d'un pays en guerre, où s'agglutinaient des centaines de milliers de GI's et de Vietnamiens fuyant les bombardements, Saigon devint la cité de la corruption et de la débauche (56 000 prostituées). Cette période s'acheva brutalement le 30 avril 1975 avec l'entrée des chars nord-vietnamiens.

La capitale économique du Vietnam

Rebaptisée **Ho Chi Minh-Ville**, l'ancienne Saigon entama alors une longue somnolence, qui prit fin dans les années 1990 avec la libéralisation de l'économie et le boom du tourisme. Qu'ils soient fonctionnaires du Nord ou jeunes ambitieux, les Vietnamiens savent que c'est ici qu'ils doivent tenter leur chance et rares sont ceux qui font le chemin inverse.

VISITE

Lovée dans un coude de la rivière de Saigon, la ville compte 17 arrondissements et 5 districts ruraux, mais peu de touristes s'aventurent hors des 1er, 3e et 5e arrondissements, où se concentrent la plupart des pôles d'intérêt. Cœur de la **cité coloniale** *(Plan I)* qui conserve le nom de Saigon, le 1er arrondissement s'étend entre les canaux Thi Nghe (au nord) et Ben Nghe (au sud). Il comprend plusieurs axes : au nord, l'avenue Le Duan relie le Jardin botanique au palais de l'Unification en passant par la cathédrale. Plus au sud, l'avenue Nguyen Hue et la rue Dong Khoi relient la rivière aux principaux édifices coloniaux, le théâtre et l'hôtel de ville. Enfin, au bas de l'avenue Le Loi se tient le **marché Ben Thanh** *(Plan I C4)* et, un peu plus loin, se trouve **Pham Ngu Lao** *(Plan I B4)*, le quartier des voyageurs. À l'ouest des rues Nguyen Thi Minh Khai et Hai Ba Trung, le 3e arrondissement et ses rues calmes bordées de maisons à la française offre un agréable but de promenade, tandis qu'au sud-ouest de la ville, au bout de Tran Hung Dao et Nguyen Thi Minh Khai, **Cholon** *(Plan III)*, le quartier chinois commerçant, couvre le 5e arrondissement.

LE CENTRE-VILLE

(Plan I) Comptez 2 jours de visite.

Ho Chi Minh-Ville conserve de l'époque française quelques superbes bâtiments et surtout un urbanisme à échelle humaine, si rare en Asie du Sud-Est. C'est un réel plaisir que de déambuler le long de ses rues élégantes envahies par des hordes de deux-roues, puis de se perdre dans ses ruelles.

L'ancien quartier colonial★★

▶ Bordant ce quartier à l'est, la **rivière de Saigon**★★ donne de Ho Chi Minh-Ville l'image d'une ville tournée vers le delta et ouverte sur le monde. Depuis les jardins aménagés le long de l'avenue **Ton Duc Thang**★ *(D3-4)*, on ne se lasse pas de contempler le ballet incessant des frêles esquifs se frayant un passage entre les énormes cargos en provenance de Hongkong ou de Taiwan.

▶ La longue **avenue Nguyen Hue** (ex-boulevard Charner) *(C3-D4)*, aménagée au 19e s. sur un canal comblé, est aujourd'hui la vitrine du développement saigonnais. Il relie la rivière à l'ancien **hôtel de ville★** *(C3)*, devenu siège du comité populaire, qui fut l'objet de vives polémiques lors de sa construction (1901-1908). Symbole de l'empire colonial triomphant, le style « choux à la crème » de sa longue façade à beffroi jaune pastel, ornée de bas-reliefs et de colonnes corinthiennes, dut sembler bien insolite. Il s'est depuis imposé comme l'un des emblèmes de la ville. Une **statue de Ho Chi Minh** a été érigée dans le square qui lui fait face.

▶ À l'angle de Le Loi et de Nguyen Hue, l'**hôtel Rex** *(C3)*, bâti en 1959 à la place d'un garage, fut un centre d'affaires avant d'accueillir les services d'information américains qui y tenaient leurs conférences de presse. Le reste servait d'appartements, de bibliothèque, de bureaux et de dancing. Son célèbre café sur le toit jouit d'une vue imprenable.

▶ Non loin de là, le **temple Sri Thendayyutthapani★** *(C4)* (66 Ton That Thiep, 6h-19h), construit de 1875 à 1880, offre un autre témoignage de la présence indienne. Seules 300 familles vivent au Vietnam, descendantes de commerçants installés voici plusieurs siècles. Ici le carrelage vert et blanc domine, mais l'exubérance du décor (boules suspendues et statues colorées entourées de guirlandes électriques) contraste avec celui de la mosquée. Ne partez pas sans voir la **tour** sur le toit, ornée d'un bas-relief mêlant divinités du panthéon hindouiste et étudiants en costume des années 1920.

▶ **Dong Khoi★** *(C-D3)*, l'ancienne rue Catinat, court parallèlement à Nguyen Hue, de la rivière à la cathédrale. À l'époque française, elle était le rendez-vous du Tout-Saigon, qui s'y retrouvait pour faire des emplettes ou siroter un vermouth à la terrasse de La Rotonde ou de La Taverne Alsacienne. Sous le nom de Tu Do (« Liberté »), elle acquit

une réputation sulfureuse à l'époque américaine, quand apparurent des bars aux enseignes suggestives : Play Boy, Mimi's Bar. Ceux-ci disparurent évidemment après 1975, et la rue fut rebaptisée Dong Khoi, un nom plus dans l'air du temps signifiant « insurrection générale ». Continental, Givral, Grand Hôtel, Brodart, Majestic... les vieilles adresses ont aujourd'hui repris du service aux côtés de nouvelles galeries, de bars et de restaurants à la mode qui attirent touristes et expatriés.

▶ À l'angle de Le Loi et de Dong Khoi, le **théâtre municipal★** *(Nha Hat Thanh Pho)* (1899) présente un style à peine plus épuré que celui de l'hôtel de ville. Siège de l'Assemblée du Vietnam du Sud jusqu'en 1975, l'édifice a retrouvé sa vocation originale. Il est flanqué sur sa droite de l'élégant **hôtel Continental** (1880), ancien quartier général des reporters durant la guerre du Vietnam, et sur sa gauche de l'immense tour de l'**hôtel Caravelle** agrandi.

▶ Nichée au pied de ce dernier, la **mosquée Jamia** *(D3)* *(66 Dong Du)* est un havre de paix surgi comme par erreur au milieu de l'agitation urbaine. Elle fut construite en 1935 par la communauté indienne de Saigon, qui a presque complètement quitté le pays après 1975. « Mosquée musulmane », a-t-on cru bon de préciser sur la façade, comme s'il existait des mosquées bouddhistes ou catholiques...

▶ Fermant la perspective de Dong Khoi, la silhouette en briques rouges de la **cathédrale Notre-Dame★** *(Nha Tho Chanh Toa Saigon)* *(C3)* (1877-1880) *(7h-11h, 15h-16h, messes à 5h30 et 17h, et sept fois le dimanche)* s'élève sur la place de la Commune de Paris *(Cong Xa Paris)*. Ses deux **flèches** élancées lui donnent quelque grâce, c'est du moins ce que doivent penser les jeunes mariés qui se font prendre là en photo. L'intérieur ne présente guère d'intérêt, à l'exception des **vitraux** et des **ex-voto** en français et en vietnamien apposés par les dévots dans les chapelles.

▶ À droite de la cathédrale, la façade de la **poste centrale★** *(Buu Dien)* *(C3,* (1886-1891) évoque l'architecture d'une gare, tout comme sa splendide **charpente métallique**★★ voûtée, conçue par Gustave Eiffel. La fraîcheur dispensée par les ventilateurs et l'ambiance surannée des lieux invitent à une courte pause, histoire d'observer les Saigonnais rédigeant leur courrier sur de longs bureaux de bois, sous le regard pénétré de Ho Chi Minh, dont le portrait orne le mur du fond. Dans l'entrée, un **plan d'origine** de Saigon et de ses environs, ainsi qu'un autre des lignes télégraphiques de Cochinchine et du Cambodge (1936), couvrent les murs.

Parc et musées★★

▸ La perspective **Le Duan**★ *(C2-3)*, qui relie le palais de l'Unification au Jardin botanique via la cathédrale, longe le tout nouveau consulat américain (1998), sur le site de l'ancienne ambassade, et le consulat du Royaume-Uni, siège du British Council.

▸ À l'extrémité nord de Le Duan, le **Jardin botanique**★ *(D2)* *(7h-20h, 8 000 VND)* est l'occasion d'un bain de verdure très agréable et d'un moment de calme contrastant avec l'agitation de la ville. Son **zoo** laisse une impression mitigée en raison des conditions de détention des animaux. Le week-end, cette visite convie à une étude sociologique des mœurs saigonnaises.

▸ À ses côtés, le passionnant **musée d'Histoire du Vietnam**★★★ *(Bao Tang Lich Su Viet Nam) (D2) (2 Nguyen Binh Khiem, 8h-11h30, 13h30-16h, sans interruption le dimanche, 10 000 VND)* comprend deux parties. L'une traite des différentes époques, depuis le paléolithique (il y a 300 000 ans) et l'âge du bronze (1 000 av. J.-C.), en particulier de la civilisation du Dong Son et de ses **tambours**★★. Lui succède la période de domination chinoise (1er-10e s.), qui prend fin avec la dynastie des Ly (11e-13e s.), dont on conserve de belles **céramiques**. Une étonnante **momie** du 19e s. est exposée non loin. Les Tran (13e-14e s.) sont évoqués à travers des céramiques et une maquette de tour à 11 niveaux, mais c'est la section des Le postérieurs (15e-18e s.) qui s'avère la plus variée (bronzes, armes,

édits officiels, costume impérial, meubles et instruments de musique). Les époques Tay Son et Nguyen (18e-20e s.) concluent ce cycle.

▸ Après une première salle consacrée aux **céramiques d'Asie**, la seconde partie du musée traite des civilisations du Sud du Vietnam depuis le Funan (1er-6e s.) et l'art du delta (7e-13e s.), merveilleusement mis en valeur par un **bouddha en bois**★★ de 1 500 ans et de superbes **lingas**★★. Le site de Saigon a livré de curieuses **jarres funéraires** antérieures à notre ère, mais c'est du Champa que nous viennent les témoignages les plus éblouissants. Puis vient la section des minorités ethniques des Hauts Plateaux avec leur **vannerie**, leurs costumes et leurs **statues funéraires**★. La visite s'achève par la salle consacrée aux bouddhas de différents pays d'Asie. Revenez sur Le Duan pour rejoindre le palais de l'Unification et le parc municipal.

▸ Fermant la perspective Le Duan au sud, le **palais de l'Unification**★★ *(Dinh Thong Nhat) (B-C3) (7 Le Duan, 7h30-11h, 13h-16h, 15 000 VND, visite guidée)* occupe l'emplacement de la résidence du gouverneur général d'Indochine, détruite après un bombardement en 1962. Pur produit du modernisme des années 1960, il fut le siège de la présidence du Sud-Vietnam jusqu'à ce jour du 30 avril 1975 où le char d'assaut 879 de la 203e brigade nord-vietnamienne défonça la grille d'entrée du parc, marquant ainsi la fin de la guerre. Le palais fut dès lors reconverti en musée. L'impression de temps figé est accentuée par le **mobilier**, qui en fait un véritable musée du design des années 1970 mâtiné d'orientalisme. Après avoir visité la salle de réunion du cabinet et les luxueux **salons de réception** du rez-de-chaussée, montez à l'étage. Une froide élégance irradie les galeries en marbre qui distribuent les salles de réception des hôtes étrangers et de présentation des lettres de créance. Notez le mobilier, du dernier cri de l'époque, ainsi que l'immense laque accrochée au mur. Le troisième étage comporte les appartements privés, notamment une salle de projection tendue de velours rouge et un **salon de détente** où les grondements de la ville ne devaient jamais pénétrer qu'en échos assourdis. Au-dessus, la **salle de danse** donne directement sur les toits équipés d'une **piste d'atterrissage** pour hélicoptères. La vue sur la perspective de Le Duan n'a pas changé depuis cette époque. Par contraste, au sous-sol, les **salles de transmissions** couvertes de cartes de campagne livrent l'image d'une présidence aux abois, obsédée par sa défense. Des films sur la guerre du Vietnam sont présentés dans les salles de projection.

▶ Derrière le palais, le **Parc culturel municipal★** (Cong Vien Van Hoa) (B3-4) (entrée par la rue Nguyen Thi Minh Khai ou Huyen Tran Cong Chua) est le plus grand espace vert du centre-ville avec le Jardin botanique. Il fait bon s'y promener à l'ombre des hautes futaies, à l'écart de l'agitation urbaine. L'ancien **Cercle sportif** de l'époque française, actuel **Club des travailleurs** (Nha Van Hoa Lao Dong) (B3), conserve sa jolie piscine en plein air, ses courts de tennis et son terrain de volley où les Saigonnais viennent s'entraîner. Il comprend également un théâtre, ainsi qu'un bâtiment accueillant des cours de danse (2e étage) et une discothèque ouverte dès le matin (rez-de-chaussée).

▶ À l'ouest du parc, le **musée des Souvenirs de guerre★** (Bao Tang Chung Tich Chien Tranh) (B3) (28 Vo Van Tan, à l'angle de Le Quy Don, 7h-30-11h30, 13h30-15h15, 10 000 VND), conçu comme une dénonciation de l'agression américaine, présente des **photos** d'une violence insoutenable. Des bombes, chars et **bombardiers** exposés dans le jardin précèdent l'exposition. La première partie est consacrée à la guerre française, tandis que la seconde relate des épisodes d'une cruauté inouïe qui ont marqué l'intervention américaine (massacre de My Lay, victimes de bombardements, prisonnier jeté vivant d'un hélicoptère). Après ces images, les armes présentées dans la salle suivante apparaissent dans toute leur sinistre réalité.

▶ À l'est du parc, le **musée de Ho Chi Minh-Ville** (Bao Tang Thanh Pho Ho Chi Minh) (C3) (65 Ly Tu Trong, 8h-16h, 10 000 VND), ex-musée de la Révolution, occupe quant à lui un vaste édifice néoclassique (1885-1890) qui servit successivement de palais du gouverneur et de Cour suprême. Jetez un bref coup d'œil aux **véhicules de guerre** exposés dans le jardin (chasseur, hélicoptère, char d'assaut, ambulance) avant de pénétrer dans le musée. La première salle, consacrée à la pêche et à l'économie, présente un assemblage hétéroclite de Thermos, fers à repasser, lampes de poche et céramiques. À moins d'être un passionné d'histoire du Parti communiste vietnamien, gagnez directement la troisième salle, qui traite de la géologie, de la faune et de la flore locales. Au premier étage, un grand **plan-relief** de Tay Ninh illustre le rôle de cette zone durant la guerre. L'insurrection est évoquée depuis les années 1930, à travers une grande fresque murale et divers **objets d'époque** (photos, revues, imprimerie, armes lourdes, guillotine). Ne manquez pas la petite salle présentant les méthodes de pêche et d'agriculture traditionnelles (outils, barques, nasses, métier à tisser) et les arts décoratifs (céramique, mobilier nacré, instruments de musique, laque). Une jolie **calèche** et une barque viet-cong à double fond sont exposées dans le couloir. Empruntez Nam Ky Khoi Nghia pour rejoindre l'avenue Le Loi et le marché Ben Thanh.

Du marché Ben Thanh au canal Ben Nghe

▶ Abrité sous un vaste bâtiment surmonté d'un beffroi, le **marché Ben Thanh★** (Cho Ben Thanh) (C4) est sans conteste l'un des plus intéressants et des plus animés de la ville. Vous pourrez y faire vos emplettes ou vous régaler d'une soupe à l'un des nombreux étals, très fréquentés à l'heure du déjeuner.

La cathédrale Notre-Dame

▸ Deux rues à l'ouest du marché s'élève le **temple hindou Sri Mariamman** *(C4) (45 Truong Dinh)*, construit à la fin du 19e s. par la communauté tamoule, mais que fréquentent même les Vietnamiens. Dans la cour, le sanctuaire abrite la déesse Mariamman qui croule sous les offrandes de fleurs et de fruits. Les murs sont creusés de niches où se dressent les statues de divinités colorées. Si les rénovations sont terminées, n'hésitez pas à monter sur le toit, hérissé de **tours sacrées** portant lions et divinités.

▸ Traversez la place du marché Ben Thanh vers le sud et empruntez Le Cong Kieu, la **rue des antiquaires**, jusqu'à la petite **mosquée indonésienne** *(C4) (45 Nam Ky Khoi Nghia)* où vous pouvez faire une brève halte.

▸ Non loin de là, le **musée des Beaux-Arts★** *(Bao Tang My Phuat) (C4) (97A Pho Duc Chinh, tlj sf lundi 9h-16h45, 10 000 VND)* est installé dans l'ancienne demeure Art déco d'un riche Chinois. Il offre un bon aperçu de la **peinture vietnamienne★** contemporaine, la section des **dessins d'enfants★** n'étant pas la moins passionnante. Le premier étage expose des **aquarelles** traitant de la guerre ainsi que des créations récentes (laques, céramiques, statues), tandis que le deuxième étage présente l'**art décoratif** de la région du 18e au 20e s. (bronzes, mobilier en bois nacré, statues en bois ou en céramique peintes). La section la plus intéressante est consacrée au **Champa★★** (7e-13e s.), ainsi qu'à l'art d'**Oc Eo★★** et des civilisations postérieures, qui nous a laissé un bouddha en bois rongé par le temps mais superbe de grâce (4e-6e s.), ainsi qu'un Vishnu en pierre conservant un peu de chrome (7e-10e s.).

▸ Continuez jusqu'à la **pagode Phung Son Tu** *(C5) (338 Nguyen Cong Tru)*, un coquet édifice en briques percé de fenêtres en forme de hublot et coiffé d'un toit surmonté de dragons. À l'intérieur, quelques vénérables sans âge s'accordent un repos méditatif au milieu des effluves d'encens. Des **fresques** colorées décorent les murs.

▸ Vous pouvez prolonger la visite de ce quartier commerçant très animé jusqu'à Ben Chuong Duong, au bord du **canal Ben Nghe**, où les étals du **marché** débordent de fruits de mer et d'autres denrées odorantes.

▸ De l'autre côté du canal, le **musée Ho Chi Minh** *(D4) (1 Nguyen Tat Thanh, 7h30-11h30, 13h30-16h30, 10 000 VND)* est installé dans les **anciennes Messageries maritimes**. C'est d'ici que le jeune Nguyen Tat Thanh (futur Ho Chi Minh) embarqua pour l'Europe en 1911. Une multitude de photos et quelques objets lui ayant appartenu sont exposés là, notamment son arrosoir et sa fameuse radio. Les **affiches de propagande★** présentent un réel intérêt par leur qualité graphique.

Thu Thiem

Rien de plus facile que d'organiser une balade sur la rivière de Saigon, pour observer l'intense trafic portuaire et surtout **Thu Thiem**, la rive orientale restée étonnamment à l'état de campagne *(prenez le bac à Ton Duc Thang ou négociez la location d'une barque à moteur pour 1h ou 2h, comptez 5 $/h)*. Pour l'instant, seules quelques bicoques sur pilotis s'accrochent sur la berge, à l'ombre de gigantesques panneaux publicitaires qui ne leur sont même pas destinés. Il est encore possible de naviguer au fil des **arroyos**, mais cette « anomalie » devrait être corrigée d'ici quelques années, car il est projeté d'y élever une sorte de quartier de la Défense tropical, accessible par un tunnel du centre-ville !

LES PAGODES AU NORD DU CENTRE-VILLE

Comptez 3h de visite.

Remontez l'avenue Hai Ba Trung jusqu'à Dien Bien Phu, tournez à droite puis continuez sur 600 m. Tournez à gauche dans Mai Thi Luu, juste après le carrefour avec Dinh Tien Hoang.

▸ Bâtie par la communauté cantonaise au début du 20e s., la **pagode de l'Empereur de Jade★★** *(Phuoc Hai Tu / Chua Ngoc Hoang) (Plan I C1) (73 Mai*

Thi Luu, 6h-18h) est l'une des plus intéressantes de la ville. Au fond d'une petite cour plantée de banians, derrière une façade ornée d'un dragon, se cache un dédale de pièces ocre baignées d'encens. L'**Empereur de Jade**, divinité taoïste, trône dans le sanctuaire principal au milieu de ses gardes, les quatre Grands Diamants, réputés durs comme cette pierre. Une pléiade de **statues★★** colorées les entourent, représentant divers dieux et héros, tels ces généraux posant le pied sur un dragon et un tigre terrassés. Dans une pièce à gauche de l'autel se tient **Thanh Hoang**, le maître de l'Enfer, accompagné de son cheval rouge. Sur les murs, les **panneaux de bois** sculptés illustrent les tourments des âmes impures dans les dix régions de l'enfer. Enfin, dans une petite pièce attenante, de remarquables **figurines en céramique★★** illustrent les qualités et les défauts des humains, tandis que la pièce de droite sert au culte des ancêtres.

▶ Non loin de là, le **temple Tran Hung Dao** *(Plan I B1)* *(36 Vo Thi Sau)* est dédié au héros qui stoppa l'invasion mongole de Kubilai Khan en 1287. Ce lieu est un rêve de taxidermiste avec ses énormes défenses d'éléphant, et surtout son tigre et sa panthère figés devant l'autel. Lors de la création du parc, en 1983, à l'emplacement du cimetière français Massiges, les tombes furent envoyées en France.

▶ Remontez la rue Dinh Tien Hoang jusqu'à son extrémité nord. Élevé au milieu d'un jardin où des Vietnamiens d'un âge vénérable font leur gymnastique en pyjama, le **temple du maréchal Le Van Duyet** *(Plan II D-E1)* *(126 Dinh Tien Hoang, 6h-18h)* abrite la dépouille de cet eunuque (1763-1832), ami des Français et fidèle allié de Gia Long. Parce qu'il refusait de réprimer les catholiques, l'empereur Minh Mang prononça sa disgrâce et lui intenta un procès posthume. Suprême outrage pour un Vietnamien, sa sépulture fut rasée et enchaînée ! Dix ans plus tard, Le Van Duyet fut réhabilité et sa dépouille repose désormais à côté de celle de sa femme, à l'abri d'un muret. Considéré comme un héros dans le Sud du pays, son amitié avec les Français lui est reprochée par les nationalistes. Le sanctuaire ne présente pas un intérêt exceptionnel, mais il s'ouvre par deux belles portes en bois sculptées. L'intérieur, tendu de tissus rouges brodés de perles, abrite chevaux et échassiers en bois montés sur des tortues, et des lances aux pointes en forme d'idéogramme. Des pièces de théâtre costumées y sont données le 1er jour du 8e mois lunaire.

▶ Redescendez la rue Vo Thi Sau, puis prenez à droite dans Nam Ky Khoi Nghia. Une **tour** à sept étages annonce de loin la **pagode Vinh Nghiem** *(Plan I A1)* *(399 Nam Ky Khoi Nghia, 7h30-11h30, 14h-18h. Déchaussez-vous avant d'entrer)*, un vaste édifice bâti en 1971 avec l'aide de l'Association d'amitié nippo-vietnamienne. Les novices suivent les cours dans une salle située au rez-de-chaussée, sous le vaste sanctuaire où trône un **bouddha doré** flanqué de deux bodhisattvas. Le plus étonnant est sans aucun doute la **tour funéraire** située à l'arrière, où des centaines d'urnes en céramique contenant les cendres des défunts avec leur photo sont alignées sur des étagères.

CHOLON★

(Plan III) Comptez une demi-journée de visite.

« Enclave chinoise en terre vietnamienne, réminiscence renouvelée de l'influent voisin, Cholon travaille plus vite, vend moins cher et ne laisse rien paraître », écrivait Didier Lauras, dévoilant ainsi la nature et la vocation de Cholon, le « Grand Marché ». Fondée au 17e s. par des Chinois, à 5 km de Saigon, elle ne fait aujourd'hui plus qu'une avec Ho Chi Minh-Ville, la capitale économique du Vietnam, dont elle est un des rouages essentiels. Elle conserve toutefois intacte son originalité, qui s'explique par la présence de 500 000 Sino-Vietnamiens, ou Hoa. C'est ici que s'échangent le riz en provenance du Mékong ou l'électronique de Taiwan avant d'envahir les boutiques de la ville. Cholon apparaît comme un étonnant

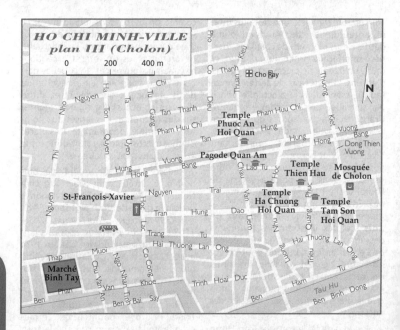

théâtre en trompe-l'œil fourmillant d'activités humaines se déroulant au grand jour, mais sans rien révéler de son mystère. Un quartier unique, où les lieux les plus sacrés se nomment pagodes et marchés…

Depuis la fondation de Cholon, de puissantes congrégations regroupent les Chinois par affinité d'origine, sous la protection d'une divinité tutélaire vénérée dans un temple ou une pagode. Tenant à la fois de la guilde de marchands et du syndicat à l'américaine, chacune exerce son pouvoir sur un secteur économique (commerce de détail pour celle de Canton, restauration pour celle du Hainan, commerce du riz, du thé et du café et restauration ambulante pour celle du Fujian, tissage et travail du cuir pour celle des Hakka). La période noire de la fin des années 1970, quand les Sino-Vietnamiens fuyaient en masse l'oppression (voir encadré p. 86), n'est plus qu'un lointain souvenir, et désormais l'économie prospère. On estime à 40 % la part de l'économie parallèle qui n'apparaît pas dans les statistiques officielles, qu'il s'agisse des bars à filles, des

salles de jeu clandestines, des ateliers cachés ou des transactions financières secrètes. Les congrégations restent par ailleurs un puissant acteur d'entraide et de régulation sociales, car elles prennent en charge le financement des écoles, des hôpitaux et des temples. Sur le plan culturel et spirituel, même si leur rôle a nettement diminué au 20e s., elles maintiennent la pratique de la langue, ainsi que la tradition confucéenne.

Si vous rejoignez Cholon par l'avenue Nguyen Thi Minh Khai, passez l'immense rond-point Nga Sau, empruntez Hung Vuong, et prenez à gauche la rue Tran Binh Trong que vous redescendez sur quelque 500 m.

▶ Sur la route de Cholon, faites une halte à l'**église Cho Quan** (Plan II C4) (133 Tran Binh Trong, lun.-sam. 4h-7h, 15h-18h, dim. 4h-9h, 13h30-18h), dont le principal intérêt réside dans sa belle façade jaune pastel à beffroi. L'édifice originel (18e s.) fut reconstruit à de multiples reprises avant de prendre son aspect définitif au début du 20e s. À côté se trouvent un couvent ainsi qu'une école élémentaire et un hôpital, qui étaient attachés à l'église avant 1975. Empruntez la rue Nguyen Trai pour rejoindre le centre de Cholon.

▶ Construite en 1923 par des Tamouls, la **mosquée de Cholon** *(641 Nguyen Trai, grande prière le vendredi à 12h30)* est désormais fréquentée par des Chams originaires de Chau Doc. Par contraste avec les pagodes, l'intérieur s'avère très dépouillé.

▶ Une rue plus loin, le **temple Tam Son Hoi Quan** *(118 Trieu Quang Phuc, au niveau du 370 Tran Hung Dao)*, élevé par la communauté du Fujian au 19e s., ne présente guère d'intérêt architectural, mais il conserve sa décoration d'origine *(vous pouvez vous dispenser de cette visite si vous êtes pressé)*. On y vénère le général **Quan Cong**, entouré du général Chau Xuong, à gauche, et du mandarin Quan Binh, à droite, mais c'est à **Me Sanh**, déesse de la Fertilité, que le sanctuaire est dédié. Elle se tient au fond de la pagode en compagnie de ses filles, ainsi que de Thien Hau et Ong Bon.

▶ Le **temple Thien Hau★★** *(710 Nguyen Trai, 6h-17h30)*, l'un des plus importants de Cholon, fut construit par les Cantonais au début du 19e s. Il est dédié à la **déesse de la Mer**, protectrice des marins, à qui on vient traditionnellement rendre hommage avant ou après un long voyage, comme le firent les boat people dans les années 1980, ou comme le font encore les expatriés sino-vietnamiens revenant au pays. À juste titre, ce temple est aussi le plus visité par les touristes. Il comprend trois bâtiments en enfilade, séparés par des cours intérieures. Dans la première, où l'on brûle encens et fausse monnaie, notez les étonnantes **figurines en céramique★★**, inspirées de la légende des Trois Royaumes, qui courent en sarabande sur le toit. Les trois **statues de Thien Hau Thanh Mau** qui reposent derrière l'autel sont promenées en procession dans la ville lors de la fête du 23e jour du 3e mois lunaire.

▶ Le joli **temple Ha Chuong Hoi Quan★** *(802 Nguyen Trai, 7h-18h)*, édifié par des Chinois du Fujian et dédié

également à Thien Hau, daterait de la fin du 18e s. L'intérieur, quadrillé par des **piliers** en pierre en forme de dragon et décoré de remarquables **bas-reliefs★★** polychromes, baigne dans les effluves des tortillons d'encens suspendus.

▶ Le style du Fujian est, par ailleurs, perceptible dans les nombreux **idéogrammes** qui habillent les murs et les piliers de la **pagode Quan Am★** *(12 Lao Tu, près de Chau Van Liem, 6h-17h)*, ainsi que dans les céramiques illustrant des légendes chinoises qui ornent le toit. De magnifiques **dragons de pierre★★** gardent l'entrée flanquée de **panneaux de bois dorés★** délicatement travaillés. Objet d'une grande dévotion, la pagode est dédiée à Quan Am, déesse de la Compassion et de la Miséricorde, dont une **statue** trône sous une châsse de verre près de l'autel principal, aux côtés du Bouddha Sakyamuni et d'un Ameda rieur, et face à Thien Hau vêtue de doré. La déesse en robe blanche trône aussi dans la pièce du fond, là encore face à Thien Hau.

▶ Construit au début du 20e s. à la place d'une maison commune, le **temple Phuoc An Hoi Quan★★** *(184 Hung Vuong, à l'angle de Thuan Kieu, 7h-17h)* est l'un des plus joliment décorés de Cholon. Par un subtil jeu de lumière, les rayons du soleil viennent mourir dans un espace envahi de fumées d'encens. La pagode est remarquable pour les **panneaux de bois★★** qui parent piliers et colonnes, ainsi que pour l'étonnant **cheval en céramique★** de Quan Cong, à gauche en entrant. Derrière une énorme jarre flanquée de deux grues en éclats de céramique surgit la **statue** du général, immédiatement reconnaissable à son visage empourpré. Du carrefour, prenez en face la rue Chau Van Liem, et tournez à gauche 300 m plus loin.

▶ Fatigué des temples ? Remontez à pied **Hai Thuong Lan Ong★**, une rue spécialisée dans la pharmacopée chinoise. Félin empaillé, dent de requin, peau de crocodile, testicule de tigre… passé l'effet de surprise, il faut savoir que la plupart de ces espèces sont en voie d'extinction, précisément à cause de ce genre de commerce. Un tel danger ne menace pas en revanche les épices inconnues qui débordent des sacs.

▶ La silhouette lumineuse de l'**église Saint-François-Xavier** *(Cha Tam) (25 Hoc Lac, 7h-11h, 13h30-16h30)* apparaît au bout de l'avenue Tran Hung Dao, où règne une agitation frénétique. La façade jaune pastel ne manque pas de grâce, mais ce n'est pas à elle que l'endroit doit sa célébrité. C'est ici en effet que le président Diem et son frère furent capturés lors du coup d'État du 1er novembre 1963, avant d'être exécutés sur le chemin de Saigon. L'église possède deux écoles, l'une vietnamienne (à droite), l'autre chinoise (à gauche).

▶ L'animation et la densité de la population s'accroissent à mesure que vous approchez du **marché Binh Tay★★** *(Thap Muoi)*, un vaste bâtiment ocre à toit de tuiles conçu par un architecte français et financé par un riche marchand chinois, Quach Cam. À peine entré dans ce temple du commerce, le visiteur se trouve happé par le flot des marchands, clients et portefaix qui encombrent les allées.

Au nord de Cholon

▶ Prenez l'avenue Hung Vuong vers l'ouest et tournez à droite dans Phu Tho qui devient Lac Long Quan. 100 m après l'entrée du parc Dam Sen, empruntez à gauche un chemin de terre et continuez sur 200 m. Nichée au bout d'une piste sinueuse traversant un quartier populaire, la **pagode Giac Vien★★★** *(Plan II A3)* (1744) dégage une impression d'intense sérénité. Ne dit-on pas d'ailleurs que l'empereur Gia Long venait parfois s'y recueillir ? La façade ocre, coiffée d'un toit de tuiles qui se dessine soudain sous un couvert d'arbres, indique le style traditionnel de l'édifice, non altéré par les rénovations. Une vingtaine de bonzes vivent dans les bâtiments annexes.

▶ En pénétrant dans le sanctuaire, vous apercevez un **bouddha doré** assis sur un lotus, ainsi que les autels portant les tablettes et photos de défunts. Les trois statues disposées là sont celles de **Hai Tinh Giac Vien**, le fondateur de la pagode, portant un chasse-mouches en crin, et de ses successeurs. Ils font face à la déesse **Chuan De** aux dix-huit bras, une des représentations de Quan Am. Dans l'autre pièce *(ôtez vos chaussures)*, un **bouddha A Di Da** assis devant une mandorle électrique trône au milieu d'une myriade de sculptures.

Remontez Lac Long Quan sur 1 km et tournez à gauche après Au Co.

▶ Construite au 18e s., la **pagode Giac Lam★★★** *(Plan II A2) (118 Lac Long Quan)* est l'une des plus anciennes et des plus intéressantes de Ho Chi Minh-Ville. Une large **tour** de sept étages annonce le sanctuaire, situé près d'un **cimetière** dominé par des tombeaux imposants. La pagode compte trois parties de plain-pied : le sanctuaire principal, la salle de réunion et la salle des bonzes. À l'intérieur, la centaine de **piliers en bois** qui soutiennent la volumineuse charpente sont couverts d'idéogrammes vietnamiens (et non chinois). La pagode renferme 113 **statues** en bois de jaquier rouge et or, ainsi que 500 **tablettes de culte** de neuf générations de bonzes provenant de Hué. Au centre, un rai de lumière vient parfois mourir sur **Chuan De** aux dix-huit bras. Dans le sanctuaire, au fond à gauche *(ôtez vos chaussures)*, une multitude de statues couvrent l'autel, parmi lesquelles un **A Di Da** flanqué de ses deux disciples, Kasaype (à droite) et Ananda (à gauche). Ils sont précédés d'un **bouddha Thich Ca** et d'un bouddha enfant. Parmi les autres personnages, remarquez un **Ameda** replet et jovial assailli par des enfants et, à sa gauche, l'**Empereur de Jade**. Les fidèles viennent accrocher leurs prières sur une structure en bois semblable à un sapin de Noël, puis allument l'une des 49 lampes à huile.

LES ENVIRONS DE HO CHI MINH-VILLE★★
CU CHI - TAY NINH

Quelques repères

Provinces de Ho Chi Minh et Tay Ninh - Itinéraire de 115 km aller au départ de Ho Chi Minh-Ville - Compter une journée - Plan p. 366-367.

À ne pas manquer

Les tunnels de Cu Chi.

Le temple caodaïste de Tay Ninh.

Conseils

Visitez les deux sites dans la foulée, à moto ou avec une voiture de location.

Commencez par visiter Cu Chi, pour pouvoir assister à la grand-messe de midi à Tay Ninh.

Située à la frontière du Cambodge, la province de Tay Ninh a été particulièrement meurtrie par les conflits. C'est sur la RN22, à Trang Bang, que fut prise l'une des plus célèbres et des plus poignantes photos de la guerre, montrant une petite fille courant nue sur la route, le corps brûlé par le napalm, et hurlant de douleur. Émigrée plus tard au Canada où elle s'est mariée, Phan Thi Kim Phuc a été nommée ambassadeur de l'Unesco en 1997. Deux sites d'intérêt majeur peuvent se visiter dans la journée au départ de Ho Chi Minh-Ville. Symbole de la lutte des viet-congs contre les Américains, le réseau de tunnels de Cu Chi plonge le visiteur dans l'enfer de la guerre du Vietnam. Quant à Tay Ninh, la capitale de cette petite province frontalière, elle est le siège de la plus étrange religion syncrétique vietnamienne : le caodaïsme.

Arriver ou partir

En bus - À Ho Chi Minh-Ville, les bus pour Tay Ninh partent du terminal **Ben Xe Tay Ninh**, accessible à moto-taxi. Départs toutes les 20mn de 5h à 18h (5h de trajet), mais on vous conseille vivement d'opter pour l'un des express qui partent toutes les heures de 7h à 16h et rejoignent Tay Ninh en 3h.

Pour vous rendre aux tunnels de Cu Chi, prenez le bus de Tay Ninh, descendez dans la ville de Cu Chi, puis effectuez les 15 derniers kilomètres à moto-taxi.

Excursions organisées - *Voir p. 373.*

En voiture - Sans conteste le meilleur moyen de visiter les deux sites dans la journée, surtout si vous voyagez à plusieurs. *Pour les locations, voir p. 373.*

À moto - Option possible quoique fatigante. *Pour les locations, voir p. 372.*

LES TUNNELS DE CU CHI★★

Comptez 1h de visite.

À 45 km au nord-ouest de Ho Chi Minh-Ville. Empruntez la RN22 jusqu'au village de Cu Chi (35 km), où il vous faut prendre la route qui part sur la droite. Continuez sur une dizaine de kilomètres jusqu'à Ben Dinh. 6h-18h. Entrée 65 000 VND. Visite guidée uniquement, parfois en français.

Haut lieu de la guerre du Vietnam, les tunnels de Cu Chi offrent un témoignage saisissant de l'ingéniosité et de l'acharnement mis en œuvre par les Vietnamiens face à l'extraordinaire puissance militaire déployée par les Américains dans ce périmètre. Trente ans plus tard, les armes se sont tues, mais les touristes sont nombreux à visiter la petite partie du réseau souterrain qui évoque le souvenir de la tragédie.

Le « Triangle de fer »

▶ Les premiers tunnels de Cu Chi, longs de 40 km, furent creusés par le Viet-minh en 1948 dans une plantation d'hévéas pour dissimuler leurs armes, puis pour se cacher. À partir de 1960, le Viet-cong entreprit de réhabiliter et d'agrandir le réseau – qui atteignit 250 km –, dans le but de relier les foyers de résistance et de servir de base arrière aux actions d'éclat menées à Saigon. Cu Chi offrait en outre l'avantage d'être proche du débouché sud de la piste Ho Chi Minh, et de se trouver au-dessus du niveau du fleuve, ce qui évitait les risques d'inondation. Difficile à creuser, le **sol d'argile** présentait néanmoins une qualité majeure, celle de résister au passage des tanks et aux bombardements. Le principal problème provenait en fait du déblaiement de la terre, généralement dispersée dans le fleuve à la faveur de la nuit. Avec la destruction systématique des forêts, le bois utilisé pour le soutènement des galeries devint une denrée rare et les combattants utilisèrent des matériaux volés dans les bases ennemies. Larges d'environ 80 cm pour une hauteur identique, les boyaux se déployaient sur plusieurs niveaux, reliant les diverses **salles** (dortoirs, latrines, cuisines, salles de réunion, hôpitaux de campagne). De minuscules trappes ouvraient sur les tunnels, mais certains accès étaient dissimulés sous l'eau et les viet-congs multiplièrent les fausses entrées. Pour tromper le flair des chiens, du poivre était parsemé autour des trappes et les viet-congs allèrent jusqu'à porter des uniformes et à utiliser des savons volés aux Américains ! Enfin, un ingénieux système permettait d'évacuer la fumée dans des termitières ou des fourrés. Promiscuité, chaleur étouffante, hygiène épouvantable, manque d'oxygène, pénombre permanente, odeurs, rats, serpents, scorpions... on imagine avec peine les conditions d'existence des viet-congs. La destruction des rizières ayant tari l'approvisionnement en nourriture, les combattants devaient en outre se contenter la plupart du temps de tapioca, de feuilles et de racines.

Soucieux de contrôler cette **zone stratégique** proche de la capitale, les Américains mirent tout en œuvre pour anéantir le réseau. Au début de 1963, les villageois furent déplacés et relogés dans des « hameaux stratégiques » pour couper les combattants du soutien de la population, mais l'effet fut inverse et certains hameaux se trouvèrent même directement reliés aux souterrains. À partir de 1965, les Américains quadrillèrent la région de bases militaires... l'une d'elles étant même implantée, à leur insu, au-dessus des tunnels ! Puis la zone fut « nettoyée » au défoliant, au napalm, à l'essence et au bulldozer, et replantée d'une herbe très inflammable. Enfin, des unités spéciales chargées de pénétrer dans les souterrains furent mises sur pied, composées d'abord d'Américains, puis d'engagés mexicains, plus petits (!), et enfin de Sud-Vietnamiens. Ces « rats de tunnels » subirent d'énormes pertes, victimes des goulets et des pièges hérissés de piques ou remplis de serpents. Après l'offensive du Tet (1968), les Américains noyèrent Cu Chi, qui avait servi de base arrière aux attaques sur Saigon, sous un « tapis de bombes », et infiltrèrent le réseau viet-cong (opération Phœnix). Mais le réseau souterrain avait déjà rempli sa mission... au prix de la mort de 12 000 combattants et d'innombrables civils.

Visite des tunnels

▸ Deux sites sont ouverts aux touristes. Celui de **Ben Dinh**, fort peu visité, comprend une section de souterrains, ainsi qu'une salle d'exposition qui présente des cartes du réseau. Quelques kilomètres plus loin, après le cimetière où reposent 10 000 victimes de la guerre, le site principal, **Ben Duoc**★★, est en fait une reconstitution des tunnels... élargis pour permettre à des Occidentaux de passer. Descendre dans ces boyaux étroits et humides, le dos voûté, à la lumière d'une lampe de poche, n'en constitue pas moins une expérience unique. Claustrophobes s'abstenir ! La visite commence par la projection d'un film à la gloire des combattants viet-congs, composé d'images d'archives, puis vous pénétrez dans le sous-bois en compagnie d'un guide.

Revenez au village de Cu Chi et prenez la RN22 en direction de Tay Ninh (64 km).

TAY NINH★★

Comptez 1h de visite.

Située aux confins du Vietnam, en bordure du Cambodge, cette province est le siège de l'une des plus étranges religions qui aient vu le jour au Vietnam, créée dans les années 1920 par un petit fonctionnaire de l'administration coloniale, Ngo Van Chieu *(voir p. 114)*. Sous la coupe de son successeur, Pham Cong Tac, le **caodaïsme** devait s'engager sur le terrain politique et manifester tout au long de son histoire une étonnante aptitude à choisir le camp des vaincus (japonais, français, américains). Taxé de nationalisme, le mouvement fut d'abord réprimé par les Français en 1937, et son chef contraint de s'exiler pendant six ans. Durant la Seconde Guerre mondiale, les caodaïstes levèrent une milice de 20 000 hommes avec la bénédiction des Japonais, puis s'engagèrent aux côtés des Français contre le Viet-minh. Après la partition du Vietnam, ils affirmèrent leur contrôle sur la province de Tay Ninh, pratiquement érigée en État indépendant, et se heurtèrent au président Diem. Mais l'intervention des Américains les conduisit à mobiliser leurs forces contre le Viet-cong. Après 1975, le passé anticommuniste du mouvement lui valut d'être interdit, ses chefs furent envoyés en camp de rééducation et ses biens confisqués. Autorisé à nouveau depuis 1985, le caodaïsme a récupéré ses lieux de culte et compte environ deux millions de fidèles.

Adresses utiles

Banque / Change - Incombank, 30 Thang 4 (près de l'hôtel Anh Dao). Lundi-vendredi 7h30-11h. Cartes Visa et Mastercard acceptées.

Se loger

De 15 à 30 $

Hoa Binh Hotel, 210 rue 30 Thang 4, ☎ (066) 82 13 15 - 150 ch. ⌁ 📧 🔁 📺 ✕ Installé dans un gros édifice de style soviétique, cet établissement confortable propose une gamme très variée de chambres.

Anh Dao Hotel, 30 Thang 4, ☎ (066) 82 73 06 - 18 ch. ⌁ 📧 📺 ✕ Un hôtel kitsch et un peu vieillot, mais d'un confort acceptable. Le Hoa Binh offre toutefois un meilleur rapport qualité-prix.

Se restaurer

De 25 000 à 50 000 VND

Hoa Don, 30 Thang 4 (près de l'hôtel Anh Dao). Un petit restaurant simple et pas franchement excitant, mais il ne faut pas s'attendre à des miracles à Tay Ninh.

Le Saint-Siège caodaïste★★

Le Saint-Siège se trouve à Long Hoa, 5 km à l'ouest de Tay Ninh. Pendant les cérémonies (6h, 12h, 18h et 0h), portez une tenue discrète. Le reste du temps, vous pouvez visiter l'église librement. Les photos sont autorisées, mais l'utilisation du flash est proscrite et la politesse requiert de demander la permission avant de photographier quelqu'un.

▶ Siège depuis 1927 de la religion caodaïste, le monastère comprend de nombreux édifices, tels que dortoirs, bâtiments administratifs, réfectoire, imprimerie et centrale électrique... Ils sont dispersés dans un parc de 1 km², au milieu duquel s'impose le **grand temple caodaïste★★** *(Thanh That Cao Dai)*, construit à partir de 1933. Tout à la fois pagode, cathédrale et temple taoïste, son architecture kitsch et baroque offre un parfait reflet de la philosophie syncrétique de la religion caodaïste. Le style sino-vietnamien de ce vaste édifice de 107 m de haut a en effet de quoi déconcerter.

▶ Deux **tours** flanquent la façade, ornée de statues des génies du Bien (à droite) et du Mal (à gauche), et de bas-reliefs représentant à droite Le Van Trung (Ly Thai Bach), le premier pape caodaïste, et à gauche Lam Huong, la première cardinale femme. Sur les côtés, des sculptures végétales ajourées enserrent un triangle portant un œil divin.

▸ Dans l'entrée, une vaste **fresque**★ représente les trois missionnaires divins envoyés comme guides spirituels de l'humanité pour réaliser la troisième alliance : Sun Yat-sen, le fondateur de la République chinoise, Nguyen Binh Khiem, le grand poète vietnamien, et, plus surprenant, Victor Hugo, la réincarnation de Nguyen Du. Dans la **nef**★★★, baignée de lumière, d'énormes dragons entortillés autour des colonnes semblent descendre d'un plafond céleste parsemé d'étoiles. La nef s'étire sur neuf paliers, le nombre d'étapes pour accéder au paradis. Sur le septième se tient le **trône du Gia Tong** (pape), vide depuis la mort du fondateur, et ceux des conseillers et cardinaux. Sur le neuvième palier, caché derrière des rideaux, un énorme **globe bleu**★★ constellé d'étoiles, au milieu duquel brûle une flamme perpétuelle, porte l'œil du Maître divin, symbole idéal de la religion universelle. Le panthéon caodaïste est représenté au-dessus de l'autel : la déesse Quan Am, Lao-tseu, le Bouddha Sakyamuni, Confucius, le dieu chinois de la guerre Quan Cong, Ly Thai Bach, Jésus-Christ et le génie chinois Khuong Thai Cong (Khuong Tu Nha).

▸ **Le cérémonial**

Les touristes sont chaque jour nombreux à assister à la grande messe de midi *(30mn)*. Après être entrés dans l'église par une porte latérale, ils sont conduits vers les galeries qui dominent la nef. L'agitation ne semble guère troubler la méditation des fidèles vêtus de blanc, assis bien en ligne à même le sol, les femmes à gauche et les hommes à droite. Aux premiers rangs se tiennent les dignitaires vêtus en jaune (bouddhisme), en bleu (taoïsme) ou en rouge (christianisme). Selon un rite immuable,

un petit groupe de musiciens installé dans la tribune au-dessus de l'entrée enveloppe les lieux d'une mélodie envoûtante, tandis que les fidèles ânonnent leur prière. La cérémonie ne comprend aucun sermon, mais des offrandes de fleurs, de thé, d'alcool et d'encens sont présentées à l'Être suprême. Près d'un million de fidèles se pressent à Tay Ninh lors des fêtes du 9 janvier et de la mi-août.

Prenez en direction du nord-est pour rejoindre Nui Ba Den (15 km de Tay Ninh).

LA MONTAGNE DE LA DAME NOIRE★

(Nui Ba Den)

Telle une anomalie géologique, Nui Ba Den surgit de nulle part au milieu de la plaine. Souvent envahie par la brume, la plus haute montagne du Sud du pays (986 m) fut le théâtre de furieux combats durant la guerre. En 1962, les Américains établirent au sommet une base avec piste d'atterrissage et antenne de télécommunication.

▸ Les plus courageux peuvent se lancer à l'ascension du sommet *(entrée payante. Comptez 6h A/R)*, mais les autres se contenteront de rejoindre la **pagode Ba**, à pied *(1h30 A/R)* ou en téléphérique *(35 000 VND)*. Une statue de la déesse de la Miséricorde précède l'entrée du sanctuaire (1995), tandis qu'à l'intérieur trônent les **statues** des 18 bandits repentis de la mythologie, ainsi que d'une déesse aux 18 bras. Du sommet, un **panorama**★★ exceptionnel s'étend sur les rizières. Vénérée depuis des temps immémoriaux par les Vietnamiens, les Chams et les Khmers, la montagne attire environ un million de pèlerins lors des fêtes de la mi-janvier.

VUNG TAU★

Quelques repères

Capitale de la province de Ba Ria-Vung Tau - 125 km de Ho Chi Minh-Ville - 189 700 hab. - Plan p. 405.

À ne pas manquer

Le tour des corniches et la plage de Bai Sau.

L'ascension du Christ géant.

Le village de Long Hai.

Conseils

Évitez de venir à Vung Tau le week-end, quand les hôtels sont pris d'assaut et augmentent leurs tarifs.

Lieu de villégiature privilégié des Saigonnais, Vung Tau n'est plus depuis longtemps cette riviera élégante de l'époque française, où les riches colons se faisaient bâtir des villas en bord de mer. Dédiée au tourisme de masse, elle est désormais synonyme de vastes hôtels en béton, de bars-karaokés et de plages plus ou moins propres... pas de quoi a priori susciter l'enthousiasme. Pourtant, le cadre superbe, la perspective de quelques bains de mer et finalement la rencontre d'un Vietnam populaire et coloré, joyeux et bruyant, parfois un peu kitsch, justifient le déplacement. Outre les plages, la balade le long des corniches, l'ascension du Christ géant et les sorties nocturnes constituent les principales distractions de Vung Tau. La station de Long Hai, au nord-est, se révèle un choix idéal pour ceux qui recherchent un peu de tranquillité.

Arriver ou partir

En bus - Le terminal se trouve 192 Nam Ky Khoi Nghia *(C3)*, au nord de la ville. Il dessert notamment Ho Chi Minh-Ville (2h) et Long Hai (1h). À Saigon, les bus partent du terminal Mien Dong. Préférez les express climatisés.

En minibus - De Saigon, des minibus pour Vung Tau (2h) partent de la rue Ham Nghi dès qu'ils sont pleins (ce point de départ étant susceptible de changer, renseignez-vous auprès de votre hôtel) et débarquent les passagers sur Tran Hung Dao, près de la cathédrale. Au départ de Vung Tau, les minibus attendent près de l'hôtel Seabreeze. Jusqu'à 9h, la fréquence est élevée et vous négocierez facilement le prix de la course (environ 30 000 VND), puis départs toutes les 30mn environ. Le voyage est fatigant.

En hydrofoil - Le moyen le plus simple et le plus confortable de se rendre à Vung Tau (1h15). Deux compagnies assurent la liaison avec Ho Chi Minh-Ville, pour une prestation identique (comptez 10 $). À Ho Chi Minh-Ville, l'embarcadère se trouve rue Ton Duc Thang, au bout de la rue Ham Nghi. À Vung Tau, il est situé au sud de la plage de Bai Truoc, au début de la Petite Corniche *(B4)*.

Greenlines - Vina Express, embarcadère, Vung Tau, ☎ (064) 85 65 30 ; Ho Chi Minh-Ville, 8A Nguyen Tat Thanh, ☎ (08) 826 32 01 ou 821 56 09. De Vung Tau comme de Ho Chi Minh-Ville, départs toutes les deux heures de 6h30 à 16h30.

Petro Express, 20 Truong Cong Dinh, Vung Tau, ☎ (064) 81 63 08. Vous pouvez acheter vos billets à l'embarcadère, ☎ (064) 81 06 25. Le bureau de Ho Chi Minh-Ville se trouve quai Bach Dang, ☎ (08) 821 06 53. Départs de Ho Chi Minh-Ville et Vung Tau à 8h, 10h, 14h et 16h.

Comment circuler

En taxi - Gili Taxi, 247 Truong Cong Dinh, ☎ (064) 85 85 85. **Petro Taxi**, ☎ (064) 85 18 51 ou 81 81 81. **Vung Tau Taxi**, devant le Palace Hotel, ☎ (064) 84 84 84.

En cyclo-pousse - Comme toujours, le *xi lo dap* est pratique pour les petites distances.

À vélo - Un moyen de transport agréable, mais attention aux distances. Ren-

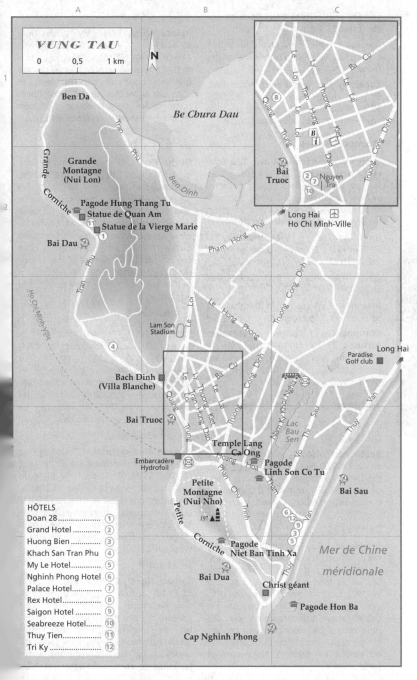

VUNG TAU

0   0,5   1 km

N

Ben Da

Be Chura Dau

Grande Montagne (Nui Lon)

Grande Corniche

Tran Phu

Ben Dinh

Pagode Hung Thang Tu
Statue de Quan Am
Statue de la Vierge Marie

Bai Dau

Tran Phu

Ho Chi Minh-Ville

Pham Hong Thai

Long Hai
Ho Chi Minh-Ville

Le Loi

Le Hong Phong

Truong Cong Dinh

Lam Son Stadium

Paradise Golf club

Long Hai

Bach Dinh (Villa Blanche)

Le Loi

Ly Thuong Kiet
Tran Hung Dao

Ba Cu

Le Lai

Cong Dinh

Nam Ky Khoi Nghia

Vo Thi Sau

Lac Bau Sen

Van

Thuy

Bai Truoc

Quang Trung

Embarcadère Hydrofoil

Temple Lang Ca Ong

Hoang Hoa

Pagode Linh Son Co Tu

Bai Sau

Petite Montagne (Nui Nho)

197

Phan Chu Trinh

Van

Thuy

6 12
3
9
5

Petite Corniche

Pagode Niet Ban Tinh Xa

Bai Dua

Christ géant

Pagode Hon Ba

Mer de Chine méridionale

Cap Nghinh Phong

Inset (top right):

Le Loi

Ly Thuong
Tran Hung Dao

Ba Cu

Le Lai

Quang Trung

Le Loi

Le Lai

Kiet

Truong Cong Dinh

B i

Bai Truoc

Nguyen Trai

2
7
10

seignez-vous auprès des hôtels et restaurants.

À moto - La meilleure façon de circuler à Vung Tau. Nombre d'hôtels louent des motos.

Location de voitures - Vicarrent, 54 Tran Hung Dao *(B3-4)*, ☎ (064) 85 24 00 ou 85 69 55. Renseignez-vous également auprès des grands hôtels.

Adresses utiles

Office du tourisme - Vung Tau Tourist Corporation, 29 Tran Hung Dao *(B4)*, ☎ (064) 51 10 43, vtautour@hcm. vnn.vn Lundi-samedi 7h-17h, fermé à l'heure du déjeuner. Circuits, location de voitures et réservation d'hôtels.

Banque / Change - Vietcombank, 27-29 Tran Hung Dao *(B4)*. Lundi-vendredi 7h30-11h30, 13h30-16h.

Poste / Téléphone - 4 Ha Long *(B4)*. 6h30-20h.

Internet - Certains hôtels proposent ce service *(voir « Se loger »)*.

Compagnies aériennes - Vietnam Airlines, 29 Tran Hung Dao (à côté de Vung Tau Tourist), ☎ (064) 85 60 99. Lundi-samedi 7h30-12h, 14h-18h, dimanche 8h-11h30.

Se loger

▶ *À Bai Truoc*
De 25 à 50 $

Seabreeze Hotel, 2 Nguyen Trai, ☎ (064) 85 60 25 - 57 ch. 🛎 🖭 📺 ✕ 🍴 🆑 De vastes chambres décorées dans un goût très discutable et d'un rapport qualité-prix médiocre, mais le confort est correct.

De 30 à 70 $

Rex Hotel, 1 Duy Tan, ☎ (064) 85 21 35, rex.osc@hcm.vnn.vn - 78 ch. 🛎 🖭 📺 ✕ 🍴 🆑 Location de vélos, chaînes satellite, accès Internet, karaoké, bar. Bâti en 1972 pour les villégiatures des officiers américains, le Rex conserve un chic d'époque indiscutable en dépit des rénovations. Les chambres sont confortables, mais assez chères (leur prix varie du simple au double). Le personnel parle anglais.

De 40 à 125 $

Palace Hotel, 1 Nguyen Trai, ☎ (064) 85 64 11, palacevt@hcm.vnn.vn - 120 ch. 🛎 🖭 📺 ✕ 🍴 🆑 Accès Internet. Ce palace doté d'une piscine (payante pour les non-résidents) et d'un bar agréables loue des chambres confortables. Le prix est le même en semaine et durant le week-end, mais essayez de négocier.

De 60 à 120 $

Grand Hotel, 28 Quang Trung (à l'angle de Nguyen Trai), ☎ (064) 85 68 88, grandvt@oscvn.com.vn - 80 ch. 🛎 🖭 ✕ 🍴 🆑 Massages, karaoké. Ce grand hôtel du centre-ville propose des chambres spacieuses et confortables, quoiqu'un peu vétustes. Certaines disposent de l'air conditionné, d'un balcon face à la mer et d'une télévision avec chaînes satellite. Service un peu indolent, mais le personnel parle anglais.

▶ *À Bai Sau*
De 10 à 15 $

Tri Ky, 180 Hoang Hoa Tham, ☎ (064) 85 91 98 - 16 ch. 🛎 🖭 📺 Ce petit hôtel sans prétention, confortable et bien tenu, constitue un excellent rapport qualité-prix pour sa catégorie (les prix baissent de 20 % en semaine). Le personnel parle un peu anglais.

De 15 à 25 $

Nghinh Phong Hotel, 172 Hoang Hoa Tham (entrée principale rue Thuy Van), ☎ (064) 85 24 78 - 52 ch. 🛎 🖭 📺 ✕ Un vaste hall annonce la couleur : l'établissement est confortable, mais l'ambiance est plutôt froide. Rien à dire sur le confort et l'entretien des chambres, mais les prix sont franchement surévalués le week-end.

De 20 à 30 $

Saigon Hotel, 85 Thuy Van, ☎ (064) 85 23 17 - 121 ch. 🛎 🖭 📺 ✕ Location de motos. Cet hôtel offre une gamme de prix très large. Les chambres de l'ancien bâtiment sont vétustes (ventilateur), tandis que celles du nouveau bâtiment satisferont votre exigence de confort (chaînes satellite eau chaude), mais la décoration est très kitsch. Le personnel, professionnel, parle anglais.

De 30 à 45 $

Huong Bien, 59 Thuy Van, ☎ (064) 52 20 50 - 30 ch. ⌂ 🍴 ⛱ Cet hôtel sympathique, fréquenté par une clientèle vietnamienne, loue des petits chalets disposés autour d'un jardin, mais le confort est sommaire et les chambres sont assez petites. Le prix varie du simple au double suivant le confort et augmente le week-end.

De 33 à 110 $

My Le Hotel, 100-102 Thuy Van, ☎ (064) 85 21 77 - 100 ch. ⌂ 📺 ✕ 💳 D'un confort irréprochable, ce vaste palace moderne est un peu glacial. Nombreuses prestations, telles que chaînes satellite, sauna, massages, discothèque, accès Internet, location de véhicules, et il est prévu d'y construire une piscine.

▸ *À la Grande Corniche et Bai Dau*

Autour de 10 $

Doan 28, 106 Tran Phu (avant la statue de Marie), ☎ (064) 83 32 59 - 16 ch. ⌂ ⛱ ✕ Une pension modeste, mais correcte, surplombant une plage plutôt sale. L'endroit est cependant agréable, surtout fréquenté par une clientèle vietnamienne.

Autour de 20 $

Thuy Tien, 84 Tran Phu, ☎ (064) 83 52 20 - 30 ch. ⌂ 📺 ✕ Ce nouvel hôtel, qui possède des chambres impeccables avec vue sur la mer, occupe un site calme et agréable. Un bon rapport qualité-prix.

Khach San Tran Phu, 42 Tran Phu (après la Villa blanche), ☎ (064) 85 24 89 - 14 ch. ⌂ ⛱ 📺 ✕ Simple, mais confortable et bien tenu, cet hôtel situé sur la corniche jouit d'une vue superbe sur la mer. L'accueil est sympathique, mais l'anglais rudimentaire.

▸ *À Long Hai*

En arrivant dans le village, prenez à gauche la route qui mène à la plage et aux hôtels.

Autour de 10 $

Palace Hotel, ☎ (064) 86 83 64 - 18 ch. ⌂ 🍴 ⛱ ✕ ⛺ Cette grosse bâtisse aux allures de pavillon normand conserve un peu de son luxe des années 1970, mais usurpe franchement son nom. Vous apprécierez son charme si vous n'êtes pas regardant sur le confort et la poussière.

Rang Dong, ☎ (064) 86 83 56 - 18 ch. ⌂ 🍴 ⛱ ✕ Hôtel vétuste, en dépannage.

Doan an Duong 298, ☎ (064) 86 83 16 - 32 ch. ⌂ 🍴 ⛱ ✕ ⛺ Une adresse sympathique qui propose des chambres d'un confort sommaire, mais les prix sont modiques et le site, sur la plage à l'ombre des pins, s'avère très plaisant.

Huong Bien, ☎ (064) 86 83 56 - 10 ch. ⌂ 🍴 ⛱ ✕ ⛺ Situé en face du Rang Dong, côté plage, cet hôtel propose des bungalows en béton dispersés sur la plage au milieu des arbres. Le confort est basique, mais le cadre est charmant.

Plus de 100 $

🅰 **Anoasis Beach Hotel**, ☎ (064) 86 8 2 27, anoasisresort@hcm.vnn.vn - 18 ch. ⌂ 🍴 ⛱ 📺 ✕ 🏊 ⛺ 💳 Situé à 2 km au nord sur la côte, ce luxueux *resort* dispose de chambres joliment décorées, aménagées dans de spacieux bungalows dispersés dans un cadre superbe, au milieu des pins.

Se restaurer

▸ *À Bai Truoc*

Vung Tau offre un vaste choix de restaurants, spécialistes notamment des fruits de mer, mais les prix sont élevés (la plupart ferment à 21h). Une bonne solution consiste à manger dans les gargotes de Quang Trung, en face du Grand Hotel.

▸ *À Bai Sau*

De 25 000 à 50 000 VND

Thu Trang, 95 Thuy Van *(C4)* (en face de l'hôtel Saigon). Un établissement modeste de bord de plage, où l'on propose poisson, crevettes et crabe. La salle est éclairée au néon, mais à l'étage, la terrasse avec vue sur la mer s'avère idéale pour boire un verre.

> ▸ **À Bai Dau**

De 50 000 à 100 000 VND

☺ **69 Cay Bang**, 69 Tran Phu *(A2)*. 9h-21h. Ce restaurant sur pilotis fréquenté par des Vietnamiens propose de délicieux fruits de mer, mais l'éclairage au néon et les murs carrelés évoquent une poissonnerie. La carte est en anglais.

Quan Tre, 7 Tran Phu *(A2)*. 9h-21h. Planté au bord de l'eau, bercé par le roulis des vagues, cet établissement propose un excellent choix de fruits de mer (vivier).

> ▸ **À Long Hai**

Moins de 25 000 VND

Nha Hang Ling Tien, 7h-22h. Ce restaurant de fruits de mer installé sur la plage propose des plats assez bon marché, mais sans relief.

De 50 000 à 100 000 VND

Anoasis Beach Hotel. Une adresse très agréable, face à la mer, où l'on sert fruits de mer, cuisines vietnamienne et occidentale.

Sortir, boire un verre

Bars / Discothèques - Les nuits sont chaudes le week-end à Vung Tau et les amateurs de karaoké ou de techno trouveront facilement leur bonheur. Pour une atmosphère plus romantique, tentez les bars en terrasse des corniches.

Loisirs

Excursions - Poulo Con Dao est en passe de devenir l'une des grandes destinations du Sud-Vietnam. Mais pour l'instant, cet archipel attire encore peu de touristes. Il est accessible de Vung Tau en hélicoptère (renseignements auprès de Vietnam Airlines) ou en bateau : Con Dao Transportation, 35 Truong Cong Dinh, ☎ (064) 85 90 89.

Activités sportives - Paradise Golf Club, 1 Thuy Van *(C3)*, ☎ (064) 85 64 45. Location de scooters de mer sur les plages de Bai Sau et Long Hai.

Courses de chiens - Lam Son Stadium, 15 Le Loi *(B3)*. Une manière originale de passer son samedi soir (19h). Les amateurs peuvent même parier.

HISTOIRE

Pétrole et plages dorées…

Dès le 15e s., la péninsule aurait servi de mouillage aux marins portugais, qui lui attribuèrent le nom de leur patron, saint Jacques. Mais c'est à la fin du 19e s. que Vung Tau devint la station balnéaire préférée des colons français de Saigon, sous le nom de **Cap-Saint-Jacques**. Lors de la guerre du Vietnam, elle fit les délices des GI's en goguette puis, après 1975, des experts soviétiques travaillant sur les plates-formes pétrolières. À la fin des années 1970, Cap-Saint-Jacques fut aussi l'un des principaux points d'embarquement des boat people cherchant à fuir le pays *(voir p. 86)*.

La page est aujourd'hui tournée et les flots de Vietnamiens qui se déversent chaque week-end sur les plages ne sont plus en quête d'autres rivages. Quant à la vocation industrielle de Vung Tau, symbolisée par la société d'exploitation pétrolière offshore VietsovPetro, créée en collaboration avec l'Union soviétique, elle semble marquer le pas.

VUNG TAU, LE « DEAUVILLE VIETNAMIEN »

Comptez 2 jours.

Vung Tau occupe la pointe d'un éperon montagneux qui s'avance dans la mer de Chine méridionale. Sa partie urbaine s'étend entre deux collines, la plage de Bai Truoc et l'aéroport, tandis que la plupart des hôtels se sont implantés le long des rubans de sable qui ourlent la péninsule. Adossée au centre-ville, **Bai Truoc** (ou « plage des Cocotiers ») *(B4)* est la plage la moins engageante et la plus polluée de Vung Tau. Vous aurez néanmoins plaisir à y flâner le matin pour admirer les bateaux colorés rentrant de la pêche, ou à vous y attabler le soir, dans l'un des kiosques servant des fruits de mer alignés le long de Quang Trung, large boulevard planté de cocotiers.

La Petite Montagne★ (Nui Nho)

(B4-5)

▶ Au sud de la baie se dresse une colline massive de 197 m, aux pentes couvertes de forêts, et au pied de laquelle un large boulevard fait le tour de la **Petite Corniche** *(6 km)*, délivrant au passage quelques beaux panoramas. Depuis 1910, elle est coiffée d'un **phare** qui guide l'entrée des bateaux vers le port *(passé la poste, longez la corniche sur 200 m, prenez le sentier à gauche et tournez à droite au bout de 500 m. Comptez 1h aller-retour)*. La **vue★★** est absolument superbe, mais, pour d'obscures raisons de sécurité, il est interdit de prendre des photos du haut du phare.

▶ À quelques centaines de mètres de la poste, une route mène à la **pagode Niet Ban Tinh Xa** *(7h-17h)*, une construction moderne réputée pour sa **cloche en bronze** de 5 t et son **bouddha** allongé de 12 m. En contrebas s'étire **Bai Dua** (« plage des Ananas »), appelée « plage des Roches noires » à l'époque coloniale, en fait un mince ruban de sable auquel on accède par un sentier.

▶ À mesure que vous vous approchez du cap, les restaurants, hôtels et pavillons se font plus rares. Surplombant la route, surgit soudain la gigantesque silhouette du **Christ géant★** *(Thanh Gioc)*, les bras ouverts vers la mer *(accessible par un sentier)*. Élevée en 1971, cette statue de 28 m de haut n'est pas sans rappeler celle de Rio de Janeiro. À l'intérieur, un escalier permet d'accéder au sommet, d'où la **vue★★** est magnifique.

▶ Au pied du **cap Nghinh Phong** s'étire une petite plage, « idéale pour les touristes amateurs de la pêche à la ligne et de l'aventure », selon la plaquette de l'office de tourisme du Vietnam. Si cela n'est pas votre cas, contentez-vous d'admirer la vue sur Bai Sau et la curieuse **pagode Hon Ba★**, juchée sur un petit rocher à 200 m du rivage, accessible à marée basse.

▶ La route redescend ensuite vers **Bai Sau★**, immense ruban de sable long de 8 km, où les arbres ont depuis long-temps cédé la place à des hôtels et à des restaurants sans grâce. Plus encore qu'à un bain de mer, la plage invite à une véritable immersion sociologique. Nageuses en maillot fleuri couvrant tout le corps, fiers bâtisseurs de châteaux de sable, familles nombreuses, élégantes déambulant en chaussures à talons… l'ambiance est résolument bon enfant, malgré les scooters de mer conduits par des novices qui circulent sans état d'âme au milieu des baigneurs. Assis dans un transat à l'ombre d'un parasol *(à louer)*, laissez-vous convaincre par les vendeuses de crabes, souriantes et harcelantes, qui proposent de délicieux fruits de mer.

▶ Située un peu à l'écart, dans la rue Hoang Hoa Tham qui relie Bai Sau et Bai Truoc, la **pagode Linh Son Co Tu** est la plus ancienne de Vung Tau (19e s.). De l'autre côté de la rue, le **temple Lang Ca Ong** est dédié au culte de la baleine. Des squelettes y sont conservés et chaque année, le 16e jour du 8e mois lunaire, une cérémonie s'y déroule en l'honneur du noble cétacé, ponctuée d'offrandes et de chants.

La Grande Montagne★ (Nui Lon)

(A1-2)

▶ Un autre circuit, au nord de Vung Tau, vous conduit le long de la **Grande Corniche** *(10 km)* qui fait le tour de la Grande Montagne (520 m).

▶ À quelques centaines de mètres au nord de Bai Truoc, **Bach Dinh★** (« Villa blanche ») *(B3) (entrée au 12 Tran Phu, 7h-17h, 5 000 VND)* émerge au milieu de la végétation. Le gouverneur général de l'Indochine, Paul Doumer, qui savait se soigner, choisit cet emplacement pour ses villégiatures (1898). L'empereur Thanh Thai y fut assigné à résidence en 1906, avant d'être déporté à la Réunion, puis l'empereur Bao Dai et le président Nguyen Van Thieu y séjournèrent fréquemment. Cet édifice d'une grande élégance arbore une jolie frise Art déco en façade. À l'intérieur, les vastes salles fraîches et hautes de plafond abritent du **mobilier** ayant appartenu à l'empereur (défenses d'éléphant, vases), ainsi que des **céramiques** provenant d'une épave du 17e s. découverte dans l'archipel Con Dao. De l'étage, la **vue★★** est remarquable.

▶ Les habitations se font de plus en plus éparses à mesure que vous vous éloignez de Bai Truoc, et la **vue★★** est une fois de plus superbe. À l'heure du crépuscule, le soleil rougeoyant jette ses derniers feux sur la mer de Chine méridionale, sous le regard des couples d'amoureux. La route passe soudain de quatre à deux voies avant d'arriver à **Bai Dau** (« plage des Mûriers »). La plage n'a rien d'exceptionnel, mais une forme de tourisme paisible s'est développée ici, dans de petites pensions ou villas privées, loin du gigantisme un peu froid qui prévaut à Vung Tau. Une rangée de bars et de restaurants sur pilotis s'aligne côté mer et de nouveaux hôtels apparaissent peu à peu.

▶ Non loin de là, une énorme **statue de la Vierge Marie** portant l'Enfant Jésus se dresse au pied de la colline, symbole d'un catholicisme triomphant qui entend faire la nique au bouddhisme. Juste à côté, adossée à la **pagode Hung**

Thang Tu, se tient en effet une **statue de Quan Am**, beaucoup plus petite, mais qui semble sortie du même atelier. De là, vous pouvez revenir sur vos pas ou continuer par une route étroite et bosselée, qui passe par le village de pêcheurs de Ben Da avant de revenir à Vung Tau.

Long Hai

À 46 km au nord-ouest de Vung Tau. Possibilité de s'y rendre en bus via Ba Ria.

Plage de sable fin, parasols, transats et vendeuses de crabes… Long Hai propose le même genre d'agréments que Vung Tau, à ceci près que le village s'avère beaucoup plus petit et que l'on y dénombre seulement une poignée d'hôtels. L'endroit séduira donc ceux qui recherchent la tranquillité, mais attention, le week-end l'animation bat son plein. Au niveau de l'hôtel Huong Bien, un enchantement de petites **embarcations** colorées, fanions battant au vent, vient rappeler que la principale activité des villageois demeure la pêche.

Chargement de noix de coco

LE DELTA DU MÉKONG★★★

😊 **La circulation fluviale sur le Mékong**

😞 **Le trafic routier infernal**

« Sur mon chemin, si je trouve des canards, je m'en empare ; une personne charmante, je me marie avec elle ; une pagode, je me fais moine. » (dicton du Sud-Vietnam). Ainsi s'écoule la vie dans le delta du Mékong, au rythme du travail des champs et du va-et-vient incessant des paysans, à pied, à vélo, à dos de buffle, en bus et surtout… en bateau. Car le delta est bien cet étonnant pays de terre et d'eau, un pays où la femme a pour symbole l'arec, cet élégant échassier qui passe son temps les pieds dans les rizières en quête de nourriture pour ses petits. Venant du Cambodge, le Mékong pénètre au Vietnam par deux bras, le Tien Giang (fleuve Antérieur) et le Hau Giang (Bassac), qui se

jettent par neuf embouchures dans la mer de Chine méridionale, les fameux Cuu Long (« Neuf Dragons ») de la mythologie. À perte de vue s'étend un sublime parterre de rizières sillonnées de milliers de canaux drainant une eau bienfaitrice, pourvoyeuse de limon et de poissons, mais aussi source d'inondations catastrophiques, comme en octobre 2000 (plus de 300 morts et 350 000 sans-abri). Cette campagne verdoyante entretient depuis toujours une relation harmonieuse avec un maillage serré de villes qui concentrent les activités religieuses et commerçantes. Partir à la rencontre du Mékong, c'est errer en barque au fil des arroyos ou vagabonder dans un verger, mais aussi se perdre dans un marché coloré et entrer dans l'un de ces innombrables temples, pagodes et églises, où se dévoile la mystique de ses habitants, si lointaine pour un esprit occidental.

Arriver ou partir du delta du Mékong

L'état des routes est globalement satisfaisant dans le delta et, à de rares exceptions près (notamment entre Chau Doc et Ha Tien), les liaisons entre les grandes villes sont bitumées. Avec l'ouverture du pont de Vinh Long, la durée des trajets vers le sud du delta se trouve sensiblement diminuée. Vital pour l'économie et la circulation des hommes du delta, le système de bacs est d'une efficacité impressionnante. Néanmoins, en haute saison, l'attente est parfois longue avant d'embarquer. Sachez que les bus express bénéficient d'une priorité.

En bus et minibus - Le terminal **Mien Tay** (3h-0h), à 10 km à l'ouest de Ho Chi Minh-Ville, dessert tout le delta.

Le terminal de **Cholon** (4h30-18h30) dessert la même région, mais les liaisons sont moins fréquentes et les bus express sont peu nombreux.

En bateau - Voyager en ferry dans le delta nécessite beaucoup de temps, et

Distances routières entre les principales villes du Mékong

	(1)	(2)	(3)	(4)	(5)	(6)	(7)	(8)	(9)	(10)	(11)	(12)	(13)
(1) HCM-V	–	72	86	136	202	143	171	169	231	190	245	338	248
(2) My Tho	72	–	14	73	140	80	108	106	170	127	184	275	185
(3) Ben Tre	86	14	–	63	155	98	116	125	186	127	189	292	203
(4) Vinh Long	136	73	63	–	66	25	52	34	97	73	127	220	130
(5) Tra Vinh	202	140	155	66	–	91	121	100	163	139	193	286	196
(6) Sa Dec	143	72	98	25	91	–	28	58	119	48	102	195	123
(7) Cao Lanh	171	108	116	52	121	28	–	86	147	75	130	223	133
(8) Can Tho	169	106	125	34	100	58	86	–	62	62	116	205	113
(9) Soc Trang	231	170	186	97	163	119	147	62	–	124	178	267	177
(10) Long Xuyen	190	127	127	73	139	48	75	62	124	–	54	185	75
(11) Chau Doc	245	184	189	127	193	102	130	116	178	54	–	218	129
(12) Ha Tien	338	275	292	220	286	195	223	205	267	185	218	–	90
(13) Rach Gia	248	185	203	130	196	123	133	113	177	75	129	90	–

le confort s'avère sommaire, mais le dépaysement est garanti (prévoyez des victuailles). À Ho Chi Minh-Ville, l'embarcadère des ferries pour My Tho (6h) se trouve sur les quais, au bout de la rue Dai Lo Ham Nghi, ☎ (08) 829 78 92. Pour Ben Tre (8h), les départs s'effectuent toutes les heures, de 4h à 22h, de **Ben Pha Rach Mieu**, à 1 km à l'ouest du centre-ville.

Certaines agences de Ho Chi Minh-Ville (voir « Ho Chi Minh-Ville », p. 373) organisent également des croisières de plusieurs jours sur des sampans spécialement équipés.

En hydrofoil - Greenlines, 8A Nguyen Tat Thanh, Q4, ☎ (08) 821 56 09 ou 940 06 21. La compagnie assure une liaison fluviale au départ de Ho Chi Minh-Ville les mardi, jeudi et samedi à 8h, avec escale à My Tho à 9h55 (12 $) et arrivée à Vinh Long à 10h55 (16 $). Dans l'autre sens, départ de Vinh Long les mercredi, vendredi et dimanche à 10h30, avec escale à My Tho à 11h30 et arrivée à Ho Chi Minh-Ville à 13h30. La liaison pour Chau Doc semble temporairement interrompue.

Un hydrofoil part de Ho Chi Minh-Ville à 7h30, avec escale à My Tho à 9h30 et arrivée à Can Tho à 11h30. Dans l'autre sens, il part de Can Tho à 13h30, avec escale à My Tho à 15h30 et arrivée à Ho Chi Minh-Ville à 17h30.

Départs toutes les heures pour My Tho (2h), Ben Tre (3h de trajet environ selon l'attente du ferry), Vinh Long (3h) et Can Tho (4h) ; toutes les 2 heures pour Cao Lanh (3h30) et Soc Trang (6h) ; toutes les 3 heures pour Long Xuyen (6h environ), mais il peut s'avérer plus simple de changer à Can Tho. Départs 3 ou 4 fois par jour pour Tra Vinh (5h), mais il est conseillé de changer à Vinh Long, pour Rach Gia (7h) et pour Ha Tien (9h). 5 départs par jour pour Chau Doc (6h30).

En voiture - Le meilleur moyen de visiter le delta, si votre budget vous le permet ou si vous êtes plusieurs, est de louer une voiture avec chauffeur (voir « Ho Chi Minh-Ville », p. 373).

Comment circuler dans le delta

La taille des villes du delta étant assez réduite, la marche reste le meilleur moyen pour les découvrir. Sinon, vous aurez toujours le choix entre le cyclopousse (xi lo dap), la moto-taxi (xe om), voire le vélo-taxi (xe dap tho), et même la carriole tractée par une moto (xe om ou xe loi), comme à Chau Doc. On trouve plus rarement quelques taxis (xe tac xi), par exemple à Can Tho.

Quand visiter le delta

Durant la saison des pluies, de mai à octobre, il arrive que la navigation devienne difficile, en particulier lors des crues de septembre, parfois catastrophiques. Les averses torrentielles sont quasi quotidiennes, mais le reste du temps la luminosité s'avère propice aux séances de photos et la température est plus douce (26 °C en moyenne). La saison sèche dure de novembre à avril. La température moyenne s'élève alors à 28 °C, avec des pics à 38 °C en février et mars. Attention, dans la plupart des villes, les hôtels affichent complet lors du Tet et des fêtes locales.

MY THO

Comptez une demi-journée de visite.

Capitale de la province de Tien Giang. 120 000 hab.

Cité industrieuse et prospère, My Tho, la « belle jeune fille parfumée », conserve d'élégantes maisons coloniales alignées le long de la rive, ainsi qu'un joli quartier chinois. Mais elle est surtout le point de départ d'une très agréable excursion dans les îles aux vergers, première immersion dans le décor exubérant du delta, qui attire un nombre croissant de touristes.

Arriver ou partir

En bus - Outre Ho Chi Minh-Ville, le terminal de My Tho, à l'entrée nord de la ville, dessert Vinh Long (2h) et Can Tho (4h). Pour Chau Doc (6h), il vous faut changer de bus après le nouveau pont de Vinh Long.

En hydrofoil - Embarcadère touristique, 30 Thang 4. **Greenlines**, ☎ (073) 82 93 72. *Voir ci-dessus, p. 413.*

Location de voitures - Adressez-vous aux hôtels, notamment au Cong Doan.

Adresses utiles

Office du tourisme - Tien Giang Tourist, 8 rue 30 Thang 4 (devant l'embarcadère), ☎ (073) 87 31 84. Agence principale au 63 Trung Trac, ☎ (073)

87 21 05, www.tiengiangtourist.com Le prix étant élevé et non négociable, mais dégressif en fonction du nombre de personnes, vous avez intérêt à vous joindre à d'autres touristes. Les circuits comprennent le trajet en bateau dans une île (17 $ pour 1 pers., 3 $ par pers. supp.) ou deux (20 $), les commentaires d'un guide francophone, une prestation musicale et une dégustation de fruits. C'est aussi dans ce cabanon que sont représentées certaines compagnies touristiques, dont **Song Tien Tourist**, 73 rue 30 Thang 4, ☎ (073) 88 31 33, songtientour@vnn.vn, **Viet Nam Festival Travel** (Tien Giang Branch), 9A Rach Gam, ☎ (073) 87 93 38 et **Trade Union Travel Tourism**, 61 rue 30 Thang 4, ☎ (073) 87 43 24, www.mekotours.com, très cher.

Notez aussi **Trung Luong Corporation** (Song Tien Branch), 10 rue 30 Thang 4, ☎ (073) 88 31 33. Accueil sympathique et prix doux. Plus loin à l'ouest de l'embarcadère pour les bats traversant le Mékong, **Ben Tre Tourist Compagny** (My Tho Branche Office), 4/1 Le Thi Hong Gam (prolongement de la rue 30 Thang 4), ☎ (073) 87 91 03, mekongtourbentre@hcm.vnn.vn

Banque / Change - V Bard Tien Giang Bank, à l'angle des rues Thu Khoa Huan et Le Loi. Lun.-vend. 7h30-11h, 13h30-16h.

Bureau de change, 5 Le Van Duyet. Lun.-vend. 7h15-11h15, 13h30-16h30. Dollars et euros sont acceptés, ainsi que les retraits au guichet avec une carte Visa ou Mastercard.

Poste / Téléphone - 30 Thang 4 (en face de l'embarcadère pour les îles). 6h-21h. Service de téléphone 24h/24.

Internet - Cau Lac Bo Tin Hoc Thanh Nien, 7 Hung Vuong (à l'angle de Ngo Quyen). 7h-21h.

Se loger

De 3 à 10 $

Huong Duong, 33 Trung Trac, ☎ (073) 87 20 11 - 20 ch. ⌁ ▤ ☵ L'hôtel le moins cher de la ville avec des chambres équipées de ventilateurs.

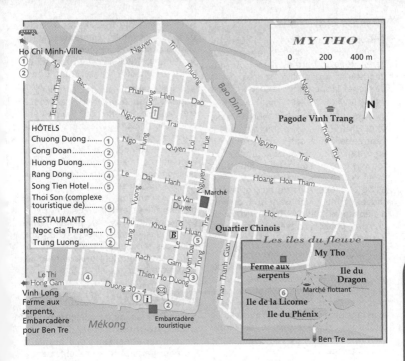

Cong Doan, 61 Duong 30/4, ☎ (073) 87 43 24 - 12 ch. 🍴 🗏 🌠 📺 Installé dans un édifice massif en face du Chuong Duong, cet hôtel d'État loue de vastes chambres carrelées au confort austère (certaines avec eau chaude et air climatisé), mais l'accueil est agréable et le personnel parle anglais. Évitez absolument les chambres dans l'annexe, derrière le bâtiment principal.

Rang Dong, 25 Duong 30/4, ☎ (073) 87 44 00 - 22 ch. 🍴 🗏 📺 Chambres correctes. Les plus chères ressemblent vaguement à de petites suites avec un minisalon à l'entrée, mais comme la plupart des hôtels en ville, les murs ont souffert de l'humidité. Accueil sympathique.

Autour de 10 $

Song Tien Hotel, 101 Trung Trac, ☎ (073) 87 20 09 - 40 ch. 🍴 🗏 🌠 Récemment restauré, l'hôtel propose le meilleur rapport qualité-prix de la ville. Préférez les chambres des derniers étages (moins bruyantes) avec vue sur le Mékong.

Autour de 25 $

Chuong Duong, 10 rue 30 Thang 4, ☎ (073) 87 08 75 - 27 ch. 🍴 🗏 📺 ✗ Cet hôtel de luxe, équipé de télévisions câblées, propose un confort irréprochable. Certaines chambres ont un balcon, avec vue sur la rivière.

Complexe touristique de Thoi Son, île de Thoi Son, ☎ (073) 87 73 71 - 6 ch. 🍴 🗏 🌠 📺 ✗ Une option très agréable, au milieu des vergers, pour ceux qui ont le temps et cherchent le calme (l'île s'anime avec l'arrivée des touristes le matin). Logement dans des bungalows au confort convenable.

Se restaurer

Pour une cuisine populaire et savoureuse, essayez les restaurants alignés le long des quais, rue Trung Trac. Si vous êtes motorisé, vous trouverez plusieurs cafés-restaurants le long de la route qui part en face du restaurant Trung Luong. Ces lieux sont souvent reposants, petits jardins au milieu de la végétation.

De 50 000 à 100 000 VND

Chuong Duong, près de l'hôtel du même nom. Une agréable terrasse couverte située au bord du fleuve, où vous dégusterez grenouilles, soupes, fruits de mer et la spécialité : le *spade fish* ou « poisson aux oreilles d'éléphant ».

😊 **Ngoc Gia Thrang**, 196A Ap Bac, ☎ (073) 87 27 42. Un restaurant situé à l'entrée de la ville, après la gare routière, en retrait de la route. Le jardin avec sa terrasse couverte en bordure d'un petit canal est apaisant. La carte est variée et de qualité : fruits de mer, grillades, soupes, fruits, « poisson aux oreilles d'éléphant ». Menu à 70 000 VND comprenant poisson, crevettes, viande et dessert.

😊 **Trung Luong**, au carrefour Trung Luong, à l'entrée de la ville, près du terminal. Ce restaurant d'État, le plus grand du Mékong, accueille surtout des groupes. L'ambiance en pâtit un peu, mais la cuisine est de qualité et le cadre, un jardin arboré parcouru de petits canaux, s'avère très agréable. Minuscule zoo à l'entrée.

Complexe touristique de Thoi Son, île de Thoi Son. Halte incontournable d'un circuit dans les îles, ce restaurant installé dans une vaste demeure traditionnelle en bois propose une délicieuse sélection de fruits du verger.

Achats

Marché - Le nouveau marché et le quartier commerçant se trouvent rue Nguyen Hue et dans les alentours.

VISITE DE MY THO

▶ Passé le pont situé dans le prolongement de Thu Khoa Huan, prenez à droite dans Phan Thanh Gian. Le **quartier chinois** se limite à une petite rue animée, bordée d'échoppes installées dans les maisons traditionnelles d'un étage à toit de tuiles. Venus de Formose par la mer pour fonder la ville au 17e s., les Chinois manifestèrent une vocation pour le commerce qui ne s'est jamais démenti depuis. Les marchands de Ho Chi Minh-Ville y viennent en bateau

pour acheter des fruits et les revendre dans la métropole. Empruntez la rue Dinh Bo Linh pour rejoindre la pagode Vinh Trang, située à environ 1 km à l'est du centre, au 60A Nguyen Trung Truc.

▶ Plantée au milieu des cocotiers, la **pagode Vinh Trang** (1849) est consacrée au bouddhisme du Grand Véhicule. Elle présente une curieuse accumulation de styles, de céramiques et de bas-reliefs chinois se mêlant aux lotus vietnamiens et aux couleurs ocre d'inspiration khmère. Dans la partie la plus sombre du sanctuaire, baignée par les effluves d'encens, les boiseries dorées très travaillées jettent un éclat atténué. Le silence des lieux est à peine troublé par le passage des novices, exception faite des temps de prière, quand les bonzes ânonnent leur oraison rythmée par un tambour.

LES ÎLES DU FLEUVE

▶ Une promenade de quelques heures en bateau au fil du fleuve et des arroyos, incluant un arrêt dans l'une des deux îles principales, suffira probablement à rassasier votre curiosité *(adressez-vous à l'agence près de l'embarcadère. Voir « Arriver ou partir »).*

▶ Située à quelques encablures des quais, de l'autre côté d'un petit chenal, la luxuriante **île du Dragon** *(Con Tan Long)* est accessible en bac *(comptez 5mn)*, contrairement aux autres, pour lesquelles il faut passer par l'agence locale.

▶ Profond par endroits de 15 m, le fleuve est barré par des filets de pêche où viennent se prendre tanches, poissons-chats, carpes, *tai tuong* (« poisson aux oreilles d'éléphant »), anguilles et serpents d'eau douce. Peu avant d'aborder l'**île de la Licorne★** *(Con Thoi Son)* *(30mn de trajet)*, le bateau traverse un **marché flottant** qui fonctionne uniquement à marée haute. La nature s'est montrée très généreuse avec l'homme, qui utilise le feuillage des palmiers d'eau pour réaliser des toitures et les racines des palétuviers pour faire des bouchons. Mais le travail continu du fleuve oblige les paysans à consolider les rives à l'aide de pierres et de bois. Vous accosterez probablement près d'un restaurant lové au milieu d'un **verger** *(voir « Se restaurer »)*. La visite de l'île, en compagnie d'un guide, s'avère enchanteresse si vous ne tombez pas un jour d'affluence touristique. Elle comprend une dégustation de fruits exotiques, une démonstration de musique traditionnelle et un passage en barque au fil d'un **arroyo** noyé sous la végétation. Dépaysement garanti !

▶ **L'île du Phénix** *(Con Phung) (25mn de traversée, également accessible de Ben Tre)*, appelée également « île du Bonze aux noix de coco » *(Ong Dao Dua)*, doit son surnom à Nguyen Thanh Nam (1909-1991), un illuminé qui se targuait d'avoir médité pendant trois ans en se nourrissant uniquement de noix de coco. Après cela, il fonda la secte Dao, un curieux mélange de christianisme et de bouddhisme, qui compta jusqu'à 2 000 disciples. Arrêté à plusieurs reprises, sous le régime de Diem puis par les communistes, il mourut finalement en prison et ses fidèles se dispersèrent. Le sanctuaire, avec ses installations qui évoquent plus une foire du Trône tropicale qu'un lieu de méditation, attire toujours une foule de Vietnamiens. L'île compte quelques **vergers**, mais elle est dépourvue d'arroyos. Durant la guerre, certains grands reporters occidentaux venaient y trouver un peu de repos après la furie des combats.

LA FERME AUX SERPENTS DE DONG TAM

Comptez 40mn de visite.

À 10 km de My Tho, sur la route de Vinh Long. 6h-18h. Entrée payante.

Si vous êtes amateur de reptiles, ne manquez pas de visiter cette ferme où certains pythons dépassent les 70 kg ! Le venin du cobra royal provoque quant à lui une mort en deux minutes... juste le temps d'aller se procurer l'antivenin produit sur place. L'endroit compte également quelques crocodiles, varans, chats sauvages, loutres, singes, oiseaux, et un curieux animal aquatique jaune ressemblant à une tortue, mais appartenant à la famille des rats. Ne partez pas sans goûter aux serpents servis au restaurant.

BEN TRE

Comptez une demi-journée de visite.

Capitale de la province de Ben Tre.

Une statuaire allégorique dédiée aux héros de l'insurrection accueille le visiteur à l'entrée de Ben Tre, où les rares touristes suscitent immanquablement la curiosité. Pourtant, ce bourg rural et son petit étang Truc Giang ne manquent pas de charme.

Arriver ou partir

En bateau - L'embarcadère pour Ben Tre se trouve à la sortie ouest de My Tho. Après la traversée (30mn), prenez le bus pour Ben Tre (8 km).

Adresses utiles

Office du tourisme - **Ben Tre Tourist**, 65 Dong Khoi, ☎ (075) 82 96 18, ttdhdulichbt@hcm.vnn.vn 7h30-11h, 13h30-17h. Cette agence officielle organise un tour en *speed boat* à la réserve d'oiseaux. Vous pouvez y acheter cartes et brochures.

Poste / Téléphone - 3 Cach Mang Thang (près de la place principale).

Se loger

La ville possède un bon choix d'hôtels, mais ne vous attendez pas au grand luxe.

Moins de 10 $

Khach San Du Lich Cong Doan, 36 Hai Ba Trung, ☎ (075) 82 50 82 - 11 ch. ⌁ ▤ ⊼ ✗ Cet hôtel en coopérative loue des chambres un peu tristes, mais d'une propreté et d'un confort corrects (eau chaude). Pour 2 $, préférez tout de même le Phuong Hoang, nettement plus confortable.

Phuong Hoang, 28 Hai Ba Trung, ☎ (075) 82 13 85 - 10 ch. ⌁ ▤ ⊼ Hôtel récent aux couleurs guimauve. Deux chambres donnent sur le lac dont les alentours s'animent le soir. Petite terrasse commune. Une très bonne adresse.

De 10 à 14 $

Dong Khoi, 16 Hai Ba Trung, ☎ (075) 82 25 01, dongkhoihotelbtre@vnn.vn - 25 ch. ♒ 🍽 📺 ✕ Situé sur la place principale, face à l'étang. Les chambres sont d'un confort et d'une propreté corrects, mais sans excès, l'ensemble devenant vétuste. Essayez de négocier les prix, car ils sont assez élevés.

Ben Tre Hotel, 8/2 Tran Quoc Tuan, ☎ (075) 82 22 23 - 19 ch. ♒ 🍽 ✕ 📺 ✕ Cet établissement situé sur la grande place à l'entrée de la ville propose des chambres simples, mais correctes et bien tenues. Celles qui donnent sur la rue sont un peu bruyantes, celles à proximité des salons de karaoké, à proscrire.

De 25 à 40 $

Hung Vuong Khoi, 148-166 Hung Vuong, ☎ (075) 82 24 08 - 26 ch. ♒ 🍽 📺 ✕ Établissement à deux étages face à la rivière Ben Tre. Les chambres, qui prétendent à un certain standing, sont bien tenues mais sans charme particulier.

Se restaurer

Rien d'exceptionnel à Ben Tre : vous aurez le choix entre les gargotes du marché ou quelques restaurants chers et sans relief.

Autour de 50 000 VND

Don Khoi, 16 Hai Ba Trung. Le restaurant de l'hôtel possède une vaste salle ouverte sur l'extérieur, mais la nourriture est sans saveur et le personnel parle à peine l'anglais. Goûtez les cuisses de grenouille.

Nha Hang Noi Ben Tre, 60 Hung Vuong, ☎ (075) 82 24 92. Ce restaurant flottant à quai près de la passerelle du centre-ville reste ouvert tard (22h) et offre une belle vue sur la rivière. Cependant la carte est la même qu'au Don Khoi, et la nourriture assez fade. Vous pouvez vous contenter d'y boire un verre.

Sortir, boire un verre

Vous trouverez une dizaine de cafés aux environs du lac Truc Giang, en particulier à l'ouest de l'hôtel Phuong Hoang, ainsi qu'une salle de billard rue Nguyen Trunc Truc. D'autres cafés, restaurants-cantines et salles de billard vous attendent près du lac, dans le prolongement de la rue Le Quy Don. Ces lieux sont particulièrement tranquilles la journée.

VISITE DE BEN TRE, LE « COIN DES BAMBOUS »

▶ À deux pas du fleuve, le **musée de l'Insurrection** (*rue Cach Mang Thang Tam, lundi-vendredi 7h-11h, 13h30-17h, entrée libre*) occupe l'ancienne préfecture française, une élégante **bâtisse coloniale**★ du 19e s. entourée d'un jardin. Il vaut d'ailleurs plus pour son architecture que pour ses collections, composées de photos, d'armes rudimentaires et de la maquette d'un tunnel viet-cong.

▶ La **pagode Vien Minh** (*7h30-11h30, 13h30-21h*), ou « pagode de la Civilisation », se dresse quant à elle rue Nguyen Dinh Chieu, face au marché. Une grande **statue** de la déesse de la Miséricorde précède cet élégant bâtiment du 19e s. coiffé d'un toit carré à deux niveaux.

LA RÉSERVE ORNITHOLOGIQUE DE VAM HO★

(San Chim Vam Ho) Comptez 45mn de visite.

À 35 km au sud-est de Ben Tre. Si vous ne disposez pas de voiture, prenez le bus jusqu'à Ba Tri et continuez à moto-taxi (1 seul bus par jour). Attention, les derniers kilomètres de piste deviennent impraticables après la pluie. Des bateaux font également la navette entre la réserve et Ben Tre (comptez 4h A/R). Vous pouvez encore faire appel à l'agence officielle (2h A/R en hydrofoil). Entrée payante.

▶ De Ba Tri, une route qui se transforme rapidement en piste mène à cette réserve située au bord du fleuve. Une colonie de butors, de hérons et d'arecs a élu domicile ici, au beau milieu d'une petite jungle de bambous et de hautes futaies. L'idéal est de venir au lever du soleil ou vers 17h, quand les oiseaux regagnent leur nid.

VINH LONG

Comptez une journée de visite.

Capitale de la province de Vinh Long.
99 000 hab.

Vinh Long est une ville animée, mais qui ne mérite guère que l'on s'y attarde. De fait, la plupart des visiteurs se contentent d'effectuer un circuit en bateau dans les arroyos de Binh Hoa Phuoc.

Arriver ou partir

En bus - Le terminal se trouve rue 3 Thang 2 (près de la poste). De Ho Chi Minh-Ville (3h) et My Tho (1h30), les trajets sont raccourcis depuis l'ouverture du pont.

En hydrofoil - L'embarcadère est situé quai 1 Thang 5. *Pour les horaires, voir p. 413.*

Location de voitures - Adressez-vous à l'hôtel Cuu Long B.

Adresses utiles

Office du tourisme - **Cuu Long Tourist**, 1 Thang 5, ☎ (070) 82 36 16. « Votre compagnon confiant au delta du Mékong », dixit la brochure, également agence gouvernementale de Vinh Long, s'avère en effet efficace. Elle détient le monopole des circuits en bateau dans les arroyos et propose des tours de plusieurs jours dans le delta.

Poste / Téléphone - Hoang Thai Hieu. 7h-11h, 13h30-17h.

Internet - **Delta**, 2G Hung Vuong Phuong.

Se loger

Moins de 10 $

Une dizaine de maisons d'hôte sur l'île Binh Hoa Phuoc proposent des lits, généralement dans des dortoirs. Certaines ont une très belle architecture dont :

Cai Cuong, ☎ (070) 08 59 108 - 17 lits. Entourée d'un verger.

Propriété de Pham Van Lan, ☎ (070) 85 99 92 - 15 lits dans 2 dortoirs. Un accueil chaleureux, des chambres rustiques mais aérées, et un verger luxuriant... Que demander de plus ? Si vous passez par l'agence officielle, celle-ci prendra une commission.

De 10 à 15 $

An Binh, 3 Hoang Thai Hieu (en face de la poste), ☎ (070) 82 31 90 - 36 ch. ☜ ▤ ☴ ▥ ✕ Cet hôtel propose une grande variété de chambres, des plus simples (avec salle de bains à l'étage) aux plus luxueuses (avec air conditionné, chaînes satellite, baignoire et eau chaude). Dommage que l'accueil soit un peu froid. Restaurant populaire à côté.

Van Tram, 04 Thang 5 (en face du Cuu Long A), ☎ (070) 82 38 20 - 5 ch. ☜ ▤ ▥ Entièrement restauré, cet hôtel propose le meilleur rapport qualité-prix de la ville.

De 20 à 25 $

Cuu Long A, 1 Thang 5 (près de l'embarcadère), ☎ (070) 82 24 94, cuulonghotelvl@hcm.vnn.vn - 15 ch. ☜ ▤ ▥ ✕ Propriété de l'office du tourisme, cet hôtel vieillot propose des chambres assez confortables (chaînes satellite) et bien tenues, mais un peu chères pour leur standing. Certaines jouissent d'un balcon avec vue imprenable sur le Mékong.

De 30 à 35 $

Cuu Long B, Hung Vuong (en face de l'embarcadère), ☎ (070) 82 24 94 - 34 ch. ☜ ▤ ▥ ✕ Court de tennis, accès Internet. Un hôtel de luxe qui propose des chambres au confort irréprochable (eau chaude et chaînes satellite). Le personnel, en livrée, parle anglais et peut vous louer une voiture.

Se restaurer

Il n'y a pas beaucoup de choix à Vinh Long, mais comme toujours les amateurs de cuisine locale pourront se régaler à l'une des innombrables tables du marché, le long de la rue Bach Dang.

De 50 000 à 100 000 VND

Phuong Thuy Restaurant, 1 Thang 5 (près de l'embarcadère). Associé aux hôtels Cuu Long, le meilleur restaurant de la ville occupe un bel emplacement sur un ponton couvert qui servait de piste d'atterrissage aux hélicoptères américains pendant la guerre. On y déguste des cuisines occidentale et vietnamienne.

Vinh Sang, restaurant flottant à droite du Phuong Thuy, ☎ (070) 95 01 38, visaco_tourfarm@hcm.vnn.vn Ce bateau-restaurant-karaoké largue les amarres de 20h à 22h (entrée payante). La nourriture n'a rien d'exceptionnel, mais l'embarcation est bien entretenue, chose rare pour ce type de formule.

VISITE DE VINH LONG

▶ Un **pont à haubans★** long de 1,5 km, inauguré en juin 2000, enjambe le Mékong et permet de rejoindre Vinh Long sans prendre le bac à Cai Be. Financé par les Australiens, cet ouvrage d'art est déjà devenu une attraction touristique en raison de la **vue★★★** sans égale qu'il offre sur le delta.

▶ Bâti près du fleuve, le **temple Van Thanh Mieu** *(rue Tran Phu, à 1 km au sud sur la route de Tra Vinh)* est le seul temple de la Littérature et l'un des rares sanctuaires confucéens du Sud-Vietnam. À gauche, dans la cour, se dresse un superbe petit bâtiment carré coiffé d'un double toit de tuiles. Avec un peu de chance, le gardien vous fera monter à l'étage dans l'**ancienne bibliothèque** où des chefs révolutionnaires se cachèrent à l'époque coloniale. Au bout de l'allée, le **sanctuaire** abrite un portrait de Confucius flanqué d'un cheval en bois bizarrement dépossédé de ses oreilles et de grues juchées sur le dos de tortues.

L'ÎLE BINH HOA PHUOC★

L'agence Cuu Long Tourist propose diverses formules, de 3h à 5h, mais sachez que les arroyos sont parfois impraticables à la saison sèche (voir ci-dessus, « Adresses utiles »).

▶ Peu après un petit **marché flottant**, le bateau aborde l'île, traversée par un large **chenal** creusé à main d'homme au début du 20e s. pour raccourcir le trajet entre Vinh Long et Cai Be. À toute heure du jour, des nuées de coques ventrues ou effilées se croisent dans le vacarme des moteurs. L'atmosphère est bon enfant, on se salue d'une embarcation à l'autre et les touristes se voient parfois offrir quelques fruits. À hauteur d'une église, le bateau tourne à gauche dans un petit chenal qui traverse une **mangrove**. Ce biotope typique du delta, riche en poissons, présente de multiples avantages, car il protège les jardins de l'érosion et des tempêtes. Depuis une quinzaine d'années cependant, ce sont les luxuriants vergers (6 000 ha) plantés en lieu et place des rizières qui font vivre les paysans.

▶ Plusieurs étapes jalonnent le circuit, à commencer par la **maison de Nguyen Thanh Giao★** *(30mn de trajet)*, précédée d'un ravissant **jardin de bonsaïs**. Dans la pièce principale, sur l'autel dédié aux ancêtres, trônent des assiettes-souvenirs de la tour Eiffel et de Notre-Dame de Paris, pieux trophées ramenés de France par le maître des lieux. Ne partez pas sans déguster le fameux « poisson aux oreilles d'éléphant ».

▶ Plus loin se dresse une **bâtisse coloniale** de 1860 qui abritait autrefois une garnison française. Ironie de l'histoire, c'est dans l'annexe réservée aux soldats vietnamiens que sont aujourd'hui accueillis les touristes pour une dégustation de thé et une démonstration de musique traditionnelle *(il est possible d'y passer la nuit sur des lits de camp)*. M. Hai Hoang, le propriétaire francophone, exploite par ailleurs un **verger**.

▶ Le bateau longe ensuite une rangée de **maisons sur pilotis** jusqu'au **verger de M. Pham Van Lan**, lui aussi francophone *(possibilité d'hébergement)*. Parvenu au bout du chenal, le bateau débouche sur le Mékong, large de 1 200 m et profond de 20 m à cet endroit. Sur l'autre rive se tient le **marché flottant de Cai Be**, parcouru de bateaux gorgés de longanes, d'ananas, de patates douces, de riz, de carottes… tandis qu'à l'arrière-plan se dresse la flèche incongrue d'une **église catholique** (1931). Les yeux sont repus d'images, les oreilles saturées par le bruit du moteur… il est temps de rentrer.

TRA VINH

Comptez une demi-journée de visite.

Capitale de la province de Tra Vinh.

Grosse bourgade assoupie au bord d'un bras secondaire du Mékong, Tra Vinh dégage un charme mélancolique, qui s'explique sans doute par la présence d'une importante communauté khmère. Quoi qu'il en soit, les 140 pagodes qui parsèment la région constituent une passionnante introduction à ce peuple et à sa culture.

Arriver ou partir

En bus - La gare routière se trouve à l'entrée de la ville.

Adresses utiles

Office du tourisme - **Tra Vinh Tourist**, 64-66 Le Loi, ☎ (074) 86 25 59. Remontez la rue Pham Thai Buong et tournez à gauche à hauteur du marché, puis à droite. Cette agence officielle organise une visite des pagodes khmères, ainsi qu'un circuit en bateau au village de pêcheurs de My Long et sur l'île aux huîtres de Con Ngheu.

Banque / Change - **Ngan Hang**, Pham Thai Buong (près de la poste). Lun.-vend. 7h-11h, 13h-17h. Seuls les dollars américains sont acceptés.

Poste / Téléphone - Au bout de Pham Thai Buong. Lun.-vend. 7h-21h.

Internet - 1 Dien Bien Phu. 7h-11h, 13h-17h.

Se loger

La ville possède peu d'hôtels, et d'un confort plus que modeste.

Moins de 10 $

Phuong Hoang, 1 Le Thanh Ton, ☎ (074) 86 22 70 - 33 ch. 🍴 🖃 📺 Un hôtel privé au confort sommaire. Les chambres avec ventilateur sont très bon marché.

De 8 à 25 $

Thanh Tra Hotel, 1 Pham Thai Buong (face à la poste), ☎ (074) 86 36 21/26 - 39 ch. 🍴 🖃 ✗ Le « grand hôtel » du centre-ville propose des chambres modestes et d'un entretien juste correct. Le prix varie du simple au triple entre les chambres les plus chères et les plus luxueuses (air conditionné, téléphone, télévision, eau chaude et baignoire). Situé au cœur de la ville, fuyez donc les chambres donnant côté rue.

De 16 à 35 $

Cuu Long Hotel, 999 Nguyen Thi Minh Khai, ☎ (074) 82 26 15, cuulonghoteltravinh@hcm.vnn.vn - 53 ch. 🍴 🖃 🍽 📺 ✗ Hôtel moderne flambant neuf aux abord du centre-ville en venant de Vinh Long. Les chambres les plus chères sont de véritables petites suites, avec salon et balcon. Mais l'ensemble est sans caractère. Attention au restaurant Cuu Long dont le menu en anglais, sponsorisé par Knorr, n'affiche pas les prix.

De 17 à 25 $

🐌 **Tra Vinh Palace**, 03 Le Thanh Ton, ☎ (074) 86 49 99 - 10 ch. 🍴 🖃 🍽 📺 ✗ Dans le quartier résidentiel, face aux tennis et à 5mn à pied du centre. Moins étoilé que le Cuu Long, cet hôtel est cependant le plus charmant que vous puissiez trouver à Tra Vinh. Les chambres sont simples mais aménagées avec goût.

Se restaurer

Des gargotes proposent de la cuisine chinoise le soir dans la rue principale et autour du marché.

De 25 000 à 50 000 VND

Tuy Huong, 8 Dien Bien Phu. Un restaurant bon marché, sur la place, où l'on sert une excellente cuisine vietnamienne.

Viet Hoa, 80 Tran Phu. 8h-20h. Ce restaurant familial installé dans le garage d'une maison compense largement ce décor un peu triste par la qualité de ses cuisines chinoise et vietnamienne.

Restaurant du Tra Vinh Palace, 03 Le Thanh Ton, ☎ (074) 86 49 99. Pas de carte mais des plats du jour dans cet hôtel-restaurant familial. Pensez à réserver si vous n'y résidez pas.

Uyen Uong, 59 Ly Thuong Kiet, ☏ (074) 85 48 56, uyenuong@yahoo.com 19h-23h. Une grande salle avec balcon autour d'une scène et son écran géant de karaoké. Une expérience certaine si vous n'avez pas les oreilles trop sensibles. La carte n'est qu'en vietnamien, et le personnel ne parle pas, ou peu, l'anglais. Plats vietnamiens et chinois.

Sortir, boire un verre

Bars - La vie nocturne est inexistante à Tra Vinh, mais pour prendre le pouls de la ville, arrêtez-vous en terrasse dans la rue Pham Thai Buong (jusqu'à 22h).

Loisirs

Fêtes / Festivals - Le **Nouvel An khmer** (avril) donne lieu à de nombreuses cérémonies et festivités, notamment la Dua Ghe Ngo, une course de pirogues haute en couleur.

VISITE DE TRA VINH

▸ La **pagode Ong Met** *(rue Ngo Quyen, derrière la poste)* conserve son surnom de « pagode des Chauves-Souris », bien que les volatiles aient déserté les lieux depuis les bombardements américains de 1968. L'édifice fut quant à lui miraculeusement épargné, de même que l'enfilade de **têtes sculptées** à quatre faces qui l'entoure. À l'intérieur, un **bouddha** assis trône entre les statues de deux disciples qui, chose rare, lui font face. Le sol joliment marqueté de céramiques, les fresques et les piliers travaillés donnent à l'ensemble un éclat certain.

L'ÉTANG SACRÉ★

▸ À 7 km au nord de Tra Vinh, sur la route de Vinh Long. Prenez le chemin à gauche et continuez sur 1 km. Charmant carré d'eau bordé de majestueux manguiers, l'**étang Ba Om★** est un haut lieu de spiritualité, mais aussi un rendez-vous apprécié des amoureux. Au sud du lac, au milieu d'un écrin

Les Khmers du delta

Le delta ayant appartenu au Cambodge jusqu'au 18e s., il n'est guère étonnant que près de 900 000 Khmers continuent à vivre le long de la frontière, mais aussi à Tra Vinh et à Soc Trang. De plus en plus intégrés au reste de la population, ils n'en conservent pas moins certaines caractéristiques, notamment leurs maisons sur pilotis bâties au bord des cours d'eau ou sur de petits talus. Paysans émérites, ils ne cultivent pas moins de 140 variétés de riz, la pêche ne constituant qu'un complément de nourriture. Mais le principal trait distinctif de la communauté est son adhésion au bouddhisme du Petit Véhicule (Theravada), pratiqué dans des monastères où l'on enseigne la langue khmère. Les bonzes vivent grâce aux offrandes des croyants, une pratique longtemps proscrite par les autorités vietnamiennes. La fête des Eaux est l'occasion de grands rassemblements autour de régates et de courses de buffles.

de palmiers, se dresse la magnifique **pagode Vat Angkor Icha Borei★** *(Chua Samrong Ek)*, dont l'origine remonterait au 10e s. À l'intérieur, des **fresques★** colorées racontant la vie du Bouddha ornent les murs, tandis que la charpente et les piliers sont peints d'élégants motifs dorés. Si vous avez le temps, visitez le **musée de la Culture khmère** *(mercredi-dimanche, 7h-11h, 13h-17h, entrée libre)* dont l'intérêt est toutefois limité.

LES PAGODES KHMÈRES★

Excursion en voiture ou à moto-taxi. Un bus effectue également le trajet.

▸ Une ravissante **route★★** jalonnée de maisons en bambou, de flamboyants, d'eucalyptus, de palmiers et de cocotiers traverse un paysage bucolique de rizières et de canaux. Des bosquets masquent les pagodes, car, dans la tradition bouddhiste du Petit Véhicule, chaque croyant se doit de planter au cours de sa vie un ou plusieurs arbres, qui seront coupés à sa mort et serviront à sa crémation.

▶ Un curieux portique désaxé annonce la **pagode Hang★** (« pagode de la Cave ») *(à 5 km au sud de Tra Vinh)*, un bel édifice blanc élancé *(en rénovation)*. Il est entouré de cocotiers et de manguiers séculaires, à l'ombre desquels les novices logent dans des cellules sur pilotis. Le sanctuaire fut totalement détruit par les bombardements américains en 1968, et seul subsista la **statue du Bouddha**. Ces événements tragiques, dont témoignent des photos, semblent désormais bien loin et une douce quiétude préside aujourd'hui au monastère.

▶ Quelque 45 km plus loin, sur la gauche, une élégante allée d'eucalyptus mène à la **pagode Co★★** (« pagode des Cigognes »), baptisée ainsi en raison des nuées d'arecs, d'ibis, de cigognes et de hérons qui colonisent la mare toute proche *(les volatiles rentrent au nid vers 17h)*. Au centre du monastère, cette **pagode** du 19ᵉ s. est coiffée d'un toit de tuiles à plusieurs niveaux, aux extrémités en forme d'oiseau. Des **fresques★** naïves relatant l'enfer, le panthéon bouddhiste et divers sujets naturalistes ornent les murs, sous le regard d'un énorme **bouddha** assis dans la position des rois khmers.

SA DEC

Comptez une demi-journée de visite.

Province de Dong Thap.

Rendue célèbre par *L'Amant* de **Marguerite Duras**, Sa Dec connaît un succès non démenti auprès des admirateurs de la romancière, qui vécut ici pendant son enfance. Les autres passeront outre cette bourgade commerçante, surtout connue pour ses fleurs et ses bonsaïs.

Arriver ou partir

En bus - Sa Dec est accessible en bus de Vinh Long. Le terminal se trouve à 300 m au sud-est du centre-ville.

Adresses utiles

Poste / Téléphone - À l'angle des rues Quoc Lo et Hung Vuong. Possibilité de connexion Internet.

Se loger, se restaurer

De 8 à 18 $

Sa Dec Hotel, 108/5A Hung Vuong, ☎ (067) 86 14 30 ou 86 28 28 - 38 ch. 🛏 🍴 🌄 📺 ✗ Ce bâtiment moderne sur deux étages propose un confort modeste mais correct, où le kitsch s'incarne dans de jolis dessus-de-lit satinés. L'accueil est plutôt sympathique et le restaurant sert des spécialités locales pour un prix raisonnable. On vous déconseille les salles privatives climatisées, sinistres et décrépies.

SUR LES TRACES DE « L'AMANT »

▶ Arrivant de Vinh Long, après avoir traversé la rivière Sa Dec, tournez à droite dans la rue Tran Hung Dao. Avec ses murs à pignons, son toit de tuiles aux extrémités relevées et ses nombreuses fioritures, impossible de manquer la **pagode confucéenne Kien An Cung★** *(Chua Ong Quach) (rue Phan Choi Boi, au sud du chenal)*, l'ancienne maison du mandarin Quach. Des **boiseries** dorées très travaillées et des **fresques** délicates flanquent l'autel. Il fait face à une **cour** à ciel ouvert, le « puits céleste », où brûle l'encens qui permet d'entrer en contact avec les divinités.

▶ Passé le chenal, sur Tran Hung Dao, à deux pas de l'embarcadère *(rue Nguyen Hue)*, se tient une haute bâtisse coiffée d'une flèche dont l'architecture évoque celle d'une église. Les marchandes coiffées du chapeau conique traditionnel, qui trônent sur des étals carrelés au milieu des poules, des poissons et des épices viennent infirmer notre idée première, puisque nous sommes en présence du vieux **marché couvert★**.

▶ Blottie au milieu des quais *(rue Nguyen Hue)*, la **maison du mandarin Huynh Thuan**, ou « Maison bleue », est l'ancienne demeure de l'« Amant ». Convertie en poste de police, elle ne se visite pas et vous devrez vous contenter de contempler la façade *(photos interdites)*. Ancien cœur du quartier chinois, les quais accueillaient jusqu'à récemment le grand marché déplacé dans un imposant bâtiment moderne à quelques rues de là. Heureusement, une enfilade colorée de boutiques où l'on vend toutes sortes de victuailles et d'ustensiles y maintient une animation permanente. De l'autre côté de la petite rivière, des **maisons coloniales** surgissent au milieu d'une végétation luxuriante, derniers vestiges du **quartier français**.

▶ Remontez Tran Hung Dao jusqu'à Tran Phu et tournez à gauche. Là se tient l'**école primaire Trung Vuong**, aux murs jaunes délavés, où Marguerite Duras fut élève. Demandez à voir le cahier retraçant l'histoire de l'établissement depuis son ouverture en 1902. Il comporte notamment des photos de la romancière et de sa mère, Mme Donnadieu, directrice de 1918 à 1930.

▶ Comme souvent dans les villes du delta, la présence de sanctuaires taoïste, catholique, protestant ou dédié aux ancêtres témoigne de l'étonnant éclectisme religieux des Vietnamiens. La **pagode Buu Quang** (à l'angle des rues Hung Vuong et Tran Phu) ne présente guère d'intérêt, mais elle jouxte la **pagode Tu Hung**, une ancienne maison communale bâtie par l'« Amant ». Sa photo trône d'ailleurs parmi d'autres sur l'autel dédié aux ancêtres.

CAO LANH

Comptez une journée de visite.

Capitale de la province de Dong Thap.

Un pompeux monument aux morts édifié par un adepte du réalisme socialiste accueille les visiteurs à l'entrée de cette cité moderne et endormie des confins nord du delta. Point de départ de belles excursions à l'ancienne base viet-cong de la forêt de Rung Tram et dans les réserves ornithologiques de la région, la ville reçoit pourtant peu de touristes étrangers.

Arriver ou partir

En bus - La gare routière se trouve rue Thap Moi, près du marché. Il existe des bus directs pour Vinh Long (1h30), Chau Doc via Hong Ngu (5-6h) et Ho Chi Minh-Ville (3h30).

Adresses utiles

Office du tourisme - Dong Thap Tourist, Nguyen Hue (en face de la rue Doc Binh Kieu), ☎ (067) 85 13 43.

Poste / Téléphone - Sur la place principale, à l'angle des rues Nguyen Hue et Ly Thuong Kiet.

Internet - IPC Service, 218 Nguyen Hue, ☎ (067) 85 54 65. 7h-22h, sauf les mercredi, vendredi et dimanche où la boutique ferme à 19h.

Se loger

Autour de 10 $

Binh Minh, 147 Hung Vuong, ☎ (067) 85 34 23 - 11 ch. ⚊ 🍴 📺 Une bonne adresse du centre-ville pour les routards moins regardants sur le confort (sommaire) et la taille des chambres (exiguës) que sur le prix. Le patron parle anglais.

Thien An, 177 Quoc lo 30 (à 500 m du mausolée), ☎ (067) 85 30 41 - 23 ch. 🍴 📋 🍴 📺 Un hôtel, à la propreté et au confort sommaires mais corrects (eau chaude).

De 15 à 20 $

Xuan Mai, 2 Le Quy Dong, ☎ (067) 85 28 52 - 18 ch. 🍴 📋 📺 ✕ Un établissement privé qui propose des chambres confortables, mais à un tarif assez élevé par rapport aux hôtels d'État.

Hoa Binh, RN30, à l'entrée de la ville, juste avant le pont, ☎ (067) 85 14 69 - 39 ch. 🍴 📋 📺 Cet hôtel d'État moderne propose un confort impeccable (chaînes satellite, ascenseur, eau chaude dans les chambres de luxe), mais l'entretien laisse un peu à désirer. Un bon rapport qualité-prix tout de même.

De 15 à 30 $

Song Tra, 178 Nguyen Hue, ☎ (067) 85 26 24 - 47 ch. 🍴 📋 📺 ✕ Autre « paquebot » gouvernemental, cet édifice récent de trois étages, dépourvu d'ascenseur, propose des chambres bien entretenues, au confort irréprochable. Les prix restent élevés.

Se restaurer

Vous trouverez une concentration de restaurants au bout de Nguyen Hue, avant le pont.

Moins de 25 000 VND

Quan Tranh, Pham Huu Lau (un peu avant le pont). Ce restaurant propose des soupes de fruits de mer ou à la fleur de citrouille, ainsi que des crevettes, du poulet grillé et un excellent thon à la vapeur, servis dans d'agréables kiosques en paille au milieu d'un jardin.

VISITE DE CAO LANH

▶ Empruntez la rue Pham Huu Lau qui s'inscrit dans le prolongement de Nguyen Hue, en direction de Chau Doc, et prenez à gauche juste après le deuxième pont. Sis au milieu d'un agréable parc arboré de frangipaniers, le **mausolée Nguyen Sinh Sac** *(7h30-11h, 13h30-17h)* rend hommage au père de Ho Chi Minh (1862-1929) et présente une reproduction de la maison natale du héros de l'indépendance.

LA RÉSERVE DE THAP MUOI★★

À 36 km au nord-est de Cao Lanh. Pour rejoindre la réserve en voiture, il est recommandé de s'assurer l'aide d'un guide, car le trajet est compliqué. Prenez la route de Cai Be. 13 km plus loin, empruntez à gauche une petite route goudronnée, puis continuez jusqu'à Thap Muoi (21 km). Au carrefour, tournez à gauche vers le village de My An, où vous prendrez une barque pour traverser la rivière. Vous pouvez aussi rejoindre Thap Muoi en bus et finir à moto-taxi, ou opter pour le tour en bateau organisé par l'office du tourisme de Cao Lanh (voir ci-dessus, p. 425). Entrée libre.

▶ Une ravissante route bordée de palmiers et d'eucalyptus chemine au milieu des rizières et des canaux jusqu'à la réserve de Vuon Co Thap Muoi. À la lisière d'un hameau de maisons en bois et de huttes en bambou, une petite mare aux beaux reflets verts sert de point de ralliement à des nuées d'oiseaux. Le ballet des arecs, des cigognes et des hérons à tête rouge volant au-dessus des hautes futaies de bambou constitue un spectacle magnifique.

LA FORÊT DE RUNG TRAM★★

À 26 km au sud-est de Cao Lanh. Prenez la route de Cai Be et empruntez 20 km plus loin une piste en terre battue à gauche de la route. La forêt est à 6 km. Vous pouvez également vous y rendre en bateau de Cao Lanh (1h30 de trajet). Renseignements à l'office du tourisme (voir ci-dessus, p. 425).

▶ Nichée au cœur de la forêt de Rung Tram, l'ancienne **base viet-cong de Xeo Quit** *(7h30-16h, entrée payante. Prévoyez des chaussures hautes contre les fourmis, voire un produit antimoustiques)* offre un témoignage à la fois fascinant et émouvant de l'âpreté des combats durant la guerre du Vietnam. Initialement marécageuse, la zone accueillit la principale base viet-cong de la province entre 1960 et 1975. Aidés des paysans, les combattants creusèrent un réseau de galeries souterraines et plantèrent des arbres afin de rendre la forêt impénétrable. Pas moins de dix camps ennemis entouraient la base, le plus proche n'étant qu'à 1 km ! Pourtant, jamais les Américains ne parvinrent à l'anéantir, malgré des attaques et des bombardements répétés.

▶ Aujourd'hui que le fracas des armes s'est tu, la forêt n'est plus qu'un inextricable massif d'eucalyptus parcouru de ruisseaux où émergent par endroits d'élégants bosquets de roseaux. Elle regorge cependant d'indices trahissant la violence des combats, comme ces multiples impacts de bombes qui forment autant de petites mares. Pour attaquer la base, les Américains devaient slalomer dans un champ de mines sous le feu nourri des viet-congs enfouis à la lisière de la forêt. Quand l'ennemi s'approchait, ceux-ci se cachaient sous l'eau ou dans des trappes minuscules, ne respirant qu'à l'aide de minces tiges de bambou. Du poivre était répandu afin de déjouer le flair des limiers utilisés par les GI's pour les dénicher. Contraints de s'adapter à ce milieu particulièrement hostile, les Vietnamiens dormaient le jour dans des tentes ou des hamacs et veillaient la nuit au milieu des serpents et des moustiques. Vous serez invité à pénétrer dans les **refuges souterrains** et les **baraquements** (luxe suprême !) bâtis après les accords de Paris en 1973. Le site comprend un petit **musée** sans intérêt ainsi qu'un restaurant sur pilotis à l'ombre des sous-bois.

LA RÉSERVE ORNITHOLOGIQUE DE TAM NONG

(Tram Chim Tam Nong)

À 45 km au nord de Cao Lanh. L'accès étant compliqué, renseignez-vous auprès de Dong Thap Tourist. La meilleure période pour la visiter est le printemps, de 4h à 5h du matin et de 16h à 17h.

▶ Cette réserve abrite plus de 200 espèces d'oiseaux, notamment des **cigognes** et de rares **hérons à tête rouge**. Un incendie a malheureusement ravagé la forêt et il faudra attendre plusieurs années pour que le biotope se reconstitue.

CAN THO★

Comptez une journée de visite.

Capitale de la province de Can Tho. 251 700 hab.

« Can Tho, riz blanc et eau limpide. Une fois arrivé vous ne voudrez plus repartir. » (chant populaire)

Principal centre administratif et universitaire de la région, Can Tho assure sa prospérité grâce à un port rythmé en permanence par le ballet des cargos en provenance de Hongkong qui déversent toutes sortes de produits manufacturés et repartent les cales gorgées de riz, de fruits et de crevettes. Ville carrefour, Can Tho fait figure d'étape incontournable, mais le voyageur ne trouvera pas à s'en plaindre, car si son architecture moderne ne présente guère d'intérêt, ses ruelles animées, ses larges avenues proprettes et la promenade le long du

fleuve en font une halte très agréable. Passé les portes de la cité, l'incroyable lacis de canaux qui parcourt la campagne dévoile une facette pittoresque du delta.

Arriver ou partir

En avion - L'aéroport militaire **Tra Noc**, à 7 km au nord de la ville, est ouvert au trafic civil depuis 1998, mais il ne semble guère s'animer. Des bus partent de la poste.

En bus - La gare routière se trouve au bout de Nguyen Trai, à 1 km du centre-ville. La traversée du fleuve en bac entre Cai Von et Can Tho dure environ 10mn. Can Tho est reliée à presque toutes les villes du delta : Vinh Long, Chau Doc, Rach Gia, Long Xuyen, Soc Trang, etc. Les bus circulent entre 5h et 15h pour Ho Chi Minh-Ville (4h de trajet).

En bateau - L'embarcadère populaire se trouve sur Hai Ba Trung, près du marché, et celui pour les touristes un peu plus haut, en face de l'hôtel Lodge.

En hydrofoil - L'embarcadère se trouve à l'extrémité nord de la rue Hai Ba Trung, près de l'hôtel Ninh Kieu. *Pour les horaires, voir p. 413.*

Comment circuler

En taxi - **Mailinh**, 1B Nguyen Trai, ☎ (071) 82 82 82.

Adresses utiles

Office du tourisme - **Can Tho Tourist**, 20 Hai Ba Trung, ☎ (071) 82 18 52, canthotour@hcm.vnn.vn Cette agence gouvernementale organise divers circuits dans les environs, avec des guides parlant français ou anglais. Vous pouvez aussi y louer une voiture ou un minibus avec chauffeur.

Banque / Change - Can Tho possède quantité de banques où vous pourrez changer vos devises et retirer de l'argent avec une carte de crédit. **Vietincombank**, 7 Hoa Binh (en face de la pagode Munirangsyaram). Lundi-vendredi 7h30-10h45, 13h-16h30.

Poste / Téléphone - 2 Hoa Binh. 6h-20h.

Internet - Certains hôtels proposent ce service, ainsi que le restaurant Nam Bo.

Agences de voyages - **Sacatours**, 55 Phan Dinh Phung (dans l'hôtel Saigon - Can Tho), ☎ (071) 81 24 19. Cette *joint-venture* entre Saigon Tourist et Can Tho Tourist propose des circuits dans le Mékong et le reste du Vietnam. L'équipe, professionnelle, parle anglais et propose des locations de voitures et de bateaux. **Victoria**, Cai Khe Ward. L'hôtel propose un choix original de circuits en bateau au marché flottant de Cai Rang, à Soc Trang, à la réserve ornithologique de Bang Lang, ou dans les mangroves. En revanche, les prix sont assez élevés.

Se loger

Can Tho offre le meilleur choix d'hôtels du delta.

Autour de 10 $

Khai Hoan, 83 Chau Van Liem, ☎ (071) 82 44 19 - 14 ch. ⁙ 🍴 📺 Un hôtel récent, aux couleurs éclatantes, bien tenu et idéal pour les petits budgets.

Hôtel 27, 27B-C Chau Van Liem, ☎ (071) 82 83 35 - 15 ch. ⁙ 🍴 📺 Les chambres équipées de l'air conditionné sont parmi les moins chères de Can Tho (à partir de 8 $). L'immeuble est neuf, parfaitement propre, agréable mais sans charme particulier.

Huy Hoang, 35 Ngo Duc Ke, ☎ (071) 82 58 33 - 27 ch. ⁙ 🍴 📺 L'adresse de prédilection des *back-packers* anglo-saxons dans cette petite rue qui regroupe plusieurs hôtels dans le même genre.

Hotel 31, 31 Ngo Duc Ke, ☎ (071) 82 52 87 - 10 ch. ⁙ 🍴 Un hôtel propre et d'un confort très correct pour sa catégorie. Les deux chambres sur rue sont un peu plus bruyantes. Petit plus : l'établissement organise de belles excursions sur le Mékong.

Hau Giang, 34 Nam Ky Khoi Nghia, ☎ (071) 82 18 51 - 35 ch. ⁙ 🍴 📺 Un hôtel agréable, mais sans grand caractère, en retrait des boulevards, et pourtant dans une rue très bruyante.

Le prix des chambres varie du simple au double, celles avec ventilateur offrant le meilleur rapport qualité-prix.

De 17 à 35 $

Quoc Te Hotel, 12 Hai Ba Trung (sur les quais), ☎ (071) 82 20 80, ksquocte-ct@hcm.vnn.vn - 42 ch. ⁙ 🍴 📺 ✕ 💳 Salle de restaurant au 1er étage. Un hall de marbre accueille le visiteur dans cet hôtel chic et kitsch. Les meilleures chambres disposent d'un balcon avec vue imprenable sur le Mékong (à partir de 25 $), mais le prix est en conséquence et les fauchés devront faire sans fenêtre.

De 20 à 45 $

Hoa Binh Hotel, 5 Hoa Binh, ☎ (071) 81 02 18, www.hoabinhct.com - 42 ch. ⁙ 🍴 📺 ✕ 💳 Chaînes satellite. Un autre établissement de standing qui possède de belles chambres, avec moquette, dont le prix varie uniquement en fonction de la taille. Bizarrement, les plus chères n'ont qu'une fenêtre sur cour.

De 20 à 80 $

Ninh Kieu, 2 Hai Ba Trung (à l'extrémité nord du quai), ☎ (071) 82 11 71 - 40 ch. ⁙ 🍴 📺 ✕ Chaînes satellite. Dans un quartier calme, à deux pas du centreville, cet hôtel confortable, quoiqu'un peu vieillot, possède des chambres dont le prix varie en fonction de leur taille et de leur vue, sur le Mékong (à partir de 40 $) ou sur la rue.

De 30 à 50 $

Tay Do, 61 Chau Van Liem, ☎ (071) 82 70 09, www.taydohotel.com.vn - 31 ch. ⁙ 🍴 📺 ✕ 💳 Un confort et une propreté indéniables, mais l'ensemble est un peu tristounet et offre un rapport qualité-prix moyen. Les chambres les moins chères n'ont pas de fenêtre. N'hésitez pas à négocier.

Saigon - Can Tho Hotel, 55 Phan Ding Phung, ☎ (071) 82 58 31, www.saigoncantho.com.vn - 46 ch. ⁙ 🍴 📺 ✕ 💳 Sauna, accès Internet, agence de voyages. Tout près du marché, cet hôtel de luxe propose un service professionnel. Les chambres sont agréables, mais un peu chères pour leur standing, notamment celles sans fenêtre.

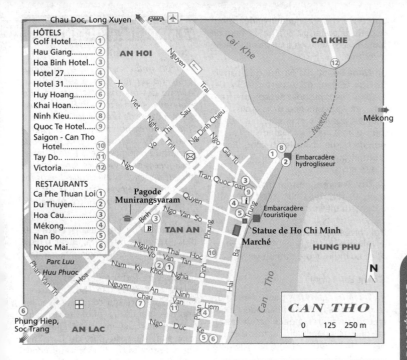

HÔTELS

Golf Hotel........... ①
Hau Giang........... ②
Hoa Binh Hotel... ③
Hotel 27............. ④
Hotel 31............. ⑤
Huy Hoang........... ⑥
Khai Hoan........... ⑦
Ninh Kieu........... ⑧
Quoc Te Hotel..... ⑨
Saigon - Can Tho
  Hotel.............. ⑩
Tay Do.. ....⑪
Victoria............... ⑫

RESTAURANTS

Ca Phe Thuan Loi ①
Du Thuyen........... ②
Hoa Cau............. ③
Mékong.............. ④
Nan Bo............. ⑤
Ngoc Mai............. ⑥

AN HOI

CAI KHE

Mékong

Pagode
Munirangsyaram

Embarcadère
hydroglisseur

Embarcadère
touristique

Statue de Ho Chi Minh

Marché

TAN AN

HUNG PHU

Parc Luu
Huu Phuoc

AN LAC

Phung Hiep,
Soc Trang

Ngo Duc

CAN THO

0   125   250 m

N

LE DELTA DU MÉKONG

De 60 à 200 $

🏨 **Golf Hotel**, 2 Hai Ba Trung, ☎ (071) 81 22 10, www.vietnamgolfhotel.com - 101 ch. 🛏 ▤ 📺 ✕ 🆒 Très bien situé, ce nouvel hôtel offre tout le confort d'un standing international, avec vue imprenable sur le Mékong. Si les prix dépassent votre budget, n'hésitez pas à aller prendre un verre au Windy Coffee (8e étage) ou manger au Belle Vue, le restaurant de l'hôtel (9e et 10e étages).

🏨 **Victoria**, Cai Khe Ward (au nord du centre-ville), ☎ (071) 81 01 11, victoriact-res@hcm.vnn.vn - 92 ch. 🛏 ▤ 📺 ✕ 🔊 🆒 Boutique, agence de voyages, accès Internet. Posé au bord du Mékong, dans un cadre enchanteur, cet élégant édifice néoclassique décoré dans le style colonial propose un service digne d'un palace. Le restaurant donnant sur le jardin possède une excellente carte des vins, mais vous pouvez vous contenter d'un verre au bord de la piscine.

Se restaurer

Moins de 25 000 VND

Ca Phe Thuan Loi, 30 Nam Ky Khoi Nghia. Située sur un carrefour un peu bruyant, cette gargote offre l'occasion de déguster la cuisine locale en observant le spectacle de la rue.

Ngoc Mai, 131 rue 3 Thang 2 (route de Soc Trang, à 2 km au sud du centre-ville, 300 m à gauche après Rach Ranh). Ce routier sert une excellente cuisine vietnamienne frite et à la vapeur (crevettes, poisson, anguille, poulpe, porc, bœuf). La carte est en anglais.

De 25 000 à 50 000 VND

Mékong, 38 Hai Ba Trung. Ce petit restaurant ouvert sur la rue, face au Mékong, sert une cuisine sans prétention qui ravira les routards avides de retrouver une cuisine occidentale ou de déguster un petit-déjeuner.

De 50 000 à 100 000 VND

Hoa Cau, 4 Hai Ba Trung. Tables en terrasse ombragée particulièrement

429

appréciée des Vietnamiens. Idéal pour le petit-déjeuner ou une petite faim en journée. Le menu en anglais est affiché à l'entrée.

☺ **Nam Bo**, 50 Hai Ba Trung (à l'angle de Ngo Quyen). [cc] À partir de 9h. Cet établissement propose des cuisines française et vietnamienne délicieuses. L'accueil est agréable et le balcon à l'étage jouit d'une vue imprenable sur l'agitation de la rue et sur le Mékong. Bar et Internet au rez-de-chaussée. Vins français et australiens.

☺ **Du Thuyen**, restaurant flottant à quai, en face du Golf Hotel. [cc] Enfin un restaurant flottant qui ne risque pas de sombrer à la première vague. Sur trois niveaux, la vue sur le Mékong et le manège des bateaux est délicieuse. Allez au moins y prendre un verre.

Boire un verre

☺ Quelques gargotes pour prendre un verre au niveau de l'embarcadère dont un café sur pilotis, à deux pas de la statue de Ho Chi Minh, qui permet d'observer le chargement et le déchargement des barques.

VISIT DE CAN THO

▸ Après avoir contemplé le coucher de soleil depuis le **jardin arboré** aménagé au bord du Mékong, le long de la rue Hai Ba Trung, engouffrez-vous dans le **marché couvert** qui se tient près de la **statue de Ho Chi Minh**. Véritable caverne d'Ali Baba, il attire les paysans des environs qui viennent vendre le fruit de leur récolte jusqu'à 22h. Laissés-pour-compte de la croissance économique, des gamins arpentent jusqu'à la nuit les rues des environs en quête de charité.

▸ Semblable à une pâtisserie multicolore chargée de confiseries, la **pagode khmère Munirangsyaram★** (36 Hoa Binh) surgit comme par erreur au milieu du paysage urbain. Même si elle ne présente pas un grand intérêt architectural, ses lignes ont une indéniable élégance. Le complexe comprend divers bâtiments, dont un sanctuaire situé à l'étage.

LES VERGERS ET MARCHÉS FLOTTANTS★★

Comptez 3h de visite.

Plusieurs options s'offrent à vous pour la balade sur le Mékong supérieur et la visite des marchés flottants. La plus économique consiste à affréter une barque à moteur, de préférence couverte, à l'embarcadère populaire (voir ci-dessus, « Arriver ou partir »). Le prix, négociable, est au minimum de 2 $ de l'heure. Les agences de voyages organisent également des circuits avec guide, mais les prix sont plus élevés. Dans tous les cas, partez aux aurores pour être au marché entre 6h et 8h.

▸ Cette balade en barque, l'une des plus exotiques du delta, mêle paysages urbains, marchés flottants, vergers et arroyos. Juchées sur des pilotis, les bicoques de fortune de **Xom Chai**, le village en face de Can Tho, offrent un habitat précaire qui contraste avec les énormes panneaux publicitaires vantant les marques internationales. Plus loin, à hauteur du port de Can Tho, vous passez sous le pont récemment inauguré qui doit permettre le développement industriel de l'autre rive. On contemple avec un brin de mélancolie les rives verdoyantes et dépourvues de constructions qui seront peut-être bientôt envahies par des entrepôts et des tours.

▸ Récemment déplacé à quelques centaines de mètres en amont pour faciliter la circulation des bateaux, le **marché flottant de Cai Rang★★** (accessible aussi par la route) est le plus grand du delta. Spectacle étonnant que cette myriade de barques qui chaque matin se pressent autour de coques ventrues débordant de bananes, de riz, de mangues, d'ananas, de pommes de terre, proposés à des prix imbattables…

Pour revenir à Can Tho, empruntez le bras secondaire du fleuve, le long duquel vous pourrez faire une halte au **verger de My Khanh Orchard** ou à

Le marché flottant de Phung Hiep

celui de **Muoi Day**, histoire de déguster une sélection de succulents fruits. Si le niveau de l'eau le permet, la balade s'achève par la remontée d'étroits **arroyos★★** aux rives mangées par des cocotiers d'eau.

▶ Situé au carrefour de sept canaux, le **marché de Phung Hiep** *(à 25 km de Can Tho, sur la route de Soc Trang)*, autrefois le plus important du delta, est aujourd'hui en déclin. Du pont, la **vue★★** sur les bras d'eau envahis par une circulation incroyablement dense reste néanmoins spectaculaire. Jetez un œil au marché « terrestre », où l'on continue à vendre des serpents vivants, des tortues et des varans, malgré l'interdiction de ce commerce.

SOC TRANG★

Comptez une demi-journée de visite.

Capitale de la province de Soc Trang. 109 800 hab.

Située à l'écart des routes touristiques, cette cité endormie sertie d'élégantes pagodes se visite dans la journée au départ de Can Tho. Elle abrite d'importantes communautés chinoise et khmère (un tiers des habitants) et vous serez probablement frappés par la sérénité et le mysticisme qui imprègnent les lieux. En tout cas, ne partez pas sans avoir goûté à la spécialité locale : la chauve-souris !

Arriver ou partir

En bus - La gare routière se trouve rue Nguyen Chi Thanh, au nord de la ville. Bus pour Ho Chi Minh-Ville (5-6h) via Can Tho et My Tho.

Adresses utiles

Poste / Téléphone - À l'extrémité de Hai Ba Trung. 6h-21h.

Se loger

Rien de bien folichon à Soc Trang, où les hôtels se font rares, sont chers et peu confortables... Ils affichent par ailleurs complet durant la fête d'Ok Om Bok.

Moins de 10 $

Don Tien, ☎ (079) 82 10 27 - 55 ch. 🛏 ▤ 🚿 Propreté discutable, confort sommaire... bref une adresse à n'utiliser qu'avec parcimonie. Les chambres avec salle de bains commune sont très bon marché.

Cong Doan, 04 Tran Van Sac, ☎ (079) 82 56 14 - 25 ch. 🛏 ▤ 🚿 📺 Cet hôtel d'État un peu tristounet propose néanmoins un confort correct.

De 8 à 30 $

Khanh Hung, 15 Tran Hung Dao, ☎ (079) 82 10 26 - 37 ch. 🛏 ▤ 🚿 📺 ✕ Installé dans un immeuble moderne, l'hôtel possède des chambres correctes (eau chaude), dont le prix varie du simple au triple. Chambres avec air conditionné à partir de 16 $.

De 12 à 20 $

🅶 **Phu Qui**, 41 Pham Chu Trinh, ☎ (079) 61 19 11, khachsanphuqui@yahoo.com - 25 ch. 🛏 ▤ 🚿 📺 ✕ L'entrée ressemble à un garage et la réception est à l'étage. Au-delà, tout est neuf et propre. Accueil sympathique. Si l'établissement est complet, tentez votre chance à l'hôtel Phu Qui 2, de l'autre côté de Hai Ba Trung, d'un confort identique mais donnant sur la rue, bruyante.

De 20 à 80 $

Ngoc Suong, km 2127, Quoc lo 1A (à 2 km du centre), ☎ (079) 61 31 08, www.ngocsuonghotel.com - 124 ch 🛏 ▤ 🚿 📺 ✕ Tennis, piscine, sauna et karaoké. Terminé en 2005, ce grand complexe propose dès les premiers prix des chambres spacieuses et confortables.

Se restaurer

Sur Hai Ba Trung et dans les ruelles alentour, vous trouverez quantité d'échoppes servant des plats chinois, vietnamiens et khmers.

De 25 000 à 50 000 VND

Di Ky, 01 Dinh Tien Hoang, ☎ (079) 82 26 48. Carte en vietnamien. Petit restaurant familial où vous mangerez très bien à des prix bon marché. Accueil sympathique.

Quan Thuan 2, 10A Tran Hung Dao. Ce grand restaurant aux allures de salle des fêtes éclairée au néon sert une cuisine variée et de qualité (nouilles, steaks, anguilles). Le menu est en anglais et les prix sont modiques.

De 50 000 à 100 000 VND

Hang Ky, 67 Yet Kieu, Hung Vuong, ☎ (079) 61 20 34. Un grand bâtiment bleu face à la gare routière. Le restaurant le plus fréquenté de la ville avec des salles sur trois étages. La carte n'indique pas les prix mais comptez en moyenne 50 000 VND par plat.

Sortir, boire un verre

Cafés - Hai Ba Trung possède quelques cafés avec terrasse où vous pourrez prendre une bière en contemplant le cours tranquille de la vie à Soc Trang.

Loisirs

Fêtes / Festivals - Le **Nouvel An khmer** (Ok Om Bok), le 15e jour du 10e mois du calendrier lunaire, est parfois appelé **Bon Sam Peak Preah**, « fête de l'oblation à la lune ». On y célèbre également le riz gluant et les récoltes à venir. Les pagodes de la région s'affrontent lors de spectaculaires courses de pirogues où prennent place des dizaines de rameurs.

VISITE DE SOC TRANG, LE « VILLAGE DE L'OR »

▶ Au bout de l'avenue Hai Ba Trung, la poste semble constituer le principal pôle d'attraction de la ville. À ses côtés, tel un hymne à la modernité, surgit une haute antenne de télécommunication, au pied de laquelle un parc d'attractions devrait voir le jour. Remontez Mau Than 68 qui prolonge Hai Ba Trung, jusqu'à l'angle de Nguyen Chi Thanh.

▶ La **pagode Kh'leng★**, ou « pagode d'Or », est en réalité un vaste complexe en béton bâti en 1905 à l'emplacement de l'édifice originel en bambou qui datait de 1533. Blotti dans un écrin de palmiers, le **sanctuaire**, très coloré, est caractéristique de l'art khmer avec ses toits de tuiles aux bords relevés en

forme d'oiseau. Les portes dorées évoquent quant à elles un lointain cousinage avec le style balinais.

▶ Situé de l'autre côté de la rue Nguyen Chi Thanh, le **Musée khmer** *(lundi-vendredi 7h-10h30, 13h-17h, entrée gratuite. Des spectacles traditionnels y sont parfois organisés)* mérite un coup d'œil, même si ses collections de costumes, d'instruments de musique et de curieux masques traditionnels en papier mâché sont relativement pauvres. Poursuivez votre chemin sur l'avenue Mau Than 68 jusqu'à la périphérie de la ville.

▶ À la différence des pagodes khmères, la **pagode d'Argile★** *(Chua Dat Set)*, appelée aussi Buu Son Tu, ne présente pas d'intérêt architectural, mais il s'agit assurément d'une curiosité. Elle fut décorée par un dévot chinois qui passa sa vie à réaliser les centaines de **bouddhas et d'animaux en terre cuite**, de style naïf, qui décorent le sanctuaire. Deux énormes **cierges** brûlent depuis la mort de l'artiste, en 1970.

LES PAGODES DES ENVIRONS★★

▶ Sur la route de Ca Mau. À 2 km de Soc Trang, prenez à gauche à la fourche et continuez sur 1 km. La pagode Doi est difficile à trouver. Myriades de **chauves-souris** suspendues dans les arbres, tombes de **cochons** sacrés à cinq orteils… une étrange atmosphère émane de la **pagode Doi★★**. Blottie en rase campagne, dans un cadre paisible, elle est renommée pour son élégante architecture. Les chauves-souris, dont les plus grandes atteignent 1,5 m d'envergure et pèsent de 1 à 2 kg, ont trouvé là un refuge à leur goût sans que l'on puisse expliquer pourquoi. Venez en fin d'après-midi, lorsque, par centaines, elles prennent leur envol. À l'intérieur du sanctuaire, deux rangées de colonnes joliment sculptées de motifs floraux divisent l'espace suivant une disposition traditionnelle. La longue **pirogue** colorée (25 m) qui repose dans le jardin est utilisée lors de la fête des Eaux *(Ok Om Bok)* qui rassemble tous les Khmers de la région.

► La **pagode Xa Long** *(à 8 km au sud-ouest de Soc Trang, sur la route de Ca Mau)*, dont l'origine remonte au 18e s., a été rebâtie en 1923 et agrandie plusieurs fois depuis. Surnommée la « pagode des Céramiques », elle présente elle aussi un style khmer, même si l'influence vietnamienne y est perceptible, en particulier les **assiettes** incrustées dans les murs. Comme souvent, les génies du Bien et du Mal veillent à l'entrée du sanctuaire.

LONG XUYEN

Comptez une demi-journée de visite.

Capitale de la province d'An Giang. 155 000 hab.

Plaque tournante de la contrebande entre le Sud du Vietnam et les pays voisins, Long Xuyen affiche une prospérité sans complexe. Cette ville proprette et commerçante, qui compte d'importantes minorités chinoise et khmère, prétend avoir tourné le dos au trafic et à la prostitution, sans pour autant proclamer d'ambition touristique. Pourtant, ses bonnes infrastructures en font une étape idéale sur la route de Chau Doc si, après la visite de Sin Chin Bang Lang, l'heure trop tardive vous empêche de poursuivre votre voyage.

Arriver ou partir

En bus - La gare routière se trouve rue Tran Hung Dao, au sud de la ville. Des bus se rendent à Ho Chi Minh-Ville, Can Tho, Chau Doc, Ha Tien et Rach Gia. Pour Cao Lanh et Sa Dec, prenez un bus à l'embarcadère An Hoa, rue Ly Thai To au sud-est de la ville.

En bateau - Vous pouvez prendre un bateau pour Sa Dec, Chau Doc et Rach Gia non loin du pont sur le Thi Nieu, près de la pagode Ong Bon.

Adresses utiles

Office du tourisme - An Giang Tourmoundimex, 17 Nguyen Van Cung, ☎ (076) 84 16 35 ou 84 13 08, tourimexag@hcm.vnn.vn 7h-11h, 13h-17h. Vous n'avez pas grand-chose à

attendre de cette agence, qui organise des circuits en bateau dans les canaux et à Cho Moi.

Poste / Téléphone - 42 Ngo Gia Tu. 6h-22h.

Internet - The Hung, 81 Nguyen Hue B (à l'angle de Luong Van Cu). 7h30-21h30.

Se loger

Autour de 10 $

An Giang, 40 Hai Ba Trung, ☎ (076) 84 12 97 - 16 ch. ⌑ ▤ ⌇ ▥ Très central, cet hôtel accueillant est un peu bruyant. Des chambres pour tous les budgets, les prix variant du simple au quadruple...

Long Xuyen Hotel, 19 Nguyen Van Cung, ☎ (076) 84 19 27, longxuyenhotel@hcm.vnn.vn - 35 ch. ⌑ ▤ ⌇ ▥ ✕ Un hôtel rose bonbon sympathique, au confort et à la propreté impeccables, installé dans un immeuble moderne de quatre étages.

Thoai Chau 2, 238A Tran Hung Dao, ☎ (076) 84 38 82 - 12 ch. ⌑ ▤ ⌇ ▥ Cet établissement de quatre étages sans ascenseur propose de petites chambres proprettes et fonctionnelles (la plupart ont l'eau chaude).

Thai Binh 2, 4 Nguyen Hue, ☎ (076) 84 70 78 - 40 ch. ⌑ ▤ ⌇ ▥ Un hôtel de quatre étages sans ascenseur, précédé d'un vaste hall carrelé. Les chambres sont sans charme, mais bien tenues et d'un bon rapport qualité-prix.

De 12 à 20 $

Cuu Long, 21 Nguyen Van Cung, ☎ (076) 84 13 65 - 20 ch. ⌑ ▤ ▥ ✕ Situé juste en face du Long Xuyen, cet établissement propose un confort à peine supérieur, pour un prix un peu plus élevé. Dommage que l'accueil soit froid.

Se restaurer

Moins de 25 000 VND

Huynh Loi, 252/1 Nguyen Trai. 5h-23h. Un petit restaurant sans prétention où l'on sert des soupes et d'autres spécialités vietnamiennes.

VISITE DE LONG XUYEN

Hai Ba Trung et Doan Van Phoi, les deux larges avenues élégantes du centre-ville, sont les seuls endroits un peu animés le soir, avec la rue Nguyen Trai.

▶ En remontant la rue Hung Vuong, vous tomberez nez à nez avec la haute silhouette (50 m) en béton de l'**église Sainte-Thérèse★**, non dépourvue de grâce. Construite dans les années 1960, elle comporte une nef unique, baignée de lumière, où 1 000 fidèles peuvent prendre place.

▶ Le **musée An Giang★** (*Le Minh Ngu On, mardi et jeudi 7h30-10h30, week-end 7h30-10h30, 14h-16h30*) comprend quatre salles consacrées à la guerre, au développement de la région depuis 1975, aux cultures vietnamienne, chinoise, khmère et chame de la région (artisanat, vêtements), ainsi qu'au royaume indianisé du Funan. Il expose notamment diverses trouvailles des 5e et 6e s. provenant de la cité antique d'Oc Eo (*voir p. 446*), en particulier des lingas, des *yoni*, des poteries, des statuettes, et une superbe **statue en bois du Bouddha★★**, néanmoins très abîmée. Le musée doit déménager prochainement et accueillir de nouvelles collections.

LA RÉSERVE ORNITHOLOGIQUE DE BANG LANG★★★

Comptez 1h de visite.

Rejoignez Thot Not, à 12 km de Long Xuyen sur la route de Can Tho, d'où vous pouvez prendre une barque (30mn) ou louer une moto-taxi. Entrée payante.

▶ Cette réserve est à n'en pas douter l'une des plus spectaculaires du delta. Du village de Thot Not, le trajet en barque sur le canal à travers les villages, les rizières et les haies de bambou constitue un merveilleux préambule. À l'arrivée, un ponton haut de 6 m offre une vue d'ensemble du site (13 000 m²), où des milliers de hérons, d'ibis sacrés, de butors, de grues cendrées et de cormorans viennent nicher. Les échassiers du delta, menacés par les bouleversements de leur milieu, ont trouvé là un havre de paix, aménagé pour leur bien-être. Des oies, dont les excréments sont censés éloigner les serpents, principal prédateur des volatiles, ont même été introduites. Les mâles, qui forment 80 % de la colonie, partent chercher de la nourriture pendant la journée et reviennent en fin d'après-midi. Le meilleur moment pour visiter la réserve est entre septembre et décembre, quand les cigognes sont aussi de la fête et que le propriétaire des lieux réserve une surprise aux visiteurs, à 17h tapantes !

CHAU DOC★★

Comptez 2 jours de visite.

Province d'An Giang. 60 000 hab.

Adossée à la frontière cambodgienne, Chau Doc la populaire contraste nettement avec Long Xuyen la prospère. Dans un désordre apparent de maisons sales et bigarrées cohabitent Chams, Vietnamiens, Chinois, Khmers... et toutes les religions semblent s'y être donné rendez-vous. Bref, le Vietnam comme on l'aime, inattendu et authentique.

Arriver ou partir

En bus - Le terminal se trouve à environ 2 km au sud-est de la ville, sur la route de Long Xuyen. Des bus se rendent à Ho Chi Minh-Ville, Can Tho, Vinh Long, Rach Gia... mais ils sont pris d'assaut durant les fêtes.

En bateau - Pour rejoindre l'embarcadère pour Ha Tien, remontez Tran Hung Dao de l'hôtel Thuan Loi sur 400 m vers le nord, jusqu'au n° 86A. Il semble désormais possible de relier Ha Tien en bateau, par un canal longeant la frontière cambodgienne (2 départs par semaine, 10h de trajet). Une manière originale de vivre au rythme des bateliers et d'admirer le paysage. Renseignez-vous sur place et prévoyez à boire et à manger.

Le bac pour l'île Con Tien part près du marché et de l'hôtel Thuan Loi, à l'extrémité de la rue Thuong Dang Le. L'embarcadère pour Chau Giang se trouve au bout de Duong Le loi, au sud de la ville.

En hydrofoil - L'embarcadère se trouve à l'hôtel Victoria. *Voir p. 413.*

En voiture - Si vous disposez d'un véhicule, vous pouvez rejoindre directement Ha Tien par une piste qui longe la frontière cambodgienne (96 km).

Adresses utiles

Poste / Téléphone - Sur les quais, à l'angle de la rue Nguyen Van Thoai. 6h-22h.

Internet - Internet Quoc Thai, 16/2 Nui Sam (route du mont Sam, à 1 km du centre-ville). 7h30-22h30. La connexion est chère, mais moins que celle du Victoria, qui est hors de prix.

Se loger

Ne comptez pas trouver une chambre durant les fêtes si vous n'avez pas réservé. La chaîne Victoria, qui appartient à un groupe financier français, fait construire un hôtel sur le mont Sam.

Autour de 10 $

Thanh Tra, 77 Thu Khoa Nghia, ☏ (076) 86 67 88 - 27 ch. ☇ 🖃 ✕ Un établissement simple et bon marché disposant d'un dortoir ou de chambres avec télévision, air conditionné et eau chaude.

Mini Hotel My Loc, 51B Nguyen Van Thoai (à 300 m du marché, sur la route du mont Sam), ☏ (076) 86 64 55 - 26 ch. ☇ 🖃 ✕ Un bâtiment de trois étages au confort rudimentaire, à considérer en dépannage.

☺ **Thuan Loi**, 18 Tran Hung Dao, ☏ (076) 86 61 34 - 26 ch. ☇ 🖃 ✕ 📺 ✕ Confort et prix corrects pour ce mini-hôtel sur pilotis qui jouit d'une vue remarquable sur le Mékong (demandez les chambres à l'étage). Au restaurant, on rechigne bizarrement à servir les voyageurs seuls.

De 10 à 20 $

Hang Chau 2, 10 Nguyen Van Thoai, ☏ (076) 86 88 91 - 14 ch. ☇ 🖃 📺 Un hôtel de trois étages sans caractère particulier, mais qui propose des chambres au confort et à la propreté impeccables, pour un prix correct (eau chaude, chaînes satellite).

À partir de 100 $

☺ **Victoria**, 33 Le Loi, ☏ (076) 86 50 10, victoriachaudoc@hcm.vnn.vn - 90 ch. ☇ 🖃 📺 ✕ 🏊 CC Sauna, boutique. Ce palace inattendu dans un lieu aussi reculé occupe un emplacement exceptionnel, au confluent de deux cours d'eau, avec une vue imprenable. L'architecture néoclassique raffinée est à la hauteur des prestations. Les prix sont élevés, mais vous pouvez opter pour la chambre familiale qui reste abordable.

Se restaurer

Pour une cuisine populaire savoureuse, vous aurez le choix dans les ruelles autour du marché et le long des quais.

Moins de 25 000 VND

Lam Hung Ky, 71 Chi Lang. Un restaurant de cuisines chinoise et vietnamienne, où l'on sert également d'excellents fruits de mer. Carte en français.

My Quang, 25 Doc Phu Thu. Un petit établissement simple et bon marché, bien connu des routards, où l'on sert des plats occidentaux et vietnamiens.

De 100 000 à 200 000 VND

Victoria, 33 Le Loi. Le restaurant de l'hôtel propose un choix raffiné de cuisines occidentale et vietnamienne, ainsi qu'une bonne carte des vins, le tout dans un cadre somptueux. Les prix restent abordables.

Sortir, boire un verre

Bars - Le bar et la piscine (payante) du Victoria, avec vue sur le fleuve, sont un havre de paix.

Loisirs

Excursions - L'hôtel Thuan Loi organise un circuit de 2h environ en bateau couvert pour visiter les villages chams et les maisons flottantes (comptez 50 000 VND de l'heure).

Fêtes / Festivals - La grande **fête de la patronne du pays**, Chua Xu, se déroule au mont Sam du 23e au 25e jour du 4e mois du calendrier lunaire, après la fête du Tet, en mai.

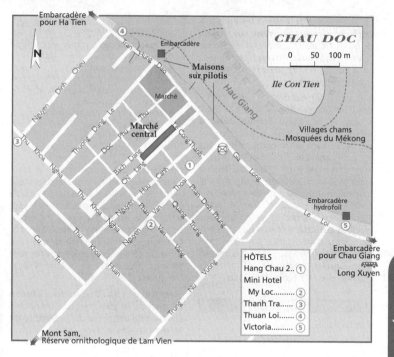

Chau Doc / Île Con Tien / Hau Giang

CHAU DOC

0   50   100 m

Île Con Tien

Villages chams
Mosquées du Mékong

Embarcadère
hydrofoil

Embarcadère
pour Chau Giang
Long Xuyen

Embarcadère
pour Ha Tien

Embarcadère

Maisons
sur pilotis

Marché

Marché
central

Mont Sam,
Réserve ornithologique de Lam Vien

HÔTELS
Hang Chau 2.. ①
Mini Hotel
   My Loc.......... ②
Thanh Tra...... ③
Thuan Loi....... ④
Victoria.......... ⑤

Chez les Khmers, le **Chol-Chnam-Thmay**, Nouvel An bouddhique Theravada, est célébré les 12 et 13 avril, tandis que des courses de buffles sont organisées lors de **Dol-ta**, le 29e jour du 8e mois lunaire.

Les Chams musulmans célèbrent le **Romadol**, durant tout le mois de mai, et le **Hazi**, les deux premiers jours du 6e mois lunaire.

VISITE DE CHAU DOC

▶ Autour du **marché central**, les ruelles commerçantes s'étirent jusqu'à la lisière du fleuve, envahie par un enchevêtrement de **maisons sur pilotis** dans une stabilité précaire. La **vue★★★** sur le Hau Giang (Bassac), au confluent de plusieurs bras d'eau où glissent des coques de bois de toute taille, campe une image du Mékong éternelle.

LES MOSQUÉES DU MÉKONG

Comptez 2h de visite.

Il est conseillé d'être accompagné d'un guide pour cette passionnante excursion dans les villages chams (voir ci-dessus p. 436). Vous pouvez également affréter une barque sans moteur à l'embarcadère populaire. Visitez de préférence les mosquées le vendredi en fin de matinée, mais attendez la fin de l'office à l'extérieur pour ne pas déranger les fidèles.

▶ Remontant le fleuve, on longe d'abord un étonnant **village flottant★★**. Ses lourdes maisons de bois aux balcons fleuris disposent de tout le confort (notamment de la télévision), et chacune possède sa propre réserve de poissons qui servent à la consommation familiale, mais sont aussi vendus dans tout le pays. Il suffit d'ouvrir une trappe pour se servir !

Le bateau aborde ensuite un petit **village cham★** aux **maisons sur pilotis** caractéristiques. D'une blancheur immaculée, la **mosquée Ehsan** *(vous pouvez aussi vous y rendre avec le bac)* est de construction récente.

▸ Plantée au bord d'un bras secondaire de l'autre côté du fleuve, à Chau Phong, la **mosquée Jamiul Azhar★** présente une architecture néocoloniale gracieuse, avec son minaret coiffé d'une coupole argentée *(vous pouvez aussi y aller directement de Chau Doc. Prenez alors le bac pour Chau Giang à l'embarcadère situé au sud de l'hôtel Victoria, puis une moto-taxi, ou marchez 15mn vers la gauche)*. Jetez un coup d'œil au **cimetière** planté de stèles très modestes, dans la plus parfaite tradition musulmane. Dans le même district, la **mosquée Moubarak** (1 km) abrite quant à elle une école coranique.

LE MONT SAM★★★

(Nui Sam)

À 7 km au sud-ouest de Chau Doc.

Si vous n'avez pas de véhicule, le plus simple est d'affréter la veille une moto-taxi (comptez 20mn et de 15 000 à 20 000 VND). Sur place, vous pouvez monter à pied par le sentier qui part du mausolée de Thoai Ngoc Hau (40mn) ou à moto-taxi par la route. Il est conseillé de visiter le mont Sam au lever du soleil, vers 5h30.

▸ De Chau Doc, une ligne droite conduit au pied de **Nui Sam**, totalement bloqué par des centaines de milliers de fidèles lors des pèlerinages. Le « mont des Limules » est ainsi baptisé, car sa forme évoque celle de ce petit crabe des Moluques. Silhouette majestueuse et incongrue dressée au-dessus du delta, cette colline de 230 m est l'un des lieux les plus sacrés du Vietnam et l'un des plus beaux points de vue du delta. Résistez pour l'instant à la tentation d'une pause dans les hamacs installés à l'ombre des gargotes et rejoignez directement le sommet. Chemin faisant, une multitude de petits **sanctuaires** surgissent au milieu des pierres, baignés dans les volutes d'encens. Du sommet, le **pano-**

rama★★★ est exceptionnel : la campagne désespérément plate déroule à perte de vue son tapis de rizières miroitantes sillonnées de canaux. Loin au sud se dresse le **mont Cam** (710 m), tandis qu'à l'ouest, à 3 km à peine, s'étend le Cambodge. Les Vietnamiens ont coutume de souligner que les rizières sont toujours plus vertes de ce côté-ci de la frontière !

▸ Venant de Chau Doc, tournez à droite au pied de la colline et parcourez une centaine de mètres jusqu'au **temple de la déesse Chua Xu★** *(Mieu Ba Chua Xu)*, patronne du pays. Le sanctuaire originel de 1825, en bambou, fut remplacé au début des années 1970 par un vaste édifice un peu kitsch coiffé d'un triple toit en tuiles vertes. À l'intérieur, une **statue** peinte de la déesse, nimbée d'une auréole électrique multicolore, est l'objet d'une grande dévotion. La plupart du temps, un cochon rôti avec un couteau planté gît à ses pieds en guise d'offrande. Juste à côté, dans une vitrine, sa lourde tunique richement ornée de broderies est changée tous les jours, comme le veut la tradition. L'espace que vous apercevez au fond du temple a été aménagé pour que les pèlerins puissent se reposer durant les agapes. Les **bâtiments annexes** comprennent un dortoir, ainsi que le dressing personnel de la déesse, qui renferme plusieurs centaines de tuniques offertes par des dévots !

▸ De l'autre côté de la route, deux éléphants noir et blanc veillent sur la **pagode Tay An**. L'un d'eux est doté de six défenses, car on rapporte qu'avant de mettre au monde Siddharta, sa mère vit apparaître en songe un éléphant ainsi pourvu. Bâti au 19e s. et reconstruit en 1958, le sanctuaire, très coloré, présente un étonnant mélange de styles hindou, musulman et vietnamien. Des tigres et des dragons hérissent le toit, tandis qu'à l'intérieur trônent des centaines de **statues** peintes du Bouddha et de Lo Han – les 18 protecteurs de la loi bouddhique. Les **tombes** multicolores dispersées autour du bâtiment sont celles de bonzes.

▸ Un peu plus à l'ouest se dresse le **mausolée de Thoai Ngoc Hau**, preux chevalier de la dynastie Nguyen (1761-1829) qui consacra sa vie à défendre la province contre les ennemis. On lui doit également la construction du grand canal Vinh Te qui marque la frontière avec le Cambodge et permit de développer les cultures. À l'intérieur, sa tombe est flanquée de celles de ses deux épouses et couronnée de son **buste en cuivre**.

▸ Poursuivez sur 2 km le chemin qui contourne la colline par l'ouest pour rejoindre la **pagode de la Caverne** (*Chua Phuoc Dien*), également appelée *Chua Hang*. Une longue volée d'escaliers mène au sanctuaire qui renferme des **statues du Bouddha**. Derrière s'ouvre une grotte naturelle où la bonzesse Le Thi Tho fut un jour interrompue dans sa méditation par deux serpents, l'un blanc et l'autre vert. On raconte que les deux reptiles ne la quittèrent plus et disparurent peu après sa mort. Un autel dédié à Quan Am, bodhisattva de la Compassion, a été aménagé dans la grotte.

LA RÉSERVE ORNITHOLOGIQUE DE LAM VIEN★★

À 17 km au sud de Chau Doc, entre les monts Sam et Cam. Prenez la piste sur la gauche et continuez sur 5 km. À découvrir de préférence à la tombée du jour. Renseignements à l'hôtel Victoria.

Promise à un bel avenir touristique, la réserve ornithologique de Lam Vien occupe le site enchanteur d'une mangrove sauvage. La balade s'effectue à bord d'une barque à l'équilibre précaire, seul moyen de sillonner les étroits canaux en ayant quelque chance d'observer les échassiers. Le meilleur point de vue se trouve toutefois au sommet d'une tour en bois aménagée au milieu de la mangrove.

LE LONG DE LA FRONTIÈRE CAMBODGIENNE★

▸ Sous des airs assoupis, la piste de Chau Doc à Ha Tien (*95 km, boueuse en saison des pluies*), peu fréquentée par les touristes, est un axe traditionnel de la contrebande avec le Cambodge. La région garde surtout le souvenir traumatisant des raids sanglants menés par les Khmers rouges alors au pouvoir à Phnom Penh, en particulier dans le village de **Ba Chuc** (*40 km de Chau Doc*). Ces attaques furent l'une des principales raisons invoquées par le Vietnam pour justifier l'invasion du Cambodge et le renversement de Pol Pot en 1979. Morbide et émouvant à la fois, le **mausolée des Crânes** est une sorte de kiosque où les ossements de 1 500 victimes des Khmers rouges sont exposés derrière une vitrine. Il s'élève à l'emplacement d'une pagode détruite durant l'attaque d'avril 1978, qui fit près de 4 000 morts. Des photos du massacre, d'une barbarie insoutenable, sont présentées dans un bâtiment attenant.

HA TIEN★★

Comptez une journée de visite.

Province d'An Giang. 80 000 hab.

Située dans un cul-de-sac à la pointe sud-ouest du Vietnam, à 8 km du Cambodge, Ha Tien est une grosse bourgade paisible où les rues bitumées se font rares. Lovée au bord du golfe de Thaïlande, au pied d'un chapelet de collines qui ponctuent l'entrée d'un lac d'eau de mer, la ville jouit d'un cadre enchanteur. Outre les temples, les plages des environs constituent son principal attrait. Elle connut toutefois des jours moins paisibles à la fin des années 1970, lorsque les incursions des Khmers rouges contraignirent tous les habitants à s'enfuir. Aujourd'hui, la population vit de la culture du poivre, de la saumure et de la pêche, en particulier celle des cre-vettes qui sèchent devant les maisons, exhalant ainsi un délicat fumet !

Arriver ou partir

En bus - Le terminal se trouve à l'entrée du pont flottant. Départs réguliers pour Rach Gia (4-5h), mais Ha Tien est égale-ment reliée à Ho Chi Minh-Ville (9h) et à Can Tho.

En bateau - Il semble possible de se rendre à Phu Quoc en bateau de Ha Tien. Renseignez-vous sur place, auprès des hôtels ou du Kien Giang Tourist.

Adresses utiles

Office du tourisme - Kien Giang Tou-rist, hôtel Dong Ho. Cette antenne de l'office régional vend une bonne carte des environs.

Banque / Change - Bank for Invest-ment & Development of Vietnam, à l'angle des rues Chi Lang et Mac Cong Du. Lun.-vend. 7h-11h, 13h-17h. Seuls les dollars sont acceptés.

Poste / Téléphone - De l'embarcadère, remontez la rue To Chau sur 150 m. 6h30-20h30.

Se loger

La ville possède un bon choix d'hôtels, à des prix très abordables.

Moins de 10 $

Saigon Ha Tien Hotel, 36 Tran Hau, ☏ (077) 85 15 63 - 32 ch. ⍓ Cette grosse bâtisse coloniale propose des chambres un peu décrépies, mais lumineuses et non dépourvues de cachet. Les plus grandes, avec air conditionné et salle de bains, sont d'un excellent rapport qualité-prix.

To Chau, 55 Dong Ho (sur le port, en face du pont), ☏ (077) 85 21 48 - 11 ch. ⍓ 目 ⍓ Malheureusement un peu bruyant, cet hôtel possède des cham-bres sommaires, mais plaisantes, car très lumineuses.

Dong Ho, Dong Ho, en face de l'embar-cadère, ☏ (077) 85 21 41 - 20 ch. ⍓ 目 ⍓ TV Cette grosse bâtisse possède des chambres simples et hautes de plafond,

des plus basiques, sans salle de bains, aux plus luxueuses, avec eau chaude, climatiseur, TV, minibar et téléphone.

De 10 à 15 $

Hai Yen, 15 To Chau, ☏ (077) 85 15 80 - 24 ch. ⍓ 目 ⍓ TV Un établissement confortable et bien tenu, mais sans caractère, qui occupe un immeuble moderne de 4 étages sans ascenseur. Les chambres ont l'eau chaude.

☺ **Kim Du**, 14 Phuong Thanh, ☏ (077) 85 19 29 - 40 ch. ⍓ 目 TV ✗ Chaînes satellite, ascenseur. Cet hôtel de 5 éta-ges propose des chambres impeccables d'un excellent rapport qualité-prix. Espérons qu'il n'augmente pas ses tarifs quand il aura acquis un peu de noto-riété. Les plus grandes ont l'eau chaude et un balcon avec une vue imprenable sur la baie. Le personnel parle anglais.

Se restaurer

Ha Tien offre un excellent choix en matière culinaire, que vous soyez ama-teur de fruits de mer ou de cuisine viet-namienne… à déguster dans les gargo-tes près du marché.

De 25 000 à 50 000 VND

Xuan Thanh, 20 Ben Tran Hau (face au marché couvert). Ce restaurant propose un bon choix de fruits de mer et de cui-sine vietnamienne. Carte en anglais.

De 50 000 à 100 000 VND

☺ **Thuy Tien**, sur le bateau à quai, à droite en débouchant du pont flottant, à l'entrée de la ville. 6h-22h. Un restau-rant agréable où l'on déguste d'excel-lents fruits de mer.

VISITE DE HA TIEN

▸ Le **pont flottant** qui enjambe le bras de mer **Dong Ho** (« lac de l'Est ») est le seul accès à Ha Tien. À sa gauche, autour du **marché**, se trouve le quartier le plus animé de la ville.

▸ Remontez la rue Phuong Thanh jus-qu'à l'angle de la rue Mac Thien Tich. Une grande **statue** de la déesse de la Miséricorde précède la **pagode Sac Tu Tam Bao Tu** *(7h-19h)*, dédiée au boud-dhisme Mahayana. Fondée par Mac Cuu

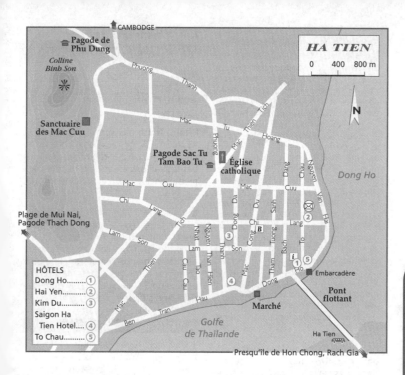

au 18e s., elle renferme une autre **statue de Quan Am** pourvue de mille bras et mille yeux symbolisant sa puissance ubiquitaire. Ce bodhisattva de la Compassion, capable de prendre toutes les formes pour sauver les humains, est, comme souvent, représenté sous des traits féminins. Un petit **jardin de bonsaïs**, certains taillés en forme d'animaux, a été aménagé derrière la pagode.

▶ De l'autre côté de la rue, dans un bel élan d'œcuménisme, se dresse la haute silhouette immaculée d'une **église catholique.** Remontez la rue Phuong Thanh et prenez à gauche jusqu'à la **colline Binh Son**. La **pagode Phu Dung** (« pagode de l'Hibiscus rose ») porte le nom de l'épouse de Mac Thien Tich. Le gouverneur de la province la fit bâtir au 18e s. pour sa bien-aimée qui avait fait le vœu de passer le reste de sa vie dans la contemplation et la méditation. Une **statue de Phu Dung** trône à l'intérieur, accompagnée de deux Phénix, symbole de béatitude.

▶ Un peu plus au sud, au pied de la colline, se tient le **sanctuaire des Mac Cuu**, une coquette bâtisse à toit de tuiles (1902). Les **tombes** de la famille, richement décorées d'animaux mytologiques multicolores, sont dispersées sur la butte Nui Lang (« la montagne Tombeau »). Celle de Mac Cuu, très proche, fait l'objet d'une vénération toute particulière. Montez jusqu'au sommet de la colline pour jouir du **panorama★★** sur la ville et la côte est. Un pur moment de contemplation !

À L'OUEST DE HA TIEN

À 3,5 km de la ville sur la route de Mui Nai. Vous pouvez louer les services d'une moto-taxi.

▶ La **pagode Thach Dong★★** (« pagode de la Grotte ») est une étonnante bâtisse colorée nichée au fond de la cavité d'une falaise calcaire. Elle contient une **statue de Ngoc Hoang**, l'Empereur de Jade de la reli-

441

Une terre âprement disputée

Au début de 18e s., Ha Tien est une possession cambodgienne gouvernée par Mac Cuu, un Cantonais ayant fui la Chine avec sa suite en 1644, lors de l'éviction des Ming par les Mandchous. Pour défendre la ville contre les raids du Siam, il fit appel en 1708 aux Vietnamiens, mais ceux-ci ne purent empêcher la prise de la ville. Cette victoire s'avéra néanmoins éphémère, car Mac Cuu et ses alliés vietnamiens, les seigneurs Nguyen, ne tardèrent pas à chasser les Siamois. Son fils Mac Thien Tich lui succéda en 1736, mais lui-même dut faire face aux razzias des Siamois et à la révolte des Tay Son. Avec l'aide des Nguyen, il sortit finalement vainqueur de la confrontation. Le rattachement définitif de Ha Tien au Vietnam, en 1798, devait parachever la formation territoriale du pays. Une annexion jamais vraiment acceptée par les Cambodgiens !

gion taoïste, ainsi qu'une **statue de Quan Am**. Un doux vent rafraîchissant traverse les lieux, créant une musique enchanteresse. À l'entrée, une petite **stèle** commémore le massacre de 130 civils par les Khmers rouges le 14 mars 1978.

▸ Lovée au fond d'une petite crique au pied de collines boisées tombant dans la mer, à 5 km du Cambodge, la **plage de Mui Nai**★ est le haut lieu du tourisme local *(accès payant)*. Des légions de familles viennent y faire trempette ou déguster des coquillages à l'ombre des pins. On aperçoit à droite un **phare** perdu au milieu des arbres et, au large, de petits îlots rocheux. Par temps clair, le regard porte jusqu'à Phu Quoc. Oubliez toute idée de camping sauvage, car l'endroit est, paraît-il, parfois fréquenté la nuit par des contrebandiers.

▸ Entre Ha Tien et la presqu'île de Hon Chong, la route traverse une belle campagne de **collines calcaires** qui semblent surgir des profondeurs de la terre. Dommage que d'énormes cimenteries rongent peu à peu, pour leurs besoins, ces rares reliefs du delta…

LA PRESQU'ÎLE DE HON CHONG★★

(Binh Anh)

Se loger

Moins de 10 $

Phung Tao, Binh An, ☎ (077) 85 43 57 - 15 ch. 🛏 🌊 ✕ 🏕 Une adresse en dépannage, car les chambres, dans de petits pavillons en bois ou dans le bâtiment principal, sont un peu vétustes.

De 10 à 15 $

My Lan, Binh An, ☎ (077) 75 90 44 - 18 ch. 🛏 ▤ 🌊 📺 ✕ 🏕 Un hôtel privé, tout proche de la plage, d'une propreté et d'un confort irréprochables (eau chaude, chaînes satellite). Les chambres sont identiques, mais le prix augmente si vous utilisez la climatisation. Anglais parlé.

À VOIR, À FAIRE

▸ Ravissant ruban de sable s'étirant à l'ombre des cocotiers, la **plage de Hon Chong**★ possède quelques gargotes en bambou où l'on sert de succulents poissons frais. L'endroit, plein de charme, risque cependant de laisser de marbre les habitués des plages de Thaïlande et d'Indonésie. On aperçoit au loin l'**île de Nghe** qui cache, paraît-il, de superbes plages *(possibilité de chartériser un bateau auprès de l'une des gargotes de la plage. Comptez 1h de trajet aller)*.

▸ Au bout de la route, à 2 km de Hon Chong, la **pagode Hai Son Tu** *(entrée payante)* est adossée à une colline. Elle masque l'accès à une vaste cavité baignée par les senteurs mêlées d'encens et d'excréments de chauves-souris, qui sert d'écrin à la **pagode Hang**★★, un étonnant sanctuaire blotti dans la pénombre où se dresse une **statue de Quan Am**.

▸ À l'extrémité de ce dédale surgit la **plage de Duong**★★, nichée dans le creux d'une petite crique aux eaux lim-

Pêche à la crevette à Ha Tien

pides où émergent deux îlots rocheux, **Hon Phu Tu** (« Père et Fils ») *(possibilité d'en faire le tour en bateau)*. Ils servent de refuge à des colonies de salanganes, dont les nids constituent un mets très recherché. Des dizaines de gargotes et d'étals où se presse une foule de Vietnamiens ont pris place le long de la plage. L'ambiance est joyeuse, mais la propreté de la plage paie un lourd tribut à ces agapes. À la tombée du jour, quand tout le monde est parti, un superbe coucher de soleil irradie parfois sur la baie.

Pour quitter Hon Chong, se rendre à Ba Hon (17 km) à moto-taxi et arrêter l'un des bus qui font la liaison entre Ha Tien (20 km) et Rach Gia (64 km).

RACH GIA

Comptez une journée de visite.

Capitale de la province de Kien Giang. 200 000 hab.

Cité dynamique et prospère mais démunie d'atours, Rach Gia est avant tout une étape pour les touristes en route vers Phu Quoc. Traditionnellement tournée vers la pêche et l'agriculture, voire la contrebande, la ville ambitionne de disputer à Can Tho la place de pôle économique du delta, comme en témoigne le nouveau port en chantier. Sa situation, au bord du golfe de Thaïlande et sur l'estuaire du canal menant à Long Xuyen, constitue d'ailleurs l'un de ses principaux atouts. Rach Gia abrite des minorités chinoise et khmère et brasse presque toutes les religions représentées par autant de sanctuaires.

Arriver ou partir

En avion - L'aéroport de **Rach Soi**, à 8 km au sud de la ville, dessert Ho Chi Minh-Ville (2h40) via Phu Quoc (40mn). Départs à 9h30, les mardi, jeudi, vendredi et dimanche.

En bus - Ben Xe Rach Gia, 30 Thang 4 (près de la poste), dessert Ha Tien (4-5h), et des minibus partent le soir pour Ho Chi Minh-Ville (5-6h).

L'autre terminal, **Ben Xe Rach Soi**, dans le prolongement de la rue Nguyen Trung Truc, à 8 km, près de l'aéroport, propose des bus réguliers pour Ho Chi Minh-Ville (6-7h), Long Xuyen et Can Tho (4h).

En bateau - *Voir p. 447.*

Adresses utiles

Office du tourisme - Kien Giang Tourist, 12 Ly Tu Trong, ☎ (077) 86 20 81. Le personnel, accueillant et anglophone, fournit de nombreux renseignements sur la ville et les moyens de se rendre à Phu Quoc, mais n'offre malheureusement guère de services, à l'exception de la location de voitures avec chauffeur.

Banque / Change - Vietcombank, 1 Huynh Man Dat (près de la poste). Lun.-vend. 7h-11h, 13h-16h. Vous pouvez y changer des euros, des dollars, des chèques de voyage et effectuer des retraits avec une carte Visa.

Poste / Téléphone - Rue Tu Duc (au débouché du pont qui mène sur l'îlot du centre-ville). 6h30-22h.

Compagnie aérienne - Vietnam Airlines, 180 Nguyen Trung Truc, ☎ (077) 86 18 48. 7h-11h, 13h-17h.

Se loger

Moins de 10 $

Thanh Binh, 11 Ly Tu Trong, ☎ (077) 86 30 53 - 14 ch. 🛐 🛏 Une pension modeste et très bon marché, installée dans une bâtisse néocoloniale juste en face de l'office du tourisme, à deux pas du centre-ville.

Thanh Binh 2, 37 Hung Vuong, ☎ (077) 86 19 21 - 19 ch. 🛐 🔲 Le confort est basique et les toilettes sont à l'étage, mais à ce prix-là...

Khach San 1.5, 16 Le Loi, ☎ (077) 86 37 18 - 17 ch. 🛐 🔲 🛏 📺 ✗ D'un goût discutable, les chambres de l'« hôtel du 1er Mai » s'avèrent néanmoins confortables, quoiqu'un peu chères. Certaines n'ont pas de fenêtre.

Binh Minh, 44 Pham Hong Thai, ☎ (077) 86 21 54 - 19 ch. 🛐 🔲 🛏 Cet

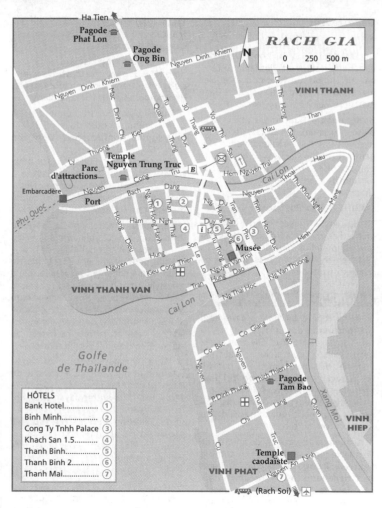

RACH GIA

0   250   500 m

HÔTELS

Bank Hotel	①
Binh Minh	②
Cong Ty Tnhh Palace	③
Khach San 1.5	④
Thanh Binh	⑤
Thanh Binh 2	⑥
Thanh Mai	⑦

hôtel situé sur la place principale (un peu bruyant) propose un confort correct, sans plus, mais il pratique des tarifs très raisonnables, surtout pour les chambres avec air conditionné et télévision.

De 10 à 15 $

🛖 **Thanh Mai**, 260 Nguyen Trung Truc, ☎ (077) 86 38 57 - 10 ch. 🍴 📺 ❄ 📺 Tout nouveau tout beau, le meilleur hôtel de la ville s'avère d'un confort impeccable, pour un excellent rapport qualité-prix.

De 15 à 30 $

Cong Ty Tnhh Palace, 41 Tran Phu, ☎ (077) 86 30 49 - 20 ch. 🍴 📺 ❄ 📺 Cet hôtel confortable et correctement entretenu, à la décoration kitsch et sans goût, est cher pour son standing.

Bank Hotel, 3 Nguyen Thi Hong Hanh, ☎ (077) 86 22 14 - 27 ch. 🍴 📺 📺 Un hôtel sympathique et confortable, qui a pour seul défaut de pratiquer une grosse différence de prix entre les Vietnamiens et les étrangers. La plupart des chambres ont l'eau chaude et des chaînes satellite.

445

Se restaurer

Moins de 25 000 VND

Ao Dai Moi, 26 Ly Tu Trong. Un excellent petit restaurant vietnamien, tenu par un Chinois, où vous pouvez également prendre votre petit-déjeuner. Il est malheureusement fermé le soir.

Hung Phat, 7 Nguyen Du (près de la place principale). 10h-21h30. Ce restaurant sert une cuisine vietnamienne élégante et raffinée (cuisses de grenouille, poisson, oiseau-mouche). Un autre établissement vient d'ouvrir au 357 Lam Quang Ky.

De 50 000 à 100 000 VND

😊 **Hai Au**, 2 Nguyen Trung Truc. Situé en bord de rivière, après le pont, ce restaurant jouit d'une vue très agréable. La carte, en anglais, comporte un choix de délicieux fruits de mer.

À VOIR, À FAIRE

▸ On se repère facilement dans Rach Gia, parcourue du nord au sud par la rue Nguyen Trung Truc. Elle traverse le centre-ville, concentré sur le petit îlot au milieu du canal. Commencez par visiter le **port** *(rue Nguyen Cong Tru)* pour continuer, de l'autre côté du canal, par les vieilles et élégantes **maisons chinoises** à pignons, qui conservent leur vocation commerçante.

▸ À quelques centaines de mètres de l'embarcadère se dresse le **temple Nguyen Trung Truc**, dédié au héros local de la lutte contre l'occupant français dans les années 1860. On peut y voir une parfaite illustration de la tradition qu'ont les Vietnamiens de créer un culte sur des personnages historiques et de l'associer à une religion, ici le confucianisme. Le **portrait** de Nguyen Trung Truc trône au-dessus de l'autel, tandis que dans la pièce principale deux **bas-reliefs** colorés narrent ses deux principaux faits d'armes : l'incendie du palais du gouverneur et celui du navire l'*Espérance*. Après des années de clandestinité, il fut contraint de se rendre aux Français qui avaient pris sa femme en otage, et il fut exécuté…

Faites ensuite une halte désaltérante dans le petit **parc d'attractions** voisin, où se retrouvent la jeunesse locale et les photographes avides de café glacé.

▸ Plusieurs sanctuaires jalonnent la rue Quang Trung, au nord de la ville. Dans la **pagode confucéenne Ong Bin** *(Chua Ong Bin)*, qui arbore une façade très colorée, la traditionnelle **cour intérieure** est dotée d'un puits destiné à recevoir la « lumière céleste ». Notez sur le mur le **bas-relief** naïf et coloré représentant un tigre.

▸ Rejoignez directement la **pagode Phat Lon** (18e s.), plantée au milieu d'un bosquet d'arbres. Il s'agit de la plus grande pagode khmère Theravada du delta, immédiatement reconnaissable à son style. Dans le sanctuaire, richement décoré de fresques, trône une **statue du Bouddha** assis devant un cercle de lumière clignotant. Derrière la pagode, jetez un œil au **cimetière** hérissé de stûpas. Redescendez vers le centre-ville.

▸ Outre l'inévitable section consacrée à la guerre du Vietnam, le **musée de Rach Gia**★ *(21 Nguyen Van Troi, 7h30-11h, 13h30-17h, entrée payante. Comptez 20mn de visite)* conserve une intéressante collection d'**objets hindouistes** provenant du site d'Oc Eo (1er-6e s.), en particulier des poteries, des lingas, des *yoni* et des bijoux.

▸ S'il vous reste du temps, complétez la visite de la ville par la **pagode Tam Bao** *(descendez Nguyen Trung Truc et tournez à gauche dans la rue Thich Thien An)*, qui possède un joli jardin décoré d'arbres taillés en forme d'animaux. Plus au sud, à l'angle des rues Nguyen Trung Truc et Nguyen An Minh, se dresse également un **temple caodaïste**.

La visite de la **cité antique d'Oc Eo** *(à 1 km de Rach Gia, informations auprès du Kien Giang Tourist)* présente peu d'intérêt.

PHU QUOC★★

Quelques repères

Province de Kien Giang - 48 km de Ha Tien, 120 km de Rach Gia - 55 000 hab. - Climat subéquatorial - Plan p. 448.

À ne pas manquer

Les plages de Bai Truong et de Bai Khem.

Les forêts du nord de l'île.

Conseils

Il est interdit de prendre des photos sur les plages du nord, près de la frontière cambodgienne.

Renseignez-vous auprès des hôtels pour savoir quelles plages nécessitent une autorisation d'accès.

En haute saison touristique, de novembre à avril, pensez à réserver votre hôtel.

Amarrée à quelques encablures des côtes cambodgiennes, dans le golfe de Thaïlande, la plus grande île du Vietnam (585 km²) fait figure de petit éden miraculeusement préservé. Longue de 45 km du nord au sud, Phu Quoc est hérissée d'un chapelet de collines boisées culminant à 603 m. L'atout majeur pour le tourisme que représentent ses plages somptueuses et ses forêts inviolées reste encore largement sous-exploité, malgré l'existence d'un aéroport et d'une poignée d'hôtels. De fait, le réseau routier quasi inexistant – à l'exception de pistes plus ou moins carrossables – et les nombreuses bases militaires freinent cet essor. La pêche, le *nuoc-mam* et le poivre fourniront sans doute longtemps encore l'essentiel des revenus d'une population qui vit parfois dans une grande pauvreté, notamment dans les villages perdus du nord de l'île, où les rares touristes de passage suscitent une curiosité aiguë.

Arriver ou partir

En avion - L'aéroport se trouve dans les faubourgs nord de Duong Dong, ☎ (077) 84 60 86. 7h30-11h, 14h-16h30. Vietnam Airlines assure une liaison dans les deux sens entre Phu Quoc et Ho Chi Minh-Ville, tous les matins sauf le samedi, ainsi qu'un vol à destination de Rach Gia, les mardi, jeudi, vendredi et dimanche. Réservez votre place le plus tôt possible, et n'oubliez pas la taxe d'aéroport (10 000 VND).

En bateau - De Rach Gia, le ferry pour An Thoi (8h) part tous les matins à 9h de l'embarcadère situé au bout de la rue Nguyen Cong Tru. Achetez votre billet sur place (58 500 VND), de préférence la veille, et présentez-vous 30mn avant le départ. La traversée peut être assez éprouvante si la mer est houleuse (prévoyez de quoi manger), mais ce n'est rien à côté du débarquement, sur un ponton de bois branlant. Toute la ville semble en effet s'être donné rendez-vous là pour accueillir les arrivants, qui tentent tant bien que mal de mettre un pied sur la terre ferme. Dans l'autre sens, le bateau part à 10h.

Il semble désormais possible aux étrangers de prendre le ferry de Ha Tien à Ham Ninh, sur la côte est de l'île, mais renseignez-vous auprès de votre hôtel.

En hydrofoil - On annonce l'ouverture d'une liaison avec le continent. Renseignez-vous sur place.

Comment circuler

En minibus - À l'arrivée du ferry, un minibus effectue la liaison entre An Thoi et Duong Dong. Demandez-lui de vous arrêter à l'hôtel de votre choix.

À moto - Un moyen idéal pour visiter l'île. À An Thoi, vous serez assailli par les motos-taxis. La piste jusqu'à Duong Dong et Bai Truong (45mn) avec un sac à dos risque de vous achever si le trajet en bateau n'y est pas parvenu, mais quel paysage ! Vous trouverez aisément des motos à louer auprès des hôtels.

Adresses utiles

Banque / Change - La banque de Duong Dong accepte les devises, mais vous pouvez aussi changer votre argent à l'hôtel Tropicana. Quoi qu'il en soit, il est conseillé d'arriver avec ses dongs, car les taux sont moins favorables que sur le continent.

Poste / Téléphone - Buu Dien Duong Dong, rue 30 Thang 4 (près de la banque, à gauche au carrefour en arrivant de Bai Truong).

Se loger, se restaurer

De 10 à 20 $

Phu Quoc Resort, Thang Loi (à 6 km au nord de Duong Dong par la route côtière), ☎ (091) 91 98 91 - 20 ch. 🍴 ✗ 🏄 De très agréables petits bungalows en bambou sur la plage.

De 15 à 40 $

🅐 **Tropicana**, Bai Truong (7 km au sud de Duong Dong), ☎ (077) 84 71 27 - 15 ch. 🍴 📺 ✗ 🏄 🆑 Accueil chaleureux et cadre paradisiaque. Cet hôtel se compose de bungalows confortables, en bord de plage, et constitue la meilleure adresse de l'île. Les prix varient du simple au double, mais demandez une ristourne en basse saison. Ouvert sur la plage, le restaurant propose de délicieux fruits de mer, préparés par la patronne. Location de mobylettes et de masques avec tuba.

De 20 à 30 $

Kim Hoa, Bai Truong (7 km au sud de Duong Dong), ☎ (077) 84 70 39 - 72 ch. 🍴 📺 ✗ 🏄 Niché au bord de la plage, cet hôtel propose des chambres et des bungalows sans caractère, mais le confort et le rapport qualité-prix sont corrects. L'accueil est un peu empressé,

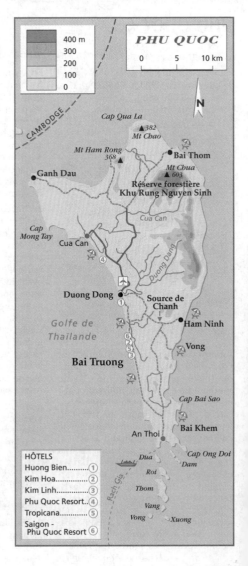

mais n'hésitez pas à négocier une remise en basse saison. Anglais parlé.

Kim Linh, 7 km au sud de Duong Dong, ☎ (077) 84 66 11 🍴 📺 ✗ 🏄 L'ancêtre des hôtels de Bai Truong aurait bien besoin d'un rafraîchissement. Il reste néanmoins une bonne adresse pour les petits budgets.

Huong Bien, Duong Dong (sur la plage, à 200 m au sud du phare), ☎ (077) 84 61 13 - 60 ch. ⌁ 🍽 ☂ ✕ 🛜 Ce vaste hôtel d'État accueille une clientèle vietnamienne, dans une ambiance assez bruyante, et la plage n'a pas le charme de Bai Truong. Le prix des chambres varie du simple au double, des plus basiques (dans l'annexe) aux plus agréables, avec climatisation, eau chaude et chaînes satellite.

De 50 à 300 $

Saigon - Phu Quoc Resort, Bai Truong (6 km au sud de Duong Dong), ☎ (077) 84 69 99 - 30 ch. ⌁ 🍽 📺 ✕ 🛁 🛜 CC Ce nouvel hôtel loue des bungalows impeccables (eau chaude, chaînes satellite), mais sans âme. Leur prix varie sensiblement en fonction de la vue. De nombreux services sont proposés par un personnel parlant anglais (circuits dans l'île, sorties en mer, location de voitures, de mobylettes et de masques avec tuba). Le restaurant sert d'excellents fruits de mer.

Loisirs

Excursions - Si vous souhaitez faire une excursion dans le petit archipel An Thoi, la solution la plus économique consiste à chartériser un bateau à l'embarcadère. Vous pouvez également passer par l'hôtel Tropicana ou le Saigon - Phu Quoc Resort, qui organisent des sorties de pêche ou de plongée en surface. Une solution plus simple, mais plus chère.

Achats

Perles - Phu Quoc Pearls, Bai Truong (à mi-chemin entre Duong Dong et An Thoi), ☎ (091) 99 32 02. Cette *joint-venture* australo-vietnamienne vend des perles d'élevage à des prix intéressants.

HISTOIRE

Un refuge et une prison

Possession khmère jusqu'au 18e s., sous le nom de Kho Tral, Phu Quoc se trouve à 15 km à peine du Cambodge, qui n'a jamais accepté son annexion par le Vietnam. Sa position isolée lui valut de jouer à plusieurs reprises un rôle éminent dans l'histoire du Vietnam. C'est ici en effet que le prince Nguyen Anh, fuyant la révolte des Tay Son, trouva refuge dans les années 1770. Sa rencontre avec le Français Pigneau de Béhaine devait s'avérer cruciale, car le jeune missionnaire lui apporta un soutien décisif dans la reconquête de son trône et permit à la France de prendre pied au Vietnam *(voir p. 75)*. Dans les années 1860, Phu Quoc servit de refuge au rebelle Nguyen Trung Truc *(voir « Rach Gia », p. 446)*, puis les Américains y internèrent de nombreux prisonniers viet-congs lors de la guerre du Vietnam.

VISITE

Comptez deux jours.

Autant se l'avouer tout de suite, ce n'est pas son patrimoine historique qui vous a conduit à Phu Quoc, mais l'extase du sable chaud et le bercement du rouleau des vagues à l'ombre des cocotiers.

LA CÔTE OUEST★★

▶ La plus grande et la plus belle plage de l'île est la première que vous découvrirez si vous arrivez en bateau à An Thoi et empruntez la piste qui rejoint Duong Dong. Véritable petit bijou de sable fin, bordée de cocotiers, **Bai Truong★★★** s'étire sur 30 km. C'est l'un des rares endroits du Vietnam où vous pourrez admirer un coucher de soleil sur la mer. Une poignée d'hôtels s'y sont implantés, tous regroupés dans la partie nord, à proximité de Duong Dong. Gageons qu'une telle anomalie ne résistera pas éternellement à l'appétit des promoteurs, qui sauront bien un jour trouver les arguments pour convaincre les pêcheurs de se loger ailleurs…

▶ **Duong Dong** est un gros bourg endormi sillonné de ruelles en terre battue. Il occupe un site charmant, à cheval sur l'estuaire d'une petite rivière formant une anse barrée par un banc de sable blanc. Au soleil couchant, la flottille de **bateaux de pêche** multicolores se détachant sur fond de cocotiers et de baraques en bambou a quelque chose de féerique.

▶ Si vous venez du sud, tournez à gauche dans la rue Bach Dang, où se tient le **temple Thien Hau** dédié à la déesse de la Mer (sans grand intérêt), et continuez jusqu'au bout de la rue. Dressé sur un éperon rocheux, le petit **phare** flanqué d'un temple jouit d'une **vue★** dégagée sur le port. Continuez l'exploration de la ville par le **marché** (tournez à gauche après le pont qui enjambe la rivière), où votre visite ne passera pas inaperçue. Nez sensibles s'abstenir, les **fabriques de nuoc-mam** constituent l'autre attraction de Duong Dong et la plus importante, Hung Thanh, se trouve à proximité.

LE NORD DE L'ÎLE★

Une autorisation est théoriquement nécessaire pour accéder à ces plages, aussi renseignez-vous auprès de votre hôtel.

▶ Enfourchez votre mobylette et prenez la route du nord qui devient rapidement une piste et s'enfonce dans une magnifique **forêt primaire★** de hautes futaies, où retentit de toute part le gazouillement des oiseaux. La route s'achève à **Ganh Dau★** (40 km), un petit port de pêche lové à la pointe nord-ouest de l'île, au fond d'une **baie★** ravissante où mouillent une kyrielle de coques colorées. Au large, presque à portée de main, s'étire un chapelet d'îlots pourtant hors d'atteinte : le Cambodge *(interdiction formelle de prendre des photos, sous peine de confiscation de votre pellicule)*. Désaltérez-vous d'une noix de coco fraîche dans la buvette au bout de la piste, au bord d'une **plage★★** de sable blanc. La pauvreté manifeste des villageois des environs jette malheureusement une ombre sur ce tableau idyllique.

La piste qui mène à **Bai Thom**, au nord de l'île, traverse quant à elle la superbe **réserve forestière Khu Rung Nguyen Sinh★**.

À L'EST...

En arrivant à Duong Dong par le sud, tournez dans la première rue à droite. 1 km plus loin, prenez la piste à droite dans le virage avant le pont, puis continuez sur 10 km.

▶ Nichée au beau milieu de la forêt, la **source de Chanh** est un charmant torrent ombragé où les jeunes et les amoureux viennent se baigner *(buvette et parking payant, n'oubliez pas votre antimoustiques)*. La piste continue jusqu'à la plage de **Ham Ninh**, dépourvue de constructions mais sans grand charme. Suivez plutôt la route qui file vers le sud *(asphaltage en cours)*. Plusieurs chemins donnent accès aux plages de la côte est, notamment celle de **Vong**, tranquille, très tranquille. Plus au sud, peu avant An Thoi, **Bai Khem★★** et son sable d'une blancheur immaculée est ouverte aux visiteurs bien qu'elle fasse partie d'une base militaire.

NOTES

INDEX

A

B

C

CARTES ET PLANS

LÉGENDE
Comprendre les symboles utilisés dans le guide

LES ÉTOILES
★★★ À voir absolument
 ★★ Très intéressant
  ★ Intéressant

LES BIBS
😊 Coup de cœur
😠 Coup de gueule
😋 Astuce

HÔTELS ET RESTAURANTS
🛁 Salle de bains privée
▤ Air conditionné dans la chambre
⟱ Ventilateur dans la chambre
📺 Télévision dans la chambre
✗ Restaurant dans l'hôtel

🍸 Établissement servant de l'alcool
⌁ Piscine
⟰ Plage
cc Paiement par carte de crédit
⊄ Carte de crédit non acceptée

CARTES ET PLANS

Curiosités et repères
🛆 Église
🕌 Mosquée
✡ Synagogue
△ Temple bouddhique
Ψ Temple hindou
❋ Point de vue
⌇ Monastère
∴ Site archéologique
⌖ Château
†† Cimetière chrétien
ΥΥ Cimetière musulman
⌐⌐ Cimetière israélite

Topographie
▲ Sommet
▲ Volcan actif
〰 Récif corallien
⬜ Désert
〰 Marais

Routes
━━ Autoroute ou assimilée
⋯⋯ Autoroute en construction
━ Route principale
— Route secondaire
⋯ Chemin, piste

Informations pratiques
⊞ Hôpital
✈ Aéroport
🚆 Gare ferroviaire
🚌 Gare routière
── Voie ferrée
⋯ Ligne de métro ou tramway
⟿ Liaison maritime
⛽ Station-service
✉ Poste
☎ Téléphone
i Information touristique
H Hôtel de ville
J Palais de justice
B Banque, bureau de change
U Université
T Théâtre
P Parking
◯ Stade
🤿 Plongée
🏄 Surf
🗼 Phare

Limites
— Frontière
⋯⋯ Parc naturel

Manufacture Française des Pneumatiques Michelin
Société en commandite par actions au capital de 304 000 000 EUR
Place des Carmes-Déchaux - 63000 Clermont-Ferrand (France)
R.C.S. Clermont-Fd B 855 200 507
© Michelin et Cie, Propriétaires-éditeurs
Dépot légal 11-05 - ISSN 1772-5100

Printed in France 10-05/1.1
Compograveur : MAURY, Malesherbes
Imprimeur-brocheur : AUBIN, Liguge

Illustration de couverture : J. Rey/ANA, Ch. Le Déan et M. Burrus

VOTRE AVIS NOUS INTÉRESSE...

MICHELIN VOYAGER PRATIQUE « VIETNAM » dans le style du texte qui le précède mais en Bistre a pour principale ambition de vous aider à construire votre voyage et à le rendre facile. Pour répondre toujours mieux à vos attentes, faites-nous part de vos propres expériences de voyage !

En remerciement, les auteurs des 100 premiers questionnaires recevront une carte Michelin de la collection « NATIONAL » (pays de votre choix).

VOS HABITUDES DE VOYAGE :

1) Quelles sources d'information utilisez-vous pour préparer vos voyages ?

☐ Les guides touristiques   Quelles collections ?...

☐ Internet   Quels sites ? ....

☐ La presse   Quels magazines ? ....

☐ Les offices de tourisme

☐ Les agences de voyages   Quelles agences ?...

☐ Autres ....

2) Quelles collections de guides achetez-vous habituellement ?

....

3) Combien de fois êtes-vous parti en week-end ou en voyage au cours de cette dernière année (y compris en France) ?

....

4) Ces deux dernières années, où êtes-vous parti en week-end ou en voyage ?

- En week-end :...

- En voyage : ....

5) Quelles destinations vous intéressent pour vos prochains voyages ?

....

6) Lorsque vous voyagez, la plupart du temps :

- Vous voyagez en circuits organisés   ☐

- Vous partez à l'aventure sans rien réserver   ☐

- Vous réservez uniquement les transports   ☐

- Vous réservez tout (transport, hôtel) à l'avance   ☐

- Autre   ☐

7) Vous préparez votre voyage :

- Plusieurs mois à l'avance   ☐

- Entre 1 et 3 mois à l'avance   ☐

- À la dernière minute   ☐

- Autre   ☐

VOTRE APPRÉCIATION DU GUIDE VOYAGER PRATIQUE :

1) Êtes-vous satisfait de votre guide VOYAGER PRATIQUE ?

Très satisfait ☐   Moyennement satisfait ☐

Globalement satisfait ☐   Pas du tout satisfait ☐

2) Notez votre guide sur 20 :...

3) Qu'avez-vous aimé dans ce guide ?

....

4) Qu'est-ce que vous n'avez pas aimé ?

....

5) Manque-t-il des informations importantes dans ce guide ?

....

....

6) Recommanderez-vous ce guide à vos amis ? Pourquoi ?

....

....

7) Rachèterez-vous un guide VOYAGER PRATIQUE pour votre prochain voyage ?

Oui, certainement ☐   Probablement pas ☐

Oui, peut-être ☐   Certainement pas ☐

8) Vos conseils, vos commentaires, vos bons plans ?

....

....

VOUS ÊTES :

Homme ☐   Femme ☐

Âge :...

Nom et prénom :...

Adresse :...

....

Code Postal :........................ Ville :..

Pays : ....

Profession : ....

Quelle carte Michelin « NATIONAL » souhaitez-vous recevoir ?

(précisez-nous le pays de votre choix)

....

Offre proposée aux 100 premières personnes ayant renvoyé le questionnaire complet. Une seule carte par foyer, dans la limite des stocks et des titres disponibles.